중학교

국어 2-2
자습서

이삼형 교과서편

새로운 길   윤동주

내를 건너서 숲으로
고개를 넘어서 마을로

어제도 가고 오늘도 갈
나의 길 새로운 길

민들레가 피고 까치가 날고
아가씨가 지나고 바람이 일고

나의 길은 언제나 새로운 길
오늘도… 내일도…

내를 건너서 숲으로
고개를 넘어서 마을로

이 책으로 공부하는 학생들에게

사랑하는 친구들
새로운 마음으로 한 학기를 시작하고 있겠구나.
또다시 시작된 공부의 길~ 포기하고 싶은 유혹이 들 때가
한두 번이 아닐 거야. 그렇지만 여기서 멈출 순 없지.
나의 길은 아직 시작도 되지 않았고, 나의 꿈은 원대하거든.
스스로 자, 익힐 습, 글 서……. 스스로 익히는 책!
하이라이트 자습서!
친절한 핵심 강의를 통해 내용을 이해하고 단계적으로 문제를
풀다 보면 스스로가 주인공이 되어 즐겁게 공부하는 자신의
모습을 만날 수 있을 거야.
언제나 너희가 꽃길을 만들어 나가는 데 든든한 공부의 동
반자가 되어 줄게. 같이 떠나 보자고~

구성과 특징

갈래 특강

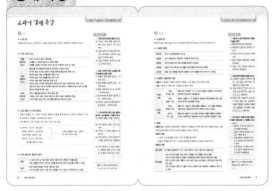

▶ 각 소단원에서 공부하게 될 갈래별 이론을 정리하여 확인 문제로 핵심 내용을 점검할 수 있도록 하였습니다.

대단원을 펼치며

▶ 도입 만화를 통해 대단원에서 공부할 내용을 미리 살펴볼 수 있도록 하였습니다.

소단원 도입

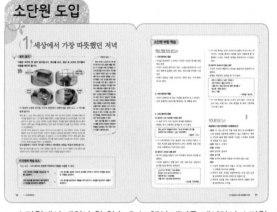

▶ 소단원에서 배워야 할 학습 요소, 핵심 개념을 제시하여 소단원에서 공부할 내용을 미리 살펴볼 수 있도록 하였습니다.

소단원 본문 학습

▶ 교과서 내용을 꼼꼼히 분석하여 제시하고 이를 문제로 확인할 수 있도록 하였습니다.
'찬찬샘 핵심 강의'를 통해 스스로 교과서 본문 내용을 이해할 수 있도록 하였습니다.

학습 활동

▶ '지학이가 도와줄게'와 같은 팁을 제시하고 예시 답을 자세하게 수록하여 교과서 학습 활동을 스스로 학습할 수 있도록 하였습니다.

소단원 콕! 짚고 가기

▶ 소단원에 제시된 작품의 핵심 내용과 주요 개념을 일목요연하게 정리하여 주요 내용을 점검할 수 있도록 하였습니다.

소단원 나의 실력 다지기

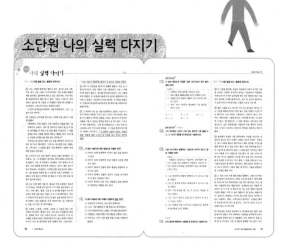

▶ 소단원에서 꼭 알아야 할 유형의 문제를 출제하여 자신의 실력을 평가할 수 있도록 하였습니다.

단원+단원 / 대단원을 닫으며

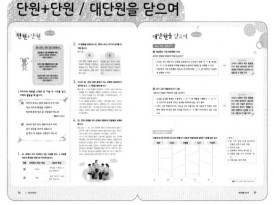

▶ 단원의 내용을 간략하게 정리하여 자신의 실력을 점검할 수 있도록 하였습니다.

대단원 평가 대비하기

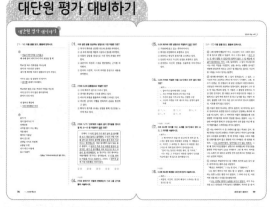

▶ 시험에 꼭 나올 만한 문제를 선별하여 문제화함으로써 대단원에서 배운 내용들을 점검하고 학교 시험에 효과적으로 대비할 수 있도록 하였습니다.

정답과 해설

▶ 상세한 해설과 함께 '오답 해설'을 제시하여 동일한 유형의 문제를 반복하여 틀리는 일이 없도록 하였습니다.

이 책의 차례

교과서 갈래 특강

1 시

● 시의 뜻
마음속에 떠오르는 생각이나 느낌을 운율이 있는 언어로 압축하여 표현한 글이다.

● 시의 구성 요소

운율 (음악적 요소)	시에서 느껴지는 말의 가락(리듬) • 내재율: 시 속에서 은근히 느껴지는 운율 • 외형률: 일정한 규칙대로 씌어져 겉으로 뚜렷하게 드러나는 운율
심상 (회화적 요소)	시를 읽을 때 마음속에 떠오르는 감각적인 느낌이나 모습 • 시각적 심상: 눈으로 모양이나 빛깔, 움직임 등을 보는 듯한 느낌 • 청각적 심상: 귀로 소리를 듣는 듯한 느낌 • 후각적 심상: 코로 냄새를 맡는 듯한 느낌 • 미각적 심상: 혀로 맛을 보는 듯한 느낌 • 촉각적 심상: 차가움, 따뜻함 등의 감촉 및 온도 등이 피부에 닿는 듯한 느낌 • 공감각적 심상: 하나의 감각을 다른 감각으로 옮겨서 표현하여 둘 이상의 감각을 동시에 떠오르게 하는 심상
주제 (의미적 요소)	시인이 시를 통해 말하고자 하는 중심 생각 • 시에는 시인이 살던 시대의 정신과 사회의 모습이 함축되어 있음. • 시의 주제는 심상, 비유, 상징 등을 통해 암시적으로 드러남.

● 시의 화자 (=시적 화자)
• 시에서 말하는 이. 시인이 자신의 생각과 느낌을 효과적으로 드러내기 위하여 시 속에 내세우는 인물을 시의 화자라고 한다.
• 시의 화자는 시인 자신일 수도 있고 아닐 수도 있다.

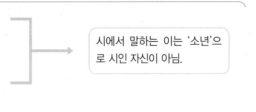

● 시의 화자의 태도와 정서

태도	• 시 속에 나타나는 대상 혹은 세계에 대한 화자의 특정한 자세를 말함. • 작중 상황을 파악하고 화자의 어조를 읽게 되면 화자의 태도를 파악할 수 있음.
정서	• 심리 상태와 동일한 의미로 사용되는 말임. • 시의 주인공인 화자가 어떤 심리 상태를 지니고 있는지 파악하면 알 수 있음.

---

1. 다음 빈칸에 알맞은 말을 쓰시오.
(1) 시인이 시를 통해 말하고자 하는 중심 생각이 시의 □□ 이다.
(2) 시를 읽을 때 마음속에 떠오르는 감각적인 느낌이나 모습을 □□이라고 한다.
(3) 시를 구성하는 음악적 요소를 □□이라고 한다.

2. 다음 시구에 나타난 심상을 바르게 연결하지 못한 것은?
① 새빨간 찔레 열매 몇 개 → 시각적 심상
② 뒷문 밖에는 갈잎의 노래 → 청각적 심상
③ 젊은 아버지의 서느런 옷자락 → 촉각적 심상
④ 물바가지로 떠 담던 접동새 소리 → 미각적 심상
⑤ 어마씨 그리운 솜씨에 향그러운 꽃지짐 → 후각적 심상

3. '시의 화자'에 대한 다음 설명이 맞으면 ○표, 틀리면 ×표를 하시오.
(1) 시에서 말하는 이를 가리킨다. (　　)
(2) 시의 화자는 항상 시인 자신이다. (　　)
(3) 시인이 시 속에 내세우는 인물이다. (　　)
(4) 시의 화자는 시인의 생각이나 느낌을 효과적으로 전달한다. (　　)
(5) 시의 화자가 시 속의 대상이나 세계에 대해 보이는 특정한 자세를 '태도'라고 한다. (　　)

정답: 1. (1) 주제 (2) 심상 (3) 운율 2. ④ 3. (1) ○ (2) × (3) ○ (4) ○ (5) ○

2 소설

● 소설의 뜻
현실에 있을 법한 일을 작가가 상상력을 통해 허구적으로 꾸며 낸 이야기이다.

● 소설의 특징

허구성	작가가 상상력을 통해 꾸며 냄.
진실성	삶의 진실을 찾고 바람직한 가치를 추구하고자 함.
모방성	허구의 문학이지만 현실 세계를 모방하고 반영함.
산문성	운문이 아닌 산문으로, 즉 운율이 없는 줄글의 형식으로 표현함.
서사성	인물, 사건, 배경을 바탕으로 일정한 시간의 흐름에 따라 이야기가 전개됨.

● 소설의 서술자와 시점
• 서술자: 소설에서 인물의 성격이나 행동, 사건 등을 이야기하는 존재
• 시점: 서술자가 작품 속의 사건을 바라보는 위치

1인칭 시점	1인칭 주인공 시점	작품 속의 주인공인 '나'가 자신의 경험과 내면을 이야기하므로 독자에게 친근감과 신뢰감을 줌.
	1인칭 관찰자 시점	작품 속 인물인 '나'가 관찰자의 입장에서 중심인물에 대해 서술하므로 독자의 상상력을 자극함.
3인칭 시점	3인칭 관찰자 시점	작품 밖의 서술자가 등장인물의 행동이나 사건 등을 관찰하여 객관적으로 서술하므로 독자의 무한한 상상이 가능함.
	전지적 작가 시점	작품 밖의 서술자가 신과 같은 위치에서 인물의 행동과 심리를 모두 알고 구체적으로 서술하므로 독자의 상상력이 제한될 수 있음.

● 갈등
• 갈등의 뜻: 소설에서 등장인물의 내면이나 인물들 사이에 일어나는 대립과 충돌, 또는 등장인물과 환경 사이의 모순과 대립을 이르는 말이다.
• 갈등의 역할
  – 소설의 구성 단계를 이끌어 가며 주제를 제시한다.
  – 인물의 성격을 보여 주고, 긴장과 흥미를 유발하며 사건을 전개시킨다.
• 갈등의 유형

내적 갈등	한 인물의 마음속에 두 가지 이상의 생각이 나타나 벌어지는 갈등 양상
외적 갈등	• 개인 대 개인의 갈등: 서로 다른 가치관을 가진 인물들 사이의 갈등 • 개인 대 자연의 갈등: 한 인물이 자연환경과 부딪쳐 싸우며 겪게 되는 갈등 • 개인 대 사회의 갈등: 인물이 자신이 살고 있는 사회 제도나 규칙 등에 의해 겪게 되는 갈등 • 개인 대 운명의 갈등: 한 인물이 타고난 운명에 의해 발생되는 상황에서 겪게 되는 갈등

: 확인 문제

1. 다음 중 소설의 특징으로 적절하지 <u>않은</u> 것은?
① 줄글의 형식으로 표현된다.
② 현실에서 벌어진 일만을 다룬다.
③ 작가가 꾸며 낸 허구의 세계이다.
④ 삶의 진실과 바람직한 가치를 추구한다.
⑤ 인물, 사건, 배경을 바탕으로 이야기가 전개된다.

2. 다음 빈칸에 알맞은 말을 쓰시오.
(1) 소설에서 인물의 성격이나 행동, 사건 등을 이야기하는 존재를 □□□라고 한다.
(2) 작품 속의 □□□인 '나'가 자신의 이야기를 하는 것은 1인칭 □□□ 시점이다.
(3) 작품 □의 서술자가 신과 같이 모든 것을 아는 입장에서 인물의 행동과 심리를 구체적으로 설명하고 묘사하는 것은 □□□□□ 시점이다.

3. 〈보기〉에서 '갈등'에 대한 설명으로 옳은 것을 골라 그 기호를 쓰시오.

| 보기 |
ㄱ. 갈등은 이야기를 전개시키며 주제를 제시한다.
ㄴ. 갈등은 인물의 성격을 드러내는 역할을 한다.
ㄷ. 등장인물의 내면에서 일어나는 갈등을 내적 갈등이라고 한다.
ㄹ. 등장인물들 사이에서 벌어지는 갈등이 복잡할 때 소설의 주제가 다양해진다.

정답: 1. ② 2. (1) 서술자 (2) 주인공, 주인공 (3) 밖, 전지적 작가 3. ㄱ, ㄴ, ㄷ

3 희곡

● 희곡의 뜻

무대 공연을 위해 쓰인 연극의 대본이다.

*연극: 배우의 연기를 통해 이야기나 사건을 관객에게 보여 주는 예술 양식

● 희곡의 특성

• 무대 상연을 전제로 한다.
• 막과 장을 기본 단위로 한다.

막(幕)	무대와 객석 사이의 장막을 올리고 다시 내릴 때까지의 한 장면
장(場)	한 막(幕)을 다시 나눈 것으로, 인물의 등장과 퇴장, 조명의 암전으로 구분함.

• 시간과 공간, 등장인물의 수에 제약을 받는다.
• 등장인물의 대사와 행동을 통해 사건이 전개된다.
• 갈등과 대립을 중심으로 이야기가 전개된다.
• 모든 사건이 배우의 행동을 통해 관객의 눈앞에서 지금 일어나고 있는 현재형으로 표현된다.

● 희곡의 구성 요소

• 내용적 요소

인물	희곡의 등장인물로 갈등을 빚는 주체
사건	등장인물들이 벌이는 행위로, 갈등과 긴장을 유발하는 원인
배경	사건이 일어나는 시간과 장소

• 형식적 요소

해설	희곡의 첫머리에 필요한 무대 장치, 인물, 배경 등을 설명함.
대사	등장인물이 하는 말 • 대화: 등장인물들끼리 주고받는 말 • 독백: 등장인물이 무대에서 상대방 없이 혼자 하는 말 • 방백: 관객에게는 들리지만, 무대 위의 상대방에게는 들리지 않는 것으로 약속하고 하는 말
지문	• 무대 지시문: 무대 장치, 분위기, 효과음, 조명 등을 지시함. • 동작 지시문: 등장인물의 행동, 표정, 심리, 말투 등을 지시함.

● 희곡의 구성 단계

발단	등장인물, 시간적·공간적 배경이 나타나고, 갈등의 실마리가 제시됨.
전개	사건이 진행되면서 인물 사이의 대립과 갈등이 점차 고조됨.
절정	갈등과 대립이 최고조에 이르고 극적인 장면이 나타남.
하강	갈등 해결의 기미가 보이며 극의 긴장이 빠르게 풀어짐.
대단원	갈등이 해소되고 모든 사건이 종결되며 등장인물의 운명이 결정됨.

: 확인 문제

1. 다음 괄호 안의 말 중 알맞은 말을 고르시오.
(1) 희곡은 (연극, 영화)의 대본이다.
(2) 희곡은 (시간, 공간, 등장인물의 수)에 제한을 받는다.
(3) 희곡의 기본 단위는 (장면 번호, 막, 장)이다.

2. 희곡에 대한 설명으로 적절한 것은?
① 영화 상영을 목적으로 한다.
② 모든 사건은 과거형으로 표현된다.
③ 사건이 일어나는 공간의 이동이 자유롭다.
④ 갈등과 대립을 중심으로 이야기가 전개된다.
⑤ 과거, 현재, 미래를 자유롭게 넘나들 수 있다.

3. 다음 빈칸에 알맞은 말을 쓰시오.
(1) 희곡에서 □□은 무대 장치, 인물, 배경 등을 설명하는 요소이다.
(2) □□은 무대 위의 상대방에게는 들리지 않는 것으로 약속하고 하는 대사이다.
(3) 등장인물의 행동이나 표정, 심리, 말투 등을 지시하는 요소를 □□ □□□이라고 한다.

4. 〈보기〉에서 설명하고 있는 희곡의 구성 단계는?

┤ 보기 ├
　갈등 해결의 기미가 보이며 극의 긴장이 빠르게 풀어진다.

① 발단　　② 전개
③ 절정　　④ 하강
⑤ 대단원

정답: 1. (1) 연극 (2) 시간, 공간, 등장인물의 수 (3) 막, 장 2. ④ 3. (1) 해설 (2) 방백 (3) 동작 지시문 4. ④

4 설명문

● 설명문의 뜻
어떤 대상에 대한 지식이나 정보를 독자들이 이해하기 쉽도록 알기 쉽게 풀어서 쓴 글이다.

● 설명문의 특징

사실성	정확한 지식이나 정보를 사실에 근거하여 전달함.
객관성	글쓴이의 주관적 의견 없이 객관적인 입장에서 내용을 전달함.
명확성	독자에게 뜻이 분명하게 전달되도록 정확한 용어를 사용함.
평이성	알기 쉬운 어휘와 문장으로 간결하고 쉽게 설명함.
체계성	일정한 순서에 따라 짜임새 있게 체계적으로 내용을 전개함.

● 설명문의 구성

처음(머리말)	중간(본문)	끝(맺음말)
• 설명 대상을 소개함. • 글을 쓰게 된 동기·목적·방법 등을 제시함.	설명 방법을 사용하여 대상을 구체적으로 설명함.	본문에서 설명한 내용을 간단히 요약·정리하여 마무리함.

● 설명 방법

정의	어떤 사물이나 용어의 뜻을 명확하게 밝혀 주는 설명 방법. 대개 '무엇은 무엇이다.'의 형태로 이루어짐. 예 시는 마음속에 떠오르는 생각이나 느낌을 운율이 있는 언어로 압축하여 표현한 글이다.
분류·구분	어떤 대상에 속하는 것들을 일정한 기준에 따라 종류별로 묶어서 설명하는 방법 예 시조는 형식에 따라 평시조, 엇시조, 사설시조로 나뉜다.
예시	어떤 대상에 대한 구체적인 예를 들어 설명하는 방법 예 봄에 피는 꽃으로는 개나리, 진달래, 민들레 등이 있다.
비교	두 대상의 공통점을 들어 설명하는 방법 예 돌고래와 물개는 모두 포유류이다.
대조	두 대상의 차이점을 들어 설명하는 방법 예 희곡은 연극의 대본이고, 시나리오는 영화의 대본이다.
분석	하나의 대상을 구성 요소로 나누어 설명하는 방법 예 곤충의 몸은 머리, 가슴 배의 세 부분으로 이루어져 있다.
인용	다른 사람의 말이나 글을 빌려 자신의 말이나 글 속에 끌어 쓰는 방법 예 발 없는 말이 천 리 간다는 속담이 있듯이 말은 항상 조심해서 해야 한다.
인과	대상이나 사건의 원인과 결과를 밝혀 설명하는 방법 예 윤수가 이렇게 유연해진 것은 매일 스트레칭을 열심히 했기 때문이다.

확인 문제

1. 다음 빈칸에 알맞은 말을 쓰시오.

> 설명문의 목적은 □□ □□이다.

2. 설명문의 특성에 해당하지 않는 것은?
① 간결하고 정확하게 표현한다.
② 글쓴이의 주관적인 견해를 전달한다.
③ 정확한 사실에 근거한 정보를 전달한다.
④ 순서에 따라 체계적으로 내용을 전달한다.
⑤ 독자가 잘 이해할 수 있는 쉬운 표현을 사용한다.

3. 다음 글에 사용된 설명 방법을 〈보기〉에서 찾아 쓰시오.

> **보기**
> 예시, 정의, 비교, 대조, 분석

(1) 식물은 뿌리, 줄기, 잎, 꽃으로 되어 있다. (　　　)
(2) 텔레비전과 라디오는 둘 다 대중 매체로서 사람들에게 지식과 정보를 제공한다. (　　　)
(3) 호랑이는 단독으로 생활하지만 사자는 무리 지어 생활한다. (　　　)
(4) 비유는 어떤 사물이나 현상을 비슷한 다른 사물이나 현상에 빗대어 표현하는 것이다. (　　　)
(5) 단오의 풍속으로는 창포물에 머리 감기, 그네뛰기 등이 있다. (　　　)

정답: 1. 정보 전달 2. ② 3. (1) 분석 (2) 비교 (3) 대조 (4) 정의 (5) 예시

문화 향유 역량

　이 역량은 다양한 문화의 아름다움과 가치를 이해하고 자신의 것으로 만들어 수준 높은 문화를 누리고 만들 수 있는 능력을 말해. 이 단원에서는 보는 이나 말하는 이의 관점에 주목하여 작품을 깊이 있게 감상하면서 이 능력을 키워 보자.

문학

1

시선과 목소리

(1) 세상에서 가장 따뜻했던 저녁 _ 복효근

(2) 내가 그린 히말라야시다 그림 _ 성석제

자기 성찰 · 계발 역량

　이 역량은 삶의 가치와 의미를 끊임없이 반성하고 탐색하며 변화하는 사회에서 필요한 재능과 자질을 계발하고 관리하는 능력을 말해. 이 단원에서는 다양한 인물과 삶의 모습을 볼 수 있는 여러 작품을 읽으며 이 능력을 키워 보자.

대단원을 펼치며

도입과 계획

◆ 도입 만화를 살펴보면서 이 단원에서 배울 내용을 짐작해 보아요!

핵심 질문

보는 이나 말하는 이에 주목하여 작품을 감상하면 어떤 점이 좋을까?

 이 질문은 이 단원을 이끄는 핵심 질문이란다. 이 단원을 공부하면서 이 질문의 답을 찾아낼 수 있도록 하는 것이 중요해. '작품의 말하는 이', '보는 이나 말하는 이의 관점'이 이 핵심 질문의 답을 풀 수 있는 열쇠라는 것을 기억하자.

보조 질문

조난을 당한 두 사람이 각자의 처지에서 어떤 말을 했을지 생각해 봅시다.

예시 답 | 섬에 있는 사람은 "(반가운 마음으로) 배가 온다. 저를 구해 주세요!"라고 외칠 것이고, 배에 탄 사람은 "(반가운 마음으로) 섬이 보인다. 이제 살았구나."라고 외칠 것이다.

같은 상황이라도 말하는 사람이 누구냐, 어떻게 보느냐에 따라 말의 내용이 달랐던 경험을 말해 봅시다.

예시 답 | 9회 말 1점 차이가 나는 야구 경기에서 이기고 있는 팀을 응원하는 사람들은 "경기 끝났다."라고 말하는 반면, 지고 있는 팀을 응원하는 사람들은 "아직 경기는 끝나지 않았다."라고 말하는 것을 들은 경험이 있다.

학습 목표

[문학] 작품에서 보는 이와 말하는 이가 누구인지 말할 수 있다.

[문학] 보는 이나 말하는 이의 관점에 주목하여 작품을 감상할 수 있다.

배울 내용

(1) 세상에서 가장 따뜻했던 저녁	(2) 내가 그린 히말라야시다 그림	단원 + 단원
• 시의 화자 파악하기 • 화자의 관점에 주목하여 작품 감상하기	• 소설의 서술자 이해하기 • 서술자의 관점에 주목하여 작품 감상하기	• 같은 소재에 대해 서로 반대되는 견해를 담고 있는 두 시조를 비교해 보고, 어느 관점에 공감하고 동의하는지 생각해 보기

(1) 세상에서 가장 따뜻했던 저녁

생각 열기

다음은 외국의 한 공익 광고입니다. 광고를 보고, 영상 속 소년과 친구들의 마음을 헤아려 봅시다.

텅 빈 도시락

물로 배를 채우는 소년

채워진 도시락

친구들의 미소

• 이 영상에 소년과 친구들 각각의 관점에서 내레이션을 입혀 보고, 그 차이를 말해 봅시다.

예시 답 | • 소년: 학교 점심시간, 도시락 통은 역시 텅 비어 있었다. 친구들이 볼까 봐 뚜껑을 황급히 닫고 나가 물로 배를 채웠다. 교실로 돌아와 빈 도시락 통을 가방 안에 넣으려고 집어 드는 순간, 묵직한 느낌이 들었다. 뚜껑을 열자 마법처럼 음식이 들어 있었다. 깜짝 놀라 주위를 둘러보니 천사 같은 친구들이 미소를 짓고 있었다. 고마웠다. 참 행복했다.

• 친구들: 학교 점심시간, 오늘도 친구의 도시락 통은 텅 비어 있었다. 친구는 뚜껑을 황급히 닫고 또 교실 밖으로 나갔다가 힘없는 표정으로 돌아왔다. 하지만 도시락 통을 여는 순간 친구는 깜짝 놀란 것 같았다. 그 도시락 통에는 우리가 채워 놓은 음식이 있었으니까. 우리는 의아해하는 친구를 향해 조용히 미소를 지어 주었다. 오늘은 친구도 함께 점심을 먹었다. 참 행복했다.

• 일상생활에서 서로의 처지를 이해하고 배려했던 경험을 떠올려 말해 봅시다.

예시 답 | 할머니를 모시고 가족 여행을 갔을 때, 나이가 드셔서 무릎이 아픈 할머니를 배려해 드리기 위해 천천히 걷고 자주 쉬면서 여행을 즐겁게 마쳤다.

이렇게 열자

영상 속에서 소년의 도시락 통은 텅 비어 있다. 물로 배를 채우는 이 소년을 위해 친구들은 자신의 음식을 나누어 준다. 친구들의 사랑과 우정이 담긴 도시락을 열어 보고 소년은 감동을 느낀다. 친구들은 그런 소년을 향해 따뜻한 미소를 지어 준다. 이렇게 이 영상에는 상대방의 처지를 이해하고 배려하는 상황이 담겨 있다.

그런데 이 상황을 전달하는 사람이 소년일 경우와 친구들일 경우 어떤 차이가 생길까? 친구들과 소년, 각자의 관점에 주목하여 영상 내용을 구성해 보면, 동일한 상황이라도 말하는 이가 누구냐에 따라 느낌이 달라질 수 있음을 알 수 있다. 이처럼 시도 화자의 관점을 고려하여 읽으면 더욱 깊이 있게 감상할 수 있다.

'생각 열기'를 통해 이 단원에서 배울 화자의 관점에 주목하여 작품을 감상하는 것이 어떤 의미가 있을지 생각해 보자.

이 단원의 학습 요소

학습 목표 | 시의 화자의 관점에 주목하여 작품을 수용할 수 있다.

시의 화자의 관점을 중심으로 작품 감상하기	시의 화자를 설정한 의도와 효과를 파악하고 화자의 관점을 중심으로 작품을 감상한다.
시의 화자를 달리하여 재구성하거나 관점을 달리하여 표현하기	시의 화자를 달리하여 작품을 재구성하거나 관점을 달리하여 새롭게 표현한다.

소단원 바탕 학습

핵심 개념 미리 보기

1. 시의 화자의 개념

• 시인을 대신하여 시 속에서 시인의 사상과 정서를 전달하는 존재
• 시인이 자신의 생각이나 의도, 느낌을 효과적으로 드러내기 위하여 일정한 성격, 태도, 목소리를 부여한 시적 장치
• 시에서 '말하는 이'를 가리키며, '화자' 또는 '시적 화자'라고도 한다.

2. 시의 화자의 역할

• 시인이 표현하고자 하는 주제를 효과적으로 드러낸다.
• 시의 전체적인 분위기를 형성하는 데 영향을 준다.

3. 시의 화자의 유형

(1) 화자가 시인 자신에 가까운 경우

• 시 속의 '나'가 시인 자신의 정서를 표현한다.
• 대체로 자기 고백적인 성격을 띤 시가 많다.

> 죽는 날까지 하늘을 우러러 / 한 점 부끄럼이 없기를,
> 잎새에 이는 바람에도 / 나는 괴로워했다.
> — 윤동주, 「서시」

└ 이 시의 화자인 '나'는 윤동주 시인 자신에 가깝다. 시인은 자신의 삶을 돌아보며 느끼고 생각한 것을 진솔하게 고백하듯이 이야기하고 있다.

(2) 화자가 시인과 다른 경우

• 허구의 인물을 만들어 그의 처지에서 생각과 정서를 표현한다.
• 시인과 성별이나 연령 등이 다른 사람 혹은 사물이나 동식물 등을 화자로 내세운다.

> 나 보기가 역겨워 / 가실 때에는
> 말 없이 고이 보내 드리우리다. //
> 영변에 약산 / 진달래꽃
> 아름 따다 가실 길에 뿌리우리다.
> — 김소월, 「진달래꽃」

└ 이 시의 화자는 남성 시인인 김소월이 아니라 어느 여인이다. 여성을 화자로 내세워 임과 이별하게 될 상황에서 느끼는 미묘한 감정을 효과적으로 드러내고 있다.

(3) 화자가 드러나지 않는 경우

• 시인이 자신의 체험이나 상상을 제삼자의 관점에서 표현한다.
• 대체로 객관적인 성격을 띤 시가 많다.

> 머언 산 청운사 / 낡은 기와집 //
> 산은 자하산 / 봄눈 녹으면, //
> 느릅나무 / 속잎 피어나는 열두 굽이를 //
> 청노루 / 맑은 눈에 //
> 도는 / 구름
> — 박목월, 「청노루」

└ 이 시의 화자는 겉으로 드러나 있지 않다. 시인은 봄눈이 녹는 무렵 어느 산속 풍경을 한 폭의 그림처럼 그려 내고 있다.

제재 훑어보기

세상에서 가장 따뜻했던 저녁(복효근)

• **해제:** 이 시는 친구가 가방 속에 넣어 준 붕어빵에서 느낀 감동을 진솔하게 표현하고 있는 작품이다. 화자는 인간과 삶에 대한 따뜻한 시선을 드러내어 독자에게 감동을 주고 있다.
• **갈래:** 자유시, 서정시
• **운율:** 내재율
• **성격:** 감각적, 일상적
• **제재:** 붕어빵
• **주제:** 친구의 따뜻한 마음과 거기에서 받은 감동
• **특징**
  ① 시상의 전개에 따라 어둡고 차가운 이미지에서 밝고 따뜻한 이미지로 변화함.
  ② 화자가 겪은 사건을 진술하면서도 인상 깊은 순간을 포착하여 하나의 장면으로 만들어 냄.
  ③ 촉각적 심상을 주로 사용하여 화자의 상황과 정서를 효과적으로 드러냄.

세상에서 가장 따뜻했던 저녁 _복효근

66 학습 포인트
· 시의 화자 파악하기
· 화자의 상황과 정서 이해하기
· 시적 분위기의 변화 파악하기

어둠이 **한기**처럼 스며들고
  촉각적 심상
시간적 배경: 저녁 무렵, 화자가 추위를 느낌. → 분위기: 어둡고 차가움.
배 속에 붕어 새끼 두어 마리 **요동**을 칠 때
화자가 배고픔을 견디고 있음.

→ 저녁 무렵 '나'는 추위와 배고픔을 느낌.

학교 앞 버스 정류장을 지나는데
❶먼저 와 기다리던 선재가
  이 시의 화자   화자의 친구
㉠**내가 멘 책가방 지퍼가 열렸다며 닫아 주었다.**
경제적으로 어려운 '나'가 무안해할까 봐 붕어빵을 몰래 전해 주기 위한 선재의 행동

→ 선재가 '나'의 책가방 지퍼를 닫아 줌.

아무도 없는 집 썰렁한 내 방까지
화자의 부정적 현실을 보여 주는 시구 → 화자의 처지: 외로움.
㉡**붕어빵 냄새**가 따라왔다.
선재가 '나' 몰래 가방 안에 넣어 준 붕어빵 냄새(후각적 심상)

→ 선재가 '나' 몰래 넣어 준 붕어빵 냄새를 맡으며 집에 감.

❷학교에서 받은 우유 꺼내려 가방을 여는데
화자의 부정적 현실을 보여 주는 시구 → 화자의 처지: 경제적으로 풍족하지 않음.
아직 **온기**가 식지 않은 종이봉투에
선재의 따뜻한 마음과 우정을 드러냄.(촉각적 심상)
붕어가 다섯 마리
이 시의 중심 소재: 선재가 준 붕어빵 → 사랑과 배려가 담긴 소재로, 친구의 따뜻한 마음과 우정을 상징함.

→ 가방 안에서 붕어빵 다섯 개를 발견함.

내 열여섯 세상에
1~4연의 일이 화자가 열여섯 살에 겪은 일임을 보여 줌.
가장 따뜻했던 저녁
화자는 선재의 따뜻한 마음을 느끼고 감동을 받음. → 분위기: 따뜻함.

→ 열여섯에 생애 가장 따뜻했던 저녁을 맞이함.

┃ 작가 소개: 복효근(1962~)
시인. 1991년 계간지 『시와 시학』에 시를 발표하면서 활동을 시작하였다. 첫 시집 『당신이 슬플 때 나는 사랑한다』 이후, 『버마재비 사랑』, 『새에 대한 반성문』, 『누우 떼가 강을 건너는 법』, 『어느 대나무의 고백』, 『운동장 편지』 등을 펴냈다.

✪ 소재의 상징적 의미

내 방	화자의 외로운 처지를 보여 줌.
우유	화자의 경제적으로 풍족하지 않은 상황을 드러냄.
붕어빵	화자를 생각하는 선재의 따뜻한 마음과 참다운 우정을 의미함.

시어 풀이
· 한기: 추운 기운.
· 요동: 흔들리어 움직임. 또는 흔들어 움직임.
· 온기: 따뜻한 기운.

시구 풀이
❶ 선재는 '나'에게 붕어빵을 주기 위해 '나'가 평소에 이용하는 학교 앞 버스 정류장에 미리 와서 기다리고 있다. 그러고는 '나'가 무안해할까 봐 책가방 지퍼를 닫아 주겠다고 하면서 붕어빵을 '나' 몰래 가방 안에 넣어 준다. 선재가 마음이 따뜻하고 속이 깊은 친구임을 보여 준다.
❷ 집으로 돌아와 급식 우유로 배고픔을 달래려 하고 있다는 점에서 '나'가 경제적으로 풍족하지 않은 상황에 처해 있음을 짐작하게 한다.

찬찬샘 핵심 강의

• 시의 화자

이 시의 화자는 1~4연의 내용을 보면 열여섯 살 짜리 중학생인 것 같아. 하지만 5연을 보면 어른이 된 화자가 자신의 지난 경험을 이야기하고 있는 것으로 볼 수도 있어. 화자를 어떠한 사람으로 파악하느냐에 따라 시 감상에 차이가 날 수도 있단다.

핵심 포인트

열여섯 살 학생으로 볼 경우	학교가 끝나고 집으로 돌아와 급식 우유로 배고픔을 달래려는 상황
과거를 회상하는 어른으로 볼 경우	자신의 생애에서 가장 따뜻했던 저녁으로 열여섯 살의 추억을 회상하는 상황

• 화자의 상황과 정서

이 시의 화자는 추위와 배고픔을 견디며 집으로 가 따뜻한 밥 대신 급식 우유로 배고픔을 달래려 하고 있지. 이런 화자가 가방에 담긴 붕어빵을 발견했을 때 얼마나 가슴이 뭉클했을지 짐작이 되지? 화자를 어른으로 본다면 자신의 과거를 회상하는 상황으로 볼 수도 있어.

핵심 포인트

상황		정서
경제적으로 어렵고 외로운 처지 / 과거를 회상하는 상황	→	친구가 책가방에 몰래 넣어 준 붕어빵을 통해 따뜻한 감동을 느낌.

• 분위기의 변화

이 시의 1~3연의 '어둠이 한기처럼 스며'드는 저녁, '아무도 없는 집 썰렁한 내 방'은 어둡고 차갑고 외로운 분위기를 조성해. 하지만 4연의 붕어빵이 담긴 '아직 온기가 식지 않은 종이봉투'는 분위기를 따뜻하게 변화시키지. 이런 분위기의 변화를 통해 붕어빵을 통해 전해진 따뜻한 우정을 효과적으로 그려 내고 있어.

핵심 포인트

1~3연	• '어둠이 한기처럼 스며들고' • '아무도 없는 집 썰렁한 내 방'	어둡고 차갑고, 외로운 분위기
↓		
4~5연	• '온기가 식지 않은 종이봉투' • '가장 따뜻했던 저녁'	따뜻한 분위기

콕콕 확인 문제

1. 이 시에 대한 설명으로 적절한 것은?

① 학급 교실에서 일어난 사건을 다루고 있다.
② 시선의 이동에 따라 시상이 전개되고 있다.
③ 대상에 대한 비판적 태도가 드러나고 있다.
④ 촉각적 심상을 통해 화자의 상황과 정서를 표현하고 있다.
⑤ 처음과 끝에 비슷한 내용을 반복하여 운율을 형성하고 있다.

2. 이 시를 감상한 후의 반응으로 적절하지 않은 것은?

① 민철: 1~4연, '내 열여섯 세상' 등으로 볼 때, 이 시의 화자는 열여섯 살의 학생이다.
② 소희: 5연으로 보아, 이 시의 화자를 어른으로도 볼 수 있다.
③ 길현: 화자는 자신의 초등학생 때의 경험을 회상하고 있다.
④ 수민: 3연에는 화자의 외로움의 정서가 드러나 있다.
⑤ 길수: 이 시의 화자는 친구에게서 받은 감동을 이야기하고 있다.

3. 이 시의 분위기를 다음과 같이 설명할 때, ⓐ와 ⓑ를 각각 뒷받침하는 시구로 적절하지 않은 것은?

> 이 시는 시상의 전개에 따라 ⓐ어둡고 차가우며 외로운 분위기에서 ⓑ따뜻하고 훈훈한 분위기로 변화하고 있다.

① ⓐ: '어둠이 한기처럼 스며들고'
② ⓐ: '아무도 없는 집 썰렁한 내 방'
③ ⓑ: '학교에서 받은 우유 꺼내려 가방을 여는데'
④ ⓑ: '아직 온기가 식지 않은 종이봉투'
⑤ ⓑ: '가장 따뜻했던 저녁'

4. ㉠의 행동에 대한 독자의 반응으로 가장 적절한 것은?

① 선재는 미리 '나'의 가방을 열어 놓았어.
② 선재는 '나' 몰래 붕어빵을 전해 주려는 것 같아.
③ '나'는 선재가 거짓말을 하고 있다는 것을 알고 있어.
④ 선재는 '나'가 붕어빵을 좋아하지 않을까 봐 걱정하고 있어.
⑤ 선재는 열리지도 않은 가방을 닫아 주면서 '나'를 놀리고 있어.

| 서술형 |

5. ㉡에 담긴 상징적 의미를 〈조건〉에 맞게 서술하시오.

조건

• 주제가 드러나게 쓸 것.　　• 명사로 끝맺을 것.

학습활동

이해 활동

1. 이 시의 내용을 바탕으로 영상을 만들려고 합니다. 각 장면에 어울리게 이야기를 적어 봅시다. 예시 답 │

추위와 배고픔을 견디며 집으로 가는 '나'

학교 앞 버스 정류장을 지나는 길

선재가 와서 책가방 지퍼가 열렸다며 닫아 줌.

아무도 없는 썰렁한 집으로 돌아옴.

책가방 안에 붕어빵 다섯 개가 들어 있는 걸 발견함.

친구의 따뜻한 마음에 감동하는 '나'

2. 이 시에서 온도감을 드러내는 시구를 찾아 비교해 보고, 그에 따라 시의 분위기가 어떻게 변화하고 있는지를 파악해 봅시다. 예시 답 │

연	시구	분위기
1~3연	• 어둠이 한기처럼 스며들고 • 아무도 없는 집 썰렁한 내 방	차가움, 외로움, 어두움
4~5연	• 온기가 식지 않은 종이봉투 • 가장 따뜻했던 저녁	따뜻함

➕ **보충 자료**

'화자'와 관련된 용어 – 화자의 상황, 정서, 태도, 어조
시에서 말하는 이인 화자를 제대로 이해하기 위해서는 화자의 상황, 정서, 어조 등을 파악할 수 있어야 한다.
화자가 처해 있는 형편이나 처지를 '상황'이라고 하고, 이런 상황에서 화자가 느끼는 감정을 '정서'라고 한다.
그리고 상황에 대처하는 화자의 자세나 대상에 대한 입장 등을 '태도'라고 한다. 또한 화자가 내용을 전달할
때 취하는 목소리나 말투는 '어조'라고 한다.

화자의 상황	화자가 처해 있는 환경이나 처지, 형편
화자의 정서	화자가 이야기하는 대상이나 화자가 처해 있는 상황에 대해 느끼는 감정
화자의 태도	상황에 대처하는 화자의 자세나 대상에 대한 화자의 입장
화자의 어조	화자의 목소리나 말투

1. 시의 내용 파악하기

지학이가 도와줄게!

시의 전반적인 내용을 정리하는 활동이야. 시의 내용을 바탕으로 떠오르는 장면을 순서대로 정리해 보고, 각 장면을 상상하면서 빈칸에 들어갈 내용을 채워 보렴.

시험엔 이렇게!!

1. 이 시의 내용으로 적절하지 **않은** 것은?

① '나'는 추위와 배고픔을 견디며 집으로 가고 있다.
② '나'는 학교 앞 버스 정류장을 지나다가 선재를 만난다.
③ 선재는 '나'에게 붕어빵 다섯 개를 사서 직접 건네준다.
④ '나'의 집에는 아무도 없어 분위기가 썰렁하다.
⑤ '나'는 붕어빵을 통해 선재의 따뜻한 마음을 느낀다.

2. 시의 분위기 파악하기

지학이가 도와줄게!

시의 분위기가 어떻게 변화하는지를 파악하는 활동이야. 이 시에는 온도감을 나타내는 시구가 사용되었어. 온도감은 촉각적 심상과 관련돼. 따뜻함, 차가움, 서늘함 같은 온도감이 드러나는 시구를 시에서 찾아보면 분위기의 변화를 파악할 수 있을 거야.

시험엔 이렇게!! │서술형│

2. 이 시에서 일어난 다음 사건을 전후로 시의 분위기가 어떻게 변화하는지 서술하시오.

> 화자는 책가방 안에 붕어빵 다섯 개가 들어 있는 것을 발견한다.

목표 활동

1. 이 시의 화자를 생각하며 아래의 활동을 해 봅시다.

1. 화자의 관점에 주목하여 작품 수용하기

❶ 이 시의 화자를 다음과 같이 보았을 때, 그 근거를 시에서 찾아 말해 봅시다.

예시 답 |

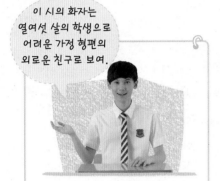

이 시의 화자는 열여섯 살의 학생으로 어려운 가정 형편의 외로운 친구로 보여.

왜냐하면 화자는 학교가 끝나고 아무도 없는 썰렁한 집으로 돌아와 급식 우유로 배고픔을 달래려 하고 있거든.

이 시의 화자는 자신의 지난 경험을 이야기하고 있는 어른 같아.

왜냐하면 화자는 가난하고 어렵던 시절, 자신을 위해 붕어빵 다섯 개를 챙겨 준 친구 선재의 우정으로 감동받았던 과거를 회상하고 있거든.

❷ ❶의 활동을 바탕으로 이 시를 감상한 내용을 자유롭게 말해 봅시다.

예시 답 | • 나는 화자가 열여섯 살의 중학생이라고 생각했어. 화자가 우리 또래의, 우리 주변에 있을 법한 친구로 느껴졌기 때문이야. 그리고 나도 누군가에게 따뜻한 감동을 주는 선재 같은 친구가 되고 싶다는 생각을 했어.
• 나는 화자를 자신의 지난날을 떠올리고 있는 어른이라고 생각했어. 그리고 이 시의 화자에게 떠올릴 수 있는 행복한 과거가 있다는 점이 부러웠어. 나도 그런 기억을 갖고 싶고, 또 누군가에게 그러한 존재가 되고 싶다고 생각했어.

 시 속 세계를 전달하는 눈, 시의 화자

시인은 시의 주제, 분위기 등을 효과적으로 전달할 수 있는 이를 시의 화자로 설정합니다. 따라서 시를 읽을 때 화자의 성별, 나이, 어조, 상황 등을 잘 살펴 감상하면 시를 더 잘 이해할 수 있습니다.

지학이가 도와줄게!

화자를 중심으로 이 시를 감상해 보는 활동이야. 시의 화자는 독자에 따라 다르게 파악하는 경우도 있어. 물론, 그렇게 파악하는 근거가 있어야 하겠지. 시의 내용을 근거로 이 시의 화자가 어떠한 사람일지 먼저 생각해 보렴. 그런 다음 화자의 관점에 주목하여 이 시를 읽으면서 생각하고 느낀 것들을 자유롭게 말해 보자. 화자를 어떠한 사람으로 파악하느냐에 따라 시에 대한 감상도 차이가 날 거야. 그리고 직접 화자가 되어 화자의 입장에서 친구 선재에게 감사의 마음을 표현하는 편지글을 써 보렴.

시험엔 이렇게!!

3. 이 시의 화자를 다음과 같이 파악했을 때, 시에 대한 감상으로 가장 적절한 것은?

> 경제적으로 어렵고 외로운 처지에 놓인 16세 중학생

① 붕어빵에 얽힌 기억을 오래도록 잊지 못하는 화자가 안쓰럽게 느껴져.

② 자신의 과거를 돌아보며 스스로를 성찰하는 것은 참 의미 있는 일이야.

③ 화자는 선재에게 고마움을 표현하지 못한 것을 두고두고 후회하고 있어.

④ 화자는 살아가면서 다른 사람들에게 선재 같은 친구가 되어 주지 못한 것 같아.

⑤ 나도 선재처럼 내 주변의 친구들을 배려할 줄 아는 따뜻한 마음을 지니고 싶어.

3 이 시의 '나'가 되어 선재에게 짧은 편지글을 써 봅시다. 예시 답ㅣ

> **고마운 친구 선재에게**
>
> • 선재야, 어제 집에 가서 내 가방 속의 붕어빵을 보고 울컥했어. 네가 가방 지퍼를 닫아준 뒤부터 붕어빵 냄새가 나는 것 같아 이상하다는 생각은 했지만, 정말로 네가 붕어빵을 주었을 거라고는 생각하지 못했어. 늘 장난치는 것만 좋아하는 까불까불한 친구라고 생각했는데, 친구인 나를 이렇게 생각해 주다니 정말 고맙다. 너와 함께 학창 시절을 보낼 수 있어서 행복해.
>
> • 선재야, 오늘 퇴근길에 붕어빵 파는 곳을 지나다가 네 생각이 났어. 너도 지금쯤 어디에선가 잘 살고 있겠지? 춥고 배고팠던 어느 날, 붕어빵을 사서 내 가방에 넣어 주었던 일을 너는 기억하고 있는지 모르겠다. 너는 잊었을지 몰라도 나에게는 잊을 수 없는 소중한 기억이란다. 네 덕분에 외롭고 가난했던 나의 학창 시절이 행복한 추억으로 남아 있단다. 언젠가 꼭 한번 만나고 싶다.

2. 다음 시를 감상하고, 화자에 따라 시의 느낌이 어떻게 달라지는지 알아봅시다.

> ### 귀뚜라미에게 받은 짧은 편지
> 이 시의 화자로, 편지를 쓴 인물임. → 귀뚜라미를 의인화해 표현함.
>
> 정호승
>
> 울지 마
> 화자가 '너'에게 말을 건네며, 우는 아이를 달래고 위로하고 있음.
> 『엄마 돌아가신 지
> 『 』: 어린아이가 돌아가신 엄마를 그리워하며 울고 있음. → 대상이 처한 상황을 보여 줌.
> 언제인데
>
> 너처럼 많이 우는 애는
> 화자인 '나(귀뚜라미)'의 편지를 받는 대상
> 처음 봤다』 ➡ 돌아가신 엄마를 그리워하며 우는 아이를 위로하는 '나'
>
> 『해마다 가을날
> 계절적 배경: 가을 → 귀뚜라미가 우는 계절
> 밤이 깊으면
> 시간적 배경
> 갈댓잎 사이로 허옇게
> 공간적 배경: 갈대가 우거진 곳
> 보름달 뜨면
> → 이 시의 화자, 귀뚜라미 → 의인화
> 내가 대신 이렇게
> 귀뚜라미가 우는 까닭: '너'를 위로하기 위해서
> 울고 있잖아 ➡ 아이의 슬픔에 공감하며 아이 대신 울어 주는 '나'
> 『 』: 가을밤 갈대밭에서 우는 귀뚜라미를 표현함.
> → ① 애상적이고 쓸쓸한 분위기를 고조시킴.
> ② 우는 아이를 위로하고자 하는 마음을 효과적으로 표현함.

4. 이 시의 화자의 마음을 추측한 내용으로 적절하지 않은 것은?

① 선재에게 무척 고마운 마음이 들었을 것이다.
② 선재에게 힘이 되어 줄 수 있어 기뻤을 것이다.
③ 선재가 속 깊고 마음이 따뜻한 친구라고 생각했을 것이다.
④ 선재가 넣어 준 붕어빵을 발견했을 때 깜짝 놀랐을 것이다.
⑤ 외롭고 힘든 상황에서 선재로부터 위로를 받는 느낌이었을 것이다.

2. 시인의 생각과 감정이 화자를 통해 어떻게 전달되는지 파악하기

지학이가 도와줄게!

새로운 시를 읽어 보면서 시인은 화자를 누구로 설정했고, 어떤 의도로 그러한 화자를 설정했는지 생각해 보렴. 그러고 나서 화자를 다른 인물로 바꾸어 시를 다시 써 보면, 화자에 따라 시의 내용과 느낌이 달라진다는 것을 알게 될 거야.

● **활동 제재 개관**
갈래: 자유시, 서정시
성격: 서정적, 애상적
주제: 돌아가신 엄마에 대한 그리움, 우는 아이를 위로하고자 하는 마음
특징
① 귀뚜라미를 사람처럼 표현함.
② 담담한 어조로 슬픔을 표현함.
③ 가을밤 갈대밭을 배경으로 쓸쓸하고 애상적인 분위기를 드러냄.

1 이 시의 화자는 누구인지 말해 봅시다.

예시 답 | 귀뚜라미

2 시인이 이 시의 화자를 **1**과 같이 설정한 까닭은 무엇일지 생각해 봅시다.

예시 답 | • 화자를 가을밤 갈대밭에서 우는 귀뚜라미로 설정하여 애상적이고 쓸쓸한 시의 분위기를 고조시키기 위해서이다.
• 화자를 아이의 슬픔에 공감하며 대신 울어주는 귀뚜라미로 설정하여 아이를 위로하고자 하는 마음을 더욱 효과적으로 표현하기 위해서이다.

3 이 시의 화자를 〈보기〉 중의 하나로 바꾸어 시를 다시 써 봅시다.

보기 오빠/언니   친구   보름달   강아지

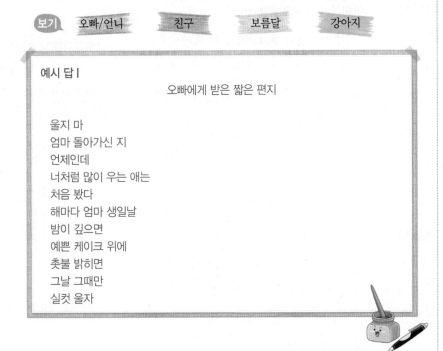

예시 답 |

오빠에게 받은 짧은 편지

울지 마
엄마 돌아가신 지
언제인데
너처럼 많이 우는 애는
처음 봤다
해마다 엄마 생일날
밤이 깊으면
예쁜 케이크 위에
촛불 밝히면
그날 그때만
실컷 울자

4 시의 화자가 바뀌면서 달라진 점들을 말해 봅시다.

예시 답 | • 화자가 '귀뚜라미'에서 '오빠'로 바뀌었다.
• 화자가 대신 울어 주는 것에서 함께 우는 것으로 바뀌었다.
• 가을날 보름달이 뜰 때 우는 것에서 해마다 돌아오는 엄마 생일날에 우는 것으로 바뀌었다.

➕ 보충 자료

의인화된 화자

• 사람이 아닌 사물이나 동식물이 사람처럼 생각하고 느끼고 행동하는 것처럼 표현하여 화자로 설정함.
• 시인의 생각이나 감정을 보다 효과적으로 드러내기 위해 사용함.
• 표현법으로는 비유법의 일종인 의인법에 해당함.

시험엔 이렇게!!

5. 이 시의 화자에 대한 설명으로 적절한 것은?

① 보름달이 뜬 가을밤 집에서 울고 있다.
② 귀뚜라미에게 직접 말을 건네고 있다.
③ 돌아가신 엄마를 잊지 못해 그리워하고 있다.
④ 격앙된 어조로 자신의 심정을 표현하고 있다.
⑤ 쓸쓸하고 애상인 분위기를 조성하고 있다.

6. 이 시의 화자를 '오빠'로 바꾸어 쓰려고 할 때 고려할 만한 사항으로 적절하지 **않은** 것은?

① 화자를 의인화하여 표현의 참신성을 높인다.
② 화자가 우는 장소를 갈대밭에서 집으로 바꾼다.
③ 화자가 우는 시간을 가을밤에서 엄마 생일날로 바꾼다.
④ 화자가 대신 울어 주는 것에서 화자와 함께 우는 것으로 내용을 바꾼다.
⑤ 화자의 슬픔에 공감하고 화자를 위로하는 마음이 잘 드러나게 표현한다.

🐤 창의 · 융합 활동

∥ 다음 글을 읽고, 아래의 활동을 해 봅시다.

따뜻한 조약돌

이미애

6학년 땐가 몹시도 추웠던 겨울이었습
<u>시간적 배경: 초등학교 6학년 때 겨울</u>
니다. 점심시간이면 말없이 사라지는 아이
가 있었습니다. 반 친구들로부터 이유 없
이 따돌림을 받던 아이는 늘 그렇게 혼자
굶고 혼자 놀았습니다. 그러던 어느 날 그
아이가 다가와 쪽지 하나를 내밀었습니다.

"은하야, 우리 집에 놀러 갈래?"

그 애와 별로 친하지 않았던 나는 좀 얼
<u>'나'의 심리 ①: 당황하고 얼떨떨함.</u>
떨떨했지만 모처럼의 제의를 거절할 수가
없었습니다.

"그래, 수업 끝나고 보자."
➜ 그 애가 '나'를 자신의 집으로 초대함.
그날따라 날이 몹시 추웠습니다. 발가
따돌림을 받던 아이의 초대로 '나'가 그 아이의 집에 놀러 간 날
락이 탱탱하게 얼어붙고 온몸이 오그라드
는 것 같았지만 한참을 가도 그 애는 다 왔
다는 말을 하지 않았습니다. 괜히 따라나
<u>'나'의 심리 ②: 후회함.</u>
섰다는 후회가 밀려오고 그냥 집으로 돌아
가고 싶은 생각이 치밀기 시작할 때쯤 그
애가 멈춰 섰습니다.
➜ 그 애 집으로 가는 길에 '나'는 추위에 떨며 고생함.
"다 왔어. 저기야, 우리 집."

그 애의 손끝이 가리키는 곳에는 바람
을 막기도 어렵고 함박눈의 무게조차 지탱
<u>그 애가 몹시 가난한 삶을 살고 있음을 보여 줌.</u>
하기 힘들어 보이는 오두막 한 채가 서 있
었습니다. 퀴퀴한 방 안엔 아픈 어머니와

어린 동생들이 옹기종기 모여 있었습니다.

"아, 안녕하세요?" / "미안하구나. 내가
몸이 안 좋아 대접도 못 하고……."

내가 마음을 풀고 그 애의 동생들과 놀
아 주고 있을 때 품팔이를 다닌다는 그 애
품삯을 받고 남의 일을 해 주는 일. 또는 그런 사람.
아버지가 돌아오셨습니다.

"어이구, 우리 딸이 친구를 다 데려왔네."

그 애 아버지는 딸의 첫 손님이라며 날
'나'(은하)를 가리킴. 그 애가 집으로 초대한 첫 친구
반갑게 대했고, 나는 친구와 즐겁게 놀았
'나'의 심리 ③: 즐거움.
습니다. ➜ 그 애 집에 도착하자 가족들이 반갑게 맞
아 주고 '나'는 친구와 즐겁게 놂.
날이 저물 무렵 그 애 집을 나설 때였습
니다. / "얘야, 잠깐만 기다려라."

"저…… 이거. 줄 게 이거밖에 없구나."
이 글의 중심 소재: 따뜻한 조약돌
그 애 아버지가 장갑 낀 내 손에 꼭 쥐
여 준 것, 그것은 불에 달궈 따뜻해진 조약
딸의 친구인 '나'를 위한 따뜻한 마음, '나'에 대한 사랑과 배려가
돌 두 개였습니다. 하지만 그 조약돌 두 개
담긴 소재
보다 더 따뜻한 것은 그다음 내 귀에 들린
한마디 말이었습니다.

"집에 가는 동안은 따뜻할 게다. 잘 가
그 애 아버지가 '나'를 위해 일부러 준비한 것임을 알 수 있음.
거라."

나는 세상 그 무엇보다 따뜻한 돌멩이 난
'나'의 심리 ④: 감동을 받음.
로를 가슴에 품은 채 집으로 돌아왔습니다.
➜ 집을 떠날 때 그 애 아버지가 '나'를 위해 따뜻한
조약돌을 준비해 건네줌.

소재에 담긴 의미를 이해하
고, 자신의 마음을 표현할 편
지글을 써 보기

◐ 활동 제재 개관
갈래: 수필
주제: 다른 사람을 배려하는 따뜻
한 마음과 거기에서 받은 감동
특징
① '조약돌'이라는 소재에 상징적
의미를 담아 주제를 효과적으
로 드러냄.
② '나'의 심정을 진솔하게 표현하
여 독자에게 잔잔한 감동을 줌.

◐ 상황에 따른 '나'의 심리 변화

상황	심리
그 애가 '나'를 자신의 집으로 초대함.	당황하고 얼떨떨함.
그 애 집으로 가는 길이 너무 멀어 '나'는 추위에 떨며 고생함.	후회함.
그 애 집에 도착하자 가족들이 반갑게 맞아 주고 '나'는 친구와 놂.	즐거움.
그 애 아버지가 따뜻한 조약돌을 준비해 건네줌.	감동함.

◐ '조약돌'의 상징적 의미

'나'를 생각하는, 그 애 아버지의 따뜻한 마음
+
'나'에 대한 사랑과 배려

1. 「세상에서 가장 따뜻했던 저녁」의 '붕어빵'과 이 글의 '조약돌'은 어떤 공통점이 있는지 써 봅시다.

> 예시 답 | 어찌 보면 비싸지 않고 별것 아닌 작은 물건이지만, 주는 이가 상대방을 생각하는 따뜻한 배려의 마음이 담긴 물건이라는 공통점이 있다.

★ 지학이가 도와줄게! – 1

작품에서 두 소재가 각각 어떠한 역할과 기능을 하는지를 파악하는 활동이야. 「세상에서 가장 따뜻했던 저녁」의 '붕어빵'과 이 글의 '조약돌'은 모두 따뜻하다는 속성을 가지고 있어. 이러한 이미지가 작품에서 갖는 의미에 대해 생각해 보렴.

2. 「세상에서 가장 따뜻했던 저녁」의 선재나 이 글의 아버지처럼 누군가에게 도움을 주고자 한다면 어떻게 할지 아래의 빈칸을 채워 봅시다. 예시 답 |

주고 싶은 사람	주고 싶은 물건	이유
내 짝꿍	반창고	넘어질 뻔한 나를 잡아 주다가 대신 넘어져서 다친 상처를 낫게 해 주고 싶기 때문이다.

★ 지학이가 도와줄게! – 2, 3

「세상에서 가장 따뜻했던 저녁」의 선재와 이 글의 아버지는 작지만 소중한 물건을 통해 상대방에게 감동을 선물했어. 이걸 보면, 진심을 표현하기 위해서 꼭 값비싼 물건이 필요한 건 아니라는 것을 알 수 있지? 작지만 따뜻한 마음을 전할 수 있는 작은 물건을 주변에서 찾아보렴. 그리고 그 물건에 자신의 마음을 담아 보는 거야. 평소 힘들어하는 친구에게 위로와 격려를 해 주어도 좋고 도움이 필요한 친구에게 작은 도움을 줄 수 있어도 좋겠지. 하지만 물건만으로 주는 사람의 마음과 생각이 제대로 전달되지 못할 수도 있으니까 물건과 함께, 주는 사람의 마음을 편지에 담아 전달하면 더 좋겠지? 이렇게 자신의 마음을 작은 물건과 편지에 담아 직접 전해 보렴. 주는 사람의 마음이 더 훈훈해지는 기쁨을 느낄 수 있을 거야.

3. 2에서 고른 물건과 함께 전할 짧은 편지글을 써 봅시다.

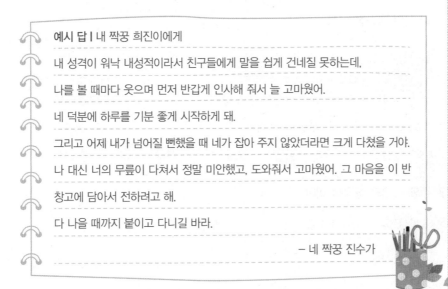

> 예시 답 | 내 짝꿍 희진이에게
>
> 내 성격이 워낙 내성적이라서 친구들에게 말을 쉽게 건네질 못하는데,
>
> 나를 볼 때마다 웃으며 먼저 반갑게 인사해 줘서 늘 고마웠어.
>
> 네 덕분에 하루를 기분 좋게 시작하게 돼.
>
> 그리고 어제 내가 넘어질 뻔했을 때 네가 잡아 주지 않았더라면 크게 다쳤을 거야.
>
> 나 대신 너의 무릎이 다쳐서 정말 미안했고, 도와줘서 고마웠어. 그 마음을 이 반창고에 담아서 전하려고 해.
>
> 다 나을 때까지 붙이고 다니길 바라.
>
> – 네 짝꿍 진수가

소단원 콕! 짚고 가기

소단원 제재

1. 제재 정리

작가	복효근(1962~)	성격	일상적, ①□□□
운율	내재율	제재	붕어빵
주제	친구의 따뜻한 마음과 거기에서 받은 감동		
특징	• 시상의 전개에 따라 어둡고 차가운 분위기에서 밝고 따뜻한 분위기로 변화함. • 화자가 겪은 사건을 진술하면서도 인상 깊은 순간을 포착하여 하나의 장면으로 만들어 냄. • ②□□적 심상을 주로 사용하여 화자의 상황과 정서를 효과적으로 드러냄.		

2. 시의 짜임

1연	2연	3연	4연	5연
저녁 무렵 '나'는 추위와 배고픔을 느낌.	선재가 '나'의 책가방 지퍼를 닫아 줌.	'나'는 붕어빵 냄새를 맡으며 집에 감.	가방 안에서 붕어빵 다섯 개를 발견함.	열여섯에 생애 가장 따뜻했던 저녁을 맞이함.

핵심 포인트

1. 이 시의 화자

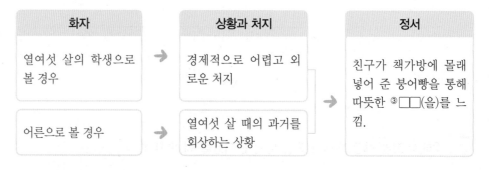

화자	상황과 처지	정서
열여섯 살의 학생으로 볼 경우	경제적으로 어렵고 외로운 처지	친구가 책가방에 몰래 넣어 준 붕어빵을 통해 따뜻한 ③□□(을)를 느낌.
어른으로 볼 경우	열여섯 살 때의 과거를 회상하는 상황	

2. 이 시의 대조적 심상

연	1~3연	4~5연
시구	• 어둠이 한기처럼 스며들고 • 아무도 없는 집 썰렁한 내 방	• 온기가 식지 않은 종이봉투 • 가장 따뜻했던 저녁
내용	부정적인 현실	친구의 ⑤□□
촉각적 심상	④□□□	따뜻함

3. 주요 소재의 상징적 의미

내 방, 우유	화자가 외롭고 경제적으로 풍족하지 않은 처지임을 보여 줌.
⑥□□□	친구를 위하는 선재의 따뜻한 마음과 참다운 우정을 보여 줌.

정답: ① 감각적 ② 촉각 ③ 감동 ④ 차가움 ⑤ 우정 ⑥ 붕어빵

[01~04] 다음 글을 읽고, 물음에 답하시오.

어둠이 한기처럼 스며들고
배 속에 붕어 새끼 두어 마리 요동을 칠 때

학교 앞 버스 정류장을 지나는데
먼저 와 기다리던 선재가
내가 멘 책가방 지퍼가 열렸다며 닫아 주었다.

아무도 없는 집 썰렁한 내 방까지
붕어빵 냄새가 따라왔다.

학교에서 받은 우유 꺼내려 가방을 여는데
아직 온기가 식지 않은 종이봉투에
붕어가 다섯 마리

내 열여섯 세상에 / 가장 따뜻했던 저녁

01. 이 시에 대한 감상으로 가장 적절한 것은?

① 우정과 배려의 가치에 대해 이야기하고 있다.
② 과거를 돌아보며 가슴 아팠던 일을 고백하고 있다.
③ 잘못을 진심으로 뉘우치는 모습을 보여 주고 있다.
④ 함께 살아가기 위해 희생이 필요함을 전하고 있다.
⑤ 세상의 문제점을 날카로운 시선으로 파헤치고 있다.

02. 이 시의 주된 표현 방법과 효과로 적절한 것은?

① 시선의 이동에 따라 시상을 전개하고 있다.
② 대조적 심상을 통해 주제를 드러내고 있다.
③ 동일한 시행을 반복하여 운율을 형성하고 있다.
④ 의인화된 화자를 통해 친근감을 느끼게 하고 있다.
⑤ 각 연마다 비슷한 표현을 사용하여 의미를 강조하고 있다.

03. 이 시의 분위기에 대한 설명으로 적절한 것은?

① 슬프고 우울한 분위기가 지속되고 있다.
② 다정하고 정겨운 분위기가 지속되고 있다.
③ 조용하던 분위기가 점차 시끄럽게 바뀌고 있다.
④ 엄숙한 분위기가 자유로운 분위기로 바뀌고 있다.
⑤ 어둡고 차가운 분위기가 밝고 따뜻하게 바뀌고 있다.

| 서술형 |

04. 〈보기〉는 이 시의 화자에 대해 학생들이 나눈 대화이다. 빈칸에 들어갈 내용을 〈조건〉에 맞게 쓰시오.

┤ 보기 ├

학생 1: 이 시의 화자는 _____ 인 것 같아. 학교가 끝나고 집으로 돌아와 급식 우유로 배고픔을 달래려다 친구 선재로 인해 열여섯 생애 중 가장 행복한 저녁을 맞고 있거든.
학생 2: 내 생각에 이 시의 화자는 자신의 과거를 회상하고 있는 어른인 것 같아. 가난하고 어렵던 시절, 자신에게 붕어빵을 챙겨 준 친구 선재로 인해 감동 받았던 과거를 회상하고 있거든.

┤ 조건 ├

• 화자의 나이와 신분, 처지가 드러나게 쓸 것.
• 명사로 끝맺을 것.

[05~06] 다음 글을 읽고, 물음에 답하시오.

울지 마 / 엄마 돌아가신 지 / 언제인데
너처럼 많이 우는 애는 / 처음 봤다
해마다 가을날 / 밤이 깊으면
갈댓잎 사이로 허옇게 / 보름달 뜨면
㉠내가 대신 이렇게 / 울고 있잖아

– 정호승, 「귀뚜라미에게 받은 짧은 편지」

05. 이 시에 대한 설명으로 적절하지 않은 것은?

① 쓸쓸하고 애상적인 분위기가 느껴진다.
② 화자는 과거를 회상하며 슬픔을 느끼고 있다.
③ 귀뚜라미가 우는 가을밤을 배경으로 하고 있다.
④ 화자가 '너'에게 말을 건네는 식으로 표현하고 있다.
⑤ 화자가 돌아가신 엄마를 그리워하는 아이에게 편지를 쓰는 상황을 설정하고 있다.

| 서술형 |

06. ㉠을 통해 시인이 표현하고자 한 내용을 〈조건〉에 맞게 한 문장으로 쓰시오.

┤ 조건 ├

• 주제가 드러나게 쓸 것.
• 화자가 누구인지 쓸 것.

② 내가 그린 히말라야시다 그림

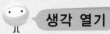 **생각 열기** --------------------------------○

다음은 주세페 아르침볼도의 「채소 기르는 사람」입니다. 그림을 보고, 아래의 활동을 해 봅시다.

• 이 그림을 거꾸로 놓고 보면 무엇으로 보이는지 말해 봅시다.

예시 답 | 인물의 이목구비가 모두 채소로 이루어진 사람의 모습

• 보는 각도에 따라 그림이 달라지는 또 다른 예를 찾아봅시다.

예시 답 | 검은 머리의 귀부인으로 보이기도 하고 흰색 두건을 쓴 할머니로도 보이는 그림

○ 이렇게 열자 ○

이 그림의 제목은 '채소 기르는 사람'이다. 그런데 채소는 보이는데 사람이 보이지 않는다. 하지만 이 그림을 거꾸로 놓고 본다면, 분명 사람의 모습이 보인다. 그림은 그대로인데, 이처럼 바라보는 각도에 따라 그림 속 대상은 달라질 수 있는 것이다. 이를 통해 어떻게 바라보느냐가 얼마나 중요한 문제인지 알 수 있다.

문학 작품 역시 누구의 시선을 통해 어떻게 서술되느냐에 따라 내용이 달라질 수 있다.

'생각 열기'를 통해 서술자의 관점에 유의하여 작품을 감상하는 것이 얼마나 중요한지를 이해하도록 한다.

🔖 이 단원의 학습 요소

학습 목표 | 서술자의 관점에 주목하여 작품을 수용할 수 있다.

서술자의 관점을 중심으로 작품 감상하기	▶ 서술자의 특징과 그에 따른 효과를 파악하고 서술자의 관점을 중심으로 작품을 감상한다.
서술자를 달리하여 재구성하거나 관점을 달리하여 표현하기	▶ 서술자를 달리하여 작품을 재구성하거나 관점을 달리하여 새롭게 표현한다.

소단원 바탕 학습

핵심 개념 미리 보기

1. 서술자의 개념

- 소설의 분위기, 주제 등을 독자에게 효과적으로 전달하기 위해 작가가 내세운 존재
- 소설에서 독자에게 이야기를 전달하는 존재
- 소설에서 인물, 사건, 배경을 서술하는 주체

2. 서술자의 역할

- 배경을 제시하고 인물을 소개하며 사건을 전달한다.
- 서술자가 누구이고 어떤 관점을 취하느냐에 따라 소설의 내용과 분위기가 다르게 전달된다.

3. 소설의 시점

- 시점의 개념: 서술자가 인물이나 사건을 바라보는 위치와 태도
- 시점의 분류 기준
  - 서술자의 위치: 서술자가 어디에 있느냐?

위치＼태도	인물의 심리나 사건의 속사정까지 알고 서술	인물의 행동이나 사건을 관찰하여 서술
이야기 안	1인칭 주인공 시점	1인칭 관찰자 시점
이야기 밖	3인칭 전지적 시점	3인칭 관찰자 시점

  - 서술자의 태도: 서술자가 어떤 태도로 서술하느냐?

- 시점의 종류

1인칭 주인공 시점	• 이야기 속 등장인물인 '나'가 주인공이 되어 자신의 이야기를 서술함. • 독자에게 친근감과 신뢰감을 줌.
1인칭 관찰자 시점	• 이야기 속 등장인물인 '나'가 관찰자가 되어 다른 주인공의 이야기를 서술함. • '나'의 눈에 비친 세계만을 제한적으로 그려 내기 때문에 독자의 상상력을 자극함.
3인칭 전지적 시점	• 이야기 밖의 서술자가 신과 같은 위치에서 인물의 심리나 사건의 속사정까지 다 알고 구체적으로 서술함. • 서술자가 사건 전개에 광범위하게 관여하므로 독자의 상상력이 제한될 수 있음.
3인칭 관찰자 시점	• 이야기 밖의 서술자가 등장인물의 행동이나 사건을 관찰하여 서술함. • 독자의 무한한 상상이 가능함.

제재 훑어보기

내가 그린 히말라야시다 그림(성석제)

- **해제**: 어린 시절 어느 한 사건을 겪은 두 인물이 각각 어떠한 선택과 대처를 했는가에 따라 서로 다른 인생을 살게 됨을 보여 주는 작품이다. '0'과 '1'의 서로 다른 서술자가 유년 시절에 겪었던 일을 서로 다르게 바라보고 전달하고 있다.
- **갈래**: 현대 소설, 단편 소설, 성장 소설
- **시점**: 1인칭 주인공 시점의 교차 ┌ 둘 이상의 것이 한곳에서 서로 맞닿거나 엇갈림.
- **제재**: 사생 대회와 히말라야시다 그림
- **주제**: 선택의 갈림길에 선 아이들의 갈등과 성장
- **특징**
  ① 한 사건을 바라보는 서로 다른 두 서술자의 시점을 교차함으로써 갈등과 그 대응 방식이 대조적으로 잘 드러남.
  ② 역순행적 구성 방식을 통해 과거의 사건과 행동이 현재에 어떤 영향을 미쳤는지를 잘 드러냄.
  └ 시간의 흐름이 자연적인 시간의 흐름과 달리 현재에서 과거로 거슬러 올라가는 구성 방식
- **구성**

발단	'0'과 '1'의 '나'는 초등학교 4학년 때의 사건으로 다른 삶을 살게 됨.
전개	'0'의 '나'는 3학년 때 4학년 대신 사생 대회에 나가 장원을 함.
위기	'0'과 '1'의 '나'는 4학년 때 사생 대회에 참가함.
절정	'0'의 '나'가 장원으로 상을 받았으나 사실 장원작은 '1'의 '나'의 것이었으며, 그 사실을 둘 다 밝히지 않음.
결말	성인이 된 '0'과 '1'의 '나'는 각자의 삶을 살아감.

내가 그린 히말라야시다 그림 _성석제

0

발단 1 **1** 그때 말해야 했을까? 아니, 모르겠어. 다시 그때가 된다면 내 입으로 말

'0'의 서술자로 이 소설의 주인공임. → 1인칭 주인공 시점

초등학교 4학년 때로, '절정 2' 부분에서 서술한 사건이 일어난 때를 말함.

할 수 있을까. 아니 그것도 몰라. 내가 아는 건 ㉠내가 말할 수 있었지만 말하지

이 소설의 중심 사건

않은 그 일 때문에 내 삶이 달라졌다는 거야. 그래, 달라졌어. 그 일이 아니었다

'그 일'이 '나'의 삶에 미친 영향 ①: '나'가 현재 화가라는 직업을 갖게 함.

면 나는 다른 직업을 가졌겠지. 남을 속이는 교활한 장사꾼? 명령에 충실하게 따

르는 군인? 뭘 했을지는 몰라도 지금처럼 그림을 그리고 있지는 않겠지.

현재 '나'의 직업: 화가

그 일이 일어난 건 내 탓이 아냐. 그건 확실히 그렇다고 말할 수 있어. 우연이

야. 아니 누군가의 실수지. 내 실수는 아니라구.

→ 우연히 일어난 '그 일' 때문에 '나'의 삶이 달라짐.

교과서 날개

2 나는 그림에 천재적인 재능이 있어. 겉으로 보면 그래. 지금 내가 그린 그림이

현재 '나'가 재능을 인정받는 뛰어난 화가임을 보여 줌.

우리나라에서 가장 유명한 *화랑의 벽을 장식하고 값비싸게 팔리고 있는 것만 봐

도. 이런 *척도를 *속물적이라고 해도 할 수 없어. 사실이 그러니까. 내가 재능이

그림의 값으로 재능의 정도를 재는

없으면 내 그림을 산 사람들이 엄청나게 손해를 보게 되겠지. 그러니까 아무도

의심하지 않아. / 나 혼자 내 재능을 의심하지. 나를 의심해 왔지. 그날 그 일이

'그 일'이 '나'의 삶에 미친 영향 ②: '나'가 화가로서의 재능을 의심하며 살게 만듦. → 독자에게 '그 일'에

있은 뒤부터. 혼자서만, 조용히, 아무도 모르게, 그 누구도, 나를 미술의 길에 들

대한 흥미를 유발함.

어서게 한 아버지도 모르게, 만난 이후 수십 년 동안 내가 그림을 그릴 때마다 격

려하고 내가 벽에 막혀 더 나가지 못하고 서성거리거나 좌절할 때마다 나를 위로

해 준 내 아내도 모르게. 내게 이런저런 상을 안겨 준 평론가들, *원로들, 스승들

이라고 알 수 있었겠어? ❶나는 이런 내 마음속을 들키지 않으려고 무진 애를 썼

화가로서의 재능을 스스로 의심하는 것

지. 내가 타고난 재능을 한 번도 의심해 본 적이 없는 것처럼 말하고 다녔지. 고

자신의 재능을 의심하는 속마음을 들키지 않기 위해 일부러 더 강한 모습을 보임.

개를 쳐들고 상대의 눈을 쏘아보며.

→ '그 일' 때문에 '나'는 아무도 의심하지 않는 자신의 재능을 의심하며 살아옴.

3 생각해 봐야겠어. 왜 그 일이 생겨났는지. 『그 일은, 그 사건의 싹은 초등학교

과거를 회상함. → 역순행적 구성   □: 과거의 시간적 배경

3학년 때 자라기 시작했어. 그래, 천수기 선생님. 천 선생님이 내 담임 선생님이

『』: '그 일'의 실마리가 되는 사건. '나'의 아버지의 초등학교 동창인 천수기 선생님이 '나'의 담임 선생님이 됨.

되면서부터야. 선생님은 아버지의 초등학교 동창이었어.』졸업생이 스무 명도 안

되는 학교의 동창. 두 사람은 그 졸업생 중에서도 가장 친한 친구였지. 한 사람

'나'의 담임 선생님(천수기 선생님)

은 교사가 되었지만 한 사람은 그렇게 되고 싶어 하던 화가가 못 되고 농사를 짓

'나'의 아버지

는 사람이 되었어. 졸업한 이후 각자 서른 살이 되기까지 만나지 못했지만, 서로

를 잊지 않고 있었지. → '그 일'의 실마리가 되는, 초등학교 3학년 때의 담임 선생님(천수기 선생님)을 회상함.

- '0'의 서술자와 시점 파악하기
- 역순행적 구성 방식 이해하기
- '그 일'이 '나'의 삶에 미친 영향 이해하기

| 작가 소개: 성석제 (1960~)
소설가. 주로 소외당하는 사람들을 그렸으며, 유머와 풍자 속에서도 인간을 향한 따뜻한 시선을 선보이고 있다. 주요 작품으로 「그곳에는 어처구니들이 산다」, 「황만근은 이렇게 말했다」 등이 있다.

읽기 중 활동

교과서 날개
0의 '나'는 어떤 일을 하는 사람일지 말해 봅시다.
→ 그림을 그리고 있는 것으로 보아 화가이다.

어휘 풀이
- 화랑(畫廊): 그림 따위의 미술품을 진열하여 전람하도록 만든 방.
- 척도(尺度): 평가하거나 측정할 때 근거로 삼을 기준.
- 속물적: 교양이 없거나 식견이 좁고 세속적인 일에만 신경을 쓰는. 또는 그런 것.
- 원로(元老): 한 가지 일에 오래 종사하여 경험과 공로가 많은 사람.

어구 풀이
❶ '그 일'로 인해 평생 동안 '나'가 겪어 온 내적 갈등을 보여 준다. 겉으로는 자신의 천재적인 재능을 의심하지 않는 것처럼 행동해 왔으나, 실제로는 자신의 화가로서의 재능을 의심하며 괴로워했음을 보여 준다. '그 일'이 '나'의 삶에 미친 영향이 얼마나 큰지를 짐작하게 한다.

찬찬샘 핵심 강의

• '0'의 서술자와 시점

우리는 서술자의 관점을 중심으로 소설을 감상해 볼 거야. 그렇다면 서술자가 누구인지부터 파악해야 하겠지? '0'이라고 된 부분의 서술자는 '나'로, 이야기 속에 직접 등장하는 인물이야. '나'는 자신의 속마음을 솔직하게 드러내며 자신의 삶을 달라지게 만든 중요한 사건인 '그 일'에 대한 이야기를 들려주고 있어. 따라서 '나'가 이 소설 속 주인공임을 알 수 있지. 그렇다면 이 소설의 시점은 1인칭 주인공 시점이 되겠지? 그럼 이 소설의 서술자이자 주인공인 '나'는 어떤 인물일까? ❶과 ❷를 보면, 현재 직업은 화가야. 그것도 천재적인 재능을 인정받는 뛰어난 화가이지. 하지만 마냥 행복해 보이진 않아. 과거의 '그 일'로 인해 내적 갈등을 겪으며 살아가고 있으니까.

▶핵심 포인트◀

서술자	시점
• 이 소설의 주인공 '나'임. • 현재의 직업은 화가임. • '그 일'로 인해 화가로서의 재능을 의심하며 내적 갈등을 겪어 옴.	→ 1인칭 주인공 시점

• 역순행적 구성 방식

❶에서 과거의 '그 일' 때문에 현재 '나'의 삶이 달라졌다는 서술자의 이야기를 듣고 있으면, '그 일'이 정말 궁금해지잖아. 서술자는 이렇게 현재 자신이 뛰어난 화가라는 것을 이야기한 후에, 스스로의 재능을 끊임없이 의심하게 만든 과거의 '그 일'이 무엇인지를 ❸에서부터 우리에게 들려주고 있어. 현재에서 과거로 거슬러 올라가는 역순행적 구성 방식을 취해 독자의 호기심을 자극하는 거지.

▶핵심 포인트◀

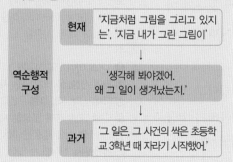

역순행적 구성	현재	'지금처럼 그림을 그리고 있지는', '지금 내가 그린 그림이'
	↓	'생각해 봐야겠어. 왜 그 일이 생겨났는지.'
	↓ 과거	'그 일은, 그 사건의 싹은 초등학교 3학년 때 자라기 시작했어.'

콕콕 확인 문제

1. 이와 같은 글을 감상하는 방법으로 적절하지 <u>않은</u> 것은?
① 인물의 갈등 전개 과정을 파악한다.
② 서술자의 관점에 주목하여 감상한다.
③ 주요 소재의 의미와 역할을 이해한다.
④ 사건이 일어나는 시대적 배경을 파악한다.
⑤ 작가의 실제 경험과 허구적인 상상을 구분한다.

2. 이 글의 구성 방식에 대한 설명으로 적절한 것은?
① 시간의 흐름에 따라 사건이 전개된다.
② 현재 시점에서 과거를 회상하고 있다.
③ 공간의 이동에 따라 이야기가 펼쳐진다.
④ 외부 이야기 속에 내부 이야기가 들어 있다.
⑤ 상상과 현실을 오가는 입체적 구성을 취하고 있다.

3. 이 글의 시점에 대한 설명으로 적절한 것은?
① 이야기 밖의 서술자가 사건의 전모를 파악하여 전달하고 있다.
② 이야기 속 인물인 '나'가 다른 인물의 외면만을 서술하고 있다.
③ 이야기 밖의 서술자가 인물의 말과 행동을 관찰하여 보여 주고 있다.
④ 이야기 속 인물인 '나'가 관찰한 것을 객관적인 태도로 서술하고 있다.
⑤ 이야기 속 인물인 '나'가 주인공이 되어 자신의 이야기를 들려주고 있다.

4. 이 글에서 알 수 있는 ㉠의 내용으로 적절한 것은?
① '나'의 실수로 발생한 사건이다.
② 초등학교 3학년 때 일어난 일이다.
③ 담임 선생님과 아버지의 갈등이 원인이 되었다.
④ 현재의 직업을 갖는 데 결정적인 영향을 미쳤다.
⑤ 오랫동안 잊고 있다가 최근에 기억이 되살아났다.

|서술형|
5. ❷에 드러나는 '나'의 내적 갈등을 <조건>에 맞게 서술하시오.

> 조건
> • '그 일'이 '나'에게 미친 영향과 관련지어 쓸 것.
> • 한 문장으로 쓸 것.

4 아버지는 염소를 팔러 나갔다가 장터에서 선생님과 마주쳤어. 두 사람은 십수 년 만에 만난 ⓐ어린 시절 친구를 금방 알아보지는 못했어. 선생님은 밀짚모자를 쓰고 흙탕물이 튄 옷을 입은 농부에게서 어린 시절 친구의 모습을 떠올리면서 그의 행동을 유심히 바라보고 있었지. 선생님이 지켜보는 동안 아버지의 염소가 팔렸고 ㉠아버지는 돈을 손에 든 채 읍내에 하나밖에 없는 *화방으로 갔다지. 그 걸 보고 선생님은 아버지가 어린 시절 친구라는 걸 확신했지. 군 전체 인구가 20만 명, 읍내에 사는 인구가 5만 명 정도밖에 안 되는 작은 도시에서 화방까지 가서 그림 재료를 살 사람은 흔치 않았지. 미술 선생님이라면 그럴 수도 있겠지만 아버지는 장화를 신고 염소의 목에 달려 있던 방울을 손에 쥔 농부였어. ㉯선생님은 아버지를 뒤따라 화방 안으로 들어갔고, 두 사람은 거기서 서로에게 남아 있는 어릴 때의 옛 모습을 찾아냈지. 다가서서 손을 맞잡았어.

'나'의 아버지 ┃ 선생님은 아버지의 어린 시절 꿈이 화가라는 것을 알고 있기 때문 ┃ 아버지의 현재 직업: 농부 ┃ '나'의 아버지와 천수기 선생님의 만남. → 앞으로 일어날 '그 일'의 실마리가 됨.

➜ 초등학교 동창이었던 '나'의 아버지와 천수기 선생님이 십수 년 만에 우연히 만남.

5 "자네는 공부를 잘하더니만 결국 공부를 가르치는 선생님이 되었군. 양복과 자전거가 잘 어울려. 어디 사는가?"

선생님이 근무하는 초등학교 근처에 산다고 말하고는 아버지에게 아직도 그림을 그리느냐고 물었어.
아버지가 초등학교 시절에 그림 그리기를 좋아했음을 보여 줌.

▸교과서 날개
"어, ⓑ내 아들놈이 지금 열 살이야. 난 아버님의 유언 때문에 그림을 포기한 대신 장가는 일찍 갔다네. ❶㉡그 애가 그림에 재능이 있는지는 모르겠지만, 내가 그래도 한때 그림을 좀 그렸던 사람으로서 재료는 좋은 걸 써야겠기에 우리 형편에는 좀 *과분하지만 이리로 온 걸세."
아버지가 화가가 아닌 농부가 된 까닭

아버지는 화방에서 권하는 크레파스와 스케치북을 집어 들었어. 선생님은 아들이 어느 학교에 다니느냐고 물었어. 아버지는 ⓒ내가 다니는 학교를 말했고 그 학교는 바로 선생님이 막 전근 온 학교였어. 선생님은 마침 3학년 담임을 맡은 터였지.
이 소설의 주인공이자 서술자인 '나'(백선규)

"그럼 자네 아들 이름이?" / "선규일세. ⓓ백선규."

선생님은 소리 내어 웃었지. 선생님 반에 우연히 내가 있었기 때문에. ❷이 우연 때문에 내 인생이 달라진 걸까. 아니야. 자신이 담임을 맡은 반에 친구의 아들이 있다는 게 흔한 일은 아니라도 있을 수 있는 일이지. 문제는 그다음이야.
'나'의 아버지의 친구가 '나'의 담임 선생님이 됨.
그날 저녁 집에 온 아버지는 내게 말했어.

"읍에서 네 담임 선생님을 만났다. 그 사람이 아버지의 친구더라. 그렇다고 ⓔ너를 다른 아이들보다 잘 봐줄 거라고 생각하지는 마라. 오히려 이 아비의 얼굴에 *먹칠을 하지 않으려면 다른 아이들보다 훨씬 더 노력해야 한다."

➜ 아버지는 '나'가 천수기 선생님 반의 학생임을 알게 됨.

읽기 중 활동

교과서 날개
아버지가 자기 형편에 과분한 그림 재료를 산 까닭은 무엇일까요?
→ 아버지는 할아버지의 유언 때문에 화가가 되기를 포기했지만, 아들에게는 좋은 재료로 그림을 그리게 해 주고 싶었기 때문이다.

어휘 풀이
· 화방(畫房): 그림을 그리는 데에 필요한 기구나 물감 따위를 파는 가게.
· 과분하다(過分——): 분수에 넘쳐 있다.
· 먹칠: 명예, 체면 따위를 더럽히는 짓을 비유적으로 이르는 말.

어구 풀이
❶ 아버지는 염소를 판 돈으로 읍내에 하나밖에 없는 화방에 가서 그림 재료를 산다. 어려운 형편에도 불구하고 아들에게 좋은 그림 재료를 사 주려는 모습에서 아들이 좋은 화가가 되기를 바라는 아버지의 마음과 아들에 대한 사랑을 느낄 수 있다.
❷ '나'의 아버지의 친구가 '나'의 담임 선생님이 되었다는 사실 자체가 아니라, 그런 우연으로 인해 그 이후에 발생할 사건이 '나'의 삶에 영향을 미치게 될 것임을 짐작할 수 있다.

・'선생님과 아버지의 만남'의 의미

'0'의 서술자인 '나'는 자신의 삶에 큰 영향을 미친 '그 일'을 회상하기 위해 제일 먼저 초등학교 3학년 때 담임 선생님인 천수기 선생님과 자신의 아버지와의 만남을 이야기하고 있어. 그들의 만남은 어떤 의미를 지니고 있을까? 우린 **5**에 나오는 선생님과 아버지의 대화에서 중요한 정보를 얻을 수 있어. 아버지는 화가가 꿈이었지만 할아버지의 유언 때문에 꿈을 포기하고 농부가 되었어. 하지만 자기 아들을 위해 이런 작은 도시에서 화방까지 가서 그림 재료를 사 줄 만큼의 열정을 가지고 있어. 그러니 선생님은 친구의 재능을 이어받았을지도 모를 아들에게 그 재능을 꽃피울 좋은 기회를 마련해 주고 싶어 할 것임을 추측할 수 있겠지. 심지어 그의 아들이 자기 반 학생이 되었으니까 말이야.

▸핵심 포인트◂

선생님과 아버지의 만남	아버지의 화가로서의 재능을 알고 있는 선생님이 자신의 반에 그의 아들인 '나'가 있음을 알게 됨. → 선생님은 '나'에게도 있을지 모를 화가의 재능을 키워 주고자 일을 벌이게 됨.

・'나'에 대한 아버지의 태도

4와 **5**에서 아버지는 어려운 형편에 과분한 그림 재료를 사고 있어. 아들이 그림에 재능이 있는지는 모르겠다고 하면서도 자신처럼 화가로서의 재능이 있다면 가난해도 그 꿈을 펼칠 최소한의 기회는 만들어 주고자 하는 거야. 이런 아버지의 태도는 이후 등장하는 '1'의 아버지의 태도와 여러 면에서 대조가 되기 때문에 중요하단다.

▸핵심 포인트◂

아버지의 말과 행동		아버지의 태도
・행동: 염소를 판 돈으로 읍내에 하나밖에 없는 화방에 가서 그림 재료를 삼. ・말: "그 애가 그림에 재능이 있는지는 모르겠지만, 내가 그래도 한때 그림을 좀 그렸던 사람으로서 재료는 좋은 걸 써야겠기에 우리 형편에는 좀 과분하지만 이리로 온 걸세."	→	・자신은 가정 환경 때문에 화가의 꿈을 접었지만, 아들은 좋은 화가가 되기를 바람. ・가난해도 자녀가 꿈을 펼칠 최소한의 기회는 마련해 주고자 함.

6. 이 글에 대한 설명으로 적절한 것은?

① 주인공은 '나'의 아버지이다.

② 서술자는 이야기 속 등장인물인 '나'이다.

③ 구성 단계상 갈등이 점차 고조되는 부분에 해당한다.

④ 아버지와 선생님의 갈등을 중심으로 사건이 전개된다.

⑤ 농촌을 배경으로 하여 농촌 사회의 향토적이고 토속적인 분위기를 그려 내고 있다.

7. 이 글에 등장하는 '아버지'에 대한 설명으로 적절하지 <u>않은</u> 것은?

① 결혼을 일찍 하였다.

② 초등학교에 다니는 아들이 있다.

③ 염소도 기르고 농사도 짓는 농부이다.

④ 어렸을 때 그림 그리는 것을 좋아하였다.

⑤ 경제적으로 여유 있는 생활을 하고 있다.

8. ㉠과 ㉡에서 알 수 있는 '나'에 대한 아버지의 태도로 적절한 것은?

① '나'가 불가능에 도전하는 삶을 살기를 바란다.

② '나'가 재능보다 노력이 더 중요함을 깨닫기를 바란다.

③ '나'가 꿈을 펼칠 최소한의 기회는 만들어 주고자 한다.

④ '나'가 자신이 처한 현실에 맞는 꿈을 가지기를 바란다.

⑤ '나'가 자신보다 가족을 더 먼저 생각하는 사람이 되기를 바란다.

9. ⓐ~ⓔ 중, 가리키는 대상이 나머지와 <u>다른</u> 하나는?

① ⓐ　　　　② ⓑ　　　　③ ⓒ

④ ⓓ　　　　⑤ ⓔ

|서술형|

10. ㉮를 〈보기〉의 시점으로 바꾸어 〈조건〉에 맞게 쓰시오.

・'선생님'이 서술자인 1인칭 주인공 시점

・인물을 지칭하는 말을 바꾸어 쓸 것.

6 다음 날 아침, 조회가 끝난 뒤에 선생님이 나를 부르고는 복도에 세워 놓은 채 말했어. / "네 아버지가 내 친구라는 걸 들었겠지? 그렇지만 선생님은 친구의 아들이라고 봐주지는 않는다. 뭐든지 더 열심히 해야 해. 알았느냐?"

나는 두 사람 모두에게 고개를 끄덕이며 "예." 하고 대답했지만 두 사람의 마음
_{아버지와 선생님}
에 들기 위해 뭘 어떻게 열심히 해야 할 줄은 몰랐어. <u>내가 그때 열심히 하고 싶은</u>
<u>건 딱 한 가지, 열심히 공을 차는 거였어. 나는 축구를 좋아했어.</u> 아이들과 공을
_{초등학교 3학년 때 '나'는 그림 그리기엔 큰 관심이 없고 축구를 좋아함.}
차며 날이 어두워질 때까지 운동장에서 놀다가 집까지 십 리나 되는 길을 여우를 만날까 도깨비를 만날까 무서워하며 달려가는 일이 거의 매일 반복되고 있었어.

→ '나'는 선생님의 말씀에 열심히 하겠다고 대답했지만 당시에는 공 차는 것을 가장 좋아함.

> **발단 1** '0'의 이야기: 초등학교 3학년 때 '나'의 아버지와 천수기 선생님이 만난 일을 회상함.

1

↙교과서 날개   ↖현재 시점
> **발단 2** **7** ❶<u>난 그림을 좋아해.</u> 오늘도 미술관에 나와서 전시된 그림을 보았어. 유
_{'1'의 서술자로 이 소설의 또 다른 주인공임. → 서술자의 변화. 1인칭 주인공 시점의 교차}
명한 전시회가 열리는 미술관이나 박물관은 어쩌다 한 번 가지만 일주일에 한두 번은 화랑과 작은 미술관이 즐비한 거리를 돌아다니지. 걷고 또 걸으며 돌아다니다 눈과 다리가 아프면 찻집 '고갱과 고흐'로 가곤 해. <u>여기서 따뜻한 커피를 마</u>
<u>시면서 창문 밖으로 걸어가는 사람들의 옷차림과 얼굴빛과 하늘의 색깔을 비교</u>
_{'나'가 여유 있는 삶을 살고 있음을 짐작하게 함.}
<u>해 보지.</u> 사람의 배경이 되는 나무줄기의 빛깔과 나뭇잎을 흔드는 바람에서 무슨 느낌을 얻기도 해. / 『바람을 그릴 수 있을까? 바람은 보이지 않아서 그릴 수 없
어. 하지만 바람 때문에 휘어지는 나뭇가지, 바람에 뒤집히는 우산을 통해 바람
_{『 』: 보이지 않는 바람을 그림으로 표현하는 방법}
을 표현할 수는 있어.』그런 일이 그림이 할 수 있는 영역이라고 나는 생각하곤
_{보이지 않는 것도 표현할 수 있는 일}
해. 그림에 대한 정의라고 할 수는 없지만, 나는 학자도 비평가도 화가도 아니니까, 그냥 그림을 좋아하고 좋은 그림을 바라보고 있으면 기분이 좋아지는 °애호
_{서술자인 '나'가 자신의 특징을 직접 서술함. → 1인칭 주인공 시점의 특징}
가로서 내 마음대로 생각할 거야. → '나'는 그림을 좋아하고 그림 감상이 취미인 그림 애호가임.

8 물론 진짜 예술가라면 이 세상에 존재하는 모든 것을 표현할 수 있겠지. 바람도 붙들어서 °화폭 안에 고정하고 구름도 악보 안에 잡아 놓고. 시간도 그렇게 하는 거지. 시간, 시간도 무대와 음악과 화폭 속에 붙들어 영원하게 만들겠지. <u>좋은 그림</u>
<u>을 보고 있으면 시간 가는 줄 몰라.</u> 화가는 가는 시간을 화폭에 담아서 잡아 놓고
_{'나'가 그림 감상을 무척 좋아하는 인물임을 보여 줌.}   _{'나'가 백선규를 떠올리게 하는 계기가 된 생각}
다른 사람의 시간은 마냥 흘러가도 모른 척하는 사람일까? 그럴지도 몰라. ❷<u>내가</u>
<u>아는 사람이라면, 그렇게 하고도 시치미를 뚝 떼고 "난 잘못한 거 없소." 할 인물이</u>
_{'0'의 서술자인 백선규를 말함.}
지. 그 사람, 백선규. 나와 같은 고향 출신이고, 같은 초등학교를 나왔는데 어릴 때
_{'0'의 서술자인 '나'를 가리킴.}   _{'나'가 백선규와 고향이 같고, 초등학교 동창임을 보여 줌.}
부터 상이란 상은 다 받고 다니더니 자라서도 한국을 대표하는 화가가 됐어.
_{백선규의 현재 모습}
→ '나'는 좋은 그림에 대한 생각을 하다가 백선규를 떠올림.

❝ 학습 포인트
· 서술자의 변화 파악하기
· '1'의 서술자인 '나'의 특징 이해하기

읽기 중 활동

교과서 날개
1의 '나'는 어떤 인물인지 말해 봅시다.
→ 그림을 좋아하고 그림 감상이 취미인 성인 여자이다.

어휘 풀이
· 애호가(愛好家): 어떤 사물을 사랑하고 좋아하는 사람.
· 화폭(畫幅): 그림을 그려 놓은 천이나 종이의 조각.

어구 풀이
❶ '1'의 서술자인 '나'가 자신이 어떤 인물인지를 직접 서술하는 부분으로, 1인칭 주인공 시점의 특징이 잘 드러나 있다. 일주일에 한두 번은 화랑과 작은 미술관들이 있는 거리를 돌아다니는 행동, '난 그림을 좋아해.'라는 직접적인 서술을 통해 '나'가 그림을 좋아하고 그림 감상을 취미로 삼고 있는 인물임을 알 수 있다.
❷ '0'의 서술자인 백선규가 말하는 '그 일'을 이야기하는 것으로, '나'와 백선규 사이에 특별한 사건이 있었음을 짐작하게 한다. 실제로 초등학교 4학년 때 백선규가 사생 대회에서 장원을 했을 때, 그 장원작이 '1'의 서술자인 '나'의 것임을 알고도 사실을 밝히지 않은 것을 이야기하는 것이다.

- **'1'의 서술자인 '나'의 특징**

　7을 보면, '1'의 서술자인 '나'는 자신이 어떤 사람인지를 직접 말하고 있어. '난 그림을 좋아해.', '나는 학자도 비평가도 화가도 아니니까.', '그림을 좋아하고 좋은 그림을 바라보고 있으면 기분이 좋아지는 애호가'라는 서술을 통해 '나'가 그림을 좋아하고 그림 감상이 취미임을 알 수 있지. 이렇게 1인칭 주인공 시점에서는 서술자가 자신에 대해 직접 서술하는 경우가 많단다. 또한 '나'는 '0'의 서술자인 백선규를 잘 알고 있어. 그와 같은 고향 출신에 같은 초등학교를 나왔으며, 그가 현재 한국을 대표하는 화가라는 것도 알고 있을 정도야.

⟩핵심 포인트⟨

'나'의 서술	'나'의 특징
• '나는 학자도 ~ 화가도 아니니까.' • '그림을 좋아하고 ~ 기분이 좋아지는 애호가'	→	그림을 좋아하고 그림 감상이 취미임.
• '그 사람, 백선규. ~ 한국을 대표하는 화가가 됐어.'	'0'의 서술자인 백선규를 잘 알고 있음.

- **서술자의 변화**

　이 소설은 두 서술자의 시점이 교차하면서 서술되는 특징을 보이고 있어. '0'의 서술자는 재능을 인정받는 화가로 남자이고, 자신의 삶에 영향을 미친 '그 일'에 초점을 맞춰 이야기를 들려주고 있어. 그런데 '1'의 서술자는 그림을 좋아하는 애호가이고, 이어지는 내용을 보면 남자가 아닌 여자라는 것을 알 수 있어. 또한 주로 그림에 대한 관심과 자신의 생각을 이야기하는 데 초점을 맞추고 있지. 이렇게 서술자가 바뀌면 이야기의 초점도 변하고, 소설의 분위기도 달라질 수 있단다.

⟩핵심 포인트⟨

'0'의 서술자	• 재능이 뛰어난 화가인 성인 남자 • '그 일'에 초점을 맞춰 서술함.
↓ 서술자의 변화	
'1'의 서술자	• 그림 감상이 취미인 성인 여자 • 그림에 대한 관심과 그림에 대한 자신의 생각을 서술함.

11. 이 글의 서술 방식으로 적절한 것은?

① 두 서술자의 시점이 교차하면서 사건이 서술되고 있다.
② 두 서술자가 각자 상대방에 관한 이야기를 들려주고 있다.
③ 두 서술자가 대화를 하듯이 서로 이야기를 주고받고 있다.
④ 하나의 서술자가 현재와 과거를 오가며 사건을 서술하고 있다.
⑤ 하나의 서술자가 주인공의 입장과 관찰자의 입장에서 각각 사건을 서술하고 있다.

12. **6**~**7**에 대한 설명으로 적절하지 <u>않은</u> 것은?

① **6**과 **7**의 '나'는 관심사가 서로 다르다.
② **6**의 '나'와 **7**의 '나'는 서로 다른 인물이다.
③ **6**과 **7**에는 '나'의 생각과 감정이 드러나 있다.
④ **6**의 사건을 원인으로 하여 **7**의 사건이 발생하였다.
⑤ **6**에는 어린 시절 '0'의 '나'의 이야기가, **7**에는 어른이 된 '1'의 '나'의 이야기가 서술되어 있다.

13. **7**~**8**에서 알 수 있는 '나'의 특징을 〈보기〉에서 모두 골라 바르게 묶은 것은?

> **보기**
> ㄱ. 한국을 대표하는 화가인 백선규를 잘 알고 있다.
> ㄴ. 그림을 좋아하며 그림을 감상하는 것이 취미이다.
> ㄷ. 미술관에서 일하면서 바쁜 일상을 살아가고 있다.
> ㄹ. 거리를 돌아다니는 도시인을 소재로 그림을 그리는 화가이다.

① ㄱ, ㄴ　　　② ㄱ, ㄷ　　　③ ㄴ, ㄷ
④ ㄴ, ㄹ　　　⑤ ㄷ, ㄹ

14. **7**~**8**에 나타난 예술에 대한 '나'의 생각으로 적절한 것은?

① 예술은 여러 사람들의 시간을 빼앗아 만들어지는 것이다.
② 예술은 살아 있는 모든 것들을 작품 속에 담아내는 것이다.
③ 예술은 현실에 존재하지 않는 새로운 세계를 창조하는 것이다.
④ 예술은 시간과 바람처럼 보이지 않는 것까지 표현하는 것이다.
⑤ 예술은 일상생활에서 느끼는 소소한 즐거움을 표현하는 것이다.

|서술형|

15. **7**~**8**에 쓰인 시점의 종류를 〈조건〉에 맞게 서술하시오.

> **조건**
> • 서술자의 위치와 태도가 드러나게 쓸 것.

9 '고갱과 고흐'에도 백선규의 작품이 걸려 있지. 진품은 아니고 몇 년 전 어느
대기업의 달력에 인쇄된 그림을 오려서 액자에 넣은 거지. 그 사람 작품, 저만
<u>그림이 달력에 인쇄될 만큼 백선규가 유명한 화가임을 보여 줌.</u>
한 크기에 진품이라면 몇천만 원을 할지 몰라. 그런 작품이 이런 가게 벽에 걸려
<u>작품이 고가에 거래될 만큼 백선규가 예술성을 인정받은 화가임을 보여 줌.</u>
있다가 누군가 재채기를 하는 바람에 콧물이 튀기라도 한다면 어떻게 해. 누가
코딱지를 문질러 붙이면 어떻게 하겠느냐고. 그 사람 작품은 몽땅, 작업실 바깥
<u>백선규의 작품이 뛰어난 예술성을 인정받고 있음을 보여 줌.</u>
<u>으로 나오는 대로 특수하게 설계된 °수장고로 모셔지고 그 안에서 적당한 온도와
습도가 유지되는 가운데 편안히 잠들어 있게 된다지, 아마.</u>

『❶인쇄된 작품이라도 얼마나 정확하게 그린 선인지 보여. 악마가 그려 준 것
<u>'나'가 있는 카페 '고갱과 고흐'에 걸려 있는 백선규의 작품   백선규 작품의 예술성과 가치를 강조하기 위한 표현 ①</u>
처럼 동그랗고 선명한 저 원. 원과 원을 연결하는 실낱같은 저 선. 더없이 흰 바
탕, 너무나 희어서 마치 없는 듯한 바탕. 흰 눈보다 더 희고 흰 구름보다 더 희고
흰 거품보다 더 흰 저 흰색. 영혼을 팔아서 그 대가로 도깨비가 가져다준 물감을
<u>백선규 작품의 예술성과 가치를 강조하기 위한 표현 ②</u>
<u>쓰는 것일까.</u> 그 사람은 어떻게 저 흰색을 만들어 내는지 말하지 않았지. 원과 선
을 그리는 저 검은색은 또 얼마나 검은지. 물감의 검은색보다 검고 숯보다 더 검
고 천진무구한 소녀의 눈동자보다 더 검은 저 검은색. 여우 귀신이 그에게 검은
<u>백선규 작품의 예술성과 가치를 강조하기 위한 표현 ③</u>
<u>색 물감을 가져다주는 것일까.</u> 그는 말한 적이 없어. 그에게는 비밀이 많아 보여.

세상에서 가장 검은 검은색과 세상에서 가장 흰 흰색이 만나, 그의 그림은 보
석처럼 벽을 빛나게 하지. <u>저런 게 예술이 아닐까.</u> 인쇄된 작품이라도 그렇게 보
<u>백선규의 작품에 대한 '나'의 평가</u>
이니 진품은 정말 어떨지 상상이 안 가. 진품이 생산되고 있는 작업실은 아마도
°무균실 같을 거야.』   ➔ '나'가 백선규의 그림을 보면서 그의 그림의 예술성에 대해 생각함.
『　』: 백선규의 작품에 대한 '나'의 견해를 보여 주는 부분으로, '나'는 백선규의 작품을 극찬하고 있음.

> **발단 2** '1'의 이야기: 카페에서 '나'는 백선규의 그림을 보며 그림에 대한 견해를 밝힘.

0

전개 **10** 내 어린 시절 고향 읍내에서는 5월이면 온 군민이 모두 참여하는 군민 체
전이 열렸지. 공설 운동장 주변에는 임시로 장터가 만들어지고 사방이 잔칫집처
럼 떠들썩하지. 풍선이 하늘로 날아오르고 솜사탕 만드는 자전거 바퀴가 윙윙 돌
고 어디선가 °브라스 밴드의 연주 소리가 쿵쾅쿵쾅 울려 나오고 있어. 브라스 밴
<u>교과서 날개</u>
드의 연주는 어쩌면 우리 가슴속에서 대회 기간 내내 울려 퍼지는지도 몰라.
<u>축구 결승전에 대한 '나'의 기대와 설렘의 표현 ① (간접적 표현)</u>
공설 운동장 안에서는 예선을 거쳐 올라온 선수와 팀 들이 경기를 벌여서 우승
자를 가리지. 그렇게 사흘 동안 경기가 벌어지고 내가 좋아하는 축구 결승전은 체
육 대회 마지막 날, 토요일 오전에 열렸어. 운동장 곁을 지날 때 사람들의 함성만
<u>축구 결승전에 대한 '나'의 기대와 설렘의 표현 ② (직접적 표현)</u>
들어도 내 가슴이 쿵쾅쿵쾅 뛰었지. 내 발은 스펀지가 들어간 듯이 푹신거리고 어
<u>축구 결승전에 대한 '나'의 기대와 설렘의 표현 ③ (직접적 표현)</u>
서 달려가서 경기하는 걸 보고 싶다는 마음으로 주먹을 꼭 쥔 손바닥이 아팠지.
➔ '나'는 군민 체전이 열리는 날 벌어질 축구 결승전을 간절히 기다림.

• 1인칭 주인공 시점의 특징

　'1'의 서술자인 '나'는 ❾에서 '고갱과 고흐'라는 카페에 앉아 그곳에 걸려 있는 백선규의 그림에 대한 자신의 견해를 밝히고 있어. 정확하고 분명한 선, 흰 바탕, 검은색을 보면서 사람의 솜씨라고 믿을 수 없어서 도깨비나 여우 귀신이 가져다준 물감을 쓰는 것은 아닐까 상상하고 있지. 이렇게 '나'의 생각이 숨김없이 드러나고 있어. '0'의 서술자인 '나' 역시 ❿에서 어린 시절 축구 결승전을 얼마나 기다려 왔는지를 독자에게 실감 나게 전달하고 있어. 그래서 우린 두 서술자의 마음속을 훤히 들여다보는 것 같은 느낌을 받게 되고, 두 서술자에 대해 친근감과 신뢰감도 느낄 수 있단다. 바로 이런 게 1인칭 주인공 시점의 특징이라고 할 수 있지. 친한 친구의 비밀을 엿듣는 것 같은 느낌 말이야.

›핵심 포인트‹

'1'과 '0'의 서술 내용과 서술 방식	• '1'의 서술자: 백선규의 작품에 대한 자신의 견해를 숨김없이 밝힘. • '0'의 서술자: 축구 결승전을 기다리는 마음을 실감 나게 표현함.

↓

1인칭 주인공 시점의 특징	서술자가 자신의 속마음을 솔직하게 전달하기 때문에 독자는 친근감과 신뢰감을 느낌.

• '0'의 '나'의 심리와 태도 파악하기

　❿에서는 '나'가 얼마나 축구를 좋아했는지를 실감 나게 그리고 생생하게 표현하고 있어. 브라스 밴드의 연주가 가슴속에서 대회 기간 내내 울려 퍼졌다는 간접적 표현을 통해 축구 경기에 대한 '나'의 기대와 설렘을 짐작할 수 있지. 축구 결승전이 열리는 날에는 가슴이 쿵쾅쿵쾅 뛰고 경기를 보고 싶은 마음에 주먹을 꼭 쥔 손바닥이 아프기까지 했다는 직접적 표현을 보면 '나'가 얼마나 축구 경기를 간절히 기다렸고 좋아했는지를 알 수 있단다.

›핵심 포인트‹

'0'의 '나'의 심리와 태도	• '브라스 밴드의 ~ 울려 퍼지는지도 몰라.' • '내 가슴이 쿵쾅쿵쾅 뛰었지.' • '경기하는 걸 ~ 손바닥이 아팠지.' → 축구 경기에 대한 기대와 설렘을 드러냄.

16. 이 글에 사용된 서술상 특징과 효과로 가장 적절한 것은?

① 독자는 '나'가 자신의 이야기를 직접 들려주는 듯한 친근감과 신뢰감을 느낄 수 있다.

② 모든 것을 알고 있는 서술자가 사건의 전모를 전달하기 때문에 내용을 쉽게 이해할 수 있다.

③ '나'의 눈에 비친 제한적 세계만을 다루기 때문에 주인공의 속마음을 제대로 파악하기 어렵다.

④ 서술자는 인물의 행동과 사건을 관찰하여 보여 주기 때문에 독자의 무한한 상상이 가능하다.

⑤ 서술자가 모든 등장인물의 사건 전개에 광범위하게 관여하므로 독자가 상상력을 발휘할 기회가 제한될 수 있다.

17. 다음은 ❾와 ❿의 서술자에 대해 설명한 것이다. ⓐ~ⓔ 중, 적절하지 않은 것은?

> ⓐ❾에서 ❿으로 넘어가면서 서술자가 바뀌고 있는데, ⓑ두 서술자는 비교적 객관적인 시각에서 사건을 전달하고 있다. ⓒ❾의 서술자는 현재 '고갱과 고흐'라는 찻집에 걸려 있는 추상화를 감상하면서 그 작품에 대한 자신의 견해를 밝히고 있다. ⓓ❿의 서술자는 자신의 어린 시절을 회상하고 있는데, ⓔ군민 체전이 열리는 기간에 펼쳐지는 축구 결승전을 기다리면서 자신의 심정에 대해 이야기하고 있다.

① ⓐ　　　　　② ⓑ　　　　　③ ⓒ

④ ⓓ　　　　　⑤ ⓔ

18. ❾에서 백선규의 작품에 대한 '나'의 태도로 적절한 것은?

① 작품이 지닌 문제점을 조목조목 비판하고 있다.

② 작품에 담긴 예술성과 가치를 높이 평가하고 있다.

③ 비평가의 시각에서 작품의 장단점을 파헤치고 있다.

④ 작품에 대한 일반인들의 시각이 잘못되었음을 지적하고 있다.

⑤ 작품에 반영된 예술 정신을 특별한 근거 없이 극찬하고 있다.

|서술형|

19. ❿에 나타난 '나'의 주된 심리를 한 문장으로 서술하시오.

11 하지만 ⊙초등학교 3학년이던 해 나는 거기에 갈 수 없었어. 선생님이 가지 못하게 했기 때문이지. 내가 축구를 얼마나 좋아하는지 모르니까 그랬겠지만. 몰라서 잘못한 게 잘한 게 되지는 않아. 그 축구 경기를 못 봐서 얼마나 가슴이 찢
축구 경기를 못 본 것에 대한 '나'의 회한을 직접 나타냄.
어질 것 같았는지, 지금도 그 느낌이 생생해. 내가 그걸 얼마나 기다렸는데. 그때 우리 집에는 텔레비전도 없었고 영화를 보러 손을 잡고 극장에 가자는 사람도 없었어. 라디오에서 농촌의 어느 군민 체전 축구 경기를 중계하는 것도 아니었어. 그때 축구 결승전은 한 번 보지 않으면 영원히 못 보는, 세상에 단 하나밖에 없는, 단 한 번밖에 상영하지 않는 영화 같은 거였어. 그런데 선생님이 그걸 볼 기회를 빼앗아 간 거야.

"넌 이번에 군 학예 대회 초등부 *사생 대표로 나가야 한다. 반에서 두 명씩 나
축구 경기를 보러 갈 수 없었던 이유
가서 학교를 대표하는 거다." ➔ 초등학교 3학년 때 담임 선생님이 축구 결승전을 볼 기회를 빼앗음.

12 군민 체육 대회가 있는 그 주간에 군 전체의 초·중·고 학생들이 참가하는 학예 대회가 열리고 그 안에 사생 경연 대회가 있는 건 맞아. 일 년 중 가장 큰 *문예 행사여서 교장 선생님부터 좋은 성적을 낼 수 있게 *조바심을 내며 *닦달을
선생님들이 학예 대회를 얼마나 중요하게 여기는지를 보여 줌.
하는 대회야. 선생님들은 말할 것도 없이 분야별로 좋은 성적을 내게 하려고 노력을 했지. 그림 외에도 서예, 합창, 밴드, 글짓기까지 여러 분야가 있는데 그거야 어떻든 간에, 어디까지나 학예 대회는 4학년 이상만 나가는 대회였어. 그런데
📝교과서 날개
초등학교 3학년인 '나'는 참가할 수 없는데 참가함. → 앞으로 일어날 사건에 대해 독자의 호기심 유발
선생님은 자신의 친구 아들이 자신의 친구처럼 그림에 대단한 소질이 있다고 믿
'O'의 서술자인 '나'　　'나'의 아버지
었어. 친구는 재능을 살리지 못하고 농사를 짓고 있지만 그의 아들에게 최대한의 기회를 주어야겠다고 생각한 거야. 그런데 그 방법이라는 게 정상적인 게 아니었
초등학교 3학년인 '나'가 사생 대회에 나가게 된 이유: 담임 선생님이 '나'의 재능을 키워 주고자 했기 때문
어. 4학년 담임 선생님 중에 자신과 친한 5반 선생님에게 말해서 그 반의 대표로 나를 내보내기로 한 거야. ❶물론 나는 대회에 나가서 내 이름을 쓸 수가 없지. 4학년 5반 대표 중 하나로 나가는 거니까. 하긴 대회장에 가서 보니까 이름을 쓸 필요도 없고 써서도 안 되었지. 혹시 심사 과정에 부정이 있을지도 몰라 대회에
이름을 쓰지 않고 번호만 적게 하는 사생 대회의 규정 → 앞으로 일어날 이 소설의 중심 사건을 암시함.
참가하는 사람들에게 번호를 미리 주고 참가자는 자신의 작품 뒤에 이름 대신 그 번호를 적게 되어 있었던 거지.

　그거야 어떻든 상관없었어. 나한테 중요한 건 그 대회가 열리는 날이 축구 결
'나'는 그림보다 축구 경기에 관심이 더 많음.
승전을 하는 날이었다는 거야. 내가 좋아하는 경찰 대표가 결승전에 올라왔고 결승 상대는 진짜 축구 선수가 여섯 명이나 들어 있는 *전문학교 대표였어.
　　　　➔ 담임 선생님은 4학년 5반 학생을 대신하여 '나'를 사생 대회에 나가게 함.

읽기 중 활동

교과서 날개
3학년인 '나'는 어떻게 사생 대회에 나가게 되었나요?
→ 담임 선생님이 자신의 친구 아들인 '나'가 그림에 소질이 있을 거라고 믿고, 꿈을 이루지 못한 친구 대신 그 아들에게라도 최대한 기회를 주고 싶어해서 4학년 대표로 나가게 되었다.

어휘 풀이
· 사생(寫生): 실물이나 경치를 있는 그대로 그리는 일.
· 문예(文藝): 문학과 예술을 함께 이르는 말.
· 조바심: 조마조마하여 마음을 졸임.
· 닦달: 남을 단단히 옥박질러서 혼을 냄.
· 전문학교(專門學校): '전문 대학'의 전 이름.

어구 풀이
❶ '나'가 학예 대회에 참가하여 자신의 이름을 쓰지 않은 것에 대해 서술하고 있는 부분이다. 4학년 이상만 참가할 수 있는 학예 대회에 3학년인 '나'가 참가했기 때문에 자신의 이름을 밝힐 수 없었고, 게다가 학예 대회에서는 부정을 예방하기 위해 이름을 쓸 수 없게 규정을 정해 놓았기 때문에 이름을 쓸 수 없었음을 알 수 있다.

• '나'가 학예 대회에 참가하게 된 배경과 방법

11에서 '나'는 자신이 그토록 기다려 온 축구 경기를 볼 수 없게 되어 가슴이 찢어질 것 같았다고 말하고 있어. 축구 경기 대신 학예 대회에 참가해야 했기 때문에 그런 가슴 아픈 일이 벌어진 거지. 그런데 **12**를 보면 '나'는 학예 대회에 참가할 수 있는 나이도 아니었어. 4학년 이상만 나갈 수 있는 학예 대회에 3학년인 '나'를 참가시킨 것은 바로 담임 선생님이야. 아버지의 화가로서의 재능을 이어받았을 거라고 믿은 담임 선생님이 '나'에게 기회를 주기 위해 편법을 써서 '나'를 4학년 대표로 참가시킨 거야. 이쯤 되면 왜 '나'가 과거를 회상할 때 담임 선생님 이야기로 시작했는지 알 수 있겠지?

›핵심 포인트‹

'나'의 학예 대회 참가	**배경:** 담임 선생님이 자신의 친구 아들이 그림에 소질이 있을 거라고 믿고, 그 아들에게 최대한 기회를 주고자 함.
	방법: 담임 선생님이 자신과 친한 5반 선생님께 부탁하여 3학년인 '나'를 4학년 5반의 사생 대표로 내보냄.

• 앞으로 일어날 사건 암시

12에서 4학년 이상만 참가할 수 있는 학예 대회에 3학년인 '나'가 참가하게 된 것은 단순한 사건 이상의 의미가 있어. 학예 대회 참가가 이후에 등장인물의 운명을 결정짓는 사건이 되기 때문이지. 특히 편법으로 참가하게 된 과정과 배경, 이름을 쓰지 않고 번호만 적게 하는 사생 대회의 규정은 앞으로 있을 일을 암시하는 역할을 하기도 한단다. 이러한 규정 때문에 '나'의 삶에 큰 영향을 미치는 결정적인 사건이 벌어지게 되니까 말이야. 어떤 일들이 앞으로 일어날지 추측하거나 상상해 보면서 내용을 적극적으로 읽어 보면 좋겠지?

›핵심 포인트‹

앞으로 일어날 사건을 암시하는 일들	• 편법으로 학예 대회에 참가하여 자신의 이름을 밝힐 수 없었음.
	• 사생 대회에서는 자신의 작품 뒤에 이름 대신 번호를 적는 규정이 있음.

20. 이 글에 쓰인 시점의 특징으로 적절한 것은?

① '나'의 생각과 감정이 직접 드러나지 않는다.
② 모든 등장인물의 심리를 쉽게 파악할 수 있다.
③ '나'의 내면세계를 효과적으로 드러낼 수 있다.
④ 하나의 사건을 다양한 관점에서 바라볼 수 있다.
⑤ '나'가 객관적인 시각으로 사건을 관찰하여 보여 준다.

21. **11**을 읽은 독자의 반응으로 적절한 것은?

① '나'는 축구뿐만 아니라 영화도 무척 좋아하는 아이였군.
② '나'는 축구 경기보다 더 의미 있는 것이 있음을 깨닫고 있어.
③ 축구 경기로 인해 '나'는 담임 선생님과 심한 갈등을 겪고 있어.
④ '나'는 축구 경기를 못 보게 한 담임 선생님이 원망스러웠을 거야.
⑤ '나'가 어린 시절의 축구 경기 장면을 생생히 기억하고 있다니 놀라운 걸.

|서술형|

22. **12**에서 '나'의 학예 대회 참가 과정을 다음과 같이 정리할 때, 빈칸에 들어갈 알맞은 내용을 서술하시오.

> 담임 선생님은 자신의 친구인 '나'의 아버지가 그림에 뛰어난 재능이 있었지만 그림을 포기하고 현재 농사를 짓고 산다는 것을 알게 됨.
>
> ↓
>
> 담임 선생님은 자신의 친구 아들인 '나'가 그림에 소질이 있을 거라고 믿고, 그 아들에게 재능을 살릴 기회를 주고자 함.
>
> ↓
>
> [빈칸]
>
> ↓
>
> 3학년인 '나'가 4학년 이상만 참가하는 학예 대회에 참가하게 됨.

|서술형|

23. ㉠과 같은 일이 벌어진 까닭을 한 문장으로 서술하시오.

13 사생 대회는 공설 운동장에서 그리 멀리 떨어지지 않은 교육청 마당에서 열렸
_{축구 결승전이 열리는 장소}
어. 큰 플라타너스 아래에 연못이 있었고 거기에 군의 14개 초등학교에서 대표로
나온 아이들 수백 명이 모여서 그림을 그렸어. 플라타너스와 연못 주변의 풍경을
그리라는 게 과제였어.

   나는 공설 운동장에서 함성이 들려올 때마다 목이 메었어. 함성이 되풀이되다
_{축구 경기를 보지 못하는 아쉬움을 직접적으로 표현함.}
가 누군가 골을 넣었는지 크고 긴 함성이 들려왔을 때 눈물을 흘리기까지 했어.
얼른 그림을 그려서 제출하고 공설 운동장에 가려는 생각도 했지만, 시간이 너무
없었어. 결승전이 사생 대회하고 같은 시간에 시작되었으니까 말이야. 최대한 빨
리 그려 내고 운동장까지 뛰어간다고 해 봐야 결승전이 거의 끝날 시간이었지.
심사 결과는 그날 오후에 나올 예정이었지. 결국, 나는 그해의 축구 결승전을 보
지 못했어. 눈물을 훔치면서 집으로 돌아가야 했어.
_{📎 교과서 날개 ①}
_{이유: 축구 결승전을 보지 못했기 때문에 ➡ '나'는 사생 대회에 참가하느라 축구 결승전을 보지 못해 눈물을 흘림.}

14 이상한 일은 그날 저녁 무렵에 일어났어. 선생님이 자전거를 타고 읍에서 십
_{사생 대회에서 장원을 한 일   '나'의 장원 소식을 친구에게 알리기 위해서 옴.}
리쯤 떨어진 우리 집에 찾아온 거야. 가정 방문을 온 게 아니야. 선생님은 손에 술
병을 들고 왔어. 선생님은 아버지를 만나서는 어깨에 손을 얹더니 이렇게 말했어.

┌ "축하하네. 자네 아들이 사생 대회에서 장원을 했어. 열 살짜리가. 보라고.

│ 겨우 열 살짜리가 저보다 몇 살 더 많은 아이들을 다 제치고 일 등을 했다 이
[A] _{담임 선생님이 '나'가 그림에 소질이 있다고 생각하는 이유 ①: 참가 자격도 안 되는 어린 나이에 일 등을 함.}
│ 말이야. 그 애들 중에는 따로 그림을 과외로 배우는 애들도 있어. 자네 애는

└ 이번에 크레파스를 처음 잡은 거라면서?"
_{담임 선생님이 '나'가 그림에 소질이 있다고 생각하는 이유 ②: 그림을 배운 적이 없는데도 일 등을 함.}
   아버지는 땀 냄새가 폭폭 나는 옷을 젖히면서 친구의 손에서 살그머니 떨어졌
_{📎 교과서 날개 ②}
어. 그러고는 쑥스럽게 웃는 듯했는데, 그게 내가 그 눈물을 흘린 사생 대회에서
_{아버지의 성격: 무뚝뚝하고 감정을 잘 표현하지 않음.}
장원한 것에 대한 반응의 전부였어. ➡ '나'는 4학년 학생 대신 참가한 사생 대회에서 장원을 함.

| 전개 | '0'의 이야기: '나'는 3학년 때 4학년 이상만 나갈 수 있는 사생 대회에 4학년 학생 대신 나가 장원을 함. |

1
_{📎 교과서 날개 ③}
위기 1 **15** 내 아버지는 읍에서 제일 큰 *제재소를 운영했어. ❶그 시절은 한창 집
_{'나'의 가정 환경 ①: 부유함.}
을 많이 지을 때여서 제재소를 드나드는 차와 사람들로 문짝이 한 달에 한 번은
떨어져 나갈 지경이었어. 나는 *고명딸이었어. 아버지는 오빠들이 정구를 친다고
_{'0'의 '나'가 남자인 것과 대조적으로 '1'의 '나'는 여자임.}
하자 정구장을 집 안에 지어 줬지. 나는 피아노를 배웠는데 피아노가 싫다고 하
니까 바이올린을 사다 줬어. 그런데 바이올린 선생님이 무슨 일로 못 오게 된 뒤
로 나는 그림을 배우겠다고 했어. 아버지는 언제나 내가 원하는 대로 해 주었지.
_{'나'의 가정 환경 ②: '나'는 원하는 것을 다 하면서 살아옴.}
_{➡ '나'는 부유한 집안에서 여러 예술 교육을 받으며 자람.}

학습 포인트
· 아버지의 성격 파악하기
· '0'의 '나'와 대조되는 '1'의 '나'의 상황과 처지 이해하기

읽기 중 활동

교과서 날개 ①
'나'가 눈물을 훔치며 집으로 돌아간 까닭은 무엇인가요?
→ 사생 대회에 나가느라 한 번 놓치면 다시 볼 수 없는 축구 결승전을 보지 못했기 때문이다.

교과서 날개 ②
'나'가 장원을 했다는 말을 들은 아버지의 반응으로 볼 때, 아버지의 성격은 어떠할지 짐작해 봅시다.
→ 장원을 한 아들이 대견했을 텐데 이를 잘 드러내지 않는 것으로 보아 무뚝뚝하고 자신의 감정을 잘 표현하지 않는 성격일 것이다.

교과서 날개 ③
'나'의 가정 환경을 짐작해 봅시다.
→ 읍에서 손꼽는 재력을 가진 부유한 집이었을 것이다.

어휘 풀이
· 제재소(製材所): 베어 낸 나무로 재목을 만드는 곳.
· 고명딸: 아들 많은 집의 외딸.

어구 풀이
❶ '1'의 '나'는 매우 부유한 집안의 딸임을 보여 준다. '0'의 '나'가 가난한 집안의 아들인 것과 대조된다.

• **아버지의 성격**

　13에서 '나'는 비록 축구 경기를 못 봐 눈물을 흘렸지만, '나'의 사생 대회 참가 결과는 놀라웠어. **14**에서 선생님은 자전거를 타고 십 리쯤 떨어진 우리 집에 직접 찾아와 '나'의 아버지에게 기쁜 소식을 전했어. 참가 자격도 안 되는 어린 나이에, 그림을 제대로 배워 본 적도 없는 '나'가 사생 대회에서 장원을 했다는 소식이지. 이를 들은 아버지의 심정은 어땠을까? 아들이 무척 대견했을 거야. 아버지가 못다 이룬 화가의 꿈을 아들이 대신 실현해 준 것 같은 기쁨을 느꼈겠지. 그런데도 아버지는 친구의 손에서 살그머니 떨어져 쑥스럽게 웃는 듯했을 뿐, 별다른 반응이 없었지. 아버지가 평소 무뚝뚝하고 자신의 감정을 잘 드러내지 않는 성격이라는 걸 짐작할 수 있을 거야.

아버지의 반응	아버지의 성격
선생님이 직접 찾아와 전해 준 아들의 장원 소식을 듣고도 별다른 반응 없이 쑥스럽게 웃음.	→ 평소 무뚝뚝하고 자신의 감정을 잘 드러내지 않음.

• **'0'의 '나'와 대조되는 '1'의 '나'의 상황과 처지**

　15에서는 '1'의 서술자인 '나'가 어떤 가정 환경에서 자라났는지에 대한 이야기가 나와. 아버지는 읍에서 제일 큰 제재소를 운영한 데다가 당시 집을 많이 지었기 때문에 돈을 많이 벌었으리라 짐작할 수 있어. 게다가 '나'는 아들이 많은 집안의 단 하나뿐인 딸이었으니 사랑을 많이 받았겠지. 아버지는 '나'가 원하는 건 뭐든 다 들어주었다고 하니 '1'의 '나'는 부족함 없이 부유한 환경에서 자랐을 거야. 하지만 '0'의 '나'는 농사를 짓고 염소를 치는 가난한 집안의 아들로, 그림 재료를 사는 것도 어려운 처지였으니 둘이 참 대조적이지?

▶**핵심 포인트**◀

'0'의 '나'	'1'의 '나'
• 가난한 농부의 아들 • 그림 재료를 사는 것도 어려운 처지임.	→ • 제재소를 운영하는 부유한 집안의 딸 • 원하는 것은 무엇이든지 다 함.

24. **13**~**14**의 중심 사건을 정리한 내용으로 가장 적절한 것은?

① '나'는 사생 대회에 참가하느라 축구 결승전을 보지 못함.

② '나'는 축구 결승전을 보지 못했지만 사생 대회에서 장원을 함.

③ '나'는 축구 결승전을 보지 못해 눈물을 흘리며 집으로 돌아감.

④ 선생님은 '나'의 장원 소식을 알리기 위해 아버지를 직접 찾아옴.

⑤ '나'는 선생님의 주선으로 사생 대회에 학교 대표 자격으로 참가함.

25. **13**에 드러난 '나'의 주된 심리 상태로 적절한 것은?

① 아쉬움　　　② 기대감　　　③ 긴장감

④ 행복감　　　⑤ 창피함

26. **14**에서 알 수 있는 아버지의 성격으로 가장 적절한 것은?

① 신중하고 냉정하다.

② 이해심이 많고 너그럽다.

③ 웃음이 많으며 다정다감하다.

④ 부끄러움을 잘 타고 소심하다.

⑤ 자신의 감정을 잘 표현하지 않는다.

27. **15**에 드러난 '나'의 가정 환경에 대한 설명으로 적절하지 <u>않은</u> 것은?

① 자신이 원하는 것을 다 하면서 살아왔다.

② 집안의 고명딸로 가족의 사랑을 받으며 자라났다.

③ 어려서부터 음악과 미술 분야의 예술 교육을 받았다.

④ 제재소를 운영하는 아버지 밑에서 부유하게 생활했다.

⑤ 어머니가 없었지만 아버지와 오빠들 덕분에 외로움을 느끼지 않았다.

|서술형|

28. [A]를 통해 선생님이 아버지에게 말하고자 하는 것을 다음과 같이 정리할 때, 빈칸에 들어갈 적절한 말을 쓰시오.

> • 전달하려는 내용: _____
> • 근거
> 　– '나'가 어린 나이에 자신보다 몇 살 더 많은 아이들을 제치고 사생 대회에서 장원을 함.
> 　– '나'는 따로 그림을 배운 적이 없음에도 불구하고 처음 참가한 사생 대회에서 장원을 함.

16 읍내에서 유일한 사립 중학교에서 미술을 가르치는 선생님이 집으로 와서 나에게 그림을 가르쳐 주었어.
_{'나'는 미술 과외를 받음.}
선생님은 내가 그림에 재능이 뛰어나다고 계속 공부를 시키면 훌륭한 화가가 될 수 있을 거라고 했어. 비싼 과외비를 받으니까 그냥 해 본 말인지도 몰라. ❶그 말을 들은 아버지는 "딸내미가 이쁘게 커서 시집만 잘 가면 됐지, 뭐 그림 그려서 돈 벌 것도 아니고 결혼해서 식구들 먹여 살릴 것도
_{아버지의 가치관: 여자는 남자와 달리 직업을 가질 필요가 없고 시집만 잘 가면 된다고 생각함.}
아닌데 힘들게 공부할 거 뭐 있나."라고 했대. 그 말을 전해 듣고 나는 그렇게 열
_{아버지의 말을 듣고 화가로서의 꿈을 키우지 않음.}
심히 할 생각이 없어졌어. 원래 열심히 하려던 것도 아니고 말이야. 그래도 배운
_{'나'가 사생 대회 대표로 뽑힌 까닭 ①: 미술 과외를 받아 그림을 잘 그렸기 때문}
게 있어서 그림을 남들보다 잘 그리게는 됐을 거야.
→ '나'는 미술 과외를 받아 남들보다 그림을 잘 그리게 됨.

17 4학년이 되어서 나는 특별 활동반으로 문예반에 들었어. 그런데 막상 들어가고 보니 글짓기는 아무나 하는 게 아닌 것 같았어. 내가 하고 싶은 말은 이런 건데 막상 글을 써 놓고 보면 저런 게 돼 버리고, 그것도 여기저기 틀리기도 하고 그래. 정말 아버지 말대로 내가 남자고 결혼하고 아이 낳아서 글로 벌어먹고 살
_{'나'의 성격: 힘든 일을 좋아하지 않음.}
아야 한다면 엄청나게 힘들 것 같았어. 그래도 문예반이 좋았어.

문예반 선생님은 동시를 쓰시는 분인데 아주 유명하기도 했고 참 잘생겼지.
_{'나'의 담임 선생님인 천수기 선생님}
가까이 가면 기분 좋은 냄새가 났어. 그 냄새가 좋았고 그 냄새의 주인인 선생님은 더 좋았어. 나는 동시를 잘 쓰지 못하지만, 선생님이 쓴 동시를 보면 무슨 뜻인지 잘 알 것 같고 참 좋았어. 그런 게 진짜 문학이 아닐까. 잘 모르는 사람도 좋아지게 만드는 게 예술 작품이지.
_{예술에 대한 '나'의 생각}
→ '나'는 4학년 때 특별 활동반으로 문예반에 들어감.

18 그해 봄에 나는 군 학예 대회에서 글짓기 백일장에 나가지 못했어. 그건 당연하지. 내가 읍에서 몇 번째 안에 드는 부잣집 딸이라고 해서 누가 봐도 재능이 없는데 글짓기 대표로 내보낼 수는 없지. ㉠그 대신 나는 사생 대회 대표로 뽑혔어.
그때 우리 학교는 한 학년이 다섯 반이고 4학년 이상 한 반에 두 명씩 대회에 나가니까 우리 학교에서만 서른 명이 참가하는 거야. 대개는 미술반에 있는 애들이었어. ㉡문예반에 있는 애들은 학교에서 십 리 이십 리 떨어진 데 사는 농촌 애들이 많은데 미술반 애들은 거의 다 읍내 애들이고 좀 잘사는 애들이었어. ❷글짓기는 연필하고 지우개, 원고지만 있어도 되지만 미술은 크레파스, *화판, 스케
_{'나'가 사생 대회 대표로 뽑힌 까닭 ②: 미술은 돈이 많이 드는데 '나'의 집은 부유해서 미술용품을 얼마든지 살 수 있었기 때문}
치북이 필요하고 그것들은 빨리 써 버리게 되니까 돈이 좀 들거든. 그런 게 나하고 무슨 큰 상관이 있는 건 아니지만.

사생 대회는 토요일 오전에 우리 학교에서 열렸어. 우리가 다니는 초등학교가
_{'O'의 서술자인 '나'와 'I'의 서술자인 '나'가 함께 사생 대회에 참가함.}
군에서 가장 오래된 학교라서 그랬던 것 같아. 건물도 오래됐고 나무도 커서 그림 그릴 게 많았는지도 몰라. 우리 학교 다니는 애들한테 유리한 것 같긴 했지.
→ '나'는 4학년 때 학교 대표로 뽑혀 사생 대회에 나감.

읽기 중 활동

교과서 날개
문예반이었던 '나'가 글짓기 백일장이 아닌 사생 대회 대표로 뽑힌 까닭은 무엇일까요?
→ 미술 과외를 받아 남들보다 그림을 잘 그렸기 때문에 / 미술은 돈이 많이 드는데 '나'의 집은 부유해서 미술용품을 얼마든지 살 수 있었기 때문에

어휘 풀이
· 화판(畫板): 그림을 그릴 때 종이나 천을 받치는 판.

어구 풀이
❶ '나'의 아버지의 가치관이 드러나는 부분이다. 여자는 예쁘게 커서 시집만 잘 가면 된다는 생각을 가지고 있고, 이런 아버지의 영향으로 '나'는 화가로서의 꿈을 키우지 않게 된다.
❷ 미술반 아이들이 문예반 아이들에 비해 경제적으로 여유가 있는 편이었음을 보여 준다. 또한 '나'가 사생 대회 대표로 뽑힌 이유를 짐작하게 하는 부분으로, '나'의 집안이 경제적으로 부유했음을 알 수 있다.

• '0'의 '아버지'와 대조되는 '1'의 '아버지'의 가치관

16에서 '1'의 '나'는 미술 과외를 받으면서 그림에 재능을 보이고 있어. 과외 선생님은 계속 공부를 시키면 훌륭한 화가가 될 수 있을 거라고 칭찬도 했어. **18**에서는 재능을 인정받아 '나'가 사생 대회에 학교 대표로 참가하게 돼. 하지만 '나'의 아버지는 여자는 예쁘게 커서 시집만 잘 가면 되지 뭐하러 힘들게 공부하느냐고 말하지. 그래서 '나'도 화가로서의 꿈을 키우지 않아. 하지만 우리가 앞에서 살펴본 '0'의 '나'의 아버지는 전혀 달랐어. 아버지가 어려운 가정 형편 때문에 화가의 꿈을 접어야 했고 그래서 아들한테만큼은 자신의 재능을 키울 수 있도록 지원을 해 주었지. 이렇게 두 아버지가 보이는 가치관의 차이는 자식들에게도 영향을 미치게 된단다.

▶핵심 포인트◀

'0'의 아버지	'1'의 아버지
• 가난한 농부이지만, 자녀가 꿈을 펼칠 기회는 만들어 주고자 함. • 아들을 화가로 키우고 싶은 마음이 있음.	• 제재소를 운영하며 부유한 삶을 살지만, 여자에 대해 편견을 가지고 있음. • 딸이 화가가 되는 것을 원하지 않음.

• '나'의 사생 대회 참가의 의미

'1'의 서술자인 '나'가 **18**에서 사생 대회에 참가하게 된 것은 특별한 의미가 있어. 그 사생 대회에 바로 '0'의 서술자인 '나'도 참가를 하게 되기 때문이야. 아버지를 닮은 덕분인지 그림에 남다른 재능을 보여 3학년 때 사생 대회 장원을 한 '0'의 '나'와, 부유한 환경에서 미술 과외를 받으면서 그림에 재능을 인정받은 '1'의 '나'가 어떤 사건을 펼치게 될지 이어질 내용을 추측하면서 읽어 보면 좋겠지?

▶핵심 포인트◀

'나'의 사생 대회 참가의 의미	'0'의 서술자인 '나'와 '1'의 서술자인 '나'가 똑같은 대회에 학교 대표로 참가하게 됨으로써 그 대회에서 중요한 사건이 일어날 것임을 암시함.

29. 이 글의 내용과 일치하지 않는 것은?

① 사생 대회는 '나'가 다니는 학교에서 열렸다.
② '나'는 문예반 선생님이 쓴 동시를 좋아했다.
③ 문예반 선생님은 동시로 이름을 날린 분이었다.
④ '나'는 문예반에 들어가 글짓기에 소질을 보였다.
⑤ '나'는 아버지의 말을 듣고 화가가 되려는 꿈을 키우지 않는다.

30. **16**에 드러난 '나'의 아버지에 대한 평가로 적절한 것은?

① 자식의 삶에 간섭하고 싶어 하지 않는다.
② 여자에 대해 차별적 사고를 가지고 있다.
③ 자식이 남들과는 다른 특별한 삶을 살기를 원한다.
④ 자식이 스스로 원하는 삶을 살도록 도와주고자 한다.
⑤ 화가가 되기 위해서는 공부가 아닌 재능이 필요하다고 생각한다.

31. ㉠의 이유를 〈보기〉에서 모두 골라 바르게 묶은 것은?

> **보기**
>
> ㄱ. 학교에서 가까운 읍내에 살고 있었기 때문이다.
> ㄴ. 특별 활동반에서 활동을 열심히 했기 때문이다.
> ㄷ. 미술 과외를 받아 남들보다 그림을 잘 그렸기 때문이다.
> ㄹ. 미술용품을 얼마든지 사서 그림 연습을 할 수 있었기 때문이다.

① ㄱ, ㄴ ② ㄱ, ㄷ ③ ㄴ, ㄷ
④ ㄴ, ㄹ ⑤ ㄷ, ㄹ

|서술형|

32. ㉡을 통해 서술자가 독자에게 전하려는 내용을 다음과 같이 정리할 때, ⓐ~ⓒ에 들어갈 적절한 단어를 각각 쓰시오.

> 문예반 아이들과 미술반 아이들의 (ⓐ) 형편이 대조적이었음을 이야기하고 있다. 글짓기는 연필과 지우개, 원고지만 있으면 누구나 할 수 있어서 (ⓑ) 형편의 아이들도 활동할 수 있었지만, 미술은 크레파스, 화판, 스케치북 등 다양한 미술용품이 필요하기 때문에 상대적으로 (ⓒ) 아이들이 활동하는 경우가 많았다.

19 우리는 주최 측이 확인 도장을 찍어서 준 도화지를 한 장씩 받아서 그림을 그
'0'의 서술자인 '나'를 말함.
리기 위해 여기저기로 흩어졌지. 그런데 『**❶**ⓐ내 뒤에서 그림을 그리던 녀석, 옷
『 』: 두 서술자의 첫 번째 만남('1'의 서술자의 관점)
도 지저분하고 검정 고무신을 신은 데다 간장 냄새가 나던 녀석이 기억에 오래
남았어. 그 냄새며 꼴이 싫어서 자리를 옮기려고 했지만 이미 노란색 크레파스로
'0'의 서술자에 대한 '나'의 부정적인 인식을 보여 줌.
그 앞의 나무와 갈색 나무 *교사의 밑그림을 그린 뒤라서 그럴 수도 없었어. 참
그 냄새, 머리가 아프도록 지독했어. 그건 한마디로 하면 가난의 냄새였어.』
'나'는 냄새에 대한 기억을 떠올리면서 '0'의 서술자인 '나'가 무척 가난했음을 강조함.
→ '나'는 사생 대회에 나가 가난해 보이는 아이 앞에서 그림을 그림.

위기 1 '1'의 이야기: '나'는 4학년 때 사생 대회에 나갔다가 가난에 찌들어 보이는 아이 근처에서 그림을 그림.

0

위기 2 **20** 4학년이 되고 나서 나는 미술반에 들어갔지. 천수기 선생님은 문예반
천수기 선생님과 '나'의 아버지가 만난 지 1년이 지남.
을 맡았는데 미술반을 맡은 주은희 선생님에게 나를 특별히 부탁했다고 했지. 아
버지 이야기를 했는지도 몰라. 천 선생님은 자신이 직접 본 사람 중에 가장 그림
에 뛰어난 재능을 가진 사람이 아버지라고 했어. ⓑ그림과 동시는 분야가 다르
지만 천 선생님은 다른 예술에 대한 평가 기준도 상당히 높았지.
→ '나'는 4학년이 되어 미술반에 들어감.

21 **❷**아버지는 한때 그림을 그리겠다고 했다가 할아버지에게 혼이 났어. 입에 풀
아버지와 할아버지의 갈등: 할아버지는 아버지가 화가가 되는 것을 원하지 않음.
칠하기도 힘든 가난한 농사꾼의 자식이 도시의 여유 있는 사람들이 즐기는 예술
'나'의 아버지를 말함. 미술에 대한 할아버지의 생각
인 미술을 평생의 직업으로 삼겠다니 할아버지는 이해를 못 했겠지. 그래도 아버
지는 고등학교까지는 미술반에서 활동을 했고 같은 또래에서는 제일 그림을 잘
그리는 걸로 인정을 받았던가 봐. 서울에 있는 국립 미술 대학에 합격까지 했다
아버지의 화가로서의 재능과 화가가 되고자 한 아버지의 간절한 바람을 보여 줌.
니 그 당시 고향에서는 일 년에 한두 명 나올까 말까 한 일이었다지. 할아버지가
그 사실을 알고 아버지를 호되게 나무랐지. 그때 아버지는 집을 나가려고 가방까
매우 심하게 아버지와 할아버지의 갈등이 최고조에 이름.
지 쌌었는데 그만 할아버지가 쓰러지신 거야.

교과서 날개 ②
할아버지를 달구지에 싣고 병원에 모시고 가니까 곧 돌아가실 것 같다고 준비
소나 말이 끄는 짐수레
를 하라고 했대. 그때 할아버지가 유언으로 "네 어미와 동생들을 단 한 끼라도 굶
할아버지는 개인의 꿈을 이루는 것보다 가족의 생계를 책임지는 것을 더 중요하게 여김.
게 해서는 안 된다."라고 하셨고 아버지는 그러겠다고 맹세했어. 할아버지는 이웃
동네에 살던 친구의 딸을 데려오게 해서 그 자리에서 아버지와 약혼을 하게 했어.
지금은 이해가 잘 안 가는 일이지만 그땐 스무 살에 결혼하는 게 그렇게 이상한 일
은 아니었다지. 아버지는 할아버지 간호를 하고 생계를 꾸려 가기 위해 대학 진학
을 미뤘어. 그런데 할머니가 그해 봄에 쓰러져서 곧 돌아가셨고 그 바람에 어머니
아버지는 할아버지의 반대와 가족의 생계를 위해 자신의 꿈을 포기함.
는 주부가 된 거야. 할아버지는 가을쯤에 *병석에서 일어나셨지. 그해 겨울에 내
가 태어난 거고 말이야. 그래서 아버지는 할아버지와 함께 농사를 짓게 된 거지.
→ 아버지는 할아버지의 반대와 어려운 가정 형편 때문에 화가로서의 꿈을 포기함.

66 **학습 포인트**
• 두 서술자의 첫 번째 만남
 – '0'의 서술자에 대한 '1'
 의 서술자의 심리와 태도
 파악하기
• '0'의 '나'의 아버지와 할아
 버지의 갈등 이해하기

읽기 중 활동

교과서 날개 ①
뒤에서 그림을 그리던 남자아
이가 '나'의 기억에 오래 남은
까닭을 말해 봅시다.
→ 옷이 지저분하고 머리가 아
플 정도로 지독한 냄새가 났기
때문이다. / 유난히 가난해 보
였기 때문이다.

교과서 날개 ②
그림을 그만두게 되었을 때 아
버지의 심정이 어떠했을지 추
측해 봅시다.
→ 그토록 하고 싶었던 일인데
가정 형편 때문에 그만두어야
했으니 정말 슬프고 가슴이 아
팠을 것이다. / 가족을 위해서
어쩔 수 없는 일이라고 생각했
을 것이다.

어휘 풀이
• 교사(校舍): 학교의 건물.
• 병석(病席): 병자가 앓아누워
 있는 자리.

어구 풀이
❶ '0'의 서술자와 '1'의 서술자
가 처음 만나는 장면으로, '1'의
서술자의 시점에서 '0'의 서술
자의 모습을 그려 내고 있다.
'1'의 서술자는 사생 대회에서
'0'의 서술자를 만나는데, 그가
유난히 가난해 보였다는 것을
강조하고 있다.
❷ 아버지와 할아버지의 갈등
이 드러난 부분이다. 그림에 재
능이 있었던 아버지는 화가를
평생의 직업으로 삼고자 했으
나, 가난한 농사꾼인 할아버지
는 아버지의 꿈을 이해하지 못
하고 반대하였다.

∙ '1'의 서술자가 들려주는 '0'의 서술자와의 첫 번째 만남

19에는 '1'의 서술자와 '0'의 서술자의 첫 번째 만남이 나타나 있어. '1'의 서술자의 관점에서 '0'의 서술자에 대한 인상을 전하고 있지. '0'의 서술자가 지저분하고 초라한 겉모습을 하고 있었고 그에게서 지독한 간장 냄새가 났다고 하면서 그 자리를 뜨고 싶었다고 말하고 있어. 그렇다면 '0'의 서술자는 '1'의 서술자를 어떻게 기억할까? 뒤에서 '1'의 서술자가 이야기를 들려줄 때 19의 장면과 비교하며 들어 보자.

∙핵심 포인트∙

'0'의 서술자에 대한 '1'의 서술자의 서술	'1'의 서술자의 심리와 태도
∙'옷도 지저분하고 검정 고무신을 신은 데다 간장 냄새가 나던 녀석' ∙'그 냄새며 꼴이 싫어서 자리를 옮기려고 했지만' ∙'참 그 냄새, ~ 그건 한마디로 하면 가난의 냄새였어.'	→ '0'의 서술자를 가난에 찌든 아이로 생각하여 부정적으로 인식함.

∙ 아버지와 할아버지의 갈등

20에서 '나'는 4학년이 되자 드디어 미술반에 들어가는데, 그 과정에서 아버지의 재능을 높이 평가하는 천수기 선생님의 적극적인 개입이 있었어. 천 선생님이 그토록 인정하는 화가로서의 재능을 가지고 있으면서도 아버지는 왜 화가가 아닌 농부가 되었을까? 21에 그 사연이 나와. 개인의 꿈보다 가족을 위하는 것이 더 중요하다고 생각한 할아버지와 갈등을 벌이다 아버지는 결국 자신의 꿈을 포기하게 된 거지. 아들인 '나'의 입장에서 이런 아버지가 참 안타까웠겠지?

∙핵심 포인트∙

아버지	할아버지
그림을 잘 그리는 것을 인정받았고 그래서 화가가 되고 싶어 함.	개인의 꿈보다 가족의 생계를 책임지는 것이 더 중요하다고 생각함.

↓

할아버지가 쓰러지시자 할아버지의 유언에 따라 꿈을 포기하고 가족의 생계를 꾸려 가며 농사꾼이 됨.

---

33. 19~21에 대한 설명으로 적절하지 <u>않은</u> 것은?

① 19의 서술자와 20의 서술자는 서로 다른 인물이다.

② 19와 20은 모두 과거 시점에서 이야기가 전개되고 있다.

③ 20에는 아버지에 대한 천수기 선생님의 태도가 드러나 있다.

④ 21에서는 아버지와 할아버지의 갈등을 중심으로 사건이 전개되고 있다.

⑤ 21에서는 천수기 선생님의 시선으로 아버지에 관한 이야기를 그려 내고 있다.

34. 〈보기〉는 19의 장면을 ㉠을 서술자로 하여 서술한 내용의 일부이다. 19와 〈보기〉에 대한 설명으로 적절한 것은?

> 보기
>
> 그 여자애와 나는 비슷한 점이 하나도 없었어. 크레파스부터 한 번도 쓰지 않은 새것, 한 번만 더 쓰면 더 쓸 수 없도록 닳은 것이라는 차이가 있었어. 처음부터 다른 길에서 출발해서 가다가 우연히 두어 시간 동안 같은 장소에서 비슷한 그림을 그리게 되겠지만 앞으로 영원히 만날 일이 없을 것 같은 사람이야. 그 여자아이도 그걸 의식하고 있는 것 같았어. 나를 한 번 힐끗 넘겨다보고는 코를 찡그리더니 더 이상 눈길을 주지 않았어. 자리를 뜰 것 같았는데 계속 그리기는 하더군. 나를 의식하기 전에 밑그림을 그렸던 게 아까웠겠지.

① 19와 〈보기〉의 서술자는 서로에게 호감을 느끼고 있다.

② 19와 〈보기〉의 서술자는 서로에게서 공통점을 발견하고자 노력하고 있다.

③ 19와 〈보기〉의 서술자는 각자의 상황과 처지가 서로 대조적임을 의식하고 있다.

④ 19의 서술자는 〈보기〉의 서술자와 달리 상대방에게서 받은 인상을 주로 서술하고 있다.

⑤ 〈보기〉의 서술자는 19의 서술자의 행동의 의미를 잘못 파악하고 있다.

|서술형|

35. 20에서 '나'가 ㉡과 같이 말한 의도를 한 문장으로 쓰시오.

36. 21에 드러난 아버지의 삶에 대한 이해로 적절하지 <u>않은</u> 것은?

① 가난한 농사꾼의 자식으로 자라났다.

② 화가가 되기 위해서 집을 나가려고 하였다.

③ 할아버지의 반대로 자신의 꿈을 포기하였다.

④ 그림을 그리는 데 있어 뛰어난 재능을 인정받았다.

⑤ 뒤늦게 가족의 소중함을 깨닫고 기꺼이 농부가 되었다.

22 나는 미술반에 들어가서 그림을 많이 그리지는 않았어. 한 해 전 3학년 때에 학교 대표로 나간 건 비밀이었지. <u>주은희 선생님</u>은 알았어. <u>그러니까 내가 연습을</u>
　　　　　　　　　　　　　　　　　미술반 선생님
<u>안 해도 못 본 척해 준 거야.</u> 군 학예 대회에서 사생 부문 장원을 하면 48색짜리
'나'의 실력을 믿었기 때문에
크레파스 다섯 통 하고 스케치북 열 권이 상품인데 내가 그걸 받을 수는 없었어.
　　　　　'나가 3학년이 4학년 이상만 참가하는 대회에 나간 건 비밀이었기 때문에
상품이 아이들 나무할 때 쓰는 작은 지게로 한 짐이나 되니 열 살짜리가 무거워서
못 받은 게 아니라 나에게 이름을 빌려준 4학년 5반 대표가 받고는 입을 싹 씻어
　　　　　　　　　'나가 그린 그림이 장원에 당선되어 받은 상품을. '나에게 이름을 빌려준 4학년 5반 대표가 받아서 가져감.
버린 거야. 그게 알려지면 자기도 망신이니까 비밀은 지켰어.

　　그래서 나는 그림을 그릴 때 <u>몽당연필처럼 짤막한 크레파스하고 이미 그린 그</u>
　　　　　　　　　　　　　　　　'나의 가정 형편이 어려움을 보여 줌. '1'의 서술자의 부유한 형편과 대조됨.
<u>림이 있는 스케치북 뒷면으로 그림 연습을 할 수밖에 없었어.</u> 우리 집 형편에 크
레파스와 스케치북을 자꾸 사 달라고 하기도 힘든 일이고 아버지에게 염소가 많
은 것도 아니었어. 게다가 내 동생이 넷이나 됐지. / 미술이 별것 아니라는 생각도
염소를 팔아 돈을 마련하는 처지임.
들었지. 내 아버지는 동시로 전국적으로 유명한 천수기 선생님이 인정하는 화가
의 재능을 타고났어. <u>내가 그 아버지의 아들이 틀림없는데 다른 평범한 아이들처</u>
　　　　　'나가 그림 연습을 하지 않은 까닭: 아버지의 화가로서의 뛰어난 재능을 물려받았다고 생각했기 때문에
<u>럼 죽어라 연습할 필요는 없잖아.</u> 나는 미술반 아이들과 함께 주 선생님을 따라
산과 들을 다닐 때 열에 여덟아홉은 스케치북을 펴지도 않았어. 가끔 주 선생님이
"관찰도 공부다."라고 하면서 자연과 주변의 물건들을 세세하게 봐 두라고 했지.
　　　　　　　　　　→ '나는 미술이 별것 아니라고 생각하며 연습을 하지 않음.
23 아버지, 아버지는 나한테 별 관심이 없는 것 같았어. **❶**염소를 팔아서 크레파
　　　　　가족의 생계를 위해 정신없이 일을 해야 했기 때문에
스와 스케치북을 사 주던 때, 그때는 아버지한테 좀체 잘 없는 특별한 순간이었
던 것 같아. 다시 병석에 누운 할아버지와 우리 식구들 굶기지 않으려면 정신없
이 일을 해야 했지. **❷**⊙생각하긴 싫지만 내가 태어나는 바람에 아버지가 화가가
되려는 꿈을 버려야 했는지도 몰라. 그래서 일부러 그림 쪽으로는 모른 척하는
건지도.　　　　→ 아버지는 정신없이 일을 하느라 '나가 그림을 그리는 것에 관심이 없는 것처럼 보임.

24 그러다가 다시 군민 체전이 열리는 5월이 돌아왔어. 군 전체 초·중·고 학생
들이 참가하는 학예 대회도 당연히 함께 열렸지. 모든 게 작년하고 비슷했어. 내가
<u>떳떳이 반 대표로 사생 대회에 참가하게 되었다는 것</u>이나 <u>대회 장소가 우리 학교</u>
　　　　　　작년과 달라진 점 ①　　　　　　　　　　　작년과 달라진 점 ②
<u>라는 게 달랐지.</u> 이번에 장원 상을 받으면 상품으로 그림 연습을 마음껏 할 수 있
게 될 거라고 생각했어. 크레파스 다섯 통과 스케치북 열 권을 다 쓰기도 전에 다
음 대회가 열리게 되겠지. / <u>지금 생각하면 참 우스워.</u> 상으로 그림 도구를 받아서
　　　　　　　　　　　　　서술자가 자신의 과거를 회상하며, 과거 자신의 모습에 대한 현재의 느낌과 생각을 서술함.
<u>그림을 제대로 잘 그릴 생각을 하다니.</u> **❸**그땐 전혀 우습지 않았어. 좀 긴장이 됐
지. 차상, 차하도 돼. 크레파스하고 스케치북이 상품으로 나오긴 하니까 모자라는
대로 어떻게 되겠지. 그냥 특선이나 입선은 곤란하지. 공책이나 연필밖에 안 주니
까. 상장 뒷면에 그림을 그릴 수도 없고.　→ '나는 4학년이 되어 학교 대표로 사생 대회에 참가함.

읽기 중 활동

교과서 날개

'나'는 미술에 관해 어떻게 생각하고 있나요?

→ 미술은 타고난 재능이 있으면 특별한 연습이 필요 없는, 쉽게 할 수 있는 일이라고 생각한다. / 미술이 별것 아니고, 자신은 재능을 타고났기 때문에 열심히 연습할 필요가 없다고 생각한다.

어구 풀이

❶ 가족의 생계를 위해 자신의 꿈을 포기하고 정신없이 일을 하느라 바쁜 아버지이지만 '나'에게 미술용품을 사 줄 때만큼은 평소와 다른 모습을 보였다는 의미이다.

❷ 아버지에 대한 '나'의 태도가 드러난 부분으로, '나'는 자신 때문에 아버지가 화가로서의 꿈을 접었을지도 모른다고 생각하고 있다. 이런 생각을 통해 '나'가 아버지에 대해 미안한 마음을 가지고 있음을 짐작할 수 있다.

❸ 사생 대회에서 장원이나 차상, 차하에 들어 크레파스와 스케치북을 상품으로 받고 싶은 '나'의 간절한 마음을 표현한 구절이다. '나'는 어려운 가정 형편 때문에 평소 그림 재료를 구하기가 쉽지 않았고, 그래서 사생 대회에 입상하여 받게 될 그림 재료로 마음껏 그림 연습을 하고 싶어 했음을 알 수 있다.

• 미술에 대한 '나'의 생각

22를 보면, '나'는 미술반에서 그림을 많이 그리지 않고 연습도 별로 하지 않았어. 그 이유는 가정 형편이 어려워서 크레파스와 스케치북을 구하기 힘들어서이기도 하지만 '나'는 미술이 별 것 아니라는 생각을 하고 있기 때문이야. 미술은 타고난 재능이 있으면 특별한 연습이 필요 없는 일이라고 생각하고 있지. 자신은 아버지가 지닌 화가로서의 재능을 이어받았으니까 열심히 연습할 필요가 없다고 생각해서 연습을 게을리하고 있어. 게다가 3학년 때 4학년을 대신하여 참가한 사생 대회에서 장원을 했기 때문에 스스로의 재능을 과신하는 모습을 보이고 있단다.

> 핵심 포인트 <

미술에 대한 '나'의 생각	• '미술이 별것 아니라는 생각도 들었지.' • '내 아버지는 동시로 ~ 연습할 필요는 없잖아.' → 미술은 재능만 있으면 따로 연습이 필요 없는 일이라고 생각하여 '나'는 사생 대회를 앞두고도 열심히 연습하지 않음.

• 아버지에 대한 '나'의 태도

23에는 '나'가 아버지에 대해 어떤 생각을 가지고 있는지가 드러나 있어. 화가로서의 뛰어난 재능을 인정받았던 아버지가 '나'가 태어나는 바람에 화가의 꿈을 포기하고 일부러 그림 쪽으로는 모른 척하는 건지도 모른다고 생각하고 있어. 그런 생각을 가지고 있다면 '나'는 아버지를 볼 때마다 미안한 마음이 들었을 거야. 그 미안함 때문에 자신이 아버지의 꿈을 대신 이루고 싶다는 생각을 할 수도 있겠지. 그렇다면 **24**의 사생 대회에서 '나'는 꼭 장원 상을 받고 싶어 하리라는 것을 짐작할 수 있겠지?

> 핵심 포인트 <

아버지에 대한 '나'의 태도	'나'가 태어나는 바람에 아버지가 화가의 꿈을 버렸을지도 모른다고 생각함. → '나'가 아버지에게 미안한 마음을 가지고 있고, 아버지의 꿈을 대신 이루고 싶다는 생각을 할 수 있음.

37. 이 글의 등장인물에 대한 설명으로 적절한 것은?

① 천수기 선생님은 동시뿐만 아니라 그림으로도 전국적으로 유명한 사람이었다.

② 주은희 선생님은 '나'가 사생 대회를 앞두고 연습을 하지 않는 것을 모르고 있었다.

③ 4학년 5반 대표는 자신이 대신 받은 사생 부문 장원 상품의 진짜 주인이 누구인지 알지 못했다.

④ 아버지는 가족의 생계를 책임져야 했기 때문에 '나'의 그림에 지속적인 관심을 보이기 어려웠다.

⑤ '나'는 가정 형편이 어려워 그림 재료를 살 수가 없었기 때문에 그림 연습을 하고 싶은 마음을 억눌렀다.

38. **22**에 드러난 미술에 대한 '나'의 생각으로 적절한 것은?

① 미술은 재능만 있으면 따로 연습이 필요 없는 일이다.

② 미술은 끊임없는 노력을 통해서만 재능을 기를 수 있다.

③ 재능과 노력이 모두 뒷받침될 때 뛰어난 화가가 될 수 있다.

④ 미술은 타고난 재능이 없으면 죽어라 연습을 해도 잘할 수가 없다.

⑤ 미술은 노력만 하면 누구든 잘할 수 있기 때문에 별것 아닌 분야이다.

39. ㉠에 대한 독자의 반응으로 적절하지 않은 것은?

① '나'는 아버지의 삶을 이해하려고 노력하고 있어.

② '나'는 아버지에게 미안한 마음을 느끼고 있는 것 같아.

③ '나'는 아버지가 자신을 미워하는 이유를 깨닫게 된 것 같아.

④ '나'가 아버지의 꿈을 대신 이루고 싶다는 생각을 할 수 있을 것 같아.

⑤ '나'는 자신 때문에 아버지가 화가로서의 꿈을 접었을지도 모른다고 생각하고 있어.

|서술형|

40. **24**의 내용을 다음과 같이 정리할 때, ⓐ와 ⓑ에 들어갈 적절한 내용을 각각 서술하시오.

> • 주요 사건: 초등학교 4학년 5월, 학교 대표로 사생 대회에 참가함.
> • 작년과의 차이점:
>   1) (ⓐ   )
>   2) (ⓑ   )
> • '나'의 기대: 장원 상을 받아 그 상품으로 그림 연습을 마음껏 할 수 있게 될 것임.

25 나는 아버지가 사 준 크레파스를 들고 학교로 갔어. 한 해 전과는 다르게 크레파스 뚜껑이 달아나 버려서 *습자지를 덮고 고무줄로 동여맸지. 한 해 전처럼 그림을 그려서 제출할 도화지를 받아 들고 뒷면에 미리 부여받은 내 번호를 적었지.

『나는 ㉠124번이었어. 잊어버릴 수가 없는 번호야. 그 몇 해 전에 *무장간첩들이 남한으로 내려왔는데 무장간첩을 훈련한 부대 이름이 *124군 부대라서 그런 게 아냐.』하여튼 나는 도화지 뒤 네모난 보랏빛 칸에 검은색으로 번호를 124

『 』: '나'가 124번을 기억하는 까닭 – ① 124군 부대 이름이 연상되어서 ② 번호에 얽힌 특별한 사건이 있어서

라고 분명히 적었어.
→ '나'는 도화지 뒷면에 124라고 번호를 적음.

26 『내 앞에는 언제부터인가 여자아이가 두 명 앉아 있었어. 한 아이는 낯이 익었

『 』: 두 서술자의 첫 번째 만남('0'의 서술자의 관점)   '1'의 서술자

어. 같은 반을 한 적은 없지만, 천수기 선생님하고 같이 가는 걸 몇 번 본 적이

'1'의 서술자가 천수기 선생님이 담당하는 문예반에서 활동했기 때문에

있었지. 자주색 원피스에 검정 에나멜 구두를 신고 있었고 머리에 푸른 구슬 리

'나'가 여자아이에게 받은 인상 ①: 경제적으로 여유 있는 집안의 자녀임을 짐작하게 하는 겉모습

본을 매고 있는데 무척 얼굴이 희고 예뻤지. 나하고 한 반이었다고 해도 나 같은

촌뜨기에게는 말을 걸지도 않았겠지.

'나'가 여자아이에게 받은 인상 ②: 가난한 '나'와는 큰 차이가 있는 부유한 환경의 아이임.

그 여자애와 나는 비슷한 점이 하나도 없었어. ㉡크레파스부터 한 번도 쓰지

'나'가 여자아이에게 받은 인상 ③: '나'와 상황과 처지가 대조됨.

않은 새것, 한 번만 더 쓰면 더 쓸 수 없도록 닳은 것이라는 차이가 있었어. 처음부터 다른 길에서 출발해서 가다가 우연히 두어 시간 동안 같은 장소에서 비슷한

그림을 그리게 되겠지만 앞으로 영원히 만날 일이 없을 것 같은 사람이야. 그 여

'0'의 서술자와 '1'의 서술자의 첫 번째 만남

자아이도 그걸 의식하고 있는 것 같았어. ❶나를 한 번 힐끗 넘겨다보고는 코를

'나'가 여자아이에게 받은 인상 ④: '나'와는 전혀 다른 삶을 살게 될 사람임.

찡그리더니 더 이상 눈길을 주지 않았어. 자리를 뜰 것 같았는데 계속 그리기는

여자아이는 '나'의 지저분한 옷차림과 간장 냄새에 불쾌감을 느끼고 '나'에게서 부정적인 인상을 받음.

하더군. 나를 의식하기 전에 밑그림을 그렸던 게 아까웠겠지.』

→ '나'는 사생 대회에 나가 부유해 보이는 여자아이 뒤에서 그림을 그림.

27 『*히말라야시다가 쑥색 가지를 늘어뜨리고 있는 화단이 있고 화단 뒤에 나무

『 』: '나'가 바라보고 있는 풍경을 묘사한 장면으로, '나'와 '1'의 서술자인 여자아이는 같은 풍경을 바라보고 그림을 그림.

쪽을 붙인 벽이, 벽 위쪽에 흰 종이가 발린 유리창이 있는 교사가 있었어. 히말라야시다 앞에 키 작은 *영산홍이 서 있고, 화단을 따라 발라진 시멘트 길에 햇빛이 하얗게 비치고 있었어..』

축구 결승전이 열리고 있을 공설 운동장은 꽤 멀었지. 멀지 않다고 해도 나에

목표 없이 참가했던 작년의 '나'의 모습과 대조됨.

게는 목표가 있었어. 장원, 그리고 다음 군 사생 대회까지 그림을 그릴 수 있는

사생 대회에 참가하는 '나'의 목표: ① 장원 ② 크레파스와 스케치북

크레파스와 스케치북. 나는 그림에 집중했지. 내가 생각해도 그림은 잘되었어.

'나'의 심리: 만족스러움.

→ '나'는 장원을 목표로 그림에 집중하여 스스로 만족할 만한 그림을 그림.

48   1. 시선과 목소리

📖 **학습 포인트**
• 두 서술자의 첫 번째 만남 – '1'의 서술자에 대한 '0'의 서술자의 심리와 태도 파악하기
• '나'가 '124번'을 따로 언급한 의도 파악하기

읽기 중 활동

교과서 날개 ①
'나'가 도화지 뒷면에 적은 번호를 기억하는 까닭을 말해 봅시다.
→ 몇 해 전 남한에 내려왔던 무장간첩을 훈련한 부대 이름과 같았기 때문이다. / 번호에 얽힌 잊지 못할 일이 있었기 때문이다.

교과서 날개 ②
'나'가 자기 앞에서 그림을 그리던 여자아이에게 받은 인상을 말해 봅시다.
→ '나'와는 천지 차이가 있는 부유한 환경의 아이다. / 자주색 원피스에 검정 에나멜 구두를 신었고 얼굴이 희고 예뻤다. / '나'와 비슷한 점이 하나도 없었다. / 앞으로 영원히 만날 일이 없을 것 같은 사람이다.

어휘 풀이
• 습자지(習字紙): 글씨 쓰기를 연습할 때 쓰는 얇은 종이.
• 무장간첩(武裝間諜): 전투에 필요한 장비를 갖춘 간첩.
• 124군 부대: 1968년 청와대를 습격하기 위해 수도권에 침입했던 북한의 부대.
• 히말라야시다: 개잎갈나무. 소나뭇과의 상록 침엽 교목.
• 영산홍(映山紅): 진달랫과의 상록 관목.

어구 풀이
❶ 이 부분은 **19**에서 '1'의 서술자가 '0'의 서술자에게서 지독한 가난의 냄새가 났다고 서술한 내용을 '0'의 서술자의 입장에서 서술한 것이다.

'나'가 '124번'을 따로 언급한 의도

25에서 '나'는 작년처럼 번호를 부여받아 도화지 뒷면에 적어. 그런데 작년에는 번호를 언급조차 하지 않았는데, 이번엔 잊어버릴 수가 없는 번호라며 따로 이야기를 하고 있어. 몇 해 전에 침투한 무장간첩을 훈련한 부대 이름이 연상되었기 때문이기도 하지만, 서술자는 '124군 부대라서 그런 게 아냐.'라고 말하며 이 번호에 얽힌 잊지 못할 사건이 있음을 암시해. 즉, 124번은 이후에 일어날 사건을 암시하는 하나의 단서로 작용한단다. 어떤 사건이 일어날지 한번 추측해 보렴.

▶핵심 포인트◀

'나'의 서술	• '나는 124번이었어. 잊어버릴 수가 없는 번호야.' • '무장간첩을 훈련한 부대 이름이 124군 부대라서 그런 게 아냐.' • '번호를 124라고 분명히 적었어.'

↓

의도	124번에 얽힌 잊지 못할 사건이 이후에 일어날 것임을 암시함.

'0'의 서술자가 들려주는 '1'의 서술자와의 첫 번째 만남

26에는 '0'의 서술자인 백선규와 '1'의 서술자인 여자아이의 첫 번째 만남이 나와. 그런데 이 만남에 대해 19에서 이미 '1'의 서술자가 이야기한 것을 기억하지? 그런데 똑같은 장면이 서술자가 바뀌어 다시 서술되고 있어. 이번엔 '0'의 서술자의 관점에서 여자아이에 대한 인상을 들려주고 있지. 그러면서 가난한 자신의 처지와 대조적인 여자아이를 보는 '나'의 심리가 그려지고 있어.

▶핵심 포인트◀

'1'의 서술자에 대한 '0'의 서술자의 서술	'0'의 서술자의 심리와 태도
• '자주색 원피스에 ~ 희고 예뻤지.' • '그 여자애와 나는 비슷한 점이 하나도 없었어.' • '크레파스부터 ~ 차이가 있었어.' • '앞으로 영원히 만날 일이 없을 것 같은 사람이야.'	→	'여자아이'는 가난한 처지의 '나'와는 다른, 부유한 환경의 아이로 '나'와는 전혀 다른 삶을 살게 될 것임.

---

41. 이 글을 읽으면서 떠올린 장면으로 적절하지 않은 것은?

① 남자아이가 도화지 뒤 네모난 보라색 칸에 번호를 적는 장면
② 남자아이가 뚜껑도 없는 낡은 크레파스 통을 꺼내 그림을 그리는 장면
③ 여자아이 한 명이 뒤에 있는 남자아이를 관심을 가지고 계속 지켜보는 장면
④ 히말라야시다가 있는 화단을 따라 난 시멘트 길에 햇빛이 하얗게 비치는 장면
⑤ 여자아이 두 명과 남자아이 한 명이 앞뒤로 앉아 같은 풍경을 바라보며 그림을 그리는 장면

42. 26에서 '그 여자애'에 대한 서술자의 심리와 태도로 적절한 것은?

① 앞으로 또 다시 만나게 되기를 간절히 바라고 있다.
② 그림을 좋아한다는 공통점을 발견하고 기뻐하고 있다.
③ 학교에서 몇 번 본 적이 있어서 친근감을 느끼고 있다.
④ 자신과는 상황과 처지가 전혀 다른 아이라고 생각하고 있다.
⑤ 같은 공간에서 그림을 그리게 된 우연을 행운이라고 생각하고 있다.

43. 27에서 '나'가 그림에 집중할 수 있었던 까닭으로 가장 적절한 것은?

① 분명한 목표를 가지고 있었기 때문에
② '나'의 학교에서 대회가 열렸기 때문에
③ 여자아이와 함께 그림을 그리고 있었기 때문에
④ 가장 자신 있는 풍경화를 그릴 수 있었기 때문에
⑤ 축구 결승전이 열리는 공설 운동장이 먼 곳에 있었기 때문에

44. ㉠에 대한 설명으로 적절하지 않은 것은?

① '나'가 어른이 되어서도 잊지 못하는 번호이다.
② '나'가 도화지 뒷면에 검은색으로 직접 쓴 번호이다.
③ 앞으로 일어날 사건을 암시하는 단서로 작용하는 번호이다.
④ 사생 대회에서 주최 측의 실수로 '나'에게 잘못 부여된 번호이다.
⑤ 몇 해 전 남한에 내려왔던 무장간첩을 훈련한 부대 이름과 같은 번호이다.

|서술형|
45. ㉡을 통해 드러나는 '나'와 '그 여자애'의 차이점을 한 문장으로 쓰시오.

28 마감 시간이 다 되어서 나는 그림을 제출했어. 그 여자아이는 진작에 가고 없
（'나'는 최선을 다해 그림을 그림.）（'I'의 서술자）
었어. 그런 아이들이야 재미로 그리는 거니까 쉽고 빠르게 그리고 내 버렸을 거
（부유한 집안의 아이들）
라고 생각했지. ❶할아버지 말이 맞을지도 모르지. 그림 같은 건 돈 많은 사람들
이 시간을 주체할 수 없어서 하는 놀이라고. 우리 같은 가난뱅이 농사꾼 *무지렁
이들이 무슨 예술을 하느니 마느니 *개나발을 불다가는 ㉠쪽박이나 차기 십상이
라는 거지. 있는 쪽박이나 잘 간수하는 게 주제에 맞는다는 거야.
（👉 교과서 날개）（→ 여자아이는 진작에 그림을 제출했지만 '나'는 마감 시간이 다 되어서 제출함.）
29 그림을 제출하고 나면 공설 운동장에 갈 수 있고 잘하면 축구 결승전 끄트머
（축구 결승전에 대한 '나'의 태도가 작년과 달라짐.）
리를 볼 수 있을지도 모르지만 나는 그럴 생각이 전혀 없었지. 내가 정작 궁금한
건 심사 결과니까 말이야. 축구야 누가 우승하면 어때. 어차피 군민 체전이니까
（'나'의 관심사의 변화: 작년에는 축구를 좋아했지만 지금은 축구보다 그림에 더 관심이 있음.）
군민 중 누군가 이기는 거 아니겠어. 그런 생각을 하게 된 게 내가 일 년 동안 퍽
성숙했다는 증거였어. 그렇게 되는 데 열 살짜리가 열한 살 이상이 참가하는 대
（'나'의 관심이 변화된 계기: 3학년 때 4학년 대신 사생 대회에 참가하여 장원을 함.）
회에 나가서 장원을 했다는 게 큰 작용을 한 건 당연하지.

오후부터 3층짜리 신축 교사 2층 교실 한 곳에서 심사 위원들이 심사를 했어.
나는 예전에 함께 축구를 하던 아이들과 공을 차면서 시간을 보냈어. 이상하게
축구가 재미가 없었어. 자꾸 눈이 심사를 하고 있을 교실로 향하는 거야. 내가
（심사 결과를 기다리는 '나'의 심리: 긴장과 초조）
골을 집어넣을 수도 있는 기회에서 엉뚱한 데 눈을 주니까 아이들이 정신을 어디
다 파느냐고 화를 냈지. 나는 미안하다고 했고. 그러면서도 아, 이제 나한테 축
구보다 더 중요한 게 생겼구나 하는 생각이 드는 거야. 사실 그건 크레파스나 스
（'나'가 축구보다 그림을 더 중요하게 생각하고 있음을 직접 드러냄.）
케치북 같은 상품이 아니야. 그건 내가 가지고 있는 재능, 아버지에게서 물려받
（'나'가 심사 결과를 기다리는 까닭: 아버지에게서 물려받은 화가로서의 재능을 확인받고 싶어서）
은 천부적인, 천재적인 재능을 명백히 확인받고 싶다는 충동이었어. 내가 아버지
의 아들이라는 확신을 가지고 싶었어. 아무리 시골구석에서 염소나 키우고 구렁
이를 잡아다 장날에 내다파는 사람이라고는 해도 내 아버지니까.
（→ '나'는 심사 결과에 온통 관심이 쏠려 축구에는 관심을 갖지 않음.）
30 심사하는 데 그렇게 오랜 시간이 걸리는 줄은 몰랐어. 다리가 아프도록 축구
를 하고 수도꼭지가 있는 곳으로 가서 몸을 씻고 다 말리도록 심사는 끝나지 않
았어. 아이들이 풀빵을 사 먹으러 간다고 학교 밖으로 갈 때까지도. 나는 평소처
럼 아이들을 따라가지 않았어. 고픈 배를 부여잡고 교사 앞에 앉아 있었어. 심사
결과를 알 수 있을 거라고 생각한 건 아니야. 그냥 어떤 기미라도, 결과의 부스
러기라도 얻고 나서야 갈 수 있을 것 같았어.

아이들이 가 버리자 학교는 조용해졌어. 그러고도 한 삼십 분은 있다가 다른
（친구들이 다 떠난 뒤에 '나' 혼자 남아 심사 결과를 기다림.）
군의 학교에서 온 심사 위원들이 걸어 나왔어. 물론 나한테 관심을 가진 사람은
아무도 없었지. 주 선생님이 보였어. 심사를 한 건 아니고 우리 학교의 미술 지
（미술반 담당 선생님인 주은회 선생님）
도 교사로 *참관을 하고 있었던 것 같았어. → 아이들이 가 버린 뒤에도 혼자 남아 심사 결과를 기다림.

학습 포인트
· '나'의 관심 변화 파악하기
· '나'가 심사 결과를 기다리
  는 까닭 이해하기

읽기 중 활동

교과서 날개
축구 결승전에 대한 '나'의 태
도가 작년과 달라진 까닭은 무
엇인가요?
→ 3학년 때 사생 대회에 4학
년 대신 참가하여 장원한 이후
로 그림에 관심이 가면서 수상
에 대한 절실함이 생겼기 때문
이다.

어휘 풀이
· 무지렁이: 아무것도 모르는
  어리석은 사람.
· 개나발: 사리에 맞지 아니하
  는 헛소리나 쓸데없는 소리
  를 낮잡아 이르는 말.
· 참관(參觀): 어떤 자리에 직
  접 나아가서 봄.

어구 풀이
❶ 부유해 보이는 여자아이를
보면서 '나'가 떠올린 생각을
표현한 부분으로, 여자아이와
'나'가 미술에 임하는 태도가 어
떻게 다른지를 보여 주고 있다.

➕ 보충 자료
성장 소설
주인공이 어린 시절부터 어른이
되기까지 자신의 인격을 완성해
가는 성장 과정을 그린 소설을 말
한다. 미성숙한 주인공이 갈등을
겪으면서 정신적으로 성장하고
사회에 대한 새로운 인식을 얻는
과정을 보여 준다.

• '나'의 관심 변화

28에서 '나'는 마감 시간이 될 때까지 그림을 그렸어. 그림을 제출하고 나면 축구 결승전을 볼 수 있을지도 모르는데 29에서 '나'는 축구를 보러 가지 않아. 아니, 축구를 보고 싶은 마음 자체가 사라져 버렸지. 지금은 축구보다 그림이 훨씬 더 중요해졌으니까. 참 놀라운 변화야. 1년 전만 해도 13에 나오듯이 '나'는 사생 대회에 참가하느라 축구 경기를 못 봤다고 눈물까지 흘렸었는데 말야. 이렇게 관심이 변화하는 데에는 3학년 때 4학년 대신 사생 대회에 참가하여 장원을 했다는 게 큰 작용을 했다고 스스로 고백하고 있어. 서술자 말대로 '나'가 1년 사이에 뭔가 성숙한 것 같지?

›핵심 포인트‹

3학년 때		변화의 계기		4학년 때
축구에 관심이 많았음.	→	3학년 때 4학년 대신 사생 대회에 참가하여 장원을 함.	→	그림에 관심이 많아짐.

• '나'가 심사 결과를 기다리는 까닭

29와 30에서 '나'는 심사 결과를 초조하게 기다리고 있어. 단지 축구보다 그림에 더 흥미가 생겼기 때문만은 아니야. 심사 결과를 기다린다는 것은, 그 결과를 궁금해한다는 뜻이잖아. 그럼 왜 그렇게 결과를 알고 싶어 할까? 서술자는 그 까닭을 정확히 알고 있어. '그건 내가 가지고 있는 재능, 아버지에게서 물려받은 천부적인, 천재적인 재능을 명백히 확인받고 싶다는 충동' 때문이지. 자신의 이름으로 당당히 참가한 사생 대회에서 꼭 장원을 받아 자신의 뛰어난 재능을 인정받고 싶어서 수상에 대한 절실함이 생긴 거란다.

›핵심 포인트‹

'나'가 심사 결과를 기다리는 까닭	**표면적 이유:** 사생 대회 심사 결과가 궁금해서
	근본적 이유: 아버지에게서 물려받은, 화가로서의 천재적인 재능을 확인하고 싶은 마음에

---

46. 〈보기〉를 참고할 때, 이 글을 서술자의 관점에 주목하여 감상하는 방법으로 적절하지 <u>않은</u> 것은?

> **보기**
>
> 이 글은 이야기 속 주인공인 '나'가 서술자가 되어 자신의 이야기를 들려주는 1인칭 주인공 시점을 취하고 있다.

① '나'가 고백하듯이 들려주는 내면의 소리에 집중하며 읽는다.
② 자신의 속마음을 이야기하는 '나'에게 친근감을 느끼며 읽는다.
③ '나'의 객관적 서술을 통해 작가의 의도를 추리하고 의미를 파악하여 읽는다.
④ '나'의 입장에서 사건을 서술하기 때문에 내용이 주관적일 수 있음을 이해하며 읽는다.
⑤ '나'가 자기 입장에서만 서술하여 다른 인물의 심리는 정확히 알지 못한다는 점을 감안하여 읽는다.

47. 29~30에서 작년과 달라진 '나'의 변화로 적절한 것은?
① 선생님을 대하는 태도가 달라졌다.
② 관심사가 축구에서 그림으로 변화했다.
③ 친구보다 가족을 더 중요하게 생각하게 되었다.
④ 자신의 진로에 대해 구체적으로 고민하게 되었다.
⑤ 조급한 성격에서 여유 있고 참을성 있는 성격으로 바뀌었다.

48. 29~30에 나타난 '나'의 주된 심리로 적절한 것은?
① 즐겁고 행복하다.
② 슬프고 우울하다.
③ 외롭고 쓸쓸하다.
④ 부끄럽고 미안하다.
⑤ 긴장되고 초조하다.

49. ㉠과 바꾸어 쓸 수 있는 말로 적절한 것은?
① 후회하기   ② 창피해지기
③ 아는 게 없어지기   ④ 남들한테 무시당하기
⑤ 먹고살기 힘들어지기

|서술형|
50. 29~30에서 '나'가 심사 결과를 기다리는 궁극적 이유를 29에서 찾아 한 문장으로 쓰시오.

31 교문 조금 못 미친 곳에서 심사 위원들과 인사를 나눈 주 선생님은 뒤돌아서서 내가 앉아 있는 쪽으로 걸어왔어. 새하얀 시멘트 길에 떨어지던 새하얀 햇빛,

_{시각적 심상과 청각적 심상을 활용하여 잊지 못할 순간을 인상적으로 표현함.}

그 위에 또각또각 찍히던 그 발소리를 나는 아직도 잊지 못해. 선생님은 히말라야시다 앞 시멘트 의자에 숨은 듯이 앉은 내게 와서는 불쑥 손을 내밀었지.

"백선규, 축하한다."

나는 못 잊어.

"장원이다."

_{'나'가 기대하던 결과로, '나'의 목표가 이루어짐.}

나는 목이 메어서 아무 말도 할 수 없었어. 그렇게 목이 죄는 듯한 느낌은 평

_{'나'의 심리: 기쁨}

생 다시 없었어. 그 뒤에 수십 번, 이런저런 상을 받고 수상을 통보받았지만.

_{교과서 날개}

㉠나는 선생님 앞에서 눈물을 보이고 말았어. 내가 우는 것을 보고 선생님은

_{장원을 하여 자신의 재능을 확인받은 것이 기뻤기 때문에}

무척 놀라고 당황했어. 하지만 곧 내 어깨를 잡고는 내 얼굴을 가슴에 가만히 안아 주었어. ❶그 따뜻하고 기분 좋은 냄새, 못 잊어.

➡ 주 선생님에게서 장원 소식을 들은 '나'가 눈물을 흘리자 주 선생님이 '나'를 안아 줌.

읽기 중 활동

교과서 날개
'나'가 주 선생님 앞에서 눈물을 보인 까닭을 짐작해 봅시다.
→ 장원한 것이 너무 기뻐서이다. / 자신의 재능을 인정받은 것 같은 기분이 들어서이다.

| 위기 2 | 'O'의 이야기: '나'는 4학년이 되어 정식으로 사생 대회에 나가 장원을 하고 감격해서 눈물을 흘림. |

1

절정 1 **32** 나는 한 번도 상 같은 건 받아 본 적 없어. 학교 다닐 때 그 흔한 개근상도 못 받았으니까. 상에 욕심을 부려 본 적도 없었어. 내게는 모자란 게 없어서 그랬는지도 몰라. 『어릴 때는 부유한 집안에서 단 하나밖에 없는 딸로 사랑을 받

_{『 』: '나'의 삶을 요약해 제시한 부분으로, '나'가 어려움 없이 풍족하고 여유 있는 삶을 살아왔음을 보여 줌.}

으며 자랐고 여자 대학에서 가정학을 공부하다가 판사인 남편을 *중매로 만나서 결혼했지. 내가 권력이나 돈을 손에 쥔 건 아니라도 그런 것 때문에 불편한 적도 없어. 아이들은 예쁘고 별문제 없이 잘 자라 주었지. 큰아이가 중학교부터 미국에 가서 공부할 때는 적응에 힘이 들었지만 결국 학생 회장까지 지내서 신문에도

_{'나'의 삶의 태도: 스스로의 삶에 만족함.}

여러 번 났지.』나는 상을 못 받았지만 내가 타고난 행운, 삶 자체가 상이다 싶어.

➡ '나'는 부유한 집안에서 자라나 스스로 만족할 만한 삶을 살아옴.

어휘 풀이
· 중매: 결혼이 이루어지도록 중간에서 소개하는 일. 또는 그런 사람.

어구 풀이
❶ 장원을 했다는 심사 결과를 전해준 주 선생님의 품에 안겨 행복해하는 '나'의 모습이 그려져 있다. 장원을 했다는 소식을 들은 순간에 느낀 기쁨과 행복감을 후각적 심상을 활용하여 인상적으로 표현하고 있다.

➕ 보충 자료
히말라야시다
소나뭇과의 상록 침엽 교목. 높이는 30미터 정도이며, 잎은 끝이 뾰족하다. 암수한그루로 10월에 꽃이 피고 씨에는 막성(膜性: 막으로 된 성질. 또는 그런 물질.)의 넓은 날개가 있다. 관상용이고 히말라야가 원산지이다. 개잎갈나무, 설송이라고도 부른다.

• '0'의 '나'가 흘린 눈물의 의미

심사 결과는 '나'가 그토록 절실하게 바라던 대로 나왔어. **31**에서 주 선생님은 '나'에게 장원을 했다며 직접 축하의 인사를 건네셨지. 그러자 '나'는 주 선생님 앞에서 눈물을 보여. 심사 결과를 기다리는 긴장과 초조가 일시에 완화되면서 안도감과 기쁨에 눈물을 흘린 것이겠지. 드디어 자신이 그토록 원하던 타고난 재능을 인정받은 셈이니까 얼마나 좋았을까? 그때의 그 행복한 기분을 '나'는 '따뜻하고 기분 좋은 냄새'로 기억하고 있어. 이 부분은 **13**에서 '나'가 축구를 보지 못해 눈물을 흘린 것과 대조를 이루는데, 이를 통해 '나'의 생각과 태도가 변화했음을 알 수 있단다.

▶핵심 포인트◀

'0'의 '나'가 흘린 눈물의 의미	• 장원한 것에 대한 기쁨, 안도감, 행복감 • 자신의 재능을 인정받고 싶은 욕구의 충족

• '1'의 '나'의 삶의 태도

31에서 '0'의 '나'는 장원 상을 받고 눈물을 흘렸는데, **32**에서 '1'의 '나'는 상을 단 한 번도 받아 본 적이 없고, 상에 욕심을 부려 본 적도 없다고 말하고 있어. 참 대조적이지? '1'의 '나'는 그 이유가 부족함이 없는 환경에서 살아왔기 때문인 것 같다고 말하고 있어. 그래서인지 가난한 '0'의 '나'와 달리, '1'의 '나'는 사소한 것들에 집착하지 않으며 스스로의 삶에 만족하는 태도를 보이고 있단다. 이런 삶의 태도는 '나'의 행동과 결정을 이해하고 설명하는 결정적인 단서가 되니까 중요하겠지?

▶핵심 포인트◀

'1'의 '나'의 성장 과정		'1'의 '나'의 삶의 태도
부유한 집안의 외딸로 충분한 사랑을 받으며 부족한 것 없이 풍족하게 자라남.	→	상이나 돈, 권력 같은 것에 욕심을 부리지 않고 자신의 삶에 만족하며 살아감.

---

51. **31**의 '나'와 **32**의 '나'의 삶의 태도를 비교한 내용으로 적절한 것은?

① **31**과 **32**의 '나'는 둘 다 학교생활에 만족하며 긍정적으로 생활하고 있다.

② **31**과 **32**의 '나'는 둘 다 자신이 처한 현실에 대해 비판적인 태도를 지니고 있다.

③ **31**의 '나'는 무엇이든 최선을 다하지만 **32**의 '나'는 모든 일에 의욕이 없다.

④ **31**의 '나'는 다른 사람과의 관계를 중요시하지만, **32**의 '나'는 자기 계발을 더 중요시한다.

⑤ **31**의 '나'는 수상을 통해 자신의 재능을 인정받고 싶어 하지만, **32**의 '나'는 수상에 큰 관심이 없다.

52. **32**에서 인물의 특징을 드러내는 방법으로 적절한 것은?

① 인물의 성장 과정을 요약적으로 제시하고 있다.

② 인물 간의 대화를 통해 속마음을 보여 주고 있다.

③ 인물의 겉모습을 묘사하여 특징을 드러내고 있다.

④ 인물의 행동을 통해 성격을 간접적으로 제시하고 있다.

⑤ 인물의 갈등 해결 방식을 통해 인물됨을 표현하고 있다.

|서술형|

53. **31**에 나타난 표현상 특징을 다음과 같이 설명할 때, @~ⓒ에 들어갈 적절한 말을 **31**에서 찾아 쓰시오.

> '나'는 평생 잊지 못할 기억을 다양한 심상을 사용하여 인상적으로 표현하고 있다. 주 선생님이 장원 소식을 전하기 위해 '나'를 찾아오는 순간의 모습은 (@   )(이)라는 시각적 심상과 (ⓑ   )(이)라는 청각적 심상을 사용하여 효과적으로 묘사하였다. 또한 '나'가 장원을 했을 때 느낀 심정은 (ⓒ   )(이)라는 후각적 심상을 사용하여 강렬하게 나타내었다.

54. ㉠에서 '나'가 흘린 눈물의 의미로 적절한 것은?

① 자신에게 주어진 것들에 감사하는 마음

② 무엇이든 노력하면 이룰 수 있다는 자신감

③ 자신의 재능을 확인받은 것에 대한 안도감

④ 간절히 바라던 것을 얻을 수 없다는 절망감

⑤ 주변 사람들로부터 사랑을 받을 때 느끼는 행복감

33 그렇지만 단 한 번 상을 받을 뻔한 적은 있지. 나 자신의 실수 때문에 못 받은 거니까 누구를 원망할 수도 없지만. 그 실수를 인정하고 내가 받을 상이 남에게 간 것을 바로잡을 수 있었을까. 할 수 있었을지도 몰라. 아버지에게 이야기했다면. 아니면 천수기 선생님한테라도.

> 실수로 놓친 상을 찾아오고 싶은 마음이 있었음.

> 교과서 날개

㉠왜 안 했을까. 그때 나를 스쳐 가던 그 아이, 그 아이의 표정 때문인지도 몰

> 'O'의 서술자인 백선규를 말함.

라. 땟국물이 흐르던 목덜미, 전신에서 풍겨 나던 뭔가 찌든 듯한 그 냄새, 그

> 장원 상을 놓친 실수를 바로잡지 않은 까닭 ①: 바로잡는 과정이 귀찮을 것 같아서

ᵃ너절한 인상이 내 실수와 잘못된 과정을 바로잡는 게 너절하고 귀찮은 일이라는 생각을 하게 했을 거야. 어쩌면 그 결과 한 아이가 가지게 될지도 모르는 씻지 못

> 장원 상을 놓친 실수를 바로잡지 않은 까닭 ②: 바로잡았을 때 그 아이가 느낄 좌절감이 생각나서

할 좌절감이 내게도 약간 느껴졌는지도 모르지. ❶상관없어. 나는 그런 상하고는 담을 쌓고 살아도 행복해. 그런 스트레스를 받는 것 자체가 싫어. 왜 내가 그렇

> '나'의 성격: 귀찮고 힘든 것을 싫어하고 현재의 삶에 만족하는 성격임.

게 살아야 하는데? ➔ '나'는 4학년 때 나간 사생 대회에서 실수를 하여 상을 받을 기회를 놓침.

| 절정 1 | '1'의 이야기: '나'는 4학년 때 나간 사생 대회에서 장원 상을 받을 기회를 실수로 놓쳤던 과거를 회상함. |

O

절정 2 **34** 『나는 사생 대회 이틀 후, 월요일 아침 조회에서 전교생이 지켜보는 가

> 『 』: '나'의 심리 – 전교생 앞에서 장원 상을 받으며 우쭐함을 느낌.

운데 교단 앞으로 가서 장원 상을 받았어. 글짓기, 서예, 밴드, 합창, 그림 등 전

> 장원 상을 받은 것에 대한 자부심이 느껴짐.

분야를 통틀어 우리 학교에서 장원 상을 받은 사람은 오직 나 하나뿐이었어. 게다가 4학년이니까 앞으로 2년간 더 많은 상을 학교에 안겨 주게 되겠지. 교장 선생님은 내가 4학년이라는 것, 장원이라는 것을 스무 번도 더 이야기했어.』

크레파스 다섯 통, 스케치북 열 권은 혼자 들기에 좀 무거웠어. 글짓기에서 차하

> 장원을 하여 받은 상품으로 '나'가 간절히 갖고 싶어 했던 것임.

상을 받아서 앞으로 나온 6학년이 크레파스를 대신 들어 줬지. 나는 박수 소리가 끊이지 않는 중에 천천히 걸어서 내가 서 있던 자리로 돌아왔어. 조회가 끝나고 교실로 들어갈 때 옆에 있던 아이들이 상품을 대신 들어 줬고 나는 상장만 들고 갔어.

> ➔ '나'는 전교생 앞에서 장원 상과 상품을 받음.

35 ᵃ부임한 지 얼마 안 되어서 그런지 흥분한 교장 선생님은 ᵃ전례가 없이 그해 학예 대회 입상작을 찾아와서 강당에서 전시회를 가지기로 결정했어. 나는 가 보지 않았어.

가서 내 그림을 보는 건 뭔가 창피할 것 같았어. 그런 데 가서 그림과 글짓기,

> '나'가 처음에 전시회를 가지 않은 까닭

서예 작품을 보고 배워야 하는 아이들은 입상을 못 한 평범한 아이들이야. 창작

> '나'는 평범한 아이들과 달리 타고난 재능을 지니고 있다는 자부심과 우쭐함이 느껴짐.

의 재능이 없고 겨우 감상만 할 수 있는 아이들인 거야. 생각은 그렇게 했지만, ㉡일주일 동안 진행된 전시 마지막 날 오후, 나는 강당으로 걸음을 옮겼지. 모르겠어. 왜 갔는지.

> ➔ '나'는 자신의 작품이 전시된 전시회를 전시 마지막 날에 찾아감.

읽기 중 활동

교과서 날개
'나'는 자신의 삶에 대해 어떤 태도를 지니고 있는지 말해 봅시다.

→ 부유하게 자랐기 때문인지 사소한 것에 집착하지 않으려 한다. / 귀찮고 스트레스 받는 일을 피하고 싶어 한다.

어휘 풀이
· 너절하다: 허름하고 지저분하다.
· 부임(赴任): 임명이나 발령을 받아 근무할 곳으로 감.
· 전례(前例): (주로 없거나 적다는 뜻의 서술어와 함께 쓰여) 이전부터 있었던 사례.

어구 풀이
❶ '나'의 성격과 삶의 태도가 잘 드러나는 부분이다. 상을 받지 않아도 충분히 행복하다고 느끼는 데에서 부족함 없이 현실에 만족하며 살아가고 있음을 알 수 있다. 또한 경쟁을 싫어하고 귀찮고 스트레스 받는 일을 피하고자 하는 성격임을 알 수 있다.

➕ 보충 자료
갈등의 기능
· 사건을 전개한다.
· 주제를 제시한다.
· 독자의 흥미를 유발한다.
· 인물의 성격을 부각한다.

• 두 서술자의 두 번째 만남에서 드러나는 사건

33에서 '1'의 '나'는 뜻밖의 이야기를 하고 있어. 실수를 해서 자신이 받을 상이 남에게 갔다는 거야. 그 '남'은 누구일까? '땟국물이 흐르던 ~ 그 너절한 인상'이라는 표현에서 백선규임을 짐작할 수 있어. 그러니까 31에서 백선규가 받은 장원 상이 사실은 '1'의 '나'의 것이었다는 말이지. 놀라운 반전인데, 이게 도대체 어떻게 된 일인지는 이어지는 '0'의 서술자의 이야기에서 알게 될 거야.

• '1'의 서술자의 내적 갈등

33에는 수상작이 뒤바뀐 상황에서 '1'의 '나'가 겪는 내적 갈등이 그려져 있어. 자신이 받아야 할 상을 찾아오고 싶은 마음과 그냥 내버려 두고 싶은 마음 사이에서 갈등을 겪지. 결국 '나'는 잘못된 과정을 바로잡는 게 귀찮아서, 그리고 이미 상을 받은 아이가 큰 좌절감을 느낄 것 같아서 잘못을 바로잡는 일을 그만두게 된단다.

◦핵심 포인트◦

바로잡고자 하는 마음	내버려 두고 싶은 마음
번호를 잘못 적은 실수를 말해서 자기가 받아야 할 상을 찾아오고 싶은 마음	이미 상을 받은 아이가 좌절할 것과 귀찮은 과정을 거쳐야 할 것이 생각나 그만두자는 마음

↓

잘못을 바로잡지 않아 상을 받을 기회를 놓침.

• 장원 상을 받은 것에 대한 '0'의 '나'의 심리와 태도

34에서 '0'의 '나'는 전교생이 지켜보는 가운데 장원 상을 받아. 35에서는 자신의 재능에 대한 자부심과 우월감을 드러내고 있어.

◦핵심 포인트◦

• '나'의 학교에서 장원 상을 받은 것은 '나' 하나뿐임.
• 전시회에 가서 보고 배워야 하는 아이들은 입상을 못한 평범한 아이들로, '나'는 전시회에 갈 필요가 없다고 생각함.

↓

'0'의 '나'의 심리	자부심, 우쭐함, 우월감

55. 33에서 이야기하고 있는 중심 사건을 한마디로 표현할 때 적절한 것은?

① 거짓말을 하다. ② 아버지와 다투다.
③ 선생님을 속이다. ④ 수상작이 뒤바뀌다.
⑤ 남자아이를 만나다.

56. 33에 나타난 주된 갈등 양상으로 적절한 것은?

① 인물의 내적 갈등 ② 인물과 인물과의 갈등
③ 인물과 사회와의 갈등 ④ 인물과 운명과의 갈등
⑤ 인물과 자연과의 갈등

57. ㉠에 대한 대답으로 적절하지 <u>않은</u> 것은?

① 스트레스를 받는 것이 싫어서
② 자신의 실수를 인정하고 싶지 않아서
③ 상을 받지 않아도 행복하게 살 수 있어서
④ 실수를 바로잡는 과정이 귀찮게 느껴져서
⑤ 이미 상을 받은 아이가 큰 좌절감을 느낄 것 같아서

58. ㉡의 역할에 대한 설명으로 가장 적절한 것은?

① 갈등 해소의 계기를 제공한다.
② 인물의 심리 상태를 보여 준다.
③ 새로운 인물의 등장을 예고한다.
④ 새로운 사건이 일어날 것을 암시한다.
⑤ 과거에서 현재로 시점이 이동할 것임을 짐작하게 한다.

|서술형|

59. 34～35에서 '나'가 느끼는 주된 심리를 〈조건〉에 맞게 쓰시오.

조건
• 근거 두 가지를 들어 쓸 것.
• '～하는 것에서 ～을/를 느낄 수 있다.'의 형태로 쓸 것.

36 강당에는 아무도 없었어. 벽에는 전시 작품들이 걸려 있었어. 글짓기는 원고지 여러 장에 쓰인 작품을 한꺼번에 벽에 압정으로 박아 놓고 넘겨 가며 읽도록 해 놨어. 차하 상을 받은 동시는 아이들이 넘기면서 침을 묻히는 바람에 글씨가 다 지워지고 원고지 앞장 아래쪽은 먹지처럼 까매졌더군.

　　나는 천천히 그림이 전시된 곳으로 걸어갔지. 『내 그림은 맨 안쪽에 걸려 있었

『 』: '나'의 장원작이 걸려 있는 위치와 모습의 묘사를 통해 '나'의 우쭐함을 간접적으로 드러냄.

어. 입선작 여덟 점을 지나서 특선작 세 점을 지나고 나서 황금색 종이 리본을 매달고 좀 떨어진 곳에, 검정 붓글씨로 '壯元(장원)'이라고 크게 쓰인 종이를 거느리고, 다른 작품보다 세 뼘쯤 더 높이. 초등학교에 다니는 아이들이라면 우러러

자신은 남들과 다른 특별한 재능을 지니고 있다는 우월감이 간접적으로 표현됨.

볼 수밖에 없는 높이에.』　　　　　→ '나'는 자신의 그림이 전시된 곳으로 가서 그림을 봄.

└ 교과서 날개

37 **❶** ⓐ그런데, 그런데, 그런데, 그런데 그 그림은 내가 그린 그림이 아니었어.

사건의 반전: 장원작이 '나'의 것이 아님.

풍경은 내가 그린 것과 비슷했지만 ⓑ절대로, 절대로 내가 그린 그림이 아니야. 아버지가 사 준 내 오래된 크레파스에는 진작에 떨어지고 없는 회색이 히말라야시다 가지 끝 앞부분에 살짝 칠해져 있는 그림이었어. 나는 가슴이 후들후들 떨

'나'의 충격과 당혹감을 직접적으로 표현함.

려서 두 손으로 가슴을 가렸어. 사방을 둘러봤지만 아무도 없었어. 나는 까치발

그림 뒷면의 번호를 확인하기 위해 주변을 먼저 살핌.

을 하고 손을 최대한 쳐들어서 그림 뒷면의 번호를 확인했어. 네모진 칸 안에 쓰인 숫자는 분명히 124였어. 124, 북한에서 무장 간첩을 훈련한 그 124군 부대의

장원작이 자신의 작품이 아님을 다시 한 번 확인함.

124. 그렇지만 그건 내 글씨가 아니었어.

→ '나'는 장원작이 자신의 그림이 아닌 것을 알고 충격을 받음.

38 ㉠누가, 왜 제 번호를 쓰지 않고 내 번호를 썼을까. 실수로? 이런 실수를 하고, 제가 받을 상을 다른 사람이 받았다는 걸 알면 가만히 있을까. 그렇지는 않을 거야. 다른 학교에 다니는 아이라서 제 실수를 모르고 있는 거겠지.

　　아니야. 그 그림은 °구도로 봐서 내가 그렸던 바로 그 장소에서 아주 가까운데서 그린 그림이었어. 그 그림을 그린 아이는 천수기 선생님과 함께 다니던 그

'1'의 서술자인 여자아이가 그림의 주인임을 확신함.

아이인 게 틀림없었어. 그러니까 나와 같은 학교에 다니는 아이라는 거지. 그러면 그 아이는 제가 그린 그림을 봤을 거야. 그런데 왜? 왜 아무 말을 하지 않은

이 질문에 대한 답은 '1'의 서술자가 서술한 **33**에 나옴.

거지? 상품이 필요 없어서? 실수 때문에 처벌을 받을까 봐? 나라면? 나라면 가만히 있었을까? → '나'는 사생 대회에서 자기 앞에 앉아 있었던 그 여자아이가 장원작의 주인이라고 생각함.

39 왜 내가 그린 작품은 입선에도 들지 않았을까? 비슷한 풍경이고 비슷한 구도인데도? 가만히 그 그림을 보고 있자니 정말 잘 그린 그림이라는 느낌이 들기 시작했어. **❷**장원을 받을 수밖에 없는 그림, 같은 장소에 있었던 나로서는 발견할 수 없었던 부분, 벽과 히말라야시다 사이의 빈 공간의 처리는 완벽했어. 나는 모든 걸 그림 속에 °욱여넣으려고만 했지 비울 줄은 몰랐어. 그건 나를 뛰어넘는 재능인 게 분명했어.　→ '나'는 장원작의 주인인 여자아이가 자신보다 뛰어난 재능을 지니고 있다고 생각함.

읽기 중 활동

교과서 날개
그림을 확인하고 난 후 '나'의 심정이 어떠했을지 말해 봅시다.
→ 예상치 못했던 일이라 너무 놀랐고, 그것도 모르고 내심 뻐겼던 게 창피했을 것이다. / 벌어진 일을 어떻게 수습해야 할지 몰라 정신이 아득했을 것이다.

어휘 풀이
· 구도(構圖): 그림에서 모양, 색깔, 위치 따위의 짜임새.
· 욱여넣다: 주위에서 중심으로 함부로 밀어 넣다.

어구 풀이
❶ 강당에 가 그림을 확인한 후, 장원작이 자신의 것이 아님을 알게 되었을 때 받은 충격과 당혹감을 표현한 부분이다. '그런데', '절대로'와 같은 단어를 반복함으로써 '나'가 얼마나 큰 충격을 받았는지, 얼마나 당황했는지를 효과적으로 전달하고 있다.
❷ 자신의 작품이 입선에도 들지 않은 이유를 생각하다가 장원작이 자기 그림보다 뛰어나다는 것을 발견하는 장면이다. 평범한 다른 아이들과 달리 남다른 재능을 타고났다는 우월감에 빠져 있던 '나'는 자신보다 더 뛰어난 재능을 지닌 아이가 있다는 것을 깨닫게 된다. 이런 깨달음은 이후 '나'의 삶에 큰 영향을 미치게 된다.

찬찬샘 핵심 강의

• **사건의 반전**

36에서 '나'는 자신의 작품이 다른 아이들이 우러러보는 높은 곳에 위치해 있다며 자부심에 가득 차 있었지. 그런데 **37**에서 그 작품이 자신이 그린 그림이 아니라는 것을 알게 돼. 어떻게 된 건지를 알아보기 위해 도화지 뒷면의 번호를 확인하는데, 거기에는 자신이 부여받은 번호인 124번이 적혀 있었어. 하지만 자신의 글씨가 아니었지. 누가 실수한 걸까? **38**에서 '나'는 그 그림을 그린 아이가 천수기 선생님과 함께 다니던 그 여자아이라는 것을 바로 알아채지. 게다가 **39**에서 그녀의 작품이 장원을 받을 수밖에 없는 그림이고, 그녀가 자신을 뛰어넘는 재능을 지니고 있음을 인정하게 된단다.

◦핵심 포인트◦

그림을 확인하기 전	그림을 확인한 후
'나'는 사생 대회에서 장원을 하여 자신의 타고난 재능을 인정받았다고 생각함. →	장원작이 자신이 그린 작품이 아니라 'I'의 서술자인 그 여자아이의 것임을 알게 되고, 그 여자아이가 자신보다 뛰어난 재능을 지니고 있다고 생각함.

• **사건 전개에 따른 '나'의 심리 변화**

36~**39**에는 사건의 반전에 따른 '나'의 심리 변화가 흥미진진하게 그려져 있어. **36**에서는 수상작이 바뀐 것을 모르는 '나'가 자신의 재능에 자부심과 우월감을 느끼고 있지. 하지만 **37**에서 장원작이 자신의 것이 아니라는 것을 알게 되고 충격과 당혹감에 휩싸여 **38**에서 장원작의 주인이 그 여자아이임을 알아챈 '나'는 **39**에서 그녀가 자신을 뛰어넘는 재능을 지니고 있음을 깨닫고 좌절감을 느끼게 된단다.

◦핵심 포인트◦

사건	심리
장원작이 전시회장의 맨 안쪽, 사람들이 우러러보는 높이에 걸려 있는 것을 봄.	자부심과 우쭐함.
장원작이 자기 것이 아님을 알게 됨.	충격과 당혹감
장원작이 자기 그림보다 뛰어남을 발견함.	좌절감

콕콕 확인 문제

60. 소설 구성 단계를 고려할 때, 이 부분의 특징으로 적절한 것은?
① 인물과 배경이 제시되고 사건의 실마리가 나온다.
② 인물의 갈등이 본격적으로 전개된다.
③ 인물의 갈등이 점차 고조된다.
④ 인물의 갈등이 최고조에 이른다.
⑤ 갈등이 해결되고 사건이 마무리된다.

61. 이 글에서 드러나는 사건의 반전으로 적절한 것은?
① '나'의 장원작이 '나'가 그린 그림이 아니다.
② '나'의 장원작이 맨 안쪽에 아주 높이 걸려 있다.
③ '나'의 장원작은 다른 학생의 작품을 모방한 것이다.
④ '나'의 장원작의 뒷면에 124번이라는 번호가 적혀 있다.
⑤ '나'의 장원작보다 더 뛰어난 작품이 입선에도 들지 못하였다.

62. 이 글에 나타난 '나'의 심리 변화로 적절한 것은?
① 우월감 → 충격 → 행복감
② 초조함 → 놀람 → 즐거움
③ 답답함 → 자신감 → 열등감
④ 우쭐함 → 당혹감 → 좌절감
⑤ 자부심 → 실망감 → 아쉬움

|서술형|

63. **37**에서 ⓐ, ⓑ와 같이 단어를 반복하여 사용한 서술자의 의도를 〈조건〉에 맞게 서술하시오.

─ 조건 ─
• 서술자의 심리와 관련지어 쓸 것.
• 한 문장으로 쓸 것.

|서술형|

64. ㉠의 '누가'에 해당하는 답을 **38**에서 찾아 쓰시오.

40 비슷한 그림에 같은 번호가 써진 걸 보고 심사 위원들이 당황했을 거야. 한 사
_{'나'와 여자아이가 같은 풍경을 바라보고 그림을 그렸기 때문에 그림이 비슷함.}
람이 두 작품을 그릴 수는 없으니 누군가 실수를 했다고 단정 짓고는 혼동을
_{'나'의 작품이 입선에도 들지 못한 까닭}
*초래할지도 모르니까 둘 중 하나는 아예 시상 대상에서 제외를 하자고 했겠지.
그래서 심사에 오랜 시간이 걸렸던 것이고.

그러니까 내 그림은 번호를 착각한 아이의 그림에 못 미치는 그림으로 버려졌
_{'I'의 서술자인 여자아이}
던 거야. 입선에도 들지 못하게 완벽하게. 누구의 생각일까. 주 선생님은 아니었
어. 심사 위원이 아니니까. 아니, 심사 중에 불려 들어간 것일지도 몰라. 혼란스
러워진 심사 위원들이 번호를 확인하고 그게 우리 학교 학생의 번호인 줄 알고
미술반 지도 교사를 오라고 했고…… 그래서 그 모든 것이 주 선생님의 조정으로
_{주 선생님}
이루어졌고, 그래서 *이례적으로 주 선생님이 그 결과를 미리 알게 된 것이
고…… 그런데 나는 주 선생님 품에 안겨서 울었어! 내가 그리지도 않은 그림을
가지고 상을 탔다고 감격해서, 바보같이, 바보!
_{'나'의 심리: 부끄러움}

➡ '나'는 자신의 그림이 입선에도 들지 못한 이유를 생각함.

41 나는 가슴이 찢어질 것 같은 통증을 느끼면서 강당을 걸어 나왔어. 『열 걸음쯤
_{'나'의 내적 갈등이 최고조에 이름.} _{『 』: 두 서술자의 두 번째 만남('O'의 서술자의 관점)}
떼었을 때 강당 문으로 어떤 여자아이가 걸어 들어왔어. ❶자주색 원피스를 입고
_{장원작의 주인인 'I'의 서술자} _{교과서 날개} _{사생 대회 때 본 여자아이와 옷차림이 똑같음.}
있었어. 검정 에나멜 구두를 신고 있었지. 나는 그 여자아이를 지나칠 때 눈을
_{장원작의 주인임을 알아채고 그녀를 보지 않기 위해서 → '나'의 심리: 부끄러움, 죄책감}
감았어. 눈을 감은 채 열 걸음쯤 걸어가서 다시 눈을 떴어.』

➡ '나'는 강당을 걸어 나오면서 장원작의 주인인 여자아이를 만났지만 눈을 감고 지나침.

42 내가 주 선생님을 찾아가서 말해야 했을까. 이건 내 그림이 아니라고. 다른 사
람이 그린 그림이라고. 나는 그 사람만 한 재능이 없다고. 실수를 바로잡아 달라
고. 나는 그렇게 하지 못했어. 주 선생님의 품에 안겨 울지만 않았더라도 찾아갈
수 있었어. 가능성이 크지는 않지만. 내 더러운 눈물로 주 선생님의 앞가슴에 늘
어뜨려진 흰 레이스를 더럽히지만 않았더라도.
_{그 여자아이가 받아야 할 상을 자신이 받은 것에 대한 죄책감의 표현}

그림의 주인이 선생님을 찾아가서 그 그림이 자기 것이라고 주장한다면 부정
_{'I'의 서술자인 여자아이}
할 도리는 없었겠지. 하지만 내가 먼저 선생님을, 주 선생님이든 천 선생님이든,
_{'나'는 심한 내적 갈등을 겪었으나, 끝내 진실을 밝히지는 못함.}
아버지도 할아버지도, 그 누구도 찾아갈 수 없었어.

➡ '나'는 장원작의 주인이 자신이 아니라는 사실을 누구에게도 밝히지 못함.

124번

❝ 학습 포인트
• 두 서술자의 두 번째 만남
  – 'O'의 서술자의 심리 파
  악하기
• '나'의 내적 갈등 파악하기

읽기 중 활동

교과서 날개
'나'가 여자아이를 지나칠 때 눈
을 감은 까닭을 짐작해 봅시다.
→ '나'는 여자아이가 그림을 그
린 당사자라는 것을 짐작하고
부끄러운 마음과 진실을 외면
하고 싶은 마음에 그 아이의 얼
굴을 보지 않기 위해 눈을 감았
을 것이다.

어휘 풀이
• 초래(招來): 어떤 결과를 가
  져오게 함.
• 이례적(異例的): 일반적인 것
  에서 벗어나 특이한. 또는 그
  런 것.

어구 풀이
❶ 강당 문으로 걸어 들어오는
여자아이가 사생 대회 때 자신
의 앞에서 그림을 그렸던 그
여자아이임을 '나'가 알아챘다
는 것을 보여 준다. 즉, '나'는
강당에서 장원작을 그린 당사
자를 만난 것이다.

➕ **보충 자료**
갈등의 양상

내적 갈등	인물의 마음속에서 상반되거나 분열된 심리가 원인이 되어 일어나는 심리적 갈등을 말함.
외적 갈등	인물을 둘러싼 외부적 요인이 원인이 되어 생기는 갈등으로, 인물과 인물의 갈등, 인물과 사회의 갈등, 인물과 운명의 갈등, 인물과 자연의 갈등 등이 있음.

찬찬샘 핵심 강의

• 두 서술자의 두 번째 만남에서 드러나는 '0'의 서술자의 심리

40에서 '나'는 자신의 그림이 입선에도 들지 못한 이유를 생각해 보고 있어. 심사 과정에서 124번이 적힌 두 장의 그림 중 자신의 것은 버려졌고 그 여자아이의 것이 선택된 것은 심사 위원들이 '나'보다 그 여자아이의 재능을 인정했기 때문이지. '나'는 그것도 모른 채 자신이 장원을 한 것으로 믿고 주 선생님 품에 안겨 '바보같이' 울었으니 얼마나 부끄러울까? 심지어 41에서는 그 그림의 당사자인 여자아이를 만나게 되는데, 사생 대회에서의 첫 만남 이후 두 번째 만남이야. '나'는 여자아이를 지나칠 때 눈을 감아. 부끄러움과 죄책감에 그 여자아이를 보지 않기 위해서 그런 거겠지.

핵심 포인트

• 주 선생님의 품에 안겨 운 자신을 바보 같다고 생각함. • 그림을 그린 당사자인 여자아이를 지나칠 때 눈을 감음.	**'0'의 '나'의 심리** 부끄러움, 죄책감

• '나'의 내적 갈등

41과 42에는 수상작이 뒤바뀐 것을 알고 난 후 '나'가 어떤 내적 갈등을 겪는지가 잘 드러나 있어. 41의 '가슴이 찢어질 것 같은 통증'을 느끼는 모습과 장원작의 주인인 여자아이를 지나칠 때 눈을 감는 모습에서 '나'가 얼마나 괴로워했는지가 느껴져. 42에서는 사실을 말했어야 했는데 그렇게 하지 못했다는 서술자의 고백에서 갈등의 크기를 짐작할 수 있단다.

핵심 포인트

사실을 말할 수 없음.	사실을 말해야 함.
수상 소식에 눈물을 흘리며 주 선생님 품에 안겨 울었던 일 등이 생각나서 부끄러운 마음에 사실을 말할 수 없음.	사실을 알고 있는 작품의 당사자(여자아이)를 생각하면 부끄러워 사실을 말해야 할 것 같음.

↓

끝내 사실을 밝히지 않음.

콕콕 확인 문제

65. 이 글에 나타난 갈등으로 가장 적절한 것은?
① 진실을 밝히는 문제에 관한 '나'의 내적 갈등
② 장원작 선정을 둘러싼 심사 위원과 주 선생님의 갈등
③ 화가로서의 '나'의 재능을 둘러싼 '나'와 아버지의 갈등
④ 장원작의 주인을 가려내기 위한 '나'와 여자아이의 갈등
⑤ 미술에 대한 견해 차이로 생긴 주 선생님과 천 선생님의 갈등

66. 〈보기〉는 41~42를 '여자아이'의 관점에서 서술한 내용이다. 〈보기〉의 ⓐ~ⓔ에 대한 설명으로 적절하지 <u>않은</u> 것은?

> **보기**
> 왜 안 했을까. ⓐ그때 나를 스쳐 가던 그 아이, 그 아이의 표정 때문인지도 몰라. ⓑ땟국물이 흐르던 목덜미, 전신에서 풍겨 나던 뭔가 찌든 듯한 그 냄새, 그 너절한 인상이 ⓒ내 실수와 ⓓ잘못된 과정을 바로잡는 게 너절하고 귀찮은 일이라는 생각을 하게 했을 거야. 어쩌면 ⓔ그 결과 한 아이가 가지게 될지도 모를 씻지 못할 좌절감이 내게도 약간 느껴졌는지도 모르지.

① ⓐ: 41과 42에 등장하는 '나'를 가리킨다.
② ⓑ: 가난한 가정 형편을 보여 주는 묘사이다.
③ ⓒ: 도화지 뒷면에 참가 번호를 잘못 쓴 것을 뜻한다.
④ ⓓ: 장원작이 여자아이의 것임을 밝히는 것을 말한다.
⑤ ⓔ: 그림을 그릴 수 있는 기회를 영원히 잃게 되는 것을 의미한다.

|서술형|
67. 41에서 '나'의 행동에 담긴 심리를 다음과 같이 정리할 때, 빈칸에 들어갈 내용을 두 가지만 쓰시오.

> • 행동: '나'는 그 여자아이를 지나칠 때 눈을 감았다.
> • 심리: (   )

|서술형|
68. 다음은 이 글에 대한 설명이다. 밑줄 친 내용에 해당하는 '나'의 선택을 한 문장으로 쓰시오.

> 이 글은 어린 시절 어느 한 사건을 겪으며 어떠한 <u>선택</u>을 했는가에 따라 달라져 버린 두 인생을 보여 주는 작품이다.

43 그 뒤부터 나는 늘 나를 의심하면서 살았어. 누군가 나보다 뛰어난 재능을 가
<u>그 일이 이후의 '나'의 삶에 미친 영향 ①</u>　　　　　<u>그 일이 이후의 '나'의 삶에 미친 영향 ②</u>
지고 있고 누군가 나와 똑같은 대상을 두고 훨씬 더 뛰어난 작품을 그렸고, 앞으
로도 더 뛰어난 작품을 그릴 수 있다는 생각을 벗어나 본 적이 없어. 그러니까 <u>어</u>
<u>떤 작품이라도, 그게 포스터물감으로 그리는 반공 포스터라도 내가 가진 능력 전</u>
<u>그 일이 이후의 '나'의 삶에 미친 영향 ③</u>
<u>부를, 그 이상을 쏟아부어야 했지. 언제나, 어디서나.</u> ❶그 결과가 오늘의 나일
까. 의심의 결과, 좌절의 결과, 누군가 내 비밀을 알고 있다는 생각의 결과.
　　　　　　　➔ '나'는 그 일 이후로 자신의 능력을 의심하며 최선을 다해 그림을 그림.

44 ❷㉠나는 화가가 된 후 풍경화를 그린 적은 없어. 나는 그림의 °원형, 본질로
　　　　　　　　　　　　　　　　<u>그 일이 이후의 '나'의 삶에 미친 영향 ④</u>
돌아갔어. 선과 원, 점, 그리고 바탕이 되는 사물의 원형, 본질을 최대한 추상화
하고 °이상화한 상태로 만들어 갔어. 내 모든 색깔의 원형은, 이상은 그날 그 하
얀 시멘트 길과 그 위의 흰 햇빛이야. ➔ '나'는 화가가 된 후 풍경화 대신 추상화만 그림.
<u>주 선생님이 나에게 심사 결과를 알려 주러 올 때 '나'가 봤던 풍경</u>

> **절정 2** | 'O'의 이야기: '나'는 장원작이 자신의 그림이 아니라는 사실을 알게 되었으나 사실을 밝히지 않
> 았고, 그것이 내내 화가로서의 삶에 영향을 미침.

1

45 『어라, 저기 걸어가는 저 사람, 백선규 같네. 저 사람 도대체 무슨 생각
<u>어른이 된 현재 '나'는 길거리에서 우연히 백선규를 만남.</u>
을 저렇게 골똘하게 하고 있을까. 인사를 해 볼까? 안녕하세요, 라고 해야 하나?
그냥 안녕이라고? 그러고 나서 고향, 연도, 초등학교를 말하면 알아볼까? 아이,
귀찮아. 그런 걸 하면 뭘 해. ㉡우리는 가는 길이 다른데. 나는 그림을 좋아하고
<u>'나'의 성격: 귀찮은 일을 싫어함. → 백선규를 그냥 지나침.</u>
저 사람은 자신의 그림을 열심히 그리면 그만이지.

점점 멀어지네. 사라졌네. 나는 여기에 있고, 나도 곧 가야 하지만.』
『 』: 두 서술자의 세 번째 만남('1'의 서술자의 관점)

> **결말** | '1'의 이야기: '나'는 길에서 백선규를 보게 되지만, 자신과 백선규는 가는 길이 다르다고 생각하며
> 지나침.

---

66 **학습 포인트**
· 두 서술자의 세 번째 만남
의 의미 이해하기
· 이 작품의 주제 의식 파악
하기

읽기 중 활동

교과서 날개
그때의 일이 '나'의 삶에 어떤
영향을 끼쳤는지 말해 봅시다.
→ 드러나지는 않지만 '나'를 능
가하는 재능을 지닌 누군가
이 세상에 있다는 것을 늘 의식
하며 작품 활동을 하게 되었다.
/ 자기의 재능을 의심하면서 자
신이 가진 능력 전부, 그 이상
을 쏟아붓는 최선의 노력을 하
게 되어 자신만의 미술 세계를
개척하고 유명한 화가가 되었
다. / 열등감이 평생 '나'를 따라
다녔고 화가가 된 뒤에는 풍경
화를 그리지 않고 추상화만 그
렸다.

어휘 풀이
· 원형(原形): 본디의 모습.
· 이상화(理想化): 현실을 그대
로 보지 않고 이상에 비추어
서 보고 생각하는 일.

어구 풀이
❶ 수상작이 뒤바뀐 그때의 일
로 인해 '나'는 스스로의 재능
을 의심하며 자신이 가진 능력
전부를 쏟아부었고, 그 노력의
결과로 마침내 유명한 화가가
될 수 있었음을 이야기하는 것
이다.
❷ '나'는 화가가 된 후에 풍경
화를 그리지 않고 추상화만 그
렸다고 서술하고 있다. 그 이유
는 풍경화가 그날의 사건을 떠
올리게 하면서, 한편으로 자신
보다 더 잘 그릴 수 있는 사람
이 있다는 생각이 들게 하기
때문이라고 할 수 있다.

찬찬샘 핵심 강의

- **그 일이 '0'의 '나'의 삶에 미친 영향과 이 작품의 주제**

  과 는 수상작이 뒤바뀐 그 일 이후 '나'의 삶을 보여 주고 있어. '나'는 자신보다 뛰어난 재능을 지닌 사람이 이 세상에 있다는 것을 의식하면서 작품을 그릴 때마다 자신이 가진 능력을 최대치로 쏟아붓는 노력을 하게 되었지. 이런 완벽에 가까운 노력 덕분에 '나'는 유명한 화가가 될 수 있었어. 이렇게 하나의 작은 사건이 한 사람의 인생에 엄청난 영향을 미칠 수 있다는 게 참 놀랍지 않니?

  〉핵심 포인트〈

그 일이 '0'의 '나'의 삶에 미친 영향	이 작품의 주제
장원작이 뒤바뀐 그 일 이후에 '나'는 자신의 재능을 의심하며 그림을 그릴 때마다 자기가 가진 능력을 최대한 발휘하여 마침내 유명한 화가가 됨. →	성장 과정에서 어떤 선택과 대처를 했느냐에 따라 인생 전체가 달라질 수 있음.

- **이 작품에 드러난 두 서술자의 세 번의 만남**

  이 작품은 서술자가 교차되면서 사건이 전개되고 있어. 두 서술자는 각자의 삶을 살아가다가 세 번의 만남을 갖게 돼. 과거 초등학교 시절 두 번의 짧은 만남을 통해 인생의 변화를 가져올 만한 일을 겪지만, 성인이 되어 각자의 인생을 살아가지. 결말에 해당하는 는 그중 세 번째 만남을 그리고 있어. 앞선 두 번의 만남이 두 서술자 각자의 관점에서 서술된 것과 달리 세 번째 만남은 '1'의 서술자의 관점에서만 서술되고 있지.

  〉핵심 포인트〈

	장소	사건
첫 번째 만남	초등학교 4학년 때 사생 대회 장소	앞뒤로 앉아 같은 풍경을 바라보며 그림을 그림.
두 번째 만남	학예 대회 입상작을 전시한 학교 강당	수상작이 뒤바뀐 것을 안 후, 서로를 알아보고도 그냥 지나침.
세 번째 만남	어른이 된 현재 길거리	'1'의 서술자가 '0'의 서술자를 알아보지만 서로 가는 길이 다르다고 생각하며 그냥 지나침.

콕콕 확인 문제

69. ~에서 그 일이 '나'의 삶에 미친 영향으로 적절한 것을 〈보기〉에서 모두 골라 바르게 묶은 것은?

> **보기**
>
> ㄱ. 무슨 작품을 그리든지 최선을 노력을 하게 되었다.
> ㄴ. '나'의 주변에 있는 사람들을 믿지 못하는 습관이 생겼다.
> ㄷ. 화가가 된 후, 풍경화를 비롯해 분야를 가리지 않고 작품 활동을 하였다.
> ㄹ. '나'보다 뛰어난 재능을 지닌 누군가가 있다는 사실을 늘 의식하며 살았다.

① ㄱ, ㄴ　　　② ㄱ, ㄹ　　　③ ㄴ, ㄷ
④ ㄴ, ㄹ　　　⑤ ㄷ, ㄹ

|서술형|

70. 〈보기〉는 의 '나'가 어린 시절에 겪은 사건이다. 〈보기〉와 을 고려하여 ㉠의 까닭을 한 문장으로 쓰시오.

> **보기**
>
> 초등학교 4학년 때 '나'는 사생 대회에 참가하여 히말라야시다가 있는 풍경화를 그려 장원 상을 받았다. 하지만 그 장원작은 실수로 번호를 잘못 쓴 다른 아이의 것이었고, 정작 자신은 입선에도 들지 못하였다. 이런 사실을 알면서도 '나'는 끝내 사실을 밝히지 못했다.

71. 에서 알 수 있는 '나'와 백선규에 대한 설명으로 적절한 것은?
① '나'와 백선규는 같은 지역에 살고 있다.
② '나'와 백선규는 둘 다 직업이 화가이다.
③ '나'와 백선규는 현재에도 자주 만나는 사이이다.
④ '나'와 백선규는 같은 고향 출신으로 같은 초등학교를 다녔다.
⑤ '나'는 백선규를 좋아하지만, 백선규는 '나'를 좋아하지 않는다.

72. ㉡을 통해 작가가 말하고자 하는 내용으로 적절한 것은?
① 두 사람은 서로 경쟁 관계에 놓여 있다.
② 두 사람 사이의 갈등이 해소되지 않았다.
③ 두 사람은 서로 다른 가치관을 가지고 있다.
④ 두 사람은 현실 대응 방식에서 차이를 보이고 있다.
⑤ 두 사람은 성인이 되어 각자 서로 다른 삶을 살아가고 있다.

학습활동

이해 활동

1. 이 소설의 전개 과정에 따라 각각의 주요 사건을 정리해 봅시다.

예시 답 |

구분	전개 과정	주요 사건
0	현재에서 과거 회상으로 옮겨 감.	'나'의 아버지와 천수기 선생님이 만남.
1		카페에서 '나'는 백선규의 그림을 보며 그림에 대한 견해를 밝힘.
0	과거를 회상함.	'나'는 3학년 때 4학년 이상만 나갈 수 있는 사생 대회에 4학년 학생 대신 나가 장원 상을 받음.
1		'나'는 4학년 때 사생 대회에 나갔다가 가난에 찌들어 보이는 아이 근처에서 그림을 그림.
0		'나'는 4학년이 되어 정식으로 사생 대회에 나가 장원을 하고 감격해서 눈물을 흘림.
1		'나'는 실수로 장원 상을 받을 기회를 놓쳤던 과거를 회상함.
0		장원작이 '나'의 그림이 아니라는 사실을 알게 되고 그것이 내내 화가로서의 삶에 영향을 미침.
1	현재를 보여 줌.	'나'는 길에서 백선규를 보게 되지만, 자신과 백선규는 가는 길이 다르다고 생각하며 지나침.

2. 0과 1에 해당하는 내용을 따로 모아서 각각의 이야기로 정리해 봅시다.

예시 답 |

0의 이야기

나는 그림에 천재적 재능이 있다고 평가받는 화가이다. 3학년 때 나의 아버지는 초등학교 선생님이 된 어린 시절 친구를 만났고, 그 친구는 우연히도 나의 담임 선생님이었다. 친구의 그림 재능을 아쉬워했던 선생님은 나를 4학년 대신 사생 대회에 내보냈고, 나는 장원을 하였다. 4학년이 되어 정식으로 사생 대회에 참가한 나는 이때에도 장원을 하였다. 그러나 수상작이 참가 번호를 잘못 쓴 어떤 여자아이의 그림이었음을 뒤늦게 알게 된다. 하지만 나는 창피함에 잘못된 사실을 밝히지 못하였다. 그때의 일은 지금까지도 잊히지 않으며 화가로서의 나의 삶에 영향을 미쳐 왔다.

1의 이야기

나는 그림 감상을 좋아한다. 유명 화가인 백선규와 같은 초등학교를 나왔다. 어려서부터 부유한 가정 환경 덕분에 그림을 따로 배웠다. 4학년 때 사생 대회에 나갔다가 참가 번호를 잘못 적는 바람에 내가 그린 그림으로 뒤에서 그림을 그리던 남자아이가 장원 상을 받았다. 귀찮기도 하고, 상에 연연할 필요도 없는 데다 그 남자아이에게서 풍기던 가난의 냄새가 마음에 걸려서 사실을 말하지 않았다. 나는 내 삶 자체가 성과 같으며 지금도 남부러울 것 없는 생활을 하고 있다. 마침 길을 가다 백선규와 마주쳤지만 나는 아는 척을 할까 하다 그냥 지나쳤다.

1. 사건 전개 과정 이해하기

지학이가 도와줄게! - 1

소설의 중심 내용과 사건 전개 과정을 정리하는 활동이야. 이 작품의 특징인 서술자가 교차된다는 것과 '현재-과거-현재'의 역순행적 구성 방식이 쓰였다는 것에 유의해서 주요 사건을 정리해 보렴.

시험엔 이렇게!! |서술형|

1. 이 글의 중심 사건을 한 문장으로 쓰시오.

지학이가 도와줄게! - 2

이 소설은 '0'의 서술자가 들려주는 이야기와 '1'의 서술자가 들려주는 이야기로 이루어져 있어. 1에서 정리한 내용을 바탕으로 두 서술자의 이야기를 '현재-과거-현재'의 구성에 맞춰 각각 한 편의 이야기로 재구성해 보자.

시험엔 이렇게!!

2. 이 글의 내용과 일치하지 않는 것은?

① '0'의 '나'는 화가이다.
② '1'의 '나'는 미술 평론가이다.
③ '0'의 '나'는 가난한 환경에서 자랐다.
④ '1'의 '나'는 어린 시절 부유했다.
⑤ '1'의 '나'는 초등학교 사생 대회에서 장원 상을 받은 적이 없다.

목표 활동

1. 주어진 요소들을 중심으로 이 소설의 서술자에 관해 파악해 봅시다.

예시 답 |

0의 서술자

1의 서술자

1. 서술자 파악하기

✦ 지학이가 도와줄게! - 1

이 소설에 등장하는 두 서술자의 특징을 알아보는 활동이야. 이 소설은 각자 다른 두 서술자가 이야기를 전개하고 있기 때문에 서술자에 따라 소설의 내용과 사건을 바라보는 시각이 달라진단다. 따라서 두 서술자를 항목별로 비교하며 정리하는 것은 매우 중요해. [이해 활동]에서 정리한 '0의 이야기'와 '1의 이야기'를 참고하여 두 서술자의 특징을 정리해 보렴.

	어릴 적 가정 환경	
농사를 짓고 염소를 치는 가난한 집안의 아들임.		읍에서 손꼽는 부자로 큰 제재소를 운영하는 집의 고명딸임.

	아버지의 가치관	
가정 환경 때문에 화가의 꿈을 접어야 했던 아버지는 가난해도 자녀가 꿈을 펼칠 최소한의 기회는 만들어 주고자 함.		여자는 예쁘게 커서 시집만 잘 가면 된다고 생각함.

	취미, 성격	
• 취미: 축구를 좋아하고 그림 그리기에 재능이 있음. • 성격: 어릴 적 일을 잊지 못하여 가슴에 묻고 그 영향을 받으며 살아온 것으로 볼 때 자기 성찰적이며 끊임없이 노력하는 성격임.		• 취미: 피아노 치기와 그림 그리기 등 여러 가지 예술 교육을 받았으며, 문예반 선생님의 영향으로 글쓰는 것을 좋아함. • 성격: 경쟁을 싫어하고 현재의 삶에 만족하는 성격임.

	성장 과정	
어려운 가정 형편이지만 그림에 재능을 보였고, 어릴 때 겪었던 사건을 통해 자기보다 뛰어난 누군가가 있다는 생각에 매번 최선을 다해 그림을 그려 옴.		부유한 환경에서 부족함 없이 자라 여자 대학에서 가정학을 공부하고 판사 남편을 만나 결혼해 자식을 낳고 부러움 없이 살아옴.

	현재의 삶	
한국을 대표하는 화가가 됨.		취미인 미술 감상을 하며 여유 있는 삶을 누리고 있음.

🌱 시험엔 이렇게!!

3. '0'의 서술자에 대한 설명으로 적절한 것은?

① 화가의 꿈을 접어야 했다.
② 가난한 집안의 아들이다.
③ 축구 선수로서의 재능을 보였다.
④ 어려서 다양한 예술 교육을 받았다.
⑤ 진로 문제를 둘러싸고 아버지와 갈등을 했다.

4. '1'의 서술자의 성격으로 적절한 것은?

① 경쟁을 싫어한다.
② 끊임없이 노력한다.
③ 말이 없고 소심하다.
④ 매사에 불만이 많다.
⑤ 조급하고 여유가 없다.

| 서술형 |
5. '0'의 서술자와 '1'의 서술자의 현재의 삶을 비교하여 한 문장으로 서술하시오.

학습활동

2. 다음은 이 소설에서 같은 사건을 두 서술자가 각각 바라본 부분입니다. 두 부분을 읽고, 아래의 활동을 해 봅시다.

0

내가 주 선생님을 찾아가서 말해야 했을까. 이건 내 그림이 아니라고. 다른 사람이 그린 그림이라고. 나는 그 사람만 한 재능이 없다고. 실수를 바로잡아 달라고. 나는 그렇게 하지 못했어. 주 선생님의 품에 안겨 울지만 않았더라도 찾아갈 수 있었어. 가능성이 크지는 않지만. 내 더러운 눈물로 주 선생님의 앞가슴에 늘어뜨려진 흰 레이스를 더럽히지만 않았더라도.

1

왜 안 했을까. 그때 나를 스쳐 가던 그 아이, 그 아이의 표정 때문인지도 몰라. 땟국물이 흐르던 목덜미, 전신에서 풍겨 나던 뭔가 찌든 듯한 그 냄새, 그 너절한 인상이 내 실수와 잘못된 과정을 바로잡는 게 너절하고 귀찮은 일이라는 생각을 하게 했을 거야. 어쩌면 그 결과 한 아이가 가지게 될지도 모르는 씻지 못할 좌절감이 내게도 약간 느껴졌는지도 모르지. 상관없어. 나는 그런 상하고는 담을 쌓고 살아도 행복해. 그런 스트레스를 받는 것 자체가 싫어. 왜 내가 그렇게 살아야 하는데?

1 만약 이 소설이 0과 1의 두 서술자 중 어느 한 서술자의 시선으로만 서술하는 방식이었다면, 지금과 어떤 차이가 있을지 말해 봅시다.

예시 답 | • 한쪽 서술자의 심리만 드러나서, 같은 상황에 처한 두 인물의 심리를 비교해 보는 재미가 줄어들었을 것이다. / • 한 인물의 관점만 독자에게 전달될 것이다. / • 한 서술자의 고백적인 내면의 소리에 집중할 수 있을 것이다.

2 0과 1의 '나'가 아닌 다른 인물을 서술자로 설정하여 위 사건을 서술해 봅시다.

예시 답 | 백선규는 장원작이 다른 사람이 그린 그림이라는 사실을 알고 큰 충격을 받은 것 같았다. 교무실 앞에서 한참을 서성이는 폼이 주 선생님을 찾아간 듯했으나, 결국은 말없이 고개를 숙인 채 교사를 빠져나왔다. 진실을 말하지 못한 건 여자아이도 마찬가지였다. 분명 그녀의 그림이 틀림없었지만, 강당에 걸려 있는 장원작을 확인한 뒤 바로 그 자리를 떠났다. 마침 교사 앞 히말라야시다 옆에서 고개를 숙이고 있는 백선규의 얼굴을 힐끗 볼 뿐이었다.

2. 서술상 특징과 효과 이해하기

🌟 지학이가 도와줄게! - 2

사생 대회 장원작이 뒤바뀐 사건에 대해 두 서술자의 생각과 태도 차이를 나타내고 있는 부분이 실려 있어. 같은 사건에 대해 두 서술자가 각각 어떻게 생각하고 행동하는지를 비교해 보면, 서술자에 따른 차이와 효과를 자연스럽게 파악할 수 있을 거야. 이런 비교를 바탕으로 하여, 만약 한 사람의 시선으로 사건을 전달했다면 어땠을지, 또 다른 인물의 시각에서 같은 사건을 서술한다면 어떨지 함께 생각해 보자.

시험엔 이렇게!!

6. 이 글의 서술상 특징으로 가장 적절한 것은?

① 두 서술자가 상대방에 관한 이야기를 들려주고 있다.
② 두 서술자가 대화를 주고받듯이 사건을 서술하고 있다.
③ 두 서술자의 시점이 교차하면서 사건이 전개되고 있다.
④ 두 서술자가 각자 객관적 태도로 사건을 관찰해 보여 주고 있다.
⑤ 한 서술자가 과거와 현재를 오가며 두 서술자가 서술하는 것처럼 이야기하고 있다.

|서술형|

7. 이 글에서 같은 사건을 두 서술자가 서술함으로써 얻게 되는 효과를 서술하시오.

3. 수상자 선정이 잘못되었다는 것을 알았을 때 0과 1의 '나'가 겪었을 갈등을 파악하고, 자신이 그 인물이었다면 어떻게 했을지 생각해 봅시다.

1 0과 1의 '나'가 느꼈을 갈등 내용을 적어 봅시다.

예시 답 |

인물	갈등 내용
0의 서술자	수상작이 자기 것이 아니라는 것을 말하자니 수상 소식에 눈물을 흘리며 미술반 선생님 품에 안겨 울었던 일 등이 생각나서 너무도 부끄럽고, 말하지 않자니 적어도 그 사실을 알고 있는 작품의 당사자에게 부끄러워 말을 하는 것도, 말하지 않는 것도 난감하여 갈등하였다.
1의 서술자	자기 실수로 참가 번호를 잘못 적었다고 말하고 자기가 받아야 할 상을 찾아오고 싶은 마음과 그렇게 하면 이미 상을 받은 가난에 찌들어 보였던 그 아이가 좌절할 것과 귀찮은 과정을 거쳐야 할 것이 생각나 그만두자는 마음이 부딪쳐 갈등하였다.

2 만약 자신이 0 또는 1의 '나'였다면 **1**과 같은 상황에서 어떻게 행동 했을지 말해 봅시다.

예시 답 |

0의 '나'였다면

• 고민은 되었겠지만 말하고서 잘못을 바로잡겠다. 주위 사람들에게 조금 창피하기는 하지만 평생 양심의 가책을 받으며 사는 것보다는 낫다고 생각한다.
• 나라도 그냥 넘어갔을 것이다. 부모님께서 실망하실 걸 생각하면 도저히 입이 떨어지질 않을 것 같다.

1의 '나'였다면

• 말하고서 잘못을 바로잡을 것이다. 대신 크레파스와 스케치북은 받지 않는 것으로 하겠다. / 말을 하되 선생님께만 고백하고 비밀로 해 달라고 할 것이다.
• 나라도 말하지 않을 것이다. 이미 상을 받은 아이에게 크나큰 상처를 주는 건 옳지 않다는 생각이 들기 때문이다.

소설 속 세계를 전달하는 눈, 서술자

소설에서 이야기를 전달하는 사람을 서술자라고 합니다. 소설의 내용과 분위기는 서술자에 따라 다르게 전달됩니다. 이때 서술자는 이야기에 등장하는 인물일 수도 있고, 이야기 밖에 있는 존재일 수도 있습니다. 따라서 소설을 읽을 때는 서술자가 누구인지, 어디에 있는지 살펴보고, 서술자에 따라 소설의 내용과 분위기가 어떻게 달라지는지 알아보며 읽는 것이 좋습니다.

지학이가 도와줄게! - 3

중심인물의 갈등을 파악하여 작품을 깊이 있게 감상하는 활동이야. 먼저, 수상자 선정이 잘못된 중심 사건에 대해 등장인물들이 어떤 생각을 하며 내적 갈등을 겪었는지 두 서술자 각각의 입장에서 정리해 보렴. 그런 다음, 자신이라면 그 상황에서 어떻게 행동했을지 두 서술자 각각의 입장에서 자유롭게 생각해 보자.

시험엔 이렇게!!

8. '1'의 '나'가 다음과 같은 선택을 한 까닭으로 적절한 것은?

> 수상자 선정이 잘못되었다는 것을 밝히지 않았다.

① 자신의 실수를 인정할 수 없었기 때문에
② 이미 상을 받은 아이가 느낄 좌절감 때문에
③ 자신의 재능이 부족하다고 생각했기 때문에
④ 이미 여러 사람들이 잘못을 알고 있었기 때문에
⑤ 잘못된 것을 바로잡는 방법을 알지 못했기 때문에

|서술형|
9. '0'의 '나'의 갈등 내용을 다음과 같이 정리할 때 빈칸에 들어갈 내용을 서술하시오.

> ↓

> 사실을 알고 있는 작품의 당사자에게 미안하고 부끄러워 말을 해야 한다고 생각했다.

학습활동

창의 · 융합 활동

혼자 하기

다음은 「이별 그 후」의 뮤직비디오입니다. 영상을 감상하고, 아래의 활동을 해 봅시다.

「이별 그 후」의 줄거리

같은 반 남학생을 좋아하는 여학생이 남학생에게 끊임없이 관심을 보이는 것과 달리, 남학생은 늘 자신의 마음을 감추고 제대로 표현하지 못한다. 서울로 가게 된 여학생은 떠나는 날 역에서 남학생을 기다리지만, 결국 만나지 못하고 헤어지고 만다.

그러나 사실 남학생도 여학생을 매우 좋아했었고, 늘 그렸던 그림도 그 여학생의 얼굴이었다. 남학생은 서울로 떠나는 여학생에게 선물하려고 밤을 새워 그림을 그리다가 역에 늦게 도착한다. 여학생은 고이 간직하려고 떼어 왔던 남학생의 교복 단추가 기차 객실 바닥에 떨어지자 그것을 줍기 위해 고개를 숙이고 그 바람에 남학생을 보지 못하고 만다.

서술자의 관점에 주목하여 뮤직비디오 감상하기

○ **활동 제재 개관**

갈래: 여학생과 남학생의 안타까운 사랑과 이별

특징
① 여학생과 남학생 두 인물이 각자의 눈으로 바라본 사건을 각각 구분하여 구성함.
② '초상화'와 '단추'라는 상징적 소재를 사용하여 서로에 대한 애틋한 사랑을 인상적으로 표현함.
③ 인물의 표정과 행동을 통해 심리를 드러냄.

○ **서술자에 따른 내용의 차이**

• **여학생의 이야기**
　– 남학생이 여학생의 얼굴을 그렸다는 사실이 드러나지 않음.
　– 여학생은 남학생이 여학생에게 초상화를 선물로 주기 위해 밤을 새웠고, 기차역까지 직접 왔다는 사실을 모름.

• **남학생의 이야기**
　– 기차에 탄 여학생이 남학생의 옷에서 떼어 냈던 단추가 바닥에 떨어지자 그것을 줍기 위해 고개를 숙였고, 그 바람에 창밖에 있던 남학생을 보지 못했다는 사실을 알지 못함.

1. 이 뮤직비디오를 여학생의 시선으로만 전개했을 경우, 어떤 한계가 있었을 지 말해 봅시다.

예시 답ㅣ 여학생의 시선으로만 이야기를 전개하였다면, 여학생에 대한 남학생의 마음이 잘 드러나지 않았을 것이다. 남학생의 시선에서도 이야기를 함께 전개함으로써 남학생 또한 여학생을 몹시 좋아했다는 것이 전달될 수 있었다. 특히 마지막 기차역 장면에서는 서로 만나지 못했기 때문에, 여학생의 시선만으로는 남학생이 아예 오지 않은 것으로 오해하게 될 수 있지만, 남학생의 이야기가 더해지면서 남학생이 왔었다는 것이 표현될 수 있었다.

★ 지학이가 도와줄게! – 1

이 뮤직비디오의 이야기는 두 인물의 관점에서 전개되는 특징을 보이고 있어. 그렇다면 하나의 시선으로 이야기를 전개한다면 무엇이 달라질까? 여학생의 시선으로 이야기를 전개했을 때 우리가 알 수 없는 내용이 무엇인지를 생각해 보렴. 그러면 두 인물의 관점에서 이야기를 전달하는 방식이 내용을 구성하고 전달할 때 어떤 효과가 있는지를 알 수 있을 거야.

2. 뮤직비디오의 한 장면을 골라 소설로 바꾸어 써 봅시다.

> **유의 사항**
>
> • 하나의 장면을 두고 여학생 또는 남학생의 시선에서 표현해 본다.
> • 서술자에 따른 내용의 차이와 변화에 유의하여 표현한다.

★ 지학이가 도와줄게! – 2

뮤직비디오 내용 중 인상 깊은 장면을 골라 여학생 또는 남학생의 시선에서 소설로 표현해 보는 활동이야. 뮤직비디오와 같은 영상물과 달리 소설은 서술자가 있단다. 그러니까 인상 깊은 장면을 고른 다음에 그 장면이 누구의 시선으로 그려졌는지를 확인하고 그 인물을 서술자로 정해 소설을 창작해 보렴. 특히, '서술자에 따른 내용의 차이와 변화에 유의하여 표현'하라고 했으니까, 두 인물의 시선과 관점에 따라 내용상의 차이가 두드러지는 장면을 고르는 게 좋겠지?

예시 답ㅣ

'그 아이에게 내일 서울로 떠난다는 말을 어떻게 하지?'

생각만 해도 마음이 또 아파 온다.

'이제는 볼 수 없게 되다니…….'

몇 번을 망설이다가, 어렵게 그리고 조심스럽게 "나 내일 서울 가."라고 썼다.

'얼마나 놀랄까? 그리고 많이 슬퍼하겠지?'

그런데 무슨 일인지 그 아이는 아무런 반응이 없다. 적어도 뭐라 말을 할 것만 같은데, 표정에도 아무런 변화가 없다.

'수업이 끝나면 말을 하겠지, 아마도. 내일 헤어지기 전에 만나자고 할 거야.'

이런 내 생각과 달리, 수업이 끝나고 그 아이는 여느 때처럼 내 곁을 휑하니 지나가 버리고 말았다. 내 마음을 몰라준 채. 마음이 속상하기도 하고, 아프기도 하고…….

'내가 떠난다는데 정말로 아무렇지도 않은 거야?'

아이들의 왁자지껄한 소리가 하나도 들리지 않는다. 그 순간 나는 서운한 마음에 고개를 푹 숙인 채 복도를 나서야 했다.

소단원 콕! 짚고 가기

1. 제재 정리

작가	성석제	갈래	현대 소설, 단편 소설, 성장 소설
성격	성찰적, 회고적, 고백적	시점	1인칭 ① ☐☐☐ 시점의 교차
주제	어린 시절의 ② ☐☐(이)가 삶에 미치는 영향		
특징	• 현재 시점에서 ③ ☐☐(을)를 회상하는 역순행적 구성을 취함. • 두 서술자의 시점이 교차되면서 사건이 전개됨. • 동일한 사건에 대한 두 인물의 서로 다른 시각이 대조적으로 드러남.		

2. 글의 구성

발단	전개	위기	절정	결말
'0'과 '1'의 '나'는 초등학교 4학년 때의 사건으로 다른 삶을 살게 됨.	'0'의 '나'는 3학년 때 4학년 대신 사생 대회에 나가 장원을 함.	'0'과 '1'의 '나'는 4학년 때 사생 대회에 참가함.	'0'의 '나'가 ④ ☐☐으로 상을 받았지만, 사실 장원작은 '1'의 '나'의 것이었으며, 그 사실을 둘 다 밝히지 않음.	성인이 된 '0'과 '1'의 '나'는 각자의 삶을 살아감.

1. 두 서술자의 특징 비교

	'0'의 서술자	'1'의 서술자
어릴 때의 가정 환경	가난한 ⑤ ☐☐의 아들	부유한 제재소 집 딸
아버지의 가치관	아들이 꿈을 펼칠 기회를 만들어 주고자 하며, 아들이 화가가 되기를 바람.	여자에 대한 편견을 가지고 있으며, 딸이 화가가 되기를 바라지 않음.
취미	축구를 좋아하고 그림 그리기에 재능이 있음.	피아노 치기와 그림 그리기 등 예술 교육을 받았고, 글짓기 반에서 활동함.
성격	자기 성찰적이며 끊임없이 노력함.	귀찮은 일이나 경쟁을 싫어하고 현재의 삶에 만족함.
성장 과정	어릴 때 겪었던 사건을 통해 자기보다 뛰어난 누군가가 있다는 생각에 매번 최선을 다해 그림을 그려 옴.	여자 대학에서 가정학을 공부하고 판사 남편을 만나 결혼해 자식을 낳고 부러움 없이 살아옴.
현재의 삶	한국을 대표하는 화가가 됨.	취미인 ⑥ ☐☐ 감상을 하며 여유 있는 삶을 누리고 있음.

2. '현재–과거–현재'의 역순행적 구성 방식

서술자	현재		과거		현재
'0'의 서술자	유명한 화가가 되었으나 자신의 재능을 의심하며 살아옴.	→	'0'의 서술자는 초등학교 4학년 때 참가한 사생 대회에서 장원을 하였으나, 장원작의 주인이 '1'의 서술자임을 알게 됨. 하지만 '0'과 '1'의 서술자는 둘 다 그 사실을 알고도 밝히지 않음.	→	그 일 이후로 자신이 가진 능력 전부와 그 이상을 쏟아붓는 최선의 노력을 하여 그 결과 유명한 ⑦□□(이)가 됨.
'1'의 서술자	그림을 좋아하는 애호가로 카페에 앉아 백선규의 그림을 감상함.				판사의 부인이 되어 특별한 어려움 없이 현재의 삶에 만족하며 살아감. 거리에서 '0'의 서술자를 만나지만 자신과 가는 길이 다르다고 생각하며 아는 척을 하지 않고 그냥 지나침.

3. 서술상의 특징과 효과

	사건	두 서술자의 심리와 태도
두 서술자의 첫 번째 만남	두 서술자는 초등학교 4학년 때 사생 대회에 참가하여 앞뒤로 앉아 같은 풍경을 바라보고 그림을 그림.	• '0'의 서술자: '1'의 서술자를 가난한 자신과는 다른 부유한 환경의 아이로 인식하며, 자신과는 전혀 다른 삶을 살게 될 거라고 생각함. • '1'의 서술자: '0'의 서술자를 가난에 찌든 아이로 생각하며 같이 있는 것을 불쾌하게 여김.
두 서술자의 두 번째 만남	장원작이 뒤바뀐 사실을 알게 된 두 서술자가 학예 대회 입상작을 전시한 학교 강당에서 서로를 지나침.	• '0'의 서술자: '1'의 서술자가 사실을 알고 있다는 생각에 부끄럽고 죄책감이 느껴져 그녀를 보지 않고 지나침. 하지만 끝내 사실을 밝히지 않음. • '1'의 서술자: 실수를 바로잡는 과정이 귀찮고 '0'의 서술자가 느낄 ⑧□□□에 대한 걱정 때문에 사실을 밝히지 않음.

↓

서술상 특징	'0'의 서술자와 '1'의 서술자가 번갈아 가며 각자의 시점에서 자신의 이야기를 함.

↓

효과	동일한 사건에 대한 두 인물의 심리와 태도가 ⑨□□적으로 드러나 비교하며 읽는 재미가 있고, 두 인물 모두의 관점으로 사건을 바라볼 수 있음.

[01~06] 다음 글을 읽고, 물음에 답하시오.

⑦ 나는 그림에 천재적인 재능이 있어. 겉으로 보면 그래. 지금 내가 그린 그림이 우리나라에서 가장 유명한 화랑의 벽을 장식하고 값비싸게 팔리고 있는 것만 봐도. 이런 척도를 속물적이라고 해도 할 수 없어. 사실이 그러니까. 내가 재능이 없으면 내 그림을 산 사람들이 엄청나게 손해를 보게 되겠지. 그러니까 아무도 의심하지 않아.

나 혼자 내 재능을 의심하지. 나를 의심해 왔지. 그날 ㉠그 일이 있은 뒤부터.

⑭ 선생님은 아버지를 만나서는 어깨에 손을 얹더니 이렇게 말했어.

"축하하네. 자네 아들이 사생 대회에서 장원을 했어. 열 살짜리가. 보라고. 겨우 열 살짜리가 저보다 몇 살 더 많은 아이들을 다 제치고 일 등을 했다 이 말이야. 그 애들 중에는 따로 그림을 과외로 배우는 애들도 있어. 자네 애는 이번에 크레파스를 처음 잡은 거라면서?"

아버지는 땀 냄새가 푹푹 나는 옷을 젖히면서 친구의 손에서 살그머니 떨어졌어. 그러고는 쑥스럽게 웃는 듯했는데, 그게 내가 그 눈물을 흘린 사생 대회에서 장원한 것에 대한 반응의 전부였어.

⑮ 그러다가 다시 군민 체전이 열리는 5월이 돌아왔어. 군 전체 초·중·고 학생들이 참가하는 학예 대회도 당연히 함께 열렸지. 모든 게 작년하고 비슷했어. 내가 떳떳이 반 대표로 사생 대회에 참가하게 되었다는 것이나 대회 장소가 우리 학교라는 게 달랐지. 이번에 장원 상을 받으면 상품으로 그림 연습을 마음껏 할 수 있게 될 거라고 생각했어. 크레파스 다섯 통과 스케치북 열 권을 다 쓰기도 전에 다음 대회가 열리게 되겠지.

⑯ 나는 사생 대회 이틀 후, 월요일 아침 조회에서 전교생이 지켜보는 가운데 교단 앞으로 가서 장원 상을 받았어. 글짓기, 서예, 밴드, 합창, 그림 등 전 분야를 통틀어 우리 학교에서 장원 상을 받은 사람은 오직 나 하나뿐이었어. 게다가 4학년이니까 앞으로 2년간 더 많은 상을 학교에 안겨 주게 되겠지. 교장 선생님은 내가 4학년이라는 것, 장원이라는 것을 스무 번도 더 이야기했어.

⑰ 그런데, 그런데, 그런데, 그런데 그 그림은 내가 그린 그림이 아니었어. 풍경은 내가 그린 것과 비슷했지만 절대로, 절대로 내가 그린 그림이 아니야. 아버지가 사 준 내 오래된 크레파스에는 진작에 떨어지고 없는 회색이 히말라야시다 가지 끝 앞부분에 살짝 칠해져 있는 그림이었어.

㉡나는 가슴이 후들후들 떨려서 두 손으로 가슴을 가렸어.

⑱ 내가 주 선생님을 찾아가서 말해야 했을까. 이건 내 그림이 아니라고. 다른 사람이 그린 그림이라고. 나는 그 사람만 한 재능이 없다고. 실수를 바로잡아 달라고. 나는 그렇게 하지 못했어. 주 선생님의 품에 안겨 울지만 않았더라도 찾아갈 수 있었어. 가능성이 크지는 않지만. 내 더러운 눈물로 주 선생님의 앞가슴에 늘어뜨려진 흰 레이스를 더럽히지만 않았더라도.

⑲ 그 뒤부터 나는 늘 나를 의심하면서 살았어. 누군가 나보다 뛰어난 재능을 가지고 있고 누군가 나와 똑같은 대상을 두고 훨씬 더 뛰어난 작품을 그렸고, 앞으로도 더 뛰어난 작품을 그릴 수 있다는 생각을 벗어나 본 적이 없어. 그러니까 어떤 작품이라도, 그게 포스터물감으로 그리는 반공 포스터라도 내가 가진 능력 전부를, 그 이상을 쏟아부어야 했지. 언제나, 어디서나. ㉢그 결과가 오늘의 나일까. 의심의 결과, 좌절의 결과, 누군가 내 비밀을 알고 있다는 생각의 결과.

01. 이 글의 서술자에 대한 설명으로 적절한 것은?
① 이야기 속에 등장하여 자신이 겪은 일을 들려주고 있다.
② 이야기 속에 등장하여 다른 인물의 사건을 전해 주고 있다.
③ 이야기 밖에서 인물의 말과 행동을 관찰하여 보여 주고 있다.
④ 이야기 밖에서 인물의 심리나 사건을 속사정까지 다 알고 서술하고 있다.
⑤ 이야기 속에서 다른 주요 인물들의 삶을 관찰하여 전달하는 역할을 하고 있다.

02. 이 글의 내용에 대한 이해로 적절하지 <u>않은</u> 것은?
① 선생님과 아버지는 서로 친구 관계이다.
② '나'는 사생 대회에 두 해 연속으로 참가하였다.
③ '나'는 히말라야시다 그림을 그려 장원 상을 받았다.
④ 사람들은 그림에 대한 '나'의 재능을 인정하고 있다.
⑤ 아버지는 '나'의 사생 대회 장원 수상을 기뻐하지 않았다.

활동 응용 문제 ✓

03. 이 글의 특징으로 적절한 것을 〈보기〉에서 모두 골라 묶은 것은?

┤ 보기 ├
ㄱ. 고백하는 듯한 말투를 사용하고 있다.
ㄴ. 주로 인물의 대화를 통해 사건이 전개되고 있다.
ㄷ. 인물들 간의 갈등과 대립이 두드러지게 나타나고 있다.
ㄹ. '현재 – 과거 – 현재'의 역순행적 구성 방식을 취하고 있다.

① ㄱ, ㄴ   ② ㄱ, ㄹ   ③ ㄴ, ㄷ
④ ㄴ, ㄹ   ⑤ ㄷ, ㄹ

활동 응용 문제 ✓ |서술형|

04. ㉠이 의미하는 사건이 나와 있는 문단의 기호 둘을 쓰고, 그 사건의 내용을 한 문장으로 서술하시오.

05. ㉡을 〈보기〉에서 설명하는 시점으로 바꾸어 썼다고 할 때, 적절한 것은?

┤ 보기 ├
인물들은 3인칭으로 서술되며, 등장인물이 벌이는 사건을 주로 관찰하여 서술한다. 따라서 독자는 인물의 속마음을 상상하면서 읽는 즐거움을 느낄 수 있다.

① 그는 얼굴색이 파랗게 변하더니 두 손으로 가슴을 가렸다.
② 나는 큰 충격을 받았고 당혹감에 두 손으로 가슴을 가렸다.
③ 내가 그를 보았을 때 그는 두 손으로 가슴을 가리고 있었다.
④ 그는 가슴이 떨리고 숨을 쉴 수 없어서 두 손으로 가슴을 가렸다.
⑤ 그는 '어떻게 이럴 수가!'라고 마음속으로 생각하며 놀라움을 금치 못했다.

|서술형|

06. ㉢의 결과에 해당하는 내용을 한 문장으로 서술하시오.

[07~11] 다음 글을 읽고, 물음에 답하시오.

가 난 그림을 좋아해. 오늘도 미술관에 나와서 전시된 그림을 보았어. 유명한 전시회가 열리는 미술관이나 박물관은 어쩌다 한 번 가지만 일주일에 한두 번은 화랑과 작은 미술관이 즐비한 거리를 돌아다니지. 걷고 또 걸으며 돌아다니다 눈과 다리가 아프면 찻집 '고갱과 고흐'로 가곤 해.

나 좋은 그림을 보고 있으면 시간 가는 줄 몰라. 화가는 가는 시간을 화폭에 담아서 잡아 놓고 다른 사람의 시간은 마냥 흘러가도 모른 척하는 사람일까? 그럴지도 몰라. 내가 아는 사람이라면, 그렇게 하고도 시치미를 뚝 떼고 "난 잘못한 거 없소." 할 인물이지. 그 사람, 백선규. 나와 같은 고향 출신이고, 같은 초등학교를 나왔는데 어릴 때부터 상이란 상은 다 받고 다니더니 자라서도 한국을 대표하는 화가가 됐어.

다 읍내에서 유일한 사립 중학교에서 미술을 가르치는 선생님이 집으로 와서 나에게 그림을 가르쳐 주었어. 선생님은 내가 그림에 재능이 뛰어나다고 계속 공부를 시키면 훌륭한 화가가 될 수 있을 거라고 했어. 비싼 과외비를 받으니까 그냥 해 본 말인지도 몰라. 그 말을 들은 아버지는 "딸내미가 이쁘게 커서 시집만 잘 가면 됐지, 뭐 그림 그려서 돈 벌 것도 아니고 결혼해서 식구들 먹여 살릴 것도 아닌데 힘들게 공부할 거 뭐 있나."라고 했대. 그 말을 전해 듣고 나는 그렇게 열심히 할 생각이 없어졌어. 원래 열심히 하려던 것도 아니고 말이야. 그래도 배운 게 있어서 그림을 남들보다 잘 그리게는 됐을 거야.

라 그 대신 나는 사생 대회 대표로 뽑혔어. 그때 우리 학교는 한 학년이 다섯 반이고 4학년 이상 한 반에 두 명씩 대회에 나가니까 우리 학교에서만 서른 명이 참가하는 거야. 대개는 미술반에 있는 애들이었어. 문예반에 있는 애들은 학교에서 십 리 이십 리 떨어진 데 사는 농촌 애들이 많은데 미술반 애들은 거의 다 읍내 애들이고 좀 잘사는 애들이었어. 글짓기는 연필하고 지우개, 원고지만 있어도 되지만 미술은 크레파스, 화판, 스케치북이 필요하고 그것들은 빨리 써 버리게 되니까 돈이 좀 들거든. 그런 게 나하고 무슨 큰 상관이 있는 건 아니지만.

마 어릴 때는 부유한 집안에서 단 하나밖에 없는 딸로 사랑을 받으며 자랐고 여자 대학에서 가정학을 공부하다가 판사인 남편을 중매로 만나서 결혼했지. 내가 권력이나 돈을 손에 쥔 건 아니라도 그런 것 때문에 불편한 적도 없어. 아이들은 예쁘고 별문제 없이 잘 자라 주었지. 큰아이가 중학교부터 미국에 가서 공부할 때는 적응에 힘이 들었지만 결국 학생 회장까지 지내서 신문에도 여러 번 났지. 나는 상을 못 받았지만 내가 타고난 행운, 삶 자체가 상이다 싶어.

㉰ 그렇지만 단 한 번 상을 받을 뻔한 적은 있지. 나 자신의 실수 때문에 못 받은 거니까 누구를 원망할 수도 없지만. 그 실수를 인정하고 내가 받을 상이 남에게 간 것을 바로잡을 수 있었을까. 할 수 있었을지도 몰라. 아버지에게 이야기했다면, 아니면 천수기 선생님한테라도. / ㉠왜 안 했을까. 그때 나를 스쳐 가던 그 아이, 그 아이의 표정 때문인지도 몰라. 땟국물이 흐르던 목덜미, 전신에서 풍겨 나던 뭔가 찌든 듯한 그 냄새, 그 너절한 인상이 내 실수와 잘못된 과정을 바로잡는 게 너절하고 귀찮은 일이라는 생각을 하게 했을 거야. 어쩌면 그 결과 한 아이가 가지게 될지도 모르는 씻지 못할 좌절감이 내게도 약간 느껴졌는지도 모르지. 상관없어. 나는 그런 상하고는 담을 쌓고 살아도 행복해. 그런 스트레스를 받는 것 자체가 싫어. 왜 내가 그렇게 살아야 하는데?

㉴ 어라, 저기 걸어가는 저 사람, 백선규 같네. 저 사람 도대체 무슨 생각을 저렇게 골똘하게 하고 있을까. 인사를 해 볼까? 안녕하세요, 라고 해야 하나? 그냥 안녕이라고? 그러고 나서 고향, 연도, 초등학교를 말하면 알아볼까? 아이, 귀찮아. 그런 걸 하면 뭘 해. 우리는 가는 길이 다른데. 나는 그림을 좋아하고 저 사람은 자신의 그림을 열심히 그리면 그만이지.

---

07. 이 글의 시점에 대한 설명으로 적절한 것을, 〈보기〉에서 모두 골라 묶은 것은?

┤ 보기 ├
ㄱ. 서술자는 이야기 속 등장인물로 주인공이다.
ㄴ. 서술자가 자신의 이야기를 직접 들려주고 있다.
ㄷ. 사건을 바라보는 서술자의 객관적 태도가 드러나 있다.
ㄹ. 서술자가 자신의 심리 상태를 구체적으로 전달하고 있다.
ㅁ. 독자는 서술자에 대해 친근감과 신뢰감을 느낄 수 있다.
ㅂ. 서술자가 모든 등장인물의 사건 전개에 광범위하게 개입하고 있다.

① ㄱ, ㄴ, ㄷ, ㄹ ② ㄱ, ㄴ, ㄹ, ㅁ
③ ㄱ, ㄹ, ㅁ, ㅂ ④ ㄴ, ㄷ, ㅁ, ㅂ
⑤ ㄷ, ㄹ, ㅁ, ㅂ

08. 이 글에 나타난 주된 갈등 양상으로 가장 적절한 것은?

① '나'의 내적 갈등
② '나'와 '백선규'의 외적 갈등
③ '나'와 '아버지'의 외적 갈등
④ '나'와 '천수기 선생님'의 외적 갈등
⑤ '글짓기반 아이들'과 '문예반 아이들'의 외적 갈등

09. 다음은 이 글의 '나'에 대해 메모한 내용이다. ⓐ~ⓔ 중, 적절하지 않은 것은?

• 어릴 적 가정 환경: 부유한 집안의 외동딸 …… ⓐ
• 취미: 그림 감상하기 ……………………… ⓑ
• 성격
  – 현재의 삶에 만족함. ………………… ⓒ
  – 경쟁이나 귀찮은 것을 싫어함. ……… ⓓ
• 성장 과정: 자신의 꿈을 이루기 위해서 최선의 노력을 다함. ……………………………… ⓔ

① ⓐ   ② ⓑ   ③ ⓒ   ④ ⓓ   ⑤ ⓔ

10. 이 글에서 알 수 있는 '나'와 백선규의 관계에 대한 설명으로 적절한 것은?

① 같은 고향 출신으로 같은 초등학교를 다녔다.
② 함께 한국을 대표하는 화가로 공동 작품을 만들기도 하였다.
③ 그림에 관심이 많으며 미술 분야에서 서로 경쟁적인 관계에 놓여 있다.
④ 어려서부터 현재까지 서로 마음을 털어놓을 수 있는 친한 친구로 지내고 있다.
⑤ 어릴 때에는 친했지만 백선규가 '나'에게 잘못을 하여 현재는 서로 만나지 않고 있다.

| 서술형 |
11. ㉠에 대한 답을 〈조건〉에 맞게 서술하시오.

┤ 조건 ├
• 세 가지를 쓸 것.
• '~이기 때문이다.'라는 형태의 세 문장으로 쓸 것.

[12~16] 다음 글을 읽고, 물음에 답하시오.

가 1

그해 봄에 나는 군 학예 대회에서 글짓기 백일장에 나가지 못했어. 그건 당연하지. 내가 읍에서 몇 번째 안에 드는 부잣집 딸이라고 해서 누가 봐도 재능이 없는데 글짓기 대표로 내보낼 수는 없지. 그 대신 나는 사생 대회 대표로 뽑혔어. 그때 우리 학교는 한 학년이 다섯 반이고 4학년 이상 한 반에 두 명씩 대회에 나가니까 우리 학교에서만 서른 명이 참가하는 거야. 대개는 미술반에 있는 애들이었어. 문예반에 있는 애들은 학교에서 십 리 이십 리 떨어진 데 사는 농촌 애들이 많은데 미술반 애들은 거의 다 읍내 애들이고 좀 잘사는 애들이었어. 글짓기는 연필하고 지우개, 원고지만 있어도 되지만 미술은 크레파스, 화판, 스케치북이 필요하고 그것들은 빨리 써 버리게 되니까 돈이 좀 들거든. 그런게 나하고 무슨 큰 상관이 있는 건 아니지만.

사생 대회는 토요일 오전에 우리 학교에서 열렸어. 우리가 다니는 초등학교가 군에서 가장 오래된 학교라서 그랬던 것 같아. 건물도 오래됐고 나무도 커서 그림 그릴 게 많았는지도 몰라. 우리 학교 다니는 애들한테 유리한 것 같긴 했지.

우리는 주최 측이 확인 도장을 찍어서 준 도화지를 한 장씩 받아서 그림을 그리기 위해 여기저기로 흩어졌지. 그런데 내 뒤에서 그림을 그리던 녀석, 옷도 지저분하고 검정 고무신을 신은 데다 간장 냄새가 나던 녀석이 기억에 오래 남았어. 그 냄새며 꼴이 싫어서 자리를 옮기려고 했지만 이미 노란색 크레파스로 그 앞의 나무와 갈색 나무 교사의 밑그림을 그린 뒤라서 그럴 수도 없었어. 참 그 냄새, 머리가 아프도록 지독했어. 그건 한마디로 하면 가난의 냄새였어.

나 0

내 앞에는 언제부터인가 여자아이가 두 명 앉아 있었어. 한 아이는 낯이 익었어. 같은 반을 한 적은 없지만, 천수기 선생님하고 같이 가는 걸 몇 번 본 적이 있었지. 자주색 원피스에 검정 에나멜 구두를 신고 있었고 머리에 푸른 구슬 리본을 매고 있는데 무척 얼굴이 희고 예뻤지. 나하고 한 반이었다고 해도 나 같은 촌뜨기에게는 말을 걸지도 않았겠지.

그 여자애와 나는 비슷한 점이 하나도 없었어. 크레파스부터 한 번도 쓰지 않은 새것, 한 번만 더 쓰면 더 쓸 수 없도록 닳은 것이라는 차이가 있었어. 처음부터 다른 길에서 출발해서 가다가 우연히 두어 시간 동안 같은 장소에서 비슷한 그림을 그리게 되겠지만 앞으로 영원히 만날 일이 없을 것 같은 사람이야. 그 여자아이도 그걸 의식하고 있는 것

같았어. ㉠나를 한 번 힐끗 넘겨다보고는 코를 찡그리더니 더 이상 눈길을 주지 않았어. 자리를 뜰 것 같았는데 계속 그리기는 하더군. 나를 의식하기 전에 밑그림을 그렸던 게 아까웠겠지.

히말라야시다가 쑥색 가지를 늘어뜨리고 있는 화단이 있고 화단 뒤에 나무쪽을 붙인 벽이, 벽 위쪽에 흰 종이가 발린 유리창이 있는 교사가 있었어. 히말라야시다 앞에 키 작은 영산홍이 서 있고, 화단을 따라 발라진 시멘트 길에 햇빛이 하얗게 비치고 있었어.

축구 결승전이 열리고 있을 공설 운동장은 꽤 멀었지. 멀지 않다고 해도 나에게는 목표가 있었어. 장원, 그리고 다음 군 사생 대회까지 그림을 그릴 수 있는 크레파스와 스케치북. 나는 그림에 집중했지. 내가 생각해도 그림은 잘되었어.

마감 시간이 다 되어서 나는 그림을 제출했어. 그 여자아이는 진작에 가고 없었어. 그런 아이들이야 재미로 그리는 거니까 쉽고 빠르게 그리고 내 버렸을 거라고 생각했지. 할아버지 말이 맞을지도 모르지. 그림 같은 건 돈많은 사람들이 시간을 주체할 수 없어서 하는 놀이라고. 우리 같은 가난뱅이 농사꾼 무지렁이들이 무슨 예술을 하느니 마느니 개나발을 불다가는 쪽박이나 차기 십상이라는 거지. 있는 쪽박이나 잘 간수하는 게 주제에 맞는다는 거야.

활동 응용 문제
12. 이 글의 서술상 특징을 다음과 같이 설명할 때, ⓐ~ⓔ에 들어갈 말로 적절하지 <u>않은</u> 것은?

> 이 글은 '0'과 '1'의 서로 다른 서술자가 각자의 (ⓐ)에서 사건을 서술하고 있다. 특히, 같은 사건에 대한 두 서술자의 생각과 (ⓑ)의 차이를 확인할 수 있으며, 두 서술자의 시점이 교차됨으로써 갈등과 대응 방식이 (ⓒ)적으로 드러나 있다. 이러한 서술상 특징으로 인해 독자는 (ⓓ) 상황에 처한 두 인물의 심리를 (ⓔ)해 보는 재미를 느낄 수 있다.

① ⓐ: 관점   ② ⓑ: 태도
③ ⓒ: 대조   ④ ⓓ: 다른
⑤ ⓔ: 비교

13. 이 글의 '1'의 '나'와 '0'의 '나'에 대한 설명으로 적절하지 않은 것은?

① '1'의 '나'와 '0'의 '나'는 초등학생 때 같은 학교를 다녔다.

② '1'의 '나'와 '0'의 '나'는 군 학예 대회에 학교 대표로 참가하였다.

③ '1'의 '나'와 '0'의 '나'는 특별활동을 같이 하면서 서로를 알게 되었다.

④ '1'의 '나'는 부유한 집안의 딸이고 '0'의 '나'는 가난한 집안의 아들이다.

⑤ '1'의 '나'는 얼굴이 희고 예뻤지만 '0'의 '나'는 지저분하고 촌스러운 외모를 하고 있었다.

14. 이 글에 등장하는 '1'의 '나'와 '0'의 '나'가 상대방에 대해 느끼는 심리와 태도에 대한 설명으로 적절한 것은?

① '1'의 '나': '0'의 '나'가 자신과 달리 그림에 재능이 없다고 생각한다.

② '1'의 '나': '0'의 '나'에게 관심을 가지고 있지만 겉으로 표현하지 않는다.

③ '0'의 '나': '1'의 '나'와 자기는 비슷한 점이 많다고 생각한다.

④ '0'의 '나': '1'의 '나'가 자기에게 호감을 가지고 있다고 생각한다.

⑤ '0'의 '나': '1'의 '나'가 그림을 대하는 자세는 자신과 다르다고 생각한다.

15. (가)에서 '0'의 '나'를 가리키는 표현 두 개를 찾아 쓰시오.

| 서술형 |

16. (나)에서 여자아이가 ㉠과 같이 행동한 까닭을 〈조건〉에 맞게 서술하시오.

┌ 조건 ┐
• (가)의 내용을 바탕으로 하여 쓸 것.
• 여자아이를 서술자로 하여 여자아이의 관점에서 '나는'으로 시작하는 한 문장으로 쓸 것.

[17~20] 다음 글을 읽고, 물음에 답하시오.

가 1

나는 한 번도 상 같은 건 받아 본 적 없어. 학교 다닐 때 그 흔한 개근상도 못 받았으니까. 상에 욕심을 부려 본 적도 없었어. 내게는 모자란 게 없어서 그랬는지도 몰라. 어릴 때는 부유한 집안에서 단 하나밖에 없는 딸로 사랑을 받으며 자랐고 여자 대학에서 가정학을 공부하다가 판사인 남편을 중매로 만나서 결혼했지. 내가 권력이나 돈을 손에 쥔 건 아니라도 그런 것 때문에 불편한 적도 없어. 아이들은 예쁘고 별문제 없이 잘 자라 주었지. 큰아이가 중학교부터 미국에 가서 공부할 때는 적응에 힘이 들었지만 결국 학생 회장까지 지내서 신문에도 여러 번 났지. 나는 상을 못 받았지만 내가 타고난 행운, 삶 자체가 상이다 싶어.

그렇지만 단 한 번 상을 받을 뻔한 적은 있지. 나 자신의 실수 때문에 못 받은 거니까 누구를 원망할 수도 없지만. 그 실수를 인정하고 내가 받을 상이 남에게 간 것을 바로잡을 수 있었을까. 할 수 있었을지도 몰라. 아버지에게 이야기했다면. 아니면 천수기 선생님한테라도.

왜 안 했을까. 그때 나를 스쳐 가던 그 아이, 그 아이의 표정 때문인지도 몰라. 땟국물이 흐르던 목덜미, 전신에서 풍겨 나던 뭔가 찌든 듯한 그 냄새, 그 너절한 인상이 내 실수와 잘못된 과정을 바로잡는 게 너절하고 귀찮은 일이라는 생각을 하게 했을 거야. 어쩌면 그 결과 한 아이가 가지게 될지도 모르는 씻지 못할 좌절감이 내게도 약간 느껴졌는지도 모르지. 상관없어. 나는 그런 상하고는 담을 쌓고 살아도 행복해. 그런 스트레스를 받는 것 자체가 싫어. 왜 내가 그렇게 살아야 하는데?

나 0

나는 가슴이 찢어질 것 같은 통증을 느끼면서 강당을 걸어 나왔다. 열 걸음쯤 떼었을 때 강당 문으로 어떤 여자아이가 걸어 들어왔다. 자주색 원피스를 입고 있었어. 검정 에나멜 구두를 신고 있었지. ㉠나는 그 여자아이를 지나칠 때 눈을 감았어. 눈을 감은 채 열 걸음쯤 걸어가서 다시 눈을 떴어.

내가 주 선생님을 찾아가서 말해야 했을까. 이건 내 그림이 아니라고. 다른 사람이 그린 그림이라고. 나는 그 사람만한 재능이 없다고. 실수를 바로잡아 달라고. 나는 그렇게 하지 못했어. 주 선생님의 품에 안겨 울지만 않았더라도 찾아갈 수 있었어. 가능성이 크지는 않지만. 내 더러운 눈물로 주 선생님의 앞가슴에 늘어뜨려진 흰 레이스를 더럽히지만 않았더라도.

그림의 주인이 선생님을 찾아가서 그 그림이 자기 것이라고 주장한다면 부정할 도리는 없었겠지. 하지만 내가 먼저 선생님을, 주 선생님이든 천 선생님이든, 아버지도 할아버지도, 그 누구도 찾아갈 수 없었어.

그 뒤부터 나는 늘 나를 의심하면서 살았어. 누군가 나보다 뛰어난 재능을 가지고 있고 누군가 나와 똑같은 대상을 두고 훨씬 더 뛰어난 작품을 그렸고, 앞으로도 더 뛰어난 작품을 그릴 수 있다는 생각을 벗어나 본 적이 없어. 그러니까 어떤 작품이라도, 그게 포스터물감으로 그리는 반공 포스터라도 내가 가진 능력 전부를, 그 이상을 쏟아부어야 했지. 언제나, 어디서나. 그 결과가 오늘의 나일까. 의심의 결과, 좌절의 결과, 누군가 내 비밀을 알고 있다는 생각의 결과.

 1

어라, 저기 걸어가는 저 사람, 백선규 같네. 저 사람 도대체 무슨 생각을 저렇게 골똘하게 하고 있을까. 인사를 해 볼까? 안녕하세요, 라고 해야 하나? 그냥 안녕이라고? 그러고 나서 고향, 연도, 초등학교를 말하면 알아볼까? 아이, 귀찮아. 그런 걸 하면 뭘 해. 우리는 가는 길이 다른데. 나는 그림을 좋아하고 저 사람은 자신의 그림을 열심히 그리면 그만이지.

점점 멀어지네. 사라졌네. 나는 여기에 있고. 나도 곧 가야 하지만.

---

17. 이 글에 대한 설명으로 적절한 것은?

① 두 서술자가 각자의 내면 심리를 드러내고 있다.
② 시간의 흐름에 따라 순차적으로 사건이 전개되고 있다.
③ 상징적 의미의 소재를 사용하여 주제를 효과적으로 나타내고 있다.
④ 비유적 표현을 사용하여 인물의 겉모습을 인상적으로 묘사하고 있다.
⑤ 두 인물이 첨예하게 대립하고 충돌하다가 갈등이 극적으로 해소되고 있다.

18. 이 글의 주제와 관련하여 떠올린 생각으로 적절한 것은?

① 어떠한 선택이 나의 인생을 바꾸게 될까?
② 첫사랑에 관한 기억은 정말 사라지지 않을까?
③ 포기하지 않는 도전 정신을 어떻게 기를 수 있을까?
④ 진정한 사랑을 하기 위해서는 어떤 노력을 해야 할까?
⑤ 서로 다른 사람들이 함께 어울려 살아가기 위해서는 어떻게 해야 할까?

활동 응용 문제

19. 〈보기〉는 (가)와 (나)에 공통적으로 나타나는 주요 사건을 서술자와 시점을 바꾸어 다시 서술한 것이다. 〈보기〉에서 달라진 점으로 적절한 것은?

┤ 보기 ├

백선규는 장원작이 다른 사람이 그린 그림이라는 사실을 알고 큰 충격을 받은 것 같았다. 교무실 앞에서 한참을 서성이는 품이 주 선생님을 찾아간 듯했으나, 결국은 말없이 고개를 숙인 채 교사를 빠져나왔다. 진실을 말하지 못한 건 여자아이도 마찬가지였다. 분명 그녀의 그림이 틀림없었지만, 강당에 걸려 있는 장원작을 확인한 뒤 바로 그 자리를 떠났다. 마침 교사 앞 히말라야시다 옆에서 고개를 숙이고 있는 백선규의 얼굴을 힐끗 볼 뿐이었다.

① 서술자가 이야기 안에 위치해 있다.
② 등장인물은 모두 3인칭으로 서술되고 있다.
③ 인물들이 내면의 소리를 고백하듯이 들려주고 있다.
④ 서술자가 주관적인 시각에서 사건을 바라보고 있다.
⑤ 서술자가 사건의 전모를 제대로 파악하지 못하고 있다.

| 서술형 |

20. '0'의 '나'가 ㉠과 같이 행동한 까닭을 〈조건〉에 맞게 서술하시오.

┤ 조건 ├
• '0'의 '나'의 심리 상태가 드러나게 한 문장으로 쓸 것.

단원+단원

통합과 적용

▮ 까마귀와 백로를 소재로 한 다음 두 시조를 읽고, 아래의 활동을 해 봅시다.

> 가 까마귀 싸우는 골에 백로야 가지 마라
>
> 성난 까마귀 흰빛을 시샘하니
>
> 청강에 맑게 씻은 몸 더럽힐까 하노라.
>
> – 정몽주의 어머니

> 나 까마귀 검다 하고 백로야 웃지 마라
>
> 겉이 검은들 속조차 검을소냐
>
> 겉 희고 속 검을손 너뿐인가 하노라.
>
> – 이직

1. 가, 나에서 각각 비판하고 있는 대상을 찾고, 그 까닭을 대상의 특성을 바탕으로 파악해 봅시다.

작품	비판하고 있는 대상	대상의 특성
가	까마귀	흰빛을 더럽힐 수 있는 존재이다.
나	백로	겉은 희지만 속은 검은 존재이다.

2. 1의 활동을 바탕으로 가, 나에 나타난 작가의 생각을 파악해 봅시다.

예시 답ㅣ

가	나
까마귀를 다툼을 일삼고 백로의 흰빛을 더럽히는 존재로 보고, 백로가 까마귀와 어울리는 것을 경계하고 있다.	백로를 겉은 희지만 속은 검은 존재로 보고, 올바른 척하지만 양심이 바르지 못한 존재라며 비판하고 있다.

3. 자신은 가, 나의 관점 중에서 어느 관점에 공감하는지 생각해 보고, 그 까닭을 말해 봅시다.

예시 답ㅣ • (가)의 관점에 공감한다.: (가)에 나타난 까마귀는 흰빛을 지닌 백로를 시샘하고 공격하려는 존재이다. 따라서 그러한 속성을 지닌 까마귀를 가까이하지 말라는 (가)의 화자의 말에 공감한다.
• (나)의 관점에 공감한다.: 백로가 까마귀를 비웃는 이유는 까마귀의 겉모습이 검다는 것뿐으로 이는 까마귀의 본질과는 관련이 없다. 그러므로 까마귀의 겉이 검다고 비웃는 백로가 오히려 마음이 검은 존재라며 비판하는 화자의 말에 공감한다.

4. 가, 나의 관점을 교우 관계에 적용하여 모둠별로 토론해 봅시다.

예시 답ㅣ • 나는 교우 관계에 있어서 (가)의 관점이 옳다고 생각해. 먹을 가까이하는 사람은 검어진다는 말도 있잖아. 까마귀 같은 친구는 멀리하는 것이 좋다고 생각해.
• 나는 (나)의 관점이 옳다고 생각해. 겉모습만 보고 친구를 판단하는 것은 무척 어리석은 일이야. 때로는 친절한 말과 표정으로 다가왔던 친구가 주변에 나에 대한 안 좋은 말을 하고 다닌 때도 있었고 그 반대의 경우도 있었어. 물론 겉모습과 속마음이 한결같은 좋은 친구도 있었지만 말이야. 이처럼 겉모습과 속마음은 같을 수도 있고 다를 수도 있으니 겉모습으로만 판단하면 안 된다고 생각해.

대단원을 닫으며

정리와 점검

· 학습 목표 점검하기 ·

① 세상에서 가장 따뜻했던 저녁

화자의 관점에 주목하여 작품 감상하기

- 시인은 자기 생각이나 감정을 효과적으로 드러내기 위해 화 자 를 내세운다. 화 자 의 관점에 주목해 작품을 감상하면 작품을 잘 이해할 수 있다.
- 「세상에서 가장 따뜻했던 저녁」은 친구에게 받은 감 동 을 따뜻하고 진솔하게 표현한 시이다.

⇒

잘 모른다면
교과서 15쪽의 목표 활동을 다시 한번 살펴보면 화자의 관점에 주목하여 감상하는 방법을 알 수 있을 거야.

② 내가 그린 히말라야시다 그림

서술자의 관점에 주목하여 작품 감상하기

- 소설을 감상할 때에는 소설에서 서 술 자 의 역할을 이해하고 서 술 자 가 이야기의 전개에 끼치는 효과를 파악하며 읽는 것이 좋다.
- 「내가 그린 히말라야시다 그림」은 0의 서술자와 1의 서술자가 번갈아 등장하며 4학년 때 겪은 같은 사건을 자신의 관 점 에서 이야기하고 있는 소설이다.

⇒

잘 모른다면
교과서 48쪽의 목표 활동을 다시 한번 살펴보면 서술자에 따라 사건 서술이 달라지고, 이에 따라 독자가 작품을 다양한 관점에서 감상할 수 있다는 것을 알 수 있을 거야.

· 어휘력 점검하기 ·

다음에 제시된 단어와 〈보기〉의 뜻풀이가 바르게 연결되도록 알맞은 기호를 넣어 보자.

| 보기 |
- ㉠ 한 가지 일에 오래 종사하여 경험과 공로가 많은 사람.
- ㉡ 학교의 건물.
- ㉢ 상례에서 벗어나 특이한 것.
- ㉣ 귀중한 것을 고이 간직하는 창고.
- ㉤ 아들 많은 집의 외딸.

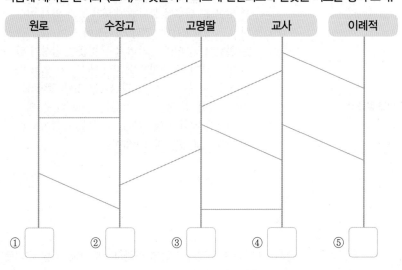

원로　수장고　고명딸　교사　이례적

① ☐　② ☐　③ ☐　④ ☐　⑤ ☐

정답: ① ㉡　② ㉤　③ ㉢　④ ㉣　⑤ ㉠

[01~08] 다음 글을 읽고, 물음에 답하시오.

가

　　○어둠이 한기처럼 스며들고
　　배 속에 붕어 새끼 두어 마리 요동을 칠 때

　　학교 앞 버스 정류장을 지나는데
　　먼저 와 기다리던 선재가
　　내가 멘 책가방 지퍼가 열렸다며 닫아 주었다.

　　아무도 없는 집 썰렁한 내 방까지
　　Ⓐ붕어빵 냄새가 따라왔다.

　　학교에서 받은 우유 꺼내려 가방을 여는데
　　아직 온기가 식지 않은 종이봉투에
　　붕어가 다섯 마리

　　내 열여섯 세상에
　　○가장 따뜻했던 저녁

나

　　울지 마
　　엄마 돌아가신 지
　　언제인데
　　너처럼 많이 우는 애는
　　처음 봤다
　　해마다 가을날
　　밤이 깊으면
　　갈댓잎 사이로 허옇게
　　보름달 뜨면
　　내가 대신 이렇게
　　울고 있잖아
　　　　　　　　　　－ 정호승, 「귀뚜라미에게 받은 짧은 편지」

01. 이와 같은 글을 감상하는 방법으로 가장 적절한 것은?
① 작가가 화자를 설정한 의도와 효과를 파악한다.
② 글 속에 제시된 객관적 사실이나 정보를 파악한다.
③ 인물의 갈등을 중심으로 사건 전개 과정을 파악한다.
④ 글쓴이의 의견과 그것을 뒷받침하는 근거를 파악한다.
⑤ 단어의 사전적, 지시적 의미를 중심으로 내용을 파악한다.

02. (가)와 (나)의 공통점으로 적절한 것은?
① 시의 화자가 겉으로 드러나 있다.
② 과거를 회상하는 구조를 취하고 있다.
③ 비유적 표현을 활용하여 주제를 드러내고 있다.
④ 비슷한 길이의 시행을 반복하여 운율을 형성하고 있다.
⑤ 화자가 편지를 보내는 설정을 통해 친근감을 느끼게 하고 있다.

03. (가)의 '나'가 '선재'에게 다음과 같이 편지글을 썼다고 할 때, ⓐ~ⓔ 중 적절하지 않은 것은?

> 선재야, ⓐ어제 집에 가서 네가 넣어 준 붕어빵을 보고 정말 놀라고 울컥했어. ⓑ네가 가방 지퍼를 닫아 준 뒤부터 붕어빵 냄새가 풍겨 와서 이상하다고 생각했는데, 정말 붕어빵이 들어 있을 줄은 몰랐어. ⓒ엄마가 차려 주신 따뜻한 밥상이 있었지만, 네가 준 붕어빵을 저녁 대신으로 먹고 마음이 참 따뜻해졌어. 늘 장난치는 것만 좋아하는 까불까불한 친구라고 생각했는데, ⓓ'나'를 위하는 마음을 지니고 있었다니. 고맙다. ⓔ열여섯 삶에 가장 따뜻했던 저녁이었어.

① ⓐ　　② ⓑ　　③ ⓒ　　④ ⓓ　　⑤ ⓔ

| 서술형 |

04. (가)의 분위기가 어떻게 변화하는지 ○과 ○을 근거로 들어 서술하시오.

05. (나)의 화자에 대한 설명으로 적절하지 <u>않은</u> 것은?

① 가을밤에 울고 있는 귀뚜라미이다.

② 화자를 의인화하여 표현하고 있다.

③ 쓸쓸하고 애상적 분위기를 조성하고 있다.

④ 담담한 어조로 자신의 심정을 표현하고 있다.

⑤ 혼잣말로 자신의 경험을 진솔하게 이야기하고 있다.

06. (나)의 주제로 적절한 것을 〈보기〉에서 모두 골라 묶은 것은?

┤ 보기 ├

ㄱ. 돌아가신 엄마에 대한 그리움

ㄴ. 우는 아이를 위로하고자 하는 마음

ㄷ. 자신의 꿈을 이루고자 하는 간절한 소망

ㄹ. 고난과 시련을 이겨 내고자 하는 긍정적 삶의 자세

① ㄱ, ㄴ   ② ㄱ, ㄷ   ③ ㄴ, ㄷ

④ ㄴ, ㄹ   ⑤ ㄷ, ㄹ

| 서술형 | | 고난도 |

07. Ⓐ와 유사한 의미를 지닌 소재를 〈보기〉에서 찾아 쓰고, 그 의미를 서술하시오.

┤ 보기 ├

그 애 아버지가 장갑 낀 내 손에 꼭 쥐여 준 것, 그것은 불에 달궈 따뜻해진 조약돌 두 개였습니다. 하지만 그 조약돌 두 개보다 더 따뜻한 것은 그다음 내 귀에 들린 한마디 말이었습니다.

"집에 가는 동안은 따뜻할 게다. 잘 가거라."

나는 세상 그 무엇보다 따뜻한 돌멩이 난로를 가슴에 품은 채 집으로 돌아왔습니다.

| 서술형 |

08. (나)에 제시된 배경을 〈조건〉에 맞게 서술하시오.

┤ 조건 ├

• 계절적, 시간적, 공간적 배경이 드러나는 한 문장으로 쓸 것.

[09~13] 다음 글을 읽고, 물음에 답하시오.

㉮ 그때 말해야 했을까? 아니, 모르겠어. 다시 그때가 된다면 내 입으로 말할 수 있을까. 아니 그것도 몰라. ㉠내가 아는 건 내가 말할 수 있었지만 말하지 않은 그 일 때문에 내 삶이 달라졌다는 거야. 그래, 달라졌어. 그 일이 아니었다면 나는 다른 직업을 가졌겠지. 남을 속이는 교활한 장사꾼? 명령에 충실하게 따르는 군인? 뭘 했을지는 몰라도 지금처럼 그림을 그리고 있지는 않겠지.

㉯ 생각해 봐야겠어. 왜 그 일이 생겨났는지. 그 일은, 그 사건의 싹은 초등학교 3학년 때 자라기 시작했어. 그래, 천수기 선생님. 천 선생님이 내 담임 선생님이 되면서부터야. 선생님은 아버지의 초등학교 동창이었어. 졸업생이 스무 명도 안 되는 학교의 동창. 두 사람은 그 졸업생 중에서도 가장 친한 친구였지. 한 사람은 교사가 되었지만 한 사람은 그렇게 되고 싶어 하던 화가가 못 되고 농사를 짓는 사람이 되었어. 졸업한 이후 각자 서른 살이 되기까지 만나지 못했지만, 서로를 잊지 않고 있었지.

㉰ 미술이 별것 아니라는 생각도 들었어. 내 아버지는 동시로 전국적으로 유명한 천수기 선생님이 인정하는 화가의 재능을 타고났어. 내가 그 아버지의 아들이 틀림없는데 다른 평범한 아이들처럼 죽어라 연습할 필요는 없잖아. 나는 미술반 아이들과 함께 주 선생님을 따라 산과 들을 다닐 때 열에 여덟아홉은 스케치북을 펴지도 않았어.

㉱ 나는 아버지가 사 준 크레파스를 들고 학교로 갔어. 한 해 전과는 다르게 크레파스 뚜껑이 달아나 버려서 습자지를 덮고 고무줄로 동여맸지. 한 해 전처럼 그림을 그려서 제출할 도화지를 받아 들고 뒷면에 미리 부여받은 내 번호를 적었지. ㉡나는 124번이었어. 잊어버릴 수가 없는 번호야. 그 몇 해 전에 무장간첩들이 남한으로 내려왔는데 무장간첩을 훈련한 부대 이름이 124군 부대라서 그런 게 아냐. 하여튼 나는 도화지 뒤 네모난 보랏빛 칸에 검은색으로 번호를 124라고 분명히 적었어.

㉲ 선생님은 히말라야시다 앞 시멘트 의자에 숨은 듯이 앉은 내게 와서는 불쑥 손을 내밀었지.

"백선규, 축하한다." / 나는 못 잊어. / "장원이다."

나는 목이 메어서 아무 말도 할 수 없었어. 그렇게 목이 죄는 듯한 느낌은 평생 다시 없었어. 그 뒤에 수십 번, 이런저런 상을 받고 수상을 통보받았지만.

㉢나는 선생님 앞에서 눈물을 보이고 말았어. 내가 우는 것을 보고 선생님은 무척 놀라고 당황했어. 하지만 곧 내 어

깨를 잡고는 내 얼굴을 가슴에 가만히 안아 주었어. 그 따뜻하고 기분 좋은 냄새, 못 잊어.

(바) ㉣그런데, 그런데, 그런데, 그런데 그 그림은 내가 그린 그림이 아니었어. 풍경은 내가 그린 것과 비슷했지만 절대로, 절대로 내가 그린 그림이 아니야. 아버지가 사 준 내 오래된 크레파스에는 진작에 떨어지고 없는 회색이 히말라야시다 가지 끝 앞부분에 살짝 칠해져 있는 그림이었어. 나는 가슴이 후들후들 떨려서 두 손으로 가슴을 가렸어. 사방을 둘러봤지만 아무도 없었어. 나는 까치발을 하고 손을 최대한 쳐들어서 그림 뒷면의 번호를 확인했어. 네모진 칸 안에 쓰인 숫자는 분명히 124였어. 124, 북한에서 무장간첩을 훈련한 그 124군 부대의 124. 그렇지만 그건 내 글씨가 아니었어.

(사) 내가 주 선생님을 찾아가서 말해야 했을까. 이건 내 그림이 아니라고. 다른 사람이 그린 그림이라고. 나는 그 사람만 한 재능이 없다고. 실수를 바로잡아 달라고. 나는 그렇게 하지 못했어. ㉤주 선생님의 품에 안겨 울지만 않았더라도 찾아갈 수 있었어. 가능성이 크지는 않지만. 내 더러운 눈물로 주 선생님의 앞가슴에 늘어뜨려진 흰 레이스를 더럽히지만 않았더라도.

(아) 그 뒤부터 나는 늘 나를 의심하면서 살았어. 누군가 나보다 뛰어난 재능을 가지고 있고 누군가 나와 똑같은 대상을 두고 훨씬 더 뛰어난 작품을 그렸고, 앞으로도 더 뛰어난 작품을 그릴 수 있다는 생각을 벗어나 본 적이 없어. 그러니까 어떤 작품이라도, 그게 포스터물감으로 그리는 반공 포스터라도 내가 가진 능력 전부를, 그 이상을 쏟아부어야 했지. 언제나, 어디서나.

---

09. 이 글의 '나'에 대한 정보를 정리한 내용으로 적절한 것은?

① 현재의 삶: 그림의 가치를 평가하는 미술 평론가이다.

② 성격: 자신의 잘못을 인정하지 않으며 자존심이 강하다.

③ 취미: 산과 들을 다니며 자연을 관찰하는 것을 좋아한다.

④ 어릴 적 가정 환경: 부유한 집안에서 미술 교육을 받았다.

⑤ 가족: 아버지는 화가가 될 정도로 재능이 있었지만 현재 농사꾼이다.

10. 이 글의 서술상 특징을 다음과 같이 정리할 때, 빈칸에 공통으로 들어갈 말을 한 단어로 쓰시오

> 이 글의 주인공은 (   )이며, 서술자는 작품 속 등장인물인 (   )(으)로, 자신이 겪은 사건 및 자신의 심리와 태도를 고백하듯이 독자에게 전달하고 있다.

11. (가)~(아) 중, 다음 밑줄 친 부분을 서술한 문단끼리 바르게 묶은 것은?

> 이 글은 선택의 갈림길에 선 아이들의 갈등과 성장을 다루고 있는 작품이다. <u>어린 시절 어느 한 사건을 겪으면서 어떠한 선택과 대처를 했는가에 따라 달라져 버린 두 인생을 보여 주고 있다.</u>

① (가), (나)   ② (나), (다)   ③ (라), (마)
④ (바), (사)   ⑤ (사), (아)

| 서술형 | | 고난도 |

12. (다)~(아)에 나타난, 미술을 대하는 '나'의 태도 변화를 한 문장으로 서술하시오.

13. ㉠~㉤에 대한 설명으로 적절하지 않은 것은?

① ㉠: '나'가 과거의 특정 사건으로 인해 현재의 직업을 가지게 되었음을 보여 준다.

② ㉡: 한 아이가 번호를 잘못 적은 실수로 장원작이 뒤바뀌었기 때문이다.

③ ㉢: '나'가 장원을 하여 자신의 재능을 확인받은 것에 대한 안도감과 기쁨에 눈물을 흘린 것이다.

④ ㉣: '나'가 느낀 충격과 당혹감을 같은 단어를 반복하여 인상적으로 드러내고 있다.

⑤ ㉤: '나'가 사실을 밝힐 수 없게 만든 주 선생님에 대한 원망의 감정이 드러나 있다.

가 난 그림을 좋아해. 오늘도 미술관에 나와서 전시된 그림을 보았어. 유명한 전시회가 열리는 미술관이나 박물관은 어쩌다 한 번 가지만 일주일에 한두 번은 화랑과 작은 미술관이 즐비한 거리를 돌아다니지. 걷고 또 걸으며 돌아다니다 눈과 다리가 아프면 찻집 '고갱과 고흐'로 가곤 해. 여기서 따뜻한 커피를 마시면서 창문 밖으로 걸어가는 사람들의 옷차림과 얼굴빛과 하늘의 색깔을 비교해 보지.

나 좋은 그림을 보고 있으면 시간 가는 줄 몰라. 화가는 가는 시간을 화폭에 담아서 잡아 놓고 다른 사람의 시간은 마냥 흘러가도 모른 척하는 사람일까? 그럴지도 몰라. ㉠내가 아는 사람이라면, 그렇게 하고도 시치미를 뚝 떼고 "난 잘못한 거 없소." 할 인물이지. 그 사람, 백선규. 나와 같은 고향 출신이고, 같은 초등학교를 나왔는데 어릴 때부터 상이란 상은 다 받고 다니더니 자라서도 한국을 대표하는 화가가 됐어.

다 내 아버지는 읍에서 제일 큰 제재소를 운영했어. 그 시절은 한창 집을 많이 지을 때여서 제재소를 드나드는 차와 사람들로 문짝이 한 달에 한 번은 떨어져 나갈 지경이었지. 나는 고명딸이었어. 아버지는 오빠들이 정구를 친다고 하자 정구장을 집 안에 지어 줬지. 나는 피아노를 배웠는데 피아노가 싫다고 하니까 바이올린을 사다 줬어. 그런데 바이올린 선생님이 무슨 일로 못 오게 된 뒤로 나는 그림을 배우겠다고 했어. 아버지는 언제나 내가 원하는 대로 해 주었지.

라 4학년이 되어서 나는 특별 활동반으로 문예반에 들었어. 그런데 막상 들어가고 보니 글짓기는 아무나 하는 게 아닌 것 같았어. 내가 하고 싶은 말은 이런 건데 막상 글을 써 놓고 보면 저런 게 돼 버리고, 그것도 여기저기 틀리기도 하고 그래. 정말 아버지 말대로 내가 남자고 결혼하고 아이 낳아서 글로 벌어먹고 살아야 한다면 엄청나게 힘들 것 같았어. 그래도 문예반이 좋았어.

마 그해 봄에 나는 군 학예 대회에서 글짓기 백일장에 나가지 못했어. 그건 당연하지. 내가 읍에서 몇 번째 안에 드는 부잣집 딸이라고 해서 누가 봐도 재능이 없는데 글짓기 대표로 내보낼 수는 없지. 그 대신 나는 사생 대회 대표로 뽑혔어. 그때 우리 학교는 한 학년이 다섯 반이고 4학년 이상 한 반에 두 명씩 대회에 나가니까 우리 학교에서만 서른 명이 참가하는 거야. 대개는 미술반에 있는 애들이었어. 문예반에 있는 애들은 학교에서 십 리 이십 리 떨어진 데 사는

농촌 애들이 많은데 미술반 애들은 거의 다 읍내 애들이고 좀 잘사는 애들이었어. 글짓기는 연필하고 지우개, 원고지만 있어도 되지만 미술은 크레파스, 화판, 스케치북이 필요하고 그것들은 빨리 써 버리게 되니까 돈이 좀 들거든. 그런 게 나하고 무슨 큰 상관이 있는 건 아니지만.

바 그렇지만 단 한 번 상을 받을 뻔한 적은 있지. 나 자신의 실수 때문에 못 받은 거니까 누구를 원망할 수도 없지만. 그 실수를 인정하고 내가 받을 상이 남에게 간 것을 바로잡을 수 있었을까. 할 수 있었을지도 몰라. 아버지에게 이야기했다면. 아니면 천수기 선생님한테라도.

왜 안 했을까. 그때 나를 스쳐 가던 그 아이, 그 아이의 표정 때문인지도 몰라. 땟국물이 흐르던 목덜미, 전신에서 풍겨 나던 뭔가 찌든 듯한 그 냄새, 그 너절한 인상이 내 실수와 잘못된 과정을 바로잡는 게 너절하고 귀찮은 일이라는 생각을 하게 했을 거야. 어쩌면 그 결과 한 아이가 가지게 될지도 모르는 씻지 못할 좌절감이 내게도 약간 느껴졌는지도 모르지. 상관없어. 나는 그런 상하고는 담을 쌓고 살아도 행복해. 그런 스트레스를 받는 것 자체가 싫어. 왜 내가 그렇게 살아야 하는데?

사 어라, 저기 걸어가는 저 사람, 백선규 같네. 저 사람 도대체 무슨 생각을 저렇게 골똘하게 하고 있을까. 인사를 해 볼까? 안녕하세요, 라고 해야 하나? 그냥 안녕이라고? 그러고 나서 고향, 연도, 초등학교를 말하면 알아볼까? 아이, 귀찮아. 그런 걸 하면 뭘 해. 우리는 가는 길이 다른데. 나는 그림을 좋아하고 저 사람은 자신의 그림을 열심히 그리면 그만이지.

점점 멀어지네. 사라졌네. 나는 여기에 있고. 나도 곧 가야 하지만.

***

 이 글의 시점에 대한 이해로 적절한 것은?

① 작품에 등장하지 않는 존재가 사건의 전모를 서술하고 있다.

② '나'가 자신의 관점으로 자신의 이야기를 서술하고 있다.

③ '나'가 객관적 시각에서 백선규의 행동을 관찰해 서술하고 있다.

④ 백선규의 관점에서 '나'에게 일어난 일을 객관적으로 서술하고 있다.

⑤ 백선규의 관점에서 백선규와 '나'가 벌인 사건의 전모를 서술하고 있다.

15. (가)~(사)를 다음 밑줄 친 구성 방식에 따라 셋으로 나누어 바르게 묶은 것은?

> 이 글은 '현재-과거-현재'의 역순행적 구성 방식을 취하여 과거의 사건과 행동이 현재에 어떤 영향을 미쳤는지를 잘 드러내고 있다.

① (가) - (나), (다), (라), (마), (바) - (사)
② (가) - (나), (다), (라), (마) - (바), (사)
③ (가), (나) - (다), (라), (마), (바) - (사)
④ (가), (나) - (다), (라), (마) - (바), (사)
⑤ (가), (나), (다) - (라), (마), (바) - (사)

16. (가)~(사) 중, 다음과 같은 '나'의 성격이 드러나는 문단끼리 바르게 묶은 것은?

> '나'는 성과를 거두기 위해 남과 경쟁하며 스트레스 받는 것을 싫어하며, 힘들고 귀찮은 것을 하지 않으려고 한다.

① (가), (나) ② (다), (라) ③ (라), (마)
④ (마), (바) ⑤ (바), (사)

| 서술형 |

17. (바)에 나타난 갈등을 다음과 같이 정리할 때, ⓐ와 ⓑ에 들어갈 적절한 내용을 각각 〈조건〉에 맞게 서술하시오.

> 자기 실수로 참가 번호를 잘못 적었다고 말하고 자기가 받아야 할 상을 찾아오고 싶은 마음과 그렇게 하면 (ⓐ)(와)과 (ⓑ)(이)가 생각나 그만두자는 마음이 부딪쳐 갈등하였다.

┤ 조건 ├
• '~할 것'이라는 형태로 각각 쓸 것.

| 서술형 | | 고난도 |

18. (바)의 내용을 바탕으로 이 글의 '나'가 백선규를 ㉠과 같이 생각하게 된 까닭을 서술하시오.

[19~24] 다음 글을 읽고, 물음에 답하시오.

가 1

우리는 주최 측이 확인 도장을 찍어서 준 도화지를 한 장씩 받아서 그림을 그리기 위해 여기저기로 흩어졌지. 그런데 ㉠내 뒤에서 그림을 그리던 녀석, 옷도 지저분하고 검정 고무신을 신은 데다 간장 냄새가 나던 녀석이 기억에 오래 남았어. 그 냄새며 꼴이 싫어서 자리를 옮기려고 했지만 이미 노란색 크레파스로 그 앞의 나무와 갈색 나무 교사의 밑그림을 그린 뒤라서 그럴 수도 없었어. 참 그 냄새, 머리가 아프도록 지독했어. 그건 한마디로 하면 가난의 냄새였어.

나 0

내 앞에는 언제부터인가 여자아이가 두 명 앉아 있었어. 한 아이는 낯이 익었어. 같은 반을 한 적은 없지만, 천수기 선생님하고 같이 가는 걸 몇 번 본 적이 있었지. 자주색 원피스에 검정 에나멜 구두를 신고 있었고 머리에 푸른 구슬 리본을 매고 있는데 무척 얼굴이 희고 예뻤지. 나하고 한 반이었다고 해도 ㉡나 같은 촌뜨기에게는 말을 걸지도 않았겠지.

그 여자애와 나는 비슷한 점이 하나도 없었어. 크레파스부터 한 번도 쓰지 않은 새것, 한 번만 더 쓰면 더 쓸 수 없도록 닳은 것이라는 차이가 있었어. 처음부터 다른 길에서 출발해서 가다가 우연히 두어 시간 동안 같은 장소에서 비슷한 그림을 그리게 되겠지만 앞으로 영원히 만날 일이 없을 것 같은 사람이야. 그 여자아이도 ㉢그걸 의식하고 있는 것 같았어. 나를 한 번 힐끗 넘겨다보고는 코를 찡그리더니 더 이상 눈길을 주지 않았어. 자리를 뜰 것 같았는데 계속 그리기는 하더군. 나를 의식하기 전에 밑그림을 그렸던 게 아까웠겠지.

다 1

그렇지만 단 한 번 상을 받을 뻔한 적은 있지. 나 자신의 실수 때문에 못 받은 거니까 누구를 원망할 수도 없지만. 그 실수를 인정하고 내가 받을 상이 남에게 간 것을 바로잡을 수 있었을까. 할 수 있었을지도 몰라. 아버지에게 이야기했다면. 아니면 천수기 선생님한테라도.

왜 안 했을까. ㉣그때 나를 스쳐 가던 그 아이, 그 아이의 표정 때문인지도 몰라. 땟국물이 흐르던 목덜미, 전신에서 풍겨 나던 뭔가 찌든 듯한 그 냄새, 그 너절한 인상이 내 실수와 잘못된 과정을 바로잡는 게 너절하고 귀찮은 일이라는 생각을 하게 했을 거야. 어쩌면 그 결과 ㉤한 아이가 가지게 될지도 모르는 씻지 못할 좌절감이 내게도 약간 느껴졌는지도 모르지. 상관없어. 나는 그런 상하고는 담을 쌓고 살아도 행복해. 그런 스트레스를 받는 것 자체가 싫어. 왜 내가 그렇게 살아야 하는데?

라 0

나는 가슴이 찢어질 것 같은 통증을 느끼면서 강당을 걸어 나왔어. 열 걸음쯤 떼었을 때 강당 문으로 어떤 여자아이가 걸어 들어왔어. 자주색 원피스를 입고 있었어. 검정 에나멜 구두를 신고 있었지. 나는 그 여자아이를 지나칠 때 눈을 감았어. 눈을 감은 채 열 걸음쯤 걸어가서 다시 눈을 떴어.

내가 주 선생님을 찾아가서 말해야 했을까. 이건 내 그림이 아니라고. 다른 사람이 그린 그림이라고. 나는 ⓜ그 사람만 한 재능이 없다고. 실수를 바로잡아 달라고. 나는 그렇게 하지 못했어. 주 선생님의 품에 안겨 울지만 않았더라도 찾아갈 수 있었어. 가능성이 크지는 않지만. 내 더러운 눈물로 주 선생님의 앞가슴에 늘어뜨려진 흰 레이스를 더럽히지만 않았더라도.

- - - - - - - - - - - - - -

| 고난도 |

19. 이 글을 서술자의 관점에 주목하여 감상한 내용으로 가장 적절한 것은?

① 한 서술자가 두 인물을 대하는 태도가 달라 흥미진진해.

② 대사를 통해 인물의 심리를 추측해 보는 즐거움이 있어.

③ 한 서술자의 고백적 내면의 소리에 집중할 수 있어서 좋아.

④ 같은 상황에 처한 두 인물의 심리를 비교해 보는 재미가 있어.

⑤ 한 서술자가 과거와 현재를 오가며 사건을 서술해서 입체감이 느껴져.

20. '1'의 '나'와 '0'의 '나'를 비교한 내용으로 적절한 것은?

① '1'의 '나'와 '0'의 '나'는 모두 그림에 특별한 재능을 보이지는 않았다.

② '1'의 '나'와 '0'의 '나'는 모두 잘못된 일을 알면서도 바로잡지 않았다.

③ '1'의 '나'와 '0'의 '나'는 모두 적극적인 부모의 지원하에 예술 교육을 받고 자랐다.

④ '1'의 '나'는 사생 대회에 참가하여 풍경화를 그렸고, '0'의 '나'는 추상화를 그렸다.

⑤ '1'의 '나'는 '0'의 '나'에게 호감을 보이지만, '0'의 '나'는 '1'의 '나'에게 관심을 보이지 않는다.

21. (가)∼(라)의 사건에 대한 설명으로 적절한 것은?

① (가)의 사건이 일어난 원인이 (나)에 제시되어 있다.

② (가)와 (나)의 사건을 서술하는 인물은 같은 사람이다.

③ (가)와 (나)의 사건이 일어난 후에 (다)와 (라)의 사건이 발생하였다.

④ (가)와 (나)는 현재의 시점에서, (다)와 (라)는 과거의 시점에서 사건을 서술하고 있다.

⑤ (가)와 (다), (나)와 (라)는 각각 동일한 사건을 다루고 있다.

| 서술형 |

22. 다음은 (가)와 (다)에서 '1'의 '나'가 '0'의 '나'에 대해 받은 인상의 내용과 표현 방법을 설명한 것이다. ⓐ∼ⓒ에 들어갈 말을 각각 쓰시오.

'1'의 '나'는 '0'의 '나'에 대한 인상을 '옷도 지저분하고 검정 고무신을 신은 데다 간장 냄새가 나던 녀석', '가난의 냄새', '전신에서 풍겨 나던 뭔가 찌든 듯한 그 냄새'라는 (ⓐ)적 심상과 '뗏국물이 흐르던 목덜미'와 같은 (ⓑ)적 심상을 사용하여 인상적으로 표현하고 있다. 이런 표현을 통해 '0'의 '나'는 (ⓒ)(이)라는 인상을 받았음을 알 수 있다.

23. ㉠∼㉤ 중, 가리키는 대상이 나머지와 다른 하나는?

① ㉠   ② ㉡   ③ ㉢   ④ ㉣   ⑤ ㉤

24. Ⓐ가 의미하는 바로 적절한 것을 〈보기〉에서 모두 골라 묶은 것은?

┤ 보기 ├

ㄱ. '0'의 '나'와 '그 여자애'의 처지가 매우 대조적이다.

ㄴ. '0'의 '나'와 '그 여자애'는 특별한 인연을 맺고 있다.

ㄷ. '0'의 '나'와 '그 여자애'는 언젠가 서로 만나게 될 것이다.

ㄹ. '0'의 '나'와 '그 여자애'는 서로 전혀 다른 삶을 살게 될 것이다.

① ㄱ, ㄴ   ② ㄱ, ㄹ   ③ ㄴ, ㄷ
④ ㄴ, ㄹ   ⑤ ㄷ, ㄹ

[01~03] 다음 글을 읽고, 물음에 답하시오.

가 어둠이 한기처럼 스며들고
배 속에 붕어 새끼 두어 마리 요동을 칠 때

학교 앞 버스 정류장을 지나는데
먼저 와 기다리던 선재가
내가 멘 책가방 지퍼가 열렸다며 닫아 주었다.

아무도 없는 집 썰렁한 내 방까지
붕어빵 냄새가 따라왔다.

학교에서 받은 우유 꺼내려 가방을 여는데
㉠아직 온기가 식지 않은 종이봉투에
붕어가 다섯 마리

내 열여섯 세상에
㉡가장 따뜻했던 저녁

나 울지 마
엄마 돌아가신 지
언제인데
너처럼 많이 우는 애는
처음 봤다
해마다 가을날
밤이 깊으면
갈댓잎 사이로 허옇게
보름달 뜨면
내가 대신 이렇게
울고 있잖아

01. (가)와 (나)의 화자의 특징을 다음과 같이 정리할 때, ⓐ와 ⓑ에 들어갈 적절한 내용을 각각 서술하시오.

	(가)	(나)
화자	열여섯 살의 학생	귀뚜라미
화자의 처지	경제적으로 어렵고 외로운 처지	ⓑ
화자의 정서	ⓐ	돌아가신 엄마에 대한 아이의 슬픔과 그리움에 공감하고 아이를 위로함.
화자 설정의 효과	주제를 효과적으로 드러냄.	

02. ㉠과 ㉡에서 공통적으로 느껴지는 분위기와 그 효과를 〈조건〉에 맞게 서술하시오.

┤ 조건 ├
• ㉠과 ㉡에 사용된 심상의 종류를 쓸 것.
• 효과는 주제와 관련지어 서술할 것.
• '~함으로써 ~하고 있다.'라는 형태의 한 문장으로 서술할 것.

03. (나)에 쓰인 주된 표현 방법을 근거를 들어 〈조건〉에 맞게 서술하시오.

┤ 조건 ├
• 화자의 특징과 관련지어 서술할 것.
• 시에 쓰인 시어를 근거로 들어 서술할 것.

[01~03] 다음 글을 읽고, 물음에 답하시오.

가 1

그렇지만 단 한 번 상을 받을 뻔한 적은 있지. 나 자신의 실수 때문에 못 받은 거니까 누구를 원망할 수도 없지만. 그 실수를 인정하고 내가 받을 상이 남에게 간 것을 바로잡을 수 있었을까. 할 수 있었을지도 몰라. 아버지에게 이야기했다면. 아니면 천수기 선생님한테라도.

왜 안 했을까. 그때 나를 스쳐 가던 그 아이, 그 아이의 표정 때문인지도 몰라. 땟국물이 흐르던 목덜미, 전신에서 풍겨 나던 뭔가 찌든 듯한 그 냄새, 그 너절한 인상이 내 실수와 잘못된 과정을 바로잡는 게 너절하고 귀찮은 일이라는 생각을 하게 했을 거야. 어쩌면 그 결과 한 아이가 가지게 될지도 모르는 씻지 못할 좌절감이 내게도 약간 느껴졌는지도 모르지. 상관없어. 나는 그런 상하고는 담을 쌓고 살아도 행복해. 그런 스트레스를 받는 것 자체가 싫어. 왜 내가 그렇게 살아야 하는데?

나 0

나는 가슴이 찢어질 것 같은 통증을 느끼면서 강당을 걸어 나왔어. 열 걸음쯤 떼었을 때 강당 문으로 어떤 여자아이가 걸어 들어왔어. 자주색 원피스를 입고 있었어. 검정 에나멜 구두를 신고 있었어. 나는 그 여자아이를 지나칠 때 눈을 감았어. 눈을 감은 채 열 걸음쯤 걸어가서 다시 눈을 떴어.

내가 주 선생님을 찾아가서 말해야 했을까. 이건 내 그림이 아니라고. 다른 사람이 그린 그림이라고. 나는 그 사람만한 재능이 없다고. 실수를 바로잡아 달라고. 나는 그렇게 하지 못했어. 주 선생님의 품에 안겨 울지만 않았더라도 찾아갈 수 있었어. 가능성이 크지는 않지만. 내 더러운 눈물로 주 선생님의 앞가슴에 늘어뜨려진 흰 레이스를 더럽히지만 않았더라도.

그림의 주인이 선생님을 찾아가서 그 그림이 자기 것이라고 주장한다면 부정할 도리는 없었겠지. 하지만 내가 먼저 선생님을, 주 선생님이든 천 선생님이든, 아버지도 할아버지도, 그 누구도 찾아갈 수 없었어.

01. 이 글의 서술상 특징을 〈보기〉와 같이 정리할 때, 그 효과가 무엇인지 한 문장으로 서술하시오.

> **보기**
>
> 서로 다른 두 서술자가 번갈아 가며 각자의 시점에서 동일한 사건에 대한 자신의 이야기를 들려주고 있다.

02. (가)와 (나)에서 공통적으로 다루고 있는 사건을 한 문장으로 서술하시오.

> **조건**
>
> • '1'의 '나'와 '0'의 '나'는'으로 시작하는 한 문장으로 서술할 것.

03. (가)와 (나)에 나타난 인물의 주된 심리를 다음과 같이 정리할 때, ⓐ와 ⓑ에 들어갈 적절한 말을 각각 쓰시오.

	표현	심리
(가)의 '나'	• 그 너절한 인상이 ~ 너절하고 귀찮은 일이라는 생각을 하게 했을 거야. • 그런 스트레스를 받는 것 자체가 싫어.	ⓐ
(나)의 '나'	• 나는 그 여자아이를 지나칠 때 눈을 감았어. • 주 선생님의 품에 안겨 울지만 않았더라도 찾아갈 수 있었어.	ⓑ

의사소통 역량

이 역량은 음성 언어, 문자 언어, 기호와 매체 등을 활용하여 생각과 느낌, 경험을 표현하거나 이해하면서 의미를 구성하고 자아와 타인, 세계의 관계를 점검하고 조정하는 능력을 말해. 이 단원에서는 한글 창제와 관련된 다양한 자료를 바탕으로 하여 한글의 창제 원리를 이해하고, 정보화 시대에 부각되는 한글의 우수성에 관해 탐구해 보면서 이 능력을 키워 보자.

2

듣기·말하기

문법

한글은 바르게,
발표는 효과적으로

(1) 우리의 훈민정음

(2) 정보를 담은 그림, 픽토그램

자료·정보 활용 역량

이 역량은 필요한 자료나 정보를 수집, 분석, 평가하고 이를 효과적으로 활용하여 의사를 결정하거나 문제를 해결하는 능력을 말해. 이 단원에서는 핵심 정보가 잘 드러나도록 발표 내용을 구성하는 방법을 이해하고 실제로 말하기 계획을 세운 뒤 핵심 정보가 잘 드러나도록 내용을 구성하여 발표하는 활동을 통해 이 능력을 기르도록 하자.

대단원을 펼치며

◆ 도입 만화를 살펴보면서 이 단원에서 배울 내용을 짐작해 보아요!

핵심 질문

생각을 정확하게 기록하고 발표하려면 무엇이 필요할까?

 이 질문은 이 대단원을 이끄는 핵심 질문이란다. 이 질문을 왜 하였는지 이 단원을 공부하면서 찾는 것이 중요해. 생각을 기록하는 수단과 정보를 효과적으로 전달하는 발표에 필요한 것은 무엇일지 떠올려 보고, 이 단원을 학습하면서 이 질문의 답을 찾아보자.

보조 질문

우리 조상들은 바위에 그린 그림으로 무엇을 표현하고 싶었던 것일까요?

예시 답 | • 다양한 육상 동물의 모습과 고래 사냥 과정이 구체적으로 그려져 있는 것으로 보아 다음 세대에게 중요한 정보를 전달하고 싶었던 것 같다.
• 풍요나 다산을 기원하는 마음을 표현하고 싶었던 것 같다.
• 자신들의 일상생활을 표현하고 싶었던 것 같다.

문자 없이 그림만으로 생각을 표현한다면 어떤 어려움이 있었을지 말해 봅시다.

예시 답 | 암각화에 담긴 의미를 우리가 완벽하게 이해하기 어려운 것처럼, 그림만으로는 자기 생각을 상대에게 정확하게 전달하기 어렵다.

학습 목표

[문법] 한글의 창제 원리를 알고, 한글의 우수성을 탐구할 수 있다.

[듣기·말하기] 핵심 정보가 잘 드러나도록 내용을 구성하여 발표할 수 있다.

배울 내용

(1) 우리의 훈민정음	(2) 정보를 담은 그림, 픽토그램	단원 + 단원
• 한글의 창제 배경 알기 • 한글의 창제 원리 이해하기 • 정보화 시대에 부각되는 한글의 우수성 탐구하기	• 발표문을 읽으며 핵심 정보 파악하기 • 핵심 정보를 효과적으로 구성하기 • 맥락을 고려하여 발표하기	• 한글날 홍보 활동 준비하기 • 한글날 홍보 활동을 하고 그 결과 평가하기

(1) 우리의 훈민정음

 생각 열기

다음 그림 문자를 활용하여 친구에게 하고 싶은 말을 표현해 봅시다.

• 이렇게 열자 •

이 단원 학습에 들어가기 전에 그림 문자로 자신의 의사를 표현해 보는 활동이다. 제시된 그림 문자를 활용하여 친구에게 하고 싶은 말을 표현해 보고 그것을 친구가 어떻게 이해했는지 확인해 본다. 이 활동을 통해 그림 문자가 가지는 한계를 이해하고 문자의 필요성을 깨닫도록 한다.

• 내가 표현하고자 한 내용을 친구가 제대로 이해했는지 확인해 봅시다.

예시 답 | 🚲 4 🕓 🏠 → 내가 표현하고자 한 내용은 '자전거 타러 가게 4시에 커피숍에서 보자.'라는 것이었는데 친구는 이것을 제대로 이해하지 못했다.

• 문자가 없다면 어떻게 의사소통할 수 있을지 상상해 봅시다.

예시 답 | • 숫자나 그림을 활용하여 의사소통을 할 것이다.
　　　　• 말이나 몸짓을 통한 의사소통만 가능할 것이다.

📗 이 단원의 학습 요소

학습 목표 | 한글의 창제 원리를 알고, 한글의 우수성을 탐구할 수 있다.

한글의 창제 배경 알기	▶	한글 창제 이전 우리 민족의 언어생활을 추측해 보면서 한글의 창제 배경을 알고, 『훈민정음』의 서문 내용을 바탕으로 한글 창제의 가치를 이해한다.
한글의 창제 원리 이해하기	▶	한글의 창제 원리에 관한 동영상을 보고 그 내용을 정리하면서 한글의 창제 원리를 스스로 깨우쳐 본다.
한글의 우수성 탐구하기	▶	정보화 시대에 더욱 부각되는 한글의 우수성을 탐구해 보고, 다른 문자의 특징과 비교하여 한글의 특성을 더욱 깊이 있게 이해한다.

소단원 바탕 학습

핵심 개념 미리 보기

1. 한글의 창제 배경

한글 창제 이전의 백성들의 삶		한글 창제의 배경
• 사는 게 바빠서 어려운 한자 공부를 하거나 책을 읽을 시간이 없었음. • 한자를 몰라 책을 읽을 수 없었음.	→	• 어려운 한자로는 백성들을 가르칠 수 없었음. • 백성들이 쉽게 익혀서 쓸 수 있는 우리 글자가 필요했음.

2. 『훈민정음』 서문에 담겨 있는 한글 창제 정신

자주 정신	우리나라 말이 중국과 다름을 인식함.
애민 정신	어리석은 백성이 말하고자 하는 바를 펴지 못하는 것을 가엾게 여김.
실용 정신	모든 사람들이 쉽게 익혀서 날마다 쓰는 데 편하게 하고자 함.

3. 한글의 창제 원리

(1) 자음자의 창제 원리

상형의 원리	발음 기관의 모양을 본떠서 기본자 5자(ㄱ, ㄴ, ㅁ, ㅅ, ㅇ)를 만듦.
가획의 원리	• 기본자에 획을 더하여 9자(ㅋ, ㄷ, ㅌ, ㅂ, ㅍ, ㅈ, ㅊ, ㆆ, ㅎ)를 만듦. • 소리가 거세지는 것을 반영하여 획을 더함.
이체자의 원리	획을 더하여 만들었지만 획이 더해짐에 따라 소리가 세지는 가획의 원리에 따르지 않고 예외적으로 3자(ㆁ, ㄹ, ㅿ)를 만듦.

(2) 모음자의 창제 원리

상형의 원리	하늘, 땅, 사람의 형상을 본떠서 기본자 3자(ㆍ, ㅡ, ㅣ)를 만듦.
합성의 원리	기본자를 서로 합하여 8자(ㅗ, ㅜ, ㅏ, ㅓ, ㅛ, ㅠ, ㅑ, ㅕ)를 만듦.

4. 정보화 시대에 부각되는 한글의 우수성

• 컴퓨터 자판을 이용한 문자 입력 시 중국어나 일본어에 비해 속도가 빠름.
• 한글은 소리글자라서 발음이 곧 표기가 되며, 소리와 문자가 일대일로 대응하기 때문에 미래의 의사소통 방식에서 위력을 떨칠 것임.
• 한글의 창제 원리가 휴대 전화의 자판에까지 활용됨.

심화 자료

① 자음

병서의 원리	이미 만든 글자들을 가로로 나란히 붙여서 쓰는 방법 예 ㄲ, ㄸ, ㅆ, ㅃ 등
연서의 원리	이미 만든 글자들을 세로로 나란히 붙여서 쓰는 방법 예 ㅸ, ㅹ, ㆄ

② 모음

합용의 원리	기본자 및 합성의 원리로 만들어진 모음자를 결합하여 다양한 모음을 만든 방법 예 ㅘ, ㅝ, ㅚ, ㅐ, ㅟ, ㅔ

눈으로 찍고 가기

1. 『훈민정음』 서문에 담겨 있는 한글 창제 정신과 거리가 먼 것은? (정답 2개)
① 자주 정신   ② 평화 정신   ③ 애민 정신
④ 실용 정신   ⑤ 자유 정신

2. 다음 설명에 해당하는 한글의 창제 원리를 쓰시오.
(1) (   )의 원리: 발음 기관의 모양을 본떠서 자음의 기본자를 만든 원리이다.
(2) (   )의 원리: 모음의 기본자를 서로 합하여 그 외의 모음자를 만든 원리이다.
(3) (   )의 원리: 자음의 기본자에 획을 더하여 소리가 거세지는 것을 반영한 원리이다.
(4) (   )의 원리: 자음의 기본자에 획을 더하였으나 소리가 세지는 특성을 반영하지 않고 예외적으로 글자를 만든 원리이다.

정답: 1. ②, ⑤ 2. (1) 상형 (2) 합성 (3) 가획 (4) 이체자

활동 1 한글의 창제 배경

1. 한글이 창제되기 전의 상황을 생각해 봅시다.

1 효와 예에 관한 책을 새로이 만들게 된 까닭을 설명해 봅시다.

예시 답 | • 백성들이 극악무도한 일을 저지렀기 때문이다.
• 백성들에게 효와 예를 가르치고 싶었기 때문이다.

2 효와 예에 관한 책이 제 역할을 하지 못한 까닭을 당시 백성들의 삶을 바탕으로 추측해 봅시다.

예시 답 | • 한자를 몰라 책을 읽을 수 없었기 때문이다.
• 누가 읽어 준다 하더라도 그 내용을 다 기억할 수 없었기 때문이다.
• 사는 게 바빠서 어려운 한자 공부를 하거나 책을 읽을 시간이 없었기 때문이다.

3 한글이 창제되기 이전 백성들의 삶과 관련하여 한글 창제의 배경을 이야기해 봅시다.

예시 답 | • 어려운 한자로는 백성들을 가르칠 수 없었다.
• 백성들이 쉽게 익혀서 쓸 수 있는 우리 글자가 필요했다.

찬찬샘 핵심 강의

• 한글의 창제 배경

한글이 창제되기 이전 백성들은 사는 게 바빠서 책을 읽을 시간이 없었단다. 설령 시간이 있다고 해도 한자를 몰라 책을 읽을 수 없었으므로 나라에서 백성들을 가르치기 위한 책을 만들어도 백성들에게 그 책을 읽히거나 널리 알릴 만한 방법이 없었던 것이지. 그래서 세종 대왕은 당시 조선의 백성이 쉽게 익혀서 쓸 수 있는 우리 고유의 글자를 만들어야 한다고 생각했단다.

▶핵심 포인트◀

한글의 창제 배경	• 어려운 한자로는 백성들을 가르칠 수 없었음. • 우리 백성들이 쉽게 익혀서 쓸 수 있는 우리 글자가 필요했음.

---

66 학습 포인트
• 한글 창제 이전의 문자 생활 이해하기
• 한글의 창제 배경 파악하기

● 활동 탐구
한글 창제 이전 백성들의 삶을 추측해 보며 세종 대왕이 한글을 창제하게 된 동기를 이해하는 활동이다.

☆ 지학이가 도와줄게! – 1
제시된 장면을 보면 효와 예에 관한 책을 만들게 된 까닭과 효와 예에 관한 책이 제 역할을 하지 못했다는 것을 알 수 있어. 당시 한자가 문자로 사용되었으나 한자로 의사소통하는 것이 어려웠던 까닭을 백성들의 삶과 관련지어 생각해 보면 그 이유를 알 수 있을 거야. 그 이유를 바탕으로 왜 한글을 창제하게 되었는지를 생각해 보자.

콕콕 확인 문제 정답과 해설 18쪽

1. 한글 창제 이전의 문자 생활을 짐작한 내용으로 적절하지 않은 것은?

① 한자를 알아야 글을 읽을 수 있었다.
② 문자 생활을 누릴 수 있는 계층이 제한적이었다.
③ 많은 백성들이 문자의 필요성을 인식하지 못했다.
④ 나라에서 펴낸 책들이 백성들에게 별로 쓸모가 없었다.
⑤ 대부분의 백성들은 사는 게 바빠서 어려운 한자를 공부할 시간이 없었다.

|서술형|
2. 만화의 내용을 바탕으로, 세종 대왕이 한글을 창제하게 된 동기를 서술하시오.

2. 세종 대왕이 쓴 『훈민정음』의 서문을 읽고, 한글의 창제 정신과 의의를 알아봅시다.

> 우리나라 말이 중국과 달라 한자와는 서로 통하지 아니하여서 이런 까닭으로 ㉠어리석은 백성이 말하고자 하는 바가 있어도 마침내 제 뜻을 펴지 못하는 사람이 많다. 내가 이것을 가엾게 여겨 새로 스물여덟 글자를 만드니, ㉡모든 사람들로 하여금 쉽게 익혀서 날마다 쓰는 데 편하게 하고자 할 따름이다.

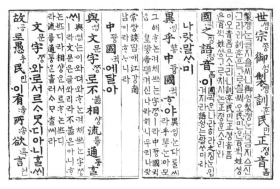

– 『훈민정음』 언해본

1 이 글에서 한글의 창제 정신이 드러난 부분을 찾아 써 봅시다.

자주 정신	우리나라 말이 중국과 달라
애민 정신	어리석은 백성이 말하고자 하는 바가 있어도 마침내 제 뜻을 펴지 못하는 사람이 많다. 내가 이것을 가엾게 여겨
실용 정신	모든 사람들로 하여금 쉽게 익혀서 날마다 쓰는 데 편하게 하고자 할 따름이다.

2 **1**의 활동을 바탕으로 한글 창제가 갖는 의의를 말해 봅시다.

예시 답ㅣ • 우리 민족이 우리의 말에 맞는 고유 문자를 가지게 되었다.
• 백성들도 쉽게 글을 읽고 쓸 수 있게 되었다.

찬찬샘 핵심 강의

• 한글의 창제 정신과 의의

『훈민정음』이라는 책의 서문은 세종 대왕이 직접 썼는데, 그것을 통해 우리는 한글의 창제 정신을 파악할 수 있단다. 우리말이 중국과 다름을 인식했다는 점에서 '자주 정신'을, 글을 몰라 말하고자 하는 바를 전달하지 못하는 백성들을 불쌍하게 여겼다는 점에서 '애민 정신'을, 사람마다 쉽게 익혀서 편하게 쓸 수 있게 했다는 점에서 '실용 정신'을 엿볼 수 있어.

＞핵심 포인트＜

한글의 창제 정신	자주 정신, 애민 정신, 실용 정신
한글 창제의 의의	백성들이 쉽게 글을 읽고 쓸 수 있게 되었고, 우리 민족이 우리의 말에 맞는 고유 문자를 가지게 됨.

66 학습 포인트
· 한글의 창제 정신과 의의 이해하기

○ 활동 탐구
『훈민정음』 서문을 읽고 한글의 창제 정신을 파악한 뒤 그것을 바탕으로 한글 창제의 의의를 이해하는 활동이다.

지학이가 도와줄게! – 2 1
서문을 읽으면서 어느 부분을 통해 자주 정신(남의 간섭이나 보호를 받지 않고 스스로 일을 처리하려는 정신), 애민 정신(백성을 사랑하는 마음), 실용 정신(실제적인 쓸모를 고려하려는 생각)이 나타나고 있는지 찾아서 정리해 보자.

지학이가 도와줄게! – 2 2
한글 창제 정신 중 애민 정신과 실용 정신은 백성들의 삶과 직접적인 관련이 있단다. 이를 바탕으로 한글 창제가 갖는 중요성이나 가치를 말해 보자.

콕콕 확인 문제
3. 한글의 창제 의의를 설명한 내용으로 가장 적절한 것은?

① 백성들도 문자 생활을 할 수 있게 되었다.
② 한자보다 더 우수한 문자를 가지게 되었다.
③ 백성들을 회유할 수 있는 새로운 수단이 생겨났다.
④ 우리나라 말이 한자와 다르다는 인식을 확산시켰다.
⑤ 서민 계층의 지위를 높여 나라를 발전시킬 수 있었다.

|서술형|
4. ㉠과 ㉡에 나타나 있는 한글의 창제 정신을 순서대로 쓰시오.

활동 2 한글의 창제 원리

■ 다음 영상을 보고, 한글의 창제 원리를 알아봅시다.

"독창적이고 놀라운 음소 문자.
세계 어떤 나라의 문자에서도 볼 수 없는
가장 과학적인 표기 체계."

> 하나의 문자 기호가
> 한 개의 낱소리를
> 나타내는 문자 체계

– 라이샤워(미국의 언어학자)

"한국인들은 세계에서 가장 좋은 문자를 발명하였다."

– 포스(네덜란드의 언어학자)

　　한글은 어떻게 만들어졌기에 이런 찬사를 받는 것일까? 570여 년 전, 우리말을 담을 수 있는 우리만의 문자가 없었다. 말을 옮길 문자가 없어 중국의 문자를 빌려 쓴 조선. 하지만 말과 글이 다른 데다 한자는 수가 많고 익히기 어려워 백성들은 사용하기 힘들었다. 이에 세종 대왕은 누구나 쉽게 익혀 읽고 쓸 수 있는 문자를 만드니, 그것이 훈민정음이다. 한글은 오늘날 그 창제 원리의 과학성을 인정받아 세계의 학자들로부터 더 많은 찬사를 받고 있다.

> 칭찬하거나 찬양하는 말이나 글
> 백성들이 글을 읽지 못해 죄를 짓기도 하고 억울한 일을 겪기도 함.
> 글자 수는 약 5만에 이르는데 실제로 쓰이는 것은 5천 자 정도임.

　　세종 대왕이 창제한 한글은 자음자 열일곱 자, 모음자 열한 자, 총 ㉠스물여덟 자로 구성된 문자이다.

찬찬샘 핵심 강의

· 한글의 우수성

　　한글은 글자 체계 중에서도 가장 발달한 단계인 음소 문자에 해당해. 음소 문자는 하나의 문자 기호가 하나의 소리를 나타내기 때문에 누구나 쉽게 읽을 수 있고 배울 수 있지. 한자는 하나하나의 글자가 일정한 뜻을 나타내기 때문에 말하려는 뜻을 표현하려면 약 5만 자 정도 되는 글자를 익혀야 하지만, 한글은 자음자와 모음자 몇 개만 알면 거의 모든 소리를 표현할 수 있단다. 그리고 한글은 창제 원리가 매우 과학적이고 체계적이어서 외국의 언어학자들에게도 찬사를 받고 있단다.

▸핵심 포인트◂

한글의 우수성	· 독창적인 음소 문자임. · 창제 원리가 과학적이고 체계적임.

---

66 학습 포인트
· 한글의 창제 원리 이해하기

○ 활동 탐구
동영상을 통해 한글의 자음자와 모음자가 만들어진 원리를 이해하도록 구성된 활동이다. 먼저 기본 자음자와 기본 모음자가 만들어진 원리를 이해하고, 기본 자음자가 총 17자로, 기본 모음자가 11개의 모음자로 어떻게 확장되어 만들어졌는지 영상을 보면서 확인하도록 한다.

○ 세종 대왕이 창제한 한글의 자음과 모음 구성

자음 (17자)	ㄱ, ㄴ, ㄷ, ㄹ, ㅁ, ㅂ, ㅅ, ㅇ, ㆁ, ㅿ, ㅈ, ㅊ, ㅋ, ㅌ, ㅍ, ㆆ, ㅎ
모음 (11자)	·, ㅡ, ㅣ, ㅗ, ㅜ, ㅏ, ㅓ, ㅛ, ㅠ, ㅑ, ㅕ

↓

· 자음자 17자와 모음자 11자, 총 28자로 구성됨.
· 현재는 쓰이지 않는 글자 4자(ㆁ, ㅿ, ㆆ, ·)가 포함됨.

콕콕 확인 문제

5. 이 영상을 바탕으로 한글을 이해했을 때, 적절하지 않은 것은?

① 창제 원리가 과학적인 문자이다.
② 과학적인 표기 체계를 지닌 문자이다.
③ 누구나 쉽게 익혀서 읽고 쓸 수 있는 문자이다.
④ 하나의 문자 기호가 하나의 소리를 나타내는 문자이다.
⑤ 기존의 것을 새롭게 변형하여 독자적으로 만든 문자이다.

6. ㉠에 해당하지 않는 글자는?

① ·　　　　　② ㅋ
③ ㅃ　　　　　④ ㅿ
⑤ ㆆ

기본 자음자 'ㄱ, ㄴ, ㅁ, ㅅ, ㅇ'은 발음 기관을 본떠 만들었다.
'ㄱ'은 혀뿌리가 목구멍을 막는 모양을 본떠 만들었다.

'ㄴ'은 혀가 윗잇몸에 붙는 모양을 본떠 만들었다.

'ㅁ'은 입 모양을 본떠 만들었다.

○ 발음 위치에 따른 기본 자음자의 분류

ㄱ	어금닛소리(아음)
ㄴ	혓소리(설음)
ㅁ	입술소리(순음)
ㅅ	잇소리(치음)
ㅇ	목구멍소리(후음)

★ 지학이가 도와줄게! - 1

기본 자음자가 만들어진 원리를 이해했는지 확인하는 활동이란다. 동영상의 내용을 떠올리거나 본문의 내용을 읽어 보면서 기본 자음자를 만든 원리를 써 보렴. 예로 제시된 'ㄱ'을 만든 원리를 보면서 이와 같은 방식으로 빈칸을 채워 보자.

1. 기본 자음자를 만든 원리를 떠올리며 빈칸을 채워 봅시다.

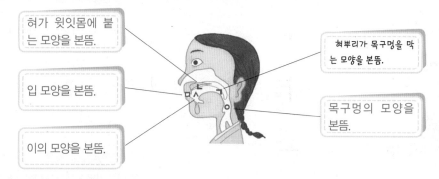

혀가 윗잇몸에 붙는 모양을 본뜸.

혀뿌리가 목구멍을 막는 모양을 본뜸.

입 모양을 본뜸.

목구멍의 모양을 본뜸.

이의 모양을 본뜸.

찬찬샘 핵심 강의

· 기본 자음자를 만든 원리

세종 대왕이 한글의 자음을 만들 때 기본으로 삼았던 5개의 자음자를 기본 자음자라고 한단다. 기본 자음자인 'ㄱ, ㄴ, ㅁ, ㅅ, ㅇ'은 모두 발음 기관을 본떠서 만들었는데 이와 같은 기본 자음자의 창제 원리를 '상형의 원리'라고 한단다.

▶핵심 포인트◀

기본 자음자를 만든 원리	기본 자음자 'ㄱ, ㄴ, ㅁ, ㅅ, ㅇ'은 발음 기관을 본떠 만든 상형의 원리가 적용됨.

콕콕 확인 문제

7. 기본 자음자를 만든 원리에 대한 설명으로 적절하지 <u>않은</u> 것은?

① ㄱ: 혀뿌리가 목구멍을 막는 모양을 본떠 만들었다.
② ㄴ: 혀가 입천장에 닿는 모양을 본떠 만들었다.
③ ㅁ: 입의 모양을 본떠 만들었다.
④ ㅅ: 이의 모양을 본떠 만들었다.
⑤ ㅇ: 목구멍의 모양을 본떠 만들었다.

8. 기본 자음자는 무엇을 본떠 만든 글자인지 쓰시오.

'ㅅ'은 이의 모양을 본떠 만들었다.

'ㅇ'은 목구멍의 모양을 본떠 만들었다.

기본 모음자는 ' · , ─, ㅣ' 세 자인데 이것은 각각 '하늘, 땅, 사람'의 형상을 본떠 만들었다. ' · '는 하늘을 본떠 둥글게 하고, '─'는 땅을 본떠 평평하게 하고, 'ㅣ'는 사람을 본뜨되 서 있는 모양으로 하였다.

⚬ 한글 모음자를 만든 원리에 대한 『훈민정음』의 내용

·	• 혀를 오그라지게 해서 소리 내며 깊은 소리가 남. • 모양이 둥근 것은 하늘을 본뜬 것임.
─	• 혀를 조금 오그라지게 해서 소리 내며 소리는 깊지도 얕지도 않음. • 모양이 평평함은 땅을 본뜬 것임.
ㅣ	• 혀를 오그라들지 않게 소리 내며 얕은 소리가 남. • 그 모양이 서 있는 꼴은 사람을 본뜬 것임.

⭐ 지학이가 도와줄게! - 2

기본 모음자가 만들어진 원리를 이해했는지 확인하는 활동이란다. 동영상의 내용을 떠올리거나 본문의 내용을 읽어 보면서 기본 모음자를 만든 원리를 써 보렴. 예로 제시된 ' · '를 만든 원리를 보면서 이와 같은 방식으로 빈칸을 채워 보자. ' · '는 현대 국어에서는 쓰이지 않는 글자로 '아래아'라고 부른단다.

2. 기본 모음자를 만든 원리를 떠올리며 빈칸을 채워 봅시다.

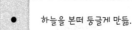
· 하늘을 본떠 둥글게 만듦.

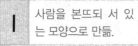
ㅣ 사람을 본뜨되 서 있는 모양으로 만듦.

─ 땅을 본떠 평평하게 만듦.

찬찬샘 **핵심** 강의

· 기본 모음자를 만든 원리

세종 대왕이 한글의 모음을 만들 때 기본으로 삼았던 모음자는 ' · , ─, ㅣ'의 세 자란다. ' · '는 하늘을 본떠, '─'는 땅을 본떠, 'ㅣ'는 사람의 서 있는 모양을 본떠 만들었어. 기본 모음자도 기본 자음자처럼 '상형의 원리'로 만들었단다.

▶핵심 포인트◀

기본 모음자를 만든 원리	기본 모음자 ' · , ─, ㅣ'는 각각 '하늘, 땅, 사람'의 형상을 본떠 만든 상형의 원리가 적용됨.

콕콕 **확인 문제**

9. 기본 모음자에 대한 설명으로 적절하지 <u>않은</u> 것은?

① 현재는 사용하지 않는 모음이 있다.
② 하늘, 땅, 사람의 모양을 본떠 만들었다.
③ 모음 중 가장 기본이 되는 소리에 해당한다.
④ 기본 자음자의 창제 원리와 성격이 비슷하다.
⑤ ' · '를 중심으로 획을 더하여 '─'와 'ㅣ'를 만들었다.

자음자의 기본자가 다섯, 모음자의 기본자가 셋인데 훈민정음의 글자 수는 어떻게 스물여덟 자가 되었을까? 그 비밀은 기본자에 획을 더하거나 기본자를 합한 원리에 있다.

기획의 원리   합성의 원리

자음자의 경우, 기본자 'ㄱ, ㄴ, ㅁ, ㅅ, ㅇ'에 획을 더하여 'ㅋ, ㄷ, ㅌ, ㅂ, ㅍ, ㅈ, ㅊ, ㆆ, ㅎ'의 아홉 글자를 만들었다. 'ㅋ'은 'ㄱ'에 비해 소리가 세다. 그러므로 획을 더했다. 'ㄴ'에서 'ㄷ', 'ㄷ'에서 'ㅌ', 'ㅁ'에서 'ㅂ', 'ㅂ'에서 'ㅍ', 'ㅅ'에서 'ㅈ', 'ㅈ'에서 'ㅊ', 'ㅇ'에서 'ㆆ', 'ㆆ'에서 'ㅎ'을 만들었는데, 모두 소리가 거세지므로 획을 더한 것이다. 획을 더하는 원리에 따라 만들어진 글자끼리는 입 모양도 같은 것을 알 수 있다.

이렇게 만든 열네 자에 예외적으로 만든 'ㆁ, ㄹ, ㅿ'을 합쳐 열일곱 자의 자음자를 완성한 것이다.

이체자

3. 기본 자음자가 어떻게 총 17자로 확장되었는지 설명해 봅시다.

자음자는 기본자 5자에 획을 더해 가는 방식으로 완성하였다.

찬찬샘 **핵심** 강의

• **나머지 자음자를 만든 원리**
 기본 자음자 외의 나머지 자음자는 주로 가획의 원리로 만들었단다. 가획의 원리는 획을 더하여 글자를 만드는 것인데, 이때 획이 더 있는 글자들의 소리가 더 세다는 특성이 반영되었단다. 다만 'ㆁ, ㄹ, ㅿ'의 경우에는 소리가 세지는 것과 상관없이 획을 더했는데 이러한 글자들을 '이체자'라고 한단다.

◦ 기본 자음자 외 나머지 자음자를 만든 원리

• 가획의 원리: 기본 자음자에 획을 더하되 소리가 세지는 특성을 반영함.
• 이체자의 원리: 소리가 세지는 것과 상관없이 획을 더하여 예외적인 글자를 만듦.

지학이가 도와줄게! - 3

제시된 표는 기본자 5자(ㄱ, ㄴ, ㅁ, ㅅ, ㅇ)에 획을 더하여 9자(ㅋ, ㄷ, ㅌ, ㅂ, ㅍ, ㅈ, ㅊ, ㆆ, ㅎ)로 확장되는 모습을 보여 주고 있어. 그런데 'ㆁ, ㄹ, ㅿ'은 획을 더하긴 하였으나 소리가 거세지는 특성을 반영하지 않았으므로 예외적으로 만들어진 글자(이체자)라고 할 수 있단다. 현대 국어에는 쓰이지 않는 자음 3자가 있는데, ㆆ은 '여린히읗'이라고 부르고, ㅇ에 꼭지를 단 ㆁ은 '옛이응'이라 부르며, ㅿ은 '반치음'이라고 부른단다. 이러한 내용을 바탕으로 제시된 표를 통해 기본 자음자가 17자로 확장된 모습을 설명해 보자.

콕콕 확인 문제

10. 가획의 원리에 따라 만들어진 자음끼리만 묶인 것은?

① ㄱ, ㄴ, ㅂ ② ㄷ, ㅂ, ㅇ
③ ㅂ, ㅍ, ㅌ ④ ㅅ, ㅈ, ㅊ
⑤ ㅁ, ㆁ, ㆆ

11. 다음 설명에 해당하는 글자들을 쓰시오.

기본 자음자에 획을 더하여 만들었으나 소리가 세지는 특성을 반영하지 않았다.

모음자는 기본자 'ㆍ, ㅡ, ㅣ'를 서로 합하여 만들었다. 'ㆍ'와 'ㅡ'를 합하여 'ㅗ, ㅜ'를 만들고, 'ㆍ'와 'ㅣ'를 합하여 'ㅏ, ㅓ'를 만들었다. 이런 방식으로 기본자를 합해 총 열한 자의 모음자를 완성하였다.

이렇게 한글은 최소의 기본자를 만들고, 나머지는 기본자에서 규칙적으로 확대해 나간 간결하면서도 배우기 쉽고 쓰기 편한 문자이다.

4. 기본 모음자가 11개의 모음자로 확장된 원리를 떠올리며 빈칸을 채워 봅시다.

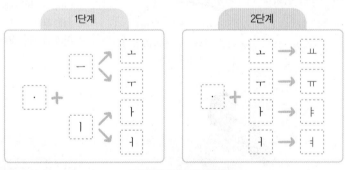

➡ 모음자는 기본자 3자를 서로 합하는 방식으로 총 11자를 완성하였다.

찬찬샘 핵심 강의

• **나머지 모음자를 만든 원리**

　기본 모음자 외의 나머지 모음자는 합성의 원리로 만들었단다. 합성의 원리는 기본 모음자를 서로 결합하는 방식으로 나머지 모음자를 만든 원리란다. 즉 'ㆍ'와 'ㅡ', 'ㅣ'를 결합하여 'ㅗ, ㅜ, ㅏ, ㅓ'를 만들고, 여기에 다시 'ㆍ'를 결합하여 'ㅛ, ㅠ, ㅑ, ㅕ'를 만들었어.

○ **기본 모음자 외에 나머지 모음자를 만든 원리**

　합성의 원리: 기본 모음자 3자를 서로 결합하는 합성의 원리를 통해 8자의 모음자를 추가로 만듦.

○ **창제 원리를 통해 본 한글의 우수성**

자음의 창제 원리	기본 자음자를 만들고 거기에 획을 더하는 방식으로 총 17자의 자음자를 완성함.
모음의 창제 원리	기본 모음자를 만들고 그것을 결합하는 방식으로 총 11자의 모음자를 완성함.

↓

한글은 자음자 5자와 모음자 3자의 기본 글자와 몇 가지 규칙만 익히면 다른 글자도 쉽게 익힐 수 있는 체계적인 글자임.

지학이가 도와줄게! – 4

제시된 표는 기본 모음자가 11개의 모음자로 확장된 원리를 보여 주고 있단다. 1단계에서는 기본 모음자끼리 결합하여 모음자 4자(ㅏ, ㅓ, ㅗ, ㅜ)를 만드는 과정을 보여 주고 있고, 2단계에서는 1단계에서 만들어진 모음자에 다시 'ㆍ'가 결합하는 과정을 보여 주고 있단다. 'ㆍ'가 'ㅗ, ㅜ, ㅏ, ㅗ'와 결합하면 어떤 모음이 만들어질지를 생각하면서 2단계에 들어갈 모음을 써 보자. 그리고 이처럼 총 11개의 모음자를 완성한 원리를 정리해 보자.

콕콕 확인 문제

|서술형|

12. 다음의 모음자를 만든 원리를 설명하고, 그러한 원리를 무엇이라고 하는지 서술하시오.

체계적이고 독창적인 방법으로 만든 한글 스물여덟 자. 그렇다면 이 자음자와 모음자는 어떻게 글자를 이루었을까? 초성과 중성으로만 이루어진 우리말은 자음자와 모음자를 합쳐 나타냈고, 종성까지 더해진 우리말은 자음자를 다시 쓰는 방식으로 표현하였다.

발음의 단위까지 고려하여 모아쓰는 방식을 택함.

종성은 따로 만들지 않고 초성 글자를 다시 쓰되, 그 발음은 다른 소리로 하였음.

이처럼 자음자와 모음자의 유기적인 결합을 통해 살아 움직이는 문자를 만들 수 있었다. 독창적이며 과학적이고 실용적인 문자, 그것은 바로 자랑스러운 우리의 한글이다.

– 국립한글박물관, 「한글 창제의 원리」

5. 한글의 자음자와 모음자가 결합하는 방식을 살펴봅시다.

1 한글의 자음자와 모음자가 어떻게 글자를 이루는지 '사랑'을 예로 들어 설명해 봅시다.

예시 답 | '사랑'에서 '사'는 자음자 'ㅅ'과 모음자 'ㅏ'가 합쳐져 만들어졌고, '랑'은 자음자 'ㄹ'을 초성으로, 모음자 'ㅏ'를 중성으로, 자음자 'ㅇ'을 종성으로 하여 하나의 글자가 되었다.

2 다음 문장을 읽어 보고, **1**처럼 자음자와 모음자를 모아쓸 때의 장점은 무엇인지 생각해 봅시다.

> ㅂㅏㄹㅏㅁ ㅅㅗㄹㅣ, ㅎㅏㄱㅇㅢ ㅇㅜㄹㅇㅡㅁ, ㄷㅏㄹㄱㅢ ㅎㅙㅊㅣㅁㅕ ㅇㅜㄴㅡㄴ ㅅㅗㄹㅣ, ㄱㅐ ㅈㅣㅈㄴㅡㄴ ㅅㅗㄹㅣㅇㅣㄹㅈㅣㄹㅏㄷㅗ ㅇㅣ ㄱㅡㄹㅈㅏㄹㅡㄹ ㄱㅏㅈㅣㄱㅗ ㅈㅓㄱㅇㅡㄹ ㅅㅜㄱㅏ ㅇㅣㅆㄷㅏ.

예시 답 | 바람 소리, 학의 울음, 닭의 홰치며 우는 소리, 개 짖는 소리일지라도 이 글자를 가지고 적을 수가 있다. / '바람 소리'와 같이 자음자와 모음자를 모아쓰면 어떤 글자인지 잘 알 수 있어 읽기에 편하다. 또한, 한꺼번에 소리 낼 수 있는 단위를 기준으로 자음자와 모음자를 합하여 놓는 방식이 읽고 쓰기에 훨씬 효율적이다.

○ **자음자와 모음자의 결합 방식**

> 자음자와 모음자를 합쳐 음절 단위로 모아쓰기를 함으로써 효율적으로 읽고 쓸 수 있게 함.

✦ 지학이가 도와줄게! – 5 **1**

자음자와 모음자를 어떻게 결합하여 글자로 표현했는지를 이해하기 위한 활동이란다. '사랑'은 '사'와 '랑'이라는 두 글자가 만나 이루어진 단어이므로, '사'와 '랑'은 각각 어떤 자음자와 모음자가 합쳐져서 하나의 글자가 되었는지 설명해 보자. 이미 한글을 능숙하게 사용하고 있는 사람들에게는 이러한 설명이 어색하게 느껴지지만 한글을 처음 만들 당시에는 이 문제가 굉장히 중요한 문제였단다.

✦ 지학이가 도와줄게! – 5 **2**

'바람'을 'ㅂㅏㄹㅏㅁ'과 같이 쓰는 것은 풀어쓰기를 한 것이고, '바람'과 같이 쓰는 것은 모아쓰기를 한 것이야. 모아쓰기의 특징은 한꺼번에 소리 낼 수 있는 단위인 음절을 기준으로 자음자와 모음자를 합쳐 쓴다는 것이란다. 풀어쓰기를 한 것과 모아쓰기를 한 것을 비교해 보면서 모아쓸 때의 장점이 무엇인지 생각해 보자.

콕콕 확인 문제

13. 자음자와 모음자를 풀어쓰지 않고 모아쓸 때의 장점으로 가장 적절한 것은?

① 정보 처리가 효율적이다.
② 누구나 쉽게 한글을 배울 수 있다.
③ 만들 수 있는 글자의 수에 제한이 없다.
④ 음절 단위로 빠르고 정확하게 의미를 인식할 수 있다.
⑤ 각 글자가 어떤 소리로 이루어졌는지 쉽게 알 수 있다.

다음 글을 읽고, 정보화 시대에 부각되는 한글의 우수성을 생각해 봅시다.

중국이나 일본에서는 한자를 컴퓨터에 입력할 때 대부분 로마자를 활용한다. <u>수많은 한자를 컴퓨터 자판에 모두</u> _{한자를 컴퓨터에 입력할 때 로마자를 활용하는 까닭} <u>표시할 수는 없으므로</u> 소리로 먼저 글자를 찾고 그 후에 알맞은 뜻의 한자를 찾는 방법을 사용한다. 이때 그 소리를 로마자로 표기한다. 따라서 오늘날 중국이나 일본 사람들은 영문 자판으로 한자를 입력하고 있는 셈이다. 발음은 알지만 어떤 한자를 써야 하는지 모를 때에도 그 음에 해당하는 한자를 일단 찾고 그

▲ 중국어의 컴퓨터 자판 입력

중 원하는 뜻의 글자를 선택하는 방법을 쓴다. 우리가 한글로 된 단어를 한자로 바꿀 때의 과정과 비슷하다. → 중국이나 일본에서 한자를 컴퓨터로 입력하는 방법

그런데 컴퓨터 자판을 이용해 문자를 입력하는 속도를 비교해 보았더니, 한국어의 입력 속도는 중국어나 일본어의 입력 속도보다 몇 배나 빨랐다고 한다. 입력이 편리하다는 점에서 한자는 한글을 따라올 수 없었던 것이다. → 컴퓨터 자판을 이용한 문자 입력이 편리한 한글

우리나라가 유독 인터넷 강국으로 자리 잡은 까닭은 무엇일까? 과학 기술의 발달이나 역동적인 국민성 등도 언급되지만 무엇보다 한글 덕분이 아닐까. 자국어를 활용한 정보화 사업에서 한국은 중국·일본에 앞서는데, 그 비결은 한글의 효율성에서 찾을 수 있다. <u>한글은 소리글자라서 발음이 곧 표기가 되며</u>, <u>한 글자가 한 가지 발음으로 읽힌다.</u> _{한글의 효율성 ①} _{한글의 효율성 ②} 더욱이 <u>자음자와 모음자의 조합으로 쉽고 빠르게 정보화할 수 있다.</u> 한 전산학자는 한글 _{한글의 효율성 ③} 의 과학성에 관해 다음과 같이 말한다.

『우리가 지금 만능 기계로 생각하는 컴퓨터는 단 두 개의 숫자 '0'과 '1'을 일정한 『 』: 한글과 컴퓨터의 특성 규칙에 따라 되풀이하는 원리로 순식간에 정보화 시대를 가져왔습니다. 한글의 경우도 같습니다. 24자라는 유한한 수의 기호와 몇 가지 규칙만으로 무한에 가까운 천지자연의 소리를 만들어 표현할 수 있다는 것이 바로 한글의 특성이지요..』 그런 점에서 <u>한글은 다른 어떤 글자보다 과학적이며 현대 첨단 과학의 산물인 컴퓨터의</u> 정보화 시대에 부각되는 한글의 우수성

콕콕 확인 문제

14. 이 글을 바탕으로 정보화 시대에 부각되는 한글의 우수성을 가장 잘 설명한 것은?

① 다른 문자들에 비해 정보 입력 속도가 빠르다.
② 독자적인 원리를 적용하여 새롭게 만든 문자이다.
③ 의미 단위로 글자를 표기하기 때문에 과학적이고 체계적이다.
④ 다른 문자들과의 연관성이 뛰어나 정보화 산업에서 효율적이다.
⑤ 자음과 모음의 기본 글자만 익히면 다른 글자도 쉽게 익힐 수 있다.

15. 이 글에서 알 수 있는 한글의 특징이 아닌 것은?

① 소리와 문자가 일대일로 대응한다.
② 발음이 곧 표기가 되는 소리글자이다.
③ 적은 수의 글자로 대부분의 소리를 표현할 수 있다.
④ 일정한 규칙이 없어서 누구나 쉽게 글자를 익힐 수 있다.
⑤ 자음자와 모음자의 조합을 통해 빠른 정보화가 가능하다.

원리에 매우 잘 부합하는 문자입니다. 그래서 저는 세종 대왕이 오늘의 정보화 시대를 미리 내다보고 한글을 만들지 않았나 싶어 감탄할 때가 있습니다.

→ 한글의 효율성

컴퓨터의 자판을 통해서만 한글의 과학성이 부각되는 것은 아니다. 휴대 전화의 자판은 한글의 상형의 원리를 활용했으며 가획 · 합성의 원리도 반영하였다. 몇백 년 전 창제된 한글의 원리가 시대를 뛰어넘어 현대의 정보화 기기에 담긴 셈이다.

㉠디지털 시대의 의사소통 방식은 계속 변화할 것이다. 예컨대 일일이 문자를 입력하지 않아도 음성을 그대로 문자로 전달하고 다시 문자를 음성으로 변환하는 기술이 개발되고 있다. 이 기술이 개발되어 상용화되면 앞으로 우리 생활에서 컴퓨터를 비롯한 모든 기계는 음성으로 통제될 것이다. 이와 같은 미래의 의사소통 방식에도 한글은 위력을 떨칠 것이다. 앞서 밝혔듯 한글은 소리와 문자가 일대일로 대응하기 때문이다. 과학과 기술이 발전함에 따라 한글의 가치가 더 빛나리라 기대한다.

→ 한글의 가치

— 최경봉 외, 『한글에 대해 알아야 할 모든 것』

1. 정보화 시대에 한글이 지닌 강점이 무엇인지 중국이나 일본에서 한자를 컴퓨터로 입력하는 과정과 비교하여 말해 봅시다.

예시 답 | 중국이나 일본에서 한자를 컴퓨터로 입력하려면, 해당 소리를 로마자로 표기한 후 원하는 한자를 찾아 입력해야 하는 번거로움이 있다. 반면, 한글은 모든 자음과 모음이 자판에 기록되어 있어서 다른 문자를 활용하지 않고 쉽고 빠르게 입력할 수 있다.

2. ㉮, ㉯는 휴대 전화의 한글 자판입니다. 각각에 적용된 입력 방식이 한글의 창제 원리와 어떠한 관련을 맺고 있는지 설명해 봅시다.

예시 답 | • (가)에서 자음과 모음의 기본자를 활용하는 것은 상형의 원리가 적용된 것이다.
• (가)에서 '·, —, ㅣ'를 합성해 모든 모음을 입력하는 방식은 합성의 원리가 적용된 것이다.
• (나)에 있는 자음 글자판에 '획추가' 버튼을 눌러 나머지 자음자를 만드는 것은 가획의 원리가 적용된 것이다.
• (나)에 있는 모음 글자판에 '획추가' 버튼을 눌러 나머지 모음자를 만드는 것은 합성의 원리가 적용된 것이다.

❍ 활동 제재 개관
갈래: 설명하는 글
성격: 예시적, 해설적, 정보 전달적
주제: 정보화 시대에 부각되는 한글의 우수성
특징
• 정보화 기기에서 부각되는 한글의 우수성에 대해 예를 들어 설명하고 있다.
• 미래의 의사소통 방식에서 한글의 가치가 더욱 빛날 것임을 강조하고 있다.

★ 지학이가 도와줄게! − 1
이 글의 첫 번째 문단을 읽어 보면, 중국이나 일본에서 한자를 컴퓨터로 입력하는 과정을 알 수 있단다. 우리가 한자를 컴퓨터로 입력하고자 할 때 어떻게 하는지를 떠올려 보고 그것과 관련지어 정보화 시대에 한글이 지닌 강점이 무엇인지 말해 보자.

★ 지학이가 도와줄게! − 2
활동 2에서 배운 한글의 창제 원리를 다시 한번 떠올려 보고, 이와 연관 지어 휴대 전화의 한글 자판 입력 방식에 어떤 원리가 숨겨져 있는지 설명해 보자.

| 자음의 창제 원리 | • 상형의 원리 • 가획의 원리 • 이체자의 원리 |
| 모음의 창제 원리 | • 상형의 원리 • 합성의 원리 |

콕콕 **확인 문제**

|서술형|
16. 다음 휴대 전화의 자판에서 주어진 모음자만으로 우리말의 모든 모음자를 쓸 수 있는 이유를 모음자의 창제 원리와 관련지어 서술하시오.

3. 한글이 미래의 의사소통 방식에도 위력을 떨칠 것이라고 한 까닭은 무엇인지 다음을 바탕으로 생각해 봅시다.

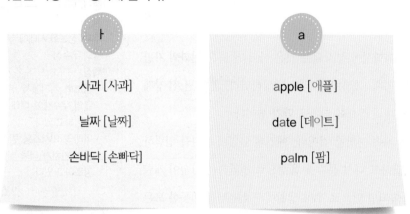

사과 [사과]

날짜 [날짜]

손바닥 [손빠닥]

apple [애플]

date [데이트]

palm [팜]

예시 답ㅣ 한글 모음자 'ㅏ'는 모든 단어에서 같은 소리를 나타내지만, 영어 모음 'a'는 단어에 따라 다른 소리를 갖는다. 이처럼 한글은 소리와 문자가 일대일로 대응하여 변화하는 의사소통의 방식에 손쉽게 적응할 수 있으므로 미래에 그 가치가 더욱 빛나리라고 본 것이다.

4. 한글의 가치와 우수성에 관해 이 글에서 다룬 것 이외의 사례를 조사하여 발표해 봅시다.

예시 답ㅣ • 한글은 발음 기관을 상형한 현존 유일의 문자이다. 1867년 알렉산더 그레이엄 벨이 '보이는 음성(visible speech)'이라고 하여 발음 기관을 본뜬 글자를 만든 기록이 있으나 이는 현재 사용되지 않고 있으며 한글은 그보다 400년가량 앞서 창제되었다.
• 한글은 문자의 모양이 소리를 표현하고 있어서 문자를 보고 그 소리를 유추할 수 있다.

찬찬샘 핵심 강의

• 정보화 시대에 부각되는 한글의 우수성

　한글의 원리는 컴퓨터나 휴대 전화와 같은 정보화 기기에서도 그 우수성이 나타나고 있단다. 한글은 모든 자음자와 모음자를 컴퓨터 자판에 기록할 수 있어서 다른 문자를 활용하지 않고도 쉽고 빠르게 정보를 입력할 수 있어. 또한, 한글은 적은 글자판으로 문자를 입력해야 하는 휴대 전화에서 더욱 빛을 발하고 있단다. 상형의 원리, 가획의 원리, 합성의 원리와 같은 한글의 창제 원리를 휴대 전화 자판에 활용함으로써 초고속 정보화 시대의 속도 경쟁에서 앞서갈 수 있기 때문이야. 특히 소리글자라서 발음이 곧 표기가 되며 한 글자가 한 가지 발음으로 읽히는 한글의 특성은 미래의 의사소통 방식에서 큰 힘을 발휘할 거야.

핵심 포인트

정보화 시대에 부각되는 한글의 우수성	• 컴퓨터 자판을 이용한 문자 입력 시 쉽고 빠르게 정보를 입력할 수 있음. • 한글 창제 원리인 상형의 원리 및 가획·합성의 원리가 휴대 전화 자판에 활용됨. • 발음이 곧 표기가 되며, 소리와 문자가 일대일로 대응하는 한글의 특성은 음성으로 통제되는 미래 디지털 시대의 의사소통 방식에서 위력을 떨칠 것임.

지학이가 도와줄게! – 3

한글 'ㅏ'는 '사과, 날짜, 손바닥'과 같은 단어에서 모두 [아]로 소리가 나는데, 영어 모음 'a'는 그렇지 않단다. 'apple', 'date', 'palm'에서 'a'는 각각 [애], [에이], [아]로 다른 소리를 갖게 되지. 이처럼 소리와 문자가 일대일 대응이 되는 한글의 특성은 미래의 의사소통 방식에서 어떤 장점이 있을지 생각해 보자.

지학이가 도와줄게! – 4

앞에서 배운 한글의 창제 원리와 관련지어 한글이 어떤 가치를 지녔는지, 한글의 우수성은 무엇인지 생각해 보자.

콕콕 확인 문제

17. 다음 자료를 통해 알 수 있는 한글의 특성으로 가장 적절한 것은?

사과 [사과]

날짜 [날짜]

손바닥 [손빠닥]

apple [애플]

date [데이트]

palm [팜]

① 하나의 글자가 하나의 소리에 대응된다.
② 하나의 글자가 하나의 의미로만 사용된다.
③ 자음자와 모음자를 차례대로 늘어놓아 쓴다.
④ 적은 수의 글자로도 거의 모든 소리를 표현할 수 있다.
⑤ 같은 위치에서 소리 나는 글자들의 모양이 서로 유사하다.

창의 · 융합 활동

함께하기 😊😊

▌한글 창제 이야기를 담은 노래 가사를 만들어 보는 활동을 해 봅시다.

1. 한글과 관련된 노래를 찾아서 들어 봅시다. 예시 답 | 생략

예시

물속에서 팔다리를 놀리며
떴다 잠겼다 하는 짓.
자맥질

– 악동뮤지션, 「가나다같이」

2. 1에서 찾은 노래 중 하나를 골라 가사를 바꾸어 봅시다.

1 모둠별로 고른 곡의 제목을 적어 봅시다.

> 예시 답 | 「가나다같이」

2 한글 창제와 관련하여 들어가야 할 내용을 생각해 보고 의견을 나눠 봅시다.

> 예시 답 | 상형의 원리와 가획의 원리, 합성의 원리에 관한 내용이 들어가야 한다.

**한글 창제 이야기를 담은
노래 가사 짓기**

○ **활동 개관**
소단원 (1)에서 학습한 내용을 노래 가사로 바꾸어 한글 창제 이야기를 담은 노래를 만들어 보는 활동이다. 한글 창제의 원리에 대한 수업 내용을 잘 이해했는지 확인해 보면서 독창적인 표현의 기회도 함께 가져 보는 활동이다.

☆ 지학이가 도와줄게! – 1
인터넷 검색 등을 통해 한글과 관련된 노래를 찾아보렴. 한글의 아름다움이나 자랑스러움을 담은 노래, 한글의 역사를 다룬 노래, 한글의 우수성을 담은 노래 등 한글과 관련된 노래를 찾으면 된단다.

☆ 지학이가 도와줄게! – 2 **1**
모둠원들이 찾은 노래 중에서 한 가지를 선정해 보도록 하자. 이 활동은 노래의 선정보다는 가사를 바꾸는 데 의미가 있으므로 노래 선정에 너무 많은 시간을 할애하지 않도록 하자.

☆ 지학이가 도와줄게! – 2 **2**
한글 창제 이야기를 담은 노래 가사를 만들 때 어떤 내용을 가사에 넣으면 좋을지 떠올려 보도록 하자. 앞에서 학습한 주요 내용을 생각하면서 한글 창제 배경이나 한글의 창제 원리, 한글의 우수성 등 적당한 내용을 생각해 봐. 이때 한글 창제에 대한 다양한 내용을 가사에 담을 수도 있지만, 그 중에 어느 한 가지를 선택하여 구체적인 내용을 노래 가사로 바꾸는 것이 더 효과적일 수 있단다.

3 **2**의 내용을 바탕으로 모둠별로 고른 곡의 가사를 바꾸어 보고, 노래를 불러 봅시다.

★ 지학이가 도와줄게! - 2 **3**

앞의 활동 결과가 노래 가사로 표현될 수 있도록 선정된 곡의 가사를 바꾸어 보자. 이때 노래로 불러 보는 활동도 포함되어 있으므로 가능하다면 음악적 요소도 함께 고려하도록 하자. 노래 가사를 바꿀 때는 음악 교과와의 연계를 통해 유의해야 할 점을 생각하면서 노래 가사를 지어 보도록 하렴. 또한, 친구들 앞에서 한글 창제 이야기를 담은 노래를 부를 때는 가사가 정확하게 전달될 수 있도록 큰 목소리로 불러야 한다는 것도 잘 알고 있겠지? 물론 다른 친구들이 부르는 노래를 경청하는 태도도 매우 중요하단다.

예시 답 | 가나다라마바사아자차카타파하

가나다라마바사아자차카타파하

기역 니은 미음 시옷 이응은

발음 기관 모양 본떠서

소리와 모양이 아이고 닮았다.

하늘 사람 땅 모양으로 모음들을 짜잔짜잔

소리 모양 서로 닮았다.

열일곱 자음자 열한 자 모음 모아 놓으면

세상 소리 내 마음 모두 모두 엮어서 전해 준단다.

작대기 하나 더 그어서 자음 만들고

하늘 사람 땅 서로 더해 모음 만들면

이 아름다운 우리말을 이렇게 용케 전해 주네.

얼쑤! 하나 둘

◎ 활동 더 해 보기 한글과 관련된 위인 조사하기

　타 교과와 연계해 한글과 관련된 위인에 관한 탐구 활동을 할 수 있다. 세종 대왕이나 집현전 학자들에 국한하지 말고, 근대 이후에 한글과 관련하여 업적을 세운 사람들을 조사해 보고 이를 통해 한글의 특성을 깊이 있고 폭넓게 이해하는 기회로 삼도록 하자.

〈예시 인물〉
① 세종 대왕과 정의 공주
② 한글 소설과 김만중
③ 최세진과 『훈몽자회』
④ 주시경과 조선어학회
⑤ 최현배와 『우리말본』
⑥ 공병우와 송기주의 한글 타자기
⑦ 김진평과 한글 레터링

소단원 콕! 짚고 가기

핵심 포인트

1. 한글의 창제 배경과 창제 정신

한글의 창제 배경	• 어려운 한자로는 백성들을 가르칠 수 없었음. • 우리 백성들이 쉽게 익혀서 쓸 수 있는 우리 글자가 필요했음.
한글의 창제 정신	• ①□□ □□: 우리나라 말이 중국과 다름을 인식함. • 애민 정신: 백성들이 말하고자 하는 바를 펴지 못하는 것을 안타깝게 여김. • 실용 정신: 모든 사람들이 쉽게 익혀서 날마다 편하게 쓰고자 함.

2. 한글의 창제 원리

● 자음자의 창제 원리

상형의 원리	• ②□□ □□의 모양을 본떠서 기본자 5자를 만듦. • ㄱ: 혀뿌리가 목구멍을 막는 모양을 본뜸. • ㄴ: 혀가 윗잇몸에 붙는 모양을 본뜸. • ③□, □, □: 각각 입 모양, 이 모양, 목구멍 모양을 본뜸.
④□□의 원리	기본자에 획을 더하는 방식으로 소리가 거세지는 것을 반영하여 9자를 만듦. ㄱ → ㅋ　　　　ㄴ → ㄷ → ㅌ　　　　ㅁ → ㅂ → ㅍ ㅅ → ㅈ → ㅊ　　　ㅇ → ㆆ → ㅎ
이체자의 원리	획을 더하여 만들었으나, 획이 더해짐에 따라 소리가 세지는 가획의 원리를 따르지 않고 예외적으로 3자(ㆁ, ㄹ, ㅿ)를 만듦.

● 모음자의 창제 원리

상형의 원리	• 하늘, 땅, 사람의 형상을 본떠서 기본자 3자를 만듦. • ⑤□: 하늘을 본떠 둥글게 만듦. • ㅡ: 땅을 본떠 평평하게 만듦. • ㅣ: 사람을 본뜨되 서 있는 모양으로 만듦.
⑥□□의 원리	기본자를 서로 합하는 방식으로 8자를 만듦. ‘·’+ㅡ → ㅗ, ㅜ　　　‘·’+ㅣ → ㅏ, ㅓ　　　‘·’+ㅗ → ㅛ ‘·’+ㅜ → ㅠ　　　　‘·’+ㅏ → ㅑ　　　‘·’+ㅓ → ㅕ

3. 정보화 시대에 부각되는 한글의 우수성

한글은 모든 자음과 모음을 자판에 기록할 수 있으므로 다른 문자를 활용하지 않고 입력이 가능함.	→ 쉽고 빠르게 정보 입력이 가능함.
한글의 상형의 원리, 가획의 원리, 합성의 원리를 활용하여 ⑦□□ □□의 자판을 만듦.	→ 한글 창제의 원리가 현대의 정보화 기기에 담김.
한글은 ⑧□□□□라서 발음이 곧 표기가 되며, 소리와 문자가 일대일로 대응함.	→ 음성으로 통제되는 미래 디지털 시대의 의사소통 방식에서 위력을 떨칠 것임.

한글의 기본 자음자와 기본 모음자는 모두 상형의 원리에 따라 만들어졌다는 것, 이제 확실히 이해했지?

정답: ① 자주 정신 ② 발음 기관 ③ ㅁ, ㅅ, ㅇ ④ 가획 ⑤ · ⑥ 합성 ⑦ 휴대 전화 ⑧ 소리글자

[01~03] 다음 글을 읽고, 물음에 답하시오.

전하! 또 극악무도한 일이 일어났다고 하옵니다.

이를 어찌하면 좋겠느냐?

효와 예에 관한 책을 만들어 백성들이 그것을 알 수 있게 하옵소서.

집현전에서 주관하여 새로이 책을 만들고 배포하도록 하여라.

이런……. 한자를 모르는 백성들에게 책은 아무 쓸모가 없구나.

나 우리나라 말이 중국과 달라 한자와는 서로 통하지 아니하여서 이런 까닭으로 어리석은 백성이 말하고자 하는 바가 있어도 마침내 제 뜻을 펴지 못하는 사람이 많다. 내가 이것을 가엾게 여겨 새로 스물여덟 글자를 만드니, 모든 사람들로 하여금 쉽게 익혀서 날마다 쓰는 데 편하게 하고자 할 따름이다.

01. (가)와 (나)로 보아, 한글을 창제하면서 세종 대왕이 고려한 점으로 볼 수 <u>없는</u> 것은?

① 백성들이 문자 생활을 평등하게 누려야 할 텐데.
② 백성들이 쉽게 익힐 수 있는 문자를 만들어야 할 텐데.
③ 한자로 소통을 하지 못하는 백성들의 고통을 덜어 줄 수 있는 문자를 만들어야 할 텐데.
④ 한자보다 우수한 문자를 만들어 중국보다 우월한 민족이라는 것을 증명할 수 있어야 할 텐데.
⑤ 우리나라 말이 중국과는 다르니, 우리말을 정확하게 표현할 수 있는 우리만의 문자를 만들어야 할 텐데.

02. (나)의 중심 내용으로 적절한 것은?

① 한글의 창제 과정 ② 한글의 제자 원리
③ 한글의 창제 동기 ④ 한글의 창제의 어려움
⑤ 한글 창제의 역사적 의의

활동 응용 문제

03. (나)에서 한글의 창제 정신이 드러난 부분을 다음과 같이 정리할 때, ㉠~㉣에 들어갈 내용을 쓰시오.

창제 정신	창제 정신이 드러난 부분
㉠	㉡
㉢	어리석은 백성이 말하고자 하는 바가 있어도 마침내 제 뜻을 펴지 못하는 사람이 많다. 내가 이것을 가엾게 여겨
실용 정신	㉣

04. 한글 자음자의 제자 원리에 대한 설명으로 적절하지 <u>않</u>은 것은?

① ㄸ: 'ㄷ'을 나란히 붙여서 만들었다.
② ㅍ: 입의 모양을 본뜬 후 획을 더했다.
③ ㅎ: 이의 모양을 본뜬 후 획을 더했다.
④ ㄴ: 혀가 윗잇몸에 붙는 모양을 본떠 만들었다.
⑤ ㅋ: 혀뿌리가 목구멍을 막는 모양을 본뜬 후 획을 더했다.

05. 한글의 창제 원리 중 '가획의 원리'에 대한 설명으로 적절하지 <u>않은</u> 것은?

① 자음자의 기본자에 획을 더한 원리이다.
② 이 원리에 따라 만들어진 글자끼리는 입 모양도 같다.
③ 기본자에 비해 소리가 세진다는 특성이 반영되어 있다.
④ 'ㅋ, ㄷ, ㅌ, ㅂ, ㅍ, ㅈ, ㅊ, ㆆ, ㅎ'의 글자를 만든 원리이다.
⑤ 같은 위치에서 나는 소리는 모두 서로 다른 글자에서 변형된 것이다.

06. 〈보기〉에 대한 설명으로 적절하지 <u>않은</u> 것은?

┤ 보기 ├
ㆁ, ㄹ, ㅿ

① 이체자라고 한다.
② 'ㆁ, ㄴ, ㅅ'보다 소리가 더 세다.
③ 세종 대왕이 새로 만든 28자에 포함된다.
④ 획을 더한 뜻은 기본자에 획을 더해 만든 경우와 다르다.
⑤ ㆁ은 'ㄱ'과 같은 위치에서 발음되며, 'ㄹ'과 'ㅿ'은 각각 'ㄴ', 'ㅅ'과 같은 위치에서 발음된다.

07. 한글 모음자를 만든 원리에 대한 설명으로 적절한 것은?

① 'ㆍ'는 땅의 둥근 형상을 본떠 만들었다.
② 'ㅣ'는 하늘의 무한한 형상을 본떠 만들었다.
③ 'ㅡ'는 사람이 누워 있는 형상을 본떠 만들었다.
④ 'ㆍ'와 'ㅡ'를 결합하여 'ㅗ'와 'ㅜ'를 만들었다.
⑤ 기본 모음자인 'ㆍ, ㅡ, ㅣ'는 가획의 원리에 따라 만들었다.

| 서술형 |

08. 한글 자음과 모음의 기본자를 만든 원리의 공통점과 차이점을 각각 한 문장으로 서술하시오.

공통점	
차이점	

활동 응용 문제

09. 〈보기〉의 설명에 해당하는 글자로 알맞은 것은?

┤ 보기 ├
모음의 기본자에 'ㆍ'를 한 번 합하고, 이 모음에 'ㆍ'를 한 번 더 결합하였다.

① ㅏ   ② ㅑ   ③ ㅜ
④ ㅖ   ⑤ ㅚ

활동 응용 문제

10. 〈보기〉에 해당하는 글자를 1음절의 한 단어로 쓰시오.
(정답 2개)

┤ 보기 ├
• 초성: 목구멍의 모양을 본떠 만든 기본자에 두 번 획을 더한 자음
• 중성: 'ㆍ'와 사람이 서 있는 모양을 본뜬 기본자를 결합하여 만든 글자
• 종성: 혀뿌리가 목구멍을 막는 모양을 본떠 만든 기본자

11. 한글의 우수성에 관해 학생들이 토의한 내용으로 가장 적절한 것은?

① 무성: 중국의 문맹률이 높은 것은 한자가 어려워서라고 하잖아. 그에 비해 한글은 어린아이들도 쉽게 배울 수 있는 장점이 있어.
② 현지: 한글은 상형의 원리, 합성의 원리 등을 적용하여 만든 글자로, 우리 민족의 토속 신앙을 잘 드러내 주는 문자라고 볼 수 있어.
③ 지연: 세종 대왕이 중국의 한자를 참고하여 새롭게 창조해 낸 문자인 한글은 다른 문자들에 뒤지지 않을 정도로 과학적이고 독창적인 문자야.
④ 승구: 한글은 바람 소리나 동물의 울음소리 같은 자연의 소리도 잘 표현할 수 있는데 영어나 다른 외국어들은 이러한 소리를 표현할 수 없어.
⑤ 소정: 한글의 자음과 모음은 사용되는 위치에 따라 낱글자의 음가가 달라서 다양한 소리를 표현할 수 있으므로 한글은 우리말뿐만 아니라 외국어도 잘 표현할 수 있어.

12. 한글에 대한 설명으로 적절한 것은?

① 자음자 18자, 모음자 10자로 구성되어 있다.

② 기본 자음자는 5자, 기본 모음자는 4자이다.

③ 상형의 원리에 따라 만들어진 글자는 8자이다.

④ 합성의 원리에 따라 만들어진 글자는 10자이다.

⑤ 현재는 쓰이는 않는 글자 3자가 포함되어 있다.

13. 한글의 자음자와 모음자를 결합하는 방식에 대한 설명으로 적절하지 않은 것은?

① 중성이 없이는 글자를 이룰 수 없다.

② 종성까지 더해진 우리말은 모음자를 다시 쓰는 방식으로 나타냈다.

③ 초성과 중성으로만 이루어진 우리말은 자음자와 모음자를 합쳐 나타냈다.

④ 한꺼번에 소리 낼 수 있는 단위를 기준으로 자음자와 모음자를 모아쓰도록 했다.

⑤ 자음자와 모음자를 합쳐 쓰도록 함으로써 적은 수의 문자로도 대부분의 우리말을 기록할 수 있었다.

| 서술형 |

14. 〈보기〉의 (가)와 (나)를 비교할 때, (나)의 표기 방식상의 특징을 쓰고, 그 장점이 무엇인지 서술하시오.

| 보기 |

(가) ㅂㅏㄹㅏㅁ ㅅㅗㄹㅣ, ㅎㅏㄱㅇㅢ ㅇㅜㄹㅇㅜㅁ, ㄷㅏㄹㄱㅇㅢ ㅎㅙㅊㅣㅁㅕ ㅇㅜㄴㄴㅡ ㅅㅗㄹㅣ, ㄱㅐ ㅈㅣㅈㄴㅡㄴ ㅅㅗㄹㅣㅇㅣㄹㅈㅣㄹㅏㄷㅗ ㅇㅣ ㄱㅡㄹㅈㅏㄹㅡㄹ ㄱㅏㅈㅣㄱㅗ ㅈㅓㄱㅇㅡㄹ ㅅㅜㄱㅏ ㅇㅣㅆㄷㅏ.

(나) 바람 소리, 학의 울음, 닭의 홰치며 우는 소리, 개 짖는 소리일지라도 이 글자를 가지고 적을 수 있다.

[15~18] 다음 글을 읽고, 물음에 답하시오.

⑦ 중국이나 일본에서는 한자를 컴퓨터에 입력할 때 대부분 로마자를 활용한다. 수많은 한자를 컴퓨터 자판에 모두 표시할 수는 없으므로 소리로 먼저 글자를 찾고 그 후에 알맞은 뜻의 한자를 찾는 방법을 사용한다. 이때 그 소리를 로마자로 표기한다. 따라서 오늘날 중국이나 일본 사람들은 영문 자판으로 한자를 입력하고 있는 셈이다. 발음은 알지만 어떤 한자를 써야 하는지 모를 때에도 그 음에 해당하는 한자를 일단 찾고 그중 원하는 뜻의 글자를 선택하는 방법을 쓴다. 우리가 한글로 된 단어를 한자로 바꿀 때의 과정과 비슷하다.

그런데 컴퓨터 자판을 이용해 문자를 입력하는 속도를 비교해 보았더니, 한국어의 입력 속도는 중국어나 일본어의 입력 속도보다 몇 배나 빨랐다고 한다. 입력이 편리하다는 점에서 한자는 한글을 따라올 수 없었던 것이다.

⑭ 우리나라가 유독 인터넷 강국으로 자리 잡은 까닭은 무엇일까? 과학 기술의 발달이나 역동적인 국민성 등도 언급되지만 무엇보다 한글 덕분이 아닐까. 자국어를 활용한 정보화 사업에서 한국은 중국·일본에 앞서는데, 그 비결은 한글의 효율성에서 찾을 수 있다. 한글은 소리글자라서 발음이 곧 표기가 되며, 한 글자가 한 가지 발음으로 읽힌다. 더욱이 자음자와 모음자의 조합으로 쉽고 빠르게 정보화할 수 있다.

⑮ 컴퓨터의 자판을 통해서만 한글의 과학성이 부각되는 것은 아니다. 휴대 전화의 자판은 한글의 상형의 원리를 활용했으며 가획·합성의 원리도 반영하였다. ㉠몇백 년 전 창제된 한글의 원리가 시대를 뛰어넘어 현대의 정보화 기기에 담긴 셈이다.

디지털 시대의 의사소통 방식은 계속 변화할 것이다. 예컨대 일일이 문자를 입력하지 않아도 음성을 그대로 문자로 전달하고 다시 문자를 음성으로 변환하는 기술이 개발되고 있다. 이 기술이 개발되어 상용화되면 앞으로 우리 생활에서 컴퓨터를 비롯한 모든 기계는 음성으로 통제될 것이다. 이와 같은 미래의 의사소통 방식에도 한글은 위력을 떨칠 것이다. 앞서 밝혔듯 한글은 소리와 문자가 일대일로 대응하기 때문이다. 과학과 기술이 발전함에 따라 한글의 가치가 더 빛나리라 기대한다.

---

15. 이 글에 나타나 있는 한글의 우수성으로 적절한 것은?

① 소리와 문자가 일대일로 대응한다.

② 발음 기관을 상형한 현존 유일의 문자이다.

③ 적은 수의 문자로 모든 소리를 만들어 표현할 수 있다.

④ 한자나 로마자보다 더 독창적인 원리를 적용하여 만든 문자이다.

⑤ 문자의 모양이 소리를 표현하고 있어서 문자를 보고 소리를 유추할 수 있다.

| 서술형 |

16. (가)의 내용을 바탕으로 정보화 시대에 한글이 지닌 강점을 〈조건〉에 맞게 서술하시오.

┤ 조건 ├

중국이나 일본에서 한자를 컴퓨터로 입력하는 과정과 비교하여 설명할 것.

17. (다)를 참고할 때 〈보기〉를 바르게 이해하지 <u>못한</u> 것은?

┤ 보기 ├

① ⓐ는 모음자를 입력할 때 합성의 원리를 적용하면 되겠군.

② ⓐ의 몇몇 글자판은 소리와 문자 모양에서 연관성이 있는 글자를 하나의 글자판에 모아 배열했군.

③ ⓑ는 자음자를 입력할 때 가획의 원리를 적용하면 되겠어.

④ ⓑ는 ⓐ와 달리 자판에 있는 모음 글자만으로는 우리말의 모든 모음을 쓰기가 어렵겠어.

⑤ ⓐ와 ⓑ 모두 한글 창제의 원리가 현대에도 효율적으로 적용될 만큼 과학적이라는 것을 보여 주고 있군.

18. ㉠에 대한 설명으로 적절한 것은?

① 한글의 모음자 중 'ㅗ, ㅜ'는 기본자인 'ㆍ'에 'ㅣ'를 결합하여 만든 글자이다.

② 한글의 자음자 중 'ㅅ, ㅇ, ㅎ'은 발음 기관의 모양을 본떠서 만든 기본자이다.

③ 한글의 자음자 중 'ㄹ'은 획을 더할수록 소리가 세지는 가획의 원리에 따라 만든 글자이다.

④ 한글의 모음자 중 'ㅑ, ㅠ'는 합성의 원리에 따라 'ㆍ'에 'ㅏ'와 'ㅜ'를 각각 결합하여 만든 글자이다.

⑤ 한글의 자음자 중 'ㅅ, ㅈ, ㅊ'은 기본자의 소리가 세지는 것을 반영하여 기본자에 획을 더하여 만든 글자이다.

활동 응용 문제

19. 〈보기〉의 자료에 대한 반응으로 적절하지 <u>않은</u> 것은?

┤ 보기 ├

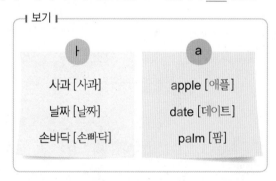

① 영어 모음 'a'는 단어에 따라 다양한 소리를 갖고 있군.

② 한글 모음 'ㅏ'는 모든 단어에서 같은 소리를 나타내고 있군.

③ 한글은 하나의 글자가 하나의 소리에 대응되는 특징을 갖고 있어.

④ 한글은 로마자에 비해 음성을 문자로 변환하여 소통하는 방식에 유리하겠군.

⑤ 한글은 로마자와 달리 자음과 모음을 분리하여 표기하는 문자라는 점에서 우수하다는 생각이 들어.

(2) 정보를 담은 그림, 픽토그램

다음 광고를 보고 정보를 전달하는 방법에 관해 생각해 봅시다.

성별도, 나이도, 출신도 다른 모두가
하나로 모여 대한민국을 만듭니다.

피부색이 달라도, 성별이 달라도, 나이가 달라도, 모두 우리는 똑같은 대한민국의 국민입니다.
다문화 가정, 남녀 차별, 세대 갈등 서로의 '다름'을 존중해 줘야 할 때입니다.

• 이 광고가 전달하려는 주제는 무엇인지 말해 봅시다.

예시 답ㅣ타인에 대한 배려와 존중이 필요하다. (다문화 가정, 남녀 차별, 세대 갈등을 넘어 서로의 '다름'을 존중해 주어야 할 때이다.)

• 이 광고에서 주제를 효과적으로 전달하기 위해 어떤 방법을 사용하였는지 말해 봅시다.

예시 답ㅣ • 가지각색의 실타래로부터 실이 풀려 나와 색동 한복을 만들어 낸 사진을 보여 주고 있다.
• 성별도, 나이도, 출신도 다른 모두가 하나로 모여 대한민국을 만든다는 짧은 표어를 제시하고 있다.

● 이렇게 열자 ●

소단원 제재를 학습하기 전에, 핵심 정보를 효과적으로 전달하는 매체의 하나인 광고를 통해 핵심 정보를 잘 드러내는 방법에 관해 생각해 볼 수 있도록 한 활동이다. 광고는 크게 시각 자료와 핵심 내용을 담고 있는 문구로 구성되어 있으므로, 그것을 통해 광고에서 전달하고자 한 주제를 파악해 보자. 또한, 그러한 주제를 효과적으로 전달하기 위해 어떤 시각 자료를 사용하고 있는지, 어떤 문구를 제시하고 있는지를 살펴보자.

⟩ 이 단원의 학습 요소

학습 목표ㅣ 핵심 정보가 잘 드러나도록 내용을 구성하여 발표할 수 있다.

핵심 정보 파악하기	▶	발표문을 읽으며 핵심 정보가 무엇인지 파악하고, 핵심 정보를 잘 드러내기 위해서 어떤 방법을 활용하고 있는지 점검한다.
핵심 정보가 잘 드러나게 구성하기	▶	발표 목적, 예상 청중, 발표 상황 등을 종합적으로 고려하여 발표 주제를 선정하고 핵심 정보가 잘 드러나도록 발표 내용을 구성한다.
발표 맥락을 고려하여 발표하기	▶	발표 상황과 청중을 고려하고, 몸짓, 어조나 동작 등에 유의하며 발표한다.

🌿 소단원 바탕 학습

핵심 개념 미리 보기 🔎

1. 핵심 정보가 잘 드러나는 발표

핵심 정보의 뜻	• 우리가 살면서 보고 듣고 느끼고 경험한 많은 사실이나 자료 중에서 어떤 일을 하는 데 필요한 자료만 모아서 정리한 것을 정보라고 함. • 핵심 정보는 정보 전달을 위한 말하기에서 가장 중요한 핵심 내용을 의미함.
핵심 정보가 잘 드러나는 발표의 장점	• 발표 시간을 절약할 수 있음. • 전달하고자 하는 바를 청중이 효과적으로 이해할 수 있음.

2. 정보를 전달하는 발표의 과정

발표 계획 세우기	발표 목적, 예상 청중, 발표 상황 등을 종합적으로 고려하여 발표 주제를 선정함.

↓

발표 내용 마련하기	발표 주제와 관련된 핵심어를 골라 생각 그물을 만들어 보는 활동(마인드맵, 브레인스토밍 등)을 통해 발표 내용을 마련함.

↓

발표 내용 구성하기	• 핵심 정보가 잘 드러나도록 발표 내용을 체계적으로 조직함. 　– 처음: 흥미 유발, 주제 제시 　– 중간: 핵심 정보 제시 　– 끝: 요약 및 정리 • 매체 자료의 활용 시기 및 방법 등에 대한 계획을 세움.

↓

발표문 작성하기	• 구성한 내용을 바탕으로 구어체로 된 발표문을 작성함. • 발표문을 소리 내어 읽어 보면서 연습함. (실제 발표 상황에서는 청중의 반응에 따라 능동적으로 내용을 변형하는 것이 효과적임.)

↓

발표하기	• 발표 시간, 매체 자료 제시 순간 등의 발표 상황과 청중을 고려하면서 발표함. • 표정과 몸짓, 어조나 동작 등에 유의하며 발표함.

3. 정보를 전달하는 발표 시의 유의점

- 발표 주제에 맞게 내용을 구성한다.
- 발표 주제와 내용에 적합한 매체 자료를 활용한다.
- 핵심 정보가 잘 드러나도록 내용을 구성한다.
- 매체 자료의 출처를 정확히 밝힌다.
- 발표 상황과 청중을 고려하고, 몸짓, 어조나 동작 등에 유의하며 발표한다.

4. 매체를 활용한 발표의 장점

- 발표 내용을 효과적으로 선정·조직할 수 있다.
　- 다양한 발표 내용을 마련할 수 있다.
　- 도표와 그래프 등과 같은 시각 자료를 활용하면 발표 내용을 간결하고 짜임새 있게 조직할 수 있다.
- 청중의 주의를 집중시킬 수 있다.
　- 말로만 발표할 때 생기는 단조로움을 피할 수 있다.
　- 말로 설명하기 곤란한 내용을 청중이 이해하기 쉽게 전달할 수 있다.
　- 청중의 다양한 감각에 호소하여 관심을 이끌 수 있고, 발표 내용에 흥미를 갖게 할 수 있다.

제재 훑어보기 🔎

정보를 담은 그림, 픽토그램

- **해제**: 픽토그램에 관한 정보를 전달하는 학생 발표문이다.
- **갈래**: 발표문
- **성격**: 설명적, 체계적
- **주제**: 정보를 담고 있는 그림 문자인 픽토그램
- **특징**
  ① 다양한 시각 자료를 제시하여 청중의 이해를 돕고 있다.
  ② 픽토그램의 뜻, 기원, 역사, 최근에 나타난 특징 등의 핵심 정보가 잘 드러나도록 내용을 구성한 발표문이다.
  ③ 픽토그램의 기원과 역사에 해당하는 내용을 시간 순서대로 구성하여 정보를 효과적으로 전달하고 있다.

정보를 담은 그림, 픽토그램

66 학습 포인트
· 처음 부분의 내용 구성 방식 파악하기
· 핵심 정보 파악하기

처음 **1** 🎤여러분, 안녕하세요. 저는 △△중학교 2학년 ○○○입니다. 오늘 저
_{첫인사 및 간단한 자기소개}
는 여러분들과 함께 제가 좋아하는 그림 몇 장을 같이 보고, 이야기도 나누고 싶
_{발표 목적─픽토그램에 관해 설명하고자 함.}
어 이렇게 나왔습니다. 그림 좋아하시나요? 그럼 이런 그림은 어떠세요?
_{질문과 자료 제시를 통해 청중의 흥미를 유발함.}

▲ 화장실 픽토그램

– 함영훈, 「좋아 보이는 것들의 비밀, 픽토그램」
➜ 첫인사 및 발표 목적 소개

2 네, 화장실을 나타내는 그림입니다. 우리는 지하철이나 공원 같은 공공장소에
서 화장실, 비상구, 엘리베이터 등을 나타내는 그림을 자주 만날 수 있지요. 오
_{발표 주제가 실생활과도 밀접한 관련이 있음을 말하며 청중의 관심을 유발함.}
늘 저의 발표 주제이기도 한 이것, 바로 픽토그램입니다.
➜ 발표 주제 소개

처음 첫인사 및 발표 주제 소개

중간 **3** 픽토그램은 그림을 뜻하는 '픽토(picto)'와 °전보를 뜻하는 '텔레그램
_{픽토그램의 어원}
(telegram)'을 합쳐 만든 말입니다. 사물, 시설, 행위, 개념 등을 누구나 쉽게 알
아볼 수 있도록 상징적으로 나타낸 일종의 그림 문자이지요. ➜ 픽토그램의 어원과 뜻
_{픽토그램의 뜻}

▲ 픽토그램의 °어원

4 이러한 픽토그램은 오늘날 새로운 의사소통의 수단이자 언어로서 주목받고
있습니다. ❶픽토그램은 °국적과 언어에 상관없이 경고나 안내, 지시와 같은 정
_{오늘날 픽토그램이 주목받는 까닭}
보를 누구에게나 바로 전달할 수 있기 때문입니다.
➜ 오늘날 새로운 의사소통 수단으로 주목받는 픽토그램

어휘 풀이
· 전보(電報): 전신을 이용한 통신이나 통보.
· 어원(語源): 어떤 단어의 근원적인 형태. 또는 어떤 말이 생겨난 근원.
· 국적(國籍): 한 나라의 구성원이 되는 자격.

어구 풀이
❶ 오늘날 픽토그램이 주목받는 까닭을 설명하고 있는 문장이다. 픽토그램은 그림으로 만들어졌기 때문에 어느 나라의 구성원이든 어떤 언어를 사용하는 사람이든 거기에 담긴 정보를 바로 이해할 수 있다.

➕ 보충 자료
픽토그램의 일반적인 특징
· 문자를 대신함.: 그림만으로 무엇을 뜻하는지 이해할 수 있다.
· 빠르게 읽힘.: 보는 사람에게 즉각적으로 정보를 제공한다.
· 시대적인 영향을 받음.: 기술의 발달과 같은 시대의 흐름에 따라 과거에 쓰이던 픽토그램을 현재에는 이해하지 못하는 경우가 생긴다.

찬찬샘 핵심 강의

• 처음 부분의 내용 구성 방법

1과 **2**는 이 발표문의 처음 부분에 해당해. 일반적으로 발표의 처음 부분에서는 발표의 주제, 목적, 배경 등을 다루는데 이 발표도 처음 부분에서 발표 목적과 주제를 소개하고 있어. 먼저 발표자는 첫인사 및 간단한 자기소개를 통해 발표를 시작한 뒤 자신이 좋아하는 그림에 대해 이야기를 나누기 위해서라며 발표 목적을 밝히고 있어. 또한, 발표 주제에 대한 청중의 관심을 끌기 위해 화장실 픽토그램의 예를 보여 준 뒤 발표 주제가 우리의 실생활과 밀접한 관련이 있음을 말하고 있지.

▶핵심 포인트◀

처음 부분의 내용 구성 방법	• 첫인사 및 간단한 자기소개를 함. • 발표 목적과 발표 주제를 밝힘. • 시각 매체로 화장실 픽토그램을 보여 주고, 발표 주제가 우리의 실생활과 밀접한 관련이 있음을 말함으로써 청중의 관심을 유발함.

• 이 발표의 핵심 정보 ①

화자가 정보를 전달하는 말하기를 할 때 청자는 이를 효과적으로 듣기 위해 핵심 정보를 잘 파악해야 돼. 발표의 내용을 '처음 – 중간 – 끝'으로 구성할 때 핵심 정보는 중간 부분에 제시되는 것이 일반적이야. 그럼 이 발표의 중간 부분에 해당하는 **3**과 **4**에서는 어떤 핵심 정보가 제시되고 있는지 살펴볼까? **3**에서는 픽토그램의 어원과 뜻을 설명하고 있고, **4**에서는 오늘날 픽토그램이 주목받는 까닭을 설명하고 있어.

▶핵심 포인트◀

발표의 핵심 정보	**3** 픽토그램의 어원과 뜻 **4** 오늘날 픽토그램이 주목받는 까닭

콕콕 확인 문제

1. 다음의 말하기 주제 중 발표의 목적과 성격이 <u>다른</u> 것은?
① 청소년들의 건전한 여가 활용 방법
② 저작권의 개념 및 저작권 침해 사례
③ 유기 동물 문제를 해결하기 위한 방안
④ 생활 속에서 환경 보호를 실천하는 방법
⑤ 중학생들에게 알맞은 실내 운동과 스트레칭

2. 이 발표의 처음 부분에 대한 설명으로 적절하지 <u>않은</u> 것은?
① 시각 매체 자료가 제시되어 있다.
② 발표의 핵심 정보가 나타나 있다.
③ 첫인사 및 자기소개를 하고 있다.
④ 발표의 목적 및 주제를 제시하고 있다.
⑤ 설명 대상에 대한 예를 보여 주고 있다.

3. **3**에 나타나 있는 핵심 정보로 알맞은 것은?
① 픽토그램의 어원과 뜻
② 픽토그램이 쓰이는 장소
③ 실생활에서 픽토그램의 쓰임
④ 픽토그램의 다양한 예와 특징
⑤ 픽토그램이 생겨나게 된 배경

4. 이 발표의 내용으로 볼 때, '픽토그램'에 대한 이해로 적절하지 <u>않은</u> 것은?
① '픽토'와 '텔레그램'의 합성어이다.
② 누구나 쉽게 알아볼 수 있는 그림 문자이다.
③ 국적과 언어에 상관없이 정보를 전달할 수 있다.
④ 오늘날 새로운 의사소통의 수단으로 주목받고 있다.
⑤ 공공장소에서 자주 만날 수 있는 구체성을 띤 그림이다.

|서술형|
5. 발표에서 ㉠, ㉡과 같은 매체 자료를 활용하는 까닭 2가지를 '~할 수 있다.'의 문장 형태로 서술하시오.

5 그럼 픽토그램은 언제부터 사용하게 된 것일까요? 시작은 19세기 산업 혁명 때였다고 합니다. <u>당시 기술과 *운송 수단이 크게 발달하면서 나라와 나라를 잇는 도로가 많이 건설되었습니다.</u> 픽토그램이 생겨나게 된 배경 ❶<u>이렇게 나라 간의 교류가 늘어나자 자연스럽게 다른 나라 사람들에게도 경고나 안내, 지시와 같은 정보를 전달할 필요가 생겨난 것이지요.</u> 픽토그램의 필요성 <u>결국 1909년 프랑스 파리에서 처음으로 다음과 같은 그림 문자 형태의 네 가지 교통 표지판이 국제 *협약으로 인정받게 되었습니다.</u> 최초의 픽토그램 사례

▲ 1909년 프랑스 파리에서 국제 협약으로 채택된 최초의 교통 표지판

▲ 오늘날 독일의 교통 표지판

– 함영훈, 『좋아 보이는 것들의 비밀, 픽토그램』
➡ 픽토그램의 기원

6 픽토그램 하면 빼놓을 수 없는 것이 하나 있습니다. 바로 올림픽 픽토그램입니다. ❷<u>서로 다른 언어를 사용하는 사람들에게 경기 종목과 사용 시설 등에 관한 정보를 전하려면 픽토그램만큼 효과적인 게 없겠지요?</u> 올림픽에서 픽토그램이 중요하게 쓰인 이유 예를 들어 보겠습니다. 다음의 자료들을 보면서 제 말에 귀를 기울여 주세요.

➡ 올림픽에서 중요하게 쓰인 픽토그램

7 올림픽 픽토그램은 1936년 베를린 올림픽 때 경기 종목별 픽토그램이 만들어지면서 탄생했습니다. 올림픽에서 처음으로 픽토그램이 쓰인 때 <u>이후로 2000년 이전까지의 올림픽 픽토그램은 정보를 전달하는 역할을 충실히 했지요.</u> 픽토그램이 지닌 1차적인 역할 2000년대에 들어서면서부터는 픽토그램이 개최국의 개성까지 표현하고 있는데, 저는 이 점이 매우 흥미로웠습니다.

▲ 1936년 베를린 올림픽 픽토그램   ▲ 2000년 시드니 올림픽 픽토그램

– 함영훈, 『좋아 보이는 것들의 비밀, 픽토그램』 – 함영훈, 『좋아 보이는 것들의 비밀, 픽토그램』

❝ **학습 포인트**
· 핵심 정보 파악하기
· 핵심 정보를 효과적으로 전달하기 위한 방법 파악하기

어휘 풀이
· 운송(運送): 사람을 태워 보내거나 물건 따위를 실어 보냄.
· 협약(協約): 국가와 국가 사이에 문서를 교환하여 계약을 맺음. 또는 그 계약.

어구 풀이
❶ 나라 간의 교류가 점점 늘어남에 따라 서로 다른 언어를 사용하는 다른 나라의 사람들에게도 정보를 전달할 필요성이 생겨났고, 이러한 필요성 때문에 픽토그램이 만들어지게 되었다며 픽토그램의 기원을 설명하고 있다.
❷ 올림픽에서는 서로 다른 언어를 사용하는 사람들이 경기에 참여하고 경기를 관람하게 되므로 말과 글 없이도 통할 수 있는 그림 언어인 픽토그램이 효과적으로 쓰일 수 있다는 의미이다.

➕ 보충 자료
픽토그램과 산업 혁명
산업 혁명은 18세기 후반부터 약 100년 동안 유럽에서 일어난 생산 기술과 그에 따른 사회 조직의 큰 변화를 의미한다. 영국에서 제임스 와트가 개량한 증기 기관을 이용해 면직물의 대량 생산이 가능해졌는데 이것이 발단이 되어 유럽 여러 나라에서 산업 혁명이 일어났다. 이때 수공업적 작업장이 기계 설비에 의한 큰 공장으로 전환되면서 자본주의 경제가 확립되었다. 이러한 산업 혁명은 국가 간의 교류를 가능하게 하였고 이로 인해 픽토그램의 중요성이 커지게 되었다.

·이 발표의 핵심 정보 ②

　이 발표는 픽토그램에 관한 정보를 전달하는 말하기이므로, 발표 내용에 어떤 핵심 정보가 담겨 있는지를 파악하는 것이 중요해. **5**에서는 1909년 프랑스 파리에서 교통 표지판이 국제 협약으로 인정받게 된 것을 통해 픽토그램의 기원을 설명하고 있고, **6**과 **7**에서는 올림픽 픽토그램을 예로 제시하여 픽토그램의 역할 및 중요성을 강조하고 있어.

ᐳ핵심 포인트ᐸ

발표의 핵심 정보	• **5** 픽토그램의 기원 • **6**~**7** 올림픽에서 중요하게 쓰이는 픽토그램

·핵심 정보를 효과적으로 전달하기 위한 방법

　정보를 전달하는 말하기에서는 핵심 정보를 효과적으로 전달하기 위한 방법이 사용되기 마련인데, 이 발표에서는 어떤 방법이 쓰였을까? **5**에서는 시각 자료를 통해 픽토그램의 예를 제시하면서 쉽고 재미있게 픽토그램의 기원을 설명하고 있어. 또한, 발표의 중간 부분에서는 대상의 뜻과 기원에 대한 설명으로 시작하여 올림픽 픽토그램의 역사에 대한 설명에 이르기까지 그 내용을 체계적으로 제시하고 있단다.

ᐳ핵심 포인트ᐸ

핵심 정보를 효과적으로 전달하기 위한 방법	• 시각 자료를 통해 발표 내용을 알기 쉽게 설명함. • 대상의 뜻과 기원에 대한 설명으로 시작하여 올림픽 픽토그램의 역사에 이르기까지 체계적인 순서에 따라 내용을 구성함.

콕콕 확인 문제

6. 이와 같은 발표에서 매체를 활용할 때 유의해야 할 점으로 적절하지 <u>않은</u> 것은?

① 발표 전에 계획을 충분히 세운다.
② 가능한 한 다양한 종류의 매체를 활용한다.
③ 발표의 상황과 목적에 부합하는 매체를 활용한다.
④ 듣는 이의 관심과 흥미를 끌 수 있는 매체를 활용한다.
⑤ 발표의 주제를 전달하는 데 효과적인 매체를 활용한다.

7. **5**에 나타나 있는 핵심 정보로 적절한 것은?

① 픽토그램의 의미
② 픽토그램의 기원
③ 올림픽 픽토그램의 역사
④ 픽토그램으로 본 올림픽 정신
⑤ 픽토그램이 산업 혁명에 미친 영향

8. **5**~**7**의 내용과 일치하지 <u>않는</u> 것은?

① 최초의 픽토그램은 교통 표지판에서 비롯되었다.
② 19세기 산업 혁명은 픽토그램이 생겨나게 된 배경이 되었다.
③ 올림픽에서 픽토그램이 쓰인 것은 1936년 베를린 올림픽 때부터이다.
④ 나라 간의 교류가 늘어남에 따라 픽토그램의 필요성은 더욱 커지게 되었다.
⑤ 2000년대에 들어서면서 올림픽 픽토그램의 정보 전달적 기능은 약화되었다.

9. 이 발표에서 핵심 정보를 효과적으로 전달하기 위해 사용한 방법으로 적절한 것은?

① 전문가의 연구 결과를 인용하고 있다.
② 공간적 순서에 따라 내용을 전개하고 있다.
③ 발표 내용의 순서를 시각화하여 보여 주고 있다.
④ 중요한 내용에서 덜 중요한 내용의 순서로 서술하고 있다.
⑤ 발표 내용을 뒷받침할 수 있는 시각 자료를 제시하고 있다.

|서술형|

10. 이 발표의 내용을 바탕으로 하여 올림픽에서 픽토그램이 중요하게 쓰인 이유를 한 문장으로 서술하시오.

▲ 2008년 베이징 올림픽 픽토그램   ▲ 2018년 평창 동계 올림픽 픽토그램

– 함영훈, 『좋아 보이는 것들의 비밀, 픽토그램』, – 국제올림픽위원회(https://www.olympic.org)

➔ 정보 전달에서 개최국의 개성까지 표현하게 된 올림픽 픽토그램

8 2000년 시드니 올림픽 픽토그램은 호주 원주민의 ˚부메랑을 주제로 하였고, 2008년 베이징 올림픽에서는 중국의 ˚갑골 문자 형태를 본떠 픽토그램을 만들었습니다. 2018년 평창 동계 올림픽에서는 한글을 활용한 역동적인 모습의 픽토그램을 내놓았습니다. ❶이처럼 오늘날의 올림픽 픽토그램은 국가의 이미지를 드러내는 수단이 되기도 합니다.

➔ 국가의 이미지를 드러내는 수단이 된 올림픽 픽토그램

9 이번에는 조금 색다른 픽토그램을 하나 보여 드릴게요.

정보뿐 아니라 감성까지 담고 있는 픽토그램

▲ 진입 금지 픽토그램

– 함영훈, 『좋아 보이는 것들의 비밀, 픽토그램』

왼쪽은 도로에서 흔히 볼 수 있는 평범한 진입 금지 픽토그램입니다. 오른쪽

진입하지 말라는 정보를 전달하는 픽토그램

은 어떤가요? 이 픽토그램은 프랑스의 어떤 거리에서 실제로 볼 수 있다고 하는데요, 똑같이 진입하지 말라는 정보를 담고 있기는 하지만 약간 다르지요? 사람

정보를 전달할 뿐 아니라 보는 사람들에게 재미와 생동감을 주기 때문

모양 하나가 추가되었을 뿐인데 우리는 이 픽토그램을 보고 재미와 생동감을 느

픽토그램이 감성까지 담고 있음.

낄 수 있습니다. 이처럼 최근에 나타난 픽토그램은 정보뿐 아니라 감성까지 담고 있는 경우가 많습니다.

➔ 최근에 나타난 픽토그램의 특징

중간	픽토그램의 뜻과 기원, 역사, 특징

끝 **10** 지금까지 픽토그램에 관해 이야기해 보았습니다. 픽토그램, 이제는 낯

발표 내용 정리 및 마무리

설거나 어렵지 않지요? 픽토그램은 그냥 그림이 아닙니다. 정보를 담은 그림입

픽토그램의 의미를 다시 한번 환기하고 정리함.

니다. 국적과 언어, 문화를 뛰어넘어 의미를 전달해 주는 중요한 기호입니다. 전 세계가 하나의 나라처럼 통하게 될 미래 사회에는 픽토그램의 중요성이 더욱 커

픽토그램의 중요성 강조

질 것입니다. 끝까지 경청해 주셔서 감사합니다.

➔ 발표 내용 정리 및 끝인사

끝	발표 내용 정리 및 끝인사

이 발표의 핵심 정보 ③

8은 6, 7과 연결되는 내용으로 올림픽 픽토그램을 통해 본 픽토그램의 역사에 대해 말하고 있어. 8에서는 국가의 이미지를 드러내는 수단이 된 올림픽 픽토그램에 대해 설명하고 있고, 9에서는 최근에 나타난 픽토그램의 특징에 대해 설명하고 있어.

▸핵심 포인트◂

발표의 핵심 정보	• 8 올림픽 픽토그램을 통해 본 픽토그램의 역사 - 국가의 이미지를 드러내는 수단이 된 올림픽 픽토그램 • 9 최근에 나타난 픽토그램의 특징 - 정보뿐만 아니라 감성까지 담은 픽토그램

매체 자료의 효과

이 발표에 사용된 매체 자료는 시각 자료들로 발표에 나타나 있는 핵심 정보를 효과적으로 전달하거나 뒷받침하고 있단다. 또한, 청중의 관심과 흥미를 끌고 있다는 점에서 큰 효과를 거두고 있어.

▸핵심 포인트◂

매체 자료의 효과	• 핵심 정보를 효과적으로 전달하거나 뒷받침함. • 청중의 관심과 흥미를 끎.

끝부분의 내용 구성 방법

일반적으로 발표의 끝부분에서는 발표 내용을 요약·정리하고 핵심 내용을 강조하며 특별히 당부하고 싶은 말이나 덧붙이고 싶은 말들을 짧막하게 언급하며 마무리한단다. 이 발표의 끝부분에서도 발표 내용을 정리하고 설명 대상인 픽토그램의 의미와 중요성을 다시 한번 강조하면서 발표를 마무리하고 있어.

▸핵심 포인트◂

끝부분의 내용 구성 방법	• 발표 내용을 정리함. • 설명 대상의 의미를 다시 한번 환기하고 그 중요성을 강조함. • 끝인사

11. 이 발표의 내용으로 보아 픽토그램을 가장 잘 설명한 것은?

① 픽토그램은 정보를 담은 현대판 그림 문자이다.
② 픽토그램은 비유적이며 함축적인 기호 체계이다.
③ 픽토그램은 국가의 이미지를 드러내는 수단이다.
④ 픽토그램은 재미와 생동감을 주는 세계 공통어이다.
⑤ 픽토그램은 언어와 시대를 초월하는 중요한 기호이다.

12. 이 발표의 끝부분의 내용 구성 방법에 대한 설명으로 적절한 것은?

① 발표의 핵심 정보가 제시되고 있다.
② 발표의 주제와 배경을 다루고 있다.
③ 설명 대상의 중요성을 강조하고 있다.
④ 청중에게 당부하고 싶은 말을 언급하고 있다.
⑤ 구체적인 예시를 곁들여 화제를 강조하고 있다.

13. ㉠과 ㉡의 자료를 이해한 내용으로 적절하지 않은 것은?

① ㉠에 비해 ㉡은 재미와 감성까지 더해진 픽토그램이야.
② ㉠보다 ㉡에서 정보 전달적 기능이 더 잘 드러나는군.
③ ㉡은 보는 이들에게 참신한 느낌을 줄 수 있겠군.
④ ㉡은 픽토그램에 대한 최근 경향을 보여 주는 자료이군.
⑤ ㉠, ㉡ 모두 간단한 기호 하나만으로도 의사소통이 가능하다는 픽토그램의 특성이 잘 나타나 있어.

14. 이 발표로 볼 때, 발표자의 말하기 준비 과정으로 보기 어려운 것은?

① 매체 자료는 발표 내용을 적절하게 뒷받침할 수 있는 것으로 골라서 제시해야겠어.
② 픽토그램에 관한 정보를 효과적으로 전달하려면 매체 자료를 활용하는 것이 좋겠지?
③ 올림픽 픽토그램에 대한 역사를 설명할 때는 시간적 순서에 따라 내용을 전개하는 것이 좋겠어.
④ 최근 들어 픽토그램이 어떤 방향으로 흘러가고 있는지를 알려 주면서 중간 부분의 발표 내용을 마무리해야겠어.
⑤ 개성 있는 픽토그램의 예로 올림픽 픽토그램을 보여 주고 싶은데, 올림픽 개최 연도 순서대로 모두 제시하면 되겠지?

학습활동

이해 활동

1. 이 발표에 사용된 매체 자료를 중심으로 발표 내용을 정리해 봅시다.

예시 답 |

화장실을 나타내는 그림이다. 공공장소에서 흔히 볼 수 있는 것으로, 이와 같은 그림을 픽토그램이라고 한다.

픽토그램은 그림을 뜻하는 '픽토'와 전보를 뜻하는 '텔레그램'을 합쳐 만든 말이다.

19세기 산업 혁명 때 기술과 운송 수단이 크게 발달하여 나라와 나라를 잇는 도로가 많이 건설되면서 서로 다른 나라에서도 통할 수 있는 교통 표지판이 등장했는데, 그것이 최초의 픽토그램이다.

호주 원주민의 부메랑을 주제로 하여 만든 2000년 시드니 올림픽 픽토그램이다. 2000년대에 들어와 올림픽 픽토그램은 정보를 전달하는 역할을 넘어서 개최국의 개성까지 표현하게 되었다.

재미와 생동감을 느낄 수 있는 진입 금지 픽토그램이다. 최근의 픽토그램은 정보뿐 아니라 감성까지 담고 있는 경우가 많다.

1. 발표의 핵심 내용 파악하기

지학이가 도와줄게!

이 발표에서 화자는 새로운 정보를 제시할 때마다 새로운 예를 제공하여 청자의 이해를 돕고 있어. 그러므로 발표에 사용된 매체 자료를 기준으로 하여 매체 자료의 앞이나 뒤에 서술된 내용이 무엇인지를 살펴보도록 해. 그리고 매체 자료의 내용을 핵심적으로 서술하고 있는 부분을 찾아서 정리하면 돼.

시험엔 이렇게!!

1. 이 발표의 내용과 일치하지 않는 것은?

① 픽토그램은 공공장소에서 흔히 볼 수 있는 그림이다.
② 픽토그램은 '픽토'와 '텔레그램'을 합쳐 만든 말이다.
③ 최근의 픽토그램은 정보뿐 아니라 감성까지 담고 있다.
④ 2000년대에 들어와 올림픽 픽토그램은 개최국의 개성까지 표현하고 있다.
⑤ 19세기 산업 혁명 때 기술과 운송 수단의 발달에 힘입어 최초의 올림픽 픽토그램이 탄생하였다.

목표 활동

1. 발표자가 핵심 정보를 전달하기 위해 어떤 방법을 사용하였는지 알아봅시다.

1 다음은 발표자의 발표 준비 과정을 정리한 것입니다. 발표 내용을 바탕으로 빈칸에 적절한 내용을 적어 봅시다.

> 픽토그램이 무엇인지 모르는 사람도 있을 테니 픽토그램의 예를 들어 가며 쉽고 재미있게 설명하는 게 좋겠지?

> 발표 내용을 구성해 볼까? 먼저 픽토그램의 뜻부터 설명해야겠군. 픽토그램이 오늘날 중요해진 까닭도 말해야 하고. 픽토그램이 어떻게 생겨났는지도 간단히 설명해야겠어. 올림픽 픽토그램도 빼놓을 순 없지. 최근 들어 픽토그램이 어떤 방향으로 흘러가는지 알려 주면서 마무리를 해야겠어.

> 그럼 발표할 내용을 순서대로 정리해 볼까?
> ● 픽토그램의 어원과 뜻
> ● 오늘날 픽토그램이 주목받는 까닭
>
> 예시 답 | ● 픽토그램의 기원
> ● 올림픽 픽토그램을 통해 본 픽토그램의 역사
> ● 최근에 나타난 픽토그램의 특징

> 픽토그램에 관한 정보를 효과적으로 전달하려면 그림이나 사진과 같은 매체 자료를 활용하는 게 좋겠지? 자료는 발표 내용을 적절하게 뒷받침할 수 있는 걸로 골라야겠고, 어느 부분에서 활용하면 내용 전달에 효과적일지 고려해서 발표 내용을 구성해야겠군.

1. 핵심 정보를 전달하는 방법 파악하기

지학이가 도와줄게! - **1**

1에서는 발표자가 예상 청중, 발표의 목적 등을 고려하여 발표 내용을 준비하는 과정을 보여 주고 있어. 먼저 발표 내용을 떠올리며 발표자가 발표 순서를 어떻게 구성했는지 정리해 보도록 하자. 이 발표문은 총 10개의 문단으로 이루어져 있어. 그중 **1**, **2** 문단은 발표의 처음 부분에 해당하고, **3**~**9** 문단은 발표의 중간 부분, **10** 문단은 발표의 끝부분이란다. 이때 핵심 정보가 제시되고 있는 부분은 중간 부분인 **3**~**9** 문단이므로, 그 부분을 다시 보면서 발표 내용을 순서대로 정리해 보자.

시험엔 이렇게!!

2. 이 발표에 나타나 있는 핵심 정보로 적절하지 <u>않은</u> 것은?

① 픽토그램의 기원
② 픽토그램의 어원과 뜻
③ 최근에 나타난 픽토그램의 특징
④ 픽토그램을 통해 본 올림픽의 역사
⑤ 오늘날 픽토그램이 주목받는 까닭

학습활동

2 발표자가 발표 내용을 구성하는 과정에서 다음과 같이 계획을 바꾸었다면, 그 까닭이 무엇일지 말해 봅시다.

> 개성 있는 픽토그램의 예로 올림픽 픽토그램을 보여 주고 싶은데, 그럼 올림픽 픽토그램을 올림픽 개최 연도 순서대로 모두 제시하면 되겠지?

→

> 올림픽 개최국의 개성이 드러나는 픽토그램의 예를 보여 주려는 것이니 모든 올림픽의 픽토그램을 제시할 필요는 없겠어. 청중이 쉽게 이해할 수 있는 것으로 몇 가지만 선별해서 제시해야겠어.

예시 답 │ • 핵심 정보를 효과적으로 전달하기 위해서이다.
• 지나치게 많은 정보(혹은 불필요한 정보)를 제공하여 청중의 이해를 방해하는 일이 생기지 않도록 하기 위해서이다.

3 발표자가 매체 자료를 만드는 과정에서 **가**를 **나**로 바꾸었다면, 그 까닭은 무엇일지 말해 봅시다.

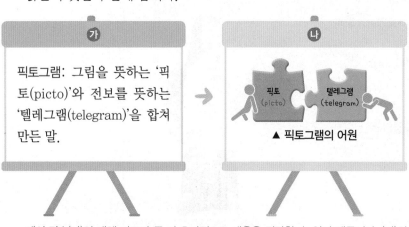

| **가** |
| 픽토그램: 그림을 뜻하는 '픽토(picto)'와 전보를 뜻하는 '텔레그램(telegram)'을 합쳐 만든 말. |

→

| **나** |
| ▲ 픽토그램의 어원 |

예시 답 │ (나)의 매체 자료가 좀 더 효과적으로 내용을 전달할 수 있기 때문이다. (가)처럼 글로만 구성된 것보다 (나)처럼 그림으로 나타내면 핵심 내용을 한눈에 알아보기 쉽게 표현할 수 있다.

 핵심 정보가 잘 드러나는, 발표

발표 내용을 구성할 때에는 핵심 정보가 잘 드러나도록 내용을 구성하는 것이 좋습니다. 그러면 발표 시간을 절약할 수 있고, 전달하고자 하는 바를 청중이 효과적으로 이해할 수 있습니다.

☆ 지학이가 도와줄게! – 2

발표자가 처음에는 올림픽 픽토그램을 올림픽 개최 연도 순서대로 모두 제시하려고 했다가 계획을 바꾸어 몇 가지만 선별해서 제시해야겠다고 생각한 이유가 뭘까? 발표의 목적이나 청중에 따라 내용 구성과 조직 방법이 달라질 수 있다는 사실에 주목하여 그 이유를 말해 보도록 하자.

☆ 지학이가 도와줄게! – 3

3은 매체 자료에 관한 활동이므로 (가)의 자료와 (나)의 자료가 어떻게 다른지 살펴보고, 발표자가 (가)의 자료에서 (나)의 자료로 바꾼 이유를 말해 보자.

시험엔 이렇게!

3. 발표자의 발표 준비 과정을 정리한 내용으로 적절하지 <u>않은</u> 것은?

① 모든 올림픽 픽토그램을 제시할 필요는 없으니, 몇 가지만 선별해서 제시해야지.

② 픽토그램의 역사를 설명할 때는 인과적 방법에 따라 내용을 전개하는 것이 좋겠어.

③ 픽토그램의 어원을 설명할 때는 줄글보다 그림으로 구성된 매체 자료를 활용해야겠어.

④ 픽토그램이 무엇인지 모르는 사람도 있을 테니, 픽토그램의 예를 보여 주며 쉽고 재미있게 설명하는 게 좋겠지?

⑤ 발표 내용은 픽토그램의 뜻부터 설명하고 최근 들어 픽토그램이 어떤 방향으로 흘러가고 있는지 알려 주는 순서로 전개해야겠어.

2. 핵심 정보가 잘 드러나도록 내용을 구성하여 발표해 봅시다.

1 다음과 같이 발표 계획을 세워 봅시다.

예시 답ㅣ

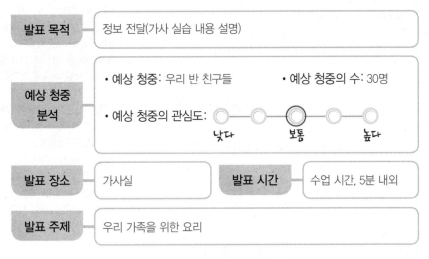

발표 목적	정보 전달(가사 실습 내용 설명)

예상 청중 분석
- 예상 청중: 우리 반 친구들
- 예상 청중의 수: 30명
- 예상 청중의 관심도: 낮다 ─ 보통 ─ 높다

발표 장소	가사실
발표 시간	수업 시간, 5분 내외
발표 주제	우리 가족을 위한 요리

★ 지학이가 도와줄게! - **1**

1은 발표하기를 위한 첫 번째 단계로 계획을 세우는 활동이야. 발표 목적, 예상 청중, 발표 상황 등을 고려하여 발표 주제를 선정하도록 하고 있어. 일반적으로 발표 목적은 정보 전달을 위한 발표, 설득을 위한 발표, 정서 표현을 위한 발표 등이 있지만, 이 발표는 핵심 정보가 잘 드러나도록 내용을 구성하여 발표하는 것이므로, 정보 전달을 위한 발표가 될 거야. 또한, 예상 청중에 따라 발표 내용이나 표현 방식이 달라지니까 예상 청중 분석도 꼼꼼하게 해야 하고 발표 장소가 매체를 활용할 수 있는 곳인지, 그렇지 않은 곳인지도 미리 알아봐야 해. 이처럼 발표 주제를 선정하기 위해서는 다양한 요소를 고려해야 한다는 사실을 명심하고 발표 계획을 세워 보자.

2 **1**의 활동을 바탕으로 발표 주제와 관련된 핵심어를 골라 생각 그물을 만들어 봅시다.

예시 답ㅣ

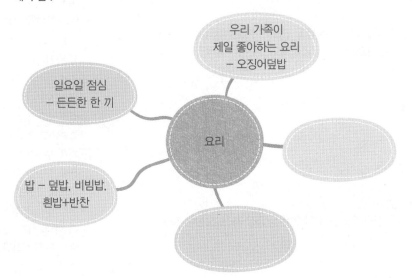

요리

- 우리 가족이 제일 좋아하는 요리 – 오징어덮밥
- 일요일 점심 – 든든한 한 끼
- 밥 – 덮밥, 비빔밥, 흰밥+반찬

★ 지학이가 도와줄게! - **2**

2는 발표 내용을 마련하기 위한 활동이야. 발표 주제가 정해졌다고 해도 그것을 바로 글로 쓰기는 어려워. 제시된 방법에 따라 발표 주제와 관련된 핵심어를 골라 써 보고 그것과 관련된 생각을 이끌어 내서 정리하다 보면 쓸 내용이 생길 거야.

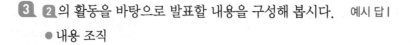

학습활동

③ **②**의 활동을 바탕으로 발표할 내용을 구성해 봅시다.　예시 답 |

● 내용 조직

처음
흥미 유발, 주제 제시

- 오늘의 가사 실습 요리 소개
- 우리 가족이 제일 좋아하는 오징어덮밥
- 주제: 가족을 위해 든든한 한 끼를 준비해 보자.

중간
핵심 정보 제시

1. 준비물
① 양념장(단위 – 밥숟가락): 고추장 1, 고춧가루 1, 설탕 1,
　진간장 0.5, 다진 마늘 0.5, 참기름, 깨
② 오징어 1마리, 양송이버섯 3개, 대파, 양파, 고추
2. 요리법
① 모든 양념을 분량대로 준비해 섞기
② 오징어, 양파, 버섯, 대파, 고추 등 재료를 적당히 자르기
③ 달군 팬에 식용유를 두르고 대파, 양파, 고추 순서대로
　볶기
④ 잘라 둔 오징어, 양송이버섯 넣어 볶기
⑤ 양념장 넣어 볶기
⑥ 밥 위에 오징어볶음을 올려서 상 차리기
3. 주의 사항
① 프라이팬을 충분히 달궈서 사용하기
② 오징어는 강한 불로 빨리 볶기
③ 재료를 손질할 때 손 조심하기
④ 가열 기구 조심하기

끝
요약 및 정리

- 가족에게 오징어덮밥을 만들어 주었을 때의 경험 소개
- 오징어를 볶다가 양념장 넣고, 밥 위에 올리면 끝

● 매체 자료 준비

- 처음 – 완성된 오징어덮밥 사진
- 중간 – 재료를 늘어놓은 사진, 양념을 섞어 만든 양념장 사진, 오징어 볶는 사
　진, 양념장 넣은 사진

지학이가 도와줄게! – ③

③은 발표 내용을 조직화하는 단계야. 어떤 내용을 어떠한 순서로 조직해야 할지는 발표자의 의도에 따라 달라질 수 있어. 그러므로 중간 부분에서 핵심 정보를 제시할 때는 어떤 방법으로 내용을 구성할지를 생각해 보고 정리해야 돼. 발표 내용은 시간적 순서나 공간적 순서에 따라 내용을 구성할 수도 있고, 중요한 내용에서 덜 중요한 내용으로 구성할 수도 있어. 발표 내용을 최대한 효과적으로 구현하기 위해서는 매체 자료를 효율적으로 사용해야 하므로 구성 단계별로 어떤 매체 자료를 준비할 것인지도 생각해서 정리해 봐.

시험엔 이렇게!!

4. 발표 내용을 구성하는 방법으로 적절하지 않은 것은?

① 처음 부분에서는 발표 주제를 제시한다.
② 중간 부분에서는 핵심 정보를 제시한다.
③ 끝부분에서는 발표 내용을 요약하고 정리한다.
④ 처음 부분에서는 청중이 내용에 집중할 수 있도록 매체 자료의 활용을 피한다.
⑤ 중간 부분은 발표자의 의도에 따라 시간 순서나 공간 순서 등 체계적인 순서를 정하여 구성한다.

4 구성한 내용을 바탕으로 발표문을 작성해 봅시다.

예시 답 ┃

> 안녕하세요, 오늘의 가사 실습 도우미 ○○○입니다. 오늘의 요리는 오징어덮밥인데요, 사실 이 요리는 우리 가족이 제일 좋아하는 것입니다. 우리 가족을 위해 제가 직접 일요일 점심 한 끼를 준비해 보고 싶은 마음에 인터넷과 요리책을 보고 공부해 왔습니다. 집에서 한번 시도해 보았는데요, 이게 완성작입니다. 진짜 맛있어 보이죠?
>
> 그럼 지금부터 요리를 시작해 보겠습니다. 여러분도 제 발표를 듣고 요리를 시작하면 훨씬 더 쉽게 만들 수 있을 거예요.
>
> 먼저 요리 재료를 준비합니다. 양념장용으로 고추장 한 큰술, 고춧가루 한 큰술, 설탕 한 큰술, 진간장 반 큰술, 다진 마늘 반 큰술, 참기름 조금, 깨 조금을 준비합니다. 숟가락은 평소 집에서 쓰는 밥숟가락을 사용하면 됩니다. 그리고 오징어 한 마리, 양송이버섯 세 개, 대파 한 줌, 양파 반 개, 고추 한 개도 준비합니다. 맵게 드시고 싶으시면 청양 고추를 준비하시고, 양송이버섯이 싫으시면 느타리버섯을 넣어도 됩니다. 오징어 한 마리가 적다 싶으시면 전체적으로 양을 늘리시면 됩니다.
>
> 지금부터 본격적으로 요리를 시작해 보겠습니다. 먼저 양념장입니다. 모든 양념을 분량대로 준비해 섞어 놓습니다. 그다음 오징어, 양파, 버섯, 대파, 고추 등 나머지 재료를 적당히 자릅니다. 한입에 먹기 편한 정도로 자르면 됩니다. 자르실 때는 꼭 손을 조심하세요.
>
> 이제 프라이팬을 준비합니다. 지금부터는 가열 기구에 화상을 입지 않도록 특히 조심해야 합니다. 먼저 팬을 달궈서 식용유를 두르고 대파, 양파, 고추를 순서대로 넣고 볶습니다. 대파가 잘 볶아져서 맛있는 냄새가 나기 시작하면 미리 잘라 둔 오징어, 양송이버섯을 넣고 볶아 줍니다. 강한 불에 빨리 볶아야 물이 많이 생기지 않아서 좋다고 합니다.
>
> 마지막으로 오징어 색깔이 흰색으로 변하면 양념장을 넣습니다. 그리고 휘저어 주다가 양념장이 잘 섞이면 불을 끕니다. 준비된 밥 위에 방금 만든 오징어볶음을 올리면 완성입니다.
>
> 어떠셨나요? 그렇게 어렵지 않지요? 오징어를 볶다가 양념장을 넣고 섞어 주면 끝. 그걸 밥 위에 올려놓으면 덮밥 완성입니다. 이번 주 일요일에 한번 도전해 보세요. 저는 지난 주말에 가족들을 위해 오징어덮밥을 만들어 보았는데, 모두 최고라며 엄지손가락을 치켜들었습니다. 정말 뿌듯하더라고요. 여러분도 한 번쯤은 가족을 위해 요리해 보시길 바랍니다. 감사합니다.

지학이가 도와줄게! - 4

4는 한 편의 완성된 발표문을 준비하는 단계야. 실제로 발표하는 것처럼 구어체로 된 발표문을 써 보렴. 그런데 실제로 발표문을 완전히 외워 말할 수 있더라도 실제 발표 상황에서는 그렇게 말할 수 없는 경우가 종종 생길 수 있단다. 따라서 실제 발표 상황에서는 청중의 반응에 따라 능동적으로 내용을 변형해야 한다는 사실을 꼭 기억하렴. 청중의 반응을 생각하지도 않고 무조건 외운 대로 발표문을 읽는 것은 적절하지 않거든.

시험엔 이렇게!!

5. 발표하기의 각 단계에 대한 설명으로 적절하지 <u>않은</u> 것은?

① 계획하기: 발표 목적, 예상 청중, 발표 상황 등을 고려하여 주제를 선정한다.

② 발표 내용 마련하기: 발표 주제와 관련된 핵심어를 골라 생각 그물을 만들어 본다.

③ 발표 내용 구성하기: 핵심 정보가 잘 드러나도록 발표 내용을 체계적으로 조직한다.

④ 발표문 작성하기: 구성한 내용을 바탕으로 문어체로 된 발표문을 쓰고 연습한다.

⑤ 발표하기: 표정과 몸짓, 어조 등에 유의하여 발표한다.

학습활동

5 다음을 참고하여 실제 발표할 때 고려해야 하는 것들을 생각해 보고, 발표 연습을 해 봅시다.

> **오 과장** 소리 내서 연습해 봤어?
>
> **장그래** 네?
>
> **오 과장** 발표할 때처럼 소리 내서 연습해 보라고. 눈으로만 읽을 때랑 많이 다르니까. 긴장하면 호흡이 거칠고 떨리거든. 멀리 있는 사람까지 생각해서 소리를 더 크게 내면 숨이 많이 딸려. 마이크 있다고 안심하지 말고. 그게 더 힘들어. 스피커로 자기 긴장한 숨소리까지 들어 봐. 더 긴장하지. 시간도 재 보면 더 좋고.
>
> — 정윤정, 「미생」(티브이엔(tvN), 2014. 10. 24. 방송)

예시 답 | 발표 시간, 발표할 때의 표정과 몸짓, 매체 자료 제시 순간 등을 고려해야 한다.

6 실제로 발표해 보고, 다음 기준에 따라 서로 평가해 봅시다.

예시 답 | 생략

평가 기준	평가
❶ 발표 주제에 맞게 내용을 구성하였는가?	☆☆☆☆☆
❷ 핵심 정보가 잘 드러나도록 내용을 구성하였는가?	☆☆☆☆☆
❸ 발표 주제와 내용에 적합한 매체 자료를 활용하였는가?	☆☆☆☆☆
❹ 매체 자료의 출처를 정확히 밝혔는가?	☆☆☆☆☆
❺ 발표 상황과 청중을 고려하고, 어조나 동작 같은 표현에 유의하여 발표하였는가?	☆☆☆☆☆

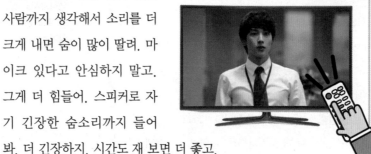

지학이가 도와줄게! - 5

5는 실제 발표를 할 때 언어적 표현 외에 어조나 표정, 몸짓과 같은 표현들도 고려해야 함을 일깨워 주기 위한 활동이야. 제시된 드라마 속 인물의 대사를 통해 발표를 연습할 때 어떻게 해야 효과적일지 스스로 생각해 봐. 또한, 제시된 글의 '오 과장'이 언급한 말하기 불안을 최소화하기 위한 자신만의 방법도 마련해 보도록 하자.

지학이가 도와줄게! - 6

6은 서로의 발표를 평가해 보는 활동이야. 제시된 표는 발표 주제, 발표 내용, 발표 형식, 발표 태도 등을 평가하도록 하고 있어. 따라서 발표할 때 미리 이 평가 기준을 염두에 두고 효과적인 발표가 될 수 있도록 신경 쓰는 것도 바람직한 방법이야.

시험엔 이렇게!!

6. 발표할 때의 태도로 적절하지 <u>않은</u> 것은?

① 중요한 부분에서는 강조하는 몸짓을 취하며 발표한다.

② 듣는 이를 배려하고 발표 예절을 지키면서 발표한다.

③ 발표 내용에 집중할 수 있도록 손은 차분하게 내려놓고 발표한다.

④ 발표 상황에 맞게 말의 속도나 크기, 어조 등을 조절하며 발표한다.

⑤ 청중에게 시선을 두루 맞추며 자신감 있는 표정과 눈빛으로 발표한다.

창의 · 융합 활동

혼자 하기

다음은 학생들이 자신의 이름을 그림으로 표현한 것입니다. 자신의 꿈을 이름에 담아 그림 문자로 나타내 봅시다.

내 장래 희망은 선생님이야.

이 초 윤

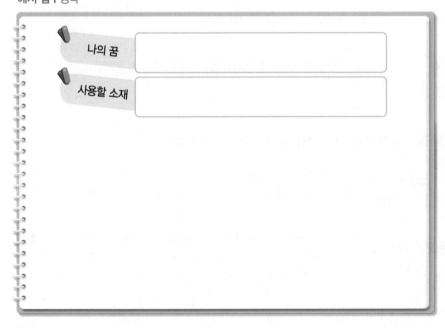

내 장래 희망은 요리사야.

김 인 호

예시 답 | 생략

나의 꿈	
사용할 소재	

자신의 꿈을 이름에 담아 그림 문자로 표현하기

◦ 활동 개관

소단원 (2)에서 학습한 픽토그램에 관한 정보를 바탕으로 새로운 그림 문자를 만들어 보는 활동이다. 소단원 (1)에서 배운 한글 창제의 원리 역시 문자 만들기의 바탕을 이룬다는 점을 생각하면서 자신만의 그림 문자를 창의적으로 만들어 보도록 한다.

지학이가 도와줄게!

제시된 예를 보면 '이초윤'은 장래 희망이 선생님이기 때문에 자신의 이름을 자, 가위, 크레파스, 연필 등과 같은 학교에서 흔히 볼 수 있는 문방구 용품으로 꾸몄고, 장래 희망이 요리사인 '김인호'는 요리사 모자, 음식 재료, 프라이팬 등과 같은 것으로 자신의 이름을 꾸몄어. 이와 같이 자신의 꿈을 가장 잘 표현할 수 있는 재료들을 떠올려 자신의 이름을 표현해 보도록 하자. 미술 교과가 아니므로 아름답게 꾸미는 데 지나치게 치중하지 않아도 된단다. 화려한 그림 대신 선이나 점과 같은 간단한 도형으로 표현해도 돼.

◦ 활동 평가 항목
• 자신에 관한 정보가 그림으로 잘 표현되었는가?
• 자신의 특성을 그림 문자로 잘 표현하였는가?

소단원 콕! 짚고 가기

소단원 제재

1. 제재 정리

갈래	발표문	목적	정보 전달
성격	설명적, 체계적	제재	픽토그램
주제	① ◻◻를 담고 있는 그림 문자인 픽토그램		
특징	• 다양한 매체 자료를 제시하여 청중의 이해를 도움. • 핵심 정보가 잘 드러나도록 내용을 체계적으로 구성함.		

2. 글의 구성

처음	중간	끝
첫인사 및 발표 주제 소개	• 픽토그램의 어원과 뜻 • 오늘날 픽토그램이 주목받는 까닭 • 픽토그램의 기원 • ② ◻◻◻ 픽토그램을 통해 본 픽토그램의 역사 • 최근에 나타난 픽토그램의 특징	발표 내용 정리 및 끝인사

핵심 포인트

1. 발표문의 내용 구성 방법

처음	• 첫인사 및 간단한 자기소개를 함. • 발표 목적과 발표 ③ ◻◻를 제시함.
중간	• 픽토그램에 관한 ④ ◻◻ ◻◻를 제시함.
끝	• 발표 내용을 마무리함. • 설명 대상의 의미와 중요성을 다시 한번 환기하고 정리함. • 끝인사

2. 핵심 정보가 잘 드러나도록 전달하기 위해 사용한 방법

다양한 ⑤ ◻◻ ◻◻ 사용	새로운 정보를 제시할 때마다 그에 맞는 그림이나 사진 자료를 제시함. → 발표 내용을 쉽게 이해하는 데 도움을 주며, 청중의 ⑥ ◻◻와 관심을 끎.
내용을 체계적으로 구조화	• 픽토그램의 뜻을 설명하는 것으로 발표를 시작하여 최근 픽토그램이 어떤 방향으로 흘러가고 있는지를 알려 주면서 발표를 마무리함. • 픽토그램의 역사를 설명할 때 ⑦ ◻◻ 순서대로 내용을 전개함.

정답: ① 정보 ② 올림픽 ③ 주제 ④ 핵심 정보 ⑤ 매체(시각) 자료 ⑥ 흥미 ⑦ 시간

[01~05] 다음 글을 읽고, 물음에 답하시오.

가 여러분, 안녕하세요. 저는 △△중학교 2학년 ○○○입니다. 오늘 저는 여러분들과 함께 제가 좋아하는 그림 몇 장을 같이 보고, 이야기도 나누고 싶어 이렇게 나왔습니다. 그림 좋아하시나요? 그럼 이런 그림은 어떠세요?

▲ 화장실 픽토그램
– 함영훈, 『좋아 보이는 것들의 비밀, 픽토그램』

나 네, 화장실을 나타내는 그림입니다. 우리는 지하철이나 공원 같은 공공장소에서 화장실, 비상구, 엘리베이터 등을 나타내는 그림을 자주 만날 수 있지요. 오늘 저의 발표 주제이기도 한 이것, 바로 픽토그램입니다.

다 픽토그램은 그림을 뜻하는 '픽토(picto)'와 전보를 뜻하는 '텔레그램(telegram)'을 합쳐 만든 말입니다. 사물, 시설, 행위, 개념 등을 누구나 쉽게 알아볼 수 있도록 상징적으로 나타낸 일종의 그림 문자이지요.

▲ 픽토그램의 어원

라 이러한 픽토그램은 오늘날 새로운 의사소통의 수단이자 언어로서 주목받고 있습니다. 픽토그램은 국적과 언어에 상관없이 경고나 안내, 지시와 같은 정보를 누구에게나 바로 전달할 수 있기 때문입니다.

마 그럼 픽토그램은 언제부터 사용하게 된 것일까요? 시작은 19세기 산업 혁명 때였다고 합니다. 당시 기술과 운송 수단이 크게 발달하면서 나라와 나라를 잇는 도로가 많이 건설되었습니다. 이렇게 나라 간의 교류가 늘어나자 자연스럽게 다른 나라 사람들에게도 경고나 안내, 지시와 같은 정보를 전달할 필요가 생겨난 것이지요. 결국 1909년 프랑스 파리에서 처음으로 다음과 같은 그림 문자 형태의 네 가지 교통 표지판이 국제 협약으로 인정받게 되었습니다.

활동 응용 문제

01. 이와 같은 발표의 평가 기준으로 적절하지 **않은** 것은?

① 매체 자료의 출처를 정확히 밝혔는가?
② 발표 주제에 맞게 내용을 구성하였는가?
③ 핵심 정보가 잘 드러나게 내용을 구성하였는가?
④ 화자의 관심을 고려하여 매체 자료를 활용하였는가?
⑤ 발표 상황과 청중을 고려하여 어조나 동작 같은 표현에 유의하였는가?

02. 이 발표에 대한 청중의 반응으로 적절하지 **않은** 것은?

① 첫인사 및 간단한 자기소개로 발표를 시작하고 있어.
② 구체적인 예를 제시하여 청중의 관심을 이끌어 내고 있군.
③ 화자는 자신의 발표 주제가 실생활과도 밀접한 관련이 있음을 밝히고 있어.
④ 이 발표의 목적은 화자가 청중과 함께 자신이 좋아하는 그림을 감상하는 것이군.
⑤ 화자는 설명 대상에 대한 정보를 효과적으로 전달하기 위해 매체 자료를 활용하고 있군.

03. (라)와 (마)에 공통적으로 사용된 내용 전개 방법으로 적절한 것은?

① 대상의 뜻을 밝혀 설명하고 있다.
② 원인과 결과를 중심으로 설명하고 있다.
③ 공간의 이동에 따라 내용을 전개하고 있다.
④ 대상을 구성하는 요소로 나누어 설명하고 있다.
⑤ 중요한 내용에서 덜 중요한 내용으로 전개하고 있다.

활동 응용 문제

04. ㉠과 같은 매체 자료의 활용 효과로 가장 적절한 것은?

① 발표 내용을 깊이 있게 전달할 수 있다.
② 대상의 구조를 효과적으로 드러낼 수 있다.
③ 실물이나 상황을 사실적으로 보여 줄 수 있다.
④ 대상과 관련된 정보를 현장감 있게 전달할 수 있다.
⑤ 핵심 내용을 한눈에 알아볼 수 있게 표현할 수 있다.

활동 응용 문제 | 서술형 |

05. (마)에 드러나 있는 핵심 정보를 2어절로 쓰시오.

[06~08] 다음 글을 읽고, 물음에 답하시오.

가 픽토그램 하면 빼놓을 수 없는 것이 하나 있습니다. 바로 올림픽 픽토그램입니다. 서로 다른 언어를 사용하는 사람들에게 경기 종목과 사용 시설 등에 관한 정보를 전하려면 픽토그램만큼 효과적인 게 없겠지요? 예를 들어 보겠습니다. 다음의 자료들을 보면서 제 말에 귀를 기울여 주세요.

나 올림픽 픽토그램은 1936년 베를린 올림픽 때 경기 종목별 픽토그램이 만들어지면서 탄생했습니다. 이후로 2000년 이전까지의 올림픽 픽토그램은 정보를 전달하는 역할을 충실히 했지요. 2000년대에 들어서면서부터는 픽토그램이 개최국의 개성까지 표현하고 있는데, 저는 이 점이 매우 흥미로웠습니다.

다

▲ 1936년 베를린 올림픽 픽토그램
– 함영훈, 「좋아 보이는 것들의 비밀, 픽토그램」

▲ 2000년 시드니 올림픽 픽토그램
– 함영훈, 「좋아 보이는 것들의 비밀, 픽토그램」

▲ 2008년 베이징 올림픽 픽토그램
– 함영훈, 「좋아 보이는 것들의 비밀, 픽토그램」

▲ 2018년 평창 동계 올림픽 픽토그램
– 국제올림픽위원회(https://www.olympic.org)

라 2000년 시드니 올림픽 픽토그램은 호주 원주민의 부메랑을 주제로 하였고, 2008년 베이징 올림픽에서는 중국의 갑골 문자 형태를 본떠 픽토그램을 만들었습니다. 2018년 평창 동계 올림픽에서는 한글을 활용한 역동적인 모습의 픽토그램을 내놓았습니다. 이처럼 오늘날의 올림픽 픽토그램은 국가의 이미지를 드러내는 수단이 되기도 합니다.

06. 발표자가 이 발표를 준비하며 생각했을 내용으로 적절하지 <u>않은</u> 것은?

① 청중이 자료에 집중할 수 있는 말을 건네야겠어.
② 친구들 앞에서 발표하는 것이지만 존댓말을 사용해야겠어.
③ 진지한 분위기의 발표이므로 동작은 최대한 자제해야겠어.
④ 픽토그램의 예를 들어 가며 쉽고 재미있게 설명하는 게 좋겠어.
⑤ 발표 내용을 적절하게 뒷받침할 수 있는 매체 자료를 준비해야겠어.

활동 응용 문제
07. 이 발표의 내용과 일치하지 <u>않는</u> 것은?

① 올림픽 픽토그램은 1936년 베를린 올림픽 때 처음 만들어졌다.
② 2000년 이전까지의 올림픽 픽토그램은 주로 정보를 전달하는 역할을 했다.
③ 2000년대에 들어와 올림픽 픽토그램은 정보 전달의 역할보다는 개최국의 개성을 표현하는 데 주력하고 있다.
④ 오늘날의 올림픽 픽토그램은 국가의 이미지를 드러내는 수단으로도 기능하고 있다.
⑤ 올림픽 픽토그램은 서로 다른 언어 사용자들에게 경기 종목과 사용 시설 등에 관한 정보를 제공한다.

활동 응용 문제 | 서술형 |
08. 발표자가 발표 내용을 구성하는 과정에서 청중을 고려하여 다음과 같이 계획을 바꾼 까닭을 서술하시오.

| 개성 있는 픽토그램의 예로 올림픽 픽토그램을 보여 주고 싶은데, 그럼 올림픽 픽토그램을 올림픽 개최 연도 순서대로 모두 제시하면 되겠지? | ⇒ | 올림픽 개최국의 개성이 드러나는 픽토그램의 예를 보여 주려는 것이니 모든 올림픽의 픽토그램을 제시할 필요는 없겠어. 청중이 쉽게 이해할 수 있는 것으로 몇 가지만 선별해서 제시해야겠어. |

[09~13] 다음 글을 읽고, 물음에 답하시오.

가 그럼 픽토그램은 언제부터 사용하게 된 것일까요? 시작은 19세기 산업 혁명 때였다고 합니다. 당시 기술과 운송 수단이 크게 발달하면서 나라와 나라를 잇는 도로가 많이 건설되었습니다. 이렇게 나라 간의 교류가 늘어나자 자연스럽게 다른 나라 사람들에게도 경고나 안내, 지시와 같은 정보를 전달할 필요가 생겨난 것이지요. 결국 1909년 프랑스 파리에서 처음으로 다음과 같은 그림 문자 형태의 네 가지 교통 표지판이 국제 협약으로 인정받게 되었습니다.

나 픽토그램은 그림을 뜻하는 '픽토(picto)'와 전보를 뜻하는 '텔레그램(telegram)'을 합쳐 만든 말입니다. 사물, 시설, 행위, 개념 등을 누구나 쉽게 알아볼 수 있도록 상징적으로 나타낸 일종의 그림 문자이지요.

다 이러한 픽토그램은 오늘날 새로운 의사소통의 수단이자 언어로서 주목받고 있습니다. 픽토그램은 국적과 언어에 상관없이 경고나 안내, 지시와 같은 정보를 누구에게나 바로 전달할 수 있기 때문입니다.

라 2000년 시드니 올림픽 픽토그램은 호주 원주민의 부메랑을 주제로 하였고, 2008년 베이징 올림픽에서는 중국의 갑골 문자 형태를 본떠 픽토그램을 만들었습니다. 2018년 평창 동계 올림픽에서는 한글을 활용한 역동적인 모습의 픽토그램을 내놓았습니다. 이처럼 오늘날의 올림픽 픽토그램은 국가의 이미지를 드러내는 수단이 되기도 합니다.

마 이번에는 조금 색다른 픽토그램을 하나 보여 드릴게요.

　왼쪽은 도로에서 흔히 볼 수 있는 평범한 진입 금지 픽토그램입니다. 오른쪽은 어떤가요? 이 픽토그램은 프랑스의 어떤 거리에서 실제로 볼 수 있다고 하는데요, 똑같이 진입하지 말라는 정보를 담고 있기는 하지만 약간 다르지요? 사람 모양 하나가 추가되었을 뿐인데 우리는 이 픽토그램을 보고 재미와 생동감을 느낄 수 있습니다. 이처럼 최근에 나타난 픽토그램은 정보뿐 아니라 감성까지 담고 있는 경우가 많습니다.

09. 이 발표의 주제로 가장 적절한 것은?

① 감성을 담은 그림 언어인 픽토그램
② 정보를 담고 있는 그림 문자인 픽토그램
③ 시대와 나라를 초월하는 언어인 픽토그램
④ 올림픽에서 중요성이 점점 커지고 있는 픽토그램
⑤ 구체성에 상징성을 더한 새로운 언어로서의 픽토그램

활동 응용 문제

10. (가)~(마)에 드러난 핵심 정보로 적절하지 않은 것은?

① (가): 픽토그램과 산업 혁명의 연관성
② (나): 픽토그램의 어원과 뜻
③ (다): 오늘날 픽토그램이 주목받는 까닭
④ (라): 오늘날의 올림픽 픽토그램의 역할
⑤ (마): 최근에 나타난 픽토그램의 특징

활동 응용 문제

11. 효과적인 발표를 위해 (가)~(마)를 순서대로 배열할 때 가장 적절한 것은?

① (가)-(나)-(다)-(라)-(마)
② (가)-(다)-(나)-(라)-(마)
③ (나)-(가)-(다)-(마)-(라)
④ (나)-(다)-(가)-(라)-(마)
⑤ (나)-(다)-(가)-(마)-(라)

12. ㉠에 대한 반응으로 적절하지 않은 것은?

① 진입 금지를 나타내는 픽토그램이군.
② 사람 모양 하나를 추가하여 재미와 생동감을 주는군.
③ 과거의 픽토그램에 비해 정보 전달의 기능은 약화되었군.
④ 픽토그램은 말과 글 없이도 통하는 그림 언어라는 생각이 드는군.
⑤ 픽토그램이 감성적인 측면까지 담고 있다는 것을 보여 주는 자료이군.

| 서술형 |

13. 이와 같은 발표에서 핵심 정보가 잘 드러나도록 내용을 구성하는 것의 장점 2가지를 서술하시오.

[14~17] 다음 글을 읽고, 물음에 답하시오.

가 오늘 저는 여러분들과 함께 제가 좋아하는 그림 몇 장을 같이 보고, 이야기도 나누고 싶어 이렇게 나왔습니다. 그림 좋아하시나요? 그럼 이런 그림은 어때세요?

네, 화장실을 나타내는 그림입니다. 우리는 지하철이나 공원 같은 공공장소에서 화장실, 비상구, 엘리베이터 등을 나타내는 그림을 자주 만날 수 있지요. 오늘 저의 발표 주제이기도 한 이것, 바로 픽토그램입니다.

나 픽토그램은 그림을 뜻하는 '픽토(picto)'와 전보를 뜻하는 '텔레그램(telegram)'을 합쳐 만든 말입니다. 사물, 시설, 행위, 개념 등을 누구나 쉽게 알아볼 수 있도록 상징적으로 나타낸 일종의 그림 문자이지요.

이러한 픽토그램은 오늘날 새로운 의사소통의 수단이자 언어로서 주목받고 있습니다.

다 이렇게 나라 간의 교류가 늘어나자 자연스럽게 다른 나라 사람들에게도 경고나 안내, 지시와 같은 정보를 전달할 필요가 생겨난 것이지요. 결국 1909년 프랑스 파리에서 처음으로 다음과 같은 그림 문자 형태의 네 가지 교통 표지판이 국제 협약으로 인정받게 되었습니다.

라 올림픽 픽토그램은 1936년 베를린 올림픽 때 경기 종목별 픽토그램이 만들어지면서 탄생했습니다. 이후로 2000년 이전까지의 올림픽 픽토그램은 정보를 전달하는 역할을 충실히 했지요. 2000년대에 들어서면서부터는 픽토그램이 개최국의 개성까지 표현하고 있는데, 저는 이 점이 매우 흥미로웠습니다.

마 왼쪽은 도로에서 흔히 볼 수 있는 평범한 진입 금지 픽토그램입니다. 오른쪽은 어떤가요? 이 픽토그램은 프랑스의 어떤 거리에서 실제로 볼 수 있다고 하는데요, 똑같이 진입하지 말라는 정보를 담고 있기는 하지만 약간 다르지요? 사람 모양 하나가 추가되었을 뿐인데 우리는 이 픽토그램을 보고 재미와 생동감을 느낄 수 있습니다. 이처럼 최근에 나타난 픽토그램은 정보뿐 아니라 감성까지 담고 있는 경우가 많습니다.

바 픽토그램, 이제는 낯설거나 어렵지 않지요? 픽토그램은 그냥 그림이 아닙니다. 정보를 담은 그림입니다. 국적과 언어, 문화를 뛰어넘어 의미를 전달해 주는 중요한 기호입니다. 전 세계가 하나의 나라처럼 통하게 될 미래 사회에는 픽토그램의 중요성이 더욱 커질 것입니다. 끝까지 경청해 주셔서 감사합니다.

14. 이 발표의 내용과 일치하지 <u>않는</u> 것은?

① 우리는 공공장소에서 픽토그램을 자주 만날 수 있다.

② 픽토그램은 추상적인 개념을 구체적인 사물로 대신 나타낸 그림 문자이다.

③ 최근의 픽토그램은 정보 전달의 역할뿐만 아니라 감성까지 표현하고 있다.

④ 2000년대 이후의 올림픽 픽토그램은 개최국의 이미지를 표현하는 수단이 되고 있다.

⑤ 최초의 픽토그램은 1909년 프랑스 파리에서 국제 협약으로 인정받게 된 교통 표지판이다.

> 활동 응용 문제

15. (가)~(바)에 대한 청자의 반응으로 적절하지 <u>않은</u> 것은?

① (가)는 발표의 처음 부분으로 발표의 목적과 주제가 제시되어 있군.

② (나)~(마)는 발표의 중간 부분으로 핵심 정보가 제시되어 있어.

③ 픽토그램이 무엇인지 잘 모르는 사람들을 위해 (나)에서 픽토그램의 뜻부터 설명하고 있군.

④ (다)와 (라)는 시간적 순서에 따라 내용이 전개되고 있군.

⑤ (바)는 발표의 끝부분으로 청중에게 당부하고 싶은 말을 하며 발표를 마무리하고 있군.

> 활동 응용 문제

16. (가)~(마)에서 매체 자료를 활용할 때 적절하지 <u>않은</u> 것은?

① (가): 화장실 픽토그램을 보여 주는 자료

② (나): 픽토그램의 어원을 한눈에 나타낸 자료

③ (다): 최초의 교통 표지판을 보여 주는 자료

④ (라): 올림픽 개최 연도 순서별로 정리한 올림픽 픽토그램 자료

⑤ (마): 두 가지 진입 금지 픽토그램을 보여 주는 자료

| 서술형 |

17. 오늘날 픽토그램이 주목받는 이유를 서술하시오.

단원+단원 통합과 적용

1. 다음은 한글날을 맞이하여 순우리말 쓰기 홍보 활동을 한 사례입니다. 이처럼 우리 주변에서 시행된 한글날 홍보 활동에 어떠한 것들이 있었는지 조사해 봅시다.

예시 답 | ·포털 사이트명을 한글로 바꾸기 활동(포털 사이트에서 주최)

· 한글 축제를 통해 한글 바로 알기 활동(한글 관련 기관에서 주최)

· 바르고 고운 우리말 쓰기 활동, 한글날 알기 활동(중·고등학교 동아리에서 주최)

2. 모둠별로 한글날 홍보 활동 준비를 해 봅시다.

1 우리 모둠의 한글날 홍보 활동 주제를 정해 봅시다.
예시 답 |

☐ 언어 순화하기
☐ 순우리말 살려 쓰기
☐ 외국어 함부로 섞어 쓰지 않기
☑ 한글에 대해 깊이 알기
☐ 한글날의 의미 살리기
☐ 기타:

2 홍보 활동을 위해 모둠원별로 역할을 나누어 봅시다.
예시 답 |

| 홍보 방식 | ☐ 포스터 제작 ☐ 거리 홍보
☑ 누리 소통망 활용 ☐ 유시시(UCC) 제작
☐ 기타: ( ) |

모둠원명	역할
지연	한글에 관한 문제를 만들기 위한 자료 수집하기
정훈	학급 누리 소통망에 올릴 한글 관련 문제 만들기
민주	적절한 삽화를 활용하여 학급 누리 소통망에 올리기
예은	학급 누리 소통망 주소 홍보하기

3. 한글날 홍보 활동을 실제로 진행해 보고, 그 결과를 평가해 봅시다. 예시 답 | 생략

평가 항목	평가
① 한글날 홍보 활동에 적합한 주제를 선정하였는가?	☆☆☆☆☆
② 주제가 효과적으로 드러나는 홍보 방식을 사용하였는가?	☆☆☆☆☆
③ 홍보 활동을 위한 역할 분배는 적절하였는가?	☆☆☆☆☆
④ 홍보 활동에 성실히 참여하였는가?	☆☆☆☆☆

4. 각 모둠별로 홍보 활동의 전 과정을 정리해 발표해 봅시다.

예시 답 | 저희 모둠은 '한글에 대해 깊이 알기'라는 주제로 홍보 활동을 진행했습니다. 우리가 한글에 관해 제대로 모른다고 생각했기 때문입니다. 저희 모둠은 먼저 한글과 관련된 다양한 자료를 수집했습니다. 그리고 이 자료들을 바탕으로 한글의 창제 원리, 한글의 우수성 등에 관해 제대로 알고 있는지를 확인하는 문제 10개를 만들었습니다. 그다음 '우리가 몰랐던 한글'이라는 제목으로 학급 누리 소통망에 올렸습니다. 이를 다양한 누리 소통망과 인터넷 게시판 등을 통해 홍보했고, 포털 사이트에서도 검색할 수 있도록 전체 공개를 해 두었습니다. 그랬더니 많은 학생들이 문제를 풀어 보고 한글에 관해 몰랐던 점들을 알게 되었다며 댓글을 달았습니다. 누리 소통망을 통한 홍보 활동으로 많은 사람들과 적극적인 소통을 할 수 있어서 좋았습니다.

대단원을 닫으며

정리와 점검

·학습 목표 점검하기·

❶ 우리의 훈민정음

한글의 창제 원리와 우수성 탐구하기

> • 한글 자음자는 기본 글자 'ㄱ, ㄴ, ㅁ, ㅅ, ㅇ'에 획을 더해 만들었다.
> • 한글 모음자는 'ㆍ, ㅡ, ㅣ'를 서로 합하여 만들었다.
> • 정보화 시대에 한글의 우수성은 더욱 두드러지고 있다.

> **잘 모른다면**
> 교과서 63~68쪽 활동 2와 69~71쪽 활동 3을 다시 한번 살펴보면 한글의 창제 원리와 우수성을 이해할 수 있을 거야.

❷ 정보를 담은 그림, 픽토그램

핵심 정보가 잘 드러나도록 내용을 구성하여 발표하기

> • 누구에게나 쉽게 정보를 전달하기 위한 그림 문자를 픽토그램이라고 한다.
> • 핵심 정보를 중심으로 내용을 조직해야 발표를 듣는 사람들이 발표 내용을 이해하기 쉽다.
> • 발표할 때에는 발표 목적, 청중, 보조 자료 등을 고려해야 한다.

> **잘 모른다면**
> 교과서 75~78쪽 본문과 80~85쪽의 목표 활동을 살펴보면 핵심 정보가 잘 드러나도록 발표하는 방법을 알 수 있을 거야.

·어휘력 점검하기·

다음 문장의 빈칸에 어울리는 말을 바르게 연결해 보자.

(1) 우리나라는 외래의 문화를 ☐☐☐으로 발전시켰다. •

(2) 그는 작지만 ☐☐☐인 단독 주택에서 살고 싶어 한다. •

(3) 우리 모둠에서는 필요한 자료들을 수집하여 ☐☐☐으로 정리했다. •

• 독창적

• 체계적

• 실용적

> • 독창적(獨創的): 다른 것을 모방함이 없이 새로운 것을 처음으로 만들어 내거나 생각해 내는. 또는 그런 것.
> • 실용적(實用的): 실제로 쓰기에 알맞은. 또는 그런 것.
> • 체계적(體系的): 일정한 원리에 따라서 낱낱의 부분이 짜임새 있게 조직되어 통일된 전체를 이루는. 또는 그런 것.

정답: (1) 독창적 (2) 실용적 (3) 체계적

[01~05] 다음 글을 읽고, 물음에 답하시오.

가 우리나라 말이 중국과 달라 한자와는 서로 통하지 아니하여서 이런 까닭으로 어리석은 백성이 말하고자 하는 바가 있어도 마침내 제 뜻을 펴지 못하는 사람이 많다. 내가 이것을 가엾게 여겨 새로 스물여덟 글자를 만드니, 모든 사람들로 하여금 쉽게 익혀서 날마다 쓰는 데 편하게 하고자 할 따름이다.

나 한글은 어떻게 만들어졌기에 이런 찬사를 받는 것일까? 570여 년 전, 우리말을 담을 수 있는 우리만의 문자가 없었다. 말을 옮길 문자가 없어 중국의 문자를 빌려 쓴 조선. 하지만 말과 글이 다른 데다 한자는 수가 많고 익히기 어려워 백성들은 사용하기 힘들었다. 이에 세종 대왕은 누구나 쉽게 익혀 읽고 쓸 수 있는 문자를 만드니, 그것이 훈민정음이다. 한글은 오늘날 그 ㉠창제 원리의 과학성을 인정받아 세계의 학자들로부터 더 많은 찬사를 받고 있다.

세종 대왕이 창제한 한글은 자음자 열일곱 자, 모음자 열한 자, 총 스물여덟 자로 구성된 문자이다.

기본 자음자 '(ⓐ)'은 발음 기관을 본떠 만들었다. '(ⓑ)'은 혀뿌리가 목구멍을 막는 모양을 본떠 만들었다. '(ⓒ)'은 혀가 윗잇몸에 붙는 모양을 본떠 만들었다. '(ⓓ)'은 입 모양을 본떠 만들었다. '(ⓔ)'은 이의 모양을 본떠 만들었다. '(ⓕ)'은 목구멍의 모양을 본떠 만들었다.

기본 모음자는 '·, ㅡ, ㅣ' 세 자인데 이것은 각각 '하늘, 땅, 사람'의 형상을 본떠 만들었다. '·'는 하늘을 본떠 둥글게 하고, 'ㅡ'는 땅을 본떠 평평하게 하고, 'ㅣ'는 사람을 본뜨되 서 있는 모양으로 하였다.

자음자의 기본자가 다섯, 모음자의 기본자가 셋인데 훈민정음의 글자 수는 어떻게 스물여덟 자가 되었을까? 그 비밀은 기본자에 획을 더하거나 기본자를 합한 원리에 있다.

01. (가)와 (나)를 바탕으로 한글 창제 이전의 문자 생활을 짐작한 내용으로 적절하지 **않은** 것은?

① 전적으로 한자에만 의존하였을 거야.
② 지배층과 백성들의 소통이 원활하지 않았을 거야.
③ 제한된 계층만이 문자 생활을 누릴 수 있었을 거야.
④ 글을 읽고 쓰는 데 어려움을 느끼는 백성들이 많았을 거야.
⑤ 한자를 모르는 백성들을 위한 별도의 문자가 있었을 거야.

02. (가)를 통해 알 수 있는 한글 창제의 이유로 적절하지 **않은** 것은?

① 한자와 통할 수 있는 문자를 만들기 위해서
② 우리만의 독창적인 문자가 필요했기 때문에
③ 우리나라 말이 중국과 다르다는 것을 인식하고 있었기 때문에
④ 모든 사람이 쉽게 익혀서 편리하게 쓸 수 있는 문자를 만들기 위해서
⑤ 글을 모르는 백성들이 자신의 뜻을 글로 펴지 못하는 것이 안타까웠기 때문에

|고난도|

03. (나)의 내용을 바탕으로 ㉠을 가장 잘 설명한 것은?

① 글자를 만든 목적과 만든 사람, 만든 시기가 분명한 글자이다.
② 음절 단위로 빠르고 정확하게 의미를 인식할 수 있는 글자이다.
③ 자음과 모음의 기본자만으로 무한에 가까운 소리를 표현할 수 있는 글자이다.
④ 최소의 기본자를 만들고, 나머지는 기본자에서 규칙적으로 확대해 나간 글자이다.
⑤ 다른 나라 문자의 일부를 빌려 오되, 독창적인 원리에 따라 새롭게 만든 글자이다.

04. ⓐ~ⓕ에 들어갈 자음을 각각 쓰시오.

|서술형|

05. (나)에서 알 수 있는 모음 기본자의 제자 원리를 서술하시오.

[06~08] 다음 글을 읽고, 물음에 답하시오.

가 오늘 저는 여러분들과 함께 제가 좋아하는 그림 몇 장을 같이 보고, 이야기도 나누고 싶어 이렇게 나왔습니다. 그림 좋아하시나요? 그럼 이런 그림은 어떠세요?

네, 화장실을 나타내는 그림입니다. 우리는 지하철이나 공원 같은 공공장소에서 화장실, 비상구, 엘리베이터 등을 나타내는 그림을 자주 만날 수 있지요. 오늘 저의 발표 주제이기도 한 이것, 바로 픽토그램입니다.

나 픽토그램은 그림을 뜻하는 '픽토(picto)'와 전보를 뜻하는 '텔레그램(telegram)'을 합쳐 만든 말입니다. 사물, 시설, 행위, 개념 등을 누구나 쉽게 알아볼 수 있도록 상징적으로 나타낸 일종의 그림 문자이지요.

이러한 픽토그램은 오늘날 새로운 의사소통의 수단이자 언어로서 주목받고 있습니다. 픽토그램은 국적과 언어에 상관없이 경고나 안내, 지시와 같은 정보를 누구에게나 바로 전달할 수 있기 때문입니다.

다 그럼 픽토그램은 언제부터 사용하게 된 것일까요? 시작은 19세기 산업 혁명 때였다고 합니다. 당시 기술과 운송 수단이 크게 발달하면서 나라와 나라를 잇는 도로가 많이 건설되었습니다. 이렇게 나라 간의 교류가 늘어나자 자연스럽게 다른 나라 사람들에게도 경고나 안내, 지시와 같은 정보를 전달할 필요가 생겨난 것이지요. 결국 1909년 프랑스 파리에서 처음으로 다음과 같은 그림 문자 형태의 네 가지 교통 표지판이 국제 협약으로 인정받게 되었습니다.

라 올림픽 픽토그램은 1936년 베를린 올림픽 때 경기 종목별 픽토그램이 만들어지면서 탄생했습니다. 이후로 2000년 이전까지의 올림픽 픽토그램은 정보를 전달하는 역할을 충실히 했지요. 2000년대에 들어서면서부터는 픽토그램이 개최국의 개성까지 표현하고 있는데, 저는 이 점이 매우 흥미로웠습니다.

마 왼쪽은 도로에서 흔히 볼 수 있는 평범한 진입 금지 픽토그램입니다. 오른쪽은 어떤가요? 이 픽토그램은 프랑스의 어떤 거리에서 실제로 볼 수 있다고 하는데요, 똑같이 진입하지 말라는 정보를 담고 있기는 하지만 약간 다르지요? 사람 모양 하나가 추가되었을 뿐인데 우리는 이 픽토그램을 보고 재미와 생동감을 느낄 수 있습니다. 이처럼 최근에 나타난 픽토그램은 정보뿐 아니라 감성까지 담고 있는 경우가 많습니다.

06. **이 글의 내용과 일치하는 것은?**

① 픽토그램은 산업 혁명 이전에 탄생하였다.

② 픽토그램은 국적, 언어, 시대와 상관없이 사용된다.

③ 2000년 이후 올림픽 픽토그램에서는 개최국의 이미지까지 표현하고 있다.

④ 최근에 나타난 픽토그램은 정보 전달의 기능보다는 감성을 표현하는 기능이 강조되고 있다.

⑤ 픽토그램은 사물, 시설, 행위, 개념 등을 누구나 알기 쉽게 구체적으로 표현한 그림 문자이다.

| 고난도 |

07. **발표자가 이 발표를 준비하면서 계획한 내용으로 적절하지 않은 것은?**

① 발표의 처음 부분에서는 픽토그램의 예를 들어 가며 발표의 주제를 밝혀야겠어.

② 발표를 시작할 때 픽토그램의 뜻과 기원을 먼저 설명하면 청중들이 발표 내용을 이해하기 쉬울 거야.

③ 중간 부분에서는 픽토그램이 오늘날 중요해진 까닭을 설명하고, 올림픽 픽토그램에 대해서도 언급하는 것이 좋겠어.

④ 최근 들어 픽토그램이 어떤 방향으로 흘러가고 있는지를 알려 주면서 중간 부분의 내용을 마무리해야겠어.

⑤ 끝부분에서는 픽토그램의 의미와 중요성을 다시 한번 이야기하면서 정리해야지.

| 서술형 |

08. **(다)에서 활용해야 할 매체 자료는 무엇인지 〈조건〉에 따라 서술하시오.**

| 조건 |

(다)의 발표 내용을 고려하여 꼭 필요한 매체 자료 한 가지만 쓸 것.

[09~11] 다음 글을 읽고, 물음에 답하시오.

가 컴퓨터의 자판을 통해서만 한글의 과학성이 부각되는 것은 아니다. 휴대 전화의 자판은 한글의 ㉠상형의 원리를 활용했으며 ㉡가획 · ㉢합성의 원리도 반영하였다. 몇백 년 전 창제된 한글의 원리가 시대를 뛰어넘어 현대의 정보화 기기에 담긴 셈이다.

디지털 시대의 의사소통 방식은 계속 변화할 것이다. 예컨대 일일이 문자를 입력하지 않아도 음성을 그대로 문자로 전달하고 다시 문자를 음성으로 변환하는 기술이 개발되고 있다. 이 기술이 개발되어 상용화되면 앞으로 우리 생활에서 컴퓨터를 비롯한 모든 기계는 음성으로 통제될 것이다. 이와 같은 미래의 의사소통 방식에도 한글은 위력을 떨칠 것이다. 앞서 밝혔듯 한글은 소리와 문자가 일대일로 대응하기 때문이다. 과학과 기술이 발전함에 따라 한글의 가치가 더 빛나리라 기대한다.

나 여러분, 안녕하세요? 저는 △△중학교 2학년 ○○○입니다. 오늘 저는 여러분들과 함께 제가 좋아하는 그림 몇 장을 같이 보고, 이야기도 나누고 싶어 이렇게 나왔습니다. 그림 좋아하시나요? 그럼 이런 그림은 어때세요?

▲ 화장실 픽토그램
– 함영훈, 「좋아 보이는 것들의 비밀, 픽토그램」

네, 화장실을 나타내는 그림입니다. 우리는 지하철이나 공원 같은 공공장소에서 화장실, 비상구, 엘리베이터 등을 나타내는 그림을 자주 만날 수 있지요. 오늘 저의 발표 주제이기도 한 이것, 바로 픽토그램입니다.

㉣픽토그램은 그림을 뜻하는 '픽토(picto)'와 전보를 뜻하는 '텔레그램(telegram)'을 합쳐 만든 말입니다. 사물, 시설, 행위, 개념 등을 누구나 쉽게 알아볼 수 있도록 상징적으로 나타낸 일종의 그림 문자이지요.

㉤이러한 픽토그램은 오늘날 새로운 의사소통의 수단이자 언어로서 주목받고 있습니다. 픽토그램은 국적과 언어에 상관없이 경고나 안내, 지시와 같은 정보를 누구에게나 바로 전달할 수 있기 때문입니다.

09. (가)와 관련지어 다음 자료를 이해한 내용으로 적절하지 않은 것은?

① ⓐ에서 'ㅣ, ·, ㅡ'를 결합하면 나머지 모음자를 만들 수 있어.
② ⓐ에서 'ㄱ, ㅋ', 'ㄷ, ㅌ', 'ㅂ, ㅍ', 'ㅈ, ㅊ' 등을 하나의 글자판에 모아 배열한 것은 가획의 원리와 관련이 있어.
③ ⓑ에서 자음을 입력할 때 '획추가' 버튼을 누르는 것은 가획의 원리와 관련이 있어.
④ ⓑ에서 '쌍자음' 버튼을 입력하는 것은 자음을 가로로 나란히 붙여 쓰는 병서의 원리와 관련이 있어.
⑤ ⓑ에는 '·'가 자판에 나타나 있지 않기 때문에 합성의 원리를 적용하기 어려워.

10. (나)에 대한 청중의 반응으로 적절하지 않은 것은?
① 픽토그램에 대한 정보를 전달하는 발표로군.
② 매체 자료를 통해 구체적인 예를 보여 주고 있어.
③ 질문을 통해 청중의 흥미를 자극하며 주의를 끌고 있어.
④ 발표 예절을 갖추어 발표 내용에 대한 소개를 하고 있군.
⑤ 단호하고 분명한 말투를 통해 픽토그램의 중요성을 강조하고 있군.

11. ㉠~㉤에 대한 설명으로 적절하지 않은 것은?
① ㉠: 한글 자음과 모음의 기본자를 만든 원리이다.
② ㉡: 'ㄷ, ㅌ, ㄹ'과 같이 소리가 세지는 특성을 반영하여 획을 더한 원리이다.
③ ㉢: 한글 모음자 11자 중에서 기본자를 제외한 나머지 모음자를 만든 원리이다.
④ ㉣: 픽토그램의 어원을 정의의 방법으로 설명하고 있다.
⑤ ㉤: 인과의 설명 방법이 나타나 있다.

01. 다음은 세종 대왕이 쓴 『훈민정음』 서문이다. 서문의 내용을 근거로 들어 한글의 창제 정신에 관해 서술하시오. (단, 한글의 창제 정신을 자주 정신, 애민 정신, 실용 정신으로 나누어 설명할 것.)

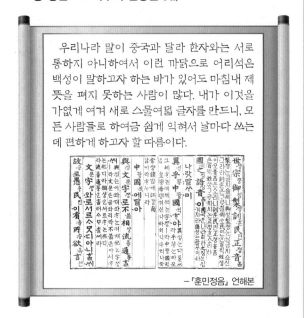

　　우리나라 말이 중국과 달라 한자와는 서로 통하지 아니하여서 이런 까닭으로 어리석은 백성이 말하고자 하는 바가 있어도 마침내 제 뜻을 펴지 못하는 사람이 많다. 내가 이것을 가엾게 여겨 새로 스물여덟 글자를 만드니, 모든 사람들로 하여금 쉽게 익혀서 날마다 쓰는 데 편하게 하고자 할 따름이다.

－『훈민정음』 언해본

02. 〈보기〉의 자료를 바탕으로 총 17자의 한글 자음자가 만들어진 3가지 원리를 서술하시오. (단, 구체적인 자음자를 예로 들것.)

03. 한글 모음자를 만든 원리를 떠올리며 다음의 빈칸을 채우고, 기본 모음자가 11개의 모음자로 확장된 원리를 한 문장으로 서술하시오.

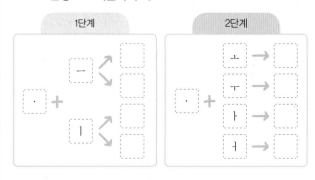

04. (가)에서 한글이 미래의 의사소통 방식에도 위력을 떨칠 것이라고 한 까닭을 (나)의 자료를 근거로 서술하시오.

(가) 디지털 시대의 의사소통 방식은 계속 변화할 것이다. 예컨대 일일이 문자를 입력하지 않아도 음성을 그대로 문자로 전달하고 다시 문자를 음성으로 변환하는 기술이 개발되고 있다. 이 기술이 개발되어 상용화되면 앞으로 우리 생활에서 컴퓨터를 비롯한 모든 기계는 음성으로 통제될 것이다. 이와 같은 미래의 의사소통 방식에도 한글은 위력을 떨칠 것이다.

(나)

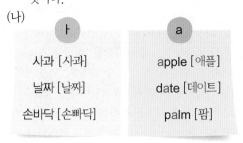

01. 다음 발표 내용을 〈조건〉에 맞게 정리해 서술하시오.

올림픽 픽토그램은 1936년 베를린 올림픽 때 경기 종목별 픽토그램이 만들어지면서 탄생했습니다. 이후로 2000년 이전까지의 올림픽 픽토그램은 정보를 전달하는 역할을 충실히 했지요. 2000년대에 들어서면서부터는 픽토그램이 개최국의 개성까지 표현하고 있는데, 저는 이 점이 매우 흥미로웠습니다.

2000년 시드니 올림픽 픽토그램은 호주 원주민의 부메랑을 주제로 하였고, 2008년 베이징 올림픽에서는 중국의 갑골 문자 형태를 본떠 픽토그램을 만들었습니다. 2018년 평창 동계 올림픽에서는 한글을 활용한 역동적인 모습의 픽토그램을 내놓았습니다. 이처럼 오늘날의 올림픽 픽토그램은 국가의 이미지를 드러내는 수단이 되기도 합니다.

┤ 조건 ├
• 제시된 매체 자료가 무엇을 의미하는지 설명하고 발표 내용을 요약할 것.
• 두 문장으로 정리할 것.

02. 다음에서 설명하고 있는 대상의 의미를 20자 내외의 한 문장으로 서술하시오.

지금까지 픽토그램에 관해 이야기해 보았습니다. 픽토그램, 이제는 낯설거나 어렵지 않지요? 픽토그램은 그냥 그림이 아닙니다. 정보를 담은 그림입니다. 국적과 언어, 문화를 뛰어넘어 의미를 전달해 주는 중요한 기호입니다. 전 세계가 하나의 나라처럼 통하게 될 미래 사회에는 픽토그램의 중요성이 더욱 커질 것입니다. 끝까지 경청해 주셔서 감사합니다.

03. 발표자가 픽토그램의 어원을 설명할 때 활용할 자료를 만드는 과정에서 ㉠을 ㉡으로 바꾼 까닭을 〈조건〉에 맞게 서술하시오.

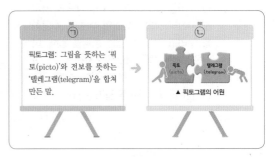

▲ 픽토그램의 어원

┤ 조건 ├
• ㉠과 ㉡의 차이점과 관련지어 쓸 것.
• '㉠처럼 ~ 보다 ㉡처럼 ~(하)면 ~(할) 수 있다.'의 문장 형태로 쓸 것.

04. 다음 발표문을 바탕으로 발표의 처음 부분에 제시되어야 할 내용들은 무엇인지 한 문장으로 서술하시오.

여러분, 안녕하세요? 저는 △△중학교 2학년 ○○○입니다. 오늘 저는 여러분들과 함께 제가 좋아하는 그림 몇 장을 같이 보고, 이야기도 나누고 싶어 이렇게 나왔습니다. 그림 좋아하시나요? 그럼 이런 그림은 어떠세요?

▲ 화장실 픽토그램
– 함영훈, 「좋아 보이는 것들의 비밀, 픽토그램」

네, 화장실을 나타내는 그림입니다. 우리는 지하철이나 공원 같은 공공장소에서 화장실, 비상구, 엘리베이터 등을 나타내는 그림을 자주 만날 수 있지요. 오늘 저의 발표 주제이기도 한 이것, 바로 픽토그램입니다.

문화 향유 역량

이 역량은 국어로 형성·계승되는 다양한 문화를 이해하고 그 아름다움과 가치를 자신의 것으로 만들어 수준 높은 문화를 누리고 만들 수 있는 능력을 말해. 이 단원에서는 책을 읽으면서 자신의 느낌과 생각을 연관 지어 보고, 이를 통해 문학 읽기를 즐기는 태도를 길러 보자.

문학

읽기

3

한 학기 한 권 읽기

생활 속의 문학 읽기

자기 성찰 · 계발 역량

　이 역량은 삶의 가치와 의미를 끊임없이 반성하고 탐색하며 변화하는 사회에서 필요한 재능과 자질을 계발하고 관리하는 능력을 말해. 이 단원에서는 문학 작품이 개인의 인생에 미치는 영향을 생각해 본 후, 감동을 주는 문학 작품을 읽고 이를 친구들과 소통해 봄으로써 문학 활동의 가치를 이해하고 생활화하는 태도를 길러 보자.

대단원을 펼치며

◆ 도입 만화를 살펴보면서 이 단원에서 배울 내용을 짐작해 보아요!

핵심 질문

나의 삶을 가꾸려면 어떤 작품을 어떻게 읽으면 좋을까?

이 질문은 이 대단원을 이끄는 핵심 질문이란다. 그동안 읽었던 책 중에서 자기 삶의 모습을 조금이라도 바꾸어 놓았던 책이 있었는지 떠올려 보렴. 그리고 이 단원을 공부하면서 이 질문에 답해 보자.

보조 질문

최근에 도서관이나 서점을 가 본 적이 있나요?

예시 답 | ·모둠 활동을 위해 학교 도서관에 간 적이 있다.
·읽고 싶은 책이 생겨 서점에 간 적이 있다.

문학 작품을 꾸준히 읽어야 할 이유를 말해 봅시다.

예시 답 | 작품 속 인물들이 문제 상황에서 고민하고 갈등하는 모습, 그리고 이러한 문제를 해결한 후 갈등이 해소된 모습을 보며 사람과 사회에 관한 이해의 폭을 넓힐 수 있기 때문이다.

학습 목표

문학 작품을 읽으며 독서를 생활화하는 태도를 갖춘다.
[읽기] 읽기의 가치와 중요성을 깨닫고 읽기를 생활화하는 태도를 지닌다.
[문학] 자신의 가치 있는 경험을 개성적인 발상과 표현으로 형상화한다.

배울 내용

책 앞에서	책 두드리기	책 누리기	책 나누기
·문학 작품이 인생에 미치는 영향 생각해 보기 ·이번 학기 독서 활동 알아보기	·친구들에게 책 추천 받기 ·선정 기준을 바탕으로 책 고르기	·밑줄을 긋거나 느낌과 생각을 메모하며 책 읽기 ·독서 일지 작성하기	·읽은 책의 내용 정리하기 ·책 표지 만들기 ·관심이 생긴 책을 바탕으로 독서 계획 세우기

학습 포인트
· 문학 작품 읽기의 중요성 이해하기
· 이번 학기 독서 활동 알아보기

1. 다음은 유명 인사들이 인터뷰에서 밝힌 '내 인생의 책'입니다. 문학 작품이 이들의 삶에 어떤 영향을 미쳤는지 생각해 봅시다.

엄홍길(산악인)

제가 산을 오르면서 10명이나 되는 동료를 잃었어요. 셰르파 넷, 대원들 여섯. 함께 산을 오르는 대원들과의 인연은 보통 인연이 아니에요. 목숨을 나눠야 하고 서로가 지켜 줘야 하고 책임겨 주는 그런 관계의 인연인 것이지요. 저는 그래서 인연을 굉장히 소중하게 생각해요. '복 중에 최고의 복은 바로 인연의 복'이라는 말도 있듯이 인연이라는 것을 대수롭지 않게 생각해서는 안 된다고 믿고 있어요. 특히, 정상 도전이라는 하나의 목표를 가지고 구성된 대원들의 인연은 보통 인연이 아니거든요. 법정 스님의 『인연 이야기』는 바로 이러한 인연이 생명만큼 소중하고 귀하다는 것을 알려 준 책입니다.

조수미(성악가)

중학생 때 샬럿 브론테의 『제인 에어』를 읽으며 남성이 여성의 인생을 좌지우지하던 시절, 당당히 세상에 맞서며 사랑과 행복을 이뤄 나가는 주인공 제인 에어의 모습을 통해 당당하며 도도히 흐르는 강물과 같은 삶을 살고 싶다는 꿈을 꾸었습니다. 지금의 제가 소프라노로서 매사에 당당한 자신감으로 임할 수 있는 것도 어렸을 때 읽었던 책의 영향인 듯합니다.

예시 답 | · 산을 오르다가 동료를 잃어 본 경험이 있어 인연을 소중하게 생각하는 엄홍길은 법정 스님의 『인연 이야기』를 '인연의 소중함'을 알려 준 책이라고 소개하고 있다.
· 소프라노로서 늘 자신감 있고 당당한 조수미는 샬럿 브론테의 『제인 에어』를 읽고, 이 소설의 주인공처럼 도도하게 흐르는 강물과 같은 삶을 살고 싶다는 꿈을 꾸게 되었다고 말하고 있다.

활동 탐구
이번 학기 독서 활동을 본격적으로 시작하기에 앞서 수행하는 활동으로, 문학 작품 읽기가 우리의 삶에 미치는 영향을 깨닫게 하고, 만화를 통해 이 단원에서 수행할 독서 활동을 알아보는 활동이다. 문학 작품을 읽으며 독서를 생활화하는 태도를 갖추는 것이 이 단원의 학습 목표이므로 문학 작품 읽기의 효용과 중요성을 알아가는 활동을 수행하면서 독서의 가치를 생각해 볼 수 있도록 한다.

지학이가 도와줄게! – 1
유명 인사들이 밝힌 '내 인생의 책'과 그 책을 선정한 까닭을 통해 문학 작품 읽기가 우리에게 얼마나 중요하고 가치 있는 일인지를 생각해 볼 수 있을 거야. 교과서에 제시된 사례 외에 다양한 분야에서 두각을 나타낸 인물들이 추천하는 책 내용을 좀 더 알아보고 친구들과 이야기 나눠 보렴.

보충 자료
문학 작품 읽기의 중요성
청소년기는 미래의 삶을 대비하는 시기이므로 청소년들은 다양한 삶의 모습들을 경험하고 이해하여 정체성을 새롭게 찾을 필요가 있다. 이를 위해 청소년기에는 많은 독서를 해야 한다. 특히 문학 독서를 통해 삶을 총체적으로 인식하고 정체성을 모색할 수 있을 뿐 아니라, 타자를 배려하고 더 나은 삶을 추구할 수 있는 존재로 성장할 수 있을 것이다.

2. 선생님과 학생들의 대화를 살펴보고, 이번 학기 독서 활동을 알아봅시다.

예시 답 | 이번 학기 독서 활동은 자신에게 영향을 끼친 문학 작품을 메모하거나 밑줄을 그으며 읽고 책의 표지를 만들어 보는 활동을 할 것이다.

➕ **참고 자료**

문학 텍스트의 특성과 의의
문학 텍스트는 다른 비문학 텍스트와는 달리 언어적 형상화를 거쳐 구조화된 특성을 지닌다. 여기서 언어적 형상화는 문학을 문학답게 하는 양식적 특성이자 속성이라 할 수 있다. 이러한 문학 텍스트는 읽는 이로 하여금 정서적 반응을 이끌어 내고, 미적 체험을 가능하게 한다. 그래서 읽기 교육에서 문학 텍스트를 다룬다면 일반적 텍스트 읽기로는 경험할 수 없는 다른 종류의 읽기 경험을 제공할 수 있을 것이다.
　　　　－ 서유경, 「읽기 교육에서의 문학 텍스트 활용 탐색」, 『문학 교육학』 31권(한국문학교육학회, 2010, 48쪽)

지학이가 도와줄게! - 2

제시된 대화를 통해 앞으로 전개될 독서 활동의 단계와 흐름을 확인하는 활동이란. 수업이 진행되는 흐름을 보면서 '한 권 읽기' 활동이 단순히 주어진 책을 읽는 수동적 읽기가 아니라, 내가 책을 직접 선정해 읽어 나가는 능동적인 읽기라는 것을 알 수 있을 거야. 대화 속에서 읽기 중이나 후에 이루어지는 독서 활동도 살펴보면서 이 단원을 적극적으로 수행할 수 있도록 계획을 세워 보렴.

○ **수업 대화의 내용**

책 선정의 기준 제시
"이번 국어 시간에는 친구들이 추천한 문학 작품 하나를 골라 읽어 볼까?"

↓

책 읽기의 방법 안내
"책을 읽으면서 인상 깊은 부분에 밑줄을 긋거나 생각이나 느낌을 메모하며 읽으면 어떨까?"

↓

책 나누기 활동 소개
"책을 읽은 후 책 표지를 만들어 전시해 볼까?"

2 책 두드리기

이번 학기에 읽을 책을 골라 보는 활동을 해 봅시다.

1. 자신에게 영향을 주었던 책의 제목을 자유롭게 적고, 그중 하나를 골라 친구들에게 소개해 봅시다.

예시 답 |

나에게 영향을 준 책	까닭
① 『두근두근 내 인생』	주인공 아름이와 부모의 모습을 통해 다양한 의미의 성장에 관해 생각해 볼 수 있었다.
② 『그 많던 싱아는 누가 다 먹었을까』	한 개인의 모습을 통해 시대적 상황이 개인의 삶에 어떠한 영향을 끼쳤는지 조금이나마 확인할 수 있었다.
③ 『개를 훔치는 완벽한 방법』	자신에게 닥친 불행한 현실에 절망하지 않고, 자신만의 방식으로 극복해 나가려는 주인공의 모습이 인상적이었다.

> 내가 감명 깊게 읽은 책은 『두근두근 내 인생』이야. 성장의 다양한 의미를 되새겨 볼 수 있었거든.

○ 활동 탐구
친구들이 추천한 책 중에서, 중학생의 수준과 흥미를 바탕으로 읽어 보고 싶은 책을 직접 선정하는 활동이다.

지학이가 도와줄게! - 1
나의 삶에 영향을 끼친 책을 그 까닭을 들어 소개해 보렴. 그리고 친구들과 나의 경험을 적극적으로 나눠 보자. 이 활동은 효율성을 위해 모둠을 구성해 활동할 수도 있어.

2. 친구들이 소개한 책 중에서 읽고 싶은 책을 골라 정리해 봅시다.

예시 답 |

친구가 소개한 책	소개한 까닭
『우아한 거짓말』	주인공의 이야기를 통해, 학교 폭력 문제와 주변의 친구들의 모습을 다시 한번 살펴볼 수 있는 계기가 되었다.
『어쩌다 중학생 같은 걸 하고 있을까』	중학교 교실을 배경으로 하여 십대 소녀들의 솔직한 고민과 그들의 심리를 드러내고 있어서 공감할 수 있는 내용이 많았다.
『어린 왕자』	어린 왕자의 모습을 통해 사랑이나 꿈과 같이 눈에는 보이지 않지만 소중한 것들의 가치에 대해 고민해 볼 수 있었다.
『합체』	'키'와 관련된 주인공의 고민에 공감이 갔고, 고민의 극복 과정을 보며 희망과 용기를 얻을 수 있었다.

지학이가 도와줄게! - 2
친구들이 소개한 책 중에서 나의 관심과 흥미 등을 고려해 책을 선정해 보렴. '독서의 생활화'라는 단원의 목표를 고려해 학습 독서보다는 여가 독서 활동에서 더욱 강조되는 독서의 정의적 영역(독서의 동기, 태도나 흥미, 몰입 등)을 무엇보다 먼저 고려해 선정해 보자.

3. 다음 선정 기준을 고려하여 이번 학기에 읽을 책을 골라 봅시다.

지학이가 도와줄게! - 3

책을 고를 때는 자신의 수준과 흥미에 맞는 적절한 책을 선정하는 것이 중요하단다. 그렇게 고른 책을 독서 동기를 가지고 읽을 때 독서 활동을 성공적으로 이끌 수 있어. 따라서 교과서에 제시된 기준 말고도, 각자 스스로 선정 기준을 마련해 골라 보는 것도 좋은 독서 경험이 될 거야.

선정 기준

- 책의 분량이나 내용이 읽기에 적절한가?
- 책 속의 사건이 나의 삶과 관련된다고 생각하는가?
- 나와 비슷한 고민을 하고 있는 인물이 등장하는가?
- 책을 통해 긍정적인 삶의 자세나 깨달음을 얻을 수 있는가?

최종적으로 선정한 책 예시 답 |

책 제목	『합체』		
작가	박지리	**출판사**	사계절
선정한 까닭	• 마지막 부분의 작가의 말까지 총 275쪽이지만, 글자 사이의 간격이나 줄 사이의 간격이 넓어 비교적 쉽게 읽을 수 있을 것 같기 때문이다. • 주인공인 합과 체가 모두 학생 신분이며, 작품의 주된 배경 중의 하나가 학교이므로 친구들과 공감하면서 읽을 수 있을 것 같기 때문이다. • 나도 다른 친구들보다 키가 작아 고민인데, 합과 체도 나와 비슷한 고민을 하고 있기 때문이다.		
선생님의 한마디	문학 작품에는 우리들의 다양한 삶의 모습들이 반영되어 있단다. 소설 속 주인공들의 고민 해결 과정을 통해, 지금 여러분이 가지고 있는 고민을 극복할 수 있는 용기나 깨달음을 얻기를 응원할게.		

○ 『합체』의 줄거리

공을 굴리며 관객을 웃기는 쇼쟁이 '난쟁이' 아버지를 둔 오합과 오체는 키가 크는 것이 인생 최대의 목표인 일란성 쌍둥이 형제이다. 체는 동네 약수터에서 우연히 알게 된 자칭 계도사(계룡산 도사)에게 키 크는 비법을 전수받고, 여름 방학을 맞아 합을 꼬여내어 계룡산으로 함께 수련을 떠난다. 20일이 넘도록 수련을 했는데도 신체의 변화가 없는 데다 '계도사'에 대한 신뢰까지 깨지자 형제는 열흘 정도를 남기고 돌아오지만, 수련이란 통과의례를 거친 합과 체에게 변화는 있었다. 내신 성적이 걸린 농구 시합에서 막판 활약을 펼쳐 경기를 승리로 이끈 것이다. '계도사'가 미심쩍긴 하지만 계룡산에서의 수련이 형제의 몸과 마음을 닦아 준 것이다.

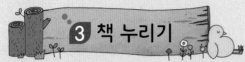

③ 책 누리기

 책을 읽고 매시간 독서 일지를 작성해 봅시다.

1. 인상적인 부분에 밑줄을 치거나, 자신의 생각이나 느낌을 메모해 가며 책을 읽어 봅시다.

예시

두근두근 내 인생

김애란

「누구보다 키 큰 아이, 아름」이 방영된 날, 나는 밤새 방송국 사이트를 뒤적였다. 이래저래 심란하기도 하고, 사람들 반응이 궁금해서였다. '재밌는 얘기가 있으면 잘 기억해 뒀다 부모님께 들려줘야지.' 하는 마음도 없지 않았다. 홈페이지 상단엔 다시보기, 미리보기, 시청자 소감, 사연 신청 등의 메뉴가 나열돼 있었다. 나는 시청자 소감란에 들어가 게시물을 살폈

나도 인터넷이나 누리소통망에 글을 올리고, 친구들의 댓글을 확인해 본 적이 있어.

다. 게시판엔 벌써 여러 개의 글이 올라와 있었다. 나는 그중 가장 최근에 오른 사연을 클릭했다. '방송 잘 봤습니다.'라는 평범한 제목의 글이었다. 마우스를 쥔 손이 조금 떨렸다. 어쩌면 우리가 공식적으로 받아 보는 첫 번째 '편지'일지도 모른다는 생각에서였다. 물론 그전에 나도 온라인 채팅이나 커뮤니티 활동을 했었다. 어떤 클럽에서는 꽤 인기 있는 회원이기도 했다. 하지만 그들은 모두 내가 어떤 사람인지 몰랐다. 한밤중 자기와 신나게 대화를 나누고 있는 상대가 세계적으로도 보기 드문 희귀병에 걸린 소년이라고 상상할 이도 없겠거니와, 내 쪽에서 먼저 밝힌 적도 없었기 때문이다.

'하지만 이 사람들은 안다……'

'알고 쓴 편지다……'라고 생각하니 읽기도 전에 떨리는 마음이 들었다. 나는 숨죽인 채 첫 번째 편지의 봉인을 뜯었다.

'이번 주에 방송된 「누구보다 키 큰 아이, 아름」 편 잘 보았습니다.'

○ 활동 탐구
'책 누리기'는 자신이 고른 책을 직접 읽는 활동이다. 책을 읽으며 인상적인 부분에 밑줄을 치거나, 자기 생각이나 느낌을 메모하며 읽을 수 있다. 책 읽기를 마친 뒤엔 책을 읽는 동안 떠올린 생각들을 바탕으로 독서 일지를 작성한다. 이와 같은 활동을 통해 단순히 내용을 파악하며 읽는 것에서 멈추지 않고 더욱 능동적인 책 읽기를 할 수 있다.

○ 활동 제재 개관
갈래: 장편 소설
성격: 감상적
배경: 시간-현대, 공간-집안
시점: 1인칭 주인공 시점
주제: 조로증에 걸린 열일곱 소년의 삶과 사랑
특징
① 담백하면서도 생기발랄한 문장들로 삶의 순간들을 통찰함.
② 청춘과 노년의 삶을 동시적으로 보여 주는 구조를 취함.
해제: 열일곱 살에 자식을 낳고 서른네 살이 된 부모와, 부모가 자신을 낳았던 열일곱 살이 되었으나 조로증으로 죽음을 앞둔 아들의 이야기이다. 비극적 상황에 처해 있으나 자신의 상황을 담담히 받아들이고, 오히려 부모와 이웃을 배려하는 모습을 통해 독자에게 큰 감동을 주는 작품이다.

나는 긴장한 채 다음 문장을 읽었다.

'거기 오프닝에 나온 음악, 제목이 뭔가요?'

'……?'

잠시 모니터를 바라봤다. 그러곤 헛기침을 한 뒤 재빨리 다음 목록으로 넘어갔다. 아이디 '푸른하늘'의 '문의드립니다.'라는 글이었다.

'지난달에 「미소 천사, 정희」 편을 인상 깊게 본 시청자입니다. 방송을 보고 안타까운 마음에 기부를 했습니다. 그런데 이번에 고지서를 보니, 저는 분명 천 원으로 알고 전화를 건 건데, 이천 원이 결제돼 있더군요. 전산 오류인가요? 기분이 좋지 않았습니다. 설명 부탁드립니다. 참고로 제가 천 원이 아까워서 이러는 건 아닙니다.'

"……."

그 뒤에도 마찬가지였다. 나는 '아, 게시판에는 정말 별별 말이 다 올라오는구나.' 하는 사실을 새삼 깨달았다. 개중에는 지난 방송을 보고 '왜 외국인을 돕느냐.'라는 항의도 있었고, 'H 병원 레지던트 너무 훈남인 것 같아요.'라는 반응도 있었다. '내레이터가 미혼모인 걸로 아는데, 공영방송에서 그런 여자를 써도 되냐.'라는 훈계도, '여기 게시판 님 예뻐요.'라는 여담도 있었다. 그리고 몇 번의 클릭 끝에, 나는 우리 가족을 향해 쓴 격려의 메시지를 발견할 수 있었다. '한아름 군 힘내세요.', '가슴이 아팠습니다.', '사랑스런 아이, 아름', '돕고 싶습니다.'와 같은 제목의 글들이었다.

다양한 의견이 표현된 게시판을 보며 아름이는 어떤 생각이 들었을까?

지학이가 도와줄게! - 1

책을 읽을 때 인상적인 대사나 장면에 밑줄을 긋거나, 궁금한 점들 또는 책 속의 내용과 비슷한 나의 경험 등을 메모하면서 읽어 보렴. 교과서 제시문은 밑줄 긋기와 메모하기의 예시를 보이기 위한 것이니까 제시문에 대해 자세히 분석하기보다는 자신이 책을 읽으면서 인상적인 부분에 밑줄을 긋거나 생각이나 느낌을 메모할 때 참고하면 될 거야.

책을 읽을 때는 인상적인 구절에 밑줄을 치며 읽는 것이 좋답니다.

'제가 이 글을 쓰는 이유는 용기를 잃지 마시란 얘길 드리기 위해서입니다. 아름 군도, 부모님도 그동안 얼마나 힘드셨나요. 제가 오 년간 항암 치료를 받아 봐서 아름 군의 마음이 조금 이해가 됩니다. 아무리 가족이라지만 하지 못하는 말이 많다는 것도 압니다. 할

아름이를 응원하는 사람들의 사연을 보니, 세상이 참 따뜻한 곳이라는 생각이 들어.

수 없는 말도, 해선 안 되는 말도 있지요. 아름이는 나이에 비해 정말 씩씩하더군요. 하지만 아름이도 아마 저처럼 악을 쓰며 세상에 저주를 퍼붓고 싶을 때가 있었겠지요. 괜찮다면, 아름 군, 그러고 싶을 땐 부디 그래 주세요. 웃다 지친 사람은 더 약해집니다. 제가 무슨 말을 하는지 모르겠습니다. 감정이 북받쳐서 글을 올렸습니다. 힘내 주세요. 응원하겠습니다.'

'아름이 형! 저는 안산 사는 열두 살 지홍이라고 해요. 오늘 방송을 보고 부모님이 그러셨어요. 아이들이 걸음마를 뗄 때, 초등학교에 들어갈 때, 졸업할 때, 박수 쳐 주는 건 다 이유가 있는 거라고요. 자라는 건 놀랍고 어려운 일이래요. 그러니 형은 남들보

'자라는 건 놀랍고 어려운 일'이라며 빨리 자라는 아름이를 위로하는 열두 살 지홍이가 인상적이야.

다 빨리 자라느라 얼마나 힘드셨겠어요? 아름이 형! 저는 오늘 처음 제 돼지 저금통을 깼어요. 얼마 안 되지만 이 돈을 병원비가 아닌 형 비상금으로 써 주지 않을래요? 그러면 제가 기쁠 거예요.'

'서울 사는 대학생입니다. 아름이가 하는 말들이 왜 제 마음을 흔드는지 생각해 봤습니다. 무례한 말씀입니다만, 그건 아마 아름이에게도 영혼이 있다는 사실을 확인해서였던 것 같아요. 마치 예전에는 그것이 존재하지 않기라도 했던 양. 부끄러운 밤입니다.'

'두 아이의 엄마입니다. 아이를 낳은 후 제 삶은 많이 변했습니다. 세상을 바라보는 시선도 달라졌고요. 세상엔 정말 경험해 보지 않곤 알 수 없는 것들이 있는 것 같습니다. 저는 서른 넘어 첫애를 가졌는데, 출산이 두려웠습니다. 부모가 되는 즉시, 제 삶이 평범해지고 말 것 같았으니까요. 이십대만 해도 제가 뭔가 더 특별한 사람이 될 거란 기대 속에 살았는데, 이제 나는 그냥 '엄마'밖에 될 수 없겠구나, 그걸로 끝이겠구나 싶어 불안했습니다. 나는 그렇게 시시하게 살 사람이 아닌데 하고요. 하지만 첫애를 보고 나서, 제가 스스로를 무척 자랑스러워한다는 걸 느낄 수 있었습니다. 좋지 않게 헤어진 예전 애인들에게조차 순수하게 자랑하고 싶은 마음이 들었으니까요. 아마 아름이 부모님도 그러셨겠지요? 어느 날 저처럼 엄마가 된 아름이 어머님, 그리고 아버님. 방송을 보니 두 분이 아름이를 얼마나 잘 키우셨는지 알 것 같습니다. 아름이 말대로 공부 잘하는 아이, 운동 잘하는 아이는 부모를 기쁘게 하지만, 부모 입장에서는 자식을 선하게 키우는 것만큼 어려운 게 없지요. 힘내시란 말씀을 쉽게 못 드리겠습니다. 하지만 대단한 일을 하셨다고, 이 말만은 꼭 전해 드리고 싶어요.'

여러 글을 읽는 동안, 나도 모르게 눈동자가 흔들렸다. 이해하는 말, 예전에는 나도 참 싫었는데, 얼굴도 모르는 사람들이 먼 곳에서 건네주는 따뜻한 악수가 먹먹했다. 터무니없단 걸 알면서도, 또 번번이 저항하면서도, 우리는 이해라는 단어의 모서리에 가까스로 매달려 살 수밖에 없는 존재라는 생각이 들었다. 그런데 어쩌자고 인간은 이렇게 이해를 바라는 존재로 태어나 버리게 된 걸까? 그리고 왜 그토록 자기가 느낀 무언가를 전하려 애쓰는 걸까? 공짜가 없는 이 세상에, 가끔은 교환이 아니라 손해를 바라고, 그러면서 기뻐하는 사람들은 또 왜 존재하는 걸까. 나는 몇 개의 글을 더 훑어봤다. 그리고 그러는 동안 내가 조금은 덜 외로워하고 있다는 느낌을 받았다.

자신의 병을 이해하고 공감해 주는 사람들에게 감동받은 아름이에게 「걱정 말아요 그대」라는 노래를 들려주고 싶어.

○ **전체 줄거리**
아름이의 엄마와 아빠인 미라와 대수는 열일곱에 아들인 '나(아름)'를 낳아 경제적으로는 힘들어도 행복한 생활을 한다. 그러던 중 '나'는 남들보다 빨리 늙는 조로증 진단을 받는다. '나'가 점점 성장하여 예전에 '나'를 낳았을 때의 엄마와 아빠의 나이인 열일곱 살이 되었을 때 아름이의 몸은 이미 여든 살 노인의 몸이 된다. 부모님은 여기저기서 돈을 빌려 병원비를 해결하지만, 집안 형편은 점점 기울어 '나'의 치료비를 감당할 수 없게 된다. 이에 '이웃에게 희망을'이라는 방송에 출연하여 시청자들의 성금을 받는다. 방송이 나간 후 서하라는 소녀가 아름이에게 메일을 보내온다. 서하 역시 불치병을 앓고 있는 같은 또래의 소녀이다. 아름이는 마음을 열고 메일을 주고받으며 서하에 대한 사랑의 감정을 키워 가지만, 서하가 시나리오 작가 지망생이 취재를 위해 만들어 낸 가상의 인물이었음을 알게 되면서 '나'는 이 일로 큰 상처를 받는다. '나'는 건강이 점점 나빠지자 자신의 부모님 이야기를 소설로 써서 죽기 전 부모님에게 선물로 드린다.

2. 책을 읽으면서 떠오르는 생각과 느낌을 중심으로 독서 일지를 작성해 봅시다.

예시
독서 일지

읽은 날짜	책 제목	작가	읽은 쪽수
20○○. ○. ○.	두근두근 내 인생	김애란	178 ~ 182쪽

책을 읽으며 생각한 내용

인상적인 장면 또는 구절	'자라는 건 놀랍고 어려운 일이래요. 그러니 형은 남들보다 빨리 자라느라 얼마나 힘드셨겠어요?'
책을 읽으면서 생긴 질문	• 게시판에 올린 항의나 훈계, 여담 등을 보고 아름이는 어떤 생각이 들었을까? • 작가가 아름이에게 보내는 응원의 메시지를 이렇게 많이 제시한 이유는 무엇일까?
책 속의 내용과 비슷한 나의 경험	인터넷이나 누리소통망에 글을 올리고, 친구들의 댓글에 감동받은 적이 있었다.
책을 읽고 감동받은 점	아름이를 응원하는 사람들의 메시지를 보니, 잘 모르는 사람의 이야기에 공감하며 다양한 형태로 응원하는 사람들이 이렇게나 많다는 게 감동적이었어.

선생님의 의견

자신의 경험과 연관 지으며 꼼꼼하게 잘 읽고 있구나. 인상 깊은 장면이나 구절을 까닭과 함께 잘 정리해 두면 친구들에게 책을 소개할 때 도움이 될 거야.

지학이가 도와줄게! - 2

매시간 독서를 하고 나면 독서 일지를 쓸 거야. 독서 일지는 책을 읽으면서 받은 강렬한 인상이나 자신이 발전시킨 사고를 기록해 둘 수 있는 장치여서 책을 좀 더 꼼꼼히 읽어 내고 사고의 작은 부분도 놓치지 않게 해 준다. 책을 읽으면서 남긴 메모들을 바탕으로 작성하면 더욱 풍부한 생각을 담을 수 있을 거야.

제시된 독서 일지는 하나의 예시일 뿐이니까 자유롭게 변형해도 좋단다. 일회성으로가 아니라 독서 기간에 꾸준히 독서 일지를 작성하도록 하렴.

➕ 보충 자료
「두근두근 내 인생」의 성장 소설로서의 의미

소년의 성장을 다룸.
조로증에 걸려 죽어 가는 '아름'의 탄생부터 죽음까지의 과정을 보여 주며 소년의 성장을 다룸.

➕

어른의 성장을 다룸.
어린 나이에 '아름'을 낳은 대수와 미라가 진정한 부모가 되어 가는 과정을 보여 주며 어른의 성장을 다룸.

'책 속의 내용과 비슷한 나의 경험'이 없다면, 또래 친구나 가족들에게 들은 이야기를 적어도 좋습니다.

예시 답 I

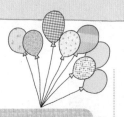

독서 일지

읽은 날짜	책 제목	작가	읽은 쪽수
20○○. ○. ○.	합체	박지리	214~273

책을 읽으며 생각한 내용

인상적인 장면 또는 구절	• 인상적인 장면: 키가 작고 체력도 좋지 않아 늘 헐떡였던 오합이 수련을 한 얼마 뒤 벌어진 농구 시합에서 용기를 내 골대를 향해 뛰어올라 농구공을 던지는 장면 • 1조 아이들이 공을 빼앗기 위해 득달같이 손을 뻗쳐 합에게 달려들고 있었다. 겁이 난 합은 아무한테나 공을 줘 버리고 싶었다. 그때였다. "합!" / 등 뒤에서 체의 목소리가 들렸다. "빨리, 떨어져도 다시 튀어 오르니까, 빨리."
책을 읽으면서 생긴 질문	• 체가 짝사랑하는 여학생인 윤아는 과연 키 크고 잘생긴 구병준과 키 작은 체 중에 누굴 응원했을까? • 마지막에 체육 선생님이 합과 체의 교복 바지를 '칠부 바지'라며 교문에서 단속하는데, 그럼 합과 체는 수련을 하고 정말 키가 큰 것일까? • 작품 속 난쟁이 아버지는 유쾌하고 발랄한 캐릭터임에도 작가는 매번 조세희의 『난장이가 쏘아 올린 작은 공』 속 난쟁이 아버지를 언급하는데, 그 까닭은 무엇일까?
책 속의 내용과 비슷한 나의 경험	합이 열심히 공부하는 까닭은 나중에 의사가 되어 키 커지게 하는 신물질을 개발하고 싶어서이다. 나도 키가 작아서 키 큰 아이들 틈에 있으면 가끔 위축되곤 한다. 그럴 때 키 커지는 신약을 먹고 키 큰 아이들을 내려다보는 상상을 한 적이 있다.
책을 읽고 감동받은 점	합체의 아버지는 난쟁이로 사회적 약자라 볼 수 있지만, 자신의 직업을 사랑하며 사람들을 즐겁게 하려고 늘 공 던지는 연습을 한다. 이런 아버지의 긍정적인 모습이 늘 불평만 하고 사는 나에게 의미 있게 다가왔다. 그리고 키가 크고 싶다는 열망으로 20일이 넘게 외롭고 고된 수련을 하면서도 합과 체가 서로를 배려하는 모습, 아버지와의 추억을 얘기하는 모습을 보면서 신체적 성장만이 아닌 정신적 성장이 계도사가 노린 진짜 '성장 비기'라는 생각이 들었다.

선생님의 의견

생략

○ 독서 일지를 작성할 때의 유의점

시간 분배	45분의 시간 중 30분은 책을 읽고, 15분 동안은 읽은 책과 관련된 내용을 기록함.
내용 구성	책에 담긴 의미를 자신의 관점에서 재구성하고, 자신의 읽기 방법을 점검·조정하면서 독서 과정을 돌아보는 계기가 되게 함.

➕ 참고 자료

문학 작품 자기화의 효과

상황과 사건에 대한 동일화가 이루어졌을 때 '나'는 등장인물의 성격, 감정과 정서, 행동, 태도, 세계관을 이상적이 아닌 현실적인 것으로 받아들이고 등장인물과 같이 어려운 상황을 극복하고 사건을 해결하는 능력을 갖게 되는 것이다. 비록 그러한 능력이 현실 세계에서 그대로 적용되지 못하더라도 '나'의 내재된 힘이 되는 것이다.

– 최경희, 「독서 요법을 통한 아동의 인성 지도 방안」, 『청람 어문 교육』 33권(2006, 109쪽)

 독서 일지의 형식은 선생님과 의논하여 자유롭게 정해도 돼요.

4 책 나누기

1. 작성한 독서 일지를 바탕으로, 아래 〈예시〉처럼 읽은 책의 내용을 정리해 봅시다.

 예시

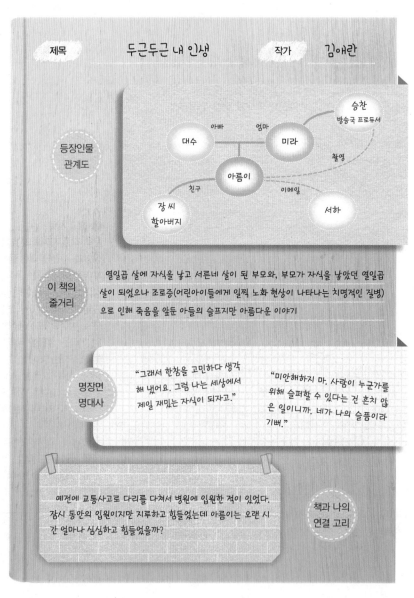

| 제목 | 두근두근 내 인생 | 작가 | 김애란 |

등장인물 관계도

승찬 — 방송국 프로듀서

대수(아빠) — 엄마 — 미라

아름이 — 촬영

장 씨 할아버지 — 친구 — 이메일 — 서하

이 책의 줄거리
열일곱 살에 자식을 낳고 서른네 살이 된 부모와, 부모가 자식을 낳았던 열일곱 살이 되었으나 조로증(어린아이들에게 일찍 노화 현상이 나타나는 치명적인 질병)으로 인해 죽음을 앞둔 아들의 슬프지만 아름다운 이야기

명장면 명대사
"그래서 한참을 고민하다 생각해 냈어요. 그럼 나는 세상에서 제일 재밌는 자식이 되자고."

"미안해하지 마. 사람이 누군가를 위해 슬퍼할 수 있다는 건 흔치 않은 일이니까. 네가 나의 슬픔이라 기뻐."

책과 나의 연결 고리
예전에 교통사고로 다리를 다쳐서 병원에 입원한 적이 있었다. 잠시 동안의 입원이지만 지루하고 힘들었는데 아름이는 오랜 시간 얼마나 심심하고 힘들었을까?

◉ 활동 탐구
'책 나누기'는 책을 읽고 난 후 이어지는 독후 활동이다. 이번 학기 주된 독후 활동은 독서 일지를 활용하여 정리한 내용을 바탕으로 읽은 책의 표지를 제작하고, 이를 친구들과 나누는 활동이다. 친구들이 제작한 책 표지를 공유하며, 지속적인 독서 활동을 할 수 있도록 한다.

✦ 지학이가 도와줄게! - 1
이 활동은 읽은 책의 표지 제작을 위한 사전 활동이야. 앞서 작성한 독서 일지 내용을 제시된 형식에 따라 정리하면 된단다. 하지만 교과서에서 제시한 예시는 하나의 사례로 소개된 것이니까, 이 틀에 반드시 얽매일 필요는 없단다.
책을 읽으면서 기록한 인상적인 장면이나 감동적인 부분을 중심으로 핵심적인 내용을 선별하되, 자신이 감명 깊게 읽은 부분에 대한 감상이 드러나도록 해 보렴.

➕ 보충 자료

자기 주도적인 책 읽기

책 읽는 단계	사전을 찾거나 밑줄을 그으며 읽기, 메모하기, 요약하기, 시각화하기 등의 다양한 독서 전략을 활용하여 책 읽기
읽은 후 단계	독서 일지나 활동지를 활용하여 글의 중심 내용이나 인상 깊은 내용, 자신에게 의미 있는 내용 등을 작성하여 정리하기

예시 답 l

제목 　　　　합체　　　　작가 　　　박지리

등장인물 관계도

이 책의 줄거리

키 크는 것이 인생 최대의 목표인 일란성 쌍둥이 형제가 자칭 계도사(계룡산 도사)에게 키 크는 비법을 전수받고 계룡산으로 수련을 떠났다 돌아오는 과정과 돌아온 이후의 합과 체의 변화를 코믹하고 감동적으로 그린 이야기로, 청소년들에게 희망과 용기를 줄 수 있는 책이다.

명장면 명대사

• "공의 탄력도란 말이지. 땅에 떨어져도 다시 튀어 오르는, 그러니까 실수로 잘못 쏜 공이 땅에 떨어지더라도 그대로 깨지지 않고 다시 튀어 오를 수 있는 힘을 말한단다."
"다시 튀어 오를 수 있는 힘이요?"
"그래, 그래서 쇠공이나 유리공 같은 건 아무리 강하고 예뻐도 절대 좋은 공이 될 수 없는 거지. 걔네들은 쏘기도 어렵지만 일단 쏴도 다시 튀어 오르지 않고 땅에 박히거나 깨져 버리니까. 벽에 부딪혀도 거기서 더 힘을 얻어 다시 힘차게 튀어 오를 수 있는 힘인 탄력도, 이게 좋은 공이 가져야 할 조건 중에서 가장 중요한 거란다."
• "합!" / 등 뒤에서 체의 목소리가 들렸다.
"빨리, 떨어져도 다시 튀어 오르니까, 빨리."
체의 외침을 듣는 순간, 합이 그 자리에서 공중으로 풀쩍 뛰어올랐다. 쇳사랑을 찬 듯 무거웠던 다리. 그런데 순간 중력을 이겨 낸 것처럼 발이 가벼워졌다. 계룡산에서 하늘로 풀쩍풀쩍 뛰어올랐을 때의 느낌이 되살아나고 있었다. 바닥으로 끌어당기던 모든 방해물들이 사라지면서 합은 더 높이, 더 높이 솟아올랐다.

책과 나의 연결 고리

나도 키가 작은 게 고민이라 키에 대한 스트레스가 크다. 때로는 내 키가 어느 날 자고 일어났을 때 갑자기 커져 있는 판타지를 꿈꾸기도 한다. 신체적 성장에 대한 열망으로 정체 모를 노인을 진짜 도사로 믿고 엄마에게 달랑 편지 한 장 남기고 계룡산 깊은 산속으로까지 들어가 노인 말대로 수련을 하는 합과 체의 심정에 공감이 많이 간다.

○ **독서 일지를 바탕으로 한 내용 정리**

등장 인물 관계도	• 책 속의 등장인물 중 주인공을 파악하여 주인공을 중심으로 관계도를 작성함. • 작품의 내용에 따라 가계도를 중심으로 작성할 수도 있고 갈등 관계를 중심으로 작성할 수도 있음.
이 책의 줄거리	인물, 사건, 배경을 중심으로 이야기의 전개 과정을 간단하게 정리하거나 책을 간단히 소개하는 방식으로 정리함.
명장면, 명대사	자신에게 감동을 주는 구절이나 대사를 적어도 좋고, 감명 깊은 장면을 간단히 묘사해도 좋음.
책과 나의 연결 고리	• 자신의 경험을 떠올리며 인물의 태도나 가치관 등에 대한 자기 생각과 느낌을 진솔하게 표현함. • 작가가 이 작품을 통해 무엇을 드러내려 했는지 파악하고 이에 대한 자기 생각을 적어도 좋음.

➕ **보충 자료**
이야기 별 활용하여 내용 정리하기

어디서?
(무대)

누가?　　　　　　언제?
(인물)　　　　　　(분위기)
　　　　왜?

어떻게　　　　　어떤 일이
끝나는가?　　　벌어졌는가?
(해결)　　　　　(사건의 구성)

(작가가
의도한 주제)

2. 자신이 읽은 책을 소개하는 내용을 담아 책의 표지를 만들어 봅시다.

❶ 책의 표지에 담을 내용을 마련해 봅시다.

예시 답 |

> **책 제목** 『두근두근 내 인생』
>
> **표지에 넣을 삽화 장면**
> 환자복을 입고 아버지와 어머니 사이에서 환하게 웃고 있는 아름이의 모습을 제시하여, 아름이의 상황과 감정을 효과적으로 표현한다.
>
> | 작가 소개 | 인상 깊은 장면이나 구절 |
> |---|---|
> | 김애란
1980년, 인천에서 태어나 서산에서 자랐으며, 한국예술종합학교 연극원 극작과를 졸업했다. 대표작으로 소설집 『달려라, 아비』, 『침이 고인다』 등이 있다. | "사람이 누군가를 위해 슬퍼할 수 있다는 건,"<br>"네."
"흔치 않은 일이니까……"<br>"……"<br>"그러니까 너는,"<br>"네, 아빠."
"자라서 꼭 누군가의 슬픔이 되렴." |
> | **등장인물 소개** | **추천하는 글** |
> | • 아름: 남들보다 빨리 늙는 선천성 조로증에 걸린 열일곱 소년
• 대수, 미라: 열일곱의 나이에 아이를 가졌던 아름이의 부모 | 인생이 알 수 없는 신비로 가득하다는 것을 알아 버린 나이 든 어린 영혼이 건네는 이야기를 읽는 동안 두근거림이 멈추지 않는다. 책장이 바삐 넘어간다. 남은 부분이 얇아지면 얇아질수록 조바심이 난다. 하지만 읽는 일을 멈출 수 없다.
                                    − 성석제(소설가) |
>
> **책 소개 한 줄 평**
> • 나이 어린 부모와 너무 빨리 철이 든 아들의 사랑 이야기
> • 인생이 아름다운 신비로 가득하다는 것을 알아 버린 아름이가 전하는 따뜻한 위로

📦 책 표지에 넣고 싶은 것을 골라 그 내용을 마련해 보아요.

✏️ 지학이가 도와줄게! − 2 ❶

1번 활동에서 정리한 내용을 바탕으로 책 표지에 담을 내용을 마련해 보는 활동이야. 앞의 활동과 마찬가지로 교과서에 제시한 형식을 참고하되, 좀 더 개성적인 표현을 위해 자유롭게 내용을 구성할 수도 있단다. 컴퓨터나 스마트폰을 활용하여 문학 작품에 대한 다양한 정보를 탐색해 내용을 풍성하게 담아 보도록 하렴.

➕ **보충 자료**
책 표지 만들기

> 표지 만들 종이로 시트지나 마분지, 색지 등을 활용하고, 표지 그림을 꾸밀 사진, 색종이, 색연필, 매직, 사인펜 등을 상황에 맞게 준비함.

> 앞면, 뒷면, 책등, 앞날개, 뒷날개를 만듦. 이때 날개 대신 띠지를 만들 수도 있음.

> 책 표지 각각의 구성 요소에 맞게 내용을 넣어 창의적으로 꾸밈.

➕ **보충 자료**
책 표지 구성 요소

앞표지	책의 외장 부분으로 책 제목과 저자 이름, 출판사 등을 표시함.
뒤표지	바코드, 아이에스비엔(ISBN: 국제 표준 도서 번호), 가격 등을 제시함.
책등	앞표지와 뒤표지를 이어 주는 부분으로 책 제목, 저자 이름, 출판사 등을 표시함.
책날개	표지 안쪽으로 접어 넣는 부분으로 앞날개는 주로 저자를 소개하고, 뒷날개는 작가의 다른 책이나 출판사의 다른 책들을 광고함.
띠지	표지를 감싸는 부분으로 책의 핵심 내용을 담아 광고함.

2 **1**에서 마련한 내용을 바탕으로 책 표지를 만들어 봅시다.

예시

지학이가 도와줄게! - 2 **2**

앞에서 마련한 내용을 활용해 책 표지를 직접 제작해 보는 활동이란다. 활동에 앞서 특색 있는 책 표지 사례를 찾아보거나 책 표지에 들어갈 구성 요소별로 수록할 내용을 다시 한번 정리해 보면서 활동을 시작하면 효율적으로 이 활동을 할 수 있을 거야.
책 표지의 앞면과 뒷면에 책을 읽으면서 느낀 감상을 추천의 글, 한 줄 평, 저자 한마디, 인상 깊은 대사나 장면의 제시 등과 같은 다양한 형태로 표현하고 감상을 집약적으로 드러내는 그림을 그려 넣을 수도 있단다.

3. 완성한 책 표지를 교실 벽면에 전시한 후 가장 잘 만든 표지를 뽑아 봅시다.

지학이가 도와줄게! - 3

각자 완성한 책 표지를 교실 게시판이나 벽면을 활용해 전시해 보자. 그리고 다른 친구들의 책 표지를 보며 느낀 첫인상이나 장점 등을 자유롭게 이야기해 보고, 가장 잘 만든 표지를 뽑아 보자.
우수한 책 표지를 뽑는 심사 기준을 결정하는 토의 과정을 추가해 이 활동을 좀 더 적극적으로 수행할 수도 있단다.

예시 답 |

가장 잘 만든 표지

『어린 왕자』

까닭

어린 왕자와 여우 등 작품의 주요 등장인물이 삽화를 통해 효과적으로 표현되었고, 독자의 흥미를 끌 수 있는 인상적인 책의 구절이 잘 드러나 있다.

4. 이번 학기 독서 활동을 통해 관심이 생긴 책을 적어 보고, 독서 계획을 세워 봅시다.

예시 답 │

독서 계획 메모

친구들이 만들어서 전시한 책 표지를 보고, 『어린 왕자』와 『가시고기』라는 책에 관심이 생겼다. 『어린 왕자』는 도서관에서 찾아보니 두께가 얇아서 금방 읽을 수 있을 것 같았다. 또 뒤표지에 인용된 '가장 중요한 건 눈에 보이지 않아.'라는 구절을 보니 이 책의 내용이 무척 궁금해졌다. 쉬는 시간과 점심시간을 이용해서 읽고 나만의 표지를 만들어 친구와 비교해 보고 싶다. 『가시고기』는 내가 읽은 『두근두근 내 인생』과 주인공의 상황이 비슷해서 관심이 생겼는데, 방학 기간을 이용하여 독서 일지를 작성하며 읽어야겠다.

책꽂이를 어떤 책으로 채워 볼까?

활동 더 해 보기

1. 소개할 책 내용 정리하기

- 강조하고 싶은 내용
- 이 책을 읽으며 좋았던 점
- 이 책을 추천하고 싶은 사람
- 이 책에서 가장 인상 깊은 점
- 책을 통해 새롭게 깨달은 점

2. 책 소개하는 말하기 연습하기

- 책 제목, 이 책을 읽게 된 까닭에 관한 설명
- 책 표지를 중심으로 한 책 내용 소개

3. 책 소개하는 말하기
- 대본을 써 보되 보고 읽지 않도록 한다. 발표하러 나올 때는 자신이 만든 책 표지만 들고 나온다.
- 발표가 끝나면 다른 친구들은 궁금한 점을 질문한다.
- 친구들의 발표를 잘 듣고 책 소개하기 평가서를 작성한다.

⭐ 지학이가 도와줄게! - 4

독서 활동의 전 과정을 돌아보며, 활동을 통해 관심을 갖게 된 문학 작품을 정리해 독서 계획을 세워 보렴. 정리한 문학 작품을 중심으로 '읽고 싶은 책이 가득한 나만의 책장이나 책꽂이'를 꾸미면서 지속적인 독서 활동을 하면 나름의 보람과 재미를 느낄 수 있을 거야.

➕ **보충 자료**

앙투완 드 생텍쥐페리, 『어린 왕자』

1943년에 발표된 작품. 6년 전, 비행사인 '나'는 비행기 고장으로 사하라 사막에 추락했을 때 어린 왕자를 만나 양을 그려 달라는 부탁을 받는다. B-612라는 별에서 온 왕자는 자신의 별에 사랑하는 장미를 남겨 두고 여행길에 올랐으며, 몇몇 별을 거쳐 지구로 온다. 왕자는 여우를 만나고, 그들은 서로에게 길들여져 '세상에서 하나밖에 없는 꼭 필요한 존재'가 된다. 여우는 왕자에게 중요한 것은 눈에 보이지 않는다는 것, 다른 존재를 길들여 인연을 맺는 것이 중요하다는 것을 알려 준다. '길들임'의 의미를 알게 된 어린 왕자는 자기가 책임져야 하는 장미꽃이 존재한다는 사실을 깨닫고 자신의 별로 돌아가기로 결심한다.

조창인, 『가시고기』

홀로 된 호연은 급성 임파구성 백혈병에 걸린 어린 아들을 치료하기 위해 홀로 고군분투한다. 그러나 호연은 수입이 불안정한 데다 다니던 직장마저 잃게 된다. 결국 하나뿐인 아들의 수술비를 마련하기 위해 자신의 눈을 팔아 아들의 수술비를 마련하지만 이미 간암 말기였던 호연은 아들을 남기고 먼저 세상을 떠난다.

대단원을 닫으며

정리와 점검

·학습 목표 점검하기·

❶ 책 앞에서

- 문학 작품이 유명 인사들의 삶에 어떤 영향을 미쳤는지 생각해 보았나요?
  (◎, ✕)
- 이번 학기 독서 활동을 알아보았나요?
  (◎, ✕)

❷ 책 두드리기

- 감명 깊게 읽은 책을 골라 친구들에게 소개하였나요? (◎, ✕)
- 추천받은 책 중 선정 기준에 따라 이번 학기에 읽을 책을 선정하였나요?
  (◎, ✕)

❸ 책 누리기

- 인상적인 부분에 밑줄을 치거나 생각이나 느낌을 메모하며 적극적으로 책을 읽었나요?
  (◎, ✕)
- 책을 읽고 독서 일지를 성실하게 작성하였나요? (◎, ✕)

❹ 책 나누기

- 책 표지를 만들기 위한 준비를 잘하였나요? (◎, ✕)
- 책 표지를 만들어 친구들과 공유하였나요? (◎, ✕)
- 관심이 생긴 문학 작품을 중심으로 독서 계획을 세웠나요? (◎, ✕)

더 읽고 싶은 책의 목록

- 손원평, 『아몬드』
- 김훈, 『칼의 노래』
- 어니스트 헤밍웨이, 『노인과 바다』
-
-
-

비판적·창의적 사고 역량

이 역량은 다양한 상황이나 자료, 담화, 글을 주체적인 관점에서 해석하고 평가하여 새롭고 독창적인 의미를 부여하거나 만드는 능력을 말해. 이 단원에서는 글에 사용된 설명 방법을 파악하며 글을 읽고, 왜 그렇게 설명하는지, 글 전체가 어떤 구조로 되어 있는지를 체계적으로 이해하며 읽어봄으로써 능동적으로 글을 읽는 능력을 길러 보자.

읽기

쓰기

의사소통 역량

이 역량은 음성 언어, 문자 언어, 기호와 매체 등을 활용하여 생각과 느낌, 경험을 표현하거나 이해하면서 의미를 구성하고 자아와 타인, 세계의 관계를 점검하고 조정하는 능력을 말해. 이 단원에서는 다양한 설명 방법과 대상의 특성에 맞는 설명 방법을 활용하여 글을 읽고 쓰는 학습을 해 봄으로써 효과적으로 의사소통하는 능력을 길러 보자.

4

함께 이해하는 설명

(1) 세금, 얼마나 알고 있나요 _ 조준현

(2) 설명하는 글 쓰기

대단원을 펼치며

❂ 도입 만화를 살펴보면서 이 단원에서 배울 내용을 짐작해 보아요!

핵심 질문

설명하는 글을 잘 읽거나 쓰려면 어떻게 해야 할까?

 대단원을 이끄는 이 핵심 질문을 보면 이 단원에서 무엇을 배울 것인지 알 수 있어. 설명하는 글을 어떤 방법으로 읽고, 어떻게 써야 하는지 단원을 배우면서 답을 찾아보자.

보조 질문

• 알기 쉬운 설명서와 그렇지 않은 설명서의 차이는 무엇일까요?

예시 답 | 알기 쉬운 설명서는 읽는 이가 이해하기 쉽도록 잘 정리되어 있으면서 적절한 설명 방법으로 설명하고 있는 것이고, 그렇지 않은 설명서는 복잡하게 설명되어 있거나 설명 내용이 부족하여 이해하기 어려운 것이다.

• 설명을 이해하기 어려웠던 경험이 있으면 말해 봅시다.

예시 답 | 서랍장을 새로 사서 설명서를 보고 조립하려 하는데, 설명서에 그림이 없어서 어떻게 조립해야 하는지 이해하기 어려웠던 경우가 있었다.

[읽기] 다양한 설명 방법을 파악하며 글을 읽을 수 있다.
[쓰기] 대상의 특성에 맞는 설명 방법을 활용하여 글을 쓸 수 있다.

배울 내용

(1) 세금, 얼마나 알고 있나요	(2) 설명하는 글 쓰기	단원 + 단원
• 설명하는 글을 보며 다양한 설명 방법 이해하기 • 설명 방법이 적절하게 사용되었는지 판단하기	• 대상의 특성에 맞는 설명 방법 고르기 • 다양한 설명 방법을 활용하여 글 쓰기	• 설명 방법에 대한 이해를 바탕으로 『기술·가정』 교과서에 적용해 보기

(1) 세금, 얼마나 알고 있나요

생각 열기

다음 활동을 하면서 설명하는 방법에 관해 생각해 봅시다.

구름이란, 공기 중의 수분이 엉기어서 미세한 물방울이나 얼음 결정의 덩어리가 되어 공중에 떠 있는 것을 말합니다.

구름

구름에는 쌘비구름, 양떼구름, 뭉게구름 등이 있습니다.

구름

• 두 사람의 설명 방법에는 어떤 차이가 있는지 말해 봅시다.

예시 답ㅣ남학생은 구름의 뜻을 설명하고 있고, 여학생은 구름의 종류를 예를 들어 설명하고 있다.

• 구름을 두 사람과 다른 방법으로 설명할 방법은 없는지 생각해 봅시다.

예시 답ㅣ• 구름이 어떻게 생겨나고 사라지는지에 대해 원인과 결과에 따라 설명할 수 있다.
• 구름의 모양을 알기 쉽게 다른 대상에 빗대어 설명할 수 있다.

그림 속 학생들은 모두 '구름'이라는 동일한 대상을 설명하고 있지만 서로 다른 방법으로 설명하고 있다. 두 학생의 설명이 대상의 어떤 점을 설명하기 위한 것이며, 어떤 설명 방법이 더 쉽게 이해되었는지 친구들과 이야기해 보면서, 두 학생과는 다른 방법으로 '구름'을 설명할 방법은 없는지 생각해 보도록 한다.

• 쌘비구름(적란운, 소나기구름)

• 양떼구름

• 뭉게구름

이 단원의 학습 요소

학습 목표ㅣ다양한 설명 방법을 파악하며 글을 읽을 수 있다.

| 글에 사용된 설명 방법 파악하기 | ▶ | 글에 사용된 다양한 설명 방법을 파악하며 내용을 이해한다. |
| 사용된 설명 방법의 적절성 판단하기 | ▶ | 글에 사용된 설명 방법들이 독자의 이해에 도움을 주는 적절한 방법이었는지 판단해 본다. |

🍃 소단원 바탕 학습

핵심 개념 미리 보기

1. 설명문의 정의

설명문이란 어떤 사실이나 현상, 원리, 지식 등을 알기 쉽게 풀이하여 읽는 이를 이해시키는 것을 목적으로 하는 글이다.

2. 설명문의 특징

• 내용의 사실성: 정확한 지식이나 정보를 사실에 근거하여 전달한다.
• 관점의 객관성: 글쓴이의 주관적 의견 없이 객관적인 태도로 내용을 전달한다.
• 용어의 명확성: 뜻이 분명하게 전달되도록 명확한 용어를 사용한다.
• 설명의 평이성: 알기 쉬운 어휘와 문장으로 쉽고 간결하게 설명한다.
• 구성의 체계성: '처음(머리말)−중간(본문)−끝(맺음말)'의 3단 구성으로 짜임새 있게 서술한다.

3. 설명문의 구성

처음 (머리말)	설명 대상을 소개하고, 글을 쓰게 된 동기·목적·방법 등을 제시함.
중간	설명 대상을 적절한 설명 방법을 사용하여 구체적으로 설명함.
끝 (맺음말)	본문에서 설명한 내용을 간단히 요약·정리하여 마무리함. 설명의 의의, 전망, 견해 등을 덧붙이기도 함.

4. 설명문을 읽는 방법

• 처음 부분에서 설명하려는 바가 무엇인지 정확하게 파악한다.
• 중간 부분에서 각 문단의 요지를 바르게 간추리면서 문단의 연결 관계에 유의한다.
• 핵심어, 중심(주제) 문장을 찾아낸다.
• 설명 방법을 파악하고, 내용을 깊이 있게 이해한다.

5. 설명 방법

정의	어떤 사물이나 용어의 뜻을 명확하게 밝혀 주는 설명 방법. 대개 '무엇은 무엇이다.'의 형태로 이루어짐.
분류	어떤 대상에 속하는 것들을 일정한 기준에 따라 상위 개념으로 종류별로 묶어서 설명하는 방법
구분	어떤 대상에 속하는 것들을 일정한 기준에 따라 하위 개념으로 나누어 나가며 설명하는 방법
예시	어떤 대상에 대한 구체적인 예를 들어 설명하는 방법
비교	두 대상의 공통점을 들어 설명하는 방법
대조	두 대상의 차이점을 들어 설명하는 방법
분석	하나의 대상을 구성 요소로 나누어 설명하는 방법
인용	명언, 격언, 속담이나 다른 사람의 말을 가져와 화제를 설명하는 방법으로, 해당 분야의 전문가의 말을 인용하는 경우가 많음.

🍃 제재 훑어보기

세금, 얼마나 알고 있나요(조준현)

• 해제: 이 글은 세금의 뜻, 세금의 종류, 직접세와 간접세의 장단점 등에 관해 여러 가지 설명 방법을 활용하여 알기 쉽게 설명한 설명문이다.
• 갈래: 설명문
• 성격: 객관적, 해설적
• 제재: 세금
• 주제: 세금의 종류 및 직접세와 간접세의 장단점
• 특징
① 구체적인 사례를 통해 세금의 개념을 설명함.
② 세금의 종류를 분류·구분의 방법으로 체계적으로 제시함.
③ 직접세와 간접세를 비교·대조하여 대상의 특징을 밝힘.

세금, 얼마나 알고 있나요_조준현

학습 포인트
· 구성 단계상의 특징 알기
· 글에 사용된 설명 방법 파악하기

처음 **1** 미국의 제35대 대통령이었던 케네디는 취임식 연설에서 다음과 같이 말
직무를 수행하기 위해 맡은 자리에 처음으로 나아가 관계자를 모아 놓고 행하는 의식
했다.

『"국가가 여러분을 위해 무엇을 해 줄 것인지 묻지 말고, 여러분이 국가를 위
『 』: 케네디 대통령의 말을 인용함. 설명 방법 → 인용
해서 무엇을 할 것인지 물으십시오."』
국민이 먼저 국가에 대한 의무를 다해야 함을 말하려는 의도가 드러남.
　국가가 국민을 위해서 무엇인가를 해 주는 것은 물론 중요하다. 하지만 케네
디 대통령의 말처럼 국민이 국가를 위해 해야 할 의무 역시 중요하다. 대한민국
헌법이 정한 국민의 의무에는 납세의 의무가 포함되어 있다. 세금을 내는 것이
　　　　　　　　　세금을 냄.
국민이 지킬 의무 가운데 하나라는 뜻이다.　　➔ 국민이 지킬 의무 중 하나인 세금 납부의 의무

처음 　국민이 지킬 의무 중의 하나인 납세의 의무

중간1 **2** 세금이란 무엇일까? 우리나라를 지키고 여러분이 안심하고 학교에 다
질문을 통해 독자의 주의를 환기하고 설명 대상을 명확히 함.
닐 수 있으려면 많은 돈이 필요하다. 이러한 돈은 국민이 내는 세금으로 마련한
다. 즉 세금이란 국가가 나라 살림을 잘 꾸려 나갈 수 있도록 국민이 법에 따라
　　　　　　　　　세금의 개념을 풀어 설명함. 설명 방법 → 정의
내는 돈을 말한다.　　　　　　　　　　　　　　　➔ 세금의 정의

3 그럼 국민이 내는 세금은 주로 어디에 쓰일까? 정부가 많은 일을 하는 것은
대부분 알고 있을 것이다. 먼저 쉽게 볼 수 있는 것이 도로를 건설하거나 여러 공
　　　　　　　　　　　　　　　　　　　세금의 쓰임새 ①
공시설을 짓는 일이다. 나라를 지키는 국방, 국민의 안전과 질서를 유지하는 치
　　　　　　　세금의 쓰임새 ②　　　　　세금의 쓰임새 ③
안도 정부가 하는 일이다. 여러분이 받는 교육은 말할 것도 없다. 정부에서는 중
　　　　　　　　　　　세금의 쓰임새 ④
학교까지 °무상 교육을 하도록 지원하며, 무상은 아니지만 고등학교나 대학 교육
도 지원한다. 건강 보험 같은 °사회 보장 제도도 정부가 운영한다. 이러한 많은
　　　　　세금의 쓰임새 ⑤
일을 하기 위해 세금이 꼭 필요하다.　　　　　　➔ 세금의 쓰임새

읽기 중 활동

교과서 날개 ①
글의 첫 부분에 케네디 대통령의 말을 인용한 까닭은 무엇일까요?

→ 유명인의 말을 제시하여 독자의 관심을 유발하고, 국민의 의무인 세금 납부의 필요성을 강조하기 위해

교과서 날개 ②
이 부분에서 글쓴이는 세금을 어떤 방법으로 설명하고 있나요?

→ 세금이란 무엇인지 그 뜻을 밝히고 있다.

어휘 풀이
· 무상 교육: 교육을 받는 학생에게 일체의 경제적 부담을 주지 않고 무료로 실시하는 교육.
· 사회 보장 제도: 질병, 재해, 실직 따위의 어려움에 처한 사회 성원들의 생활을 국가가 공공 지원을 통하여 해결해 주는 제도.

➕ 보충 자료
존 F. 케네디(John F. Kennedy 1917 ~ 1963)
미국의 정치가로 제35대 대통령을 지냄. 소련과 부분적인 핵실험 금지조약을 체결하였고 중남미 여러 나라와 '진보를 위한 동맹'을 결성하였으며 평화봉사단을 창설하기도 함. 1963년, 댈러스시티에서 자동차 퍼레이드 중 암살자의 흉탄에 치명상을 입고 사망함.

찬찬샘 핵심 강의

• 구성 단계상의 특징

이 글은 '세금'에 관해 설명하는 설명문이야. 설명문은 주로 '처음(머리말) – 중간(본문) – 끝(맺음말)'의 3단계로 구성돼. **1**은 글의 처음 부분인데, 국민의 의무를 강조한 케네디 대통령의 말로 시작하여 독자의 관심을 끌고 있어. 그리고 국민의 의무 중 하나가 '납세'라고 하며 글의 설명 대상이 '세금'임을 알리고 있지.

2와 **3**부터는 세금에 관해 본격적으로 설명하는 중간 부분이야. 세금이란 무엇이고, 세금이 어떻게 쓰이는지를 설명하고 있지.

►핵심 포인트◄

처음	독자의 관심 유도, 설명 대상 소개	–	• 케네디의 말 인용 • 설명 대상인 '세금'을 언급함.
중간	대상에 관한 구체적 설명	–	• 세금의 개념 및 쓰임새를 설명함.

• 글에 사용된 설명 방법

이 글은 '세금'을 다양한 설명 방법을 사용하여 설명하고 있어. **1**에서는 케네디 대통령의 말을 '인용'하고 있는데, 이는 유명한 사람의 말을 제시하여 독자의 관심을 유도하고, 세금 납부의 필요성을 강조하기 위함이지.

2에서는 세금이란 무엇인지 그 뜻을 밝히고 있는데, 이처럼 대상의 개념이나 용어의 뜻을 풀이하여 설명하는 방법을 '정의'라고 해.

►핵심 포인트◄

설명 방법	설명 내용
인용	• 국가가 여러분을 위해 무엇을 해 줄 것인지 ~ 무엇을 할 것인지 물으십시오. → 유명인의 말을 인용하여 국민의 의무인 세금 납부의 필요성을 강조함.
정의	• 세금이란 국가가 ~ 법에 따라 내는 돈을 말한다. → 세금의 뜻을 명백하게 밝힘.

콕콕 확인 문제

1. 이와 같은 글의 목적으로 알맞은 것은?

① 교훈 전달　　　　　② 독자 설득
③ 특정 대상 비판　　　④ 객관적인 정보 전달
⑤ 주관적 정서 표현

2. 이 글을 통해 이해한 내용으로 적절하지 <u>않은</u> 것은?

① 세금을 걷는 방식은 국가마다 다르군.
② 세금을 내는 것은 헌법이 정한 국민의 의무이군.
③ 세금이 있어야 나라 살림을 꾸려 나갈 수 있겠군.
④ 법이 정한 바에 따라 국민이 내야 하는 돈이 세금이군.
⑤ 세금은 결국 국민의 기본적인 권리를 위해 사용되는군.

3. 정부가 하는 일 중 이 글에서 제시되지 <u>않은</u> 것은?

① 무상 교육　　　　　② 법률 제정
③ 국방과 치안　　　　④ 공공시설 건설
⑤ 사회 보장 제도의 운영

4. **1**에서 유명인의 말을 인용한 이유로 적절한 것은?

① 세금 납부의 필요성을 강조하기 위해
② 세금 납부를 잘하는 국가의 사례를 들기 위해
③ 국가가 살아야 국민도 살 수 있음을 알리기 위해
④ 국민이 있어야 국가가 있을 수 있음을 말하기 위해
⑤ 국민의 의무는 세금으로 다할 수 있음을 말하기 위해

|서술형|

5. **2**에 사용된 설명 방법이 무엇인지 서술하시오.

>
> • 설명 방법의 명칭과 특징을 서술할 것.
> • 설명 방법이 어떻게 사용되었는지 서술할 것.

4 세금에는 여러 가지 종류가 있다. 먼저 『세금은 누가 거두어들이느냐에 따라 크게 국세와 지방세로 나뉜다. 국세는 중앙 정부 기관인 °국세청과 °관세청에서 걷는 세금이고, °지방세는 지방 자치 단체에서 걷는 세금이다.

교과서 날개 ①

세금을 걷는 주체 – 기준 ①
국가의 재정 수입을 위하여 국가가 부과·징수함.
➜ 세금을 걷는 기관에 따른 세금의 종류 – 국세, 지방세

5 또한, 세금은 국가가 국민에게 세금을 걷는 방식에 따라 일반적으로 직접세와 간접세로 나눌 수 있다. 직접세는 세금을 부담해야 하는 개인이나 기업이 직접 내는 세금을 말한다. 개인이 내는 소득세, 재산세, 상속세, 그리고 기업이 내는 법인세 등이 여기에 속한다.』 이와 달리 간접세는 실제로 세금을 부담하는 사람과, 그 세금을 직접 내는 사람이 서로 다른 세금을 말한다. 어떻게 그럴 수 있을까?

기준 ②
직접세의 뜻을 풀이함. 설명 방법 → 정의
『 』: 설명 방법 → 분류·구분
간접세의 뜻을 풀이함. 설명 방법 → 정의
➜ 세금을 걷는 방식에 따른 세금의 종류 – 직접세, 간접세

교과서 날개 ②

6 예를 들어 여러분이 문구점에 가서 학용품을 샀다고 해 보자. 산 물건의 영수증을 살펴보면 물건값에는 °부가 가치세라는 세금이 포함되어 있을 것이다. 그러니까 여러분은 세금을 직접 세무서에 내는 것이 아니라, 물건 구매라는 간접적인 방식으로 부담하는 것이다. 그럼 누가 그 세금을 낼까? 바로 여러분에게 그 물건을 판 기업이나 가게 주인이다. 간접세는 이처럼 물건이나 서비스에 매기는 것으로 부가 가치세가 대표적인 예이다.

➜ 간접세의 예 – 부가 가치세

| 중간 1 | 세금의 뜻과 쓰임새, 종류 |

교과서 날개 ③

중간 2 **7** 그러면 직접세와 ㉠간접세 중에서 어느 것이 더 나은 방식일까? 직접세는 소득이나 재산에 따라 누진적으로 적용되는 경우가 많다. 소득이 높은 사람은 세금을 많이 내고 소득이 낮은 사람은 적게 내기 때문이다. 따라서 직접세는 소득 격차를 줄이는 기능을 한다. 세금을 통해 소득 격차를 줄일 수 있으니 공평하다고 할 수 있을 것이다. 물론 그 자체는 바람직하지만, 단점도 있다. 소득이 높은 사람들에게 세율을 높이면, 그들이 열심히 일하려는 의욕을 잃을 수도 있기 때문이다.

가격, 수량 따위가 더하여 감에 따라 상대적으로 그에 대한 비율이 점점 높아지는 것.
직접세의 장점
직접세의 단점
➜ 직접세의 장점과 단점

8 반면에 간접세는 소득이나 재산이 많든 적든 간에 부담하는 세금이 똑같다. 돈을 많이 버는 사람이 음료수 한 잔을 사 마시든지, 적게 버는 사람이 음료수 한 잔을 사 마시든지 둘이 내야 하는 세금은 같다. 생각하기에 따라서는 누구나 똑같이 내는 간접세가 더 공평하다고 생각할 수도 있다. 그러나 앞서 보았듯 간접세는 소득이 적을수록 내야 할 세금의 비율이 높은 셈이므로, 소득이 적은 사람이 지는 부담이 크다는 단점이 있다.

앞의 내용과는 반대의 내용이 전개될 것임을 나타내는 표지
간접세의 장점 ①
간접세의 단점 ①
➜ 간접세의 장점과 단점 ①

" 학습 포인트
· 글에 사용된 설명 방법 파악하기
· 세금의 종류 파악하기
· 직접세와 간접세의 차이점과 장단점 파악하기

읽기 중 활동

교과서 날개 ①
글쓴이가 세금의 종류를 나눈 기준을 파악해 봅시다.
→ · 세금을 걷는 주체
    · 세금을 걷는 방식

교과서 날개 ②
이 부분에 사용된 설명 방법은 무엇인가요?
→ 구체적인 예를 들어 간접세의 한 종류인 부가 가치세를 설명하고 있다.

교과서 날개 ③
이 부분에서 글쓴이는 무엇과 무엇을 서로 견주고 있나요?
→ 직접세와 간접세

어휘 풀이
· 국세청: 국내에 있는 사람이나 물건에 대한 세금을 매기고 거두는 일을 하는 중앙 행정 기관의 하나.
· 관세청: 수출·수입되거나 통과되는 화물에 대한 세금을 매기고 거두는 일을 하는 중앙 행정 기관의 하나.
· 지방세: 지방 자치 단체의 재정 수입을 위하여 지방 자치 단체가 부과·징수함.
· 부가 가치세: 국세의 하나. 거래 단계별로 상품이나 용역에 새로 부가하는 가치. 곧, 이익에 대해서만 부과하는 일반 소비세로 우리나라에서는 1977년부터 실시하였음.

• 세금의 종류

4~6에서는 세금의 종류에 대해 설명하고 있어. 이때 세금을 일정한 기준에 따라 나누거나 묶어 설명하는 방법인 분류·구분의 설명 방법을 사용하고 있어. 그런 다음에는 각 세금에 해당하는 예를 들고 있는데 이는 '예시'의 설명 방법을 활용한 거야. 또한 '국세', '지방세', '직접세', '간접세' 등의 뜻을 명확하게 풀이하고 있는데 이런 설명 방법을 '정의'라고 해.

›핵심 포인트‹

세금의 종류		설명 방법
세금을 걷는 주체	국세: 중앙 정부 기관인 국세청과 관세청에서 걷는 세금	분류·구분, 예시, 정의
	지방세: 지방 자치 단체에서 걷는 세금	
세금을 걷는 방식	직접세: 세금을 부담해야 하는 개인이나 기업이 직접 내는 세금 ㉐ 소득세, 재산세, 상속세, 법인세	
	간접세: 실제로 세금을 부담하는 사람과, 그 세금을 직접 내는 사람이 서로 다른 세금 ㉐ 부가 가치세	

• 직접세와 간접세의 장단점 ①

7~8에서는 직접세와 간접세의 장단점을 견주어 설명하고 있어. 이처럼 두 대상의 차이점을 들어 설명하는 방법을 '대조'라고 해.

›핵심 포인트‹

	장점	단점	설명 방법
직접세	소득이 많으면 세금이 늘어나므로 소득 격차를 줄일 수 있음.	소득이 높은 이들의 세율을 높이면 그들이 일하려는 의욕을 잃을 수 있음.	대조
간접세	누구나 세금을 공평하게 납부함.	소득이 적을수록 내야 할 세금의 비율이 높아 소득이 적은 이들의 부담이 큼.	

6. 이 글을 통해 알 수 있는 내용으로 적절하지 <u>않은</u> 것은?
① 소득이 많으면 직접세도 많이 내야 한다.
② 물건을 살 때마다 내는 세금이 간접세이다.
③ 소득세나 상속세, 재산세는 국세에 해당한다.
④ 직접세는 소득의 격차를 줄여 주는 효과가 있다.
⑤ 학용품에 매겨진 세금을 부담하는 사람은 학용품을 사는 사람이다.

7. 4와 5에 공통적으로 사용된 설명 방법은?
① 비교   ② 대조
③ 구분   ④ 예시
⑤ 인과

8. 7과 8의 전개에 사용된 설명 방법과 동일한 설명 방법이 사용된 것은?
① 여드름은 주로 사춘기에 얼굴 등에 나는 붉고 작은 종기이다.
② 혈액은 고형 성분인 혈구와 액체 성분인 혈장으로 구성되어 있다.
③ 동사란 움직임을 나타내는 단어이다. 예를 들면 '가다', '보다', '듣다' 등과 같은 것이 그것이다.
④ 서양의 벽난로는 장작이 다 타면 실내가 금방 추워지지만 구들은 장작을 조금만 때도 열이 오래 지속된다.
⑤ 버섯의 주름살은 홀씨를 만드는 곳이다. 김영미 버섯 연구가는 "주름살이 촘촘하고 구멍이 많을수록 홀씨를 많이 만들 수 있다."고 하였다.

9. 이 글의 내용을 참고할 때, ㉠이 사라졌을 때 나타날 수 있는 일로 적절한 것은?
① 국세의 비중이 높아질 것이다.
② 소비자가 살 물건값이 내려갈 것이다.
③ 세금을 공평하게 내는 효과가 생길 것이다.
④ 개인이 세금을 직접 내지 않아도 될 것이다.
⑤ 소득이 적은 사람은 세금 부담이 커질 것이다.

|서술형|
10. 4와 5에서 세금의 종류를 나누는 기준이 무엇인지 서술하시오.

9 그런데 정부 쪽에서 보면 간접세가 직접세보다 걷기 쉽다는 장점이 있다. <u>간접세의 장점 ②</u> ⊙직접세는 국민의 소득이나 재산을 일일이 조사해야 매길 수 있는데, 그 일이 무척 복잡하기 때문이다. 반면에 간접세는 소비자들이 물건을 살 때마다 자동으로 내게 되니 정부로서는 편하다. 그런데 세금이 잘 걷힌다고 효율적이라고 생각하는 것은 *섣부른 판단이다. 간접세 비중이 높으면 직접세로 얻을 수 있는 소득 격차를 줄이는 효과가 약해질 수 있기 때문이다. <u>간접세의 단점 ②</u> 이렇듯 ⓒ장점이 있으면 단점도 있게 마련이다. 그러므로 직접세와 간접세 가운데 무엇이 더 낫다고 말하기는 어렵다.

→ 간접세의 장점과 단점 ②

학습 포인트
· 글에 사용된 설명 방법 파악하기
· 직접세와 간접세의 장단점 파악하기
· 글의 구성 단계 파악하기

읽기 중 활동

교과서 날개
두 대상을 각각 설명하지 않고 견주어 설명한 까닭은 무엇일까요?
→ 직접세와 간접세의 차이점을 효과적으로 설명하기 위해

중간 2　간접세와 직접세의 장점과 단점

어휘 풀이
· 섣부른: 솜씨가 설고 어설픈.
· 탈세: 납세자가 납세액의 전부 또는 일부를 내지 않는 일.
· 납부: 세금이나 공과금 따위를 관계 기관에 냄.

끝 **10** <u>앞에서도 말했듯이 세금을 내는 것은 국민의 의무이다.</u> 그런데 일부의 <u>처음 부분에서 한 말을 반복하여 내용 강조 → 세금 납부의 중요성 강조</u> 사람 중에는 법을 무시한 채 막무가내로 세금을 안 내려 하기도 한다. 이것은 엄연한 범죄이다. 이러한 *탈세가 많이 일어나면 성실한 납세자가 피해를 본다. 그래서 정부는 탈세를 막기 위해 다양한 노력을 기울이고 있다. <u>영수증 주고받기를</u> 권장하는 것이 대표적인 예이다. 물건을 사고팔 때마다 가게 주인이 영수증을 발급하고 손님이 그 영수증을 챙기면, 가게의 소득이 전부 포착되고 손님, 즉 소비<u>알려지고</u> 자가 낸 부가 가치세가 정부에 빠짐없이 *납부된다. 여러분도 이제는 물건을 살 때 영수증을 챙기는 것, 잊지 말자.

→ 성실한 세금 납부를 위한 노력 당부

보충 자료
국민의 의무
일반적으로 '국민의 4대 의무'라 하면 국방의 의무, 근로의 의무, 교육의 의무, 납세의 의무를 말한다. 헌법에 규정된 '국민의 6대 의무'는 여기에 환경 보전의 의무, 공공복리에 적합한 재산권 행사의 의무가 더해진다. 이 중 국방의 의무, 납세의 의무를 제외하고는 권리인 동시에 의무에 해당한다.

끝　성실한 세금 납부의 중요성

• 간접세의 장단점 ②

9에서는 직접세와 대조하여 간접세의 장점과 단점을 설명하고 있어. 또한 직접세와 간접세는 둘 다 장점과 단점을 갖고 있어 무엇이 더 낫다고 말하기는 어렵다고 하지. 이처럼 두 대상을 견주어 비교와 대조를 하여 설명하면 독자가 더 쉽게 이해할 수 있어.

핵심 포인트

	간접세	설명 방법
장점	소비자가 물건을 살 때마다 자동으로 세금을 내므로 정부의 입장에서는 세금을 걷기 쉬움. (↔ 직접세는 국민의 소득이나 재산을 일일이 조사해야 매길 수 있으므로 복잡함.)	대조, 비교
단점	간접세 비중이 높으면 직접세로 얻을 수 있는 소득 격차를 줄이는 효과가 약해짐.	

• 구성 단계상의 특징

10은 이 글의 '끝(맺음말)' 부분에 해당함. 설명문의 단계 중 '끝' 부분에서는 주로 본문에서 설명한 내용을 간단히 요약·정리하여 마무리하고, 글쓴이의 당부 등을 덧붙이기도 하지. **10**에서는 세금 납부가 국민의 의무임을 다시 한번 강조하고, 성실한 세금 납부의 방법으로 '영수증 주고받기'를 예로 들어 설명하며 글을 마무리하고 있어.

핵심 포인트

세금 납부의 당위성 강조	세금 납부는 국민의 의무이므로 탈세를 막아야 함.
탈세를 막기 위한 노력의 예	영수증 주고받기 [설명 방법: 예시]

11. 이 글에 대한 설명으로 적절하지 <u>않은</u> 것은?

① 구체적인 예를 들어 독자의 이해를 돕고 있다.

② 직접세와 간접세를 견주어 특징을 설명하고 있다.

③ 글쓴이의 주관적인 견해를 논리적으로 제시하고 있다.

④ 세금에 종류와 특징을 객관적이고 사실적으로 설명하고 있다.

⑤ 간결하고 정확한 표현으로 뜻이 분명하게 전달되도록 하였다.

12. 이 글의 내용과 일치하지 <u>않는</u> 것은?

① 간접세는 물건 값에 포함되어 있다.

② 탈세를 막기 위해서는 간접세 비중을 높여야 한다.

③ 직접세를 부과하려면 개인의 소득을 조사해야 한다.

④ 직접세와 간접세는 둘 다 장점과 단점을 갖고 있다.

⑤ 직접세의 비중을 높이면 소득 격차를 줄이는 효과를 얻을 수 있다.

13. 에 사용된 설명 방법은?

① 비교   ② 대조

③ 인과   ④ 분석

⑤ 예시

14. 과 의미가 통하는 한자 성어는?

① 일장춘몽(一場春夢)   ② 유명무실(有名無實)

③ 주객전도(主客顚倒)   ④ 장단상교(長短相較)

⑤ 일장일단(一長一短)

|서술형|

15. 이 글의 내용을 참고할 때, 〈보기〉의 '경아'가 보인 행동에는 어떤 문제가 있는지 주어진 〈조건〉을 참고하여 서술하시오.

> **보기**
>
> 경아는 옷가게에 가서 마음에 드는 옷을 고르고 값을 좀 깎아 달라고 하였다. 주인은 영수증 없이 현금으로 사면 10%를 깎아 준다고 하여 경아는 그렇게 했다.

> **조건**
>
> • 문제점을 지적하고, 문제라고 생각한 이유를 서술하시오.

학습활동

이해 활동

1. 글의 순서에 따라 주요 내용을 정리해 보고, 설명하는 글의 구조를 파악해 봅시다.

단계	단계별 역할	주요 내용
처음	관심 유발 및 설명 대상 소개	• 케네디 대통령의 일화를 소개함. • 납세의 의무는 국민이 지킬 의무 중 하나임.
중간	대상에 관한 구체적 설명	• 세금의 뜻 국가가 나라 살림을 잘 꾸려 나갈 수 있도록 국민이 법에 따라 내는 돈을 말한다. • 정부가 세금으로 하는 일 공공시설 마련, 국방 강화, 치안 유지, 교육 지원, 사회 보장 제도 운영 • 세금의 종류 – 국세: 중앙 정부 기관인 국세청과 관세청에서 걷는 세금 – 지방세: 지방 자치 단체에서 걷는 세금 – 직접세: 세금을 부담해야 하는 개인이나 기업이 직접 내는 세금 – 간접세: 실제로 세금을 부담하는 사람과, 그 세금을 직접 내는 사람이 서로 다른 세금
끝	요약 정리 및 마무리	• 탈세를 막기 위한 정부의 노력 • 탈세를 막기 위해 우리가 해야 할 일

2. 글쓴이가 이 글을 쓴 목적을 말해 봅시다.

예시 답 | 세금의 필요성과 종류를 널리 알리려고 한다.

---

1. 글의 중심 내용 및 구조 파악하기

지학이가 도와줄게!

글의 짜임을 '처음-중간-끝'으로 나누고 이에 따라 각 문단의 핵심 내용을 정리하면 돼.

시험엔 이렇게!!

1. 글의 처음 부분에 케네디 대통령의 말을 인용한 이유로 적절한 것은?

① 독자의 수준에 맞추기 위해
② 글쓴이의 주장을 드러내기 위해
③ 독자의 배경지식을 넓히기 위해
④ 우리 사회의 문제점을 제기하기 위해
⑤ 설명 대상에 대한 독자의 관심을 유발하기 위해

2. 글의 목적 파악하기

지학이가 도와줄게!

설명문의 목적이 정보 전달임을 기억하고, 1에서 정리한 중심 내용을 살펴보면 글쓴이가 이 글을 쓴 목적을 알 수 있어.

시험엔 이렇게!!

2. 글쓴이가 이 글을 쓴 의도로 적절한 것은?

① 탈세 행위를 비판하기 위해
② 세금을 잘 내도록 설득하기 위해
③ 세금의 필요성과 종류를 알리기 위해
④ 세금을 통해 국민의 소득 격차를 해소하기 위해
⑤ 세금과 관련된 글쓴이의 경험을 독자와 나누기 위해

목표 활동

1. 이 글에 사용된 다양한 설명 방법을 알아봅시다.

1 다음 부분에 사용된 설명 방법을 찾아 바르게 연결해 봅시다.

> 세금이란 국가가 나라 살림을 잘 꾸려 나갈 수 있도록 국민이 법에 따라 내는 돈을 말한다.

> 적절한 사례를 들어 쉽게 설명하는 방법

> 예를 들어 여러분이 문구점에 가서 학용품을 샀다고 해 보자. 산 물건의 영수증을 살펴보면 물건값에는 부가 가치세라는 세금이 포함되어 있을 것이다. 그러니까 여러분은 세금을 직접 세무서에 내는 것이 아니라, 물건 구매라는 간접적인 방식으로 내는 것이다. 그럼 누가 그 세금을 낼까? 바로 여러분에게 그 물건을 판 기업이나 가게 주인이다. 간접세는 이처럼 물건이나 서비스에 매기는 것으로 부가 가치세가 대표적인 예이다.

> 어떤 말이나 대상의 뜻을 밝혀 주는 방법

2 이 글에서 설명하고 있는 세금의 종류를 다음의 기준에 따라 정리해 보고, 여기에 사용된 설명 방법을 적어 봅시다.

기준	세금의 종류	설명 방법
누가 거두어들이느냐에 따라	국세, 지방세	대상을 일정한 기준에 따라 나누어 설명함.
세금을 걷는 방식에 따라	직접세, 간접세	

➕ 보충 자료

분류와 구분

분류와 구분은 둘 이상의 대상에 관해 단일한 기준으로 그 종류를 갈라 설명하는 방식이다. 이때 상위 개념으로 묶어 나가는 것을 분류라 하고, 하위 개념으로 나누어 나가는 것을 구분이라 한다. 그런데 이 또한 실제 언어생활에서 엄밀하게 구분하기 힘들어서 한데 묶어서 '분류 · 구분'이라고 표시하는 경우가 많다.

1. 설명 방법 파악하기

⭐ 지학이가 도와줄게! - 1 **1**

본문 활동에서 살펴본 설명 방법을 확인하는 활동이야. 왼쪽에 제시된 설명 내용을 읽고 오른쪽에 제시된 설명 방법 중 어떤 것이 사용되었는지 파악하여 연결해 보면 돼.

시험엔 이렇게!!

3. 다음 글에 사용된 설명 방법은?

> 직접세는 세금을 부담해야 하는 개인이나 기업이 직접 내는 세금을 말한다.

① 예시   ② 구분
③ 정의   ④ 대조
⑤ 비교

⭐ 지학이가 도와줄게! - 1 **2**

왼쪽의 기준을 참고하여 세금의 종류를 정리해 보면 '구분'이 일정한 기준에 따라 설명 대상을 나누어 설명하는 방법임을 다시 확인할 수 있어.

시험엔 이렇게!!

4. 〈보기〉에서 악기를 나누는 기준은 무엇인지 찾아 쓰시오.

> 보기
>
> 악기는 소리를 내는 방법에 따라 나눌 수 있는데, 줄을 켜거나 타서 소리를 내는 현악기, 입으로 불어서 공기를 진동시켜 소리를 내는 관악기, 두드려서 소리를 내는 타악기 등으로 나눌 수 있다.

학습활동

3 이 글에서 직접세와 간접세를 설명한 내용을 떠올리며 빈칸을 채워 보고, 사용된 설명 방법을 말해 봅시다.

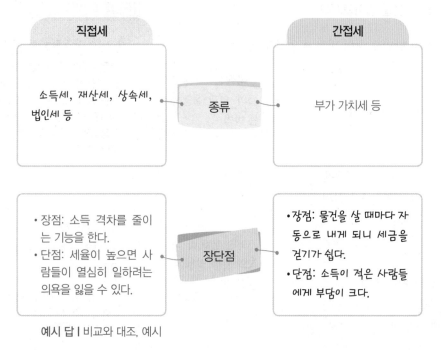

직접세		간접세
소득세, 재산세, 상속세, 법인세 등	**종류**	부가 가치세 등
• 장점: 소득 격차를 줄이는 기능을 한다. • 단점: 세율이 높으면 사람들이 열심히 일하려는 의욕을 잃을 수 있다.	**장단점**	• 장점: 물건을 살 때마다 자동으로 내게 되니 세금을 걷기가 쉽다. • 단점: 소득이 적은 사람들에게 부담이 크다.

예시 답 | 비교와 대조, 예시

4 이 글의 설명 방법이 '세금'을 이해하는 데 어떤 도움이 되었는지 말해 봅시다.

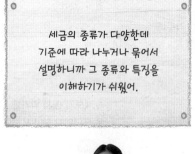

세금의 종류가 다양한데 기준에 따라 나누거나 묶어서 설명하니까 그 종류와 특징을 이해하기가 쉬웠어.

예시 답 | 직접세와 간접세가 무엇인지 그 차이점을 중심으로 설명하니 장단점을 효과적으로 이해할 수 있었어. / 간접세 중에서 부가 가치세에 관해 예를 들어 설명해 주어서 나도 세금을 내고 있다는 것을 알 수 있었어.

지학이가 도와줄게! – 1 3

이 글은 직접세와 간접세를 서로 견주어 설명하고 있어. 직접세와 간접세의 종류나 장단점이 무엇인지 글에서 찾아 정리해 보자.

시험엔 이렇게!!

5. 직접세와 간접세의 차이점을 견주어 설명하기에 적절한 설명 방법은?

① 비교　　② 대조
③ 구분　　④ 분석
⑤ 정의

지학이가 도와줄게! – 1 4

1~3의 활동을 종합적으로 살펴보고 답해 보자. 대상을 설명하기에 효과적인 설명 방법을 사용하면 독자가 글을 더 쉽게 이해할 수 있어.

시험엔 이렇게!!

6. '분류, 구분'의 설명 방법을 사용할 때 얻을 수 있는 효과로 알맞은 것은?

① 대상의 뜻을 명확하게 알 수 있다.
② 설명 내용을 실감나게 이해할 수 있다.
③ 현상의 원인과 결과를 쉽게 파악할 수 있다.
④ 추상적인 내용을 구체적으로 이해할 수 있다.
⑤ 여러 대상이 지닌 특성을 효과적이고 체계적으로 이해할 수 있다.

2. 다음 글을 읽고, 다양한 설명 방법을 더 살펴봅시다.

가　구들의 구조는 크게 불을 때는 곳인 아궁이, 열기가 지나가는 통로인 °고래, 그
_{구들의 구조를 여러 부분으로 나누어 설명함. 설명 방법 → 분석}
리고 연기가 밖으로 배출되는 굴뚝으로 나뉜다. 아궁이에 불을 지피면 열기를 머
금은 연기는 경사면을 타고 올라가 °부넘기라는 턱에 맞닥뜨린다. 부넘기에 부딪
_{불길(연기) 이동 통로 ①}
혀 위로 솟구친 연기는 긴 통로를 지나가게 되는데, 이 길이 고래이다. 이때 연기
는 그 열기를 한껏 머금고 고래 위에 덮어 놓은 °구들장을 데우며 지나간다. 고래
_{불길(연기) 이동 통로 ②}
의 끝자락에 있는 웅덩이가 °개자리이다. 개자리는 고래보다 깊이 파여 있어 찬
_{불길(연기) 이동 통로 ③}
기운이 감돌기 때문에 불길에 딸려 온 그을음이나 티끌이 이곳에 떨어진다. 개자리에서 머물던 연기는 그만큼 가벼워져서 연도를 통해 굴뚝
_{연기가 빠져나가는 통로}
으로 빠져나가게 된다.

▲ 재래식 구들의 구조도

－ 신영훈, 『우리가 정말 알아야 할 우리 한옥』

나　여드름은 주로 사춘기에 얼굴 등에 나는 붉고 작은 종기로, 모공에 쌓인 피지에
_{여드름의 뜻을 명확히 밝힘. 설명 방법 → 정의} _{털구멍}
세균이 증식하여 생긴다. 『피지는 모공 안쪽의 피지샘에서 만들어져 모공을 통해
_{피부 안쪽에 있는, 지방을 분비하는 선}
분비되는 기름 물질이다.』『피지는 피부를 먼지 등으로부터 보호하고 촉촉하게 유
_{『 』: 피지의 뜻을 명확히 밝힘. 설명 방법 → 정의}
지하는 구실을 하므로 적절히 분비되면 피부 건강에 도움이 된다. 하지만 이것이
피부 밖으로 원활히 배출되지 못하면 먼지나 때 등과 함께 굳어 모공 안에 쌓이게
된다. 호르몬 분비가 왕성한 사춘기에 피지가 과다 분비되어 이런 일이 자주 일어
_{너무 많이}
나며, 이렇게 쌓인 피지에 세균이 증식해서 여드름이 생기는 것이다.』
_{『 』: 여드름이 생기는 원인을 설명함. 설명 방법 → 인과}

1 **가**의 내용을 파악하여 아래의 빈칸을 채워 봅시다.

설명 대상		한옥의 구들
대상을 이루는 구성 요소	아궁이	불을 때는 곳
	고래	열기가 지나가는 통로
	굴뚝	연기가 밖으로 배출되는 곳

● 제재 분석

	가	나
갈래	설명문	설명문
제재	한옥의 구들	여드름
주제	한옥 구들의 구조	여드름이 생기는 이유
설명 방법	분석	인과

어휘 풀이
• 고래: 방의 구들장 밑으로 나 있는, 불길과 연기가 통하여 나가는 길.
• 부넘기: 방고래가 시작되는 어귀에 조금 높게 쌓아 불길이 아궁이로부터 골고루 방고래로 넘어가게 만든 언덕.
• 구들장: 방고래 위에 깔아 방바닥을 만드는 얇고 넓은 돌.
• 개자리: 불기운을 빨아들이고 연기를 머무르게 하려고 방고래보다 더 깊이 파 놓은 고랑.

지학이가 도와줄게! – 2 ❶

가는 한옥의 구들을 여러 부분으로 나누어 설명하고 있어. 한옥의 구들을 이루는 요소를 찾아보고 그에 대한 설명을 찾아 빈칸에 써 보자.

시험엔 이렇게!!

7. **가**에 나타난 열기를 띤 연기가 구들을 이동하는 과정을 정리할 때, 빈칸에 들어갈 알맞은 말을 쓰시오.

아궁이 → (㉠) → (㉡) →
(㉢) → 연도 → (㉣)

2 ❶을 바탕으로 ㉮에서 한옥의 구들을 설명한 방법이 무엇인지 말하고, 사용된 설명 방법이 적절한지 판단해 봅시다.

예시 답 | 분석. 구들을 구성 요소인 '아궁이, 고래, 굴뚝'으로 나눈 후, 구성 요소를 제시한 순서대로 설명하여 독자가 구들의 구조를 쉽게 이해할 수 있도록 하였으므로 구들을 설명하기에 적절한 설명 방식이다.

3 ㉯에서 사용한 설명 방법은 무엇인지 빈칸을 채우면서 답해 봅시다.

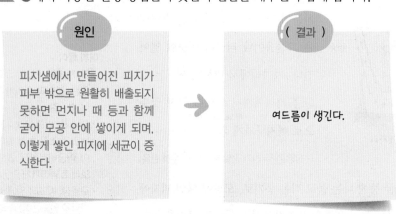

원인

피지샘에서 만들어진 피지가 피부 밖으로 원활히 배출되지 못하면 먼지나 때 등과 함께 굳어 모공 안에 쌓이게 되며, 이렇게 쌓인 피지에 세균이 증식한다.

(결과)

여드름이 생긴다.

예시 답 | 인과

글의 이해를 돕는 다양한 설명 방법

설명하는 글에는 정의, 예시, 비교·대조, 분류·구분, 인과, 분석 등과 같은 설명 방법이 사용됩니다. 설명하는 글을 읽을 때 이러한 설명 방법을 파악하며 글을 읽으면, 글의 내용을 더 정확하고 쉽게 이해할 수 있습니다.

정의	어떤 말이나 대상의 뜻을 밝혀 풀이하는 방법
예시	내용에 관한 구체적인 예를 보이는 방법
비교·대조	대상 간의 유사점이나 차이점을 견주어 설명하는 방법
분류·구분	대상을 일정한 기준에 따라 나누거나 묶어 설명하는 방법
인과	대상이나 사건의 원인과 결과를 밝혀 설명하는 방법
분석	대상을 구성하는 요소나 부분으로 나누어 설명하는 방법

지학이가 도와줄게! - 2 ❷

㉮에서는 구들의 구조를 여러 부분으로 나누어 설명하고 있어. 이런 방법은 전체를 구성 요소로 나눌 수 있는 사물들, 즉 시계, 컴퓨터 등을 설명하기에 적절하단다.

시험엔 이렇게!!

8. '분석'의 설명 방법에 대한 이해가 적절하지 <u>않은</u> 사람은?

① 윤이: '분석'이란 전체를 여러 부분이나 구성 요소로 나누어 설명하는 방법이야.
② 선미: 한옥의 구들을 '고래, 굴뚝, 아궁이' 등으로 나누어 설명하는 것 말이지?
③ 다현: 그렇게 나누어 설명할 경우, '아궁이, 고래, 굴뚝' 등과 같이 일정한 순서대로 제시하는 것이 좋지.
④ 경철: 그럼 집을 '벽돌집, 나무집, 돌집' 등으로 나누는 것도 분석에 해당하겠군.
⑤ 상우: 자전거나 컴퓨터의 구조도 분석을 사용하여 설명하면 효과적이겠어.

지학이가 도와줄게! - 2 ❸

여드름이 생기는 원인으로 제시한 부분을 찾아 답을 써 보고, 이와 같은 설명 대상을 설명하기에 적합한 설명 방법이 무엇일지 생각해 보자.

시험엔 이렇게!!

9. 〈보기〉에 사용된 설명 방법은?

보기

구들은 잠시만 때도 열이 오래도록 지속된다. 온돌의 부넘기와 개자리 같은 장치가 열이 빠져 나가지 못하도록 막아주기 때문이다.

① 비교　② 정의
③ 인과　④ 예시
⑤ 구분

창의 · 융합 활동

혼자하기

■ 뉴스를 보고, 설명 방법을 활용하여 카드 뉴스를 만들어 봅시다.

1. 다음 뉴스에서 사용한 설명 방법이 무엇인지 말해 봅시다.

진행자 한국의 초미세 먼지 노출도 순위가 경제협력개발기구, 즉 오이시디(OECD) 가입 국가들 가운데 가장 높은 것으로 조사됐습니다. ○○○ 기자입니다.

기자 오이시디가 공개한 자료를 보면 지난 2015년 한국의 초미세 먼지 노출도는 1세제곱미터(㎥)에 32.0마이크로그램(㎍)으로 35개 회원국 가운데 가장 나빴습니다. 『초미세 먼지는 자동차나 석탄 등의 화석 연료에서 발생하는 지름 2.5마이크로미터(㎛) 이하의 아주 작은 먼지로, 사람의

초미세 먼지의 뜻을 풀이함. 설명 방법 → 정의

폐 안까지 침투해 각종 호흡기 질환을 일으키는 원인으로 꼽힙니다.』『이런 결과는 국

『 』: 인과의 설명 방법 ①　　　　　　　　　오이시디 가입 국가 중 한국의 초미세 먼지 노출 순위가 높다는 결과

내 에너지 생산에서 신재생 에너지보다 석탄 발전 비중이 압도적으로 높기 때문이라는

분석이 나옵니다.』『실제로 오이시디가 조사한 한국

『 』: 인과의 설명 방법 ②

의 재생 에너지 의존도는 조사 대상 46개 국가 가운데 45번째로 최하위권이었습니다. 이에 반해 신재생 에너지 사용 비중이 높은 아이슬란드와 노르웨이, 뉴질랜드 등은 초미세 먼지 노출도가 낮은 국가로 꼽혔습니다.』『 』: 비교·대조의 설명 방법

– 와이티엔(YTN)(2017. 9. 17. 방송)

예시 답 l 초미세 먼지의 뜻을 밝혀 풀이하는 정의의 설명 방법이 사용되었다. 또한, 초미세 먼지와 호흡기 질환의 관계 및 석탄 발전 비중의 관계를 인과의 방법으로, 한국과 초미세 먼지 노출도가 낮은 국가를 비교 · 대조의 방법으로 설명하였다.

★★
1. 뉴스 기사에 사용된 설명 방법 파악하기

○ 활동 제재 개관
갈래: 텔레비전 뉴스 기사
성격: 사실적
제재: 한국의 초미세 먼지 노출도 순위
주제: 오이시디 가입 국가 중 가장 높은 한국의 초미세 먼지 노출도 순위

✐ 지학이가 도와줄게! – 1

뉴스 본문을 꼼꼼히 읽고 뉴스에 사용된 설명 방법을 찾아보자. 화제가 되는 것은 '한국의 초미세 먼지 노출도'이므로 이와 관련된 내용을 살피고, 뉴스의 문장을 하나하나 살피며 어떠한 설명 방법이 사용되었는지 찾도록 한다.

➕ 보충 자료
경제협력개발기구
경제 성장, 개발 도상국 원조, 통상 확대의 세 가지를 주요 목적으로 하여 1961년에 창설된 국제 경제 협력 기구. 우리나라는 1996년에 회원국으로 가입하였다.

2. 1의 뉴스를 바탕으로 세 장짜리 카드 뉴스를 만들어 봅시다.

예시 답 |

2. 카드 뉴스 만들기

○ 활동 탐구

1의 뉴스에 사용된 다양한 설명 방법을 파악한 후, 이를 참고하여 세 장짜리 카드 뉴스를 만들어 보는 활동이다. 실제 카드 뉴스를 만들어 보는 활동을 통해 설명하는 대상에 맞는 적절한 설명 방법을 사용하여 효과적으로 뉴스를 제작하는 기회를 가져 보도록 한다.

지학이가 도와줄게! - 2

〈예시〉와 같이 사진과 간단한 글로 1의 뉴스에 관한 카드 뉴스를 작성해 보자.

1의 뉴스에서 어떠한 내용이 각 카드에 들어가는 것이 좋을지 생각해 보고, 적절한 설명 방법을 활용하여 뉴스 내용을 간략하게 서술하도록 해 보자. 그리고 서술 내용에 적절한 시각 자료를 찾아 넣어 보자.

○ 신재생 에너지

신재생 에너지는 신에너지와 재생 에너지를 합쳐 부르는 말이다. 기존의 화석 연료를 변환시켜 이용하거나 햇빛, 물, 강수, 생물 유기체 등을 포함하여 재생이 가능한 에너지로 변환시켜 이용하는 에너지를 말한다. 재생 에너지에는 태양광, 태양열, 바이오, 풍력, 수력 등이 있고, 신에너지에는 연료 전지, 수소 에너지 등이 있다. 초기 투자 비용이 많이 든다는 단점이 있지만 화석 에너지의 고갈 문제와 환경 문제에 대한 중요성이 언급되면서 신재생 에너지에 대한 관심이 높아지고 있다.
— 기획재정부, 『시사경제용어사전』

⊕ 보충 자료
카드 뉴스
짧은 글과 이미지로 전달하고 싶은 내용을 쉽게 전달하는 카드 형태의 뉴스. 주요 내용을 한눈에 보기 좋게 시각화하여 휴대 전화에서 보기 좋은 형태로 만들어진 뉴스로, 블로그, 페이스북 등의 SNS에서 많이 쓰이고 있다.

소단원 콕! 짚고 가기

소단원 제재

제재 정리

갈래	①□□□	성격	객관적, 해설적	제재	세금
주제	세금의 종류 및 직접세와 간접세의 ②□□□				
특징	• 구체적인 사례를 통해 세금의 개념을 설명함. • 세금의 종류를 분류와 구분의 방법으로 체계적으로 제시함. • 직접세와 간접세를 비교 · 대조하여 대상의 특징을 밝힘.				

핵심 포인트

1. 세금의 종류

분류 기준	세금의 종류와 뜻
세금을 걷는 주체	③□□: 중앙 정부 기관인 국세청과 관세청에서 걷는 세금
	지방세: 지방 자치 단체에서 걷는 세금
세금을 ④□□□	직접세: 세금을 부담해야 하는 개인이나 기업이 직접 내는 세금 예 소득세, 재산세, 상속세, 법인세
	간접세: 실제로 세금을 부담하는 사람과, 그 세금을 직접 내는 사람이 서로 다른 세금 예 ⑤□□ □□□

2. 직접세와 간접세의 장단점

	장점	단점
직접세	• 소득이 많은 사람은 세금을 많이 내고, 소득이 적은 사람은 세금을 적게 내므로 ⑥□□ □□를 줄일 수 있음.	• 소득이 높은 이들의 세율이 높으면 소득이 높은 이들이 일하려는 의욕을 잃을 수 있음.
간접세	• 누구나 세금을 공평하게 납부함. • 정부 입장에서 세금 걷기가 쉬움.	• 소득이 적은 이들의 부담이 큼. • 간접세 비중이 높으면 직접세로 얻을 수 있는 소득 격차 감소 효과가 약해짐.

3. 이 글에 사용된 설명 방법

인용	케네디 대통령의 말을 직접 인용함.
⑦□□	세금, 직접세와 간접세의 뜻을 명확히 밝힘.
분류 · 구분	• 세금을 누가 거두어들이냐에 따라 국세와 지방세로 나눔. • 세금을 걷는 방식에 따라 세금을 직접세와 간접세로 나눔.
예시	간접세인 부가 가치세의 구체적인 예를 들어 설명함.
비교 · ⑧□□	직접세와 간접세의 장단점을 견주어 설명함.

정답: ① 설명문 ② 장단점 ③ 국세 ④ 걷는 방식 ⑤ 부가 가치세 ⑥ 소득 격차 ⑦ 정의 ⑧ 대조

[01~05] 다음 글을 읽고, 물음에 답하시오.

가 미국의 제35대 대통령이었던 케네디는 취임식 연설에서 다음과 같이 말했다.

"국가가 여러분을 위해 무엇을 해 줄 것인지 묻지 말고, 여러분이 국가를 위해서 무엇을 할 것인지 물으십시오."

국가가 국민을 위해서 무엇인가를 해 주는 것은 물론 중요하다. 하지만 케네디 대통령의 말처럼 국민이 국가를 위해 해야 할 의무 역시 중요하다. 대한민국 헌법이 정한 국민의 의무에는 납세의 의무가 포함되어 있다. 세금을 내는 것이 국민이 지킬 의무 가운데 하나라는 뜻이다.

나 우리나라를 지키고 여러분이 안심하고 학교에 다닐 수 있으려면 많은 돈이 필요하다. 이러한 돈은 국민이 내는 세금으로 마련한다. 즉 세금이란 국가가 나라 살림을 잘 꾸려 나갈 수 있도록 국민이 법에 따라 내는 돈을 말한다.

다 ⊙세금은 국가가 국민에게 세금을 걷는 방식에 따라 일반적으로 직접세와 간접세로 나눌 수 있다. 직접세는 세금을 부담해야 하는 개인이나 기업이 직접 내는 세금을 말한다. 개인이 내는 소득세, 재산세, 상속세, 그리고 기업이 내는 법인세 등이 여기에 속한다. 이와 달리 간접세는 실제로 세금을 부담하는 사람과, 그 세금을 직접 내는 사람이 서로 다른 세금을 말한다. 어떻게 그럴 수 있을까?

라 예를 들어 여러분이 문구점에 가서 학용품을 샀다고 해 보자. 산 물건의 영수증을 살펴보면 물건값에는 부가 가치세라는 세금이 포함되어 있을 것이다. 그러니까 여러분은 세금을 직접 세무서에 내는 것이 아니라, 물건 구매라는 간접적인 방식으로 부담하는 것이다. 그럼 누가 그 세금을 낼까? 바로 여러분에게 그 물건을 판 기업이나 가게 주인이다. 간접세는 이처럼 물건이나 서비스에 매기는 것으로 부가 가치세가 대표적인 예이다.

마 앞에서도 말했듯이 세금을 내는 것은 국민의 의무이다. 그런데 일부의 사람 중에는 법을 무시한 채 막무가내로 세금을 안 내려 하기도 한다. 이것은 엄연한 범죄이다. 이러한 탈세가 많이 일어나면 성실한 납세자가 피해를 본다. 그래서 정부는 탈세를 막기 위해 다양한 노력을 기울이고 있다. 영수증 주고받기를 권장하는 것이 대표적인 예이다. 물건을 사고팔 때마다 가게 주인이 영수증을 발급하고 손님이 그 영수증을 챙기면, 가게의 소득이 전부 포착되고 손님, 즉 소비자가 낸 부가 가치세가 정부에 빠짐없이 납부된다. 여러분도 이제는 물건을 살 때 영수증을 챙기는 것, 잊지 말자.

01. 이 글에 대한 설명으로 적절하지 <u>않은</u> 것은?

① 체계적인 짜임을 갖춘 글이다.

② 독자의 이해를 목적으로 하는 글이다.

③ 대상에 대한 객관적인 정보와 사실을 전달한다.

④ 타당한 근거를 들어 주장함으로써 독자를 설득하는 글이다.

⑤ 정보를 효과적으로 전달하기 위해 여러 가지 설명 방식을 사용하였다.

02. 이 글을 통해 알 수 있는 내용이 <u>아닌</u> 것은?

① 세금은 나라 살림을 하는 데 사용된다.

② 간접세는 물건을 파는 사람이 부담한다.

③ 세금은 법에 따라 국가가 매기고 징수한다.

④ 탈세는 국민의 의무를 지키지 않는 행위이다.

⑤ 정부는 발급된 영수증을 통해 물건 값에 포함된 세금을 거둔다.

03. 세금을 걷는 방식이 나머지와 <u>다른</u> 하나는?

① 소득세   ② 상속제

③ 재산세   ④ 법인세

⑤ 부가 가치세

활동 응용 문제

04. ⊙과 같은 설명 방법이 사용된 것은?

① 비행기는 동체, 날개, 엔진 등으로 이루어진다.

② 오징어는 다리가 열 개지만 문어는 다리가 여덟 개다.

③ 시는 내용에 따라 서정시, 서사시, 극시로 나누어진다.

④ 시나 수필은 모두 언어를 표현 수단으로 하는 예술이다.

⑤ 씨름은 주로 남자들이 하는 놀이였고, 그네는 주로 여자들이 하는 놀이였다.

| 서술형 |

05. (가)에서 케네디 대통령의 말을 인용한 까닭은 무엇일지 서술하시오.

[06~09] 다음 글을 읽고, 물음에 답하시오.

가 직접세와 간접세 중에서 어느 것이 더 나은 방식일까? 직접세는 소득이나 재산에 따라 누진적으로 적용되는 경우가 많다. 소득이 높은 사람은 세금을 많이 내고 소득이 낮은 사람은 적게 내기 때문이다. 따라서 직접세는 소득 격차를 줄이는 기능을 한다. 세금을 통해 소득 격차를 줄일 수 있으니 공평하다고 할 수 있을 것이다. 물론 그 자체는 바람직하지만, 단점도 있다. 소득이 높은 사람들에게 세율을 높이면, 그들이 열심히 일하려는 의욕을 잃을 수도 있기 때문이다.

나 (㉠) 간접세는 소득이나 재산이 많든 적든 간에 부담하는 세금이 똑같다. 돈을 많이 버는 사람이 음료수 한 잔을 사 마시든지, 적게 버는 사람이 음료수 한 잔을 사 마시든지 둘이 내야 하는 세금은 같다. 생각하기에 따라서는 누구나 똑같이 내는 간접세가 더 공평하다고 생각할 수도 있다. 그러나 앞서 보았듯 간접세는 소득이 적을수록 내야 할 세금의 비율이 높은 셈이므로, 소득이 적은 사람이 지는 부담이 크다는 단점이 있다.

다 그런데 정부 쪽에서 보면 간접세가 직접세보다 걷기 쉽다는 장점이 있다. 직접세는 국민의 소득이나 재산을 일일이 조사해야 매길 수 있는데, 그 일이 무척 복잡하기 때문이다. 반면에 간접세는 소비자들이 물건을 살 때마다 자동으로 내게 되니 정부로서는 편하다. 그런데 세금이 잘 걷힌다고 효율적이라고 생각하는 것은 섣부른 판단이다. 간접세 비중이 높으면 직접세로 얻을 수 있는 소득 격차를 줄이는 효과가 약해질 수 있기 때문이다. 이렇듯 장점이 있으면 단점도 있게 마련이다. 그러므로 직접세와 간접세 가운데 무엇이 더 낫다고 말하기는 어렵다.

라 구들의 구조는 크게 불을 때는 곳인 아궁이, 열기가 지나가는 통로인 고래, 그리고 연기가 밖으로 배출되는 굴뚝으로 나뉜다. 아궁이에 불을 지피면 열기를 머금은 연기는 경사면을 타고 올라가 부넘기라는 턱에 맞닥뜨린다. 부넘기에 부딪혀 위로 솟구친 연기는 긴 통로를 지나가게 되는데, 이 길이 ㉡고래이다. 이때 연기는 그 열기를 한껏 머금고 고래 위에 덮어 놓은 구들장을 데우며 지나간다. 고래의 끝자락에 있는 웅덩이가 개자리이다. 개자리는 고래보다 깊이 파여 있어 찬 기운이 감돌기 때문에 불길에 딸려 온 그을음이나 티끌이 이곳에 떨어진다. 개자리에서 머물던 연기는 그만큼 가벼워져서 연도를 통해 굴뚝으로 빠져나가게 된다.

06. 이 글을 읽은 뒤의 반응으로 적절하지 <u>않은</u> 것은?

① 빈부 차가 큰 국가는 간접세 비중을 줄이는 게 좋겠어.

② 간접세 비중이 높으면 세금을 걷는 관청의 업무가 줄어들겠군.

③ 직접세나 간접세는 모두 개인의 소득이나 재산 조사가 필요하겠군.

④ 소득에 따라 누진적으로 세금을 내므로 소득이 없는 것처럼 꾸며 탈세를 하는 것이군.

⑤ 간접세와 직접세는 장점과 단점을 둘 다 갖고 있어 국가 상황에 맞게 비율을 두어야 하겠군.

07. (가)와 (나)의 내용 전개상 ㉠에 들어가기에 적절한 말은?

① 더불어　　② 그래서　　③ 여하튼

④ 그러므로　　⑤ 반면에

08. (다)~(라)에 사용된 설명 방법을 〈보기〉에서 모두 찾은 것은?

┌ 보기 ┐
ㄱ. 남의 말이나 글을 자신의 글에 끌어왔다.
ㄴ. 두 대상의 차이점을 들어 설명하였다.
ㄷ. 대상을 일정한 기준에 따라 나누거나 묶어 설명하였다.
ㄹ. 대상을 구성하는 요소나 부분으로 나누어 설명하였다.
ㅁ. 대상의 변화 과정을 원인과 결과에 따라 설명하였다.
└────────────────────┘

① ㄱ, ㄴ　　② ㄴ, ㄷ　　③ ㄴ, ㄹ
④ ㄴ, ㄷ, ㅁ　　⑤ ㄱ, ㄴ, ㄹ

09. (라)의 내용을 참고할 때, ⓐ~ⓔ 중 ㉡에 해당하는 것은?

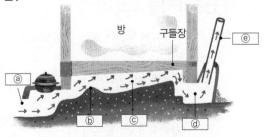

▲ 재래식 구들의 구조도

① ⓐ　　② ⓑ　　③ ⓒ　　④ ⓓ　　⑤ ⓔ

(2) 설명하는 글 쓰기

다음 두 그림을 보고, 아래의 활동을 해 봅시다.

• 야구와 축구를 비교 · 대조의 방법으로 설명할 때 그 기준이 되는 것에는 무엇이 있을까요?

예시 답 | 운동 기구, 팀 구성, 경기 종료 기준, 공 이외에 사용하는 것 등

• 야구와 축구를 비교 · 대조의 방법으로 설명해 봅시다.

예시 답 | 야구와 축구는 모두 공을 가지고 여럿이 한 팀이 되어서 하는 경기이다. 야구는 정해진 횟수를 채우면 경기가 종료되지만, 축구는 정해진 시간이 다하면 경기가 종료된다. 또한, 야구는 공 이외에 야구 장갑, 야구 방망이, 모자 등을 사용하는 반면 축구는 공 이외에 별다른 것을 사용하지는 않는다.

> **이렇게 열자**
>
> 간단한 비교와 대조 활동을 통해 소단원 (1)에서 배운 설명 방법을 떠올려 보는 활동이다. 설명 방법의 개념을 이해하는 활동을 넘어서 설명하는 글을 쓰는 표현 활동으로 나아갈 수 있도록 직접 설명해 보자.
>
> 비교와 대조의 방법으로 설명하기 위해서는 무엇을 비교하고 대조할지 먼저 기준을 세워야 한다. 그리고 세운 기준에 맞게 야구와 축구를 설명하는 글을 쓰도록 하자.

이 단원의 학습 요소

학습 목표 | 대상의 특성에 맞는 설명 방법을 사용하여 글을 쓸 수 있다.

효과적인 설명 방법 익히기 ▶	설명하는 글을 쓸 때 활용할 수 있도록 다양한 설명 방법을 미리 알아본다.
관심 대상을 설명하는 글 쓰기 ▶	관심 있는 대상을 글감으로 정하고 필요한 정보를 수집하여 개요를 작성한 후, 이를 바탕으로 설명하는 글을 쓴다.

핵심 개념 미리 보기

설명 방법 더 알아보기

인과	어떤 사물 또는 현상의 원인과 결과를 밝혀 주는 설명 방법. 원인과 결과의 관계가 밀접한 현상을 설명할 때 사용하면 효과적임.
과정	어떤 일을 절차와 순서에 따라 단계별로 설명하는 방법. 자연 현상이나 사회 현상, 요리 방법, 물건 저장 방법 등을 설명할 때 유용함.
열거	여러 가지 예나 사실을 낱낱이 죽 늘어놓아 설명함.

2. 설명문을 쓰는 과정

설명 대상 선정하기	• 설명 대상과 목적, 주제를 정하고 예상 독자를 분석함. • 설명 대상 선택 시 유의점: 독자들이 관심이나 흥미를 가질 만하면서 새롭고 가치 있는 정보를 선택하는 것이 좋음.
정보 수집하기	설명하려는 대상과 관련된 정보 중에서 객관적이고 정확한 정보를 수집함.
내용 선정하기	수집한 정보 중에서 글 전체의 주제와 짜임, 독자 등을 고려하여 서술할 내용을 고름.
개요 작성하기	설명문의 구성 단계에 따라 글의 개요를 작성함.
표현하기	글의 흐름을 고려하고, 읽는 사람이 이해하기 쉽도록 적절한 설명 방식을 활용하여 통일성 있게 표현함.
고쳐쓰기	단어 수준에서부터 글 전체 수준까지 종합적으로 쓴 글을 검토하여 다듬음.

3. 설명하는 글을 쓸 때의 유의점

• 설명하는 글은 독자에게 어떤 대상에 관한 정보를 전달하는 것이 목적이기 때문에 주관적 판단이나 느낌이 아닌, 객관적이고 사실에 기반을 둔 정확한 내용을 쓴다.
• 정보의 전달이 목적이므로 읽는 이가 이해하기 쉽도록 간결하고 쉬운 문장으로 써야 한다.
• 여러 가지 설명 방법을 활용한다. 효과적인 설명을 위하여 정의, 예시, 비교, 분류, 분석, 인용 등 여러 가지 설명 방법 중에서 가장 적절한 것을 선택하여 읽는 이의 이해를 돕는다.

• 설명 대상에 관한 폭넓은 이해와 지식을 가지고 써야 한다.
• 내용을 체계적으로 정리하여 '처음-중간-끝'으로 통일성 있게 구성한다.
• 읽는 이의 지적 수준, 연령, 신분 등을 고려해야 한다.
• 문단과 문단, 문장과 문장의 연결이 논리적으로 전개되어야 한다.

4. 매체를 활용하여 정보를 수집할 때의 유의점

• 수집하려는 정보의 성격을 확인하고 그에 적절한 매체를 활용함.

대상과 관련하여 깊이 있고 자세한 정보를 찾을 때	→	백과사전, 전문가 면담 활용
대상과 관련하여 최신 정보를 찾을 때	→	신문, 잡지, 인터넷 활용

• 수집한 정보가 믿을 만한 것인지 점검함.

눈으로 찍고 가기

1. '요리 방법, 물건 제작 방법' 등을 설명할 때 효과적인 설명 방법은?
   ① 인과   ② 과정   ③ 분석
   ④ 정의   ⑤ 열거

2. 다음은 '설명문을 쓰는 과정'이다. 빈칸에 들어갈 알맞은 말을 쓰시오.

   설명 대상 선정 → ☐☐☐☐ → 내용 선정 → ☐☐☐☐ → 표현하기 → 고쳐쓰기

3. 설명하는 글을 쓰는 방법으로 적절하지 <u>않은</u> 것은?
   ① 쉽고 간결한 문장으로 쓴다.
   ② 객관적이고 정확한 내용을 쓴다.
   ③ 설명 내용에 적절한 설명 방법을 활용한다.
   ④ 체계적인 구성으로 짜임새 있게 내용을 전개한다.
   ⑤ 글쓴이의 주장을 뒷받침할 타당한 근거를 제시한다.

정답: 1. ② 2. 정보 수집, 개요 작성 3. ⑤

1. 다음 글에 어떤 설명 방법이 사용되었는지 적어 봅시다.

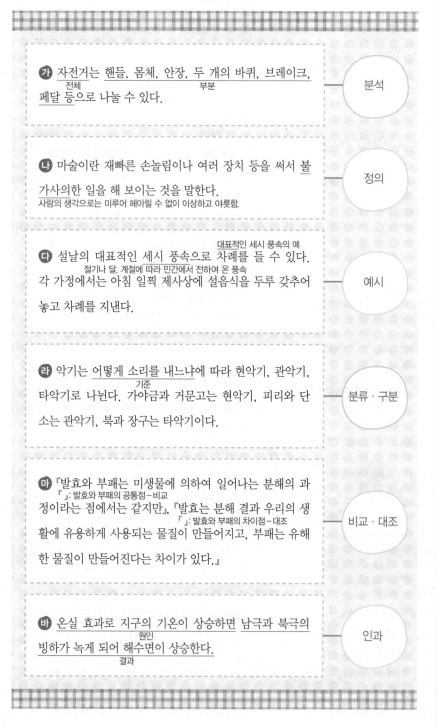

가 자전거는 핸들, 몸체, 안장, 두 개의 바퀴, 브레이크, 페달 등으로 나눌 수 있다.
전체   부분

분석

나 마술이란 재빠른 손놀림이나 여러 장치 등을 써서 불가사의한 일을 해 보이는 것을 말한다.
사람의 생각으로는 미루어 헤아릴 수 없이 이상하고 야릇함.

정의

다 설날의 대표적인 세시 풍속으로 차례를 들 수 있다.
대표적인 세시 풍속의 예
절기나 달, 계절에 따라 민간에서 전하여 온 풍속
각 가정에서는 아침 일찍 제사상에 설음식을 두루 갖추어 놓고 차례를 지낸다.

예시

라 악기는 어떻게 소리를 내느냐에 따라 현악기, 관악기,
기준
타악기로 나뉜다. 가야금과 거문고는 현악기, 피리와 단소는 관악기, 북과 장구는 타악기이다.

분류 · 구분

마 『발효와 부패는 미생물에 의하여 일어나는 분해의 과
『 』: 발효와 부패의 공통점-비교
정이라는 점에서는 같지만,』『발효는 분해 결과 우리의 생
『 』: 발효와 부패의 차이점-대조
활에 유용하게 사용되는 물질이 만들어지고, 부패는 유해한 물질이 만들어진다는 차이가 있다.』

비교 · 대조

바 온실 효과로 지구의 기온이 상승하면 남극과 북극의
원인
빙하가 녹게 되어 해수면이 상승한다.
결과

인과

➕ 보충 자료
- 대상을 시간과 관계 없는 방법으로 설명하는 방식: 정의, 예시, 분류 · 구분, 분석, 비교 · 대조
- 대상을 시간의 흐름에 따라 설명하는 방식: 과정, 인과

○ 활동 탐구

소단원 (1)에서 학습한 설명 방법을 되짚어 보는 활동이다. 각 설명 방법의 특징을 정확히 파악하며 설명하는 글을 쓸 때 활용할 수 있도록 한다.

✦ 지학이가 도와줄게! - 1

(가)~(바)의 글을 읽고 어떤 설명 방법이 사용되었는지 알아보자. 쉽게 구별되지 않으면 소단원 (1)로 돌아가 각 설명 방법의 개념을 다시 한번 확인해 보면 좀 더 정확하게 판단할 수 있을 거야.

콕콕 확인 문제   정답과 해설 28쪽

1. 가에 사용된 설명 방법은?

① 대상의 개념을 명백히 밝혀 설명한다.
② 대상에 관련된 실제 예를 들어 설명한다.
③ 대상을 일정한 기준에 따라 나누어 설명한다.
④ 대상 간의 공통점과 차이점을 견주어 설명한다.
⑤ 대상을 분해하여 그 부분 또는 요소를 자세히 설명한다.

|서술형|
2. 마에 사용된 설명 방법을 서술하시오.

2. ②~② 중 하나를 골라 알맞은 설명 방법을 정하여 짧은 설명 글을 써 봅시다.

② 「옹고집전」의 옹고집과 「흥부전」의 놀부   ③ 자동차의 종류

③ 버섯의 구조   ② 떡볶이 만드는 법

1 ②~②에서 설명할 대상 한 가지를 정해 봅시다.

예시 답 | (다) 버섯의 구조

2 대상을 설명할 적절한 설명 방법을 정해 봅시다.

예시 답 | 정의와 분석

3 적절한 설명 방법을 활용하여 짧은 설명 글을 써 봅시다.

예시 답 | 곰팡이의 한 종류인 버섯은 솜털 모양의 가는 실 같은 균사가 땅이나 고목 같은 유기물 속에서 자란 것을 말한다. 버섯은 크게 갓, 주름살, 자루로 이루어진다. 갓은 주름살이 다치지 않게 보호하는 역할을 하고, 주름살은 홀씨를 만든다. 자루는 버섯의 갓을 받치고 서 있는 기둥으로 홀씨를 날려 보내기에 적당한 높이로 자란다.

찬찬샘 핵심 강의

· **설명 대상의 특성 파악**

　설명하는 글을 쓰려면 먼저 설명 대상의 특성을 확인해야 해. 2번 활동에서도 ②~②를 주제로 하여 무엇을 설명할지 고려하여 적절한 설명 방법을 골라 보자.

▶핵심 포인트◀

② 「옹고집전」의 옹고집과 「흥부전」의 놀부	예 옹고집과 놀부의 공통점과 차이점을 견줌. → 비교·대조
③ 자동차의 종류	예 자동차를 일정한 기준에 따라 나눔. → 분류·구분
④ 버섯의 구조	예 버섯을 구성하는 각 부분으로 나눔. → 분석
② 떡볶이 만드는 법	예 절차와 순서에 따라 단계별로 설명함. → 과정

✏ 지학이가 도와줄게! - 2

그동안 익힌 설명 방법을 활용하여 짧은 글을 써 보는 활동이야. 먼저 대상의 특성에 맞는 설명 방법이 무엇일지 생각해 보고 짧은 설명 글을 써 보자.

➕ 보충 자료
「옹고집전」

조선 후기의 판소리계 소설. 부자이면서 인색하고 불효자인 옹고집이 승려의 조화로 가짜 옹고집에게 쫓겨나 갖은 고생을 하게 되면서, 자신의 잘못을 뉘우치고 착한 사람이 된다는 이야기이다. 이 작품에서 옹고집의 성격 변화는 극적으로 제시되어 있는 반면, 「흥부전」에서 놀부의 성격 변화는 단순히 흥부의 용서와 화해를 통해 제시된다는 점에서 두 작품은 차이점을 보인다.

콕콕 확인 문제

3. ②를 설명하려는 계획으로 적절하지 <u>않은</u> 것은?

① 두 인물의 외모를 '정의'의 방법으로 설명해야겠어.

② 두 인물의 성격 변화는 '인과'의 방법으로 설명해야겠어.

③ 두 인물의 공통점을 찾아 '비교'의 방법으로 설명해야지.

④ 두 인물의 차이점을 찾아 '대조'의 방법으로 설명해야겠어.

⑤ 두 인물의 성격을 드러내기 위해 구체적 행동을 예로 드는 '예시'의 방법을 사용해야겠어.

4. ④를 설명할 설명 방법으로 가장 적절한 것은?

① 인용, 정의　② 정의, 과정
③ 분류, 예시　④ 대조, 인과
⑤ 정의, 분석

활동 2 · 관심 대상을 설명하는 글 쓰기

1. 자신이 관심 있거나 잘 아는 대상을 떠올려 보고, 설명하는 글의 글감을 정해 봅시다.

> 책에서 피그말리온 효과에 관한 글을 봤는데 호기심이 생겼어. 이걸 좀 더 알아보고 설명하는 글을 써 봐야겠어.

예시 답 | 2018년 평창 동계 올림픽에서 크게 인기를 끈 컬링의 기본적인 정보와 경기 방법, 기본 기술에 대해 설명하는 글을 써 봐야겠어.

2. 〈예시〉를 참고하여 자신이 선택한 글감으로 글을 쓰는 데 필요한 정보를 수집 하고 정리해 봅시다.

예시 🔍 **수집한 정보 정리하기**

항목	수집한 정보	출처
피그말리온 효과란?	• '피그말리온 효과'라는 말의 유래 • 긍정적인 기대나 관심이 사람에게 좋은 영향을 미치는 현상	• 텔레비전 프로그램 『이주헌의 미술 기행』 • 박홍순, 『미술관에서 만난 심리학』
피그말리온 효과의 예	• 미국 교육 심리학자 로젠탈의 실험 사례	• 교육부 블로그 (http://if-blog.tistory.com/7277) • 정재윤, 『14살에 시작하는 처음 심리학』
스티그마 효과란?	• 피그말리온 효과는 기대로 인해 긍정적인 변화가 일어나는 현상이지만, 스티그마 효과는 사람들에게 부정적인 낙인이 찍힘으로써 더 나쁜 쪽으로 변해 가는 현상임.	

> **📖 학습 포인트**
> • 글감 선정하기
> • 필요한 정보 수집하고 정리하기
> • 개요 작성하기
> • 설명 방법을 활용하여 설명하는 글 쓰기

◉ 활동 탐구
관심 대상을 설명하는 글을 쓰기 위해 글감을 정하고 필요한 정보를 수집하고 정리하는 활동이다.

✷ 지학이가 도와줄게! – 1
설명할 글감을 정할 때에는 잘 모르거나 어려운 것이 아니어야 해. 설명 대상에 관해 잘 알고 있어야 쉽게 설명할 수 있거든. 나의 수준에 맞는 재미있는 글감을 찾도록 하자.

➕ 보충 자료
피그말리온 효과
피그말리온 효과는 긍정적인 기대나 관심이 좋은 영향을 미쳐 능률이 오르거나 결과가 좋아지는 현상을 말하는데, 이는 피그말리온에 관한 그리스 신화에서 유래한다. 아름다운 여인상을 조각한 피그말리온이 그 조각상을 진심으로 사랑하자, 그의 사랑에 감동한 여신 아프로디테가 조각상에 생명을 불어넣어 주어 사랑을 이루게 되었다는 내용이다.

스티그마 효과
부정적으로 낙인 찍히면 실제로 그 대상이 점점 더 나쁜 행태를 보이고, 또한 대상에 대한 부정적 인식이 지속되는 현상이다. '스티그마'는 빨갛게 달군 인두를 가축의 몸에 찍어 소유권을 표시하는 낙인을 가리킨다. 그래서 스티그마 효과를 '낙인 효과'라고도 한다.

📎 수집한 정보 정리하기

항목	수집한 정보	출처
컬링이란?	• 컬링의 정의와 컬링 경기의 유래	국민생활체육회, 『스포츠 백과』
컬링의 장비	• 스톤, 브룸 등	
컬링의 경기 방법	• 경기 시간: 10엔드로 구성되고, 약 2시간 40분 소요 • 선수: 각 팀당 4명(후보 1명 외) • 진행 방법 – 리드(lead), 세컨드(second), 서드(third; vice-skip), 스킵(skip)의 순서로 투구 – 한 팀당 8개의 스톤을 상대 팀과 한 개씩 번갈아 투구하며 양 팀이 16개의 스톤을 모두 투구하면 1 엔드 종료	
컬링의 기본 기술	• 스위핑: 얼음면에서 스위핑(sweeping)을 이용하여 스톤의 진로 방향과 속도를 조절하는 기술	

✏️ 지학이가 도와줄게! - 2

〈예시〉를 참고하여 자신이 직접 수집한 정보를 정리해 보는 활동이야. 수집한 정보를 항목별로 분류해 보고 부족한 자료는 추가로 수집하도록 하자.

➕ 보충 자료
정보를 수집할 때 활용할 수 있는 매체의 종류

인쇄 매체	사전, 신문, 도서, 잡지 등
방송 매체	텔레비전, 라디오 등
인터넷 매체	블로그, 누리집, 누리 소통망(SNS) 등

찬찬샘 핵심 강의

• **설명 대상 선택하기**

　설명 대상은 자신이 관심 있거나 잘 아는 대상으로 정하는 것이 좋아. 그래야 정확하고 의미 있는 정보를 독자에게 전달할 수 있기 때문이지.

• **수집한 정보를 정리하기**

　자료를 찾을 때에는 책이나 신문, 인터넷 등 여러 매체를 통해 정보를 수집할 수 있어. 그런 다음 필요한 자료만 골라내어 정리하는 것이 좋아. 수집한 정보들은 다음과 같은 점에 유의하여 정리해 보자.

▶핵심 포인트◀

수집한 정보를 정리할 때의 유의점	• 수집한 정보가 설명하고자 하는 내용과 관련이 있는지 살핌. • 자료가 읽는 이의 수준에 맞는지 살핌. • 수집한 정보가 정확한지 출처가 분명한지를 살핌. • 자료의 정리에 너무 큰 노력이 들지 않도록 함.

콕콕 **확인 문제**

5. 설명하는 글의 글감을 정할 때 다음 사항을 고려하는 이유는 무엇인지 서술하시오.

보기
• 관심 있는 글감을 고른다.
• 수준에 맞는 글감을 고른다.
• 잘 알고 있는 글감을 고른다.

6. 수집한 정보를 정리할 때의 방법으로 적절하지 <u>않은</u> 것은?

① 수집한 정보가 정확한 것인지 확인한다.
② 읽는 이의 수준에 맞는 정보인지 살핀다.
③ 수집한 정보의 출처는 분명한지 확인한다.
④ 자료는 많은 시간과 노력을 들여 정리한다.
⑤ 설명하고자 하는 내용과 관련이 있는 정보인지 살핀다.

➕ 보충 자료
설명문을 쓸 때 유의할 점
• 글쓴이의 주관적 판단이나 느낌보다 객관적인 사실 위주로 작성한다.
• 정확한 사실을 중심으로 쓰기 위해 출처나 근거를 분명하게 제시한다.
• 간결하고 쉬운 문장으로 작성한다.
• 효과적인 설명을 위해 정의, 예시, 비교·대조, 분류·구분 등의 다양한 설명 방법을 활용하여 작성한다.
• 이해에 도움이 될 수 있는 충분한 자료를 제시한다.

3. 적절한 설명 방법을 택해 설명하는 글을 써 봅시다.

1 〈예시〉를 참고하여 자신이 쓸 설명문의 개요를 작성해 봅시다. 이때 어떤 설명 방법을 사용하는 것이 적절할지 생각해 봅시다.

예시 📎 **개요 작성하기**

구성	세부 내용	설명 방법
머리말	• 피그말리온 효과란? • 피그말리온 효과의 유래	정의
본문	• 피그말리온 효과의 입증 사례 　－ 로젠탈의 실험 　－ 샌프란시스코 한 초등학교의 실험 • 스티그마 효과란? • 피그말리온 효과와 스티그마 효과의 비교·대조	• 예시 • 정의 • 비교·대조
맺음말	• 요약　　　　　　　• 긍정의 힘	

📎 **개요 작성하기**

구성	세부 내용	설명 방법
머리말	• 컬링이란?　　　　• 컬링의 유래	정의
본문	• 컬링의 장비 • 컬링의 경기 방법 • 컬링의 기본 기술 － 스위핑	• 예시 • 정의
맺음말	• 요약	

찬찬샘 핵심 강의

• **개요 작성하기**

　쓸 내용을 고른 뒤에는 내용들을 짜임새 있게 구성해야 하는데 이때 개요가 필요해. 개요는 글에서 쓸 중요 내용을 간결하게 추려 쓴 것으로, 개요를 작성하면 글의 전체적인 내용이나 흐름을 한눈에 볼 수 있어 글을 체계적이고 논리적으로 쓰는 데 도움이 돼.

• **개요를 작성할 때의 유의점**

① 글을 이루는 내용이 서로 긴밀하게 연결되는지, 각 구성 단계의 중심 내용이 글 전체의 주제와 밀접하게 관련되는지를 생각하며 개요를 작성한다.

② 설명하는 글은 크게 '머리말 － 본문 － 맺음말'의 짜임으로 구성한다.

＞핵심 포인트＜

머리말	본문	맺음말
설명 대상 소개 및 독자의 관심 유도	설명하려는 내용을 짜임새 있게 배치	설명 내용의 요약 및 정리

○ **활동 탐구**

글의 뼈대를 세우는 개요를 작성한 후, 이를 바탕으로 적절한 설명 방법을 활용하여 설명하는 글을 써 보는 활동이다.

지학이가 도와줄게! － 3 **1**

개요란 글의 주요 내용을 간결하게 추려 낸 것이야. 개요를 작성하지 않고 곧바로 글을 쓰면 의도와 달리 엉뚱한 내용이 들어갈 수 있어. 개요를 세워 글을 쓰면 글의 흐름을 계획한 대로 논리적이고 매끄럽게 쓸 수 있단다.

콕콕 확인 문제

7. 설명문의 개요를 작성할 때의 유의점으로 적절하지 <u>않은</u> 것은?

① '머리말 － 본문 － 맺음말'로 구성한다.

② 내용들의 제시 순서가 적절한지 유의한다.

③ 문단이나 문장, 단어의 수준이 적절한지 점검한다.

④ 글을 이루는 내용이 서로 긴밀하게 연결되는지 점검한다.

⑤ 각 구성 단계의 중심 내용이 글 전체의 주제와 밀접하게 관련되는지 유의한다.

8. 설명하는 글에서 맺음말이 하는 역할로 알맞은 것은?

① 설명 대상의 소개

② 설명 대상에 대한 관심 유도

③ 설명 대상에 대한 요약 및 정리

④ 설명 대상에 대한 상세한 정보 전달

⑤ 설명 대상에 대한 구체적인 특징 서술

2 개요를 바탕으로 적절한 설명 방법을 활용하여 설명하는 글을 써 봅시다.

〈학생 예시 글〉

'피그말리온 효과'란 무언가에 대한 사람의 믿음, 기대, 예측이 실제적으로 일
'피그말리온 효과'의 뜻을 밝힘.-정의
어나는 경향을 말한다. 그리스 신화 속의 피그말리온 왕은 자신이 조각한 여성

상을 진심으로 사랑하여 그녀가 인간이 되기를 간절히 바랐다. 이를 지켜본 미

의 여신 아프로디테가 그의 소원을 들어주어 조각상을 인간으로 만들었다고 하

는 데서 '피그말리온 효과'라는 말이 유래되었다고 한다.
→ '피그말리온 효과'의 뜻과 유래

　피그말리온 효과를 처음 입증한 사람은 미국의 교육 심리학자 로버트 로젠탈

이다. 그는 학생들에게 쥐를 통한 미로 찾기 실험을 시킨 결과 정성을 다하여 기

른 쥐가 소홀히 기른 쥐에 비해 미로 찾기에서 더 뛰어난 능력을 보인다는 것을

알 수 있었다. 이를 바탕으로 로젠탈은 쥐에게 거는 기대에 따라 결과가 달라진

다고 확신했으며, 이는 교사와 학생 간에도 상관관계가 있으리라고 생각했다.
→ '피그말리온 효과'의 입증 사례-예시 ①

　1964년 샌프란시스코의 한 초등학교에서는 한 실험 시행자가 한 학급에서 무

작위로 뽑은 아동의 명부를 학급 담임에게 보여 주고, 명부에 기재된 아동들이
일어날 수 있는 모든 일이 동등한 확률로 발생하게 함.　　　　기록하여 올려진
앞으로 수개월 안에 성적이 향상될 학생들이라고 알려 주었다. 그 후 학급 담임

은 그 아이들의 성적이 향상될 것이라는 기대를 품었고, 확실히 그 아이들의 성

적은 향상되었다.
→ '피그말리온 효과'의 입증 사례-예시 ②

　기대로 인해 긍정적인 변화가 일어나는 피그말리온 효과와는 반대되는 효과로

사람들에게 부정적인 낙인이 찍힘으로써 더 나쁜 쪽으로 변해 가는 스티그마 효

과도 있다. 학년 초에 처음 만나는 친구가 '착하고 친절할 것'이라고 믿고 기대

하면 그 아이는 기대에 부응하기 위해 착하고 친절하게 행동하려고 노력할 것이

다. 그리고 그렇게 노력하면 실제로 착하고 친절한 친구가 된다. 반대로 '못되고

까칠한' 아이라고 믿고 그렇게 대하면 그 아이는 실제로 그렇게 된다.
→ '피그말리온 효과'와 반대되는 '스티그마 효과'-대조

　긍정적인 기대를 가지면 긍정적인 결과를 낳게 되고, 부정적인 전망을 가지

면 무의식적으로 부정적인 전망을 실현하는 방향으로 나아가게 된다. 우리 역시

무엇인가 이루어질 것이라고 믿고 행동한다면 언젠가 그것이 현실이 되지 않을

까?
→ 긍정의 힘

지학이가 도와줄게! – 3 **2**

〈예시 글〉은 실제로 글을 쓰는 데 도움을 주기 위해 제시한 거야. 설명하는 글 쓰기가 어려우면 이 〈예시 글〉을 흉내 내어 써 보는 것도 좋아. 남의 글을 모방하여 써 보는 것은 좋은 글쓰기 방법 중의 하나이지.

➕ 보충 자료
설명문 쓰기의 과정

글감 정하기
설명 대상을 정하고 설명 목적 분명히 하기

정보 수집하기
다양한 매체를 활용하여 설명에 필요한 정보 수집하기

내용 선정하기
• 독자의 수준 및 관심사를 고려하여 설명 내용 및 글의 수준 정하기 • 설명 대상에 적절한 설명 방법 정하기

개요 작성하기
짜임새 있게 내용 조직하기

표현하기
설명 내용이 잘 드러나게 글 쓰기

고쳐쓰기
표현 및 설명 방법을 점검하여 적절하지 않은 부분 고쳐쓰기

※ 고쳐쓰기는 글쓰기가 끝난 뒤에만 하는 것이 아니라 각 단계마다 시행할 수 있다.

나의 글　예시 답ㅣ

　　2018년 평창 동계 올림픽에서 화제가 되었던 경기인 '컬링'은 빙판 위에 스톤을 미끄러뜨려 표적에 가까이 정지하도록 하는 경기이다.

　　컬링은 오래전 영국 스코틀랜드 지방에서 얼음이 얼면 돌덩이를 굴려 즐기던 놀이가 발전한 것이다. 이것이 스코틀랜드 출신 캐나다 이주자들에 의해 스포츠 경기로 발전하였다.

　　컬링의 기본 장비는 스톤, 브룸 등이 있다. 주요 장비인 스톤은 원형이며 재질은 화강암이다. 스톤 한 개의 무게는 손잡이와 볼트를 포함하여 19.96 킬로그램(44 파운드)이다. 브룸은 스톤의 방향과 속도를 조절하기 위해 쓰는 도구이다. 마찰력을 위해 빙판을 닦아 내는 역할을 한다.

　　컬링은 한 경기당 10엔드로 구성되며, 경기 시간은 약 2시간 40분 정도 소요된다. 각 팀은 4명의 선수로 이루어지고, 후보 선수 1명을 둘 수 있다. 일반적으로 리드(lead), 세컨드(second), 서드(third; vice-skip), 스킵(skip)의 순서로 투구를 하며, 경기가 시작되면 선수들의 투구 순서는 임의로 변경할 수 없다. 한 팀당 8개의 스톤을 상대 팀과 한 개씩 번갈아 투구하는데, 이때 선수들은 두 번씩 투구할 수 있다. 양 팀이 16개의 스톤을 모두 투구하면 1엔드가 끝난다.

　　컬링의 기본 기술 중 스위핑은 스톤의 경로 앞 빙판을 닦아 주는 행위로, 스톤이 나아가는 길의 먼지와 불순물 등을 제거하고, 스톤이 지나가는 데 마찰을 줄여 주는 역할을 한다.

　　이처럼 컬링은 각각의 임무를 맡고 있는 선수가 힘을 합해야 하는 스포츠라고 할 수 있다.

---

3 자신이 쓴 글을 스스로 평가해 보고, 부족한 부분이 있다면 고쳐 써 봅시다.

평가 기준	평가
❶ 다양한 설명 방법을 사용하였는가?	☆☆☆☆☆
❷ 독자의 수준을 고려하여 이해하기 쉽게 썼는가?	☆☆☆☆☆
❸ 대상을 설명하는 데 적절한 설명 방법을 활용하였는가?	☆☆☆☆☆
❹ 객관적이고 정확한 정보를 제공하였는가?	☆☆☆☆☆

예시 답ㅣ생략

찬찬샘 핵심 강의

• **적절한 설명 방법을 활용하여 글 쓰기**

▶**핵심 포인트**◀

설명문을 쓸 때의 유의점	• 간결하고 쉬운 문장으로 쓴다. • 정확하고 객관적인 사실 위주로 쓴다. • 하나의 주제를 중심으로 통일성 있게 쓴다. • 다른 사람의 말이나 글을 인용할 때는 출처를 밝힌다.

콕콕 확인 문제

9. 설명하는 글을 쓸 때 유의할 사항으로 적절하지 <u>않은</u> 것은?

① 간결하고 쉬운 문장으로 쓴다.
② 인용을 할 때는 출처를 밝힌다.
③ 객관적인 사실을 정확하게 쓴다.
④ 설명 대상에 적절한 설명 방법을 사용한다.
⑤ 독자의 이해를 위해 여러 가지 주제를 다룬다.

10. 설명하는 글을 평가하는 기준으로 적절하지 <u>않은</u> 것은?

① 정확한 내용을 다루었는가?
② 객관적인 정보를 제공하였는가?
③ 독자의 수준을 고려하여 이해하기 쉽게 썼는가?
④ 대상을 설명하는 데 적절한 설명 방법을 활용하였는가?
⑤ 매체를 통해 수집한 자료를 모두 사용하였는가?

🌟 창의 · 융합 활동

함께하기 ▶ 😊😊😊

॥ 다음과 같이 학교생활에서 접할 수 있는 다양한 대상을 떠올려 보고, 모둠별로 다양한 설명 방법을 활용하여 '우리 학교 상식 사전'을 만들어 봅시다.

예시

분식집

정의

『학생들이 김밥, 떡볶이, 순대, 라면, 만두 등을 먹으면서 다시 활동을 할 수 있게 체력을 회복하는 곳.』 방과 후 친구들과의 만남의 장소로 활용되기도 한다.
『 』: 설명 방법 → 정의

학교 앞 2대 분식집

『• 개미 분식: 다소 허름하지만 저렴한 가격과 깔끔한 맛으로 소문난 곳. 주인 할머니의 인상도 좋다. 컵 떡볶이, 만두 최고!

• 다나와 분식: 학교에서 가장 가까이에 있는 곳. 졸업한 선배들도 찾는다는 전설의 가게. 두툼한 샌드위치와 딸기 주스, 바나나 주스의 조화가 꿀맛.』
『 』: 설명 방법 → 예시

학생 만족도

개미 분식

다나와 분식

『 』: 설명 방법 → 비교 · 대조

---

1. 사전의 성격을 고려하여 '우리 학교 상식 사전'에 꼭 실어야 할 항목을 정해 봅시다.

> 예 교실, 교복, 매점,
>
> 예시 답 | 역사, 전통, 학교 상징, 학교 명소 등

일상생활에서 대상을 골라 적합한 설명 방법으로 설명하는 글 쓰기

○ 활동 탐구

설명하는 글 쓰기를 확대하여 실생활에 접목해 보는 활동이다. 학교 주변의 다양한 환경을 항목별로 잘 정리하여 대상에 맞는 설명 방법으로 설명하는 글을 쓰면 유익한 정보를 담은 상식 사전이 될 수도 있다.

○ 활동 제재에 사용된 설명 방법

• 정의: 학생들의 관점에서 '분식집'의 의미를 정의함.
• 예시: 학교 앞에 있는 분식집들을 구체적인 예를 들어 설명함.
• 비교 · 대조: 분식집에 대한 학생들의 만족도를 이미지를 활용하여 비교함.

🌟 지학이가 도와줄게! - 1

좋은 사전을 만들기 위해서는 항목을 잘 정하는 것이 매우 중요해. 친구들과 함께 칠판에 항목을 써 보거나 또는 카드를 붙여 보면서 항목을 정하면 흥미 있고 모두에게 유익한 사전을 만들 수 있을 거야.

2. 항목별로 담당자를 정하고, 자신이 맡은 항목을 설명하기에 적절한 설명 방법을 활용하여 사전의 내용을 간략하게 써 봅시다. 예시 답 |

✦ 지학이가 도와줄게! – 2

항목을 칠판에 작성하였다면 희망하는 친구에게 해당 항목을 담당하도록 하면 돼. 희망하는 사람이 많은 항목이 있을 때는 해당 항목을 쪼개어서 나누어 맡길 수 있는지 검토해 보는 것도 좋아.

> **학교 명소**
> • 정의: 학교에서 널리 알려진 곳.
>
> **우리 학교 3대 명소**
> • 뒤뜰: 작은 운동장 만한 크기의 잔디밭에 나무들이 심어져 있고, 그 나무들 사이로 산책길이 꾸며져 있다. 산책길 중간중간에는 벤치가 있어서 앉아서 쉴 수 있다.
> • 매점: 쉬는 시간과 점심시간이면 발 디딜 틈이 없을 정도로 자주 찾는 장소. 빵과 음료수, 간단한 학용품 등을 팔고 있으며, 앉아서 간단히 먹고 갈 수 있도록 되어 있다.
> • 도서관: 최근에 새로 확장 공사를 하고 다양한 책들을 들여놓아 현대적으로 탈바꿈한 장소. 책뿐만 아니라 정보를 검색할 수 있는 컴퓨터도 있고, 간단한 놀이 시설과 소그룹 활동실 등도 마련되어 있어 학생들이 자주 찾는 장소이다.
>
> **기타 명소**
> • 텃밭: 다양한 채소와 작물을 심어 아기자기하게 꾸며 놓은 공간이다.
> • 운동장: 새로 잔디를 깔아서 매우 깔끔해졌다. 점심시간에 축구를 하기도 한다.
> • 무용실: 3면이 거울로 되어 있어 춤과 노래를 즐기고 무용을 배우기에 좋은 공간이다.

● 항목을 서술할 때의 유의점
• 창의적이고 참신한 항목으로 내용을 구성한다.
• 항목을 설명하기에 적절한 설명 방법을 선택하여 서술한다.
• 항목을 쉽고 명확하게 서술한다.

3. 모둠별로 만든 사전을 하나로 묶어서 책으로 만들어 봅시다.

예시 답 | 생략

✦ 지학이가 도와줄게! – 3

항목의 양식은 모둠별로 공통 양식을 활용하거나 변형해서 사용하는 것이 좋아. 이렇게 하면 하나의 책자로 만들기도 좋고, 반별로 만든 자료를 전시하여 여러 사람이 공유하게 할 수도 있어.

➕ **보충 자료**

교과서에 사용된 다양한 설명 방법의 예
• 데치기는 식품을 끓는 물에 넣어 단시간에 살짝 익히는 방법입니다. (정의)
• 고조선 시대의 청동기 문화를 대표하는 유물·유적으로는 비파형 동검, 미송리식 토기, 고인돌 등을 들 수 있다. (예시)
• 조리 방법은 크게 생 조리와 가열 조리로 나뉜다. (구분)
• 혈액은 고형 성분인 혈구와 액체 성분인 혈장으로 구성되어 있다. (분석)
• 철제 농기구를 사용하면서 농업 기술이 발달하고 경작지의 개간도 쉬워져 농업 생산량이 급격히 늘어났고 인구도 많이 늘어났다. (인과)

설명문의 종류

종류	성격	유형
실용적 설명문	• 일상생활에 직접 도움이 되는 것을 목적으로 함. • 정보 전달의 요소가 강함.	각종 물건의 사용 설명서, 안내문, 기사문, 보고문 등의 글
과학적 설명문	• 어떤 일이나 사물에 대해 조리 있게 지식을 알려 주는 것을 목적으로 함. • 체계와 논리가 중시됨.	교과서, 전문 서적, 사전 등의 글

소단원 콕! 짚고 가기

1. 설명하는 글의 글감 정하기

● 자신이 잘 알고 있고 관심 있는 대상을 글감으로 고른다.

● 독자의 수준에 맞는 글감을 고른다.

2. 정보 수집하여 정리하기

● 정보를 수집할 때 활용할 수 있는 매체의 종류

① □□ 매체	사전, 신문, 도서, 잡지 등
방송 매체	텔레비전, 라디오 등
인터넷 매체	블로그, 누리집, 누리 소통망(SNS) 등

● 수집한 정보 정리하기

수집한 정보를 정리할 때의 유의점	● 수집한 정보가 설명하고자 하는 내용과 관련이 있는지 살핌. ● 수집한 정보가 읽는 이의 수준에 맞는지를 살핌. ● 수집한 정보가 정확한지, ② □□가 분명한지를 살핌. ● 자료의 정리에 너무 큰 노력이 들지 않도록 함.

3. 개요 작성하기

● 글을 이루는 내용이 서로 긴밀하게 연결되는지, 각 구성 단계의 중심 내용이 글 전체의 ③ □□와 밀접하게 관련되는지를 생각하며 개요를 작성한다.

● 설명하는 글은 크게 '머리말 – 본문 – 맺음말'의 짜임으로 구성한다.

머리말		본문		맺음말
④ □□ □□ 소개 및 독자의 관심 유도	⇒	다양한 설명 방법을 활용한 구체적 설명	⇒	설명 내용의 ⑤ □□ 및 정리

4. 설명하는 글 쓰기

설명문을 쓸 때의 유의점	● 글쓴이의 주관적 판단이나 느낌보다 ⑥ □□□인 사실 위주로 작성함. ● 정확한 사실을 중심으로 쓰기 위해 출처나 근거를 분명하게 제시함. ● ⑦ □□하고 쉬운 문장으로 작성함. ● 효과적인 설명을 위해 정의, 예시, 비교 · 대조, 분류 · 구분 등의 다양한 설명 방법을 활용하여 작성함. ● 이해에 도움이 될 수 있는 충분한 자료를 제시함.

정답: ① 인쇄 ② 출처 ③ 주제
④ 설명 대상 ⑤ 요약 ⑥ 객관적
⑦ 간결

활동 응용 문제

01. 〈보기〉에 사용된 설명 방법은?

| 보기 |

설날의 대표적인 세시 풍속으로 차례를 들 수 있다. 각 가정에서는 아침 일찍 제사상에 설음식을 두루 갖추어 놓고 차례를 지낸다.

① 정의   ② 예시
③ 분석   ④ 분류
⑤ 비교

02. 〈보기〉 같은 설명 방법을 활용하여 설명하기에 적절한 대상은?

| 보기 |

자전거는 핸들, 몸체, 안장, 두 개의 바퀴, 브레이크, 페달 등으로 나눌 수 있다.

① 시의 종류   ② 컴퓨터의 구조
③ 연체동물의 뜻   ④ 사과와 배의 특성
⑤ 대기 오염의 실태와 원인

활동 응용 문제

03. 〈보기〉에 사용된 설명 방법을 바르게 말한 것은?

| 보기 |

온실 효과로 지구의 기온이 상승하면 남극과 북극의 빙하가 녹게 되어 해수면이 상승한다.

① 원인과 결과를 밝혀 설명하였다.
② 다른 대상에 빗대어 설명하였다.
③ 다른 사람의 견해를 빌려 와서 설명하였다.
④ 용어의 뜻을 명확하게 밝혀 주며 설명하였다.
⑤ 어떤 복잡한 대상을, 그것을 이루고 있는 여러 요소나 부분으로 나누어 설명하였다.

| 서술형 |

04. 〈보기〉에 사용된 설명 방법을 서술하시오.

| 보기 |

발효와 부패는 미생물에 의하여 일어나는 분해의 과정이라는 점에서는 같지만, 발효는 분해 결과 우리의 생활에 유용하게 사용되는 물질이 만들어지고, 부패는 유해한 물질이 만들어진다는 차이가 있다.

| 조건 |

• 설명 방법의 명칭이 모두 들어가게 서술할 것.
• 설명 방법의 특징이 들어가게 서술할 것.

[05~06] (가)~(라)를 보고, 물음에 답하시오.

가 「옹고집전」의 옹고집과 「흥부전」의 놀부   **나** 자동차의 종류

다 버섯의 구조   **라** 떡볶이 만드는 법

활동 응용 문제

05. (다)를 설명한 〈보기〉에 사용된 설명 방법은?

| 보기 |

곰팡이의 한 종류인 버섯은 솜털 모양의 가는 실 같은 균사가 땅이나 고목 같은 유기물 속에서 자란 것을 말한다. 버섯은 크게 갓, 주름살, 자루로 이루어진다. 갓은 주름살이 다치지 않게 보호하는 역할을 하고, 주름살은 홀씨를 만든다. 자루는 버섯의 갓을 받치고 서 있는 기둥으로 홀씨를 날려 보내기에 적당한 높이로 자란다.

① 정의, 분석   ② 정의, 분류
③ 정의, 예시   ④ 예시, 비교
⑤ 대조, 분석

| 서술형 |

06. (가)~(라) 중, '과정'의 설명 방법으로 글을 쓰기에 가장 적절한 것을 쓰고, 그 까닭을 서술하시오.

[07~09] 다음 글을 읽고, 물음에 답하시오.

가 '피그말리온 효과'란 무언가에 대한 사람의 믿음, 기대, 예측이 실제적으로 일어나는 경향을 말한다. 그리스 신화 속의 피그말리온 왕은 자신이 조각한 여성상을 진심으로 사랑하여 그녀가 인간이 되기를 간절히 바랐다. 이를 지켜본 미의 여신 아프로디테가 그의 소원을 들어주어 조각상을 인간으로 만들었다고 하는 데서 '피그말리온 효과'라는 말이 유래되었다고 한다.

나 피그말리온 효과를 처음 입증한 사람은 미국의 교육 심리학자 로버트 로젠탈이다. 그는 학생들에게 쥐를 통한 미로 찾기 실험을 시킨 결과 정성을 다하여 기른 쥐가 소홀히 기른 쥐에 비해 미로 찾기에서 더 뛰어난 능력을 보인다는 것을 알 수 있었다. 이를 바탕으로 로젠탈은 쥐에게 거는 기대에 따라 결과가 달라진다고 확신했으며, 이는 교사와 학생 간에도 상관관계가 있으리라고 생각했다.

다 1964년 샌프란시스코의 한 초등학교에서는 한 실험 시행자가 한 학급에서 무작위로 뽑은 아동의 명부를 학급 담임에게 보여 주고, 명부에 기재된 아동들이 앞으로 수개월 안에 성적이 향상될 학생들이라고 알려 주었다. 그 후 학급 담임은 그 아이들의 성적이 향상될 것이라는 기대를 품었고, 확실히 그 아이들의 성적은 향상되었다.

라 기대로 인해 긍정적인 변화가 일어나는 피그말리온 효과와는 반대되는 효과로 사람들에게 부정적인 낙인이 찍힘으로써 더 나쁜 쪽으로 변해 가는 스티그마 효과도 있다. 학년 초에 처음 만나는 친구가 '착하고 친절할 것'이라고 믿고 기대하면 그 아이는 기대에 부응하기 위해 착하고 친절하게 행동하려고 노력할 것이다. 그리고 그렇게 노력하면 실제로 착하고 친절한 친구가 된다. 반대로 '못되고 까칠한' 아이라고 믿고 그렇게 대하면 그 아이는 실제로 그렇게 된다.

마 긍정적인 기대를 가지면 긍정적인 결과를 낳게 되고, 부정적인 전망을 가지면 무의식적으로 부정적인 전망을 실현하는 방향으로 나아가게 된다. 우리 역시 무엇인가 이루어질 것이라고 믿고 행동한다면 언젠가 그것이 현실이 되지 않을까?

---

07. 이와 같은 글을 쓸 때의 유의점으로 적절하지 <u>않은</u> 것은?

① 쉽고 명확한 문장으로 쓴다.
② 주관적인 견해를 논리적으로 제시한다.
③ 하나의 주제를 다루며 통일성 있게 쓴다.
④ 자신이 잘 알고 있는 대상을 글감으로 고른다.
⑤ 설명 대상에 알맞은 설명 방법으로 글을 쓴다.

08. 다음은 이 글을 쓰기 위해 작성한 개요표이다. 이를 바탕으로 이 글을 읽은 후의 반응으로 적절하지 <u>않은</u> 것은?

구성	세부 내용	설명 방법
머리말	• 피그말리온 효과란? • 피그말리온 효과의 유래	정의

본문	• 피그말리온 효과의 입증 사례
	   – 로젠탈의 실험
	   – 샌프란시스코의 한 초등학교의 실험
	 • 스티그마 효과란?
	 • 피그말리온 효과와 스티그마 효과의 비교·대조
		• (ⓐ)
		 • 정의
		 • 비교· 대조

맺음말	• 요약 • 긍정의 힘	

① 개요표는 글을 체계적이고 논리적으로 쓰는 데 도움이 되는군.
② 글의 내용으로 볼 때 개요표의 ⓐ에 들어갈 설명 방법은 '예시'이군.
③ 개요표는 글의 전체적 흐름을 한눈에 볼 수 있게 정리해 놓은 계획서이군.
④ 개요표로 볼 때, 이 글은 '(가)–(나), (다), (라)–(마)'의 3단계로 구성되는군.
⑤ 글의 내용으로 볼 때 '스티그마 효과'는 주제와 긴밀하지 않으므로 생략하는 것이 좋겠군.

09. 이와 같은 글을 쓰기 위해 정보를 찾고 정리할 때 고려할 점으로 적절하지 <u>않은</u> 것은?

① 정확하고 믿을 만한 정보를 찾는다.
② 출처와 근거가 분명한 정보를 찾는다.
③ 정보를 찾은 순서대로 내용을 조직한다.
④ 독자의 수준과 흥미를 고려한 정보인지 살핀다.
⑤ 설명 대상과 밀접한 관련이 있는 정보를 고른다.

단원+단원

통합과 적용

> **단원+단원, 이렇게 통합·적용했어요!**
>
> **세금, 얼마나 알고 있나요**
> 설명하는 글을 보며 다양한
> 설명 방법 이해하기
>
> +
>
> **설명하는 글 쓰기**
> 효과적인 설명 방법을 익히고,
> 관심 대상을 설명하는 글 쓰기
>
> ↓
>
> 설명 방법을 이해하고, 『기술·
> 가정』 교과서에 적용해 보기

1. 다음은 중학교 『기술·가정』 교과서 일부입니다. 이 자료를 보며 설명 방법과 관련된 활동을 해 봅시다.

주거 공간은 개인과 가족의 삶이 그대로 담겨 있는 곳으로, 인간에게 가장 근본적인 생활 환경이다. 따라서 주거는 인간의 삶의 질에 많은 영향을 미친다.

가 [   ]

주거는 사람이 생활하는 터전으로, 가족이 일상생활을 하는 주택뿐만 아니라 그 안에서 이루어지는 가족이나 개인의 모든 생활과 환경을 포함한다.

주거는 과학 기술의 발달과 생활 수준의 향상에 따라 그 의미도 확대되어 과거에는 자연환경과 외부의 침입으로부터 생명을 보호하는 은신처에 지나지 않았으나 오늘날에는 다양한 모습으로 발전하고 있다.

나 [   ]

주거의 유형은 자연환경, 역사적·문화적 상황, 관습, 종교와 문화뿐만 아니라 건설 기술의 발달, 인구의 증가와 도시화, 정보화 등 사회 변화가 반영되어 매우 다양하다.

과거에는 자연 동굴이나 바위 밑에서 생활하다가 농경 생활을 시작하면서 움집, 초가집이 생겨나기 시

작하였다. 그런데 현대 사회로 오면서 서양 건축 기술의 도입으로 콘크리트 건물이 등장하기 시작하였다.

인구의 도시 집중으로 인하여 한정된 토지를 효율적으로 이용하는 아파트, 연립 주택, 다세대 주택과 같은 집합 주택이 생겨났다.

집합 형식에 따라	
단독 주택	• 독립적인 건물에 한 가구가 살도록 계획된 주거 형태 • 독립성 보장 및 가족 특성에 따른 주거 계획 및 개성 표현
집합 주택	• 하나의 단위 주거가 수평, 수직으로 연결된 주거 형태 • 채광이나 통풍에 불리하나 공동 보안 및 관리 등 생활의 편리성은 높음. • 아파트, 연립 주택 등

❶ **가**와 **나**에서 사용한 주된 설명 방법이 무엇인지 써 봅시다.

가	나
정의	구분

❷ **가**와 **나**에 적절한 제목을 붙여 봅시다.

가	주거의 의미
나	다양한 주거 유형

2. 설명 방법을 알면 다른 교과를 공부하는 데 어떤 도움이 되는지 말해 봅시다.

예시 답 | 설명 방법을 알면 교과 내용을 쉽게 이해할 수 있다.

대단원을 닫으며

 정리와 점검

·학습 목표 점검하기·

❶ 세금, 얼마나 알고 있나요

다양한 설명 방법 이해하기

> • 설명하는 글을 읽을 때 설 명 방 법을 파악하며 글을 읽으면, 글의 내용을 더 정확하고 쉽게 이해할 수 있다.
> • 「세금, 얼마나 알고 있나요」에서는 세금의 뜻을 밝혀 풀이하는 정 의를 비롯하여 예시, 비교·대조, 분류·구분 등의 다양한 설명 방법을 사용하여 세금에 대한 정보를 제공하고 있다.

➡ **잘 모른다면**
교과서 124~127쪽의 목표 활동을 다시 한번 살펴보면 다양한 설명 방법을 파악하며 글을 읽을 수 있을 거야.

❷ 설명하는 글 쓰기

대상의 특성에 맞는 설명 방법을 활용하여 글 쓰기

> • 설명하는 글은 '머리말 – 본 문 – 맺음말'로 구성된다.
> • 설명하는 글을 쓸 때는 대상의 특 성에 맞는 설명 방법을 활용해야 한다.

➡ **잘 모른다면**
교과서 131쪽의 활동 1과 교과서 133~138쪽의 활동 2를 다시 한번 살펴보면 대상의 특성에 맞는 설명 방법을 활용하여 글을 쓸 수 있을 거야.

·어휘력 점검하기·

다음 문장의 빈칸에 어울리는 말을 바르게 연결해 보자.

(1) 그토록 피하던 자를 머나먼 타향에서 또다시
만나게 되자 그는 ⬜⬜⬜⬜하게 전개 •
되는 운명의 힘을 느꼈다.

• 누진적

(2) 초고층 건물을 지으면 건축비는 ⬜⬜⬜ •
으로 비싸진다.

• 막무가내

(3) 아버지는 아들이 ⬜⬜⬜⬜로 제 뜻만
고집하니 아들이 하고자 하는대로 내버 •
려 둘 수밖에 없었다.

• 불가사의

> • **누진적**: 가격, 수량 따위가 더하여 감에 따라 상대적으로 그에 대한 비율이 점점 높아지는.
> • **막무가내**: 달리 어찌할 수 없음.
> • **불가사의**: 사람의 생각으로는 미루어 헤아릴 수 없이 이상하고 야릇함.

정답: (1) 불가사의 (2) 누진적 (3) 막무가내

[01~05] 다음 글을 읽고, 물음에 답하시오.

가 세금이란 무엇일까? 우리나라를 지키고 여러분이 안심하고 학교에 다닐 수 있으려면 많은 돈이 필요하다. 이러한 돈은 국민이 내는 세금으로 마련한다. 즉 세금이란 국가가 나라 살림을 잘 꾸려 나갈 수 있도록 국민이 법에 따라 내는 돈을 말한다.

나 그럼 국민이 내는 세금은 주로 어디에 쓰일까? 정부가 많은 일을 하는 것은 대부분 알고 있을 것이다. 먼저 쉽게 볼 수 있는 것이 도로를 건설하거나 여러 공공시설을 짓는 일이다. 나라를 지키는 국방, 국민의 안전과 질서를 유지하는 치안도 정부가 하는 일이다. 여러분이 받는 교육은 말할 것도 없다. 정부에서는 중학교까지 무상 교육을 하도록 지원하며, 무상은 아니지만 고등학교나 대학 교육도 지원한다. 건강 보험 같은 사회 보장 제도도 정부가 운영한다. 이러한 많은 일을 하기 위해 세금이 꼭 필요하다.

다 세금은 국가가 국민에게 세금을 걷는 방식에 따라 일반적으로 직접세와 간접세로 나눌 수 있다. 직접세는 세금을 부담해야 하는 개인이나 기업이 직접 내는 세금을 말한다. 개인이 내는 소득세, 재산세, 상속세, 그리고 기업이 내는 법인세 등이 여기에 속한다. 이와 달리 간접세는 실제로 세금을 부담하는 사람과, 그 세금을 직접 내는 사람이 서로 다른 세금을 말한다. 어떻게 그럴 수 있을까?

라 예를 들어 여러분이 문구점에 가서 학용품을 샀다고 해 보자. 산 물건의 영수증을 살펴보면 물건값에는 부가 가치세라는 세금이 포함되어 있을 것이다. 그러니까 여러분은 세금을 직접 세무서에 내는 것이 아니라, 물건 구매라는 간접적인 방식으로 부담하는 것이다. 그럼 누가 그 세금을 낼까? 바로 여러분에게 그 물건을 판 기업이나 가게 주인이다. 간접세는 이처럼 물건이나 서비스에 매기는 것으로 부가 가치세가 대표적인 예이다.

마 정부 쪽에서 보면 간접세가 직접세보다 걷기 쉽다는 장점이 있다. 직접세는 국민의 소득이나 재산을 일일이 조사해야 매길 수 있는데, 그 일이 무척 복잡하기 때문이다. 반면에 간접세는 소비자들이 물건을 살 때마다 자동으로 내게 되니 정부로서는 편하다. 그런데 세금이 잘 걷힌다고 효율적이라고 생각하는 것은 섣부른 판단이다. 간접세 비중이 높으면 직접세로 얻을 수 있는 소득 격차를 줄이는 효과가 약해질 수 있기 때문이다. 이렇듯 장점이 있으면 단점도 있게 마련이다. 그러므로 직접세와 간접세 가운데 무엇이 더 낫다고 말하기는 어렵다.

01. 이와 같은 글에 대한 설명으로 적절한 것은?
① 대상에 대한 객관적인 정보를 전달한다.
② 문제점을 해결하기 위한 방안을 제시한다.
③ 일상생활에서 얻은 생각을 자유롭게 표현한다.
④ 타당한 근거를 들어 주장이나 의견을 내세운다.
⑤ 현실에서 있음직한 이야기를 통해 삶의 교훈을 준다.

02. (가)~(마)의 내용과 일치하지 **않는** 것은?
① 직접세는 소득 격차를 줄이는 효과가 있다.
② 간접세를 직접 내는 사람은 상품을 판 사람이다.
③ 법인세는 물건을 산 기업이 직접 내는 세금이다.
④ 직접세와 간접세로 나누는 기준은 세금을 걷는 방식이다.
⑤ 세금은 공공시설 건설과 국방, 치안, 교육 등을 위해 사용된다.

03. 〈보기〉의 설명 방법 중, (가)~(라)에 사용되지 **않은** 것은?

┌─ 보기 ┤
ㄱ. 구분   ㄴ. 정의   ㄷ. 분석
ㄹ. 예시   ㅁ. 인과

① ㄱ, ㄷ   ② ㄴ, ㄷ   ③ ㄷ, ㄹ
④ ㄷ, ㅁ   ⑤ ㄹ, ㅁ

04. (마)에 사용된 설명 방법을 사용하여 설명할 대상으로 적절하지 **않은** 것은?
① 영화와 연극   ② 시와 소설
③ 한옥과 양옥   ④ 홍차와 자동차
⑤ 신석기 문화와 구석기 문화

| 서술형 |
05. (마)의 내용을 참고하여 직접세의 장점과 단점을 서술하시오.

[06~08] 다음 글을 읽고, 물음에 답하시오.

가 자전거는 핸들, 몸체, 안장, 두 개의 바퀴, 브레이크, 페달 등으로 나눌 수 있다.

나 마술이란 재빠른 손놀림이나 여러 장치 등을 써서 불가사의한 일을 해 보이는 것을 말한다.

다 설날의 대표적인 세시 풍속으로 차례를 들 수 있다. 각 가정에서는 아침 일찍 제사상에 설음식을 두루 갖추어 놓고 차례를 지낸다.

라 악기는 어떻게 소리를 내느냐에 따라 현악기, 관악기, 타악기로 나뉜다. 가야금과 거문고는 현악기, 피리와 단소는 관악기, 북과 장구는 타악기이다.

마 발효와 부패는 미생물에 의하여 일어나는 분해의 과정이라는 점에서는 같지만, 발효는 분해 결과 우리의 생활에 유용하게 사용되는 물질이 만들어지고, 부패는 유해한 물질이 만들어진다는 차이가 있다.

바 온실 효과로 지구의 기온이 상승하면 남극과 북극의 빙하가 녹게 되어 해수면이 상승한다.

06. (가)~(마) 중, 〈보기〉에 사용된 것과 같은 설명 방법이 쓰인 것은?

┤ 보기 ├
　한복의 첫 번째 특징은 입는 이의 신분에 따라 한복을 달리 입었다는 것이다. 예를 들면 결혼하지 않은 여자(아기씨)는 노랑 저고리에 다홍치마를 입었고, 결혼한 젊은 여자는 연두색 회장저고리에 다홍치마를 입었다.

① (가)　② (나)　③ (다)　④ (라)　⑤ (마)

07. (나)와 같은 설명 방법을 통해 얻을 수 있는 효과로 알맞은 것은?

① 복잡한 내용을 쉽게 설명할 수 있다.
② 글의 내용에 대한 신뢰를 높일 수 있다.
③ 대상이나 현상의 뜻을 분명히 밝힐 수 있다.
④ 대상의 원인과 결과를 명확하게 제시할 수 있다.
⑤ 구체적인 상황이나 내용을 제시하여 이해를 도울 수 있다.

| 서술형 |

08. (바)에 사용된 설명 방법이 무엇인지 서술하시오.

┤ 조건 ├
• 설명 방법의 이름을 밝힐 것.
• 설명 방법의 특징을 서술할 것.

| 고난도 |

09. 〈보기〉에 사용된 설명 방법은? (정답 2개)

┤ 보기 ├
　곰팡이의 한 종류인 버섯은 솜털 모양의 가는 실 같은 균사가 땅이나 고목 같은 유기물 속에서 자란 것을 말한다. 버섯은 크게 갓, 주름살, 자루로 이루어진다. 갓은 주름살이 다치지 않게 보호하는 역할을 하고, 주름살은 홀씨를 만든다. 자루는 버섯의 갓을 받치고 서 있는 기둥으로 홀씨를 날려 보내기에 적당한 높이로 자란다.

① 용어의 뜻을 풀이하여 설명함.
② 절차와 순서에 따라 단계별로 설명함.
③ 대상에 대한 구체적인 예를 들어 설명함.
④ 둘 이상의 대상을 견주어 공통점을 설명함.
⑤ 대상을 분해하여 그 부분이나 요소를 자세히 나누어 설명함.

10. 다음은 설명하는 글쓰기의 과정을 나타낸 것이다. ⓐ에 들어갈 알맞은 말을 쓰시오.

설명 대상 고르기 → 정보 수집하기 → 수집한 정보 정리하기 → (ⓐ) → 표현하기 → 고쳐쓰기

11. 관심 대상을 설명하는 글을 쓸 때 유의할 사항으로 적절하지 않은 것은?

① 객관적인 사실 위주로 작성한다.
② 출처나 근거를 분명하게 제시한다.
③ 간결하고 쉬운 문장으로 작성한다.
④ 효과적인 설명 방법을 활용하여 작성한다.
⑤ 이해에 도움이 되도록 수집한 모든 정보를 제시한다.

[12~15] 다음 글을 읽고, 물음에 답하시오.

가 직접세와 간접세 중에서 어느 것이 더 나은 방식일까? 직접세는 소득이나 재산에 따라 누진적으로 적용되는 경우가 많다. 소득이 높은 사람은 세금을 많이 내고 소득이 낮은 사람은 적게 내기 때문이다. 따라서 직접세는 소득 격차를 줄이는 기능을 한다. 세금을 통해 소득 격차를 줄일 수 있으니 공평하다고 할 수 있을 것이다. 물론 그 자체는 바람직하지만, 단점도 있다. 소득이 높은 사람들에게 세율을 높이면, 그들이 열심히 일하려는 의욕을 잃을 수도 있기 때문이다.

나 반면에 간접세는 소득이나 재산이 많든 적든 간에 부담하는 세금이 똑같다. 돈을 많이 버는 사람이 음료수 한 잔을 사 마시든지, 적게 버는 사람이 음료수 한 잔을 사 마시든지 둘이 내야 하는 세금은 같다. 생각하기에 따라서는 누구나 똑같이 내는 간접세가 더 공평하다고 생각할 수도 있다. 그러나 앞서 보았듯 간접세는 소득이 적을수록 내야 할 세금의 비율이 높은 셈이므로, 소득이 적은 사람이 지는 부담이 크다는 단점이 있다.

다 구들의 구조는 크게 불을 때는 곳인 아궁이, 열기가 지나가는 통로인 고래, 그리고 연기가 밖으로 배출되는 굴뚝으로 나뉜다. 아궁이에 불을 지피면 열기를 머금은 연기는 경사면을 타고 올라가 부넘기라는 턱에 맞닥뜨린다. 부넘기에 부딪혀 위로 솟구친 연기는 긴 통로를 지나가게 되는데, 이 길이 고래이다. 이때 연기는 그 열기를 한껏 머금고 고래 위에 덮어 놓은 구들장을 데우며 지나간다. 고래의 끝자락에 있는 웅덩이가 개자리이다. 개자리는 고래보다 깊이 파여 있어 찬 기운이 감돌기 때문에 불길에 딸려 온 그을음이나 티끌이 이곳에 떨어진다. 개자리에서 머물던 연기는 그만큼 가벼워져서 연도를 통해 굴뚝으로 빠져나가게 된다.

라 ⊙여드름은 주로 사춘기에 얼굴 등에 나는 붉고 작은 종기로, 모공에 쌓인 피지에 세균이 증식하여 생긴다. 피지는 모공 안쪽의 피지샘에서 만들어져 모공을 통해 분비되는 기름 물질이다. 피지는 피부를 먼지 등으로부터 보호하고 촉촉하게 유지하는 구실을 하므로 적절히 분비되면 피부 건강에 도움이 된다. 하지만 이것이 피부 밖으로 원활히 배출되지 못하면 먼지나 때 등과 함께 굳어 모공 안에 쌓이게 된다. 호르몬 분비가 왕성한 사춘기에 피지가 과다 분비되어 이런 일이 자주 일어나며, 이렇게 쌓인 피지에 세균이 증식해서 여드름이 생기는 것이다.

12. (가)~(라)와 같은 글을 읽을 때 가장 중요하게 여겨야 할 것은?
① 표현의 참신성
② 근거의 적절성
③ 주장의 합리성
④ 정보의 객관성
⑤ 내용의 함축성

13. (가)와 (나)에 대한 설명으로 적절한 것은?
① 직접세와 간접세의 종류를 분류·구분하고 있다.
② 직접세와 간접세의 장단점을 비교·대조하고 있다.
③ 직접세와 간접세를 비교한 뒤 예시를 들어 설명하고 있다.
④ 직접세와 간접세의 뜻을 정의한 뒤 두 대상을 비교하고 있다.
⑤ 직접세와 간접세의 장단점이 생긴 원인과 결과를 분석하고 있다.

| 고난도 |

14. (다)와 동일한 설명 방법이 사용된 것은?
① 오토바이와 자전거는 모두 탈것이며 그 생김새가 비슷하고 땅 위에서 타는 것이며 바퀴가 두 개라는 공통점이 있다.
② 물은 생활용수로 이용되고, 농사를 짓는 데 이용되며 높은 곳에서 떨어지는 물의 힘으로 전기를 일으키는 데 이용된다.
③ 컴퓨터의 고장은 주로 외부의 충격 때문에 생긴다. 노트북 컴퓨터는 땅에 떨어뜨리는 등의 물리적 충격 때문에 고장 나는 경우가 많다.
④ 김치는 음식의 주재료에 따라 나눌 수 있는데, 배추김치는 주재료가 배추이고 무김치와 부추김치는 주재료가 무와 부추이다.
⑤ 컴퓨터는 크게 중앙 처리 장치와 주변 장치로 이루어져 있다. 컴퓨터의 중앙 처리 장치는 제어 장치와 연산 장치, 기억 장치로 이루어져 있고, 주변 장치로는 입력 장치, 출력 장치가 있다.

15. ⊙이 생기는 원인으로 제시되지 <u>않은</u> 것은?
① 먼지나 때
② 붉고 작은 종기
③ 피지의 과다 분비
④ 피지에 증식한 세균
⑤ 사춘기의 왕성한 호르몬 분비

[16~19] 다음 글을 읽고, 물음에 답하시오.

㉮ ㉠'피그말리온 효과'란 무언가에 대한 사람의 믿음, 기대, 예측이 실제적으로 일어나는 경향을 말한다. 그리스 신화 속의 피그말리온 왕은 자신이 조각한 여성상을 진심으로 사랑하여 그녀가 인간이 되기를 간절히 바랐다. 이를 지켜본 미의 여신 아프로디테가 그의 소원을 들어주어 조각상을 인간으로 만들었다고 하는 데서 '피그말리온 효과'라는 말이 유래되었다고 한다.

㉯ 피그말리온 효과를 처음 입증한 사람은 미국의 교육 심리학자 로버트 로젠탈이다. 그는 학생들에게 쥐를 통한 미로 찾기 실험을 시킨 결과 정성을 다하여 기른 쥐가 소홀히 기른 쥐에 비해 미로 찾기에서 더 뛰어난 능력을 보인다는 것을 알 수 있었다. 이를 바탕으로 로젠탈은 쥐에게 거는 기대에 따라 결과가 달라진다고 확신했으며, 이는 교사와 학생 간에도 상관관계가 있으리라고 생각했다.

㉰ 1964년 샌프란시스코의 한 초등학교에서는 한 실험 시행자가 한 학급에서 무작위로 뽑은 아동의 명부를 학급 담임에게 보여 주고, 명부에 기재된 아동들이 앞으로 수개월 안에 성적이 향상될 학생들이라고 알려 주었다. 그 후 학급 담임은 그 아이들의 성적이 향상될 것이라는 기대를 품었고, 확실히 그 아이들의 성적은 향상되었다.

㉱ 기대로 인해 긍정적인 변화가 일어나는 피그말리온 효과와는 반대되는 효과로 사람들에게 부정적인 낙인이 찍힘으로써 더 나쁜 쪽으로 변해 가는 스티그마 효과도 있다. 학년 초에 처음 만나는 친구가 '착하고 친절할 것'이라고 믿고 기대하면 그 아이는 기대에 부응하기 위해 착하고 친절하게 행동하려고 노력할 것이다. 그리고 그렇게 노력하면 실제로 착하고 친절한 친구가 된다. 반대로 '못되고 까칠한' 아이라고 믿고 그렇게 대하면 그 아이는 실제로 그렇게 된다.

㉲ 긍정적인 기대를 가지면 긍정적인 결과를 낳게 되고, 부정적인 전망을 가지면 무의식적으로 부정적인 전망을 실현하는 방향으로 나아가게 된다. 우리 역시 무엇인가 이루어질 것이라고 믿고 행동한다면 언젠가 그것이 현실이 되지 않을까?

16. 이 글에 대한 설명으로 적절하지 **않은** 것은?

① 정보 전달을 목적으로 하는 글이다.
② 설명 대상에 적절한 설명 방법을 사용하였다.
③ 비유적인 표현으로 주제를 효과적으로 드러내었다.
④ 독자의 이해를 돕기 위해 명확한 표현을 사용하였다.
⑤ '머리말–본문–맺음말'의 체계적인 짜임을 갖추고 있다.

| 고난도 |

17. 이 글을 쓰기 위해 계획했을 내용으로 적절하지 **않은** 것은?

① 피그말리온 효과의 뜻을 풀이하면서 글을 시작해야지.
② 본문에는 피그말리온 효과가 있었던 사례들을 써야겠어.
③ 스티그마 효과와 피그말리온 효과를 대조하여 특징을 부각해야지.
④ 내용 이해에 도움이 되도록 피그말리온 효과란 말의 유래도 넣어야지.
⑤ 질문으로 마무리하여 '피그말리온 효과'에 대한 독자의 관심을 유도해야지.

18. (라)에 주로 사용된 설명 방법은?

① 과정　　　　② 분석　　　　③ 예시
④ 대조　　　　⑤ 분류

19. ㉠과 같은 설명 방법이 사용되지 **않은** 것은?

① 문학은 언어를 표현 수단으로 하는 예술이다.
② 한옥은 20세기 들어 생활 양식이 급속하게 바뀌면서 많이 사라지게 되었다.
③ 효모나 세균 따위의 미생물이 음식물을 분해하여 맛과 성질을 바꾸는 것을 발효라고 한다.
④ 석회 동굴은 석회암이 지하수나 빗물에 의해 조금씩 깎이거나 녹아서 만들어진 동굴이다.
⑤ 웃음은 심리학적으로 볼 때 우리의 내면적 긴장 상태가 일순간에 해소되면서 나타나는 현상이다.

[01~04] 다음 글을 읽고, 물음에 답하시오.

가 미국의 제35대 대통령이었던 케네디는 취임식 연설에서 다음과 같이 말했다.

"국가가 여러분을 위해 무엇을 해 줄 것인지 묻지 말고, 여러분이 국가를 위해서 무엇을 할 것인지 물으십시오."

국가가 국민을 위해서 무엇인가를 해 주는 것은 물론 중요하다. 하지만 케네디 대통령의 말처럼 국민이 국가를 위해 해야 할 의무 역시 중요하다. 대한민국 헌법이 정한 국민의 의무에는 납세의 의무가 포함되어 있다. 세금을 내는 것이 국민이 지킬 의무 가운데 하나라는 뜻이다.

나 세금이란 무엇일까? 우리나라를 지키고 여러분이 안심하고 학교에 다닐 수 있으려면 많은 돈이 필요하다. 이러한 돈은 국민이 내는 세금으로 마련한다. 즉 세금이란 국가가 나라 살림을 잘 꾸려 나갈 수 있도록 국민이 법에 따라 내는 돈을 말한다.

다 세금은 국가가 국민에게 세금을 걷는 방식에 따라 일반적으로 직접세와 간접세로 나눌 수 있다. 직접세는 세금을 부담해야 하는 개인이나 기업이 직접 내는 세금을 말한다. 개인이 내는 소득세, 재산세, 상속세, 그리고 기업이 내는 법인세 등이 여기에 속한다. 이와 달리 간접세는 실제로 세금을 부담하는 사람과, 그 세금을 직접 내는 사람이 서로 다른 세금을 말한다. 어떻게 그럴 수 있을까?

라 예를 들어 여러분이 문구점에 가서 학용품을 샀다고 해 보자. 산 물건의 영수증을 살펴보면 물건값에는 부가 가치세라는 세금이 포함되어 있을 것이다. 그러니까 여러분은 세금을 직접 세무서에 내는 것이 아니라, 물건 구매라는 간접적인 방식으로 부담하는 것이다. 그럼 누가 그 세금을 낼까? 바로 여러분에게 그 물건을 판 기업이나 가게 주인이다. 간접세는 이처럼 물건이나 서비스에 매기는 것으로 부가 가치세가 대표적인 예이다.

마 그러면 직접세와 간접세 중에서 어느 것이 더 나은 방식일까? 직접세는 소득이나 재산에 따라 누진적으로 적용되는 경우가 많다. 소득이 높은 사람은 세금을 많이 내고 소득이 낮은 사람은 적게 내기 때문이다. 따라서 직접세는 소득 격차를 줄이는 기능을 한다. 세금을 통해 소득 격차를 줄일 수 있으니 공평하다고 할 수 있을 것이다. 물론 그 자체는 바람직하지만, 단점도 있다. 소득이 높은 사람들에게 세율을 높이면, 그들이 열심히 일하려는 의욕을 잃을 수도 있기 때문이다.

01. 이와 같은 글에서 다양한 설명 방법을 사용하는 까닭이 무엇인지 서술하시오.

┤ 조건 ├
글의 갈래를 밝히고 이와 관련지어 언급할 것.

02. (가)에 사용된 설명 방법을 쓰고, 이런 설명 방법을 사용한 의도와 효과는 무엇인지 서술하시오.

03. (마)의 뒤에 〈보기〉의 내용이 이어질 때, (마)와 〈보기〉는 어떤 설명 방법으로 전개되었는지 쓰고, 그 까닭을 서술하시오.

┤ 보기 ├
반면에 간접세는 소득이나 재산이 많든 적든 간에 부담하는 세금이 똑같다. 돈을 많이 버는 사람이 음료수 한 잔을 사 마시든지, 적게 버는 사람이 음료수 한 잔을 사 마시든지 둘이 내야 하는 세금은 같다. 생각하기에 따라서는 누구나 똑같이 내는 간접세가 더 공평하다고 생각할 수도 있다. 그러나 앞서 보았듯 간접세는 소득이 적을수록 내야 할 세금의 비율이 높은 셈이므로, 소득이 적은 사람이 지는 부담이 크다는 단점이 있다.

[01~03] 다음 글을 읽고, 물음에 답하시오.

가 ㉠'피그말리온 효과'란 무언가에 대한 사람의 믿음, 기대, 예측이 실제적으로 일어나는 경향을 말한다. 그리스 신화 속의 피그말리온 왕은 자신이 조각한 여성상을 진심으로 사랑하여 그녀가 인간이 되기를 간절히 바랐다. 이를 지켜본 미의 여신 아프로디테가 그의 소원을 들어주어 조각상을 인간으로 만들었다고 하는 데서 '피그말리온 효과'라는 말이 유래되었다고 한다.

나 피그말리온 효과를 처음 입증한 사람은 미국의 교육 심리학자 로버트 로젠탈이다. 그는 학생들에게 쥐를 통한 미로 찾기 실험을 시킨 결과 정성을 다하여 기른 쥐가 소홀히 기른 쥐에 비해 미로 찾기에서 더 뛰어난 능력을 보인다는 것을 알 수 있었다. 이를 바탕으로 로젠탈은 쥐에게 거는 기대에 따라 결과가 달라진다고 확신했으며, 이는 교사와 학생 간에도 상관관계가 있으리라고 생각했다.

다 1964년 샌프란시스코의 한 초등학교에서는 한 실험 시행자가 한 학급에서 무작위로 뽑은 아동의 명부를 학급 담임에게 보여 주고, 명부에 기재된 아동들이 앞으로 수개월 안에 성적이 향상될 학생들이라고 알려 주었다. 그 후 학급 담임은 그 아이들의 성적이 향상될 것이라는 기대를 품었고, 확실히 그 아이들의 성적은 향상되었다.

라 기대로 인해 긍정적인 변화가 일어나는 피그말리온 효과와는 반대되는 효과로 사람들에게 부정적인 낙인이 찍힘으로써 더 나쁜 쪽으로 변해 가는 스티그마 효과도 있다. 학년 초에 처음 만나는 친구가 '착하고 친절할 것'이라고 믿고 기대하면 그 아이는 기대에 부응하기 위해 착하고 친절하게 행동하려고 노력할 것이다. 그리고 그렇게 노력하면 실제로 착하고 친절한 친구가 된다. 반대로 '못되고 까칠한' 아이라고 믿고 그렇게 대하면 그 아이는 실제로 그렇게 된다.

마 긍정적인 기대를 가지면 긍정적인 결과를 낳게 되고, 부정적인 전망을 가지면 무의식적으로 부정적인 전망을 실현하는 방향으로 나아가게 된다. 우리 역시 무엇인가 이루어질 것이라고 믿고 행동한다면 언젠가 그것이 현실이 되지 않을까?

01. 이 글의 구조를 참고하여 설명하는 글의 짜임은 어떻게 정하는 것이 좋은지 서술하시오.

> **조건**
> • 글의 구성 단계가 들어가게 서술할 것.
> • 각 단계에 들어가는 내용을 언급할 것.

02. 다음은 이 글을 쓰기 위해 필요한 정보를 수집하여 정리한 것이다. 이를 참고하여 정보를 수집할 때 유의할 사항을 2가지 이상 쓰시오.

항목	수집한 정보	출처
피그말리온 효과란?	• '피그말리온 효과'라는 말의 유래 • 긍정적인 기대나 관심이 사람에게 좋은 영향을 미치는 현상	• 텔레비전 프로그램, 『이주헌의 미술 기행』 • 박홍순, 『미술관에서 만난 심리학』
피그말리온 효과의 예	• 미국 교육 심리학자 로젠탈의 실험 사례	• 교육부 블로그(http://if-blog.tistory.com/7277) • 정재윤, 『14살에 시작하는 처음 심리학』
스티그마 효과란?	• 피그말리온 효과는 기대로 인해 긍정적인 변화가 일어나는 현상이지만, 스티그마 효과는 사람들에게 부정적인 낙인이 찍힘으로써 더 나쁜 쪽으로 변해 가는 현상임.	

03. 〈보기〉의 단어 중 하나를 선택한 후, ㉠에 사용된 설명 방법을 활용하여 설명해 보시오.(객관적인 내용으로 서술할 것)

> **보기**
> 우정, 방학, 만화

공동체 · 대인 관계

　이 역량은 공동체의 가치와 공동체 구성원의 다양성을 존중하고 상호 협력하며 관계를 맺고 갈등을 조정할 수 있는 능력을 말해. 이 단원에서는 상대의 상황과 처지를 이해하고, 상대의 감정에 공감하며 적절하게 대화하는 방법을 익히도록 하자.

의사소통 역량

이 역량은 음성 언어, 문자 언어, 기호와 매체 등을 활용하여 생각과 느낌, 경험을 표현하거나 이해하면서 의미를 구성하고 자아와 타인, 세계의 관계를 점검하고 조정하는 능력을 말해. 이 단원에서는 담화의 개념과 특성을 이해하고 담화 상황과 맥락에 맞게 의사소통할 수 있는 능력을 기르도록 하자.

문법

듣기·말하기

5

상황에 맞는 대화

(1) 담화와 국어 생활

(2) 들판에서 _ 이강백

대단원을 펼치며

◆ 도입 만화를 살펴보면서 이 단원에서 배울 내용을 짐작해 보아요!

핵심 질문

상황에 맞게 의사소통을 하려면 어떻게 해야 할까?

> 이 질문은 이 대단원을 이끄는 핵심 질문이란다. 이 질문을 왜 하였는지 이 단원을 공부하면서 찾아낼 수 있도록 하는 것이 중요해. 맥락, 공감 등이 이 핵심 질문의 답을 풀 수 있는 열쇠말이라는 것을 기억하면서 이 단원을 학습해 보자.

보조 질문

여학생의 처지를 고려할 때 남학생의 말은 어떤 문제가 있을까요?
예시 답 | 남학생은 열심히 준비했지만 동아리 면접에 떨어져서 속상해하고 있는 여학생의 상황을 고려하지 않은 채 대화하고 있다.

이 상황은 위로하는 말이 필요한 상황입니다. 이 외에도 일상생활에서 또 어떤 담화 상황에 마주치게 될지 말해 봅시다.
예시 답 | 우리는 일상생활에서 감사하는 말, 사과하는 말, 부탁하는 말, 축하하는 말 등이 필요한 담화 상황에 마주칠 수 있다. 이때 각각의 상황에 맞게 의사소통하려면 상대의 상황과 처지, 감정을 이해하고 그에 적절하게 반응해야 한다.

학습 목표

[문법] 담화의 개념과 특성을 이해하고, 담화 상황에 적합한 국어 생활을 할 수 있다.

[듣기 · 말하기] 상대의 감정에 공감하여 적절하게 반응하며 대화를 나눌 수 있다.

배울 내용

(1) 담화와 국어 생활	(2) 들판에서	단원 + 단원
·담화의 개념과 구성 요소 이해하기 맥락(상황 맥락, 사회 · 문화적 맥락)을 고려하여 담화의 의미 파악하기 ·담화 상황에 맞게 의사소통하기	·상대방의 상황과 처지 이해하기 ·상대방의 감정을 깊이 있게 이해하기 ·상대방의 관점에서 문제를 바라보고 협력적으로 소통하기	·친구와 서로의 고민 공유하기 ·친구의 고민에 공감하며 친구에게 편지 쓰기

(1) 담화와 국어 생활

생각 열기

다음 대화 내용을 읽고, 어떤 문제점이 있는지 살펴봅시다.

> 서울로 이사 온 한 학생이 처음 지하철을 타게 되었다.
> 지하철 노선이 익숙하지 않은 이 학생은 옆에 있는 아저씨께 물었다.
> "아저씨, 한국대는 어떻게 가요?"
> 그 아저씨는 한참을 쳐다보다가 힘들게 한마디
> 하였다.
> "교과서를 중심으로 열심히 공부해 봐."
> "……."

● 이렇게 열자 ●

이 단원을 본격적으로 학습하기 전에 원활한 대화를 위해 고려해야 할 요소를 생각해 보는 활동이다. 제시된 대화의 문제점을 알아낸 뒤 이와 비슷한 자신의 경험을 떠올려 자유롭게 이야기해 본다. 친구들의 다양한 이야기를 들으며 대화를 원활하게 하려면 말하는 사람의 의도나 대화가 이루어지는 상황 등을 이해하는 것이 중요하다는 것을 환기한다.

• 이와 같은 상황이 발생한 까닭을 말해 봅시다.

예시 답 | 학생이 처한 상황을 모르는 아저씨가 "한국대는 어떻게 가요?"라는 말을 한국대학교에 입학하려면 어떻게 공부를 해야 하는지를 묻는 말로 이해했기 때문이다.

• 이와 비슷한 경험을 한 적이 있다면 그때의 경험을 이야기해 봅시다.

예시 답 | 친척 어른을 찾아가는 길에 지나가는 사람에게 근처 빵집이 어디에 있는지 아느냐고 물어보았는데, 그 사람이 "네, 알아요."라고만 대답하여 당황했던 경험이 있다.

이 단원의 학습 요소

학습 목표 | 담화의 개념과 특성을 이해하고, 담화 상황에 적합한 국어 생활을 할 수 있다.

담화의 개념과 구성 요소 이해하기	담화가 이루어지는 상황을 살펴보면서 담화의 개념과 구성 요소를 이해한다.
상황 맥락을 고려하여 의사소통하기	다양한 담화의 예를 살펴보면서 상황 맥락을 구성하는 요인을 파악하고, 이를 고려하여 담화 상황에 맞게 의사소통한다.
사회·문화적 맥락을 고려하여 의사소통하기	다양한 담화의 예를 살펴보면서 사회·문화적 맥락의 요인을 파악하고, 이를 고려하여 담화 상황에 맞게 의사소통한다.

핵심 개념 미리 보기

1. 담화의 뜻

- 발화가 모여 이루어진 언어 단위를 말한다.
- 말하는 이와 듣는 이를 포함하여 구체적인 문맥 속에서 이루어지는 발화나 발화의 연속체를 말한다.
- 대화나 이야기, 수업, 토의, 토론, 발표, 연설 등 우리가 일상에서 경험하는 다양한 의사소통 행위들이 담화에 해당한다.

2. 담화의 구성 요소

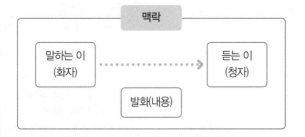

말하는 이	어떤 의도로 말을 하느냐에 따라 말의 의미가 달라짐.
듣는 이	배경지식이나, 처지, 상황에 따라 말의 의미가 다르게 해석될 수 있음.
발화	의사소통에서 전달하고자 하는 내용을 담고 있음.
맥락	• 담화가 이루어지는 상황으로, 담화에서 발화의 표현과 해석에 관여하는 정보를 말함. • 상황 맥락과 사회·문화적 맥락이 있음.

3. 담화의 상황 맥락

- 담화가 이루어지는 시간적·공간적 상황을 말한다.
- 말하는 이와 듣는 이, 시간과 장소, 말하는 의도와 목적, 말하는 이와 듣는 이의 태도 등의 요소에 의해 형성되며, 담화의 의미에 직접적인 영향을 준다.

4. 담화의 사회·문화적 맥락

- 담화가 이루어지는 사회·문화적 배경을 말한다.
- 역사적·사회적 상황, 이념, 공동체의 가치, 신념 등의 요소에 의해 형성되며, 의사소통에 간접적인 영향을 준다.
- 이 맥락과 관련하여 지역, 세대, 성별, 문화 등에 따라 언어 차이가 생겨난다.

🔍 심화 자료

● 담화와 발화

　담화가 무엇인지 알기 위해서는 먼저 발화의 의미를 아는 것이 중요하다. 발화란 일정한 상황 속에서 문장 단위로 실현된 말로, 말하는 이, 듣는 이, 맥락에 따라 구체적인 의미가 결정된다. 담화는 발화들이 모여 이루어진 유기적인 통일체로 대화나 이야기, 수업, 토론 등 다양한 의사소통 행위를 그 예로 들 수 있다. 그러나 때에 따라서는 단 하나의 발화가 하나의 담화가 될 수도 있다. 예를 들어 불이 난 상황에서 "불이야!"라는 발화는 그 장소에 있는 다른 사람들에게 불이 난 상황을 알리고어서 피하라는 의미를 전달하므로 그 자체로 담화가 될 수 있다.

눈으로 찍고 가기

1. □□는 말하는 이와 듣는 이를 포함하여 구체적인 문맥 속에서 이루어지는 발화나 발화의 연속체를 말한다.

2. 담화의 구성 요소에 해당하지 <u>않는</u> 것은?
　① 발화　　　　　　② 맥락
　③ 듣는 이　　　　　④ 말하는 이
　⑤ 발화의 의미

3. 담화의 맥락에 관한 설명으로 옳으면 ○, 옳지 않으면 ×표 하시오.
　(1) 담화가 이루어지는 시간적·공간적 상황을 담화의 상황 맥락이라고 한다.　　　　　　（　）
　(2) 담화의 사회·문화적 맥락은 역사적·사회적 상황, 이념, 공동체의 가치, 신념 등의 요소에 의해 형성되며, 의사소통에 직접적인 영향을 준다.
　　　　　　　　　　　　　　　　　（　）
　(3) 같은 말이라도 맥락에 따라 다른 뜻을 가지게 되므로 맥락을 고려하여 의미를 파악해야 한다.
　　　　　　　　　　　　　　　　　（　）

정답: 1. 담화 2. ⑤ 3. (1) ○ (2) × (3) ○

활동 1 담화의 개념과 구성 요소

1. 다음 장면을 바탕으로 담화의 개념과 구성 요소를 파악해 봅시다.

○ 활동 탐구
담화의 개념과 담화를 구성하는 요소들을 파악하는 활동을 통해 담화의 특성을 이해하고 원활한 국어 생활에 관해 생각해 보는 활동이다.

1 아래의 빈칸을 채워 보고, 담화를 이루는 요소를 파악해 봅시다. 예시 답 l

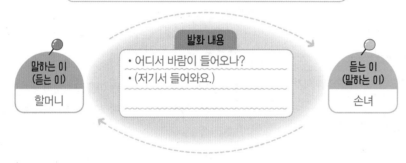

담화가 이루어지는 상황

창문이 열려 있는 방에서 할머니가 추워하는 상황

발화 내용
· 어디서 바람이 들어오나?
· (저기서 들어와요.)

말하는 이 (듣는 이)
할머니

듣는 이 (말하는 이)
손녀

지학이가 도와줄게! - 1
빈칸 채우기 활동을 하면서 담화의 구성 요소들을 파악하고, 할머니의 말에 담긴 의도를 해석해 보렴. 그리고 담화를 구성하는 이러한 요소들을 제대로 파악하지 못하고 의사소통할 때 대화 당사자 간에 생길 수 있는 오해에 대해서도 생각해 보자.

2 할머니의 말에 담긴 의도를 파악하여 어떻게 대답하는 것이 적절할지 말해 봅시다.

예시 답 l 창문을 닫을게요.

찬찬샘 핵심 강의

· **담화의 개념과 구성 요소**

　할머니와 손녀의 대화에서 할머니의 말에 담긴 의도를 파악하는 활동을 통해 말하는 이와 듣는 이, 발화 내용(언어 표현), 대화가 이루어지는 상황(맥락)이 담화의 구성 요소가 된다는 것을 이해할 수 있어. 이때 대화 상황에서 말하는 이는 듣는 이이기도 하고, 마찬가지로 듣는 이는 말하는 이이기도 하다는 것을 눈치챘겠지? 같은 말이라도 이러한 요소들에 따라 의미가 달라지므로 원활한 의사소통을 하려면 담화의 구성 요소들을 고려해 의미를 파악해야 한단다.

▶핵심 포인트◀

담화의 개념	말하는 이와 듣는 이를 포함하여 구체적인 문맥 속에서 이루어지는 발화나 발화의 연속체
구성 요소	말하는 이, 듣는 이, 발화(내용), 담화가 이루어지는 상황(맥락)

콕콕 확인 문제 정답과 해설 32쪽

1. 할머니와 손녀의 대화를 본 뒤의 반응으로 적절하지 <u>않은</u> 것은?

① 할머니와 손녀는 말하는 이이자 듣는 이로군.
② 손녀는 할머니의 말을 제대로 이해하지 못하고 있군.
③ 할머니는 바람이 어디서 들어오는지를 궁금해하셨군.
④ 담화에서는 말하는 이의 의도를 파악하는 것이 중요하군.
⑤ 담화가 이루어지는 상황을 제대로 이해해야 원활한 의사소통이 가능하겠군.

|서술형|
2. 할머니와 손녀의 대화를 바탕으로 담화의 구성 요소 4가지를 서술하시오.

활동 2 담화의 상황 맥락

1. 시간과 공간을 고려하여 말의 의미를 해석해 봅시다.

1 가와 나는 각각 언제, 어디에서 이루어진 대화인지 적어 봅시다. 예시 답 |

	언제	어디에서
가	등굣길 또는 하굣길에	문구점 안에서
나	학교 수업 시간에	교실에서

2 각 상황에 맞게 '정진아, 뭐 하니?'에 담긴 뜻을 해석해 봅시다. 예시 답 |

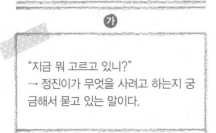

가

"지금 뭐 고르고 있니?"
→ 정진이가 무엇을 사려고 하는지 궁금해서 묻고 있는 말이다.

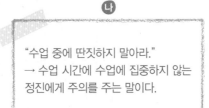

나

"수업 중에 딴짓하지 말아라."
→ 수업 시간에 수업에 집중하지 않는 정진에게 주의를 주는 말이다.

➕ 보충 자료

'맥락' 속에서 일어나는 의사소통

실제적인 의사소통은 항상 구체적인 맥락 속에서 일어나며, 맥락은 의미를 수용하고 생산하는 데 영향을 미친다. 의사소통 참여자들은 메시지를 생산하고 수용하는 과정에서 주어진 맥락의 영향을 받기도 하고, 참여자들에 의해 공유된 메시지는 새로운 맥락을 형성하기도 한다. 따라서 듣기·말하기는 언어 사용자(말하는 이와 듣는 이)와 상황이라는 전체적인 맥락 속에서 일어나는 의사소통의 한 현상으로 보아야 한다.

> 영이: 좀 추운데.
> 철수: (㉠ 문을 닫을까? / ㉡ 그래, 기온이 많이 내려갔어.)

위의 예에서 의사소통 참여자인 영이와 철수가 어떤 상황 속에서 말을 주고받느냐에 따라 철수의 대답은 달라진다. 철수가 방 안에 있다면 ㉠과 같은 대답이 적절하지만, 집 밖에 있다면 ㉡과 같이 대답할 것이다. 이처럼 의사소통 참여자들은 언어를 매개로 하여 의미를 구성하고 재구성할 때 맥락을 탐구하거나 활용한다. 맥락은 의사소통의 조건이자 과정으로 의사소통에서 꼭 필요한 요소이다.

❝ 학습 포인트
· 상황 맥락을 형성하는 요소 파악하기
· 상황 맥락을 고려하여 의사소통하기

◯ 활동 탐구 – 1, 2
일상생활에서 흔히 접할 수 있는 상황을 통해 같은 말이라도 시간과 장소, 대화 참여자의 의도와 목적에 따라 그 의미가 달라질 수 있다는 것을 이해하는 활동이다.

✸ 지학이가 도와줄게! – 1
만화 속 인물들의 모습과 배경을 잘 살펴보면 대화의 상황 맥락을 파악할 수 있어. 그리고 그 상황 맥락을 활용하면 "정진아, 뭐 하니?"의 의미를 구체적으로 정확하게 이해할 수 있을 거야.

콕콕 확인 문제

3. 가와 나의 담화에서 고려할 점으로 가장 적절한 것은?

① 중심 화제를 고려하여 소통해야 한다.
② 시간과 장소를 고려하여 소통해야 한다.
③ 말하는 사람의 감정을 살펴 소통해야 한다.
④ 말하는 사람의 어조를 살펴 소통해야 한다.
⑤ 듣는 사람의 처지를 배려하며 소통해야 한다.

| 서술형 |
4. 〈보기〉에서 말하는 이와 듣는 이, 장소를 고려하여 ㉠과 ㉡에 담긴 의미를 각각 서술하시오.

보기
㉠ (음식점에서 손님에게)
식당 주인: 식사하실 때 불편한 점은 없으셨나요?
㉡ (치과에서 환자에게)
의사: 식사하실 때 불편한 점은 없으셨나요?

2. 의도와 목적을 고려하여 대화를 나눠 봅시다.

1 두 학생의 대화에 나타난 문제점을 적어 봅시다. 예시 답 |

여학생	남학생
집안일을 돕는다는 남학생의 처지를 알아보려 하지도 않고, 자신의 제안을 거절하는 남학생을 비꼬며 야속함을 드러내고 있다.	서운해하는 여학생의 마음을 모른 채 '효자'라는 말을 표면적 의미 그대로 이해하고 대답을 하여 여학생을 당황하게 하고 있다.

2 **1**의 활동을 바탕으로 **3**과 **4**의 발화 내용을 각각 바꾸어 봅시다.
예시 답 |

❸	❹
이번 주에 또? 봉사 활동이라면 빠지지 않던 네가 연달아 빠지는 것을 보니 집안에 무슨 사정이 있는 모양이구나. 알았어. 다음에 같이 가자.	어머니가 수술 후 다리가 불편하셔서 당분간은 주말에도 어머니를 도와드려야 해. 난 봉사 활동을 갈 수 없으니 미안하지만 다른 친구랑 갈래?

3 **2**에서 바꾼 내용이 대화 상황에 적절한지 짝과 서로 평가해 봅시다.

예시 답 | • 여학생의 말을 남학생이 처한 상황에 관심을 기울이며 남학생을 배려하는 말로 바꾸었으므로 적절하다. 여학생이 이와 같이 말을 하면 남학생은 이어지는 대화에서 여학생의 말에 고마움을 표현할 것이다.

• 남학생의 말을 여학생이 효자라고 말한 속뜻을 파악하고 자신의 처지를 솔직하게 밝히며 양해를 구하는 말로 바꾸었으므로 적절하다. 남학생이 이와 같은 말을 하면 여학생은 남학생의 처지를 이해할 것이고 두 사람은 원만한 관계를 유지할 수 있을 것이다.

만화에서 여학생은 기분이 상해서 남학생을 '효자'라고 비꼬고 있는데, 남학생은 그 말의 의도를 알아차리지 못하고 있어. 따라서 여학생의 말은 남학생이 처한 상황이나 처지를 이해하는 말로, 남학생의 말은 '효자'라는 말에 담긴 여학생의 발화 의도와 목적을 고려해 여학생의 기분을 풀어 주는 말로 각각 바꾸어야 해. 그런 다음 바꾼 대화 내용을 짝과 함께 읽고 상황 맥락에 맞게 상대를 배려하는 말로 바꾸었는지 평가해 보렴.

콕콕 확인 문제

5. 이 만화 속 담화에 대한 이해로 적절하지 <u>않은</u> 것은?

① 남학생은 여학생의 말에 서운한 마음을 드러내고 있다.
② 여학생은 남학생의 상황을 배려하지 않은 채 반응하고 있다.
③ 남학생은 여학생의 '효자'라는 말에 담긴 의도를 모르고 있다.
④ 여학생과 남학생의 대화가 원활하게 이루어지고 있지 않은 상황이다.
⑤ 남학생은 여학생의 '효자'라는 말을 표면적 의미 그대로 받아들이고 있다.

6. 다음 빈칸에 들어갈 말로 적절한 것은?

> 만화 속 남학생은 (   )을/를 고려하지 않은 채 대화를 하고 있다.

① 문화적 차이
② 대화하는 시간
③ 대화하는 장소
④ 말하는 이와의 친밀도
⑤ 말하는 이의 의도와 목적

3. 드라마 대본 속 두 인물의 대화를 살펴보고, 담화 상황에서 맥락 파악의 중요성을 생각해 봅시다.

저승사자, 전생의 기억이 지워진 채 이승에서 저승사자 임무를 수행하고 있다. 그러던 어느 날 육교 위에서 한 여인을 만났는데, <u>그 여인을 보자마자 왠지 모르게 눈물이</u> 났다. '그 여인'은 전생에서 저승사자의 부인이었음.
<u>났다.</u> 여인은 이를 이상하게 생각하지만, 여인 역시 끌리는 마음에 남자가 저승사자라는 것을 모른 채 전화번호를 건넨다. 그런 둘이 육교에서 또다시 만나게 된다.

써니 우리 만난 거, 이거 우연이에요?

<u>왜 전화 안 했어요? 한다면서요.</u>
① 전화를 안 한 이유가 궁금함. ② 전화를 안 해 서운함.

저승사자 (다급하게 몸을 돌리며) 하겠습니다.
써니의 말에 담긴 의도를 파악하지 못하고 하는 행동과 말임.
지금 가서……

써니 (가려는 저승사자를 잡으며) 어디 가세요?

어디 공중전화라도 찾으러 가요?

저승사자 집에 전화가 있어서……

금방 전화할게요.

써니 웃겨. 우리가 이렇게 마주쳤는데?

저승사자 아, 반가웠어요.

써니 아 미치겠다. 금방 전화 말고 금방 커피 어때요? 서울에 널린 게 커피숍이고, 나 시간 많거든요.

커피숍으로 간 써니와 저승사자

써니 저기요, 우리 이렇게 계속 커피만 마셔요? 해 다 졌는데?

저승사자 아, 해가 참 짧죠?

써니 안 짧았어요. 한 시간째 그러고 계셨거든요? <u>인사 안 해요 우리? 안부 안 묻고요?</u>
대화를 나누자는 의미

저승사자 (머리를 숙이며) 아, 안녕하세요? 그동안 잘 지내셨어요?
써니의 말에 담긴 의도를 파악하지 못하고 하는 행동과 말임.

써니 허……. 네, 그쪽도 잘 지내셨어요? 제 반지는 잘 있고요? 여전히 휴대 전화는 없으세요?

저승사자 네, 잘 지냈습니다. 반지 잘 있습니다. 휴대 전화 없습니다.

써니 허……. 솔직히 말해 보세요. 제 이름 까먹었죠?

저승사자 선희요.

써니 선희 아니고 써니요. 허 참, 하하하. 웃기는 남자네.

– 김은숙, 『도깨비』(티브이엔(tvN), 2016. 12. 16. 방송)

○ 활동 탐구 – 3
드라마 대본을 읽고, 담화의 의미에 영향을 미치는 맥락의 중요성을 생각해 보는 활동이다. 사람들이 만나서 대화하는 것은 단순히 언어로 내용을 전달하는 것이 아니라 서로 소통하는 일이다. 드라마를 통해 담화의 상황 맥락을 재미있게 학습하면서 상황 맥락을 고려하는 것이 중요함을 이해할 수 있다.

○ 활동 제재 개관
갈래: 드라마 대본
성격: 서정적, 비현실적
주제: 저승사자와 써니의 만남
특징: 저승사자라는 비현실적인 인물이 상대의 마음을 파악하지 못하여 일어나는 대화 상황을 재미있게 드러내고 있다.

➕ 보충 자료
상황 맥락 파악의 중요성
엄마가 간식을 들고 들어오며 자녀에게 "숙제 다 했니?"라고 건넨 말에는 간식을 먹고 숙제를 하라는 의미가, 친구가 농구공을 들고 찾아와 "숙제 다 했니?"라고 건넨 말에는 같이 농구를 할 수 있는지를 알아보려는 의미가 담겨 있다. 이처럼 말하는 사람의 의도가 무엇이냐에 따라 같은 말이라도 의미가 달라진다. 한편 같은 말이라도 듣는 사람의 처지에 따라 다른 의미로 해석될 수 있다. 시험을 잘 본 친구는 "이번 시험 쉬웠지?"라는 말을 시험의 난이도를 묻는 질문으로 이해하겠지만 시험을 못 본 친구는 대답하기 곤란한 질문으로 받아들일 수 있다. 따라서 듣는 사람은 말하는 사람의 의도를 고려해 대화하고, 말하는 사람은 듣는 사람의 처지를 배려해야 원활한 의사소통을 할 수 있다.

1 다음의 대사들에 담긴 써니의 발화 의도와 저승사자가 이해한 의미를 정리해 봅시다.　예시 답 |

왜 전화 안 했어요? 한다면서요.	**써니의 발화 의도** 왜 전화를 안 했는지 궁금하다. / 저승사자가 전화를 안 해서 서운했다.	**저승사자가 이해한 의미** 전화를 한다고 하고 안 했으니 전화를 해라.
인사 안 해요 우리? 안부 안 묻고요?	저승사자와 이야기를 나누고 싶다.	인사를 하고 안부를 물어라.

2 두 인물의 대화가 원활하게 이루어지지 않은 까닭을 생각해 봅시다.

예시 답 | • 저승사자가 써니의 말에 담긴 의도를 모르고 엉뚱하게 대답하였기 때문이다.
• 써니는 상대방이 돌려 말하는 어법에 익숙하지 못한 저승사자라는 것을 모르고 있기 때문이다.

3 상대방과 효과적으로 의사소통하기 위해서는 어떤 점을 고려해야 할지 말해 봅시다.

예시 답 | • 말하는 이 또는 듣는 이의 처지를 고려해야 한다.
• 말하는 이의 발화 목적과 의도를 정확하게 파악해야 한다.

찬찬샘 핵심 강의

• 담화의 상황 맥락

　담화의 상황 맥락은 담화가 이루어지는 시간적·공간적 상황을 말해. 말하는 이와 듣는 이, 시간과 장소, 말하는 의도와 목적, 말하는 이와 듣는 이의 태도 등의 요소에 의해 형성되는 상황 맥락은 담화의 의미를 해석하는 데 직접적인 영향을 준단다. 상황 맥락에 따라 같은 말이나 글이라도 의미가 다르게 해석되므로 상황 맥락을 알지 못하면 말이나 글의 내용을 정확히 이해하기가 어려워. 또한, 상황 맥락을 고려하지 않으면 의미 전달이 명확하지 않아 서로 오해할 수도 있고 상대의 기분을 상하게 할 수도 있단다. 따라서 효과적으로 의사소통하기 위해서는 상황 맥락을 정확하게 파악하고 이에 어울리는 적절한 표현을 사용해야 한다는 점 잊지 말자!

›핵심 포인트‹

상황 맥락의 개념	담화가 이루어지는 시간적·공간적 상황
형성 요인	말하는 이와 듣는 이, 시간과 장소, 말하는 의도와 목적, 말하는 이와 듣는 이의 태도 등

콕콕 확인 문제

7. 저승사자와 써니의 의사소통이 원만하게 이루어지지 <u>않은</u> 이유로 가장 적절한 것은?

① 써니가 자신의 의도를 잘못 표현했기 때문이다.
② 저승사자가 써니의 말을 오해하여 받아들였기 때문이다.
③ 저승사자가 써니의 말을 글자 그대로 이해했기 때문이다.
④ 저승사자와 써니 모두 서로를 배려하지 못했기 때문이다.
⑤ 써니가 한 말에 저승사자가 모르는 단어가 있었기 때문이다.

8. 담화의 상황 맥락에 관한 설명으로 적절하지 <u>않은</u> 것은?

① 담화의 의미를 해석하는 데 영향을 준다.
② 같은 말이라도 다른 뜻으로 해석되게 한다.
③ 듣는 이보다 말하는 이가 더 유의해야 한다.
④ 담화가 이루어지는 시간적·공간적 상황을 가리킨다.
⑤ 말하는 이와 듣는 이, 말하는 의도와 목적 등에 의해 형성된다.

1. 다음 활동을 통해 담화의 해석에 영향을 주는 사회 · 문화적 맥락을 알아봅시다.

❶ 다음 만화에서 손자와 할머니의 소통에 문제가 된 말을 찾고, 각자 어떤 의미로 이해하고 있는지 말해 봅시다.

전라도 광주 할머니 댁에 온 손자

아야, 이거 먹어 봐야. 내가 포도시 사 온 것이여.

그려, 전복. 포도시 사 왔당께.

할머니, 이거 전복 아니에요? 포도 아닌데…….

예시 답 | 할머니와 손자의 소통에 문제가 된 말은 '포도시'이다. 할머니는 '간신히(또는 겨우)'라는 의미의 전라도 방언인 '포도시'라는 말을 사용하였는데, 손자는 이 말을 표준어로 생각하고 '포도'로 이해하였다.

❷ 다음 만화에서 아빠가 이해하지 못한 단어를 찾고, 그 단어의 의미를 말해 봅시다.

아빠와 대화하는 딸

이 운동화를 사고 싶은데 너무 비싸구나.

직구? 야구 말하는 거니?

아빠, 그 운동화 직구하면 돼요. 그럼 훨씬 싸요.

예시 답 | 아빠가 이해하지 못한 단어는 '직구'이다. 딸이 말한 '직구'는 '직접 구매'를 줄인 말로 보통 '해외의 온라인 사이트에서 물품을 직접 구매하는 것'을 이를 때 사용된다.

● 활동 탐구 – 1, 2, 3
담화에 영향을 미치는 사회 · 문화적 맥락에 대해 학습하는 활동이다. 일상생활에서 접할 수 있는 상황의 예시 자료를 통해 원활한 의사소통을 위해서는 지역이나 세대, 문화와 같은 사회 · 문화적 맥락을 고려해야 함을 알 수 있다.

✴ 지학이가 도와줄게! – 1❶, ❷
할머니의 말씀 중에서 손자가 의아하게 생각한 단어와 아빠와 딸의 대화에서 아빠가 이해하지 못한 단어를 찾아, 그 단어의 뜻을 사전이나 인터넷 등을 통해 알아보렴.

콕콕 확인 문제

9. ❶에서 할머니와 손자의 대화에 대한 설명으로 적절한 것은?

① 문화에 따라 말의 의미가 달라짐을 보여 준다.
② 성별에 따른 언어 사용 방식의 차이를 보여 준다.
③ 세대 간 언어의 차이가 의사소통에 영향을 미침을 보여 준다.
④ 지역 간 언어의 차이가 의사소통에 영향을 미침을 보여 준다.
⑤ 말하는 이와 듣는 이의 관계에 따라 문법 표현이 달라짐을 보여 준다.

10. ❷에서 딸이 아빠와의 대화에서 고려하지 못한 것은?

① 세대 차이
② 말하는 이
③ 시간과 장소
④ 의도와 목적
⑤ 지역 방언의 차이

3 다음 만화를 살펴보고, 학생의 대화에서 빈칸에 들어갈 말을 짐작하여 써 봅시다.

외국인 친구와 소풍 가는 길

예시 답 | 정말로 우리가 가족이라서 '우리'라고 말한 게 아니야. 한국인들은 예로부터 공동체를 중시하는 문화의 영향으로 인해 '나'보다는 '우리'라는 단어를 사용하는 경우가 많아. 그래서 '우리 엄마, 우리 아빠, 우리나라'라고 말하는 거야.

2. 1에서 의사소통이 원활하게 이루어지지 않은 까닭을 담화의 사회·문화적 맥락을 고려하여 설명해 봅시다. 예시 답 |

할머니 댁에서	전라도의 방언을 사용하는 할머니는 손자에게 전복을 어렵게 구했다는 의미로 '포도시'라는 말을 썼는데 손자는 전라도 방언을 몰랐기 때문에 의사소통이 원활하지 않게 되었다.
아빠와의 대화에서	아빠가 '직구'에 대해 모르고 있었거나, 알고 있었다고 하더라도 딸이 말한 줄인 말의 의미를 이해하지 못하여 의사소통이 원활하지 않게 되었다.
소풍 가는 길에서	한국인의 언어문화에 익숙하지 않은 외국인이 '우리'라는 말을 '너와 나'를 포함하는 의미로 이해하여 의사소통이 원활하지 않게 되었다.

3. 1처럼 사회·문화적 맥락을 고려하지 않아 의사소통이 원활하지 않았던 경험을 이야기해 봅시다.

예시 답 | • 주위 어른들께서 '춘부장' 같은 존칭이나 '별고', '무탈하다'와 같은 표현을 사용하셔서 당황한 적이 있다. 반대로 우리가 쓰는 줄인 말을 어른들이 이해하지 못해서 대화가 이어지지 않은 때도 있었다.
• 외국에서 이주해 한국에 살고 계신 이웃과 식당에 갔는데 사람들이 식당 아주머니를 '이모님'이라고 부르자 그분이 이 식당에는 왜 이리 아주머니의 친척들이 많냐고 물어서 한참을 설명한 적이 있었다. 외국인이나 해외 이주민들과 원활하게 소통하기 위해서는 한국 문화에 대해서 친절하게 안내하고, 그분들의 종교와 문화 등에 대해 관심을 가지고 서로 존중하고 배려하는 태도를 갖추어야 할 것 같다.

★ 지학이가 도와줄게! - 1 ❸

외국인 친구가 두 한국인 친구를 '가족'으로 생각하게 된 이유는 '우리'라는 단어 때문임을 알 수 있어. 두 한국인 친구가 '나의 엄마', '나의 아빠'라고 표현하지 않고 '우리'라는 단어를 사용한 까닭을 바탕으로 외국인 친구에게 해 줄 말을 써 보자.

★ 지학이가 도와줄게! - 2, 3

지역, 세대, 문화의 차이 때문에 말의 내용을 이해하기 어려웠던 경험을 이야기해 보자. 나아가 사회·문화적 차이로 소통에 어려움이 있을 때는 어떤 태도를 지녀야 할지에 관해서도 생각해 보자.

콕콕 확인 문제

11. ❸에서 외국인과 한국의 두 학생 간의 대화가 원활하게 이루어지지 <u>않은</u> 이유로 적절한 것은?

① 두 학생이 같은 말을 서로 다른 의미로 말했기 때문에
② 외국인이 한국인의 언어문화를 이해하지 못했기 때문에
③ 두 학생이 같은 말을 여러 형태로 다양하게 표현했기 때문에
④ 외국인이 담화가 이루어지는 상황 맥락을 이해하지 못했기 때문에
⑤ 외국인이 한국인의 남녀 간 언어 사용의 차이를 이해하지 못했기 때문에

| 서술형 |
12. 담화의 사회·문화적 맥락을 고려하여 〈보기〉의 빈칸에 들어갈 말을 서술하시오.

보기

한국인: 차린 건 없지만 많이 드세요.
외국인: 이렇게 많이 차리시고 차린 것이 없다고 하시니 이상하네요.
한국인: ( )

4. 다음은 소설 「동백꽃」의 일부분입니다. 소설에 드러난 사회·문화적 맥락을 고려하여 인물의 태도에 담긴 의미를 살펴봅시다.

가 나흘 전 감자 *쪼간만 하더라도 나는 저에게 조금도 잘못한 것은 없다. 계집애가 나물을 캐러 가면 갔지, 남 울타리 엮는 데 *쌩이질을 하는 것은 다 뭐냐. 그것도 발소리를 죽여 가지고 등 뒤로 살며시 와서,

"얘! 너, 혼자만 일하니?"

하고, *긴치 않은 수작을 하는 것이다.

<u>점순의 관심과 애정 표현에 대한 '나'의 생각</u>
어제까지도 저와 나는 이야기도 잘 않고, 서로 만나도 본척만척하고 이렇게 점잖게 지내던 터이련만, 오늘로 갑작스레 대견해졌음은 웬일인가. *황차 망아지만 한 계집애
<u>과장된 표현으로 독자의 웃음을 유발함.</u>
가 남 일하는 놈 보구……

"그럼 혼자 하지 떼루 하디?"

<u>자신에게 관심을 드러내는 점순의 마음을 눈치채지 못하는 '나'</u>
내가 이렇게 내뱉는 소리를 하니까,

"너 일하기 좋니?"

또는,

"한여름이나 되거든 하지 벌써 울타리를 하니?"

→ '나'가 울타리를 엮을 때 점순이 관심을 표현함.
잔소리를 두루 늘어놓다가 남이 들을까 봐 손으로 입을 틀어막고는 그 속에서 깔깔
댄다. 별로 우스울 것도 없는데 날씨가 풀리더니 이놈의 계집애가 미쳤나 하고 의심하
<u>'나'가 점순의 행동의 의미와 마음을 이해하지 못함. → 해학적 표현</u>
였다. 게다가 조금 뒤에는 제 집께를 *할끔할끔 돌아보더니 행주치마 속으로
꼈던 바른손을 뽑아서 나의 턱 밑으로 불쑥 내미는 것이다. 언제 구웠
는지 아직도 더운 김이 홱 끼치는 굵은 감자 세 개가 손에 뿌듯이
<u>'나'에 대한 점순의 관심과 애정</u>
쥐였다.

◐ 활동 탐구 – 4
소설에 반영된 사회·문화적 맥락을 파악하는 활동이다. 담화의 의미를 정확히 이해하기 위해서는 사회적·역사적 상황이나 공동체의 가치·신념 등을 파악할 필요가 있음을 이해하도록 한다.

◐ 활동 제재 개관
갈래: 단편 소설, 현대 소설
성격: 해학적, 토속적
배경: 1930년대 산골의 어느 마을
시점: 1인칭 주인공 시점
주제: 농촌의 소년과 소녀가 보여주는 순박한 사랑
특징
· 소작농 아들과 마름 집 딸의 사랑을 해학적으로 표현하고 있다.
· 사투리로 향토적 서정성과 토속적 분위기를 드러내고 있다.

❙ 작가 소개: 김유정(1908~1937)
소설가. 1933년 잡지 『제일선』에 「산골 나그네」를, 『신여성』에 「총각과 맹꽁이」를 발표하고, 이어 「소낙비」, 「노다지」 등의 작품을 통해 떠오르는 신예 작가로 이름을 알렸다. 1936년 지병이 악화되는 등 최악의 환경 속에서 작품 활동을 하다가 1937년 삶을 마감하였다. 주요 작품으로 「동백꽃」, 「봄·봄」 등이 있다.

✚ 보충 자료
「동백꽃」
농촌을 배경으로 하여 서로 다른 집안 배경을 가지고 있는 소년과 소녀의 순박한 사랑을 해학적으로 그려 낸 작품이다. 소녀의 적극적인 애정 표현과 소녀의 속마음을 전혀 짐작하지 못하는 소년의 모습이 서로 대비되면서 흥미와 긴장이 유발된다. 소녀는 소년을 좋아하는 마음에 감자를 주며 소년의 환심을 사려고 하거나 닭싸움으로 소년의 관심을 끌려고 하지만, 어리숙한 소년은 소녀의 마음을 알아채지 못한다. 소녀의 행동에 담긴 속마음을 파악하지 못하는 소년의 순박함과 어리숙함이 독특한 재미를 유발하고 있는 작품이다.

"느 집엔 이거 없지?"

_{'나'가 점순의 호의를 점순이 생색을 내는 것으로 오해하게 한 말}

하고 생색 있는 큰소리를 하고는, 제가 준 것을 남이 알면 큰일 날 테니 여기서 얼른 먹어 버리란다. 그러고 또 하는 소리가,

"너, 봄 감자가 맛있단다."

"난 감자 안 먹는다. 너나 먹어라."

_{소작농 아들인 '나'는 점순의 말에 자존심이 상해 감자를 거절함.}

[A]

> 나는 고개도 돌리려 하지 않고 일하던 손으로 그 감자를 도로 어깨 너머로 쓱 밀어 버렸다. 그랬더니 그래도 가는 기색이 없고, 그뿐만 아니라 쌔근쌔근하고 심상치 않게 숨소리가 점점 거칠어진다. 이건 또 뭐야 싶어서 그때에야 비로소 돌아다보니, 나는 참으로 놀랐다. 우리가 이 동리에 들어온 것은 근 삼 년째 되어 오지만, <u>여태껏 가무잡잡한 점순이의 얼굴이 이렇게까지 홍당무처럼 새빨개진 법이 없었</u>
> _{호의를 거절당한 것이 창피하고 화가 나서 점순의 얼굴이 빨개짐.}
> 다. 게다 눈에 독을 올리고 한참 나를 요렇게 쏘아보더니 나중에는 눈물까지 어리는 것이 아니냐. 그러고 바구니를 다시 집어 들더니 이를 꼭 악물고는 엎어질 듯 자빠질 듯 논둑으로 힁하니 달아나는 것이다.   → 점순이 건넨 감자를 거절한 '나'

(나) 설혹 주는 감자를 안 받아먹은 것이 실례라 하면, 주면 그냥 주었지 "느 집엔 이거 없지?"는 다 뭐냐. 그러잖아도 저희는 °마름이고 우리는 그 손에서 °배재를 얻어 땅을
<u>부치므로 일상 굽실거린다.</u>
_{'나'가 평소 계층적 위화감을 지니고 있었음을 알 수 있음.}
우리가 이 마을에 처음 들어와 집이 없어서 곤란으로 지낼 제, 집터를 빌리고 그 위에 집을 또 짓도록 마련해 준 것도 점순네의 호의였다. 그러고 우리 어머니 아버지도 농사 때 양식이 달리면 점순네한테 가서 부지런히 꾸어다 먹으면서, 인품 그런 집은 다시 없으리라고 침이 마르도록 칭찬하곤 하는 것이다. 그러면서도 ⓐ열일곱씩이나 된 것들이 수군수군하고 붙어 다니면 동리 소문이 사납다고 주의를 시켜 준 것도 또 어머니였다. 왜냐하면 내가 점순이하고 일을 저질렀다가는 점순네가 노할 것이고, 그러면 <u>우리는 땅도 떨어지고 집도 내쫓기고 하지 않으면 안 되는 까닭이
었다.</u>
_{'나'가 소극적인 태도를 보이는 이유}
                                        → 점순네와의 신분 차이를 의식하는 '나'

– 김유정, 「동백꽃」

• 쪼간: 어떤 사건이나 간악한 꾀.
• 쌩이질: 한창 바쁠 때에 쓸데없는 일로 남을 귀찮게 구는 짓.
• 긴치 않다: 필요하지 않다.
• 황차(況且): 하물며.
• 할끔할끔: 곁눈으로 살그머니 자꾸 쳐다보는 모양.
• 마름: 지주를 대리하여 소작권을 관리하는 사람.
• 배재: 여기서는 땅을 소작할 수 있는 권리를 말함.

○ 감자의 의미

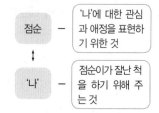

○ 점순이가 감자를 주며 한 말에 '나'가 마음이 상한 까닭

• 감자를 주면서 생색내는 점순의 태도에 자존심이 상했기 때문에
• 마름인 점순네 아버지를 통해 땅을 빌려 농사짓는 소작농의 아들이라 평소에도 굽실거리고 감자 한 알에도 고마워해야 하는 자신의 처지 때문에

➕ 보충 자료
「동백꽃」의 줄거리
작품의 주인공이면서 서술자인 '나'는 순박하다 못해 어수룩한 소년이다. 이에 비하여 점순은 활달하고 말괄량이 같은 소녀로, 소년의 아버지가 소작을 든 마름의 딸이다. 소년에게 호감이 있는 점순은 감자를 주면서 접근하지만, 점순의 속내를 알아차리지 못한 소년은 그것을 거절한다. 무안당한 점순은 자기 집 수탉과 소년의 집 수탉을 싸움 붙이면서 여러 차례 약을 올린다. 점순네 닭이 힘이 세어 소년의 집의 닭이 늘 지게 되자, 화가 난 소년은 닭에게 고추장까지 먹이지만 별 효과가 없다. 어느 날 점순은 닭싸움을 붙여 놓고 호드기를 불며 소년이 산에서 내려오기를 기다린다. 화가 난 소년은 작대기로 점순네 닭을 때려죽였으나, 마름 집 위세를 생각하고 당황하여 울게 된다. 이때 점순은 소년에게 자기 말을 들으면 일러바치지 않겠다고 약속하고, 둘은 부둥켜안은 채 한창 흐드러지게 핀 동백꽃 속으로 폭 파묻혀 버린다.

1 이 소설에서 '나'의 기분을 상하게 한 점순의 말을 찾고, 그 말에 담긴 점순의 의도를 말해 봅시다. 예시 답ㅣ

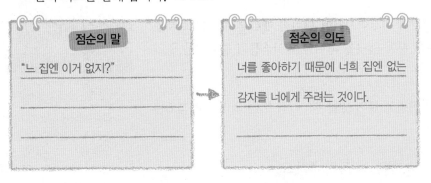

점순의 말

"느 집엔 이거 없지?"

점순의 의도

너를 좋아하기 때문에 너희 집엔 없는 감자를 너에게 주려는 것이다.

지학이가 도와줄게! - 4

'나'와 점순의 행동과 말로 알 수 있는 맥락을 살펴 **1**의 답을 추리해 보렴. 그리고 **나**의 내용을 통해 소설이 쓰인 당시의 사회·문화적 맥락을 파악하고, 이것이 '나'에게 미친 영향을 생각해 봐. 이 활동을 통해 문학 작품을 감상할 때도 작품의 의미를 정확히 이해하기 위해서는 사회·문화적 맥락을 파악하는 것이 중요함을 알았다면 이 활동을 훌륭히 수행한 것이란다.

2 이 소설에 나타난 '나'의 태도를 파악해 보고, 그와 같은 태도를 보일 수밖에 없는 사회·문화적 맥락을 **나**의 내용을 참고하여 설명해 봅시다.

예시 답ㅣ '나'는 점순이 베푼 호의를 거절하고 있다. 점순은 마름 집 딸이고 '나'는 소작농의 아들인데 지주와 마름, 소작농이 존재했던 1930년대 농촌에서 소작농은 마름에 비해 약자의 위치에 있었다. 이런 상황에서 '나'가 마름의 딸인 점순과 이성으로 친해지면, 소작농인 자기 집의 땅이 떨어지고 사는 집에서도 쫓겨나서 생계가 어려워질 수 있었다.

3 '나'의 기분이 상하지 않도록 '나'의 처지를 고려하여 점순의 말을 바꾸어 써 봅시다.

예시 답ㅣ "봄 감자가 맛있다고 해서 가져왔어. 맛있는 건 나누어 먹으면 더 맛있다고 하니 우리 이 감자를 같이 먹자."

찬찬샘 핵심 강의

• 담화의 사회·문화적 맥락

담화의 사회·문화적 맥락은 하나의 집단이 구성하고 공유하는 사회·문화적 환경으로 담화에 간접적으로 작용하는 맥락을 말해. 즉 담화는 지역, 세대, 문화, 역사 등과 같은 사회·문화적 요인에 따라서 다르게 해석될 수 있는데, 이를 사회·문화적 맥락이라고 한단다. 예를 들어 우리가 제주도에 가서 그 지역의 말을 못 알아듣고 원활한 의사소통을 하지 못했다면 사회·문화적 맥락이 작용했다고 볼 수 있는 것이지. 따라서 담화 상황에서는 상황 맥락뿐만 아니라 지역, 세대, 문화 등에 따른 맥락을 고려하고, 사회·문화적 맥락의 차이가 언어 사용 차이를 가져온다는 점을 이해해야 의사소통을 원활하게 할 수 있단다.

▶핵심 포인트◀

사회·문화적 맥락의 개념	담화가 이루어지는 사회·문화적 배경
형성 요인	역사적·사회적 상황, 이념, 공동체의 가치, 신념 등

콕콕 확인 문제

13. 점순의 말과 행동으로 볼 때, 점순이 '나'에게 감자를 준 이유로 적절한 것은?

① '나'가 고생하는 모습이 안타까워서
② '나'에게 경제적 부유함을 자랑하려고
③ '나'와 평소에 매우 친밀하게 지냈기 때문에
④ '나'에게 자신의 관심과 애정을 표현하려고
⑤ '나'에게 자신과의 신분 차이를 일깨워 주려고

14. 이 글에 나타난 맥락으로 볼 때, [A]에서 알 수 있는 점순의 심리로 적절하지 <u>않은</u> 것은?

① 노여움　　② 미안함
③ 섭섭함　　④ 민망함
⑤ 창피함

|서술형|
15. **나**에 나타난 사회·문화적 맥락을 참고하여 '나'의 어머니가 ㉠과 같이 한 이유를 서술하시오.

창의 · 융합 활동

‖ 일상생활에서 의사소통이 원활히 이루어지려면 담화의 맥락을 고려한 의사소통이 필요합니다. 다음 활동을 통해 맥락을 고려한 의사소통의 중요성을 알아봅시다.

맥락을 고려한 의사소통의 중요성을 알고 원활한 국어 생활 하기

1. 다음 문구가 아래 제시된 장소에 붙어 있을 때, 각각 어떤 의미로 해석되는지 말해 봅시다.

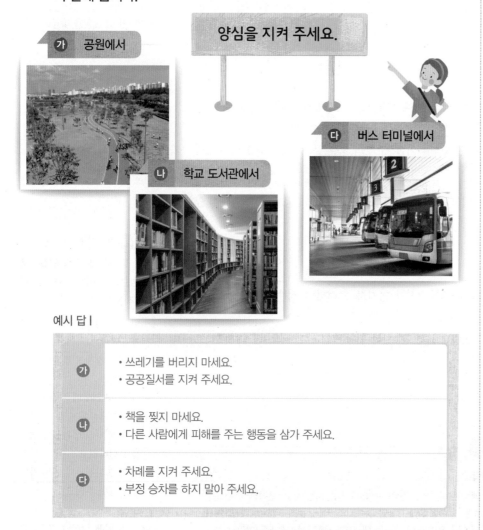

가 공원에서

양심을 지켜 주세요.

다 버스 터미널에서

나 학교 도서관에서

지학이가 도와줄게! - 1

상황 맥락은 담화가 이루어지는 시간과 공간, 말하는 이와 듣는 이의 관계, 그 담화와 관련된 사건이나 분위기와 같이 담화를 둘러싼 주변 상황을 말해. 그러므로 "양심을 지켜 주세요."라는 문장이 장소에 따라 그 의미가 다를 수도 있다는 것을 이해하고 그 의미를 생각해 봐. 이렇게 맥락을 파악하고, 이를 고려해 그 의미를 잘 해석하면 우리의 의사소통이 원활해지고 공동체 · 대인 관계 역량 또한 향상될 거야.

예시 답 |

가	• 쓰레기를 버리지 마세요. • 공공질서를 지켜 주세요.
나	• 책을 찢지 마세요. • 다른 사람에게 피해를 주는 행동을 삼가 주세요.
다	• 차례를 지켜 주세요. • 부정 승차를 하지 말아 주세요.

2. 다음 글을 읽고, 상황을 고려한 말 문화에 관해 생각해 봅시다.

닭을 빌려 타고 가지

서거정 지음/박경신 옮김

김 선생(金先生)이라는 사람이 <u>우스갯소리를 잘했다.</u> 일찍이 친구의 집을 찾아갔

재치가 있음.
더니, 주인이 술상을 차렸는데 <u>안주가 단지 채소뿐이었다.</u>

주인의 대접이 너무 인색함.

○ 활동 제재 개관

갈래: 고전 수필
성격: 교훈적, 해학적
주제: 주인의 인색한 대접을 재치 있는 말로 해결함.
특징
• 웃음을 통해 문제를 해결하는 해학적 성격이 강하게 나타난다.
• 돌려 말하기의 방식과 그 효과를 보여 준다.

주인이 먼저 사과하면서, "집안이 가난하고 시장이 멀어서, 먹을 만한 것은 없고 오직 덤덤하니, 이것이 부끄러울 뿐이네."라고 했다.

그때 마침 뭇 닭들이 마당에서 어지럽게 쪼고 있었다.

김(金)이 "벗을 사귈 때엔 천금(千金)을 아끼지 않나니, 내 말을 잡아서 술안주를 해야겠네."라고
<u>넌지시 돌려 말하는 표현을 통해 주인의 인색함을 비판하려 함.</u>
했다.

주인이 "한 마리뿐인 말을 잡아 버리면 무엇을 타고 돌아가겠나?"라고 말했다.

김이 "닭을 빌려서 타고 돌아가지."
<u>웃음을 유발하는 농담조의 표현이지만, 주인의 인색함을 비판하고자 하는 의도가 담겨 있음.</u>
라고 대답하자, <u>주인이 크게 웃고 닭을 잡아 대접하고는 둘이서 크게 웃었다.</u>
돌려 말하기의 효과─상대의 기분을 상하지 않게 하면서 태도 변화를 이끌어 냄.

▮작가 소개: 서거정(1420~1488) 조선 전기의 학자. 성리학을 비롯하여 천문·지리·의약 따위에 정통하였고, 문장과 글씨에도 능하여 『경국대전』, 『동국통감』 따위의 편찬에 참여하였다. 저서에 『동인시화』, 『동문선』, 『필원잡기』 따위가 있다.

1 빈칸을 채우며 김이 "닭을 빌려서 타고 돌아가지."라고 말한 의미를 파악해 봅시다. 예시 답 |

- 말하는 이: 김생 → 듣는 이: 친구

- 상황: 대접할 것이 있는데도 오랜만에 만난 친구에게 베푸는 것을 아까워하는 상황

- 말의 의미: 인색하게 굴지 말고 마당에 뛰어놀고 있는 닭을 잡아서 대접하라는 의미

✦지학이가 도와줄게! - 2 ❶
이 수필의 내용을 파악한 후 앞에서 학습한 담화의 구성 요소와 맥락을 떠올려 김 선생이 한 말의 의미를 파악해 보렴. 이때 담화와 관련한 사건을 잘 살펴보면, 인물의 말 속에 담긴 속뜻을 이해할 수 있을 거야.

2 다음 글을 읽고, 이 글에 나타난 의사소통의 장점을 말해 봅시다.

우리의 말 문화는 언어에 의한 의사소통뿐만 아니라 표면적으로 드러난 말 안에 하고 싶은 이야기를 담고 있기도 합니다. 예를 들어, "방 안 공기가 조금 탁한 것 같지 않아?"라는 말은 창문을 열어 공기를 환기시키자는 의미를 담고 있죠. 이런 말 문화는 타인의 행동에 지적을 하고자 할 때도 직접적으로 말을 하기보다는 웃음과 재치로 상대방의 행동에 변화를 주고자 하는 경우가 많습니다.

예시 답 | 잘못하면 어색하거나 갈등이 일어날 수 있는 상황에서 돌려 말하기를 하면 웃음으로 문제를 해결할 수 있다.

✦지학이가 도와줄게! - 2 ❷
전통적인 우리의 말 문화와 그 속에 담긴 우리의 사회·문화적 맥락을 이해하기 위한 활동이란다. 우리의 말 문화에 관해 설명한 글을 잘 읽어 보고 이와 관련하여 돌려 말하기의 방법이 인물 사이의 관계에 어떤 영향을 끼칠지 생각해 보렴.

소단원 콕! 짚고 가기

1. ① ☐☐의 개념과 특성

개념	말하는 이와 듣는 이를 포함하여 구체적인 문맥 속에서 이루어지는 발화나 발화의 연속체
특성	• 대화나 이야기, 수업, 토의, 토론, 발표, 연설 등 우리가 일상에서 경험하는 다양한 의사소통 행위들이 모두 담화에 해당함. • 담화가 이루어지는 상황 맥락과 사회·문화적 맥락에 따라 의미가 달라짐.

2. 담화의 구성 요소

말하는 이	말하는 이가 어떤 의도로 말을 하느냐에 따라 말의 의미가 달라짐.
듣는 이	듣는 이의 배경지식이나, 처지, 상황에 따라 말의 의미가 여러 가지로 해석될 수 있음.
② ☐☐	의사소통에서 전달하고자 하는 내용을 담고 있음.
③ ☐☐	담화가 이루어지는 상황으로, 담화에서 발화의 표현과 해석에 관여하는 정보를 말함.

3. 담화의 ④ ☐☐ ☐☐

개념	담화가 이루어지는 시간적·공간적 상황으로, 담화의 의미를 해석하는 데 직접적인 영향을 주는 맥락
상황 맥락의 형성 요인	말하는 이와 듣는 이, 시간과 ⑤ ☐☐, 말하는 의도와 목적, 말하는 이와 듣는 이의 태도 등

4. 담화의 사회·문화적 맥락

개념	담화가 이루어지는 사회·문화적 배경으로, 의사소통에 ⑥ ☐☐적인 영향을 주는 맥락
사회·문화적 맥락의 형성 요인	역사적·사회적 상황, 이념, 공동체의 가치, 신념 등

5. 맥락을 고려한 의사소통의 중요성

• 맥락을 고려하지 않을 때는 의미 전달이 명확하지 않아 서로 오해하거나 상대의 기분을 상하게 할 수 있다.

• 상황 맥락을 정확하게 파악하고 이에 어울리는 표현을 사용해야 원활한 의사소통을 할 수 있다.

• 사회·문화적 맥락에 대한 이해를 바탕으로 상대를 존중하고 배려하는 태도로 담화 상황에 맞게 말해야 원활한 의사소통을 할 수 있다.

정답: ① 담화 ② 발화 ③ 맥락
④ 상황 맥락 ⑤ 장소 ⑥ 간접

01. 담화에 대한 설명으로 적절한 것은?

① 말하는 이의 생각이 문장 단위로 표현된 것이다.
② 의사소통에서 전달하고자 하는 내용을 가리킨다.
③ 말하는 이, 듣는 이, 발화, 맥락 등으로 구성된다.
④ 사회·문화적 맥락보다는 상황 맥락에 따라 그 의미가 결정된다.
⑤ 역사적·사회적 상황, 이념, 공동체의 가치, 신념 등에 의해 형성된다.

02. 담화가 이루어지는 시간적·공간적 상황으로, 담화의 의미 해석에 직접적인 영향을 주는 것은?

① 말하는 이   ② 듣는 이
③ 상황 맥락   ④ 역사적 맥락
⑤ 사회·문화적 맥락

[03~04] 다음 내용을 보고, 물음에 답하시오.

> 어디서 바람이 들어오나?
>
> 저기서 들어와요.

활동 응용 문제

03. 이 담화의 구성 요소를 파악한 내용으로 적절하지 <u>않은</u> 것은?

① 할머니와 손녀는 말하는 이이자 듣는 이이다.
② 손녀의 발화는 "저기서 들어와요."라는 말이다.
③ 맥락은 창문이 열려 있는 방에서 할머니가 추워하는 상황이다.
④ 손녀의 발화는 손녀가 할머니의 발화 의미를 제대로 파악하지 못했음을 보여 준다.
⑤ 할머니의 발화는 손녀에게 바람이 어디서 들어오는지 알아보라는 의미를 담고 있다.

| 서술형 |

04. 이 담화에서 손녀의 발화를 〈조건〉에 따라 바꾸어 서술하시오.

┤ 조건 ├
• 할머니의 발화에 담긴 의도를 고려하여 서술할 것.
• 담화의 맥락을 고려하여 대화체로 서술할 것.

[05~06] 다음 내용을 보고, 물음에 답하시오.

> 가 정진아, 뭐 하니?
>
> 나 정진아, 뭐 하니?

05. (가)와 (나)에 대한 이해로 적절하지 <u>않은</u> 것은?

① (가)는 문구점 안에서, (나)는 교실에서 이루어진 담화이다.
② (가)의 말하는 이는 정진이 친구이고, (나)의 말하는 이는 선생님이다.
③ (가)의 말하는 이는 정진이가 무엇을 사려고 하는지 궁금해하고 있다.
④ (나)의 발화에는 다른 학생들과 어울리라는 의미가 담겨 있다.
⑤ (가)와 (나)는 같은 말이라도 상황 맥락에 따라 말의 의미가 달리 해석될 수 있음을 보여 준다.

06. (가)와 (나)의 담화에 의미 차이가 생기는 이유로 가장 적절한 것은?

① 말하는 시간과 장소가 다르기 때문이다.
② 말하는 사람의 신분이 다르기 때문이다.
③ 말하는 사람의 처지가 다르기 때문이다.
④ 말하는 사람의 성별과 나이가 다르기 때문이다.
⑤ 말하는 사람과 듣는 사람의 관계가 다르기 때문이다.

|서술형|

07. 〈보기 1〉을 참고하여 〈보기 2〉의 담화에 담긴 의미를 서술하시오.

┤보기 1├

　담화는 말하는 이와 듣는 이, 시간과 장소, 의도와 목적 등에 따라 다르게 해석될 수 있는데, 이러한 요소들을 상황 맥락이라고 한다. 원활하게 의사소통을 하기 위해서는 상황 맥락을 고려해 말의 의미를 이해해야 한다.

┤보기 2├

아버지　(밤늦게 들어오는 딸에게) 지금 몇 시니?

[08~11] 다음 내용을 보고, 물음에 답하시오.

활동 응용 문제

08. (가)의 상황과 유사한 사례로 볼 수 있는 것은?

① '문상, 버카충, 소확행' 등의 단어를 자주 사용한다.

② '춘부장, 별고, 허투루'와 같은 단어를 많이 사용한다.

③ 장난감 중 하나인 '팽이'를 제주도에서는 '도로기'라고 부른다.

④ 여자는 남자에 비해 귀여운 어감이 드러나는 표현을 많이 사용한다.

⑤ 한국인은 일을 잘할지라도 "저는 여러 가지로 미숙합니다."와 같은 표현을 사용한다.

09. (다)에서 '우리 엄마, 우리 아빠'의 '우리'에 담긴 의미를 외국인이 바르게 이해하는 데 필요한 것은?

① 한국어 방언에 대한 이해

② 한국 사회의 세대 간 갈등에 대한 이해

③ 한국 사회의 정치적 이념에 대한 이해

④ 한국 사회의 문화적 배경에 대한 이해

⑤ 담화가 이루어지는 상황 맥락에 대한 이해

10. (가)~(다)로 미루어 볼 때, 사회·문화적 맥락이 담화에 미치는 영향으로 적절하지 **않은** 것은?

① 한국인과 외국인의 의사소통에 지장을 줄 수 있다.

② 서로 다른 지역 사람 사이의 대화에 어려움이 있을 수 있다.

③ 한국인끼리의 동음이의어의 의미 해석을 힘들게 할 수 있다.

④ 젊은 세대는 나이가 든 세대보다 줄인 말을 많이 사용하기도 한다.

⑤ 말의 의미는 그 말을 사용하는 나라의 문화적 배경에 따라 차이가 나기도 한다.

|서술형|

11. (다)의 빈칸에 들어갈 내용을 〈조건〉에 따라 서술하시오.

┤조건├

• 130자 내외로 서술할 것.

• 담화의 맥락을 고려하여 대화체로 서술할 것.

[12~15] 다음 글을 읽고, 물음에 답하시오.

가 나흘 전 감자 쪼간만 하더라도 나는 저에게 조금도 잘못한 것은 없다. 계집애가 나물을 캐러 가면 갔지, 남 울타리 엮는 데 쌩이질을 하는 것은 다 뭐냐. 그것도 발소리를 죽여 가지고 등 뒤로 살며시 와서,

"얘! 너, 혼자만 일하니?"

하고, 긴치 않은 수작을 하는 것이다.

어제까지도 저와 나는 이야기도 잘 않고, 서로 만나도 본 척만척하고 이렇게 점잖게 지내던 터이런만, 오늘로 갑작스레 대견해졌음은 웬일인가. 황차 망아지만 한 계집애가 남 일하는 놈 보구⋯⋯.

"그럼 혼자 하지 떼루 하디?"

내가 이렇게 내뱉는 소리를 하니까,

"너 일하기 좋니?" / 또는,

"한여름이나 되거든 하지 벌써 울타리를 하니?"

잔소리를 두루 늘어놓다가 남이 들을까 봐 손으로 입을 틀어막고는 그 속에서 깔깔댄다. 별로 우스울 것도 없는데 날씨가 풀리더니 이놈의 계집애가 미쳤나 하고 의심하였다. 게다가 조금 뒤에는 제 집께를 할끔할끔 돌아보더니 행주치마 속으로 꼈던 바른손을 뽑아서 나의 턱 밑으로 불쑥 내미는 것이다. 언제 구웠는지 아직도 더운 김이 홱 끼치는 굵은 감자 세 개가 손에 뿌듯이 쥐였다.

"느 집엔 이거 없지?" / 하고 생색 있는 큰소리를 하고는, 제가 준 것을 남이 알면 큰일 날 테니 여기서 얼른 먹어 버리란다. 그리고 또 하는 소리가,

"너, 봄 감자가 맛있단다."

㉠"난 감자 안 먹는다. 너나 먹어라."

나는 고개도 돌리려 하지 않고 일하던 손으로 그 감자를 도로 어깨 너머로 쓱 밀어 버렸다.

나 설혹 주는 감자를 안 받아먹은 것이 실례라 하면, 주면 그냥 주었지 "느 집엔 이거 없지?"는 다 뭐냐. 그러잖아도 저희는 마름이고 우리는 그 손에서 배재를 얻어 땅을 부치므로 일상 굽실거린다. 우리가 이 마을에 처음 들어와 집이 없어서 곤란으로 지낼 제, 집터를 빌리고 그 위에 집을 또 짓도록 마련해 준 것도 점순네의 호의였다. 그리고 우리 어머니 아버지도 농사 때 양식이 달리면 점순네한테 가서 부지런히 꾸다어 먹으면서, 인품 그런 집은 다시 없으리라고 침이 마르도록 칭찬하곤 하는 것이다. 그러면서도 열일곱씩이나 된 것들이 수군수군하고 붙어 다니면 동리 소문이 사납다고 주의를 시켜 준 것도 또 어머니였다.

이 글을 읽고 난 뒤의 반응으로 적절하지 않은 것은?

① (가)에서 점순은 '나'의 기분을 상하게 하는 말을 하고 있군.

② (가)에 나타난 점순의 행동으로 볼 때 점순은 '나'를 좋아하는군.

③ (가)의 '감자' 사건은 '나'가 점순의 마음을 이해하는 계기로 작용하는군.

④ (나)에는 점순네와 '나'의 집의 관계가 드러나 있군.

⑤ 이 글에 나타난 사회·문화적 맥락을 파악하면 '나'의 행동을 더 잘 이해할 수 있겠군.

13. **이 글에서 사회·문화적 맥락을 알 수 있게 해 주는 단어끼리 바르게 묶은 것은?**

① 감자, 쪼간   ② 마름, 배재

③ 감자, 마름   ④ 쪼간, 황차

⑤ 울타리, 배재

활동 응용 문제

14. **'나'가 ㉠과 같이 말한 이유로 가장 적절한 것은?**

① '나'가 감자를 좋아하지 않아서

② 일하느라 감자를 먹을 시간이 없어서

③ 점순과 '나'에 대한 소문이 좋지 않아서

④ 점순의 부모가 어리숙한 '나'를 싫어해서

⑤ 점순의 생색내는 태도에 자존심이 상해서

| 서술형 |

15. **다음은 이 글의 뒷부분의 일부이다. (나)의 내용을 고려하여 '나'가 ⓐ와 같이 대응한 이유를 서술하시오.**

> 나무를 한 짐 잔뜩 지고 산을 내려오려니까 어디서 닭이 죽는 소리를 친다. 이거 뉘 집에서 닭을 잡나 하고 점순네 울 뒤로 돌아오다가 나는 고만 두 눈이 똥그레졌다. 점순이가 저희 집 봉당에 홀로 걸터앉았는데, 이게 치마 앞에다 우리 씨암탉을 꼭 붙들어 놓고는
> "이놈의 닭! 죽어라, 죽어라."
> 요렇게 암팡스레 패 주는 것이 아닌가. [중략]
> 나는 그렇다고 남의 집에 튀어 들어가 계집애하고 싸울 수도 없는 노릇이고, 형편이 썩 불리함을 알았다. ⓐ그래 닭이 맞을 적마다 지게막대기로 울타리나 후려칠 수밖에 별도리가 없다.

②🌱 들판에서

 생각 열기 - ○

다음 동영상을 보고, 아래의 활동을 해 봅시다.

– 『지식채널e』(한국교육방송공사(EBS), 2013. 9. 3. 방송)

● **이렇게 열자** ●

제시된 동영상은 소단원 제재를 학습하기 전에 공감의 의미를 생각해 보도록 하기 위한 것이란다. 옥수수, 침팬지, 빛, 건물 등에 관해 알기 위해 옥수수가 되고, 침팬지가 되고, 빛의 알갱이와 건물이 되어 우수한 업적을 쌓은 사람들에 관한 영상을 보며 이들이 발휘한 능력은 다름 아닌 감정 이입 능력임을 알 수 있을 거야. 이 영상을 통해 감정 이입 능력, 즉 공감 능력에 대해 생각해 보고 각자 자신의 공감 능력을 성찰해 보자.

● **이 영상에서 말하는 '신비한 능력'은 무엇인가요?**

예시 답ㅣ 이 영상에서 말하는 '신비한 능력'은 태어날 때부터 누구나 가지고 있는 능력으로 남의 아픔을 보면 같이 아픔을 느끼고 남이 울면 따라 울 수 있는, 즉 순식간에 다른 존재의 몸과 마음속으로 들어갈 수 있는 감정 이입 능력이다.

● **자신의 경우, 태어나면서부터 가지고 있다는 이 신비한 능력이 무뎌졌는지 아니면 강해졌는지 생각해 봅시다.**

예시 답ㅣ 난 내 이득만 생각하고 다른 사람 일은 모르는 척했던 게 습관이 된 탓인지 이 신비한 능력이 무뎌진 것 같다.

🌱 이 단원의 학습 요소

학습 목표ㅣ 상대의 감정에 공감하여 적절하게 반응하며 대화를 나눌 수 있다.

작품 속 인물과 소재의 상징적 의미 파악하기	▶ 희곡 작품을 읽으며 인물들의 심리 변화와 소재의 상징적 의미를 파악한다.
등장인물들의 듣고 말하는 방식 파악하기	▶ 등장인물의 듣고 말하는 방식이나 태도가 서로에게 미치는 영향에 주목하여 공감하며 듣고 말하는 방법을 이해한다.
상대의 감정에 공감하며 적절하게 대화하기	▶ 학교나 일상생활에서 상대의 감정을 깊이 있게 이해하고, 상대의 관점에서 문제를 바라보며 대화한다.

핵심 개념 미리 보기

1. 공감하며 대화하기의 뜻과 중요성

(1) 공감하며 대화하기의 뜻

공감	대화
상대방의 감정이나 의견, 주장에 대하여 자기도 그렇다고 느끼는 것	일상생활에서 두 사람 이상이 모여 서로의 생각과 의견을 주고받는 언어활동

↓

공감하며 대화하기는 상대의 처지나 마음을 살펴 대화하는 것을 말함.

(2) 공감하며 대화하기의 중요성

공감하며 대화하기	→	다른 사람과의 갈등이나 공동체의 문제를 해결하는 데 도움을 줌.

2. 공감하며 대화를 나누는 방법

- 진정성 있는 자세로 대화한다.
- 상대방의 상황과 처지를 이해하고 배려한다.
- 상대방의 관점에서 문제를 바라보고 협력적으로 소통한다.
- 상황에 알맞은 표정이나 시선, 어조, 몸짓 등을 사용한다.
- 듣는 이와의 공통된 경험을 활용하여 듣는 이와 생각과 태도가 일치함을 보여 준다.

3. 공감하며 듣는 방법

(1) 소극적으로 들어 주기

뜻	상대방이 이야기를 이어 갈 수 있도록 관심을 가지고 집중해서 들어 주는 것
방법	• 상대방과 눈을 맞추며 지속해서 관심을 표함. • 고개를 끄떡이며 대화의 맥락에 맞는 표정을 지음. • '정말?', '그랬구나.'와 같은 말로 상대방이 말을 이어 갈 수 있도록 도움.

(2) 적극적으로 들어 주기

뜻	상대방의 말을 요약 · 정리하거나 재구성하여 상대방에게 전달하는 것
방법	• 상대의 말을 요약 · 정리하여 말함으로써 상대방의 말을 분명히 이해했음을 알림. • 상대방의 생각을 이해하고 상대방의 관점에서 상대방이 한 말을 재구성하여 말함.

제재 훑어보기

들판에서(이강백)

- **해제:** 이 작품은 인물 간의 갈등과 화해의 과정이 잘 그려진 희곡이다. 상징적 의미를 지닌 인물과 소재로 우리나라의 분단 현실을 표현하고 있다. 형제의 관계 변화가 대화에 뚜렷하게 나타나 있어 인물의 태도와 심리 변화를 파악하며 공감하는 대화의 필요성과 방법을 학습하기에 적절한 제재이다.
- **갈래:** 희곡
- **성격:** 상징적, 교훈적, 우의적
- **배경:** 시간－봄, 공간－들판(우리 국토)
- **제재:** 형제간의 갈등과 화해
- **주제:** 표면적－형제간의 우애 회복, 상징적－남북 분단의 현실과 그 극복 의지
- **특징**
  ① 형제가 측량 기사의 계략에 속아서 다투게 되지만, 마침내 위기를 극복하고 다시 화해하는 과정을 통하여 남북의 분단 현실을 되돌아보게 한다.
  ② 말뚝과 밧줄, 벽, 전망대 등과 같은 소재를 사용하여 분단 현실을 상징적으로 표현하고 있다.
  ③ 날씨의 변화와 사건의 전개 과정 사이에 밀접한 연관이 있다.

들판에서 _이강백

학습 포인트
· 희곡의 특징 파악하기
· 등장인물의 관계와 극의 분위기 파악하기

— 희곡의 구성 요소-해설
해설 1

등장인물: 형, 아우, °측량 기사, 조수들, 사람들

장소: 들판
우리 국토를 상징

무대 뒤쪽에 들판의 풍경을 그린 커다란 °걸개그림이 걸려 있다. 샛노란 민들레꽃, 빨
희곡의 공간적 제약을 극복하기 위한 무대 장치(무대 배경)
간 양철 지붕의 집, 한가롭게 풀을 뜯는 젖소들이 동화책의 아름다운 그림을 연상시킨다.
→ 등장인물, 장소, 무대 소개

발단 2 『막이 오른다. 형과 아우, 들판에서 그림을 그리고 있다. 형은 무대의 오른쪽에
연극의 시작을 알림.   주요 등장인물
서, 아우는 왼쪽에서 수채화를 그린다. ❶둘 다 즐거운 표정으로, 휘파람을 불거나 노래
를 부른다. 형, 아우에게 다가가서 그림을 바라본다.』
『 』: 희곡의 구성 요소-지시문

형 야, 멋진데! 아주 멋지게 그렸어!
희곡의 구성 요소-대사
아우 경치가 좋으니까 그림이 잘 그려져요.

❷**형** 넌 정말 솜씨가 훌륭해! / **아우** 형님 솜씨가 더 훌륭하지요.

형 아냐, 난 너만큼 잘 그리지 못하는걸.

아우 (㉠형의 그림이 있는 곳으로 와서 감탄한다.) 형님 그림이 훨씬 멋있어요!
인물의 행동이나 표정, 말투 등을 지시함.

형 (기뻐하며) 오, 그래?

아우 그럼요. 푸른 들판, 시냇물과 오솔길, 샛노랗게 피어 있는 민들레꽃, 한가
전원적이고 평화로운 풍경
롭게 풀을 뜯는 젖소들...... 참 아름답고 평화로운 풍경이군요.
아름다운 우리 국토를 상징

형 난 아직 집은 못 그렸어. 그런데 너는 벌써 우리가 사는 집까지 그렸구나. 들
판 한가운데 빨간색 양철 지붕과 하얀 연기가 피어오르는 굴뚝......
형제가 사는 집의 평화로운 분위기

❸**아우** 난 이곳에서 평생토록 형님과 함께 살고 싶어요.

형 나도 너와 함께 아름다운 이곳에서 행복하게 살고 싶어.

형과 아우, 다정하게 포옹한다.

형 돌아가신 부모님께서 우리의 이런 모습을 보신다면......
우애 있고 다정한 형제의 모습
아우 분명히 저 하늘 위에서 바라보고 계실 거예요.
들판-우리 국토
형 정말 고마우신 부모님이시다. 이렇게 좋은 곳을 우리 형제에게 물려주셨으니!
→ 평화로운 들판에서 그림을 그리며 다정하게 지내는 형제

┃작가 소개: 이강백(1947~)
희곡 작가. 주로 현대 사회의 모순을 날카롭게 비판하는 작품을 썼다. 주요 작품으로 「파수꾼」, 「결혼」, 「영월행 일기」 등이 있다.

어휘 풀이
· 측량(測量): 기기를 써서 물건의 높이, 깊이, 넓이, 방향 등을 잼.
· 걸개그림: 건물의 벽 따위에 걸 수 있도록 그린 그림.

어구 풀이
❶ 형과 아우가 즐겁고 사이좋게 지내는 모습에서 평화로운 분위기를 느낄 수 있다.
❷ 형과 아우가 서로의 그림 솜씨를 칭찬하고 자신을 낮추어 말하고 있다.
❸ 형과 아우의 대화를 통해 형제간의 두터운 우애를 보여 주고 있다.

➕ 보충 자료
희곡
무대 공연을 목적으로 하는 연극의 대본이다. 인물 사이의 갈등을 중심으로 사건이 전개되며, 해설, 대사, 지시문으로 이루어진다. 공연을 전제로 하므로 시간과 공간의 제약을 받는다.

찬찬샘 핵심 강의

• 희곡의 뜻과 구성 요소

이 작품은 우리나라의 대표 극작가 중 한 분인 이강백 선생님이 무대 공연을 목적으로 쓴 이야기로, 문학 갈래 중 희곡에 속한단다. 희곡은 대화와 행동을 통해 사건을 전개하는 산문 문학의 한 갈래이자 연극의 한 요소야. 연극이 이루어지려면 관객과 배우들이 있어야 하고 연극 대본인 희곡도 반드시 있어야 해. 희곡은 해설, 대사, 지시문(희곡의 3요소)으로 구성되어 있어. 이 작품 역시 이와 같은 희곡의 3요소로 이루어져 있단다.

▶핵심 포인트◀

해설	희곡의 맨 처음에 나오는 지문의 일종으로, 막이 오르기 전에 시공간적 배경, 등장인물, 무대 장치 등을 설명해 줌.
대사	등장인물들이 하는 말로, 사건을 전개하고 인물의 생각이나 성격, 사건의 분위기를 드러냄.
지시문	• 무대 지시문: 무대 장치, 분위기, 등장인물, 시간과 장소 등을 지시함. • 동작 지시문: 등장인물의 동작, 표정, 말투 등을 지시함.

• 형제의 말하기 방식

❷를 보면서 이 작품의 주요 인물이 형과 아우라는 것을 파악했을 거야. 이 둘의 대화 내용을 보면 형제는 서로의 그림을 칭찬하면서 자신은 낮추어 말하고 있단다. 그리고 자신의 마음을 솔직하게 표현하고 있어. 이를 통해 형제의 우애가 돈독하고 서로를 매우 아낀다는 것을 알 수 있겠지?

▶핵심 포인트◀

형제의 말하기 방식	• 상대방의 재능을 인정하고 칭찬함. • 자신을 낮추어 말함. • 상대방과 함께 살고 싶은 마음을 솔직하게 말함.

↓

화목하고 평화로운 분위기를 형성함.

콕콕 확인 문제

1. 이 글에 대한 설명으로 적절하지 않은 것은?
① 연극 공연을 목적으로 쓴 이야기이다.
② 해설, 대사, 지시문으로 이루어져 있다.
③ 인물의 대화와 행동을 통해 사건을 전개하고 있다.
④ 해설을 통해 인물의 성격과 심리를 전달하고 있다.
⑤ 지시문을 통해 인물의 행동이나 표정 등을 지시하고 있다.

2. ❶의 역할로 가장 적절한 것은?
① 사건 발생의 원인을 제시하고 있다.
② 사건 해결의 실마리를 제공하고 있다.
③ 인물의 동작과 표정 등을 지시하고 있다.
④ 등장인물과 배경, 무대 장치를 제시하고 있다.
⑤ 작품의 주제를 암시하며 극 중 긴박감을 높이고 있다.

3. ❷에서 상대방을 대하는 형과 아우의 태도에 대한 설명으로 적절하지 않은 것은?
① 형은 아우의 그림에 관심을 보이며 말을 건다.
② 형은 동생의 그림 솜씨를 인정하고 칭찬한다.
③ 형은 동생의 칭찬에 의기양양하며 뽐낸다.
④ 아우는 형의 능력을 높이 평가하고 칭찬한다.
⑤ 아우는 형의 칭찬에 겸손한 모습을 보인다.

4. ㉠에 대한 설명으로 적절하지 않은 것은?
① 인물의 행동을 지시해 준다.
② 인물의 심리 상태를 알 수 있다.
③ 희곡의 특성을 보여 주는 요소이다.
④ 막이 오르기 전 필요한 정보를 제공해 준다.
⑤ 무대 지시문과 달리 괄호를 사용해 제시한다.

3 형, 주위에 피어 있는 민들레꽃을 꺾어서 아우에게 내민다.
시간적 배경: 봄

형 ❶들판에 피어 있는 이 민들레꽃에 걸고서 맹세하자. 우리 형제는 언제나 사이좋게 지내기로…….

아우 그래요. (민들레꽃을 꺾어 형에게 내밀며) 이 민들레꽃이 우리 맹세의 °증표예요.

형과 아우, 흐뭇한 표정으로 민들레꽃을 주고받은 뒤, 각자의 그림 앞으로 되돌아간다.

형 난 인제 집을 그려야겠다.

아우 나는 저 파란 하늘과 해님을 그리겠어요.
날씨 ①: 맑음─평화로움. 형제간의 우애를 드러냄.   → 민들레꽃을 주고받으며 우애를 맹세하는 형제

4 형과 아우, 열심히 그림을 그린다. 측량 기사와 두 명의 조수가 등장한다. 측량 기사는 측량기를 세워 놓고 °조준경을 들여다보면서 조수들에게 손짓으로 신호를 보낸다. 측량 기사 앞쪽에는 한 명의 조수가 눈금이 그려진 °표지봉을 들고 서 있다. ❷측량 기사의 뒤쪽에서는 측량이 끝난 지점마다 다른 조수가 °말뚝을 박고 밧줄을 맨다.
새로운 인물의 등장─새로운 사건 전개 암시(발단의 특성)

형 (성난 모습으로) 여봐요! 여봐요!

측량 기사 (태연하게) 우리 말씀인가요?
머뭇거려야 할 상황에서 아무렇지도 않은 듯이 굴며 능청스러운 태도를 보임.

형과 아우 (측량 기사에게 다가간다.) 당신들, 지금 뭘 하고 있는 겁니까?
   ↳교과서 날개 ①

측량 기사 측량하고 있지요, 보시다시피.

아우 여긴 우리 땅이에요. 왜 함부로 들어와서 말뚝을 박고 줄을 쳐요?

측량 기사 (조수들에게 명령조로 말한다.) 자네들, 뭘 해? 어서 땅 주인들께 인사드려!
      측량 기사의 권위적인 모습

조수 1 안녕하세요? / **조수 2** 안녕하세요? 오늘 날씨가 참 좋군요!

측량 기사 아 참, 제 소개도 해야죠. 저는 측량 기사입니다.

아우 우린 측량을 부탁한 적 없어요. 잘못 알고 온 모양인데, 어서 우리 들판에서 나가요!

측량 기사 우린 실습하러 온 겁니다.
표면적인 이유─속마음을 숨기며 이야기함.

형과 아우 뭐, 실습하러 왔다고요?
   ↳교과서 날개 ②

측량 기사 네, 오늘 날씨가 화창해서 조수들을 데리고 야외 실습을 나왔어요. (눈을 가늘게 뜨고 들판을 둘러보며) 그냥 ❸버려두기에는 아까운 땅이군요. 공장
교활한 성격임을 간접적으로 제시함.
부지로 개발해서 팔거나 주택지로 나눠 팔면 큰돈을 벌겠어요! 그런데 왜 이
            측량 기사의 본래 의도
렇게 화를 내시지요? ㉠우릴 보자마자 고함을 지르고, 삿대질까지 하시니
너무 심한 것 아닙니까?

                                                 → 측량 기사와 조수들의 등장

읽기 중 활동

교과서 날개 ①
측량 기사가 등장하면서 벌어질 일을 예측해 봅시다.
→ 측량 기사는 땅의 넓이 등을 재는 사람이므로 땅과 관련된 갈등이 일어날 수 있다.

교과서 날개 ②
형제와 측량 기사에게 들판은 각각 어떤 의미일지 말해 봅시다.
→ 형제에게는 두 사람이 행복하게 지낼 수 있는 평화로운 터전이지만, 측량 기사에게는 개발하고 판매하여 수익을 올릴 수 있는 대상이다.

어휘 풀이
· 증표(證票): 증명이나 증거가 될 만한 표.
· 조준경(照準鏡): 조준을 쉽고 정확하게 할 수 있도록 총포의 몸통 위에 붙이는, 원통으로 둘러싼 렌즈.
· 표지봉(標識棒): 사물의 위치를 표시하는 도구.
· 말뚝: 땅에 두드려 박는 기둥이나 몽둥이.

어구 풀이
❶ '민들레꽃'은 형제간의 우애를 맹세한 증표로 형제의 우애를 상징하며, 앞으로 대립하게 될 형제의 갈등 해소에 필연성을 부여하는 역할을 한다.
❷ '말뚝'과 '밧줄'은 형과 아우의 사이를 갈라놓아 형제간의 갈등을 유발하는 역할을 하는 소재이다.
❸ 형제의 땅에 욕심을 내어 빼앗으려는 측량 기사의 속셈을 엿볼 수 있다.

• '민들레꽃'과 '들판'의 의미

3에서 형제는 들판에 피어 있는 민들레꽃을 꺾어 언제나 사이좋게 지낼 것을 맹세하고 있어. 이를 통해 민들레꽃이 봄이라는 시간적 배경을 알려 주는 것 외에도 형제의 우애라는 중요한 의미를 지니고 있음을 알 수 있어. 이 민들레꽃은 이 작품의 뒷부분에서도 중요한 역할을 하니까 계속 눈여겨보렴.

한편 **4**에서는 새로운 인물인 측량 기사와 조수들이 등장하면서 새로운 사건이 일어날 것을 암시하고 있어. 그들이 형제의 들판에 나타나 측량 실습을 한다는 핑계를 대며 들판에 눈독을 들이고 있다는 것, 눈치챘지? 형제에게 들판은 부모님이 물려주신 삶의 터전이지만, 측량 기사에게는 버려두기에 아까운, 얼른 개발해 수익을 올려야 하는 대상일 뿐이야.

▶핵심 포인트◀

민들레꽃	형제의 우애
들판 →	• 형제: 평화로운 삶의 터전 • 측량 기사: 개발하고 판매하여 수익을 올릴 수 있는 대상

• 날씨와 사건 전개 ①

이 작품에서 날씨는 인물의 심리나 극의 전개와 밀접한 연관이 있단다. 이 글을 계속 감상하다 보면 날씨의 변화에 따라 인물 간 갈등의 전개 과정이 변하고 있다는 것을 알 수 있을 거야. 측량 기사가 등장하기 전까지 형제는 평화로움을 유지하며 우애를 다지고 있는데 이때 날씨는 "파란 하늘과 해님을 그리겠"다는 아우의 말을 통해 맑다는 것을 알 수 있어.

▶핵심 포인트◀

파란 하늘과 해님(맑음) →	갈등 없이 화목함. → 평화로운 들판에서 형제가 다정하게 그림을 그림.

5. **3**의 내용과 일치하는 것은?
① 형과 아우는 서로의 모습을 그리고 있다.
② 형과 아우는 모두 자신들이 사는 집을 그리고 있다.
③ 형과 아우는 누가 더 그림을 잘 그리는지 경쟁하고 있다.
④ 형과 아우는 조부모님으로부터 들판을 물려받아 살고 있다.
⑤ 형과 아우는 아름다운 들판에서 증표를 걸고 우애를 맹세하고 있다.

6. **4**에 대한 이해로 적절하지 <u>않은</u> 것은?
① 새로운 인물의 등장이 극에 긴장감을 주고 있다.
② 땅과 관련된 사건이 벌어질 것을 예측하게 한다.
③ 주인공이 형제에서 새로운 인물로 전환되고 있다.
④ 금전적 가치를 중시하는 측량 기사의 모습이 나타나 있다.
⑤ 형제와 측량 기사는 들판을 각기 다른 시각으로 바라보고 있다.

7. **4**의 측량 기사에 대한 설명으로 적절하지 <u>않은</u> 것은?
① 권위적인 성격을 지녔다.
② 능청스러우면서 교활하다.
③ 형제에게 예의를 잘 지킨다.
④ 새로운 사건의 발생 계기를 제공한다.
⑤ 형제의 땅을 빼앗을 속셈을 숨기고 있다.

8. ㉠에 나타난 측량 기사의 태도와 관련된 한자 성어로 적절한 것은?
① 이심전심(以心傳心)
② 적반하장(賊反荷杖)
③ 사면초가(四面楚歌)
④ 마이동풍(馬耳東風)
⑤ 전전반측(輾轉反側)

|서술형|
9. **3**에서 '민들레꽃'이 상징하는 의미는 무엇인지와 그렇게 생각한 이유를 서술하시오.

5 형 (아우에게) ❶우리가 너무 심했나? / **아우** 글쎄요…….
_{교과서 날개 ① 형의 순박한 모습}

측량 기사 내 조수들이 측량 경험이 없거든요. 그래서 실습을 나온 건데, 아무

설명도 없이 말뚝을 박아 대니까 화가 나셨나 보지요?

아우 그 말이 맞아요. 미리 알려 주셨더라면, 우린 기꺼이 허락했을 겁니다.
_{측량 기사의 말을 그대로 믿는 아우의 순진한 모습}

측량 기사 두 분께선 안심하고 그림이나 그리세요.
_{형제를 안심시키려는 측량 기사}

형 그런데 실습이 끝나면 저 말뚝들은 어떻게 할 거지요?

측량 기사 걱정 마세요. 우리가 다시 뽑아 갈 테니까…….

아우 줄은요?

측량 기사 물론 줄도 거두어 가야지요. (조수들에게) 자, 그 표지봉을 저 앞쪽에다

세워! 그리고 뒤따라서 말뚝을 박고 밧줄을 쳐!

→ 들판에 말뚝과 밧줄을 설치하는 측량 기사

> **발단** 사이좋은 형제의 들판에 측량 기사가 나타나 말뚝을 박고 밧줄을 침.

전개 1 6 측량 기사와 조수들, 작업을 진행하면서 퇴장한다. 형과 아우 사이를 나누어

놓은 일직선의 밧줄이 허리 높이만큼 매어져 있다. ❷형과 아우는 그림을 그리면서도 신
_{형제 사이에 불화가 생길 것임을 암시함.}

경이 쓰이는지 말뚝과 밧줄을 힐끗힐끗 바라본다.

아우 형님, 너무 걱정하지 마세요. 측량 실습을 끝내면 그들이 치운다고 했으니

까요.
_{교과서 날개 ②}

『**형** 그들이 잊고서 그냥 가면 어떻게 하지?
_{『 』: 형의 소심하고 소극적인 성격과 아우의 대범하고 적극적인 성격이 대비됨.}

아우 우리가 치우면 되잖아요?』

형 그렇구나. 난 괜히 °염려했다. 그런데 지붕 그릴 빨간색 물감 좀 빌려주겠니?

아우 그럼요. 이리 와서 가져가세요.

형, 밧줄 앞에서 어떻게 넘어가야 할지 망설인다. 허리 높이의 밧줄을 뛰어넘어 가려
_{밧줄 밑으로 넘어가는 형의 행동─형의 소심하고 소극적인 성격이 드러남.}

다 말고, 밧줄 밑으로 몸을 낮춰 아우에게 간다. 아우는 빨간색 물감을 형에게 빌려준다.

형 고맙다. / **아우** 부족한 게 있거든 언제든지 건너오세요.

형 (밧줄 밑으로 기어 나와서 자기 자리로 되돌아온다.) 너도 건너와. 나한테 있는

거라면 뭐든 빌려줄 테니…….
_{서로 돕고 사는 형제의 우애가 나타남.}

아우 난 하늘색이 모자라요. / **형** 이쪽으로 와서 가져가.

❸아우, 밧줄을 껑충 뛰어서 넘어간다. 형은 아우에게 하늘색 물감을 빌려준다.

→ 형제 사이를 갈라놓은 밧줄을 오가는 형제

학습 포인트
· 사건의 전개 방향 예측하기
· 형제의 심리 및 성격 파악하기

읽기 중 활동

교과서 날개 ①
측량 기사와 조수들의 등장이 형제의 심리에 어떤 변화를 가져왔을지 말해 봅시다.
→ 안정되고 평화롭게 살고 있는데 갑작스럽게 측량 기사와 조수들이 나타나 형제의 들판에 말뚝을 박자 미심쩍은 생각이 들고 불안했을 것이다.

교과서 날개 ②
측량 기사가 떠난 뒤 형과 아우가 나눈 대화를 통해 알 수 있는 둘의 성격을 말해 봅시다.
→ 형은 측량 기사가 측량한 뒤 말뚝과 밧줄을 그대로 두고 갈까 봐 걱정하는 것으로 보아 소심한 성격이다. 반면에 아우는 말뚝과 밧줄을 직접 치우면 된다며 형을 안심시키는 것으로 보아 대범한 성격이다.

어휘 풀이
· 염려(念慮): 앞일에 대하여 여러 가지로 마음을 써서 걱정함. 또는 그런 걱정.

어구 풀이
❶ 야외 실습을 나왔다는 측량 기사의 말을 의심조차 하지 않고 그대로 믿는 형의 순진한 모습이 드러난다.
❷ 형제가 자신들의 사이를 갈라놓고 있는 말뚝과 밧줄을 의식하는 모습을 엿볼 수 있다.
❸ 밧줄 밑으로 건너가는 형과 달리 뛰어서 넘어가는 아우의 적극적이고 활달한 성격이 간접적으로 드러나 있다.

• 측량 기사와 조수들의 등장

　희곡은 보통 발단, 전개(상승), 절정(정점), 하강, 대단원으로 이루어진단다. **1**~**5**는 발단에 해당하는데, 발단에서는 등장인물과 배경 등이 제시되고 사건의 실마리가 드러나지. 이 작품의 발단에서도 형과 아우, 평화로운 들판 등이 제시되고 있는데, 이때 측량 기사와 조수들이 등장하면서 새로운 사건과 갈등을 예고하고 있어. 그런데 측량 기사와 조수들이 가져온 말뚝과 밧줄은 앞으로 어떤 역할을 할까? 이렇게 앞으로의 내용을 예측하면서 이 글을 계속 감상해 보자.

▶핵심 포인트◀

측량 기사와 조수들이 들판에 나타나 말뚝을 박고 밧줄을 침.
↓ 새로운 사건의 계기
형제의 관계에 변화가 있을 것이 예고됨.

• 인물의 성격 제시 방법

　서술자가 있는 소설과 달리 희곡은 서술자 없이 인물의 말과 행동을 통해 사건이 전개된단다. 그래서 인물의 성격이나 심리도 말과 행동을 통해 간접적으로 드러나지. **6**에서도 형과 아우가 하는 말과 그들의 행동을 통해 두 인물의 성격을 파악할 수 있어. 측량 기사가 측량을 한 뒤에 말뚝과 밧줄을 그대로 두고 갈까 봐 걱정하는 형의 모습과 밧줄 밑으로 넘어가는 형의 행동으로 볼 때 형은 소심하고 소극적인 성격이라는 것을 알 수 있어. 반면에 아우는 말뚝과 밧줄을 직접 치우면 된다며 형을 안심시키는 것으로 보아 대범한 성격의 소유자라 할 수 있지. 또한, 형과 달리 밧줄을 뛰어서 넘어가는 아우의 행동에서 적극적이고 활달한 아우의 성격을 엿볼 수 있단다.

▶핵심 포인트◀

형의 성격	→	소심하고 소극적인 성격
아우의 성격		대범하고 적극적이며 활달한 성격

10. 이와 같은 글에서 인물의 성격을 제시하는 방법으로 적절한 것은?
① 연출자가 직접 등장하여 설명해 준다.
② 인물의 대사와 행동을 통해 드러낸다.
③ 인물들끼리 서로 상대의 성격을 알려 준다.
④ 무대 소품을 활용해 인물의 성격을 알려 준다.
⑤ 언어적 표현보다 비언어적 표현을 통해 드러낸다.

11. 이 글에 등장하는 인물들에 대한 설명으로 적절하지 않은 것은?
① 측량 기사는 형제를 안심시키고 있다.
② 아우는 측량 기사의 말을 그대로 믿고 있다.
③ 형은 측량 기사가 말뚝과 밧줄을 두고 갈까 봐 불안해하고 있다.
④ 측량 기사와 조수들은 형제의 들판에 말뚝과 밧줄을 설치하고 있다.
⑤ 형제는 말뚝과 밧줄을 전혀 의식하지 않고 서로에게 왔다 갔다 하고 있다.

12. **6**에서 알 수 있는 형과 아우의 성격에 대한 이해로 적절한 것은?
① 형은 소심한 반면에 아우는 대범하다.
② 형은 활달한 반면에 아우는 새침하다.
③ 형은 적극적인 반면에 아우는 소극적이다.
④ 형은 독립적인 반면에 아우는 의존적이다.
⑤ 형은 성급한 반면에 아우는 인내심이 많다.

|서술형|
13. 〈보기〉의 내용을 참고하여 형과 아우 사이에 '말뚝'과 '밧줄'이 생기면서 어떤 변화가 일어날지 서술하시오.

>
> 　이 글에서 말뚝과 밧줄은 형과 아우가 살아가는 들판을 나누어 놓는 도구로 기능하고 있다.

7 형 불편하구나, 넘어 다니기가……. / **아우** 하지만, 재미는 있는데요.
_{상반된 태도로 밧줄을 대하는 형제}

형 재미있다고? / **아우** 네, (밧줄을 뛰어넘어 가며) 이것 보세요! 껑충껑충 뛰어
서 넘어 다니는 게 재미있군요.

형 옛날 생각이 난다. 우리가 어렸을 땐 줄넘기 놀이를 했었지. 가위바위보를
해서 이긴 사람은 줄을 넘어갈 수 있지만, _{이후에 형제의 대립과 갈등을 유발함.} 진 사람은 넘어가지 못하는 놀이
였어. / **아우** 형님, 나도 방금 그 놀이가 생각났어요.

형 우리 어렸을 때처럼 재미있게 해 볼까?

아우 좋아요. 가위, 바위, 보! / **형** 가위, 바위, 보!

　형과 아우, 밧줄을 사이에 두고 가위바위보를 한다. ❶<u>아우가 이긴다. 그는 형 쪽으로
껑충 뛰어넘어 가서 뽐내며 의기양양하게 다니다가 자기 쪽으로 되돌아온다. 아우는 세
번이나 형을 이기고, 똑같은 행동을 되풀이한다.</u> _{형제가 갈등하는 원인으로 작용함.}

형 그만하자, 그만해! / **아우** 왜요?

　　┌ **형** ❷<u>너는 나보다 늦게 낸다! 내가 가위를 내면 너는 기다렸다가 바위를 내</u> _{교과서 날개 ①}
　　│ 놓고, 내가 보를 내면 너는 그걸 본 다음 가위를 내놓잖아?

　　│ **아우** 아뇨! 난 형님과 동시에 냈어요!

　　│ **형** <u>난 그림이나 그려야겠다.</u> (뒤돌아서서 자신의 그림 앞으로 걸어가며) 다시는
　　│ _{아우를 상대하기 싫어함.} 너하고는 놀이 안 해!

[A] │ **아우** 형님, 나한테 지더니만 °심통이 났군요? / **형** 너는 날 속이고 이겼어!

　　│ **아우** ❸<u>아뇨! 형님이 지금 화를 내는 건 동생인 내가 이겼기 때문이에요.</u> 형
　　│ 님은 언제나 이겨야 하고, 동생인 나는 항상 져야 한다! 그게 바로 형님의
　　│ °고정 관념이지요!

　　│ 『**형** 미리 경고해 두겠는데, 내 허락 없이는 이쪽으로 넘어오지 마라!
　　│ _{『』: 형제의 외적 갈등이 본격적으로 드러남. → '이쪽', '내 땅'과 같이 소유욕과 경계가 생김.}
　　└ **아우** 그럼 형님도 내 땅에 넘어오지 마요!』
　　　　　　　　　　　　　　　　　　　➜ 줄넘기 놀이를 하다 다투기 시작하는 형과 아우

8 아우, 자신의 그림 앞으로 되돌아간다. 형과 아우는 침묵 속에서 그림을 그린다.
　　　　　　　　　　　　　　　　　　_{감정의 대립 상태}

형 가만있자, 저건 ㉠<u>놀라운 사실인데!</u> (아우를 향하여 소리 지른다.) 야, 저기 있
는 우리 집을 봐!

아우 우리 집? / **형** 그래! / **아우** 우리 집이 어때서요?

형 난 지금까지 우리 집이 들판 한가운데 있는 줄 알았어! 그런데 그게 아냐! 측 _{교과서 날개 ②}
량 기사가 쳐 놓은 밧줄을 보라고. 우리 집은 한가운데가 아닌, 약간 오른쪽
에 있잖아? _{밧줄 때문에 새롭게 알게 된 사실}

읽기 중 활동

교과서 날개 ①
형이 화가 난 까닭은 무엇일지
생각해 봅시다.
→ 아우와의 가위바위보에서
계속 지자 자존심이 상했기 때
문이다. / 줄넘기 놀이에서 이긴
아우의 의기양양한 행동과 태
도 때문에 기분이 상해서이다.

교과서 날개 ②
측량 기사가 쳐 놓은 '밧줄'이
형제의 관계 변화에 어떠한 역
할을 하는지 말해 봅시다.
→ 들판을 두 개로 나누어 놓
아 우애 있던 형과 아우의 사
이를 갈라지게 하고 있다.

어휘 풀이
· 심통(心-): 마땅치 않게 여기
는 나쁜 마음.
· 고정 관념(固定觀念): 잘 변
하지 않는, 행동을 주로 결정
하는 확고한 의식이나 관념.

어구 풀이
❶ 줄넘기 놀이에서 계속 이긴
아우의 의기양양한 행동은 형
의 기분을 상하게 하여 형제의
갈등을 유발하는 원인이 된다.
❷ 형이 아우가 부당한 방법으
로 놀이에서 이겼다며 억지를
부리는 부분으로, 아우에게 지
기 싫어하는 형의 권위적인 성
격이 드러난다.
❸ 아우가 평소 형에게 가지고
있던 불만이 드러난 부분이다.

‘말뚝’과 ‘밧줄’의 역할

희곡의 구성 단계 중 전개(상승) 단계로 넘어오면서 인물 간의 갈등이 본격적으로 나타나고 긴장감이 고조되고 있지? **7**에서 형제는 밧줄을 보며 옛 추억을 떠올리고 줄넘기 놀이를 한단다. 하지만 처음 의도했던 것과 달리 둘은 놀이를 하는 중에 말다툼을 벌이고 말아. 결국 측량 기사가 설치한 말뚝과 밧줄이 형제간의 갈등을 유발한 셈이지.

▶핵심 포인트◀

말뚝과 밧줄	형과 아우의 들판을 갈라놓은 소재로 형제 간의 갈등을 유발함.

형과 아우가 갈등하는 원인

우리는 이 작품을 읽으며 형과 아우의 관계에 대해 생각해 보아야 한단다. 형과 아우는 줄넘기 놀이를 하다 싸우게 되는데, 이때 둘의 대화 내용을 보면 서로에 대해 배려하거나 공감하고 있지 않다는 것을 알 수 있어. 형은 아우에게 지기 싫어하는 권위적인 태도를 보이고, 아우는 아우대로 형의 감정을 이해하지 못하고 행동하며 형에 대한 불만을 드러내고 있거든. 이처럼 형제간의 갈등은 줄넘기 놀이에서 시작되었지만, 어쩌면 이는 형제의 마음에 잠재되어 있던 서로에 대한 불만이 터져 나온 결과라고 볼 수도 있어. 앞으로 계속해서 등장할 측량 기사는 이러한 형제의 마음을 이용하며 자신의 잇속을 챙기려 한단다.

▶핵심 포인트◀

갈등의 표면적 원인	줄넘기 놀이
갈등의 이면적 원인	• 형과 아우 사이에 잠재되어 있던 서로에 대한 불만 • 측량 기사의 계략

14. 이 글을 통해 알 수 있는 내용으로 적절하지 <u>않은</u> 것은?

① 형은 아우에게 지기 싫어한다.

② 아우는 형에 대한 불만을 드러낸다.

③ 밧줄을 대하는 형과 아우의 태도가 상반된다.

④ 형은 가위바위보에서 이긴 동생의 행동을 보고 자존심이 상한다.

⑤ 형은 줄넘기 놀이보다 그림 그리기가 더 유익하다는 것을 깨닫는다.

15. ‘말뚝’과 ‘밧줄’에 대한 설명으로 적절하지 않은 것은?

① 형과 아우의 들판을 갈라놓은 소재이다.

② 형과 아우를 안전하게 보호하는 소재이다.

③ 형제의 감정을 상하게 해 갈등을 유발하는 소재이다.

④ 측량 기사의 속셈을 파악할 수 있게 해 주는 소재이다.

⑤ 형제가 줄넘기 놀이를 하게 되는 계기를 마련해 주는 소재이다.

16. [A]에서 형과 아우의 말하기에 나타난 특징을 적절하게 파악한 것은?

① 형은 원하는 바를 돌려서 말하고 있고, 아우는 직접적으로 말하고 있군.

② 형은 권위적인 태도로 말하고 있고, 아우는 솔직하지 못한 태도로 말하고 있군.

③ 형과 아우는 융통성 없이 원칙만을 강조하여 말하면서 갈등하는 모습을 보이는군.

④ 형과 아우는 각각 다른 주제로 말하면서 상대방에게 집중하지 않는 모습을 보이는군.

⑤ 형과 아우는 상대방의 감정을 이해하지 못하고 서로에게 상처를 주는 말을 하고 있군.

|서술형|

17. 이 글의 내용을 바탕으로 ㉠에 해당하는 구체적인 내용을 서술하시오.

아우   그렇군요. 우리 집이 오른쪽에 있는데요. / **형**   오른쪽은 내 쪽이야.
자신과 아우의 영역(이해관계)을 구분하기 시작함.

아우   형님 쪽에 있다고 ㉠우리 집을 형님이 독차지하려는 건 아니겠지요?
공동 소유

형   ❶너는 내 허락 없이는 내 집에 들어오면 안 돼!
개인 소유

아우   형님, 저건 우리 집이에요! 우리가 다 함께 사는 집이라고요!

형   네가 있는 곳 그쪽도 우리가 다 함께 살던 땅이었어. 그런데 ❷너는 나를 단 한 번도 넘어가지 못하게 했잖아?

아우   그건 오해예요, 형님. 얼마든지 이쪽으로 넘어오세요!

형   ㉡지금은 넘어오라고? / **아우**   네, 형님.

형   ㉢내가 뭣 때문에 그쪽으로 가야 하지? (아우를 °외면한 채 그림을 그리며) 난
자존심과 체면 때문에 억지를 부리는 형
집이나 마저 그려야겠다.

아우   좋아요, 형님은 집을 가지세요. 그렇다면 나는 젖소들을 가지겠어요.
아우도 젖소에 대한 소유권을 주장하며 형과 동등한 권리를 갖고자 함.

형   젖소들을 가지겠다고?

아우   저기 들판을 보세요. 젖소들은 지금 왼쪽에, 그러니까 내 쪽에 있어요.

형   어떻게 모두 네 쪽에 있지?

아우   내 쪽의 풀이 °탐스러워 젖소들이 몰려왔겠죠. ❸㉣난 젖소들을 길러서 재산을 모을 겁니다. 그래서 형님 집보다도 더 큰 집을 짓겠어요!

형   집을 크게 짓든 작게 짓든 네 마음대로 하렴! 하지만, 가축들은 자유롭게 놔
형의 이기적인 소유욕
둬! 네 땅의 풀을 다 뜯어 먹으면, 다시 내 땅으로 넘어올 거다!
→ 집과 젖소의 소유권을 두고 다투는 형제

> **전개 1**   줄넘기 놀이를 하다 다툰 형제가 서로 소유권을 주장하며 대립함.

전개 2 **9** 측량 기사와 조수들, 등장한다.

측량 기사   어떻습니까, 우리 실력이? 양쪽으로 정확하게 나눠 놓은 측량 솜씨에 놀
형제를 이간질하기 위한 술책
라셨을 겁니다. (조수들을 칭찬한다.) ㉤자네들, 참 잘했어. 아주 °능숙한 솜씨야!

조수들   고맙습니다, 칭찬해 주셔서.

조수 1   사실은 우린 이런 일을 여러 번 했거든요.

조수 2   측량을 한 다음엔 땅을 빼앗았죠. 아주 °교묘한 방법으로요.
측량 기사와 조수들의 의도 → 형제의 땅을 빼앗고자 함.

측량 기사   쉿, 입조심해!

조수들   네, 알겠습니다.

측량 기사   (먼저, 형에게 다가가서 묻는다.) 측량을 끝냈으니 다음엔 무슨 일을 할
까요?
계획된 말임.

형   그걸 왜 나에게 묻죠?

어휘 풀이
· 외면하다(外面ーー): 마주치
기를 꺼리어 피하거나 얼굴
을 돌리다.
· 탐스럽다(貪ーーー): 마음이
몹시 끌리도록 보기에 소담
스러운 데가 있다.
· 능숙하다(能熟ーー): 능하고
익숙하다.
· 교묘하다(巧妙ーー): 솜씨나
재주 따위가 재치 있게 약삭
빠르고 묘하다.

어구 풀이
❶ '내 집'이라는 형의 발언으
로 형제 공동의 소유였던 '우리
집'에 대한 소유권 다툼이 발생
하고 재산에 대한 형제의 소유
욕이 생겨나기 시작한다.
❷ 가위바위보에서 계속 지기
때문에 넘어가지 못한 것인데,
형은 서로 대립하게 된 원인을
아우의 책임으로 몰고 있다.
❸ 형에 대한 경쟁심으로 아우
가 형보다 더 큰 집을 짓겠다고
말하며 형으로부터 독립하고자
하는 의지를 드러내고 있다.

➕ 보충 자료
'우리'와 '내'의 차이
'우리'에는 공동체 의식을 가지고
함께 살아가는 태도가 담겨 있다
면, '내'는 개인의 소유를 강조한
다는 점에서 차이가 있다. 말은 사
람의 생각과 감정을 반영하므로,
'우리'라는 말에서 '내'라는 말로
바뀐 것은 공존을 인정했던 형과
아우가 개인적이거나 이기적인
태도를 가지게 되었음을 뜻한다.

· '말뚝'과 '밧줄', '들판'의 상징적 의미

8에서는 측량 기사가 쳐 놓은 밧줄로 줄넘기 놀이를 하다 다툰 형제가 각자의 영역을 구분하며 집과 젖소에 대한 소유권을 주장하고 있어. 자, 여기에서 말뚝과 밧줄에 대해 한 번 더 짚고 넘어가 보자. 말뚝과 밧줄은 아무런 경계가 없던 들판에 처음으로 경계를 만들어 낸 요소로, 형과 아우의 사이를 갈라놓아 형제간의 갈등을 유발하는 역할을 하고 있는데, 어쩐지 형제의 상황이 광복 후 우리 민족의 상황과 닮아 있는 것 같지 않니? 맞아. 작가는 이 작품을 통해 우리나라의 분단 문제를 이야기하고 있단다. 즉 여기서 말뚝과 밧줄은 광복 이후 남과 북을 나누었던 삼팔선을, 들판은 우리 국토를 상징한다고 볼 수 있어.

›핵심 포인트‹

말뚝과 밧줄	· 형제의 대립과 갈등을 유발하는 소재 · 광복 이후 남북한의 정치적 경계선이었던 삼팔선
들판	우리 국토

· 형과 아우의 관계 변화 양상

들판에서 우애를 다짐하며 평화롭게 그림을 그리던 형제는 이제 측량 기사가 쳐 놓은 밧줄을 근거로 내세우며 각자의 영역을 구분 짓고 있어. 이러한 형제의 변화된 모습은 형제의 말에서 찾아볼 수 있는데, 형제는 '내 쪽, 내 집, 내 땅, 그쪽, 네 쪽, 네 땅'이라는 말을 쓰면서 서로의 공존을 인정했던 과거와 달리 개인적이고 이기적인 태도를 보이고 있단다.

›핵심 포인트‹

형제가 들판에서 사이좋게 지냄.
↓
측량 기사가 나타나 말뚝을 박고 밧줄을 침.
↓
형제가 줄넘기 놀이를 하다 다툼.
↓
형제가 서로 소유권을 주장하며 대립함.

18. 이 글을 연극으로 공연하기 위해 세운 계획으로 적절하지 <u>않은</u> 것은?
① 형과 아우 사이에 실제로 밧줄을 매어 놓자.
② 형과 아우 옆에는 그림 도구들을 준비해 놓자.
③ 무대 배경은 인물이 새롭게 등장할 때마다 바꾸도록 하자.
④ 형은 아우에 대해 약간은 권위적인 태도가 느껴지도록 연기하자.
⑤ 측량 기사와 조수들은 욕심 많고 뻔뻔한 느낌이 나도록 분장하자.

19. 8에 나타난 갈등 양상으로 적절한 것은?
① 형의 내적 갈등
② 아우의 내적 갈등
③ 형과 아우의 외적 갈등
④ 형과 측량 기사의 외적 갈등
⑤ 형제와 측량 기사의 외적 갈등

20. 9에 드러난 측량 기사와 조수들의 궁극적인 목표로 적절한 것은?
① 형제의 들판을 빼앗기
② 말뚝과 밧줄을 치우기
③ 형과 아우의 사이를 갈라놓기
④ 자신들의 측량 솜씨를 과시하기
⑤ 형과 아우의 영역을 정확하게 나누기

21. ㉠~㉤에 대한 이해로 적절하지 <u>않은</u> 것은?
① ㉠: 아우는 집을 형제 공동의 소유로 생각하고 있군.
② ㉡: 비꼬는 듯한 말투가 어울리는 대사이군.
③ ㉢: 형은 자존심과 체면 때문에 아우에게 억지를 부리고 있군.
④ ㉣: 아우는 형으로부터 독립하고자 하는 의지를 보이는군.
⑤ ㉤: 측량 기사는 조수들에게 측량을 가르친 것을 뿌듯해하는군.

|서술형|
22. 8에서 형이 측량 기사가 쳐 놓은 밧줄을 근거로 하여 주장하고 있는 바는 무엇인지 서술하시오.

측량 기사 우리가 일을 정확히 하기 위해서죠. <u>처음 약속대로 말뚝과 밧줄을 치</u>
<u>워 드릴까요?</u> / **형** ㉠<u>아니, 그냥 둬요.</u>

<small>측량 기사는 형의 의중을 떠보며 형제의 갈등을 지속시키려 함.</small>
<small>└교과서 날개 ①</small> <small>아예 대한 반감을 나타냄.</small>

측량 기사 (동생에게 넘어가서 묻는다.) 어떻게 할까요? <u>당신 형님은 말뚝과 밧줄</u>
<u>을 그냥 두라는데요?</u>

<small>형과 아우 사이를 이간질함.</small>

아우 밧줄은 약해요. 더 튼튼한 건 없어요?

측량 기사 더 튼튼한 거라면…….

아우 젖소들이 넘어가지 못할 만큼 튼튼한 것이 필요해요.

측량 기사 그거야 철조망도 있고, 높다란 벽도 있죠.

형 (아우를 향하여 꾸짖는다.) 너, 지금 무슨 짓을 하려는 거냐?
<small>형의 권위 의식이 엿보임.</small>

아우 형님은 내 일에 상관하지 마세요! (측량 기사에게) ❶<u>철조망보다는 벽이 좋</u>

<small>형제간의 대립과 단절을 심화하는 소재</small>

<u>겠어요.</u> (손을 머리 위로 높이 들어 올리며) 이 정도 높은 벽을 쌓아 올리면 아
무것도 넘어가지 못하겠죠!

형 뭐, 높은 벽? 너와 나 사이를 완전히 가로막겠다고?
<small>└교과서 날개 ②</small>

측량 기사 우리 조수들은 유능해서 여러 가지 부업을 하고 있죠. (조수들을 손짓으
<small>측량하는 것 외에 벽을 설치하는 등의 여러 일들</small>
로 부른다.) 이리 와! 이분에게 자네들이 잘 설명해 드려!

<small>➜ 측량 기사의 이간질로 벽을 설치하려는 아우</small>

🔟 조수들, 아우에게 다가간다.

조수 1 이런 들판에는 °조립식 벽이 좋습니다.

조수 2 설치하는 시간도 얼마 안 걸리고, 비용도 저렴합니다.

측량 기사 그럼요. 벽돌로 쌓는 것 못지않게 튼튼하고요.

조수들 품질은 우리가 보장해 드립니다.

아우 비용이 얼마나 들까요? 난 현금이 없어서…….

측량 기사 당장 현금이 없으면 땅으로 주셔도 돼요. / **아우** 땅으로?
<small>└교과서 날개 ③</small> <small>땅을 빼앗으려는 측량 기사의 속셈</small>

측량 기사 네, 지금 가지고 계신 땅의 °반절을 주세요.
<small>터무니없는 요구를 함.</small>

아우 (㉡) 하지만, 부모님에게서 물려받은 땅은…….

측량 기사 그래도 땅을 주고 벽을 만드는 게 낫습니다. <u>젖소들이 저쪽으로 넘어</u>
<u>가 버리면 당신만 큰 손해 아닙니까?</u>

<small>형제 사이를 계속해서 이간질함.</small>

아우 좋아요. 땅 반절을 드릴 테니 벽을 설치해 주세요.
<small>아우가 측량 기사의 계략에 넘어감.</small>

조수들, 벽 공사를 시작한다. 그들은 칸막이 형태의 벽을 운반해 오더니 재빠르게 조
립해서 밧줄을 따라 세워 놓는다. <u>형과 아우 사이에 벽이 가로놓인다.</u>
<small>형과 아우의 단절 → 분단과 연결됨.</small> <small>➜ 형제 사이에 설치된 벽</small>

• 측량 기사의 속셈

9를 보면 측량 기사와 조수들이 재등장하고 있지? 그들은 자신들의 정확한 측량을 과시하고 자화자찬하면서 형과 아우의 의중을 은근히 떠보고 있어. 측량 기사가 형제들의 땅을 빼앗기 위해서는 형제간의 갈등을 지속시켜야 하는데, 형제간의 갈등을 지속시키기 위한 방법으로 형과 아우의 소통을 막고, 서로 오해하도록 부추기는 것만큼 효과적인 것은 없겠지? 그래서 측량 기사는 형에게 먼저 가서 "말뚝과 밧줄을 치워 드릴까요?"라고 물은 뒤 이어 아우에게 "당신 형님은 말뚝과 밧줄을 그냥 두라는데요?"라며 둘 사이를 이간질한단다. 그러니 아우는 화가 날 수밖에! 화가 난 아우가 벽까지 설치하겠다고 하자 이때를 노리고 측량 기사는 벽의 설치 비용으로 아우 땅의 반을 달라고 요구해. 형제의 들판에 들어온 이유가 형제의 땅을 차지하기 위한 것이었음을 대놓고 드러내고 있는 것이지.

>핵심 포인트<

측량 기사의 의도	형과 아우의 갈등을 부추겨 형제의 땅을 빼앗고자 함.

• '벽'의 상징적 의미

아우는 밧줄을 치우지 말라는 형의 말을 전해 들은 뒤 화가 난 상태에서 밧줄보다 더 높고 튼튼한 벽을 세우겠다며 측량 기사와 말도 안 되는 거래를 하고 만단다. 그런데 이 벽은 밧줄과 달리 왕래를 불가능하게 하는 장애물이라 형과 아우의 사이를 완전히 차단하고 말아. 소통이 차단된 상태에서 형과 아우의 불안과 오해는 점점 더 깊어지겠지?

>핵심 포인트<

벽	• 측량 기사의 계략에 의해 설치된 소재 • 형제간의 단절, 소통의 단절 • 남북을 분단한 휴전선 상징

23. 이 글에 대한 설명으로 적절하지 않은 것은?

① 우의적인 성격을 지니고 있다.

② 시간적 순서에 따라 사건이 전개되고 있다.

③ 소재에 상징적인 의미를 담아 표현하고 있다.

④ 형과 아우를 통해 우리나라의 분단 현실을 그려 내고 있다.

⑤ 형제와 측량 기사의 갈등과 대립을 통해 사건을 진행하고 있다.

24. 이 글의 등장인물에 대한 설명으로 적절하지 않은 것은?

① 형에 대한 아우의 반발이 점점 심해지고 있다.

② 측량 기사와 조수들은 형제의 땅을 차지하려 하고 있다.

③ 측량 기사는 형과 아우 사이를 오가며 이간질하고 있다.

④ 측량 기사는 밧줄을 치워 형제와의 약속을 지키려 하고 있다.

⑤ 측량 기사는 아우에게 터무니없이 부당한 비용을 요구하고 있다.

25. 형이 ㉠과 같이 말한 이유로 가장 적절한 것은?

① 아우가 좋아할 것 같아서

② 아우에 대한 반감 때문에

③ 아우의 영역까지 빼앗으려고

④ 젖소들이 넘어올 수 없게 하려고

⑤ 측량 기사와 조수들이 측량을 잘해서

26. ㉡에 들어갈 지시문으로 가장 적절한 것은?

① 비웃는 태도로

② 망설이는 태도로

③ 권위적인 목소리로

④ 타이르듯이 조용하게

⑤ 버럭 화를 내며 큰 목소리로

|서술형|
27. '벽'이 생기면서 일어나게 될 변화를 〈조건〉에 따라 서술하시오.

조건

• 형과 아우의 관계를 중심으로 예측할 것.

• 한 문장으로 서술할 것.

11 형　맙소사, 이런 벽이 생기다니!

　　　　　형의 심리-당혹감, 절망감

아우　❶형님 때문이야! 집도 가지겠다, 젖소들도 가지겠다는 형님의 그런 욕심

만 아니었어도, 난 정말 벽 같은 건 만들지 않았을 거야.

형　믿어지지 않아. 동생이 이럴 수가……!

　　　벽을 세운 아우에게 배신감을 느낌.

아우　하지만, 형님과 완전히 갈라져 살 생각을 하니 마음이 괴로운데……. 그

래, 벽은 잘못된 거야. 내가 너무 심했어.

　　　　　아우가 자기 잘못을 반성함.

형　동생 ˚탓만은 아냐. 내 탓도 있어. 내가 잠시 기분이 상해서, 동생에게 집에

　　　　형이 자기 잘못을 반성함.　　　　　　　　놀이에서 계속 지는 바람에

들어오지 말라고 했던 건 잘못이었어. 그런 나를 동생은 얼마나 원망했을까!

　　　　　　　　　　　　　　　　　　　동생의 입장에서 생각함. - 역지사지(易地思之)

아우　형님에게 잘못했다고 빌어야겠어.

형　동생한테 미안하다고 말해야겠어.　➡ 벽을 사이에 두고 자신의 잘못을 뉘우치는 형과 아우

12 ❷형과 아우, 벽으로 다가간다. 그러나 그들은 잠시 망설인다.

　　　　　　　　　내적 갈등을 하는 형과 아우

아우　그렇지만 형님이 나를 용서하지 않는다면, 난 어떻게 되는 거지?

형　미안하다고 말해도 소용없다면?

❸**아우**　나 혼자 독립해서 사는 것도 나쁜 건 아닐 텐데, 좀 더 생각해 봐야겠어.

형　그래도 ˚체면이 있지, 내가 먼저 말할 수는 없어.

아우　그림을 그리면서 생각해 보자.

형　동생이 먼저 말할 때까지 기다리는 게 낫겠군.

　　형과 아우, 각자의 그림을 그리던 곳으로 돌아가 그림을 그린다. ❹㉠맑았던 하늘이

흐려지고, 바람이 세게 불어온다.

날씨 ②: 구름, 바람-형제간의 갈등이 심화될 것을 암시함.

형　바람이 거칠게 불어오는군.

아우　하늘이 점점 흐려지고 있어.　　　　　　　➡ 화해를 망설이는 형과 아우

> **전개 2**　들판에 벽이 설치되고 형제는 잘못을 뉘우치지만, 화해를 망설임.

238　5. 상황에 맞는 대화

66 학습 포인트
- 형과 아우의 내적 갈등과 심리 파악하기
- 날씨에 따른 사건의 변화 파악하기

어휘 풀이
- 탓: ① 주로 부정적인 현상이 생겨난 까닭이나 원인. ② 구실이나 핑계로 삼아 원망하거나 나무라는 일.
- 체면(體面): 남을 대하기에 떳떳한 도리나 얼굴.

어구 풀이
❶ 아우가 벽을 설치할 수밖에 없었던 자신의 행동을 형의 탓으로 돌리고 있다.
❷ 여기에서의 '벽'은 형과 아우 사이에 생긴 마음의 벽으로 심리적 갈등을 의미하기도 한다.
❸ 아우와 형이 자신의 잘못을 반성하면서도 서로에게 사과하지 못하는 이유가 드러나 있다. 아우는 이번 기회에 독립하여 살고 싶어 하고, 형은 자신의 체면과 권위를 버리지 못하고 있다.
❹ 날씨의 변화로 극에 긴장감을 주고 암울한 분위기를 형성하고 있다. 또한, 앞으로 불길한 사건이 일어날 것을 예고하고 있다.

➕ 보충 자료
희곡 작품에 나타난 갈등
희곡은 인물이 처한 내외적 상황의 대립에서 오는 갈등을 중심으로 하여 사건이 전개된다. 이러한 갈등은 소설 작품과 마찬가지로 외적 갈등과 내적 갈등으로 구분한다.
- 외적 갈등: 주인공을 둘러싼 다른 인물, 환경, 상황과 주인공이 대립하며 일어나는 갈등
- 내적 갈등: 주인공 자신의 마음 속에서 대립의 원인이 생기는 갈등

• **형과 아우의 내적 갈등**

　형제 사이가 벽으로 가로막히자 형은 당혹함과 절망감, 아우에 대한 배신감으로 한탄을 하고, 아우는 자신이 벽을 세운 것은 형 때문이라며 형 탓을 하고 있어. 하지만 곧이어 아우는 형과 갈라진 것에 대한 괴로움으로 갈등하며 자신의 잘못을 깨닫지. 형도 마찬가지로 자신의 지난 말들을 성찰하며 아우의 심정에 공감하고 미안함을 느껴. 그런데 그것도 잠시, 형제는 벽 앞에서 또 망설인단다. 상대방이 자신의 사과를 받아들이지 않을까 봐서 걱정을 해. 그러면서 아우는 이번 기회에 독립해 사는 것도 괜찮겠다 생각하고, 형은 자신의 체면과 권위를 버릴 수 없다고 생각하며 사과를 미루고 있단다.

▷**핵심 포인트**◁
• **형의 내적 갈등**

아우에게 집에 들어오지 말라고 한 것은 내 잘못이니 사과해야겠어.	→	형 체면이 있지. 내가 먼저 사과할 수는 없어.

• **아우의 내적 갈등**

벽을 설치한 것은 내 잘못이니 사과해야겠어.	→	나 혼자 독립해서 사는 것도 나쁜 건 아니야.

• **날씨와 사건 전개 ②**

　앞에서 이 작품에서의 날씨는 인물의 심리나 사건 전개의 방향과 밀접한 연관이 있다고 했지? 형제간의 갈등이 시작되면서 맑았던 하늘이 흐려지고, 바람이 세게 불어오고 있어. 이러한 날씨의 변화는 암울하고 불길한 분위기를 형성하면서, 날씨가 흐려질수록 형제간의 갈등이 심화될 것임을 암시한단다.

▷**핵심 포인트**◁

구름, 바람	→	형제간 갈등이 시작됨. → 형과 아우가 측량 기사의 꾐에 넘어가 서로 반목함.

28. 〈보기〉에서 이와 같은 글의 특징에 대한 설명으로 적절한 것을 골라 바르게 묶은 것은?

> **보기**
> ⓐ 연극 공연을 목적으로 한다.
> ⓑ 서술자가 사건을 전달한다.
> ⓒ 시간과 공간, 등장인물 수에 제약이 있다.
> ⓓ 작가의 체험과 가치관이 직접적으로 드러난다.
> ⓔ 등장인물들의 말과 행동을 통해 심리를 드러낸다.

① ⓐ, ⓑ, ⓒ　　　　② ⓐ, ⓒ, ⓔ
③ ⓑ, ⓒ, ⓓ　　　　④ ⓑ, ⓓ, ⓔ
⑤ ⓒ, ⓓ, ⓔ

29. 이 글의 인물들에 대한 설명으로 적절하지 않은 것은?
① 아우는 끝내 자기 잘못을 인정하지 않고 형을 원망한다.
② 아우는 독립해서 살고 싶은 마음에 형에게 사과를 미룬다.
③ 형은 자신의 지난 행동을 성찰하면서 자기 행동을 반성한다.
④ 형과 아우는 모두 현재의 상태가 잘못되었다는 것을 인식한다.
⑤ 형과 아우는 상대방이 자신의 사과를 받아들이지 않을 것을 걱정한다.

30. 🔢에서 느껴지는 분위기로 가장 적절한 것은?
① 외롭고 쓸쓸하다.
② 흥이 나고 즐겁다.
③ 평화롭고 고요하다.
④ 암울하고 불길하다.
⑤ 힘이 넘치고 생기 있다.

31. 이 글에서 ㉠의 역할로 적절한 것은?
① 형제간의 갈등이 심화될 것을 암시한다.
② 시간의 흐름과 계절의 변화를 알려 준다.
③ 형제의 성격을 결정짓는 데에 기여한다.
④ 형제와 측량 기사의 갈등을 일으키는 원인이 된다.
⑤ 측량 기사 외에 또 다른 인물이 등장할 것을 예고한다.

전개 3 **13** 측량 기사, 많은 사람들을 데리고 형의 지역에 등장한다.

측량 기사   ⌐교과서 날개⌐ 보세요! 바로 ❶이 들판이 내가 여러분에게 *분양해 드릴 땅입니다!

사람들   굉장히 넓은데요! / **사람 1**   난 공장을 짓고 싶어요.
경제적 가치를 중시하는 인물들
사람 2   상점은 어디가 좋을까요? / **사람 3**   우선 주택부터 짓고 봅시다.

사람들   그런데 벽 이쪽 땅만 분양할 건가요?
          형이 있는 쪽
측량 기사   이쪽부터 둘러보세요. 그리고 저쪽 땅도 보시길 바랍니다.
                            아우가 있는 쪽

사람들, 형의 지역을 돌아다니며 살펴본다. 측량 기사, 그림을 그리고 있는 형에게 다가간다.

측량 기사   아직도 그림을 완성 못 했습니까? / **형**   네, 저 높다란 벽 때문에…….

측량 기사   (그림을 바라보며) 그림 가운데 벽을 그려 넣는 중이군요.

형   ㉠이젠 아름다운 들판이 아니에요. 내 그림도 보기 싫게 됐고요.
      들판에 벽이 생겨 아름다운 들판이 보기 흉해짐.
측량 기사   내가 봐도 그림이 *흉측합니다.

형   그런데 저 사람들은 누굽니까? / **측량 기사**   이 땅을 살 사람들이죠.

형   내 땅을요? 난 절대로 내 땅을 남에게 팔지 않습니다.

측량 기사   물론, 지금은 그렇죠. ❷하지만, 결국 이 들판은 당신 형제 것이 아니라 내 소유가 될 겁니다. 저 사람들도 그걸 알고 있어요.

형   *터무니없는 소리 말아요!   ➜ 형제의 땅을 가로채 사람들에게 팔려는 측량 기사

14 사람들, 형의 지역을 둘러보고 퇴장한다. ❸측량 기사는 벽에 다가가서 귀를 기울인다.

측량 기사   이상하게 조용한데요. 도대체 무엇을 하고 있는 걸까요?
                            아우를 의심하도록 부추기는 말
형   나처럼 그림을 그리고 있겠지요.
      아우를 의심하지 않음.
측량 기사   이렇게 조용한 게 의심스러워요. 혹시, 저쪽의 동생이 형님 집에 몰래
              형제 사이를 계속해서 이간질함.
들어가려고 땅굴을 파는 건 아닐까요?

형   땅굴을 파면 요란한 소리가 들릴 텐데요?

측량 기사   땅속에서 파는데 무슨 소리가 들리겠어요? (형에게 다가간다.) 가만, 저쪽이 무슨 짓을 하는지 확인해 봐야 합니다.
              형에게 전망대를 팔아서 형의 땅도 빼앗을 계획임.   ➜ 아우에 대한 형의 의심을 부추기는 측량 기사

15 측량 기사, 바지 주머니에서 호루라기를 꺼내 분다. 그러자 조수들이 기다리고 있었
                    측량 기사의 행동이 미리 계획된 것이었음이 드러남.
다는 듯이 등장한다. 그들은 바퀴가 달린 *전망대를 밀면서 들어온다.

읽기 중 활동

교과서 날개
측량 기사가 사람들을 데리고 온 속셈은 무엇인지 말해 봅시다.
→ 사람들을 데리고 와서 분양할 땅이라고 설명하는 것으로 보아, 형제에게 땅을 빼앗아 그 땅을 사람들에게 분양할 생각이다.

어휘 풀이
· 분양(分讓): 토지나 건물 따위를 나누어 팖.
· 흉측(兇測): 모습이 보기에 언짢을 정도로 몹시 흉악함.
· 터무니없다: 허황하여 전혀 근거가 없다.
· 전망대(展望臺): 멀리 내다볼 수 있도록 높이 만든 대.

어구 풀이
❶ 측량 기사는 땅 주인 행세를 하며 분양받을 사람들을 모집하고 있다. 이를 통해 측량 기사가 형제 사이를 계속 이간질해 둘의 갈등을 부추긴 속셈, 즉 형제의 땅을 빼앗을 계획을 지니고 있었다는 사실을 확인할 수 있다.
❷ 측량 기사는 형제의 땅을 빼앗을 수 있다는 자신감이 생기자 자신의 본심을 형에게 노골적으로 드러내고 있다.
❸ 측량 기사는 아우의 행동을 염탐하는 동작을 취하면서 형의 의심을 부추겨 또다시 형제 사이를 이간질하고 있다.

• 측량 기사의 의도

13에서 측량 기사는 사람들을 데리고 형의 지역에 나타나서 마치 거기가 자신의 땅인 것처럼 사람들에게 분양할 땅이라고 뻔뻔하게 말하고 있어. 그러면서 아우에게 벽을 세워 준 뒤 땅의 반을 빼앗았던 것처럼 형의 땅을 빼앗아 분양할 계략을 꾸미려 한단다. 그러한 측량 기사의 계략은 14에 드러나 있어.

14에서 측량 기사는 높은 벽 때문에 형제가 서로를 볼 수 없는 상황을 이용하고 있어. "이상하게 조용한데요. 도대체 무엇을 하고 있는 걸까요?", "땅굴을 파는 건 아닐까요?"와 같은 말과 벽에 다가가서 귀를 기울이는 행동 등을 통해 아우에 대한 의심을 부추기면서 형의 불안 심리를 자극하고 있단다. 바로 형에게 전망대를 팔아 형의 땅도 차지하기 위해서지.

▶핵심 포인트◀

```
┌─────────────────────────────┐
│  벽에 귀를 기울이고 아우의 행동을   │
│       확인해야 한다고 함.        │
└─────────────────────────────┘
              ↓
┌─────────────────────────────┐
│     형의 불안 심리를 자극하여     │
│     아우에 대한 의심을 부추김.    │
└─────────────────────────────┘
              ↓
┌─────────────────────────────┐
│ • 형에게 전망대를 팔고자 함.      │
│ • 형제의 대립과 불신의 상황을 유지·심화시키고 │
│   자 함.                      │
└─────────────────────────────┘
              ⇓
┌─────────────────────────────┐
│ 형제의 땅을 빼앗아 사람들에게 분양하고자 함. │
└─────────────────────────────┘
```

32. 이 글의 측량 기사에 대한 설명으로 적절하지 <u>않은</u> 것은?

① 측량 기사는 사람들에게 자신이 땅의 주인인 것처럼 행세하고 있다.

② 측량 기사는 땅을 차지하려는 자신의 속셈을 형에게 숨기고 있다.

③ 측량 기사는 형제 사이를 이간질하는 말로 자기 목적을 이루려 하고 있다.

④ 측량 기사는 형에게 전망대를 팔아서 땅을 빼앗기 위한 술책을 부리고 있다.

⑤ 측량 기사는 아우 쪽을 염탐하는 행동으로 아우에 대한 형의 의심을 부추기고 있다.

33. 13의 '사람들'에 대한 독자의 반응으로 적절하지 <u>않은</u> 것은?

① 철저하게 이윤만을 추구하는 인물들이군.

② 극의 전개에 긴장감을 더해 주는 역할을 하는군.

③ 작가는 '사람들'을 부정적 인물로 설정하고 있군.

④ 형의 땅뿐 아니라 아우의 땅에도 관심을 보이는군.

⑤ 땅에 대한 욕심 때문에 측량 기사와 갈등을 겪게 되는군.

34. 형이 ㉠과 같이 말한 이유로 적절한 것은?

① 벽이 세워져 있어서

② 말뚝과 밧줄이 생겨서

③ 사람들이 많이 몰려와서

④ 그림을 잘 그리지 못해서

⑤ 젖소들이 아우 쪽으로 가 있어서

35. 이 글에서 〈보기〉의 설명에 해당하는 소재를 찾아 쓰시오.

┌─ **보기** ─────────────────────────┐
│ • 형제간의 소통을 막아 대립과 갈등을 심화하는 소재임. │
│ • 남북 분단이 굳어지게 된 '휴전선'을 상징하는 소재임. │
└───────────────────────────────────┘

형 이건 뭡니까?

측량 기사 감시용 전망대입니다. 밑에는 이동하기 쉽게 바퀴를 달았고, 위에는
〔형제간의 갈등을 심화시키는 소재〕
불빛이 강렬한 *탐조등을 장치했지요. 올라가 보세요. 자동으로 탐조등이 켜
지면, 벽 너머 저쪽을 샅샅이 볼 수 있습니다.
〔탐조등의 용도—아우를 감시하기 위함.〕

형 (㉠) 글쎄, 이런 것이 필요할까요?

측량 기사 ❶이 전망대만 있으면 안심하고 지낼 수 있죠.

❷**조수 1** 이쪽에서 사지 않아도 좋아요. / **조수 2** ㉡저쪽에 팔면 되니까요.
〔형〕   〔아우〕

측량 기사 저쪽에서 이런 걸 가지게 된다고 생각해 보세요. 등골이 오싹해질 거
예요. / **형** 저어, 가격은 얼마나 합니까?
〔측량 기사의 의도대로 움직이는 형〕

측량 기사 가격은 걱정 마세요. 만약, 현금이 없다면 땅으로 주셔도 됩니다.
〔형의 땅도 차지하려는 측량 기사의 속셈이 드러남.〕

형 땅은 얼마만큼이나?

측량 기사 ⓐ많이 달라고는 않겠습니다. 반절만 주세요.
〔형을 배려하는 척함.〕

조수들 (전망대를 밀고 나가며) 너무 망설이는데, 살 생각이 없으시다면 저쪽으로
팔러 가겠어요! / **형** 아니, 여기 둬요! 내가 삽니다!

측량 기사 잘 결정하셨습니다. (조수들에게) 이왕이면 벽에 바짝 붙여 드려. 올라
〔형을 배려하는 척하는 측량 기사의 교활한 모습〕
가서 저쪽을 바라보기 편리하도록 말야. / **조수들** 네, 그러지요.
➡ 측량 기사의 계략으로 감시용 전망대를 사는 형

16 측량 기사, 퇴장한다. 조수들은 전망대를 벽에 붙여 세워 놓는다. 사람들이 아우의 지
역에 등장한다. 그들은 관심 있게 그 지역을 둘러본다. 조수들, 작업을 마친 후 퇴장한
〔들판의 경제적 가치를 평가하기 위해〕
다. ❸형은 전망대 위에 올라가기를 망설인다. 측량 기사, 아우의 지역에 들어온다.

                     ⟍교과서 날개 ②
측량 기사 ㉢자, 어떤가요? 이쪽도 저쪽만큼이나 좋은 땅이지요?

사람 1 ㉣양쪽 다 땅은 좋은데, 저 가로막은 벽이 눈에 거슬려요.

사람 2 그래요. 저 벽 때문에 누가 집을 짓겠어요?

사람 3 헛걸음만 했어요. 돌아들 갑시다.

측량 기사 여러분은 저 벽이 얼마나 훌륭한 관광 명소인지 모르시는군요!
〔남북 분단 현실에 대한 반어적 표현〕

사람들 관광 명소라니요?

측량 기사 여러분이 이곳에 호텔을 세우면 큰돈을 벌 겁니다. ❹㉤이처럼 아름다
운 들판에서 벽을 쌓아 놓고 싸우는 어리석은 형제의 싸움을 보려고 수많은
〔같은 민족이면서 분단되어 대립하고 있는 우리나라의 상황에 대한 자조가 드러남.〕
관광객이 몰려올 테니까요. / **사람들** 설마, 그럴 리가…….

측량 기사 아뇨. 틀림없이 몰려옵니다. 싸움이 더욱더 치열해지면서 저 벽은 온
〔단정적 어조〕
세상에 널리 알려질 것입니다. 여러분, 지금 분양할 때 사 두세요. 저 벽이
유명해진 다음엔 땅값이 몇 배나 뛸 건 당연하지 않습니까?
〔측량 기사의 말하기 전략—사람들의 투기심을 조장함.〕

242   5. 상황에 맞는 대화

❝ **학습 포인트**
· '전망대'의 상징적 의미 파
악하기
· 인물의 말하기 방식 파악
하기

읽기 중 활동

교과서 날개 ①
측량 기사가 형에게 아우 쪽을
감시하도록 부추기는 까닭은
무엇일까요?
→ 감시용 전망대를 팔기 위해
서이다.

교과서 날개 ②
측량 기사는 사람들을 어떻게
설득하고 있나요?
→ 벽 때문에 분양을 받지 않
으려는 사람들에게 벽이 '훌륭
한 관광 명소'가 될 것이라며
설득하고 있다. 즉 형제들의 싸
움으로 벽이 관광 명소가 되면
땅값이 오를 것이라며 사람들
의 투기 심리를 자극하고 있다.

어휘 풀이
· 탐조등(探照燈): 어떠한 것을
밝히거나 찾아내기 위하여
빛을 멀리 비추는 조명 기구.

어구 풀이
❶ 측량 기사는 들판에 설치된
높은 벽 때문에 아우의 모습을
볼 수 없는 상황을 이용하여
형의 불안감을 자극하고 있다.
❷ 측량 기사와 조수들은 아우
에 대한 경쟁심을 유발하고 불
안감을 조성하여 형이 전망대
를 구입하도록 하고 있다.
❸ 형은 측량 기사의 계략에
넘어가 전망대를 구입하였지
만, 아우를 감시하러 올라가는
것은 내켜 하지 않고 있다.
❹ 작가는 벽을 세우고 대립하
는 형제의 행동을 어리석은 것
으로 표현하며 남과 북으로 나
뉘어 대치하고 있는 우리의 현
실에 대한 비판적인 시선을 드
러내고 있다.

• **'전망대'의 상징적 의미**

측량 기사는 높은 벽 때문에 아우의 모습을 볼 수 없는 상황을 이용해 형의 불안감을 자극하며 상대를 감시할 수 있는 전망대를 팔고 있어. 이때 형이 사는 걸 망설이자 아우에게 팔겠다고 하면서 형의 다급한 마음을 이용하기도 하지. 즉 상대를 감시하기 위한 도구인 전망대는 형제간의 갈등을 고조시키는 소재로 형제간의 의심과 불신을 상징해.

◦핵심 포인트◦

감시용 전망대	• 상대방을 감시하기 위한 도구 • 형제간의 갈등을 고조시키는 소재 • 형제간의 의심과 불신 상징

36. **15**에 나타나 있는 측량 기사의 모습과 가장 유사한 유형의 인물은?
① 행동보다 말이 앞서는 사람
② 실제보다 과장하여 떠벌이는 사람
③ 어려운 사람들을 배려해 돕는 사람
④ 자신만이 옳다고 생각하는 독단적인 사람
⑤ 사람들을 이간질하여 자기 잇속을 챙기는 사람

37. ㉠~㉤에 대한 독자의 반응으로 적절한 것은?
① ㉠에는 '조급하게'와 같은 지시문이 들어가면 좋겠군.
② ㉡으로 볼 때 조수 2는 형에게 전망대를 팔 생각이 애초부터 없었던 것이로군.
③ ㉢으로 볼 때 측량 기사는 형의 땅까지 사람들에게 분양하려고 하겠군.
④ ㉣에서 사람들은 벽에서 비롯된 형제간의 불화를 안쓰러워하는 모습을 보이고 있군.
⑤ ㉤에서 작가는 같은 민족이면서 대립하고 있는 우리나라의 분단 상황에 대한 비판적인 시각을 드러내고 있군.

• **측량 기사의 말하기 방식**

측량 기사는 아우에게는 벽을, 형에게는 전망대를 팔고 있는데, 이때 측량 기사는 상대에 대한 의심과 불안감을 자극해 자기 목적을 달성하는 식의 교활한 방식을 쓰고 있어. 측량 기사는 사람들에게 땅을 팔 때도 사람들의 투기 심리를 이용하고 있단다. 즉 측량 기사는 형제들의 싸움으로 들판이 관광 명소가 되면 땅값이 오를 것이라고 선전하면서 사람들로 하여금 땅을 살 것을 재촉하고 있어.

◦핵심 포인트◦

형제에게	상대에 대한 의심과 불안감을 불러일으켜 벽, 전망대 등을 팖.
사람들에게	벽이 훌륭한 관광 명소가 되어 땅값이 오를 것이라고 하면서 빨리 분양을 받으라고 함.

↓

사람들의 심리를 이용해 목적을 달성함.

38. ⓐ의 상황에서 쓸 수 있는 속담으로 적절한 것은?
① 우물 안 개구리 　　② 고양이 쥐 생각
③ 울며 겨자 먹기 　　④ 고양이 앞에 쥐
⑤ 닭 쫓던 개 지붕 쳐다보듯

39. 〈보기〉의 설명에 해당하는 말을 이 글에서 찾아 3어절로 쓰시오.

보기

남북의 분단 현실을 등장인물의 말을 빌려 반어적으로 표현하고 있다.

사람들 듣고 보니 그렇군요! 분양 신청은 어디에 해야지요?

측량 기사 우리 측량 사무소에 가서 하세요. ㉠*선착순 접수니까 일찍 가시는 분
<small>측량 기사의 말하기 전략-돈을 벌고자 하는 사람들의 조급함을 이용함.</small>
이 유리합니다. 그리고 분양 측량은 우리에게 맡겨 두시기 바랍니다. 우리가

따로따로 정확하게 나눠 놓을 테니……. 그럼 어서 서둘러요! 늦게 신청하면

받아 주지 않습니다!
→ 아우의 땅을 분양하는 측량 기사

전개 3 들판에 전망대가 설치되고, 땅을 가로채려는 측량 기사의 속셈이 드러남.

절정 17 ㉡사람들, 측량 기사의 말이 끝나자마자 서로 앞을 다투며 달려 나간다. 측량
<small>땅값이 뛴다는 말에 땅을 사려고 서두르는 사람들의 탐욕스러운 모습</small>
기사는 아우에게 다가간다.

<small>교과서 날개</small>
측량 기사 안녕하십니까? 그런데 울적한 표정이군요!
<small>마음이 답답하고 좋지 않은</small>

아우 그림이 보기 흉해요. / **측량 기사** 그림이 왜요?
<small>자기 잘못으로 형과의 우애가 깨진 것 같아 불편한 감정을 느낌.</small>

아우 저 벽 때문에 흉측하게 됐어요.

❶**측량 기사** 그건 저쪽의 *심보 사나운 형님 탓입니다.

아우 아뇨. 내 탓이지요. / **측량 기사** 당신은 잘못한 것 없어요.

아우 어쨌든, 이렇게 나눠진 이상, 나도 독립해서 살아야겠어요.
<small>아우의 독립 의지 → 갈등의 고조</small>

측량 기사 잘 생각했습니다. 하지만, ❷당신 형님은 당신을 그냥 두지 않을 거예요.

아우 그게 무슨 뜻이죠?

측량 기사 이제 곧 알게 됩니다. 저쪽의 심보 나쁜 형이 당신 땅으로 넘어올 테
니까요.

아우 ㉢형님이? / **측량 기사** 당신을 쫓아내고, 젖소들을 차지할 욕심이지요.
→ 아우에게 형에 대한 적대감을 부추기는 측량 기사

18 측량 기사, 호루라기를 꺼내 분다. 조수들이 검은색 가죽 가방을 들고 나온다. 그들은
가방에서 분해 상태의 *장총을 꺼내 조립한다.

측량 기사 이게 뭔지 알아요? / **아우** 총인데요.

측량 기사 아주 *성능이 좋은 총이지요. 당신은 이 총으로 벽을 지켜야 합니다.

아우 벽을 지켜요?

측량 기사 (아우의 손에 총을 쥐여 주며) ❸지금은 *외상으로 드릴 테니, *대금은 나
중에 땅으로 주세요.
<small>아우의 나머지 땅도 차지하려는 속셈이 드러남.</small>

조수들 (가방에서 총알을 꺼내 놓으며) 여기 총알이 있어요.

측량 기사 당신의 안전을 위해서 아낌없이 쏘세요! → 아우에게 총을 파는 측량 기사
<small>잔혹한 측량 기사의 성격이 드러남.</small>

읽기 중 활동

교과서 날개
이 장면에서 측량 기사가 하는 말들이 아우에게 어떤 영향을 끼칠지 생각해 봅시다.
→ 형을 더욱 경계하면서 형에 대한 적대감이 커질 것이다.

어휘 풀이
• 선착순(先着順): 먼저 와 닿는 차례.
• 심보(心一): 마음을 쓰는 속 바탕.
• 장총(長銃): 기관 단총 따위의 단총에 대하여 총신이 긴 소총을 이르는 말.
• 성능(性能): 기계 따위가 지닌 성질이나 기능.
• 외상: 값은 나중에 치르기로 하고 물건을 사거나 파는 일.
• 대금(代金): 물건의 값으로 치르는 돈.

어구 풀이
❶ 측량 기사는 아우의 편을 들어 주는 척하면서 벽이 생긴 것은 형 때문이라며 형에 대한 적대감을 조성하고 있다.
❷ 측량 기사는 근거 없이 형을 모함하며 아우에게 불안한 마음과 위기감을 느끼게 하고 있다.
❸ 측량 기사는 아우에게 총을 살 것인지 물어보지도 않고 총을 팔고 있다. 즉 아우에게 생각할 틈도 주지 않음으로써 아우가 자신의 계략에 빠지도록 만들고 있다.

• 측량 기사의 말에 담긴 의도

측량 기사는 사람들을 데리고 아우의 구역으로 들어와 그곳이 마치 자기 땅인 양 행세하며 사람들의 투기심을 조장하고 분양을 재촉하고 있어. 그리고 측량 기사는 아우에게 접근하여 또다시 형과 아우의 사이를 갈라놓고 있단다. 먼저 자신이 세운 벽 때문에 그림이 흉측해졌다는 아우의 말에 벽이 생긴 것은 형 책임이라며 형에 대한 적대감을 조성하고 있어. 그런 뒤 근거 없이 형을 모함하고 이간질하며 아우의 형에 대한 불신과 위기의식을 불러일으켜 형제간 갈등을 고조시키고 있단다.

▶핵심 포인트◀

> • 벽이 생긴 것을 형의 탓으로 돌림.
> • 형이 아우를 그냥 두지 않을 것이고 아우 땅으로 넘어와 아우를 쫓아내고 젖소들을 차지할 것이라고 하며 형을 모함함.

↓

> 아우에게 형에 대한 적대감과 불신, 위기의식을 불러일으켜 형제간의 갈등을 고조시킴.

• 이 글에 나타난 소재의 역할

18에서 측량 기사는 아우에게 총을 살 것인지 묻지도 않고 총을 가져와 팔고 있어. 17에서 측량 기사가 아우에게 형에 대한 적대감과 위기의식을 느끼도록 유도한 이유를 알 수 있겠지? 측량 기사는 아우에게 총을 팔고 그 대금으로 땅을 받아서 아우의 나머지 땅도 모조리 빼앗으려 하는 것이지. 그동안 등장한 소재와 달리 총은 상대를 공격할 수 있다는 점에서 형제간의 갈등을 극단적으로 몰아가면서 극도의 긴장감을 유발한단.

▶핵심 포인트◀

빗줄, 벽	형제를 갈라놓음.

↓

전망대	상대를 감시함.

↓

총	상대를 공격할 수 있음.

40. 17에 나타난 측량 기사의 태도 및 말하기 방식으로 적절한 것은?
① 형의 편을 들며 아우를 나무라고 있다.
② 아우의 안전을 진심으로 걱정하며 충고하고 있다.
③ 아우의 상황을 이해하며 문제를 해결해 주고 있다.
④ 자책하는 아우에게 따뜻한 위로의 말을 건네고 있다.
⑤ 아우의 편을 들어 주는 척하며 불안 심리를 자극하고 있다.

41. 18의 '총'에 대한 설명으로 적절하지 <u>않은</u> 것은?
① 상대를 공격하는 도구이다.
② 극에 극도의 긴장감을 유발할 수 있다.
③ 형제간 갈등을 극단으로 몰고 갈 수 있다.
④ 아우가 측량 기사에게서 사고 싶어 하던 물건이다.
⑤ 아우의 나머지 땅도 빼앗으려는 측량 기사의 계략이 숨어 있다.

|서술형|
42. 이 글에서 측량 기사가 ㉠의 방식으로 땅을 분양하는 이유를 서술하시오.

43. ㉡에 나타난 '사람들'의 모습을 본 독자의 반응으로 가장 적절한 것은?
① 약육강식의 생존 방식을 보여 주는군.
② 현대 경쟁 사회의 치열함이 느껴지는군
③ 도시에서 고단하게 생활하는 사람들의 모습이 안쓰럽군.
④ 물질적 이익 앞에서 탐욕적인 사람들의 모습이 드러나는군.
⑤ 들판에서의 한적한 전원생활을 꿈꾸는 사람들의 소망이 엿보이는군.

44. ㉢에 담긴 아우의 심리로 적절한 것은?
① 호기심   ② 서러움   ③ 불안함
④ 지루함   ⑤ 안타까움

19 측량 기사와 조수들, 웃으며 퇴장한다. 벽의 오른쪽에서 형이 전망대 위로 올라간다.
_{계획대로 되는 것에 대한 만족감을 드러냄.}
탐조등이 켜지면서 강렬한 불빛이 벽 너머를 비춘다.

형   아우야! 아우야!

아우   (강렬한 불빛 때문에 눈이 보이지 않아 당황한다.) 누구예요?
_{상대에게 위압감을 줌.}
형   나다, 나! / **아우**   형님? / **형**   그래! 내가 안 보여?

아우   왜 그런 불빛으로 나를 비추지요? / **형**   네가 뭘 하는지 잘 보려구…….
_{아우에 대한 의심과 불안감}
아우   나는 그 불빛 때문에 형님이 안 보여요!
_{강렬한 불빛 때문에 위기감을 느낌.}
형   그럼 내가 그쪽으로 넘어갈까?

아우   아뇨! 넘어오지 말아요! 내 눈을 안 보이게 하고 넘어온다니 무슨 °흉계
지요? _{측량 기사의 말 때문에 형을 의심함.}

형   난 아무 흉계도 없어. 넘어간다.

아우   넘어오면 쏩니다! (허공을 향해 위협적으로 총을 발사한다.) 이건 진짜 총이
_{극도의 긴장감을 유발함.}
에요!   ➔ 탐조등을 비추는 형과 총을 발사하는 아우

20 형, 요란한 총소리에 놀라 전망대에서 황급히 내려온다. 그는 두려움에 질린 모습이
_{효과음 처리}   _{형의 불안감이 극에 달함.}
되어 움츠리고 앉는다. 측량 기사, 가죽 가방을 든 두 명의 조수와 함께 등장한다.

측량 기사   저쪽 동생이 미쳤군요. 형님에게 총질을 하다니!
_{아우에 대한 형의 적대감을 조장함.}
조수들   (웃으며) 완전히 미쳤어요. / **형**   무서워요…….
_{비웃음}
측량 기사   ❶이젠 동생이 아니라, 적이라고 생각하는 게 좋겠어요. 철저히 °무장
하고 자신을 지켜야지, 가만있다간 죽게 됩니다. (조수들에게) 여봐, 이분에
게 총을 드려. / **조수들**   네.

조수들, 가죽 가방을 열고 장총의 분해품을 꺼낸다. 그들은 재빠르게 조립해서 형의
손에 쥐여 준다.

조수 1   손이 떨려서 총을 잡지 못하는데요?
_{형의 불안정한 심리 상태가 드러남.}
측량 기사   꼭 쥐여 드리고 방아쇠 당기는 법을 가르쳐 드리라고.

조수 2   (형에게) 잘 보세요. 총 쏘는 건 간단해요.

    ↆ_{교과서 날개}
조수 2, 형이 쥐고 있는 장총의 방아쇠를 당긴다. 요란한 총소리가 울려 퍼진다. ❷벽
_{총격전을 유발함.}
너머의 아우, 그 소리에 놀라 몸을 움츠리더니 허공을 향해 °위협사격을 한다. 놀란 형
_{날씨 ③: 천둥, 번개─극도로 긴장된 분위기를 조성함.}
역시 °반사적으로 총을 쏘아 댄다. ㉠하늘에서 번개가 치고 천둥소리가 울린다.
➔ 서로에게 총을 쏘는 형과 아우

<읽기 중 활동>

교과서 날개
번개가 치고 천둥소리가 울리는 날씨가 극 중 분위기에 어떠한 역할을 하는지 생각해 봅시다.
→ 형제간의 갈등이 깊어지면서 조성되는 극도의 위기감을 드러내고 있다.

어휘 풀이
· 흉계(兇計): 아주 나쁘거나 좋지 않은 꾀나 수단.
· 무장하다(武裝──): 전투에 필요한 장비를 갖추다.
· 위협사격(威脅射擊): 해할 의도 없이 단순히 겁을 줄 목적으로 하는 사격.
· 반사적(反射的): 어떤 자극에 순간적으로 무의식적 반응을 보이는. 또는 그런 것.

어구 풀이
❶ 측량 기사는 아우를 '적'으로 표현하며 적대감을 불러일으킴으로써 형과 아우의 갈등을 고조시키고 있다.
❷ 형과 아우의 갈등이 최고조에 이른 부분으로, 험악해진 날씨의 변화를 통해 극도로 긴장된 분위기를 조성하고 있다.

• 19, 20에 나타난 인물의 심리

19에서 아우는 형이 탐조등을 켜 자신을 내려다보자 위기감을 느끼고 측량 기사에게서 산 총을 발사하고, 20에서 형은 총소리에 놀라 측량 기사가 계속해서 이간질하는 것도 모른 채 아우에게 총을 쏘며 대응한단다. 측량 기사와 조수들은 이런 형제의 모습을 보면서 비웃고 있단다.

▸핵심 포인트◂

아우	형을 믿지 못하고 총을 발사함.
형	아우가 총을 쏘자 놀라고 두려워함.
측량 기사, 조수들	형제의 행동에 만족해하며 형제를 비웃음.

• '총'의 상징적 의미

20에서 형제는 측량 기사의 계략에 속아 서로에게 위협사격을 하며 대립하고 있어. 이때 총은 상대방의 생명을 위협하는 무기로, 형제간의 갈등을 최고조에 이르게 하는 역할을 한단다.

▸핵심 포인트◂

총	• 형제간의 갈등을 극단적으로 몰아가는 소재 • 형제간 대립과 긴장, 갈등의 정점

• 날씨와 사건 전개 ③

앞서 형제가 서로에게 사과하려다 망설일 때의 날씨를 기억하고 있겠지? 형제의 마음을 반영하듯, 그리고 앞으로의 전개 방향을 암시하듯 하늘이 흐려지고, 바람이 세게 불어왔었지? 그 뒤 형제 사이의 불신은 더 심해졌고 갈등도 더 커졌어. 급기야는 형과 아우가 총까지 쏘고 있지. 이때 하늘에서 번개가 치고 천둥소리가 울리면서 극도로 긴장된 분위기가 조성되고 있는데 이는 총소리와 극적인 조화를 이루면서 형과 아우의 대립과 갈등이 최고조에 이르렀음 암시하는 기능을 한단다.

▸핵심 포인트◂

번개, 천둥소리	형제간 갈등이 최고조에 달함. → 형제가 서로를 향해 위협사격을 함.

45. 희곡의 구성 단계를 고려할 때 19, 20에 나타난 특징으로 적절한 것은?
① 갈등이 해소되고 사건이 마무리된다.
② 사건이 복잡해지면서 갈등이 고조된다.
③ 갈등이 최고조에 이르고 극적인 장면이 나타난다.
④ 갈등 해결의 실마리가 보이면서 사건이 반전된다.
⑤ 등장인물과 배경이 제시되고 사건의 실마리가 나타난다.

46. 19에 나타난 인물들의 심리로 적절하지 않은 것은?
① 아우는 형이 탐조등을 비추자 위기감을 느낀다.
② 아우는 아무 흉계도 없다는 형의 말을 믿지 못한다.
③ 아우는 총으로 위협사격을 하며 극도의 긴장감을 보인다.
④ 형은 불안한 마음에 아우가 무엇을 하는지 보고 싶어 한다.
⑤ 측량 기사와 조수들은 의도한 대로 일이 진행되지 않아 속상해한다.

47. 주변에서 이 글의 형제와 비슷한 사례를 찾을 때, 가장 거리가 먼 것은?
① 서로 사랑해서 사귀고 있는 연인이 오해로 인해 이별 직전까지 이르게 된 일
② 사이가 좋던 형제들이 부모님의 유산을 서로 많이 차지하려고 법정 싸움을 벌이는 일
③ 같은 민족인 남한과 북한이 정치적 이념 차이와 외세의 영향 때문에 분단되어 대립하고 있는 일
④ 어릴 때부터 친했던 친구랑 말다툼 끝에 서로에게 상처를 주는 말을 하여 절교 상황에 이른 일
⑤ 하나의 쟁점에 관해 각각 다른 의견을 지닌 토론자들이 나와 의견을 내는 과정에서 서로 맞서는 일

48. ㉠의 날씨 변화에 대한 설명으로 적절한 것은?
① 형제의 우애가 회복될 것을 암시한다.
② 형제가 쏘는 총소리와 극적인 조화를 이룬다.
③ 형제가 서로를 불신하게 되는 원인을 제공한다.
④ 형제와 측량 기사의 갈등이 점차 해소될 것을 예고한다.
⑤ 형제가 자신들의 잘못을 반성하게 되는 계기로 작용한다.

21 **조수들** ❶(손뼉을 치며) 아주 잘하는데요!

측량 기사 양쪽 다 정말 잘해!

조수 1 (하늘을 바라본다.) 그런데 멀쩡하던 날씨가 왜 이 모양이지?

조수 2 번개가 치고 천둥이 울리잖아?
<u>총소리와 극적 조화를 이룸.</u>

측량 기사 (허공에 손을 내밀며) 이런, 빗방울이 떨어지는데!

조수들 (측량 기사에게) 비를 피했다가 다시 오면 어떨까요?
<u>측량 기사와 조수들의 퇴장 → 사건 전환의 계기</u>

측량 기사 그래, 그게 좋겠어. (호주머니에서 수첩과 만년필을 꺼낸다.) 빨리 °청구서를 써야겠군. 전망대는 워낙 가격이 비싸서……. 여기에 총값을 추가하고…….
<u>측량 기사의 성격-탐욕적, 계산적, 치밀함</u>

조수들 총알값도 받아야지요.

측량 기사 물론이지, 총알도 공짜로는 줄 수 없고……. (수첩의 종이를 뜯어서 형에게 내민다.) 청구서입니다. 보시면 아시겠지만, 아주 싸게 드린 거예요. 전망대는 땅의 반절로 계산하였고, 총값은 그 나머지 반절의 반절로 계산했어요.

형 뭐라고요?

측량 기사 당신 땅은 이제 얼마 남지 않았습니다.

조수들 저쪽 청구서는 저희가 전달하죠. <u>형제는 측량 기사의 계략에 빠져 땅을 거의 다 빼앗김.</u>

측량 기사 (수첩에 청구할 내용을 적으며) 저쪽에서 받아 낼 것도 굉장히 많군. (수첩의 종이를 뜯어서 조수들에게 준다.) 어서 갖다줘! 금방 비가 쏟아지겠어!

조수들, 청구서를 받아 들고 퇴장한다.

측량 기사 『 ↗교과서 날개 당신, 비가 온다고 해서 집에 가면 안 돼요. 이 벽 앞에서 언제나 총을 들고 지켜야지, 조금이라도 °방심했다가는 적이 넘어옵니다. 자, 그럼 잘 지키고 있어요!』
<u>『 』: 형제의 대립과 갈등 상황을 지속시키려 함.</u>
→ 형제에게 청구서를 제시하는 측량 기사

절정 형제가 측량 기사의 계략에 빠져 서로에게 총을 쏘며 대립함.

학습 포인트
· 작품 해석의 관점 이해하기
· 인물의 말하기 태도 파악하기

읽기 중 활동
교과서 날개
이 부분에 드러난 측량 기사의 말하기 태도는 어떠한가요?
→ 형을 무시하는 태도로 일방적으로 명령하고 협박하며 공포감을 조성하고 있다.

어휘 풀이
· 청구서(請求書): 남에게 돈이나 물건 따위를 달라고 요구하는 내용의 문서.
· 방심하다(放心--): 마음을 다잡지 아니하고 풀어 놓아 버리다.

어구 풀이
❶ 자신들의 흉계에 속아 서로 총질을 하는 형제의 어리석음을 조롱하고 있는 표현이다.

➕ 보충 자료
희곡에서 대사의 종류
· 대화: 등장인물들이 서로 주고받는 대사
· 독백: 등장인물이 상대방 없이 혼자 하는 대사
· 방백: 등장인물이 말하지만, 무대 위의 다른 인물들에게는 들리지 않고 관객만 들을 수 있는 것으로 약속되어 있는 대사

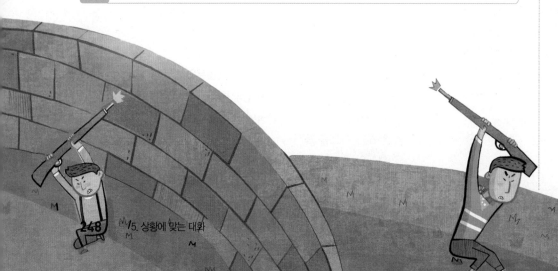

측량 기사와 조수들의 태도

측량 기사는 계속해서 형제 사이를 이간질하며 갈등을 부추겨 왔어. 젖소들이 넘어가 형이 차지하면 당신만 손해라며 아우에게 벽을 세우도록 종용하거나, 동생이 땅굴을 파서 형 집에 몰래 들어올지 모른다고 하며 형에게 감시용 전망대를 팔 때를 기억해 보면 알 수 있을 거야. 이제 형제의 대립이 극단적으로 치닫자 측량 기사와 조수들은 잘한다고 하면서 손뼉을 치고 있어. 이는 형제를 진심으로 칭찬하는 것이 아니라 형제의 어리석음을 조롱하는 것이지. 결국 형제는 그나마 남아 있는 땅을 총과 총알 대금으로 지불하면 남는 것이 거의 없는 상황에 이르게 되었어.

핵심 포인트

형과 아우 사이를 이간질하여 갈등을 고조시킴.
↓
서로 대립하는 형과 아우의 어리석음을 비웃고 조롱하며 갈등을 지속시키려 함.
↓
형제의 땅 대부분을 차지함.

이 글에 나타난 상징성

이 글은 단순히 인간의 이기심과 질투의 문제를 다룬 작품으로 볼 수도 있지만, 분단된 한국 사회의 문제를 그려 낸 작품으로도 해석할 수 있다는 점에서 상징성을 갖는단다. 벽을 두고 갈라진 형과 아우는 남북으로 나뉜 한민족을 연상시키고, 측량 기사와 조수들은 광복 당시 우리나라의 분단을 조장한 외국 세력을 가리킨다고 볼 수 있어. 문학 작품은 이렇게 작품 해석을 다양하게 하며 읽을 때 깊이 있게 감상할 수 있다는 사실, 잊지 말자.

핵심 포인트

형과 아우	분단된 우리 민족
측량 기사	외세

49. 이 글을 읽은 독자의 감상 중 그 관점이 나머지 넷과 다른 것은?
① 이 글은 한국 사회의 문제를 상징적으로 나타내고 있군.
② 벽을 두고 갈라진 형제는 남북으로 분단된 우리 민족을 연상시키는군.
③ 형제가 벽을 세우고 전망대를 설치하는 들판은 우리 국토를 의미할 수 있겠군.
④ 이 글은 인간의 보편적인 감정인 이기심과 질투가 어떤 결과를 가져오는지 다루고 있군.
⑤ 형제를 이간질하고 형제의 땅을 차지하려는 측량 기사 일행은 광복 후 우리 땅에 들어온 외세를 상징할 수 있겠군.

50. 측량 기사와 조수들에 대한 설명으로 적절하지 <u>않은</u> 것은?
① 형제의 총싸움에 박수를 치며 만족스러워하고 있다.
② 자신들의 흉계에 속은 형제의 어리석음을 조롱하고 있다.
③ 형제에게 총값뿐만 아니라 총알값도 받아 내고자 하고 있다.
④ 벽을 지키라는 당부의 말을 하면서 형의 안전을 걱정하고 있다.
⑤ 형을 무시하는 태도로 일방적으로 명령하며 공포감을 조성하고 있다.

51. '절정' 부분을 연극으로 공연하기 위해 세운 계획으로 적절하지 <u>않은</u> 것은?
① 형 역할을 맡은 배우는 능청스럽게 연기한다.
② 천둥소리나 총소리를 표현할 효과음을 준비한다.
③ 조수들은 음흉하고 교활한 느낌이 나도록 연기한다.
④ 측량 기사는 탐욕스러움이 드러나는 말투로 연기한다.
⑤ 번개가 치는 장면은 조명을 이용하여 극적 효과를 연출한다.

52. 〈보기〉의 소재들을 이 글에서 형제의 갈등 정도가 심화되어 가는 순서에 따라 나열하시오.

보기

벽, 전망대, 총, 말뚝과 밧줄

하강 **22** 측량 기사, 퇴장한다. **❶**번개가 치고 천둥이 울리면서 비가 쏟아진다. 형과 아

우, 비를 맞으며 벽을 지킨다. 긴장한 모습으로 경계하면서 벽 앞을 오고 간다. 그러나
_{날씨 ④: 비–형제가 자신들의 행동을 반성하는 계기가 됨.}

<u>차츰차츰 걸음이 느려지더니, 벽을 사이에 두고 멈추어 선다.</u>
_{형제에게 심리적 변화가 일어남.}

❝ **학습 포인트**
· 인물의 심리 변화 파악하기
· 날씨에 따른 사건 전개 파악하기

❷형 어쩌다가 이런 꼴이 된 걸까! 아름답던 들판은 거의 다 빼앗기고, 나 혼자

벽 앞에 있어. / **아우** 내가 왜 이렇게 됐지? 비를 맞으며 벽을 지키고 있다

니……. / **형** 저 요란한 천둥소리! 부모님께서 날 꾸짖는 거야!
_{자책감으로 괴로워하는 형}

아우 빗물이 눈물처럼 느껴져!

형과 아우, 탄식하면서 나누어진 들판을 바라본다.
_{분단된 국토, 깨진 우애를 상징}

읽기 중 활동

교과서 날개
비를 맞으며 벽을 지키는 형
과 아우의 심정을 추측해 봅
시다.
→ 측량 기사의 흉계를 깨닫고
자신들의 행동을 반성하고 있
다.

형 아아, 이 들판의 풍경은 내 마음속의 풍경이야. °<u>옹졸한 내 마음이 벽을 만들</u>
_{아우에게 지기 싫어하는 마음}

었고, 의심 많은 내 마음이 전망대를 만들었어. 측량 기사는 내 마음속을 훤

히 알고 있었지. 내가 들고 있는 이 총마저도 그렇잖아. 동생에 대한 내 마음

의 불안함을 알고, <u>그는 마치 나 자신의 °분신처럼</u> 내가 바라는 것만을 가져
_{내 마음을 훤히 꿰뚫고 있는 것처럼}

다줬던 거야.

아우 난 이 들판을 나눠 가지면 행복할 줄 알았어. 형님과 공동 소유가 아닌, <u>반</u>

<u>절이나마 내 땅을 가지기를 바랐지.</u> 그래서 측량 기사가 하자는 대로 했던
_{독립 욕구가 강했음.}

거야. 하지만, 나에게 남은 건 벽과 총뿐, 그는 나를 철저히 이용만 했어.

23 형 처음엔 실습이라고 했지. 그러나 실습이 아니었어……. 그런데 지금은 동
_{교과서 날개}   →자신들의 처지를 깨닫고 반성하는 형제
_{실습이라는 말은 땅을 빼앗으려는 측량 기사의 계략이었음을 깨달음.}

생을 죽이고 싶어! 벽 너머에서 마구 총까지 쏘아 대는 동생이 미워서…….
_{아우에 대한 적개심을 드러내기도 함.}

하지만, 동생을 죽인다고 내 마음이 편해질까? 아냐, 더 괴로울 거야. (총구

를 자신의 머리에 겨눈다.) 차라리 내가 죽는 게 낫겠어!
_{내적 갈등이 최고조에 이름.}

아우 이젠 늦었어. 너무 늦은 거야! 벽이 생겼던 바로 그때, 내가 형님께 잘못했

다고 말해야 했어. 하지만, <u>인제 형님은 내 말이라면 믿지 않을 테고, 나 역</u>

<u>시 형님 말을 믿지 못해.</u> (고개를 숙이고 흐느껴 운다.) 이래서는 안 돼, 안 되
_{형제간의 불신이 깊어진 상태임.}

는데 하면서도……. 어쩔 수 없어.
_{깊은 후회, 안타까운 마음}

형 들판에는 아직도 민들레꽃이 피어 있군! (총을 내려놓고 허리를 숙여 발밑의 민
_{형제의 우애 상징, 갈등 해소의 매개체}

들레꽃을 바라본다.) 우리가 언제나 다정히 지내기로 맹세했던 이 꽃…….

아우 형님과 내가 믿을 수 있는 건 무엇일까? 그것이 단 하나라도 남아 있다면

좋을 텐데……. 그렇구나, 민들레꽃이 남아 있어! **❸**(총을 내던지고, 민들레꽃

을 꺾어 든다.) 이 꽃을 보니까 그 시절이 그리워. 형님과 함께 행복하게 지냈

던 시절이 그리워…….

어휘 풀이
· 옹졸하다(壅拙——): 성품이 너
그럽지 못하고 생각이 좁다.
· 분신(分身): 하나의 주체에서
갈라져 나온 것.

어구 풀이
❶ 날씨가 변하면서 반전이 일
어날 분위기가 만들어지고 있
다. 여기에서 '비'는 형제가 자
신들의 행동을 반성하는 계기
를 마련해 준다.
❷ 형과 아우가 자신의 행동을
후회하고 반성하는 부분이다.
형은 측량 기사의 흉계를 깨닫
고 있고, 아우는 자신의 현실을
자각하고 있다.
❸ 무력, 갈등, 대립을 상징하
는 '총'을 내던지고 우애를 상징
하는 '민들레꽃'을 꺾어 드는 아
우의 행동은 형제 사이에 화해
가 이루어질 것임을 암시한다.

찬찬샘 핵심 강의

• 날씨와 사건 전개 ④

형제의 대립이 최고조에 이르렀을 때 천둥과 번개가 치더니 이제는 비까지 쏟아지고 있어. 비가 쏟아질 것 같자 측량 기사 일행도 철수하고 형제만 벽이 세워진 들판에 남겨지게 돼. 이런 상황에서 쏟아지는 비는 오히려 형제가 자신들의 처지를 자각하고 행동을 반성하는 계기를 제공하고 있지. 즉 극의 흐름에 반전이 일어난 거야. 형과 아우는 천둥소리와 빗물을 자신들의 처지에 대한 부모님의 꾸짖음과 눈물로 느끼면서 자신들의 행동을 자책하고 깊이 후회하며 서로를 그리워한단다.

핵심 포인트

| 번개, 천둥소리, 비 | → | 형과 아우가 자신의 행동을 반성함. → 형제가 서로를 그리워하며 화해하기를 소망함. |

• 인물의 심리 변화와 '민들레꽃'의 역할

서로 총을 쏘아 댈 때만 해도 형제간의 갈등은 최고조였어. 하지만 비를 맞으며 자신들의 처지를 자각한 형제는 자신들의 어리석음을 깨닫고 괴로워하지. 그러다 형제는 서로의 우애를 맹세했던 민들레꽃이 아직도 들판에 남아 있는 모습을 보고 예전의 행복했던 시절을 그리워한단다. 이러한 형제의 모습으로 볼 때 민들레꽃이 어떤 역할을 할지 예측하는 것은 어렵지 않아. 민들레꽃이 형제간 갈등 해소의 실마리 역할을 하게 될 것 같은 예감이 들지 않니?

핵심 포인트

| 민들레꽃 | 형제간 우애의 증표이자 갈등 해소의 매개체 |

콕콕 확인 문제

53. 이 글의 내용과 일치하지 <u>않는</u> 것은?
① 형과 아우는 측량 기사의 흉계를 깨닫고 있다.
② 아우는 자기 말을 믿어 주지 않는 형을 원망하고 있다.
③ 형은 천둥소리를 부모님이 자신을 꾸짖는 소리로 여기며 자책하고 있다.
④ 형은 자신에게 총을 겨눈 아우에 대한 적개심을 드러내기도 한다.
⑤ 형과 아우는 민들레꽃을 보며 예전에 했던 맹세를 떠올리고 있다.

54. '비'의 역할에 대한 설명으로 적절하지 <u>않은</u> 것은?
① 사건 전환의 계기를 마련해 준다.
② 인물이 이성을 찾게 하는 기능을 한다.
③ 극의 흐름에 극도의 긴장된 분위기를 연출한다.
④ 인물이 자신의 행동을 반성하도록 하는 매개체로 작용한다.
⑤ 형제에게 변해 버린 현실을 자각하게 하는 계기를 제공한다.

55. 22, 23에 나타난 대사의 특징으로 적절한 것은?
① 등장인물들이 서로 주고받는 대사이다.
② 등장인물이 상대방 없이 혼자 하는 대사이다.
③ 희곡의 대사 종류 중 '방백'에 해당하는 대사이다.
④ 무대 위의 해설자만 들을 수 있는 것으로 약속된 대사이다.
⑤ 무대 위의 다른 인물들에게는 들리지 않는 것으로 약속된 대사이다.

| 서술형 |
56. 23의 내용으로 볼 때, '민들레꽃'이 이 글에서 어떤 역할을 하게 될지 서술하시오.

형 벽 너머 저쪽에도 민들레꽃은 피어 있겠지…….
<u>아우와의 화해를 소망함.</u>

아우 형님이 보고 싶어!

형 동생 얼굴이 보고 싶구나!

→ 민들레꽃을 보며 서로를 그리워하는 형제

하강 형제가 빗속에서 자신의 잘못을 깨닫고 후회하며 서로를 그리워함.

대단원 24 형과 아우, 그들 사이를 가로막은 벽을 안타까운 표정으로 바라본다. ㉠<u>비가</u>
<u>그치면서 구름 사이로 한 줄기 햇빛이 비친다.</u>
형제가 극복해야 할 장애물
날씨 ⑤: 햇빛 – 형제의 갈등 해소를 암시함.

형 하지만, 내 마음을 어떻게 저 벽 너머로 전하지?

아우 비가 그치고, °산들바람이 부는군.
화해의 분위기

형 저 벽을 자유롭게 넘어갈 수만 있다면……. 가만있어 봐. 민들레꽃은 씨를
맺으면 어떻게 되지? 바람을 타고 멀리 날아가잖아?

아우 햇빛이 비치니까 샛노란 민들레꽃이 더 예쁘게 보여.

형 이 꽃을 꺾어서 벽 너머로 던져 주어야지. 동생이 이 민들레꽃을 보면, ㉡<u>진</u>
<u>짜 내 마음을 알아줄 거야.</u>
화해의 마음을 전해 주는 매개체
<u>화해하고 싶은 마음</u>

아우 형님에게 이 꽃을 드리겠어. 벽 너머의 형님이 이 꽃을 받으면, 동생인 나
를 생각하겠지.

읽기 중 활동

교과서 날개
이 부분에서 '민들레꽃'은 어
떤 역할을 하는지 생각해 봅
시다.

→ 앞에서는 우애의 증표가 되
었던 민들레꽃이 여기에서는 형
제간의 불신을 없애 주고 우애
를 회복하게 하는 역할을 한다.

▶ **교과서 날개**
형과 아우, 민들레꽃을 여러 송이 꺾는다. 그들은 벽으로 다가가서 민들레꽃을 서로
던져 준다. ❶형은 아우가 던져 준 꽃들을 주워 들고 °반색하고, 아우는 형이 던진 꽃들을
화해의 의사를 표시함.
주워 들고 기뻐한다. 서로 벽을 두드리며 외친다.

아우 형님, 내 말 들려요? / **형** 들린다, 들려! 너도 내 말 들리냐?

아우 들려요! / **형** ❷우리, 벽을 허물기로 하자!
공동체 의식 회복

아우 네, 그래요. 우리 함께 빨리 허물어요!

무대 조명, 서서히 꺼진다. 다만, 무대 뒤쪽의 들판 풍경을 그린 걸개그림만이 환하게
밝다. 막이 내린다.
희망적인 분위기 암시
<u>연극이 끝남.</u>
→ 민들레꽃을 전하며 서로 화해하고 벽을 허물기로 하는 형제

– 막 –

어휘 풀이
· 산들바람: 시원하고 가볍게
 부는 바람.
· 반색하다: 매우 반가워하다.

어구 풀이
❶ 형제가 서로의 진심을 알게
되는 장면이다. 즉 형과 아우는
서로 마음이 통해 벽을 두드리
고 있다.
❷ 갈등을 해소하고 화해를 실
천하기 위한 형제의 적극적인
의지가 드러난 부분으로, 이 글
의 주제 의식이 담겨 있다.

대단원 비가 그친 후 형제는 서로에게 민들레꽃을 건네며 벽을 허물기로 함.

• 날씨와 사건 전개 ⑤

에서는 비가 그치면서 구름 사이로 한 줄기 햇빛이 비치고 있는데, 이러한 날씨 변화는 형과 아우의 관계가 예전처럼 좋은 관계로 회복될 것임을 암시해 준단다.

▶**핵심 포인트**◀

한 줄기 햇빛	→	형제간 갈등 해소를 암시함. → 형제가 민들레꽃을 보고 우애를 회복함.

• '민들레꽃'의 상징적 의미

이 글의 발단 부분에서 형제간 우애를 상징했던 민들레꽃이 대단원에서 다시 등장하고 있어. 여기서 형과 아우는 민들레꽃을 서로에게 던지며 화해의 의사를 표시한단다. 즉 민들레꽃은 형제간의 불신을 없애 주고 우애를 회복하게 하는 역할을 하고 있어.

▶**핵심 포인트**◀

민들레꽃	• 형제간의 우애 회복 • 분단의 현실을 극복하고자 하는 의지와 염원

• 이 글의 주제

처음에는 '우리'라고 하던 형제가 갈등하며 '나', '적'으로 부르다가 다시 '우리'로 표현하며 형제간 우애를 회복하고 있어. 형제의 우애 회복 의지는 "우리, 벽을 허물기로 하자."에 집약되어 나타나 있는데, 여기에 이 글의 주제 의식이 담겨 있단다.

▶**핵심 포인트**◀

"우리, 벽을 허물기로 하자!"	→	• 화해의 적극적인 실천 의지를 드러냄. • 대립과 갈등의 종결, 우애 회복을 의미함. • 우리 민족의 동질성 회복, 분단 현실의 극복을 상징함.

57. 에서 형제가 벽을 허물기로 한 것에 대한 이해로 적절하지 **않은** 것은?

① 형제 사이의 우애 회복을 의미하는군.
② 외세로부터의 독립 의지를 드러내는군.
③ 분단 현실의 극복을 상징한다고 볼 수 있겠군.
④ 화해하고자 하는 적극적인 실천 의지를 드러내는군.
⑤ 그동안의 대립과 갈등이 종결되었다는 것을 의미하는군.

58. 〈보기〉를 참고할 때 ㉠과 같은 날씨 변화가 의미하는 내용으로 적절한 것은?

> **보기**
>
> 이 글에서 날씨는 인물의 심리나 갈등 전개 과정과 밀접한 관련이 있다.

① 형제의 화해를 암시한다.
② 긴박한 분위기를 드러낸다.
③ 새로운 사건의 시작을 알려 준다.
④ 형제가 반성하게 되는 계기를 제공한다.
⑤ 형제의 갈등이 심화되고 있음을 보여 준다.

59. ㉡에 담긴 내용으로 적절하지 **않은** 것은?

① 아우를 그리워하는 마음
② 아우와 화해하고 싶은 마음
③ 아우의 말을 믿지 못하는 마음
④ 아우와 행복했던 때로 돌아가고 싶은 마음
⑤ 아우에게 그동안의 일을 사과하고 싶은 마음

|서술형|
60. 〈보기〉와 같은 관점으로 감상할 때, 이 글에서 '민들레꽃'이 상징하는 바는 무엇일지 서술하시오.

> **보기**
>
> 문학 작품을 해석할 때 시대적 상황과 연관 지어 해석하는 것은 문학 작품이 세계나 현실 상황을 반영한다는 관점에 기초하고 있다.

학습활동

이해 활동

1. 이 희곡을 감상하고, 인물의 심리 변화에 주목하여 사건의 흐름을 정리해 봅시다.

예시 답ㅣ

1. 형과 아우가 들판에서 평화롭 게 그림을 그리며 우애를 맹세 함.

2. 형제가 측량 기사가 쳐 놓 은 줄을 넘는 놀이를 하다 가 기분이 상해 서로에게 불만을 드러냄.

3. 측량 기사의 이간질로 줄 대신 벽을 설치한 형제는 의사소통이 단절되면서 서로를 불신함.

4. 서로에 대한 의심과 두려 움이 극에 달하여 상대방 을 향해 위협사격을 함.

5. 형제가 자신의 행동을 반성 하며, 평화롭던 시절을 그리 워함.

6. 민들레꽃을 보고 우애를 회복하며 기뻐함.

활동 더 해 보기 소재의 상징성 이해하기

이 작품에서 '화해'와 관련된 소재를 찾고, 그렇게 생각한 까닭을 말해 봅시다. 먼저 형제가 자신 들의 행동을 반성하고 화해하는 데 도움을 주고 있는 소재가 무엇인지 찾아봅니다. 그런 다음 각 소 재의 속성이나 느낌을 바탕으로 그렇게 생각한 까닭을 말해 보도록 합니다.

㈎ • 화해와 관련된 소재: 비
• 그렇게 생각한 까닭: 이 작품에서 형제는 비를 맞으며 총을 들고 벽을 지키다가 각자의 행동을 후 회한다. 이때 빗물이 눈물처럼 느껴진다고 한 것으로 보아 비는 형제가 자신들의 지난 행동을 반성 하도록 하는 계기를 제공하는 소재라고 할 수 있다.

지학이가 도와줄게!

사건의 전개 과정을 정리하는 활 동이란다. 주요 인물인 형과 아우 사이의 갈등이 전개되고 해소되는 과정에서 인물들의 심리가 어떻게 변화하는지에 초점을 맞추어 내용 을 파악해 정리해 보렴.

시험엔 이렇게!!

1. 이 글의 내용과 일치하는 것 은?

① 형과 아우는 줄넘기 놀이를 하면서 기분이 상하였다.
② 측량 기사와 조수들은 형과 아우가 화해하도록 노력하 였다.
③ 아우는 밧줄의 오른쪽에 있 는 집을 자신의 소유라고 주 장하였다.
④ 측량 기사는 전망대 구입을 망설이는 형을 설득하기 위 해 값을 깎아 주었다.
⑤ 총을 발사하며 대립하던 형 제는 들판에 남아 있는 젖소 들을 보면서 서로를 그리워 하였다.

|서술형|
2. 다음에 나타난 인물들의 심리 를 두 가지 이상 서술하시오.

형: 어쩌다가 이런 꼴이 된 걸 까! 아름답던 들판은 거의 다 빼앗기고, 나 혼자 벽 앞에 있어.
아우: 내가 왜 이렇게 됐나? 비 를 맞으며 벽을 지키고 있다 니……
형: 저 요란한 천둥소리! 부모님 께서 날 꾸짖는 거야!
아우: 빗물이 눈물처럼 느껴져!

2. 이 희곡에 등장하는 인물 중 한 명을 골라 그 인물의 말과 행동을 근거로 성격을 파악해 봅시다.

> 형은 동생과 줄넘기 놀이를 하면서 아우에게 계속 지니까 이를 인정하지 않고 아우에게 가위바위보를 늦게 낸다고 우기는 것으로 봐서 옹졸한 성격인 것 같아.

예시 답 | • 형은 측량 기사가 측량을 한 뒤 말뚝과 밧줄을 그대로 두고 갈까 봐 걱정하는 것으로 보아 성격이 소심하다는 것을 알 수 있어.

• 벽이 세워진 후 아우와 화해하고 싶지만, 체면 때문에 미안하다고 먼저 말하지 않는 것으로 볼 때 형은 체면과 권위를 중요시하는 것 같아.

• 아우는 말뚝과 밧줄을 직접 치우면 된다며 형을 안심시키고 있는데 그 모습에서 대범함이 느껴져.

• 아우는 혼자 독립해서 사는 것을 긍정적으로 생각하는 것으로 보아 독립적인 인물인 것 같아.

• 측량 기사는 땅을 빼앗으려는 의도를 숨기고 현금이 없으면 땅으로 달라고 말하고 있으므로 음흉하고 간교해.

• 측량한 다음엔 땅을 빼앗았다는 조수의 말을 통해 측량 기사는 매우 교활하고 탐욕적임을 알 수 있어.

• 측량 기사는 형제에게 물건을 팔고 그 대가로 그들의 땅을 빼앗으려 하고 있으므로 계산적이고 치밀해.

3. 이 희곡에서 다음의 소재가 지닌 상징적 의미를 생각해 봅시다. 예시 답 |

벽
측량 기사의 교묘한 술책과 형제의 갈등 때문에 설치된 것으로, 서로에 대한 불신과 오해, 소통의 단절을 상징함.

전망대
상대를 감시하기 위한 도구로, 형제간의 의심과 불신을 상징함.

총
형제간의 갈등을 극단적으로 몰아가는 소재로 대립과 긴장, 갈등의 정점을 상징함.

민들레꽃
형제간의 우애의 증표이자 우애를 회복하도록 하는 매개물로, 갈등 해결의 실마리임. 형제간의 우애, 화해와 평화를 소망하는 마음을 상징함.

2. 인물의 성격 파악하기

지학이가 도와줄게!

희곡에서는 인물의 성격을 직접 제시하는 것이 아니라 말과 행동을 통해 알 수 있도록 보여 주는 간접 제시의 방식이 사용된단다. 형과 아우, 측량 기사의 대사와 행동을 떠올려 보고 인물들의 성격을 파악해 보렴. 그리고 자신이 파악한 등장인물의 성격을 모둠 친구들과 공유해 보자.

시험엔 이렇게!!

3. 등장인물들의 성격에 대한 설명으로 적절하지 않은 것은?

① 형: 소심한 면이 있다.
② 형: 체면과 권위를 중시한다.
③ 아우: 독립적이지만 소극적인 면이 있다.
④ 측량 기사: 교활하고 탐욕적이다.
⑤ 측량 기사: 계산적이고 치밀하다.

3. 소재의 상징적 의미 파악하기

지학이가 도와줄게!

이 글에는 다양한 소재들이 사용되었어. 갈등 관련 소재도 있고 화해 관련 소재도 있지. 이러한 각 소재의 역할을 살펴보고 그 상징성을 파악해 보렴.

시험엔 이렇게!!

| 서술형 |
4. 이 글에서 〈보기〉의 설명에 해당하는 소재를 찾아 쓰시오.

> **보기**
> • 상대방을 감시하기 위한 도구
> • 형제간의 갈등을 고조시키는 소재
> • 형제간의 의심과 불신을 상징하는 소재

학습활동

목표 활동

1. 다음의 두 장면에서 이루어지는 대화를 살펴보고, 공감하며 듣고 말하는 방법에 관해 알아봅시다.

가 **형** 야, 멋진데! 아주 멋지게 그렸어!

아우 경치가 좋으니까 그림이 잘 그려져요.

형 넌 정말 솜씨가 훌륭해!

아우 형님 솜씨가 더 훌륭하지요.

형 아냐, 난 너만큼 잘 그리지 못하는걸.

아우 (㉠) 형님 그림이 훨씬 멋있어요!

형 (기뻐하며) 오, 그래?

나 형과 아우, 밧줄을 사이에 두고 가위바위보를 한다. 아우가 이긴다. 그는 형 쪽으로 껑충 뛰어넘어 가서 뽐내며 의기양양하게 다니다가 자기 쪽으로 되돌아온다. 아우는 세 번이나 형을 이기고, 똑같은 행동을 되풀이한다.

형 그만하자, 그만해!

아우 왜요?

형 너는 나보다 늦게 낸다! 내가 가위를 내면 너는 기다렸다가 바위를 내놓고, 내가 보를 내면 너는 그걸 본 다음 가위를 내놓잖아?

아우 아뇨! 난 형님과 동시에 냈어요!

형 난 그림이나 그려야겠다. (뒤돌아서서 자신의 그림 앞으로 걸어가며) 다시는 너하고는 놀이 안 해!

아우 형님, 나한테 지더니만 심통이 났군요?

형 너는 날 속이고 이겼어!

아우 아뇨! 형님이 지금 화를 내는 건 동생인 내가 이겼기 때문이에요. 형님은 언제나 이겨야 하고, 동생인 나는 항상 져야 한다! 그게 바로 형님의 고정 관념이지요!

형 미리 경고해 두겠는데, 내 허락 없이는 이 쪽으로 넘어오지 마라!

아우 그럼 형님도 내 땅에 넘어오지 마요!

지학이가 도와줄게!

희곡은 연극의 대본이라고 했지? 연극은 등장인물의 대사로 사건이 진행되잖아. 이 글에서 상대방의 감정을 배려하며 적절하게 반응하는 대화와 그렇지 않고 대립하는 대화를 골라 살펴보고, 공감하며 듣고 말하는 방법에 관해 알아보자.

➕ 보충 자료

공감의 뜻

'공감'이란 자기 뜻을 내세우기에 앞서 상대방의 생각이나 가치관에 관심을 두고, 상대방의 의견을 인정하며, 상대방과 정서적인 유대감이나 신뢰감을 형성하며 끊임없이 소통을 가능하게 하는 감정을 의미한다.

공감을 끌어내는 대화의 요소

① 내용의 합리성: 공감은 상대방의 의견이나 감정, 주장 등에 대해 자신도 그렇다고 느끼는 것이므로 공감을 끌어내기 위해서는 타당하고 합리적인 말로 대화를 해야 한다.

② 인격적 신뢰: 상대방에게 평소 신뢰를 얻을 수 있는 말과 행동을 하도록 노력해야 한다. 서로 인격적 신뢰를 쌓으면 공감하는 대화를 하는 데 도움이 된다.

③ 정서적 유대감: 유대감은 공통의 경험과 가치 기반이 있을 때 형성될 수 있다. 대화할 때 우호적인 분위기와 태도를 유지하도록 하며, 대화 상대와 상황에 맞는 표현과 어조를 사용하는 것도 중요하다.

1 **가**와 **나**에서 형과 아우가 서로를 대하는 태도를 비교해 봅시다.

예시 답ㅣ

	동생을 대하는 형의 태도	형을 대하는 동생의 태도
가	• 동생의 그림에 관심을 가지고 이야기한다. • 동생의 뛰어난 점을 인정하고 칭찬한다.	• 형의 칭찬을 겸손하게 받아들인다. • 형의 그림에 관심을 가지고 형의 능력을 인정하고 칭찬한다.
나	동생에게 지기 싫어하는 권위적인 태도를 드러낸다.	평소 형에 대해 가지고 있던 불만을 드러낸다.

2 **나**에서 형과 동생 사이에 갈등이 발생한 까닭을 말해 봅시다.

예시 답ㅣ 상대방의 감정을 이해하지 못하고, 서로에게 상처가 되는 말을 하였기 때문이다.

3 **나**의 대사 중에서 아래의 대사를 상대방의 감정에 공감하는 말로 바꾸어 봅시다.

예시 답ㅣ

형님, 나한테 지더니만 심통이 났군요?

→ 미안해요, 형님. 제가 계속 이기니까 신이 나서 형님 심정을 헤아리지 못하고 형님 앞에서 뽐낸 것 같아요. 우리 승패는 상관하지 말고 재미있게 놀아요. 전 형님이랑 노는 게 제일 재미있어요.

미리 경고해 두겠는데, 내 허락 없이는 이쪽으로 넘어오지 마라!

→ 네 입장에서는 내가 항상 너를 이기려 했다고 생각할 수도 있겠구나. 날 속였다고 생각하며 너에게 뭐라고 해서 미안하다. 밧줄이 생기니 오히려 너와 나 사이가 더 멀어지는 것 같아. 이참에 우리 이 줄을 없애자.

4 **3**의 활동을 바탕으로 대사를 바꾸기 전과 바꾼 후 느낌이 어떻게 다른지 짝과 이야기 나눠 봅시다.

예시 답ㅣ 서로의 마음을 이해하고 깊이 있는 소통을 해서 둘 사이가 더 끈끈해지는 느낌이 든다.

지학이가 도와줄게! – 1 **1**, **2**

서로 사이가 좋을 때와 그렇지 않을 때 형과 아우의 대화 장면을 보며 서로를 대하는 태도가 어떻게 다른지 비교해 보자. 그리고 공감적 소통을 위해 피해야 할 말이나 대화 태도에 대해서도 생각해 보렴.

지학이가 도와줄게! – 1 **3**, **4**

상대방의 상황과 처지를 이해하며 듣고, 상대방의 감정에 공감해 주는 말이 서로의 관계를 형성하는 데 큰 역할을 한다는 것을 이해하고 대사를 바꾸어 보자. 바꾼 대사를 실제로 읽어 보면서 어떤 느낌이 드는지 자유롭게 이야기해 보렴.

시험엔 이렇게!!

5. (가)와 (나)에서 상대방을 대하는 형과 아우의 태도로 볼 수 없는 것은?

① (가): 형은 아우의 뛰어난 점을 인정하고 있다.
② (가): 아우는 형의 칭찬에 의기양양한 모습을 보이고 있다.
③ (나): 아우는 형에 대한 불만을 드러내고 있다.
④ (나): 형은 아우에게 권위적인 태도를 드러내고 있다.
⑤ (나): 형제는 상대방의 감정을 배려하지 않고 있다.

6. (가)의 ㉠에 들어갈 지시문으로 적절한 것은?

① 딱딱한 목소리로 단호하게 말한다.
② 형이 서 있는 쪽을 바라보며 외친다.
③ 어쩔 줄 몰라 하다가 작게 한숨을 쉰다.
④ 형의 그림이 있는 곳으로 와서 감탄한다.
⑤ 형의 얼굴에 나타난 표정을 살피며 이야기한다.

2. 이 희곡으로 연극을 공연하려고 합니다. 범서네 모둠에서 연극 공연을 준비하기 위해 의논하는 과정을 살펴보고, 공감하며 대화하려면 어떤 노력을 해야 할지 알아봅시다.

2. 공감하며 듣고 말하기

지학이가 도와줄게!

상대방의 감정과 처지를 이해하고 적절하게 반응하며 협력적으로 소통하는 방법을 학습하기 위한 활동이란다. 「들판에서」를 바탕으로 연극을 공연하기 위해 계획을 짜고 연습을 할 시간을 정하는 친구들의 대화 내용을 살펴보고 공감하며 대화하려면 어떻게 해야 하는지 생각해 보자.

범서 이 작품을 읽으니 우리 형 생각이 났어. 뭐든지 잘하는 형을 볼 때면 자랑스럽기도 하지만 은근히 질투가 나기도 하거든.

지은 나도 그랬는데……. 동생이 태어나지 않았다면 내가 부모님께 더 많은 사랑을 받았을 거라고 생각했어.

진현 형제가 없었으면 좋겠다고 생각하는 건 도덕적으로 문제가 있는 거지. 네가 내 누나가 아닌 게 천만다행이다. 너희 부모님도 네가 그런 생각 하는 걸 알고 계시니?

연주 야! 여기서 지금 지은이 부모님 얘기는 왜 하니? 너는 기껏 친구가 진심을 털어놓는데 그렇게 말하고 싶니? 내가 보기에 정말 문제가 있는 건 진현이 너다.

범서 자, 다들 그만하고……. 우리 「들판에서」로 연극 공연을 준비해야 하잖아. 그러려면 만나서 공연 계획을 짜야 하는데, 금요일 방과 후에 만나는 거 어때?

연주 나는 학교 끝나자마자 발레 연습하러 가야 해.

진현 나도 농구 수업이 있어. 따로 시간 내기 힘든데, 각자 알아서 하는 게 어때?

범서 연극은 여럿이 함께 하는 작업이라 같이 연습할 시간이 필요하지 않을까? 나도 방과 후에 기타 수업이 있어. 그래도 개인 일정보다 모둠의 과제를 먼저 생각해야 할 거 같은데…….

지은 나도 범서와 같은 생각이야.

연주 너희들한테는 다른 무엇보다 연극을 해서 국어 점수 잘 받는 게 더 중요하니까 그렇겠지. 난 발레리나가 꿈이라 하루라도 연습하지 않으면 몸이 금방 굳어 버린단 말이야.

진현 얘기하다 보니 엄청 짜증 난다. 이럴 거면 그냥 포기하자. 선생님은 이런 걸 왜 하라고 하는 거야? 애들 사이만 나빠지게…….

범서 너희들 얘기를 듣고 보니 나도 내 생각만 했던 거 같아. 미안하다. 진현이와 연주는 농구 수업과 발레 연습이 있어서 방과 후에는 힘들다는 거지? 그럼 언제 모여서 공연 계획을 짤지 다시 의논해 보자. 이번 연극을 즐거운 마음으로 하면 서로 더 친해질 수 있는 계기도 되고, 새롭게 배우는 부분도 있을 거야.

지은 그럼 다들 방과 후에는 시간 내기가 어려운 것 같은데, 점심시간마다 모여서 준비하는 건 어떨까?

➕ **보충 자료**
공감하며 듣기

공감하며 듣기는 상대방의 말을 분석하거나 비판하려는 데 목적이 있는 것이 아니라, 감정 이입의 차원에서 상대방의 생각이나 감정을 깊이 있게 이해하려는 데에 일차적인 목적이 있다. 상대방을 이해하려는 노력에서 비롯되는 감정 이입은 일단 상대방의 관점에서 문제를 바라볼 때 비로소 가능해진다. 일체의 판단을 유보하고 상대방의 관점에서 자신이 이해하려고 노력하고 있음을 보여 주어야 하는 것이다. 공감하며 듣기는 상대방이 방어벽을 허물고 신뢰와 친밀감을 느끼도록 하는 데 매우 중요한 역할을 한다. 예 "여럿이 협력해야 하는 모둠 과제는 참 힘들어, 그렇지? 게다가 이번 과제는 찾을 것도 많고 역할 분담도 어렵더라.", "네 표정이랑 말투만 봐도 네가 얼마나 힘든지 알 것 같아."

1 이 대화에서 말하기 방식이나 태도에 문제가 있는 학생을 찾고, 문제점이 무엇인지 파악해 봅시다.

예시 답ㅣ • 진현–상대방의 감정을 깊이 있게 이해하려고 하지 않는다.
• 연주–상대방의 말을 이해하려고 하지 않고 즉각적으로 비난하며 반응하고 있고, 상대방의 말을 공격하는 말하기를 하고 있다.

2 다음 말에 드러난 말하기 방식의 특징을 각각 말해 봅시다.

> 나도 그랬는데……. 동생이 태어나지 않았다면 내가 부모님께 더 많은 사랑을 받았을 거라고 생각했어.

예시 답ㅣ 자신의 경험을 말하여 듣는 이에게 동질감을 느끼게 하고 있다.

> 너희들 얘기를 듣고 보니 나도 내 생각만 했던 거 같아. 미안하다. 진현이와 연주는 농구 수업과 발레 연습이 있어서 방과 후에는 힘들다는 거지?

예시 답ㅣ 상대방의 감정에 공감하며 미안함을 전달하고, 상대방의 말을 정리하면서 자신의 이해가 정확한지 확인하고 있다.

3 상대방과 대화할 때 지녀야 할 자세나 말하기 태도에 관해 이야기해 봅시다.

예시 답ㅣ • 대화할 때는 상대방과 눈을 맞추며 지속적으로 관심을 표현한다.
• 상대방의 처지에서 문제를 바라보고 상대방의 감정을 깊이 있게 이해하려고 노력한다.
• 상대방의 말을 잘 이해했다는 뜻을 전달한다.
• 상대방의 말을 요약하고 정리하며 정확하게 이해했는지 확인한다.

 마음을 움직이는 힘, 공감

공감하며 대화하기는 상대의 처지나 마음을 살펴 대화하는 것을 말합니다. 상대의 감정에 공감하고 적절히 반응하며 말하기 위해서는 상대방과 눈을 맞추며 지속해서 관심을 표현하거나 대화 상대의 말을 요약·정리해 주며 반응하도록 합니다. 이렇게 상대방의 말에 귀를 기울이고 그 처지를 이해하며 듣고 말하는 공감적 대화를 하면 다른 사람과의 갈등이나 공동체의 문제를 해결하는 데 도움이 됩니다.

지학이가 도와줄게! – 2 1
상대방의 감정을 배려하지 않고 자신의 관점에서만 말하거나 자기 처지만 생각하면서 이기적인 대화 태도를 보이는 학생이 누구인지 찾아보자.

지학이가 도와줄게! – 2 2, 3
학교에서 일어날 수 있는 대화 사례를 통해 공감하며 대화하는 방법에 관해 생각해 보고, 공감하며 듣고 말하는 태도와 자세를 길러 보자.

시험엔 이렇게!

7. 〈보기〉를 참고할 때 공감적 대화의 장점으로 적절하지 **않은** 것은?

> **보기**
> '공감'이란 자기 뜻을 내세우기에 앞서 상대방의 생각이나 가치관에 관심을 두고, 상대방의 의견을 인정하며, 상대방과 정서적인 유대감이나 신뢰감을 형성하며 끊임없이 소통을 가능하게 하는 감정을 의미한다.

① 공동체의 문제를 해결할 수 있다.
② 상대방의 말을 이끌어 낼 수 있다.
③ 비판적 분석 능력을 기를 수 있다.
④ 다른 사람과의 갈등을 해결할 수 있다.
⑤ 서로 신뢰하고 수용하는 태도를 기를 수 있다.

8. 이 대화에서 상대방의 감정에 공감하며 듣고 말하고 있는 학생을 모두 골라 바르게 묶은 것은?

① 지은, 진현
② 지은, 범서
③ 진현, 범서
④ 범서, 지은, 연주
⑤ 진현, 연주, 범서

학습활동

창의 · 융합 활동

함께하기

1. 「들판에서」에서 연극으로 공연하고 싶은 장면을 모둠별로 선정하여 연극 공연 준비를 해 봅시다. 예시 답 |

1 모둠원과 함께 연극으로 공연하고 싶은 장면을 선택해 보고, 그 장면을 선택한 까닭을 말해 봅시다. 예시 답 |

형과 아우가 줄넘기 놀이 하다 다투는 장면을 해 볼까?

내가 선택한 장면

• 장면: 형제의 갈등이 최고조에 달해서 형제가 서로에게 위협사격을 가하는 장면

• 까닭: 비가 오고 천둥이 치면서 서로에게 총을 겨누는 장면이 가장 극적이었다.

2 연극 구성원들이 하는 일을 살펴보고, 연극에 필요한 역할을 정해 봅시다. 예시 답 | 생략

역할	하는 일	이름
연출자	대본을 바탕으로 배우의 연기, 배경과 무대 장치, 의상, 조명 등 여러 부분을 종합적으로 감독한다.	
배우	형, 아우, 측량 기사, 조수들, 사람들의 모습을 연기한다.	
무대 장치 담당자	공연에 필요한 배경과 무대 장치를 마련하고 설치한다.	
의상과 소품 담당자	인물의 특성을 잘 드러내는 의상과 소품을 준비한다.	
음악과 음향 담당자	분위기와 상황, 인물의 심리 등을 잘 드러내는 음악과 음향을 준비한다.	

1. 연극 공연 준비하기

○ 활동 개관

희곡에서 공연하고 싶은 장면을 선택하여 모둠별로 공연을 준비하는 활동이다. 각자의 개성을 살리고 다양한 방법을 활용하여 공연할 수 있도록 준비한다.

지학이가 도와줄게! - 1 1

모둠원마다 공연하고 싶은 장면이 다를 수 있는데 그럴 때는 공감적 대화로 충분한 협의를 거쳐 공연할 장면을 선정해 보렴.

지학이가 도와줄게! - 1 2

연극 공연을 위해 필요한 역할을 세부적으로 나누어 각자의 특기나 흥미를 살려 역할을 정한 후 열의를 가지고 자신이 맡은 역할을 수행해 보도록 하자.

➕ 보충 자료
연극의 구성 요소

배우	대사와 행동을 통해 연기를 하는 사람
무대	연극 공연을 하는 장소로, 제약이 있음.
희곡	연극을 위해 쓰인 대본
관객	연극을 관람하는 사람

3 연극의 분위기와 극적 효과를 살리는 다양한 방법을 생각해 봅시다.

들판을 그려서 프로젝터를 사용해 무대 배경을 만들어 볼까?

상자를 벽으로 활용하는 건 어떨까?

해가 뜨거나 번개가 치는 장면은 음향과 함께 그림으로 만들어 보여 주는 게 좋겠어.

사람이 직접 민들레꽃이나 벽이 되어 보는 것도 재미 있겠는데?

지학이가 도와줄게! ─1 3

교실 환경이 공연하기에 적합하지 않더라도 창의력과 상상력을 발휘해 다양한 공연 계획을 세워 보렴. 주변에서 쉽게 구할 수 있는 물건들을 소품으로 활용해서 개성 있는 공연을 준비할 수도 있겠지?

● 모둠별로 의논한 다양한 방법을 아래 표에 정리해 봅시다.

예시 답 |

연출자

• 대사가 긴 것은 큰 종이에 써서 배우가 마음 편하게 연기할 수 있게 관객석에서 들고 있도록 한다.
• 형제의 이야기이니 유명한 게임의 형제 캐릭터를 활용해서 의상이나 무대 배경, 음악을 준비한다.

배우

형제들끼리의 대화라고 해서 꼭 둘이 마주 보고 대화할 필요는 없으므로, 관객을 향해 이야기하는 동선을 계획해서 대사가 잘 전달되도록 한다.

무대 장치

• 풀을 만들어 교실 바닥에 붙임으로써 무대를 입체적으로 만든다.
• 교실 전등을 이용해 번개 치는 장면이나 집중되는 장면을 표현하고, 집중 조명을 따로 준비한다.

의상과 소품

• 어떤 등장인물인지 명확하게 인식할 수 있도록 목걸이 이름표를 만든다.
• 비가 내리는 장면을 표현하기 위해 물이 든 분무기를 준비한다.

음악과 음향

• 극의 흐름에 어울리는 음악을 찾아본다.
• 악기를 잘 다루는 친구에게 효과음이나 간단한 연주를 부탁한다.

🔖 **활동 관련 Tip**

연출자는 강조하고 싶은 장면을 모둠원들과 의논하여 정한 뒤 그 장면을 부각하기 위해 대본의 내용을 바꾸거나 더욱 극적으로 연출할 수도 있다. 예를 들어 형이 전망대 위에서 아우를 향해 탐조등을 비추고 아우가 위협사격을 하는 장면을 공연하고자 할 때는 관객을 향해 탐조등을 비추거나 총을 겨누도록 하여 관객의 긴장감을 높이는 전략을 세울 수도 있다.

4 각자의 역할에 따라 공연 준비와 공연 연습을 해 봅시다.

공연 연습을 할 때 유의할 점

- 등장과 퇴장의 시기와 순서, 방향을 정한다.
- 상대역의 감정을 깊이 있게 이해하고 상대역의 대사를 잘 듣는다.
- 음악과 음향, 조명, 배경과 무대 장치, 의상, 소품 등도 대본에 따라 전체적으로 맞춘다.
- 연습 과정에서 자기 뜻만 내세우기보다는 상대방 말에 관심을 기울이고 상대방과 같은 처지에서 문제를 바라보며 의사소통하도록 한다.

예시 답 | 생략

함께하기 😊😊😊

2. 연극을 공연하고, 공연 활동을 하면서 느낀 점을 말해 봅시다.

1 모둠별로 연극을 공연해 봅시다. 예시 답 | 생략

2 연극 공연 활동을 하면서 배우거나 느낀 점이 있다면 친구들과 이야기를 나눠 봅시다.

예시 답 | • 다양한 재능을 가진 사람들이 필요한 작업이라는 것을 느꼈다.
- 연습할 때는 힘들었는데 공연을 하고 나니 뿌듯했다.
- 공연할 때는 떨렸지만, 우리가 직접 계획하고 준비한 것을 선보여서 기분이 좋았다.

소단원 콕! 짚고 가기

1. 제재 정리

글쓴이	이강백(1947~)	갈래	①□□
성격	②□□적, 교훈적, 우의적	배경	시간-봄, 공간-들판(우리 국토)
주제	형제간의 ③□□ 회복 (상징적 주제: 남북 분단의 현실과 그 극복 의지)		
특징	• 형제가 측량 기사의 계략에 속아서 다투게 되지만, 마침내 위기를 극복하고 다시 화해 하게 되는 과정을 통하여 남북의 분단 현실을 되돌아보게 함. • 말뚝과 밧줄, 벽, 전망대 등과 같은 소재를 사용하여 분단 현실을 상징적으로 표현함. • 날씨의 변화와 사건의 전개 과정 사이에 밀접한 연관이 있음.		

2. 글의 구성

발단	전개(상승)	절정	하강	대단원
사이좋은 형제의 들판에 측량 기사 가 나타나 말뚝을 박고 밧줄을 침.	형제가 측량 기사 의 이간질로 벽과 전망대를 설치하 고 대립함.	형제가 측량 기사 의 계략에 빠져 서 로에게 총을 쏘며 대립함.	형제가 벽 앞에서 비를 맞으며 잘못을 깨닫고 후회하며 서 로를 그리워함.	비가 그친 후 형제 는 서로에게 민들레 꽃을 건네며 벽을 허물기로 함.

1. 이 글에 나타난 날씨 변화와 갈등의 전개

파란 하늘과 ④□□	구름, 바람	천둥, 번개	천둥, 번개, ⑤□	한 줄기 햇빛
갈등 없이 화목 함. → 아름다운 들 판에서 형제가 그림을 그림.	형제간 갈등이 시작됨. → 형제가 측량 기사의 꾐에 넘 어가 서로 반목 함.	형제의 갈등이 최고조에 달함. → 형제가 서로 를 향해 위협사 격을 함.	형제가 자신들 의 행동을 반성 함. → 형제가 각자 의 행동을 반성 함.	형제의 갈등 해 소를 암시함. → 형제가 민들 레꽃을 보고 우 애를 회복함.

2. 이 글에서 형제가 갈등하는 원인

| 들판을 갈라놓은 측량 기사의 말뚝과 밧줄 | + | ⑥□의 권위적이고 독선적인 성격과 독립하여 살아 보고 싶은 ⑦□□ | + | 형제에게 의심과 적대감을 불러일으키는 측량 기사의 이간질 |

인물의 말과 행동을 바탕으로 하여 등장인물의 성격을 파악해야 한다는 것, 잊지 않았지?

3. 등장인물의 성격

형	소극적이고 옹졸한 면이 있으며, 체면과 권위를 중시함.
아우	적극적이고 대범하며 독립에 대한 욕구가 있음.
⑧□□□□	형제를 이간질하는 인물로, 교활하고 탐욕적이며 계산적이고 치밀함.

이 작품은 특정한 역사적 상황과 시대를 직접적으로 드러내고 있지는 않지만, 현대 우리 사회의 문제를 상징적으로 나타내고 있다고 볼 수 있단다.

4. 상징적 소재의 의미 및 역할

말뚝과 밧줄	형제를 갈라놓음. → 광복 이후 남북한의 정치적 경계선이었던 삼팔선
벽	형제간의 소통을 단절시킴. → 남북을 분단한 휴전선
⑨□□□	상대를 감시하는 도구 → 의심과 불신
총	상대를 공격하는 도구 → 대립과 긴장, 갈등의 정점
비	형제가 스스로의 행동을 반성하게 되는 계기를 제공
⑩□□□□	갈등 해소의 매개체 → 형제간의 우애

5. "우리, 벽을 허물기로 하자!"에 담긴 의미

정답: ① 희곡 ② 상징 ③ 우애 ④ 해님 ⑤ 비 ⑥ 형 ⑦ 아우 ⑧ 측량 기사 ⑨ 전망대 ⑩ 민들레꽃

"우리, 벽을 허물기로 하자!"(주제)
- 화해의 적극적인 실천 의지를 드러냄.
- 대립과 갈등의 종결, 우애 회복을 의미함.
- 우리 민족의 동질성 회복, 분단 현실의 극복을 상징함.

[01~04] 다음 글을 읽고, 물음에 답하시오.

가 막이 오른다. 형과 아우, 들판에서 그림을 그리고 있다. 형은 무대의 오른쪽에서, 아우는 왼쪽에서 수채화를 그린다. 둘 다 즐거운 표정으로, 휘파람을 불거나 노래를 부른다. 형, 아우에게 다가가서 그림을 바라본다.

형　야, 멋진데! 아주 멋지게 그렸어!

아우　경치가 좋으니까 그림이 잘 그려져요.

형　넌 정말 솜씨가 훌륭해!

아우　형님 솜씨가 더 훌륭하지요.

형　아냐, 난 너만큼 잘 그리지 못하는걸.

아우　(형의 그림이 있는 곳으로 와서 감탄한다.) 형님 그림이 훨씬 멋있어요!

나 형, 주위에 피어 있는 민들레꽃을 꺾어서 아우에게 내민다.

형　들판에 피어 있는 이 민들레꽃에 걸고서 맹세하자. 우리 형제는 언제나 사이좋게 지내기로…….

아우　그래요. (민들레꽃을 꺾어 형에게 내밀며) 이 민들레꽃이 우리 맹세의 증표예요.

　형과 아우, 흐뭇한 표정으로 민들레꽃을 주고받은 뒤, 각자의 그림 앞으로 되돌아간다.

다 측량 기사의 뒤쪽에서는 측량이 끝난 지점마다 다른 조수가 말뚝을 박고 밧줄을 맨다.

형　　　　⊙　　　　여봐요! 여봐요!

측량 기사　　　ⓛ　　　우리 말씀인가요?

형과 아우　(측량 기사에게 다가간다.) 당신들, 지금 뭘 하고 있는 겁니까?

측량 기사　측량하고 있지요, 보시다시피.

아우　여긴 우리 땅이에요. 왜 함부로 들어와서 말뚝을 박고 줄을 쳐요?

라 측량 기사　어떻습니까, 우리 실력이? 양쪽으로 정확하게 나눠 놓은 측량 솜씨에 놀라셨을 겁니다. (조수들을 칭찬한다.) 자네들, 참 잘했어. 아주 능숙한 솜씨야!

조수들　고맙습니다, 칭찬해 주셔서.

조수 1　사실은 우린 이런 일을 여러 번 했거든요.

조수 2　측량을 한 다음엔 땅을 빼앗았죠. 아주 교묘한 방법으로요.

측량 기사　쉿, 입조심해!

조수들　네, 알겠습니다.

---

01. 이 글에 대한 설명으로 적절하지 **않은** 것은?

① '들판'을 공간적 배경으로 하고 있다.

② 소재에 상징적 의미를 부여하고 있다.

③ 연극 공연을 목적으로 쓰인 이야기이다.

④ 주로 서술, 묘사, 대화로 이루어져 있다.

⑤ 시간적 순서에 따라 사건이 전개되고 있다.

활동 응용 문제

02. (가)와 (나)의 대화에 나타난 특징으로 적절하지 **않은** 것은?

① (가)에서 형은 동생의 그림에 관심을 가지고 이야기하고 있다.

② (가)에서 형과 아우는 서로에게 호의를 드러내며 칭찬하는 말하기를 하고 있다.

③ (나)에서 형은 단정적 어조를 사용하여 일방적으로 의견을 제시하고 있다.

④ (나)에서 아우는 형의 말을 비판하지 않고 수용하는 태도를 보이고 있다.

⑤ (가)와 (나)에서 형과 아우는 서로를 배려하며 공감하는 말하기를 하고 있다.

03. (다)에 드러난 상황으로 볼 때, ⊙과 ⓛ에 들어갈 지시문이 바르게 짝지어진 것은?

	⊙	ⓛ
①	한숨을 쉬며	당황하며
②	성난 모습으로	태연하게
③	작은 목소리로	능청스럽게
④	처량한 모습으로	얼굴을 찡그리며
⑤	흐뭇한 표정을 지으며	고개를 갸웃거리며

04. 이 글에서 측량 기사와 조수들이 형제의 들판에 들어온 의도가 단적으로 드러난 대사를 찾아 쓰시오.

[05~08] 다음 글을 읽고, 물음에 답하시오.

가 형 들판에 피어 있는 이 ㉠민들레꽃에 걸고서 맹세하자. 우리 형제는 언제나 사이좋게 지내기로…….

아우 그래요. (민들레꽃을 꺾어 형에게 내밀며) 이 민들레꽃이 우리 맹세의 증표예요.

나 형과 아우, 열심히 그림을 그린다. 측량 기사와 두 명의 조수가 등장한다. 측량 기사는 측량기를 세워 놓고 조준경을 들여다보면서 조수들에게 손짓으로 신호를 보낸다. 측량 기사 앞쪽에는 한 명의 조수가 눈금이 그려진 표지봉을 들고 서 있다. 측량 기사의 뒤쪽에서는 측량이 끝난 지점마다 다른 조수가 말뚝을 박고 밧줄을 맨다.

다 아우 형님, 나한테 지더니만 심통이 났군요?

형 너는 날 속이고 이겼어!

아우 아뇨! 형님이 지금 화를 내는 건 동생인 내가 이겼기 때문이에요. 형님은 언제나 이겨야 하고, 동생인 나는 항상 져야 한다! 그게 바로 형님의 고정 관념이지요!

형 ⓐ미리 경고해 두겠는데, 내 허락 없이는 이쪽으로 넘어오지 마라!

라 측량 기사 (먼저, 형에게 다가가서 묻는다.) 측량을 끝냈으니 다음엔 무슨 일을 할까요?

형 그걸 왜 나에게 묻죠?

측량 기사 우리가 일을 정확히 하기 위해서죠. 처음 약속대로 ㉡말뚝과 밧줄을 치워 드릴까요?

형 아니, 그냥 둬요.

측량 기사 (동생에게 넘어가서 묻는다.) 어떻게 할까요? 당신 형님은 말뚝과 밧줄을 그냥 두라는데요?

아우 밧줄은 약해요. 더 튼튼한 건 없어요?

측량 기사 더 튼튼한 거라면…….

아우 젖소들이 넘어가지 못할 만큼 튼튼한 것이 필요해요.

측량 기사 그거야 철조망도 있고, ㉢높다란 벽도 있죠.

마 벽의 오른쪽에서 형이 ㉣전망대 위로 올라간다. 탐조등이 켜지면서 강렬한 불빛이 벽 너머를 비춘다. [중략]

형 난 아무 흉계도 없어. 넘어간다.

아우 넘어오면 쏩니다! (허공을 향해 위협적으로 ㉤총을 발사한다.) 이건 진짜 총이에요!

형, 요란한 총소리에 놀라 전망대에서 황급히 내려온다. 그는 두려움에 질린 모습이 되어 움츠리고 앉는다. 측량 기사, 가죽 가방을 든 두 명의 조수와 함께 등장한다.

측량 기사 저쪽 동생이 미쳤군요. 형님에게 총질을 하다니!

조수들 (웃으며) 완전히 미쳤어요. / 형 무서워요…….

측량 기사 이젠 동생이 아니라, 적이라고 생각하는 게 좋겠어요.

05. (가)~(마)에 대한 설명으로 적절하지 <u>않은</u> 것은?
① (가): 대화를 통해 등장인물 간의 관계가 드러난다.
② (나): 형제간의 대립을 불러오는 소재가 나타난다.
③ (다): 형제의 공존이 파괴되고 소유권 다툼이 일어날 것이 예고된다.
④ (라): 형제간의 갈등이 점차 심화되어 가는 모습이 드러난다.
⑤ (마): 형제간의 갈등을 해결해 줄 실마리가 나타난다.

활동 응용 문제

06. 이 글의 등장인물에 대한 이해로 적절하지 <u>않은</u> 것은?
① 아우는 평소 형에게 불만을 가지고 있었군.
② 형은 아우가 이기는 상황을 인정하지 않는 옹졸한 모습을 보이는군.
③ 측량 기사는 형제의 의견을 존중하며 둘 사이를 중재하려 하는군.
④ 측량 기사 일행이 등장하면서 형제 관계에 변화가 일어난 셈이군.
⑤ 조수들은 형제끼리 서로 총질하는 모습에 만족해하며 형제를 비웃고 있군.

07. ㉠~㉤에 담긴 의미로 적절하지 <u>않은</u> 것은?
① ㉠: 형제간의 우애를 상징한다.
② ㉡: 형제 사이를 갈라놓아 갈등을 유발한다.
③ ㉢: 철조망과 비슷한 의미로 형제간의 단절을 상징한다.
④ ㉣: 아우의 모습을 보고 싶어 하는 형의 마음을 상징한다.
⑤ ㉤: 형제간의 갈등을 극단적으로 몰아간다.

활동 응용 문제 | 서술형 |

08. ⓐ의 대사를 아우의 감정에 공감하는 말로 바꾸어 서술하시오.

[09~11] 다음 글을 읽고, 물음에 답하시오.

가 형과 아우, 벽으로 다가간다. 그러나 그들은 잠시 망설인다.

아우   그렇지만 형님이 나를 용서하지 않는다면, 난 어떻게 되는 거지?

형   미안하다고 말해도 소용없다면?

아우   나 혼자 독립해서 사는 것도 나쁜 건 아닐 텐데, 좀 더 생각해 봐야겠어.

형   그래도 체면이 있지, 내가 먼저 말할 수는 없어.

아우   그림을 그리면서 생각해 보자.

형   동생이 먼저 말할 때까지 기다리는 게 낫겠군.

    형과 아우, 각자의 그림을 그리던 곳으로 돌아가 그림을 그린다. 맑았던 하늘이 흐려지고, 바람이 세게 불어온다.

나 형   벽 너머 저쪽에도 민들레꽃은 피어 있겠지…….

아우   형님이 보고 싶어!

형   동생 얼굴 보고 싶구나!

    형과 아우, 그들 사이를 가로막은 벽을 안타까운 표정으로 바라본다. 비가 그치면서 구름 사이로 한 줄기 햇빛이 비친다.

형   하지만, 내 마음을 어떻게 저 벽 너머로 전하지?

아우   비가 그치고, 산들바람이 부는군.

형   저 벽을 자유롭게 넘어갈 수만 있다면……. 가만있어 봐. 민들레꽃은 씨를 맺으면 어떻게 되지? 바람을 타고 멀리 날아가잖아?

아우   햇빛이 비치니까 샛노란 민들레꽃이 더 예쁘게 보여.

형   이 꽃을 꺾어서 벽 너머로 던져 주어야지. 동생이 이 민들레꽃을 보면, 진짜 내 마음을 알아줄 거야.

아우   형님에게 이 꽃을 드리겠어. 벽 너머의 형님이 이 꽃을 받으면, 동생인 나를 생각하겠지.

    형과 아우, 민들레꽃을 여러 송이 꺾는다. 그들은 벽으로 다가가서 민들레꽃을 서로 던져 준다. 형은 아우가 던져 준 꽃들을 주워 들고 반색하고, 아우는 형이 던진 꽃들을 주워 들고 기뻐한다. 서로 벽을 두드리며 외친다.

아우   형님, 내 말 들려요?

형   들린다, 들려! 너도 내 말 들리냐?

아우   들려요!

형   ㉠우리, 벽을 허물기로 하자!

아우   네, 그래요. 우리 함께 빨리 허물어요!

    ㉡무대 조명, 서서히 꺼진다. 다만, 무대 뒤쪽의 들판 풍경을 그린 걸개그림만이 환하게 밝다. 막이 내린다.

---

09. 이 글에서 날씨가 하는 역할로 적절한 것은?

① 시간의 흐름과 계절의 변화를 알려 준다.

② 인물의 성격을 결정짓는 것에 이바지한다.

③ 앞으로 일어날 사건 전개의 방향을 암시한다.

④ 형제간의 갈등을 일으키는 원인으로 작용한다.

⑤ 작가의 심리를 드러내 주는 매개체 역할을 한다.

10. ㉠에 대한 이해로 적절하지 않은 것은?

① 우애의 회복을 의미한다.

② 동질감의 회복과 관련된다.

③ 분단 현실의 극복을 상징한다.

④ 화해의 의지를 다지는 표현이다.

⑤ 측량 기사 일행을 향한 분노의 표현이다.

11. 이 글을 연극으로 공연한다고 할 때, ㉡에서 들려줄 노래로 가장 잘 적절한 것은?

① 손에 손잡고 벽을 넘어서 / 우리 사는 세상 더욱 살기 좋도록 / 손에 손잡고 벽을 넘어서 / 서로서로 사랑하는 한마음 되자.

② 세상에 그 무엇이라도 그댈 위해 되고 싶어. / 오늘처럼 우리 함께 있음이 내겐 얼마나 큰 기쁨인지. / 사랑하는 나의 사람아 너는 아니. / 워, 이런 나의 마음을.

③ 저 차갑게 서 있는 운명이란 벽 앞에 / 당당히 마주칠 수 있어요. / 언젠가 나 그 벽을 넘고서 / 저 하늘을 높이 날 수 있어요. / 이 무거운 세상도 / 나를 묶을 수 없죠 내 삶의 끝에서 / 나 웃을 그날을 함께해요.

④ 기댈 곳 하나 없네. / 이젠 괜찮다 했었는데 / 익숙해진 줄 알았는데 / 다시 찾아온 이 절망에 나는 또 쓰러져 혼자 남아 있네. / 내가 네 편이 되어 줄게. / 괜찮다 말해 줄게.

⑤ 가슴을 내밀어도 친구가 없네. / 노래하던 새들도 멀리 날아가네. / 가지 마라 가지 마라 가지 말아라. / 나를 위해 한번만 노래를 해 주렴. / 나나 나나나나 쓰라린 가슴 안고 / 오늘 밤도 그렇게 울다 잠이 든다.

단원+단원

통합과 적용

단원+단원, 이렇게 통합·적용했어요!

담화와 국어 생활
맥락을 고려하여 담화의 의미를 파악하고, 담화 상황에 맞게 의사소통하기

+

들판에서
공감하며 듣고 말하는 방법을 익혀 상대의 감정에 공감하여 적절하게 반응하며 대화하기

↓

친구의 고민을 이해하고 공감하는 마음을 전하는 편지 쓰기

▌ 친구의 고민을 이해하고 공감하는 마음을 전하기에 적절한 노래를 골라 마음을 나누는 활동을 해 봅시다.

1 자신이 가지고 있는 고민이 무엇인지 카드에 적어 봅시다.

예시 답 I

> ○○의 고민
>
> 내가 1학년 때부터 좋아한 아이가 있는데 그 아이는 나와 다른 반이다. 그 아이를 한 번이라도 더 보고 싶은 마음에 그 아이의 반에 자주 갔다. 그런데 다음 주부터 그 아이의 반에서 다른 반 학생의 출입을 금지하기로 결정했다고 한다. 이제 그 아이의 얼굴도 마음대로 볼 수 없다고 생각하니 정말 우울하다. 출입 금지 따위 신경 쓰지 말고 그냥 그 반에 들어가서 그 아이를 계속 보고 싶은 마음이 크다. 그렇지만 혹시라도 그 아이가 나를 보고 규칙을 안 지키는 아이라고 생각할 것 같아 신경이 쓰인다. 수업 시간에도 집중이 되지 않고, 하루 종일 어떻게 하면 그 아이를 볼 수 있을지만 생각하고 있다. 어떻게 하면 좋을까?

2 모둠을 만들어 각자 자기 모둠원들의 고민이 적힌 카드 중에서 한 장을 뽑아 봅시다.

예시 답 I 생략

3 자신이 뽑은 고민 카드의 주인공에게 들려주면 좋을 노래를 덧붙여 편지를 써 봅시다.

> **편지를 쓸 때는**
>
> • 친구의 고민을 가볍게 여기지 말고, 친구와 같은 처지에서 생각해 보세요.
> • 일방적으로 설득하거나 충고하기보다는 친구의 고민 카드에 담긴 감정에 공감해 주세요.

예시 답 I

> 안녕? 정말 고민이 되겠다. 나도 좋아하는 마음을 상대방에게 쉽게 이야기하지 못하는 성격이라서 고민하는 네 마음을 충분히 이해할 수 있어. 나도 경험이 별로 없어서 이럴 때는 어떻게 해야 하는지 잘 모르겠어. 하지만 그 아이가 너의 이런 애타는 마음을 알게 되면 분명히 고마워할 것 같아. 누군가가 나를 좋아해 준다는 건 참 고마운 일이잖아. 이 노래를 듣고 힘내고, 그 아이와 친해질 수 있기를 바랄게.
>
> 누가 내 맘을 위로할까.
> 누가 내 맘을 알아줄까.
> 모두가 나를 비웃는 것 같아.
> 기댈 곳 하나 없네.
> 이젠 괜찮다 했었는데
> 익숙해진 줄 알았는데
> 다시 찾아온 이 절망에
> 나는 또 쓰러져 혼자 남아 있네.
> 내가 네 편이 되어 줄게.
> 괜찮다 말해 줄게.
> 다 잘될 거라고 넌 빛날 거라고
> 넌 나에게 소중하다고
> 모두 끝난 것 같은 날에
> 내 목소릴 기억해.
> 괜찮아, 다 잘될 거야.
> 넌 나에게 가장 소중한 사람
> 내가 네 편이 되어 줄게.
> (네가 잘되길 바라.)
> (네 편이 되어 줄게.)
>
> ― 커피소년, 「내가 네 편이 되어 줄게」 중에서

대단원을 닫으며

·학습 목표 점검하기·

❶ 담화와 국어 생활

담화의 맥락을 고려하여 의사소통하기

> • 담화는 말하는 이와 듣는 이, 시간과 장소, 의도와 목적 등에 따라 다르게 해석될 수 있는데, 이러한 요소들을 상황 맥락이라고 한다.
> • 담화는 지역, 세대, 문화, 역사 등 사회·문화적 요인에 따라서도 다르게 해석될 수 있는데, 이러한 요소들을 사회·문화적 맥락이라고 한다.

⇒

> **잘 모른다면**
> 교과서 151쪽의 활동 1을 통해 담화의 개념과 구성 요소를 다시 한번 확인하고, 실생활 속 다양한 담화에 적용해 봄으로써 효과적으로 의사소통할 수 있을 거야.

❷ 들판에서

상대의 감정에 공감하며 대화하기

> • 공감하며 대화하기는 대화 과정에서 상대방의 상황과 처지를 이해하며 듣고, 상대방의 관점에서 문제를 바라보며 협력적으로 소통하기 위한 대화이다.
> • 「들판에서」는 평온하게 살던 형제가 측량 기사의 농간에 빠져 우애를 잃게 되지만, 민들레꽃을 보며 다정했던 시절을 되돌아보고 마침내 우애를 회복하게 된다는 내용의 희곡이다.

⇒

> **잘 모른다면**
> 교과서 193쪽의 목표 활동을 다시 한번 살펴보면 공감하며 대화하기의 중요성과 그 방법을 알 수 있을 거야.

·어휘력 점검하기·

다음 문장의 빈칸에 어울리는 말을 골라 바르게 연결해 보자.

(1) 종일 비가 내리자 나는 [ㅤ] 마음을 달래려고 노래를 들었다. ·

(2) 우리 팀이 [ㅤ] 틈을 노려 상대방 팀이 점수를 연달아 따갔다. ·

(3) 어머니는 시집간 딸이 방문하자 [ㅤ] 맞았다. ·

(4) 마음의 벽을 쌓으며 [ㅤ] 생각을 한 내가 부끄러웠다. ·

· 방심한

· 반색하며

· 옹졸한

· 울적한

> • 방심하다: 마음을 다잡지 아니하고 풀어 놓아 버리다.
> • 반색하다: 매우 반가워하다.
> • 옹졸하다: 성품이 너그럽지 못하고 생각이 좁다.
> • 울적하다: 마음이 답답하고 쓸쓸하다

정답: (1) 울적한 (2) 방심한 (3) 반색하며 (4) 옹졸한

01. 담화에 대한 설명으로 적절하지 <u>않은</u> 것은?

① 말하는 이와 듣는 이는 담화의 구성 요소이다.

② 담화의 맥락에 따라 구체적인 의미가 결정된다.

③ 담화는 구체적인 문맥 속에서 이루어지는 발화나 발화의 연속체를 말한다.

④ 같은 말이라도 장소나 시간, 의도와 목적 등에 따라 담화의 의미가 달라질 수 있다.

⑤ 담화의 구성 요소 중 사회 · 문화적 맥락은 말하는 이와 듣는 이가 처한 시 · 공간적 장면을 뜻한다.

02. 담화의 의미를 정확하게 이해하기 위한 방법으로 적절하지 <u>않은</u> 것은?

① 말하는 이가 처한 상황을 파악한다.

② 듣는 이의 상황을 항상 먼저 고려한다.

③ 담화의 사회 · 문화적 맥락을 파악한다.

④ 발화 내용의 의미를 정확하게 이해한다.

⑤ 말하는 이와 듣는 이의 관계를 이해한다.

| 서술형 |

03. (가)와 (나)의 발화에 〈보기〉와 같은 의미 차이가 생기는 이유를 참고하여, 담화 시 고려해야 할 점을 한 문장으로 서술하시오.

┤ 보기 ├

(가): "지금 뭐 고르고 있니?"

(나): "수업 중에 딴짓하지 말아라."

04. 다음의 대화 내용을 읽은 학생들의 반응으로 적절하지 <u>않은</u> 것은?

> 써니 우리 만난 거, 이거 우연이에요? ⓐ왜 전화 안 했어요? 한다면서요.
>
> 저승사자 (다급하게 몸을 돌리며) ⓑ하겠습니다. 지금 가서……
>
> 써니 ⓒ(가려는 저승사자를 잡으며) 어디 가세요? 어디 공중전화라도 찾으러 가요?
>
> 저승사자 집에 전화가 있어서……. 금방 전화할게요.
>
> 써니 웃겨. 우리가 이렇게 마주쳤는데?
>
> 저승사자 아, 반가웠어요.
>
> 써니 아 미치겠다. 금방 전화 말고 금방 커피 어때요? 서울에 널린 게 커피숍이고, 나 시간 많거든요.
>
> 커피숍으로 간 써니와 저승사자
>
> 써니 저기요, 우리 이렇게 계속 커피만 마셔요? 해 다 졌는데?
>
> 저승사자 아, 해가 참 짧죠?
>
> 써니 안 짧았어요. 한 시간째 그러고 계셨거든요? ⓓ인사 안 해요 우리? 안부 안 묻고요?
>
> 저승사자 ⓔ(머리를 숙이며) 아, 안녕하세요? 그동안 잘 지내셨어요?

① ⓐ는 써니가 저승사자의 전화를 기다렸다는 의미를 담은 발화이군.

② ⓑ는 써니의 말에 담긴 의도를 제대로 파악하지 못한 저승사자의 발화이군.

③ ⓒ는 써니가 저승사자에게 공중전화가 있는 곳을 알려 주고 싶은 마음에서 한 발화이군.

④ ⓓ는 저승사자와 이야기를 나누고 싶은 써니의 마음이 담긴 발화이군.

⑤ ⓔ는 저승사자가 써니의 말을 글자 그대로 이해하고 한 발화와 행동이군.

05. 다음 중 담화가 이루어지는 사회 · 문화적 맥락의 요소에 해당하는 것은?

① 듣는 이   ② 말하는 이

③ 지역 차이   ④ 시간과 장소

⑤ 의도와 목적

[06~09] 다음 내용을 보고, 물음에 답하시오.

06. (가)의 대화에 대한 이해로 가장 적절한 것은?

① 할머니와 손자는 잘못된 어휘를 사용하고 있다.
② 할머니와 손자의 소통에 문제가 된 말은 '전복'이다.
③ 할머니와 손자는 원활한 의사소통을 하고 있다.
④ 손자는 할머니의 심리를 이해하지 못하고 있다.
⑤ 손자는 할머니가 사용한 전라도 방언의 의미를 모른 채 대화하고 있다.

07. (나)에서 아빠가 ㉠과 같이 말한 까닭을 바르게 설명한 것은?

① 딸의 말이 문법에 맞지 않았기 때문에
② 지역에 따라 말의 의미가 다르기 때문에
③ 딸의 말을 주의 깊게 듣지 않았기 때문에
④ 성별에 따라 언어 사용 방식이 다르기 때문에
⑤ 딸이 말한 줄인 말의 의미를 이해하지 못했기 때문에

| 서술형 |

08. (나)의 딸에게 조언해 줄 말을 생각하여 구어체 형식으로 서술하시오.

09. (가)와 (나)를 통해 알 수 있는 올바른 국어 생활의 태도로 가장 적절한 것은?

① 상대의 기분에 맞는 어휘를 구사해야 한다.
② 담화를 정확히 이해하려는 태도가 필요하다.
③ 맥락을 고려하기보다는 문법 요소의 기능을 이해해야 한다.
④ 듣는 이와의 관계를 파악하여 적절한 높임 표현을 사용해야 한다.
⑤ 사회·문화적 맥락을 이해하여 상대를 존중하고 배려하는 표현을 사용해야 한다.

[10~11] 다음 내용을 보고, 물음에 답하시오.

10. 이 담화의 내용과 관련 있는 사회·문화적 맥락으로 적절한 것은?

① 문화   ② 세대
③ 지역   ④ 역사
⑤ 성별

11. 다문화 사회에서의 바람직한 언어생활 태도로 가장 적절한 것은?

① 순우리말 표현만 사용한다.
② 선진국의 언어 표현을 사용한다.
③ 외래어를 적극적으로 받아들인다.
④ 문화적 차이를 인정하고 이를 존중하는 언어생활을 한다.
⑤ 문화의 우열을 판단하여 우수한 문화를 지향하는 언어생활을 한다.

[12~18] 다음 글을 읽고, 물음에 답하시오.

㉮ 형과 아우 사이를 나누어 놓은 일직선의 밧줄이 허리 높이만큼 매어져 있다. 형과 아우는 그림을 그리면서도 신경이 쓰이는지 말뚝과 밧줄을 힐끗힐끗 바라본다.

아우 형님, 너무 걱정하지 마세요. 측량 실습을 끝내면 그들이 치운다고 했으니까요.

형 그들이 잊고서 그냥 가면 어떻게 하지?

아우 우리가 치우면 되잖아요?

형 그렇구나. 난 괜히 염려했다. 그런데 지붕 그릴 빨간색 물감 좀 빌려주겠니?

아우 그럼요. 이리 와서 가져가세요.

형, 밧줄 앞에서 어떻게 넘어가야 할지 망설인다.

㉯ 형과 아우, 밧줄을 사이에 두고 가위바위보를 한다. 아우가 이긴다. 그는 형 쪽으로 껑충 뛰어넘어 가서 뽐내며 의기양양하게 다니다가 자기 쪽으로 되돌아온다. 아우는 세 번이나 형을 이기고, 똑같은 행동을 되풀이한다.

형 그만하자, 그만해! / 아우 왜요?

형 너는 나보다 늦게 낸다! 내가 가위를 내면 너는 기다렸다가 바위를 내놓고, 내가 보를 내면 너는 그걸 본 다음 가위를 내놓잖아?

아우 아뇨! 난 형님과 동시에 냈어요!

형 ⓐ난 그림이나 그려야겠다. (뒤돌아서서 자신의 그림 앞으로 걸어가며) 다시는 너하고는 놀이 안 해!

아우 ⓑ형님, 나한테 지더니만 심통이 났군요?

형 너는 날 속이고 이겼어!

아우 아뇨! 형님이 지금 화를 내는 건 동생인 내가 이겼기 때문이에요. ⓒ형님은 언제나 이겨야 하고, 동생인 나는 항상 져야 한다! 그게 바로 형님의 고정 관념이지요!

형 ⓓ미리 경고해 두겠는데, 내 허락 없이는 이쪽으로 넘어오지 마라!

아우 ⓔ그럼 형님도 내 땅에 넘어오지 마요!

㉰ 측량 기사 (먼저, 형에게 다가가서 묻는다.) 측량을 끝냈으니 다음엔 무슨 일을 할까요?

형 그걸 왜 나에게 묻죠?

측량 기사 우리가 일을 정확히 하기 위해서죠. 처음 약속대로 말뚝과 밧줄을 치워 드릴까요?

형 아니, 그냥 둬요.

측량 기사 (동생에게 넘어가서 묻는다.) 어떻게 할까요? 당신 형님은 말뚝과 밧줄을 그냥 두라는데요?

아우 밧줄은 약해요. 더 튼튼한 건 없어요?

측량 기사 더 튼튼한 거라면…….

아우 젖소들이 넘어가지 못할 만큼 튼튼한 것이 필요해요.

측량 기사 그거야 철조망도 있고, 높다란 벽도 있죠.

㉱ 형 이건 뭡니까?

측량 기사 감시용 전망대입니다. 밑에는 이동하기 쉽게 바퀴를 달았고, 위에는 불빛이 강렬한 탐조등을 장치했지요. 올라가 보세요. 자동으로 탐조등이 켜지면, 벽 너머 저쪽을 샅샅이 볼 수 있습니다.

형 (망설이며) 글쎄, 이런 것이 필요할까요?

측량 기사 이 전망대만 있으면 안심하고 지낼 수 있죠.

조수 1 이쪽에서 사지 않아도 좋아요.

조수 2 저쪽에 팔면 되니까요.

측량 기사 저쪽에서 이런 걸 가지게 된다고 생각해 보세요. 등골이 오싹해질 거예요.

형 저어, 가격은 얼마나 합니까?

㉲ 조수 1 손이 떨려서 총을 잡지 못하는데요?

측량 기사 꼭 쥐여 드리고 방아쇠 당기는 법을 가르쳐 드리라고.

조수 2 (형에게) 잘 보세요. 총 쏘는 건 간단해요.

조수 2, 형이 쥐고 있는 장총의 방아쇠를 당긴다. 요란한 총소리가 울려 퍼진다. 벽 너머의 아우, 그 소리에 놀라 몸을 움츠리더니 허공을 향해 위협사격을 한다. 놀란 형 역시 반사적으로 총을 쏘아 댄다.

㉳ 형 어쩌다가 이런 꼴이 된 걸까! 아름답던 들판은 거의 다 빼앗기고, 나 혼자 벽 앞에 있어.

아우 내가 왜 이렇게 됐지? 비를 맞으며 벽을 지키고 있다니…….

형 저 요란한 천둥소리! 부모님께서 날 꾸짖는 거야!

아우 빗물이 눈물처럼 느껴져!

형과 아우, 탄식하면서 나누어진 들판을 바라본다. [중략]

아우 형님과 내가 믿을 수 있는 건 무엇일까? 그것이 단 하나라도 남아 있다면 좋을 텐데……. 그렇구나, 민들레꽃이 남아 있어! (총을 내던지고, 민들레꽃을 꺾어 든다.) 이 꽃을 보니까 그 시절이 그립다. 형님과 함께 행복하게 지냈던 시절이 그리워…….

형 벽 너머 저쪽에도 민들레꽃은 피어 있겠지…….

아우 형님이 보고 싶어! / 형 동생 얼굴이 보고 싶구나!

형과 아우, 그들 사이를 가로막은 벽을 안타까운 표정으로 바라본다. ┌─────── ㉠ ───────┐

12. 이 글의 내용과 일치하지 <u>않는</u> 것은?

① 측량 기사는 형제를 이간질한다.

② 형은 줄넘기 놀이에서 아우가 부당하게 이겼다고 생각한다.

③ 아우는 형의 사격에 맞서 적극적으로 형을 공격한다.

④ 조수는 형에게 총 쏘는 방법을 알려 주면서 일부러 총을 쏜다.

⑤ 형과 아우는 비를 맞으며 들판에 벽을 만든 상황을 후회한다.

13. 이 글을 연극으로 공연하기 위해 나눈 대화 내용으로 적절하지 <u>않은</u> 것은?

① 예서: 연극 공연을 위해 필요한 일을 세부적으로 나눠 각 역할에 필요한 인원을 정하자.

② 우주: 무대를 꾸밀 때는 이 글의 공간적 배경인 들판의 모습이 드러나도록 하는 게 좋겠어.

③ 수한: 말뚝과 밧줄, 벽, 전망대, 총, 민들레꽃 등의 소품과 총소리 같은 효과음도 준비해야겠지?

④ 혜나: 형과 아우를 연기하는 배우는 측량 기사를 대할 때 당당함이 묻어나도록 연기하는 게 좋겠어.

⑤ 기준: 측량 기사를 연기하는 배우는 교활하고 음흉한 느낌이 드러나도록 연기하는 게 좋겠어.

14. 이 글을 감상한 독자의 반응으로 적절하지 <u>않은</u> 것은?

① '민들레꽃'은 화해와 평화를 소망하는 마음을 상징한다고 볼 수 있군.

② '전망대'는 벽으로 막힌 형제가 소통할 수 있는 창구로서의 역할을 하는 셈이군.

③ '총'은 형제간의 갈등을 극단적으로 몰아가며 대립과 긴장을 최고조로 높이고 있군.

④ '측량 기사'는 다른 사람들을 이간질하며 자신의 잇속을 차리는 사람을 가리킨다고 볼 수 있군.

⑤ '형제'는 원래 친한 사이였지만 작은 오해로 심하게 갈등하는 사람들을 가리킨다고 볼 수 있군.

| 서술형 |

15. 〈보기〉의 관점에서 감상할 때, 이 글에 등장하는 '벽'이 상징하는 바는 무엇일지 서술하시오.

┤ 보기 ├

문학 작품을 해석할 때 시대적 상황과 연관 지어 해석하는 것은 문학 작품이 세계나 현실 상황을 반영한다는 관점에 기초하고 있다.

16. (바)에서 알 수 있는 형과 아우의 공통적인 심리로 보기 <u>어려운</u> 것은?

① 불만   ② 슬픔

③ 후회   ④ 절망

⑤ 그리움

17. 〈보기〉를 참고할 때 ㉠에 들어갈 지시문으로 가장 적절한 것은?

┤ 보기 ├

이 글에서 날씨는 인물의 심리나 극의 전개와 밀접한 연관이 있다. 즉 날씨의 변화에 따라 인물 간 갈등의 전개 과정이 변하고 있다.

① 하늘에서 번개가 치고 천둥소리가 울린다.

② 비가 그치면서 구름 사이로 한 줄기 햇빛이 비친다.

③ 파란 하늘에 흰구름이 떠 있는 화창한 날씨이다.

④ 맑았던 하늘이 흐려지고, 바람이 세게 불어온다.

⑤ 하늘에서 번개가 치고 천둥소리가 울리면서 비까지 쏟아진다.

18. ⓐ~ⓔ를 상대방의 감정에 공감하는 말로 바꾼 것으로 적절하지 <u>않은</u> 것은?

① ⓐ: 내가 자꾸 지니까 너무 속상하구나. 오늘은 그만하자.

② ⓑ: 그래요, 형님. 오늘은 제가 운이 좋은가 봐요.

③ ⓒ: 제가 형님 심정을 헤아리지 못했어요. 미안해요, 형님.

④ ⓓ: 앞으로 내 쪽으로 올 때는 미리 얘기해 주면 좋겠구나.

⑤ ⓔ: 형님도 내 쪽으로 올 때는 함부로 넘어오지 마세요.

[19~23] 다음 글을 읽고, 물음에 답하시오.

가 번개가 치고 천둥이 울리면서 비가 쏟아진다. 형과 아우, 비를 맞으며 벽을 지킨다. 긴장한 모습으로 경계하면서 벽 앞을 오고 간다. 그러나 차츰차츰 걸음이 느려지더니, 벽을 사이에 두고 멈추어 선다.

형 어쩌다가 이런 꼴이 된 걸까! 아름답던 들판은 거의 다 빼앗기고, 나 혼자 벽 앞에 있어.

아우 내가 왜 이렇게 됐지? 비를 맞으며 벽을 지키고 있다니…….

형 저 요란한 천둥소리! 부모님께서 날 꾸짖는 거야!

아우 빗물이 눈물처럼 느껴져!

　형과 아우, 탄식하면서 나누어진 들판을 바라본다. [중략]

형 저 벽을 자유롭게 넘어갈 수만 있다면……. 가만있어 봐. 민들레꽃은 씨를 맺으면 어떻게 되지? 바람을 타고 멀리 날아가잖아?

아우 햇빛이 비치니까 샛노란 민들레꽃이 더 예쁘게 보여.

형 이 꽃을 꺾어서 벽 너머로 던져 주어야지. 동생이 이 민들레꽃을 보면, 진짜 내 마음을 알아줄 거야.

아우 형님에게 이 꽃을 드리겠어. 벽 너머의 형님이 이 꽃을 받으면, 동생인 나를 생각하겠지.

　형과 아우, 민들레꽃을 여러 송이 꺾는다. 그들은 벽으로 다가가서 민들레꽃을 서로 던져 준다. 형은 아우가 던져 준 꽃들을 주워 들고 반색하고, 아우는 형이 던진 꽃들을 주워 들고 기뻐한다. 서로 벽을 두드리며 외친다.

아우 형님, 내 말 들려요?

형 들린다, 들려! 너도 내 말 들리냐? / 아우 들려요!

형 　　ⓐ　　 우리, 벽을 허물기로 하자!

아우 　　ⓑ　　 네, 그래요. 우리 함께 빨리 허물어요!

　㉠무대 조명, 서서히 꺼진다. 다만, 무대 뒤쪽의 들판 풍경을 그린 걸개그림만이 환하게 밝다. 막이 내린다.

나 계집애가 나물을 캐러 가면 갔지, 남 울타리 엮는 데 쌩이질을 하는 것은 다 뭐냐. 그것도 발소리를 죽여 가지고 등 뒤로 살며시 와서, / "얘! 너, 혼자만 일하니?"
하고, 긴치 않은 수작을 하는 것이다.
　어제까지도 저와 나는 이야기도 잘 않고, 서로 만나도 본 척만척하고 이렇게 점잖게 지내던 터이련만, 오늘로 갑작스레 대견해졌음은 웬일인가. 황차 망아지만 한 계집애가 남 일하는 놈 보구……. / ㉡"그럼 혼자 하지 떼루 하디?"
　내가 이렇게 내뱉는 소리를 하니까,

"너 일하기 좋니?" / 또는,
"한여름이나 되거든 하지 벌써 울타리를 하니?"
　잔소리를 두루 늘어놓다가 남이 들을까 봐 손으로 입을 틀어막고는 그 속에서 깔깔댄다. 별로 우스울 것도 없는데 날씨가 풀리더니 이놈의 계집애가 미쳤나 하고 의심하였다. 게다가 조금 뒤에는 제 집께를 할끔할끔 돌아보더니 행주치마 속으로 꼈던 바른손을 뽑아서 나의 턱 밑으로 불쑥 내미는 것이다. 언제 구웠는지 아직도 더운 김이 홱 끼치는 굵은 감자 세 개가 손에 뿌듯이 쥐였다. / "느 집엔 이거 없지?"
하고 생색 있는 큰소리를 하고는, 제가 준 것을 남이 알면 큰일 날 테니 여기서 얼른 먹어 버리란다. 그러고 또 하는 소리가, / "너, 봄 감자가 맛있단다."
"난 감자 안 먹는다. 너나 먹어라."
　나는 고개도 돌리려 하지 않고 일하던 손으로 그 감자를 도로 어깨 너머로 쓱 밀어 버렸다.

19. **(가)와 (나)의 갈래상 특징에 대한 이해로 적절하지 않은 것은?**

① (가)는 상연을 목적으로 하는 연극의 대본이다.

② (나)는 묘사와 서술, 대화를 통해 사건이 전개된다.

③ (가)를 (나)로 바꾸어 쓸 경우 대립과 갈등의 정도가 약해진다.

④ (가)와 (나) 모두 말하고자 하는 바를 이야기로 구성하여 간접적으로 전달한다.

⑤ (가)와 (나) 모두 현실 세계에 있음 직한 일을 작가가 상상하여 꾸며 쓴 이야기이다.

20. **(가)와 (나)의 인물들에 대한 설명으로 적절하지 않은 것은?**

① (가): 형은 천둥, 번개에 비까지 오자 두려움에 떨고 있다.

② (가): 아우는 자신의 처지를 깨닫고 반성하며 슬퍼하고 있다.

③ (가): 형과 아우는 민들레꽃을 던지며 화해를 신청하고 있다.

④ (나): 점순은 '나'에게 자신의 관심과 애정을 표현하고 있다.

⑤ (나): '나'는 점순이 하는 행동의 의미와 마음을 눈치채지 못하고 있다.

21. ㉠에 대한 독자의 반응으로 적절하지 않은 것은?

① 형제의 행복한 결말을 암시하는군.

② 형제는 아름다운 들판을 되찾을 거야.

③ 형제간의 대립과 갈등이 해소되었음을 드러내는군.

④ 형제가 다정했던 시절의 아름다운 들판이 떠오르는군.

⑤ 새로운 인물이 등장할 것을 예고하면서 연극이 끝나고 있군.

22. (나)를 연극 대본으로 각색한다고 할 때, ㉡ 앞에 들어갈 지시문으로 적절한 것은?

① 부드럽고 다정하게

② 퉁명스럽고 무뚝뚝하게

③ 짜증과 분노가 느껴지게

④ 활달하고 반가운 목소리로

⑤ 속삭이듯이 가녀린 목소리로

| 서술형 |

23. 관객에게 인물의 감정을 효과적으로 전달할 수 있는 준언어·비언어적 표현을 활용하여 ⓐ와 ⓑ에 들어갈 지시문을 서술하시오.

[24~25] 다음 글을 읽고, 물음에 답하시오.

범서　이 작품을 읽으니 우리 형 생각이 났어. 뭐든지 잘하는 형을 볼 때면 자랑스럽기도 하지만 은근히 질투가 나기도 하거든.

지은　나도 그랬는데……. 동생이 태어나지 않았다면 내가 부모님께 더 많은 사랑을 받았을 거라고 생각했어.

진현　형제가 없었으면 좋겠다고 생각하는 건 도덕적으로 문제가 있는 거지. 네가 내 누나가 아닌 게 천만다행이다. 너희 부모님도 네가 그런 생각 하는 걸 알고 계시니?

연주　야! 여기서 지금 지은이 부모님 얘기는 왜 하니? 너는 기껏 친구가 진심을 털어놓는데 그렇게 말하고 싶니? 내가 보기에 정말 문제가 있는 건 진현이 너다.

범서　자, 다들 그만하고……. 우리 「들판에서」로 연극 공연을 준비해야 하잖아. 그러려면 만나서 공연 계획을 짜야 하는데, 금요일 방과 후에 만나는 거 어때?

연주　나는 학교 끝나자마자 발레 연습하러 가야 해.

진현　나도 농구 수업이 있어. 따로 시간 내기 힘든데, 각자 알아서 하는 게 어때?

범서　연극은 여럿이 함께 하는 작업이라 같이 연습할 시간이 필요하지 않을까? 나도 방과 후에 기타 수업이 있어. 그래도 개인 일정보다 모둠의 과제를 먼저 생각해야 할 거 같은데…….

지은　나도 범서와 같은 생각이야.

연주　너희들한테는 다른 무엇보다 연극을 해서 국어 점수 잘 받는 게 더 중요하니까 그렇겠지. 난 발레리나가 꿈이라 하루라도 연습하지 않으면 몸이 금방 굳어 버린단 말이야.

진현　얘기하다 보니 엄청 짜증 난다. 이럴 거면 그냥 포기하자. 선생님은 이런 걸 왜 하라고 하는 거야? 애들 사이만 나빠지게…….

범서　너희들 얘기를 듣고 보니 나도 내 생각만 했던 거 같아. 미안하다. 진현이와 연주는 농구 수업과 발레 연습이 있어서 방과 후에는 힘들다는 거지? 그럼 언제 모여서 공연 계획을 짤지 다시 의논해 보자. 이번 연극을 즐거운 마음으로 하면 서로 더 친해질 수 있는 계기도 되고, 새롭게 배우는 부분도 있을 거야.

지은　그럼 다들 방과 후에는 시간 내기가 어려운 것 같은데, 점심시간마다 모여서 준비하는 건 어떨까?

24. 학생들의 말하기 방식의 특징에 대한 설명으로 적절하지 않은 것은?

① 연주는 상대방의 말을 공격하는 말하기를 하고 있다.

② 연주는 상대방의 말을 즉각적으로 비난하며 반응하고 있다.

③ 진현은 상대방의 관점에서 문제를 바라보고 협력적으로 소통하고 있다.

④ 지은은 상대방과 비슷한 경험을 이야기하며 동질감을 느끼게 하고 있다.

⑤ 범서는 상대방의 말을 정리하면서 상대방의 말을 분명히 이해했음을 알리고 있다.

| 서술형 |

25. 이 대화를 참고하여 상대방과 대화할 때 지녀야 할 바른 말하기 태도나 자세를 두 가지 이상 서술하시오.

01. 〈보기〉의 표에 담화를 구성하는 요소 4가지를 쓰고, 담화의 의미를 이해할 때 이러한 요소들을 고려해야 하는 이유를 서술하시오.

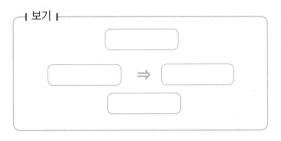

02. 다음 만화에서 상대방의 말에 담긴 의도를 이해하지 못하고 있는 부분을 찾아, 상대방의 의도와 목적에 어울리는 담화로 바꾸어 서술하시오.

03. 다음 만화에서 외국인 친구가 한국인 친구들의 말에 의문을 제기한 이유를 담화의 사회·문화적 맥락을 고려하여 설명하고, 빈칸에 들어갈 알맞은 말을 서술하시오.

04. (가)를 참고하여 (나)의 밑줄 친 말에 담긴 의미를 서술하시오.

(가) 우리의 말 문화는 언어에 의한 의사소통뿐만 아니라 표면적으로 드러난 말 안에 하고 싶은 이야기를 담고 있기도 합니다. 예를 들어, "방 안 공기가 조금 탁한 것 같지 않아?"라는 말은 창문을 열어 공기를 환기시키자는 의미를 담고 있죠. 이런 말 문화는 타인의 행동에 지적을 하고자 할 때도 직접적으로 말을 하기보다는 웃음과 재치로 상대방의 행동에 변화를 주고자 하는 경우가 많습니다.

(나) 김 선생(金先生)이라는 사람이 우스갯소리를 잘했다. 일찍이 친구의 집을 찾아갔더니, 주인이 술상을 차렸는데 안주가 단지 채소뿐이었다.

주인이 먼저 사과하면서, "집안이 가난하고 시장이 멀어서, 먹을 만한 것은 없고 오직 덤덤하니, 이것이 부끄러울 뿐이네."라고 했다.

그때 마침 뭇 닭들이 마당에서 어지럽게 쪼고 있었다.

김(金)이 "벗을 사귈 때엔 천금(千金)을 아끼지 않나니, 내 말을 잡아서 술안주를 해야겠네."라고 했다.

주인이 "한 마리뿐인 말을 잡아 버리면 무엇을 타고 돌아가겠나?"라고 말했다.

김이 "닭을 빌려서 타고 돌아가지."라고 대답하자, 주인이 크게 웃고 닭을 잡아 대접하고는 둘이서 크게 웃었다.

[01~03] 다음 글을 읽고, 물음에 답하시오.

가 형, 주위에 피어 있는 민들레꽃을 꺾어서 아우에게 내민다.

형   들판에 피어 있는 이 민들레꽃에 걸고서 맹세하자. 우리 형제는 언제나 사이좋게 지내기로…….

아우   그래요. (민들레꽃을 꺾어 형에게 내밀며) 이 민들레꽃이 우리 맹세의 증표예요.

나 형   (망설이며) 글쎄, 이런 것이 필요할까요?

측량 기사   이 전망대만 있으면 안심하고 지낼 수 있죠.

조수 1   이쪽에서 사지 않아도 좋아요.

조수 2   저쪽에 팔면 되니까요.

측량 기사   저쪽에서 이런 걸 가지게 된다고 생각해 보세요. 등골이 오싹해질 거예요.

형   저어, 가격은 얼마나 합니까?

측량 기사   가격은 걱정 마세요. 만약, 현금이 없다면 땅으로 주셔도 됩니다.

다 아우   아뇨! 넘어오지 말아요! 내 눈을 안 보이게 하고 넘어온다니 무슨 흉계지요?

형   난 아무 흉계도 없어. 넘어간다.

아우   넘어오면 쏩니다! (허공을 향해 위협적으로 총을 발사한다.) 이건 진짜 총이에요!

형, 요란한 총소리에 놀라 전망대에서 황급히 내려온다. 그는 두려움에 질린 모습이 되어 움츠리고 앉는다.

라 형   어쩌다가 이런 꼴이 된 걸까! 아름답던 들판은 거의 다 빼앗기고, 나 혼자 벽 앞에 있어.

아우   내가 왜 이렇게 됐지? 비를 맞으며 벽을 지키고 있다니…….

형   저 요란한 천둥소리! 부모님께서 날 꾸짖는 거야!

아우   빗물이 눈물처럼 느껴져!

마 형과 아우, 민들레꽃을 여러 송이 꺾는다. 그들은 벽으로 다가가서 민들레꽃을 서로 던져 준다. 형은 아우가 던져 준 꽃들을 주워 들고 반색하고, 아우는 형이 던진 꽃들을 주워 들고 기뻐한다. 서로 벽을 두드리며 외친다.

아우   형님, 내 말 들려요?

형   들린다, 들려! 너도 내 말 들리냐?

아우   들려요! / 형   우리, 벽을 허물기로 하자!

아우   네, 그래요. 우리 함께 빨리 허물어요

---

01. 이 글의 소재인 '민들레꽃'의 의미와 역할을 〈조건〉에 맞게 서술하시오.

┤ 조건 ├
- (가)의 내용을 바탕으로 '민들레꽃'이 상징하는 의미를 서술할 것.
- 이러한 '민들레꽃'이 사건 전개 과정에서 하는 역할을 설명할 것.

02. 〈보기〉의 관점을 고려할 때 이 글을 통해 작가가 전달하고자 한 주제는 무엇일지 서술하시오.

┤ 보기 ├
이 작품은 한국 사회의 현실을 상징적으로 나타내고 있다. 이 작품에서 벽을 두고 갈라진 형과 아우는 남북으로 나뉜 한민족을 떠올리게 한다. 즉 작가는 형제가 측량 기사의 계략에 속아서 다투게 되지만, 마침내 위기를 극복하고 다시 화해하게 되는 과정을 통하여 우리에게 남북의 분단 현실을 되돌아보게 한다.

03. (나)의 대화에서 드러나는 측량 기사와 조수들의 말하기 특징을 〈조건〉에 맞게 서술하시오.

┤ 조건 ├
- 측량 기사 일행의 궁극적인 목적이 드러나도록 서술할 것.
- 50자 이내의 한 문장으로 서술할 것.

정답과 해설

중학교 국어 2-2

1 시선과 목소리

(1) 세상에서 가장 따뜻했던 저녁

콕콕 확인 문제   19쪽

1. ④ 2. ③ 3. ③ 4. ② 5. 친구를 생각하는 따뜻한 마음과 참다운 우정

1. '어둠이 한기처럼 스며들고'의 '한기'와 '아무도 없는 집 썰렁한 내 방'의 '썰렁한'에서 차가운 심상이 느껴지는데 이는 화자의 현재 처지를 보여 준다. '온기가 식지 않은 종이봉투'와 '따뜻했던 저녁'에서 따뜻한 심상이 느껴지는데 이는 화자가 느끼는 따뜻한 정을 나타낸다. 이렇게 이 시는 차가움과 따뜻함이라는 촉각적 심상을 사용하여 화자의 상황과 처지를 드러내고 있다.

오답 해설

① 학급 교실에서 일어난 일이 아니라 학교가 끝난 후 집으로 가는 길과 집에 도착한 다음의 일을 다루고 있다.
② 시간의 흐름과 공간의 이동에 따라 화자가 겪은 일을 담담하게 서술하고 있다.
③ 이 시는 자신의 친구로부터 받은 감동을 그려낸 시로, 대상에 대한 비판적 태도는 드러나 있지 않다.
⑤ 이 시의 처음에는 추위와 배고픔을 느끼는 '나'의 모습이 드러나 있고, 끝에는 세상에서 가장 따뜻했던 저녁을 맞이한 '나'의 모습이 드러나 있다. 이렇게 처음과 끝에는 서로 다른 내용이 제시되어 있다.

지식 창고 – 시상 전개 방식

- 뜻: 시인이 시에서 자신의 생각이나 감정을 전개하는 방식
- 종류

시간의 흐름에 따른 구성	시간의 변화에 따라 시상을 전개하는 방식
공간의 이동에 따른 구성	공간의 이동에 따라 시상을 전개하는 방식
수미상관의 구성	시의 처음과 끝을 같거나 비슷하게 표현하는 방식
선경후정의 구성	앞에서 경치를 묘사하고 뒤에서 정서를 표현하는 방식
대칭적인 구성	심상이나 의미를 대조적으로 설정하여 시상을 전개하는 방식

지식 창고 – 시적 화자의 태도
시적 대상 또는 시적 상황이나 대상을 대하는 화자의 마음가짐이나 대응 방식으로, 주로 화자의 어조를 통해 드러나며 시의 전체적인 분위기, 특정 시어, 서술어 등을 통해 확인할 수 있다.

---

2. 1~4연의 내용을 보면 화자가 열여섯 살의 중학생인 것으로 보이고, 5연을 보면 어른이 된 화자가 열여섯에 겪은 일을 이야기하고 있는 것으로 볼 수도 있다. 그러나 화자가 초등학교 시절의 경험을 이야기하는 것으로 보긴 어렵다.

오답 해설

① 1~4연의 내용과 5연의 '내 열여섯 세상' 등을 통해 시의 화자가 열여섯 살의 학생임을 짐작할 수 있다.
④ 3연의 '아무도 없는 집 썰렁한 내 방'에서 화자의 외로운 처지와 정서를 짐작할 수 있다.
⑤ 친구 선재가 '나' 몰래 넣어 준 붕어빵에서 받은 감동을 이야기하고 있다.

3. '학교에서 받은 우유 꺼내려 가방을 여는데'라는 시구는 화자의 부정적 현실을 보여 준다. 화자가 경제적으로 풍족하지 않은 처지임을 짐작하게 하는 구절로, 밝고 따뜻한 분위기와는 관련이 없다.

4. ㉠은 선재가 나의 책가방 지퍼가 열렸다며 닫아 주는 장면이다. 그런데 뒤에 이어지는 내용을 보면, 선재가 '나'의 어려운 형편을 알고 '나' 몰래 가방 안에 붕어빵을 넣어 주기 위해 이런 행동을 했음을 짐작할 수 있다.

오답 해설

① 선재가 미리 '나'의 가방을 열어 놓았다고 볼 만한 근거는 제시되어 있지 않다.
③ '나'는 선재가 붕어빵을 몰래 넣어 준 것을 몰랐으며, 집에 와서 가방을 열어 보고 알게 된다.
④ 선재는 '나' 몰래 붕어빵을 가방에 넣어 주었을 뿐, '나'가 붕어빵을 싫어할까 봐 걱정하는 내용은 나와 있지 않다.
⑤ 선재는 '나'에게 붕어빵을 주고 싶어서 가방 지퍼를 닫아 준다고 한 것이므로 '나'를 놀린다고 볼 수는 없다.

5. '붕어빵'은 이 시의 중심 소재로, 이 시는 '붕어빵'에 얽힌 화자의 경험을 통해 친구를 위하고 배려하는 선재의 따뜻한 마음과 우정을 이야기하고 있다.

1. ③ 2. 어둡고 차가우며 외로웠던 분위기가 따뜻하게 변화한다. 3. ⑤ 4. ② 5. ⑤ 6. ①

1. 선재는 '나'의 책가방 지퍼가 열렸다며 닫아 주는데, 그때 '나' 몰래 붕어빵을 가방에 넣는다. 따라서 선재가 '나'에게 붕어빵을 직접 건네주었다는 설명은 적절하지 않다.

2. 붕어빵을 발견하기 전의 화자는 어두운 저녁 차가운 분위기 속에서 아무도 없는 집에 홀로 남겨진 외로운 처지에 놓여 있었다. 하지만 붕어빵을 발견한 후 친구의 따뜻한 우정을 느끼며 열여섯 세상에서 가장 따뜻했던 저녁을 맞이하게 된다.

3. 이 시의 화자를 열여섯 살의 중학생으로 파악했다면 이 시는 화자가 친구 선재로부터 느낀 감동을 형상화한 작품으로 볼 수 있다. 따라서 이 시를 통해 친구들 간의 따뜻한 우정, 배려의 소중함 등을 느끼고 감동 받을 수 있다.

오답 해설

①, ④ 화자가 16세 중학생이라면 자신이 최근에 겪은 일을 시로 풀어 낸 것으로 보는 것이 적절하다. 따라서 붕어빵에 얽힌 기억을 오래도록 잊지 못하고 있다(①)거나 살아가는 동안 다른 사람에게 선재 같은 친구가 되어 주지 못한 것을 후회하고 있다(④)고 보기는 어렵다.
② 화자가 16세 중학생이라면 16세에 경험한 일을 담담하게 들려주고 있는 것으로 보는 것이 적절하다. 과거를 돌아보면서 자기 자신을 반성하고 성찰하고 있다고 보기는 어렵다.
③ 이 시는 선재로부터 받은 감동을 전하고 있을 뿐, 선재에게 고마움을 표현하지 못해 후회하는 내용은 나와 있지 않다.

4. 선재는 경제적으로 어렵고 외로운 처지에 있는 '나'를 위해 붕어빵을 몰래 가방에 넣어 준다. 따라서 어렵고 힘든 처지에 있는 '나'에게 힘이 되어 준 존재는 선재이며, '나'가 선재에게 힘이 되어 주었다는 서술은 적절하지 않다.

5. 이 시의 화자는 귀뚜라미로, 가을날 밤에 갈댓잎 사이로 허옇게 보름달이 떠 있는 상황에서 울고 있다. 이런

장면은 애상적이고 쓸쓸한 분위기를 느끼게 한다.

오답 해설

① 이 시의 화자인 귀뚜라미는 갈대밭에서 울고 있다.
② 이 시의 화자인 귀뚜라미가 엄마를 그리워하며 울고 있는 아이에게 말을 건네고 있다.
③ 돌아가신 엄마를 잊지 못해 그리워하는 인물은 화자인 귀뚜라미가 아니라 시의 대상인 아이이다.
④ 이 시의 화자인 귀뚜라미는 슬퍼하는 아이를 담담한 목소리로 위로하고 있다.

6. 이 시의 화자는 '귀뚜라미'로 의인화되어 있다. 따라서 화자를 '오빠'로 바꾸게 되면 사람이 화자이기 때문에 의인화된 화자가 나타나지 않는다.

1. ① 2. ② 3. ⑤ 4. 열여섯 살의 학생으로 가정 형편이 어렵고 외로운 친구 5. ② 6. 우는 아이를 대신하여 귀뚜라미가 가을밤에 우는 것이라고 표현함으로써 우는 아이를 위로하고자 하는 마음(혹은 돌아가신 엄마에 대한 아이의 그리움)을 효과적으로 표현하고 있다.

1. 이 시는 붕어빵을 통해 참다운 우정과 배려의 가치를 전하고 있다. 어렵고 힘든 상황에 처한 화자를 위해 화자의 책가방에 붕어빵을 몰래 넣어 준 친구 선재의 따뜻한 마음이 감동을 불러일으킨다.

오답 해설

② 가슴 아팠던 일이 아니라 감동을 받았던 일을 이야기하고 있다.
③ 화자가 잘못한 내용은 나와 있지 않다.
④ 희생이 아니라 배려와 우정의 가치를 전하고 있다.
⑤ 세상의 문제점이 아니라 따뜻한 우정에 대해 이야기하고 있다.

2. 1~3연에서는 차가운 심상을 통해 화자가 처한 부정적 현실을 보여 주고 있으며, 4~5연에서는 따뜻한 심상을 통해 친구의 따뜻한 우정을 표현하고 있다. 따라서 차가움과 따뜻함이라는 대조적 심상을 사용하여 친구의 따뜻한 마음과 참된 우정이라는 주제를 효과적으로 표현하고 있다고 할 수 있다.

오답 해설

① 1~4연에서는 시간의 흐름이나 공간의 이동에 따라 시상이 전개되고 있다.

③ 동일한 시행이 반복되는 구절은 없다.

④ 화자는 선재의 친구인 '나'이므로, 의인화되어 있지 않다.

⑤ 각 연마다 비슷한 표현이 반복되고 있지 않으며, 1~3연에는 화자가 처한 부정적 현실이, 4~5연에서는 친구의 따뜻한 마음이 드러나 있다.

3. 1~3연에서는 '어둠이 한기처럼 스며들고', '아무도 없는 집 썰렁한 내 방'에서 알 수 있듯이 어둡고 차가운 분위기가 느껴진다. 하지만 4~5연에서는 '아직 온기가 식지 않은 종이봉투'에서 선재가 '나' 몰래 넣어 준 붕어빵을 발견하면서 친구의 따뜻한 마음에 감동하게 되고 '가장 따뜻했던 저녁'을 맞게 된다.

4. 일단, 학교가 끝나고 집으로 간다는 부분에서 화자의 신분은 학생임을 알 수 있다. 그리고 돌아간 집에는 화자를 맞아 주는 사람이 없다는 점에서 외로운 처지임을 알 수 있고, 따뜻한 밥 대신 학교 급식 우유로 배고픔을 달래야 하는 처지라는 점에서 경제적으로 어렵고 외로운 처지임을 알 수 있다. 또한 마지막 연의 '내 열여섯 세상에 / 가장 따뜻했던 저녁'이라는 표현을 통해 화자가 열여섯 살의 학생임을 짐작할 수 있다.

5. 이 시의 화자는 귀뚜라미로, 돌아가신 엄마를 그리워하는 아이를 위로하기 위해 편지를 쓰는 형식으로 내용을 전개하고 있다. 화자가 자신의 과거를 돌아보는 내용은 나와 있지 않다.

오답 해설

①, ③ 가을밤 갈대밭에서 귀뚜라미가 우는 풍경은 쓸쓸하고 애상적인 분위기를 자아낸다.

④ 화자인 귀뚜라미는 '울지 마'라고 말하며 우는 아이에게 말을 건네는 방식으로 표현하고 있다.

⑤ '귀뚜라미에게 받은 짧은 편지'라는 제목에서 알 수 있듯이, 귀뚜라미가 아이에게 편지를 쓰는 형식으로 내용을 전개하고 있다.

6. ㉠에서 '나'는 귀뚜라미이다. 즉, '내가 대신 이렇게 / 울고 있잖아'에서 울고 있는 존재는 귀뚜라미이며, 가을밤에 귀뚜라미가 우는 것을 슬픔에 빠진 아이를 대신하여

우는 것이라고 표현함으로써 우는 아이를 위로하고자 하는 마음을 효과적으로 표현하고 있다.

(2) 내가 그린 히말라야시다 그림

콕콕 확인 문제

31~61쪽

1. ⑤ **2.** ② **3.** ⑤ **4.** ④ **5.** 스스로의 재능을 의심하면서도 겉으로는 타고난 재능을 지닌 사람처럼 행동하고 다닌다. **6.** ② **7.** ⑤ **8.** ③ **9.** ① **10.** 나는 그를 뒤따라 화방 안으로 들어갔고, 우리는 거기서 서로에게 남아 있는 어릴 때의 옛 모습을 찾아냈지. **11.** ① **12.** ④ **13.** ① **14.** ④ **15.** 이야기 속 인물인 '나'가 주인공이 되어 자신의 속마음을 이야기하는 1인칭 주인공 시점이 쓰였다. **16.** ① **17.** ② **18.** ② **19.** (축구 경기에 대한) 설렘과 기대감으로 가득 차 있다. **20.** ③ **21.** ④ **22.** 담임 선생님이 자신과 친한 5반 선생님께 부탁하여 3학년인 '나'를 4학년 5반의 사생 대표로 내보냄. **23.** '나'가 학예 대회 초등부 사생 대표로 나가야 했기 때문이다. **24.** ② **25.** ① **26.** ⑤ **27.** ⑤ **28.** '나'는 그림에 소질(재능)이 있다. **29.** ④ **30.** ② **31.** ⑤ **32.** ⓐ: 경제적, ⓑ: 가난한, ⓒ: 부유한 **33.** ⑤ **34.** ③ **35.** 아버지가 그림에 뛰어난 재능이 있음을 강조하기 위해서이다. **36.** ⑤ **37.** ④ **38.** ① **39.** ③ **40.** ⓐ: '나'가 자신의 이름을 걸고 떳떳이 반 대표로 사생 대회에 참가함. ⓑ: 대회 장소가 '나'의 학교임. **41.** ③ **42.** ④ **43.** ① **44.** ④ **45.** '나'는 가난하고, '그 여자애'는 부유하다. **46.** ③ **47.** ② **48.** ⑤ **49.** ⑤ **50.** 아버지에게서 물려받은 천부적인, 천재적인 재능을 명백히 확인받고 싶기 때문이다. **51.** ⑤ **52.** ① **53.** ⓐ: 새하얀 시멘트 길에 떨어지던 새하얀 햇빛, ⓑ: 또각또각 찍히던 그 발소리, ⓒ: 그 따뜻하고 기분 좋은 냄새 **54.** ③ **55.** ④ **56.** ① **57.** ② **58.** ④ **59.** 학교에서 장원 상을 받은 사람이 '나' 하나뿐이며, 자신은 평범한 아이들과 달리 특별한 재능을 지니고 있어서 보고 배울 필요가 없다고 생각하는 것에서 우쭐함(우월감)과 자부심을 느낄 수 있다. **60.** ④ **61.** ① **62.** ④ **63.** 예상치 못했던 일에 너무 놀라고 당황했음을 효과적으로 보여 주고 있다. / 뜻밖의 상황에 큰 충격을 받았음을 효과적으로 보여 주고 있다. **64.** 천수기 선생님과 함께 다니던 그 아이 **65.** ① **66.** ⑤ **67.** 부끄러움, 죄책감 **68.** 수상작이 뒤바뀌었다는 사실을 밝히지 않았다. **69.** ② **70.** 풍경화가 어린 시절 사건을 떠올리게 하였고, 자신보다 더 잘 그릴 수 있는 사람이 있다는 생각이 들게 했기 때문에 풍경화를 그리지 않았다. **71.** ④ **72.** ⑤

1. 이 글의 갈래는 소설이다. 소설은 작가가 상상하여 꾸며 낸 이야기이기 때문에 허구적인 상상이 담겨 있다고

할 수 있다. 따라서 작가의 실제 경험과 허구적인 상상을 구분하며 읽을 필요는 없다.

2. **1**과 **2**는 '나'가 화가로서 활동하고 있는 현재 시점으로, '그 일'이 자신의 삶에 미친 영향에 대해 이야기하고 있다. **3**에서는 '그 일'이 왜 생겨났는지를 이야기하기 위해 초등학교 3학년 때의 과거로 거슬러 올라가고 있다. 따라서 현재 시점에서 과거를 회상하는 구조를 취하고 있다고 할 수 있다.

3. 이 글은 이야기 속에 등장하는 인물인 '나'가 서술자이자 주인공으로, 자신의 '그 일'에 대해 직접 이야기를 들려주고 있는 1인칭 주인공 시점을 취하고 있다.

4. **1**에서 '나'는 '그 일이 아니었다면 나는 다른 직업을 가졌겠지.'라고 말한 것으로 보아, '그 일'이 현재의 직업을 갖는 데 결정적인 영향을 미쳤음을 알 수 있다.

오답 해설
① **1**에서 '내 실수는 아니라구.'라는 말을 통해 '나'의 실수가 아님을 알 수 있다.
② **3**에서 '그 일은, 그 사건의 싹은 초등학교 3학년 때 자라기 시작했어.'라고 말하고 있는 것으로 보아, 초등학교 3학년 때 사건의 실마리가 나왔고 '그 일'은 좀 더 후에 일어난 것임을 짐작할 수 있다.
③ **3**에 담임 선생님과 아버지가 등장하지만 둘의 갈등은 나와 있지 않다.
⑤ **2**에서 '나'는 그날 그 일이 있은 뒤부터 자신의 재능을 쭉 의심해 왔고 그로 인해 심한 내적 갈등을 겪었다고 이야기하고 있다. 따라서 오랫동안 잊고 있었다고 보는 것은 적절하지 않다.

5. **2**에서는 '나'는 그 일이 있은 뒤부터 스스로의 재능을 의심해 왔지만, 다른 사람들에게는 그런 자기 생각을 들키지 않으려고 무진 애를 썼다. 실제 마음속 생각과 겉으로 드러나는 행동에 차이가 나는 것으로 보아 내적 갈등을 겪어 왔음을 짐작할 수 있다.

6. 이 글은 1인칭 주인공 시점을 취하고 있으며, 이 글에서 이야기를 들려주고 있는 인물은 '나'이다.

오답 해설
① 이 글의 주인공은 '나'이다.
③ 이 글은 사건의 실마리가 제시되는 발단 부분에 해당한다.

④ 아버지와 선생님은 친구 사이로 오랜만에 재회하는데 둘 사이의 갈등은 드러나 있지 않다.
⑤ 아버지의 겉모습을 묘사하는 부분에서 아버지가 염소를 치고 농사를 짓는 사람이라는 것은 알 수 있지만, 이 글 전반에서 농촌 사회의 향토적이거나 토속적 분위기를 그려 내고 있는 것은 아니다.

7. **5**에서 아버지는 그림 재료를 사는 것도 '우리 형편에는 좀 과분'하다고 말하고 있다. 또한 염소를 팔아야 그 돈으로 화방에 가서 그림 재료를 사는 것으로 보아 경제적으로 여유 있는 생활을 하고 있다고 보기는 어렵다.

8. 아버지는 염소를 판 돈으로 화방에 가서 그림 재료를 산다. 이는 자신의 아들이 그림에 재능이 있다면 아들이 꿈을 펼칠 최소한의 기회는 마련해 주고자 하는 마음이 드러난 것이다.

9. ⓐ는 아버지와 선생님 각각의 입장에서 서로를 지칭하는 말이다. 하지만 ⓑ~ⓔ는 모두 이 글의 주인공인 백선규를 말한다.

10. 선생님이 서술자가 되면 ㉮에서 '선생님'은 '나'로 바뀌어야 하고, 선생님과 아버지를 가리키는 말인 '두 사람'은 '우리'로 바뀌어야 한다.

11. **6**의 서술자와 **7**, **8**의 서술자는 서로 다른 인물이다. 서로 다른 두 서술자의 시점이 교차하면서 각자의 입장에서 사건이 서술되고 있다.

12. **6**은 '0'의 '나'가 자신이 겪은 '그 일'에 관해 들려주기 위해 초등학교 3학년 시절의 과거에 대한 이야기를 서술하고 있는 장면이다. **7**과 **8**은 '1'의 '나'가 현재 미술관에서 나와서 전시된 그림을 본 내용을 서술하고 있으므로 **6**의 사건과는 직접적인 관련이 없다.

13. **8**에서 '그 사람, 백선규. 나와 같은 고향 출신이고, 같은 초등학교를 나왔는데 어릴 때부터 상이란 상은 다 받고 다니더니 자라서도 한국을 대표하는 화가가 됐어.'라고 서술되어 있는 것으로 보아 '나'는 백선규를 잘 알고 있다고 할 수 있다. 또한 **7**에서 '난 그림을 좋아해.', '그냥 그림을 좋아하고 좋은 그림을 바라보고 있으면 기분이 좋아지는 애호가'라고 서술했고 실제로 그림을 보러 미술관을 즐겨 찾는다고 서술한 것으로 보아 그림 감상이 취미임을 알 수 있다.

ㄷ. 미술관에 그림을 감상하러 간 것이지 일하러 간 것은 아니다.

ㄹ. 단지 그림을 좋아하는 애호가라고 했을 뿐 화가라는 내용은 나와 있지 않다.

14. ⑧에서 '나'는 진짜 예술가라면 이 세상에 존재하는 모든 것을 표현할 수 있으며, 시간조차도 음악이나 화폭 속에 붙들어 놓을 수 있다고 서술하고 있다.

15. ⑦, ⑧에서는 '나'가 자신의 관점에서 자신의 속마음을 고백하듯이 들려주고 있으며, '나'가 서술자이자 주인공이기 때문에 1인칭 주인공 시점에 해당한다.

16. 이 글은 1인칭 주인공 시점이므로 독자는 '나'의 이야기를 직접 곁에서 듣는 듯한 느낌을 가질 수 있다. 따라서 친근감과 신뢰감을 느낄 수 있다.

②, ⑤ 3인칭 전지적 시점에 대한 설명이다.

③ 1인칭 관찰자 시점에 대한 설명이다.

④ 1인칭 관찰자 시점이나 3인칭 관찰자 시점에 대한 설명이다.

17. ⑨와 ⑩은 모두 1인칭 주인공 시점을 취하고 있으며, 서술자인 '나'가 주인공으로 자신의 이야기를 주관적 태도로 고백하듯이 들려주고 있다.

18. ⑨에서 '나'는 백선규 작품의 예술성과 가치를 높이 평가하면서 다양한 표현을 활용하고 있다. '악마가 그려 준 것처럼 동그랗고 선명한 저 원', '영혼을 팔아서 그 대가로 도깨비가 가져다준 물감을 쓰는 것일까', '여우 귀신이 그에게 검은색 물감을 가져다주는 것일까' 등과 같은 표현을 통해 '나'가 백선규의 작품을 얼마나 높이 평가하는지를 짐작할 수 있다.

19. ⑩에서 '나'는 축구 결승전이 열릴 운동장 곁을 지날 때 사람들의 함성만 들어도 가슴이 쿵쾅쿵쾅 뛰었고, 빨리 경기를 보고 싶다는 마음으로 주먹을 꼭 쥔 손바닥이 아팠다고 말하고 있다. 이는 '나'의 축구 경기에 대한 기대와 설렘을 표현하는 구절이다.

20. 이 글에는 1인칭 주인공 시점이 쓰였으며, '나'가 축구 경기를 보지 못하고 초등부 사생 대표로 사생 대회에 출전하면서 어떤 생각을 했는지 그 내면 심리가 잘 드러나 있다.

21. ⑪에서 '나'는 축구 경기를 못 봐서 가슴이 찢어질 것 같았다고 말하고 있다. 그런데 축구 경기를 볼 수 없었던 게 담임 선생님 때문이라고 말한 것으로 보아 선생님을 원망했을 것임을 짐작할 수 있다.

22. ⑫에서는 담임 선생님은 '나'에게 그림에 대한 재능을 살릴 기회를 주고자 했는데, 그 방법은 정상적인 게 아니라고 했다. 아직 3학년인 '나'는 4학년 이상만 참가하는 대회에 나갈 수 없기 때문이다. 그래서 담임 선생님은 3학년인 '나'를 4학년 5반 대표로 내보내는 편법을 써서 대회에 참가시킨다.

23. 선생님이 '나'를 사생 대회에 참가시켰기 때문에 같은 날 같은 시간대에 열리는 축구 경기를 볼 수 없었던 것이다.

24. ⑬에서는 '나'가 사생 대회에 참가하느라 축구 결승전을 보지 못해 눈물을 흘리는 내용이 나와 있고, ⑭에서는 그 대회에서 '나'가 장원을 했다는 내용이 나와 있다. 따라서 '나'가 축구 결승전을 보지는 못했지만 사생 대회에서 장원을 한 것이 중심 사건이라고 할 수 있다.

25. '나'는 그림을 그리면서도 공설 운동장에서 함성이 들려왔을 때 눈물을 흘리기까지 한다. 그토록 보고 싶어 했던 축구 경기를 보지 못하는 아쉬움 때문에 흘리는 눈물이라고 할 수 있다.

26. ⑭에서 아버지는 '나'가 장원을 했다는 기쁜 소식을 듣고도 쑥스럽게 웃는 반응을 보인 게 다였다. 따라서 평소 무뚝뚝하고 자신의 감정을 잘 표현하지 않는 인물임을 알 수 있다.

27. ⑮에서 어머니에 대한 언급이 없을 뿐, 어머니가 없다는 내용은 나와 있지 않다.

28. 선생님은 초등학교 3학년인 '나'가 4학년 이상의 좀 더 나이가 많은 학생들을 제치고 장원을 했다는 점과, 따로 그림을 배운 적이 없음에도 장원을 했다는 것을 강조하면서 '나'가 그림에 재능이 있음을 이야기하고 있다.

29. '나'는 특별 활동반으로 문예반에 들어갔지만 글짓기는 아무나 하는 게 아닌 것 같다고 생각하며 글짓기에 어려움을 느낀다. 따라서 글짓기에 소질을 보였다는 설명은 적절하지 않다.

30. 아버지는 "딸내미가 이쁘게 커서 시집만 잘 가면 됐지, 뭐 그림 그려서 돈 벌 것도 아니고 결혼해서 식구들

먹여 살릴 것도 아닌데 힘들게 공부할 거 뭐 있나."라고 말한다. 이런 아버지의 말에서 여자에 대한 차별적 사고를 갖고 있음을 짐작할 수 있다.

31. 문예반에서 활동하고 있음에도 불구하고 '나'가 사생 대회 대표로 뽑혔다는 사실은 '나'의 그림 그리는 재능을 인정받았음을 말해 준다. 실제로 ⑯에서 미술 과외를 하면서 남들보다 그림을 잘 그리게 되었다고 서술하고 있다. 또한 ⑱의 내용으로 보아 부유한 환경에서 자라났기 때문에 미술용품을 구하는 데 어려움이 전혀 없었던 것도 그림 연습을 마음껏 할 수 있어서 그림을 잘 그리게 된 이유라고 할 수 있다.

32. ⓒ의 바로 뒤에 이어지는 내용에서 문예반 아이들과 미술반 아이들의 경제적 형편이 서로 대조적이었음을 알 수 있다.

33. ㉑은 '나'가 자신의 아버지에 관한 이야기를 들려주고 있는 부분이므로 '나'의 시선으로 아버지의 이야기를 그려 내고 있다고 할 수 있다.

34. ⑲에서 '1'의 '나'는 '0'의 '나'가 자신과 달리 무척 가난한 아이라고 생각하고 이에 대해 불편한 감정을 표현하고 있다. 〈보기〉에서도 '0'의 '나'는 '1'의 '나'가 자신과 달리 부유한 환경의 아이라는 것을 이야기하고 있다.

오답 해설
① ⑲의 서술자는 '나'에게서 지독한 가난의 냄새가 난다며 '그 냄새며 꼴이 싫'다고 말하고 있다. 따라서 호감을 느낀다고 볼 수 없다.
② 〈보기〉에서 '나'는 그 여자애와 비슷한 점이 하나도 없다고 말하고 있다.
④ ⑲와 〈보기〉 모두 상대방에게서 받은 인상을 주로 서술하고 있다.
⑤ 〈보기〉의 '나'는 그 여자애가 미리 그려 놓은 밑그림이 아까워서 자리를 뜨지 못하고 있다고 추측하는데, ⑲에서 '나'도 동일한 말을 하고 있다.

35. ⓒ의 바로 앞 문장에서 '나'는 자신의 아버지가 천 선생님이 인정해 준 뛰어난 그림 재능을 지니고 있다고 말하고 있다. 따라서 천 선생님의 평가 기준이 높다고 말한 이유는 그만큼 아버지가 그림에 뛰어난 재능이 있음을 강조하기 위해서라고 할 수 있다.

36. 아버지는 할아버지가 쓰러지면서 가족의 생계를 꾸려 가야 했기 때문에 미술 대학 진학을 미룬다. 따라서 기꺼이 화가의 꿈을 포기하고 농부가 되었다고 보기는 어려우며 어쩔 수 없는 현실 때문에 자신의 꿈을 포기했다고 볼 수 있다.

37. ㉓에서 보면 아버지는 '나'의 그림에 별 관심을 보이지 않는다고 서술하고 있다. 병석에 누운 할아버지와 우리 식구들 굶기지 않으려면 정신없이 일을 해야 했다는 서술을 통해 가족의 생계를 꾸려 가기 위해 그림에 지속적인 관심을 보이기는 어려웠음을 짐작할 수 있다.

38. '나'는 미술이 별것 아니라고 생각하며 자신은 아버지로부터 화가로서의 재능을 물려받았기 때문에 죽어라 연습할 필요가 없다고 생각한다.

39. '나'는 자신의 출생이 아버지로 하여금 화가로서의 꿈을 접게 했는지도 모른다고 생각하고 있다. 이로써 아버지를 이해하고자 하는 '나'의 마음과 노력이 드러남을 알 수 있다. 그러나 아버지가 '나'를 미워한다는 내용은 나와 있지 않다.

40. ㉔에서 '나'는 작년과의 차이점을 분명하게 제시하고 있다. '내가 떳떳이 반 대표로 사생 대회에 참가하게 되었다는 것이나 대회 장소가 우리 학교라는 게 달랐지.'라고 말하고 있다.

41. ㉖에서 '나'는 여자아이가 '나를 한 번 힐끗 넘겨다보고는 코를 찡그리더니 더 이상 눈길을 주지 않았어.'라고 이야기하고 있다. 따라서 여자아이가 남자아이를 관심을 가지고 계속 지켜보는 장면을 떠올리는 것은 적절하지 않다.

42. 서술자는 '그 여자애'와 '나' 사이에 비슷한 점은 하나도 없으며 '그 여자애'는 무척 부유한 환경의 아이이고 자신은 가난한 처지에 놓여 있음을 강조하고 있다.

43. 작년과 달리 '나'는 축구 결승전에는 관심을 보이지 않는다. 스스로 '나에게는 목표가 있었어.'라고 말하며 장원 상과 상품을 받겠다는 의지를 드러내고 있다.

44. 주최 측이 '나'에게 번호를 잘못 부여했다는 내용은 나와 있지 않다.

오답 해설
① ㉕에서 '잊어버릴 수가 없는 번호야.'라고 말했다.

② 25 에서 '나는 도화지 뒤 네모난 보랏빛 칸에 검은색으로 번호를 124라고 분명히 적었어.'라고 말했다.

③, ⑤ 25 에서 124번은 무장간첩을 훈련한 부대 이름과 같다고 서술하고 있는데, 그 이유 때문에 번호를 기억하는 건 아니라는 말에서 그 번호에 얽힌 특별한 사건이 앞으로 일어날 것임을 암시하고 있다고 할 수 있다.

45. 한 번도 쓰지 않은 새 크레파스는 '그 여자애'의 부유한 환경을, 한 번 더 쓰면 닳아서 쓸 수 없는 크레파스는 '나'의 가난한 환경을 짐작하게 해 주는 소재이다.

46. 서술자의 객관적 설명을 통해 작가의 의도를 추리하고 의미를 찾으며 읽어야 하는 시점은 작가 관찰자 시점이다.

47. 29 에서 '나'는 심사 결과가 축구 결승전보다 훨씬 더 중요하다고 생각하고 있으며, 작년과 달리 축구에는 관심을 보이지 않고 있다.

48. 29 에서 '나'는 심사 결과를 기다리며 친구들과 하는 축구가 이상하게 재미가 없으며, 자꾸만 눈이 심사를 하고 있을 교실로 향하고 있다. 또한 아이들이 정신을 어디다 파느냐고 화를 낼 정도라고 말하는 것으로 보아, 심사 결과를 기다리는 '나'의 긴장감과 초조함을 짐작할 수 있다.

49. '쪽박을 차다'는 '거지가 되다'라는 뜻을 지니고 있으므로 먹고살기 힘들어지는 것을 말한다고 할 수 있다.

50. 29 에서 '나'는 자신이 심사 결과를 기다리는 이유를 아버지로부터 물려받은 천부적인, 천재적인 그림 재능을 확인받고 싶기 때문이라고 직접 밝히고 있다.

51. 31 의 '나'는 장원 소식을 듣고 눈물을 흘릴 정도로 기뻐하지만, 32 의 '나'는 상에 욕심을 부려 본 적도 없다고 말한다.

52. 32 에는 '나'가 어떤 삶을 살아왔는지를 요약하여 보여 주고 있다. 어릴 때의 가정 환경과 성장 과정 및 현재 가족 관계 등을 요약하여 제시함으로써 '나'의 특징을 보여 주고 있다.

53. '새하얀 시멘트 길에 떨어지던 새하얀 햇빛'은 시각적 심상에 해당하고, '또각또각 찍히던 그 발소리'는 청각적 심상에 해당한다. 주 선생님에게서 느껴지던 '따뜻하고 기분 좋은 냄새'는 후각적 심상에 해당한다.

54. 심사 결과를 기다리는 '나'의 긴장과 초조함이 일시에

완화되면서 장원한 것에 대한 기쁨과 자신의 재능을 인정받았다는 안도감과 행복감에 눈물을 흘렸다고 할 수 있다.

55. 33 에서 '나'는 자신의 실수로 상을 받지 못했음을 이야기하고 있다. 즉, 실수를 바로잡으면 상을 받을 수 있었다는 말은 수상작이 뒤바뀐 사건이 있었음을 보여 준다.

56. 33 에서 '나'는 실수를 바로잡아 상을 받고 싶은 마음과 실수를 바로잡는 과정이 귀찮아 그냥 내버려 두고 싶은 마음 사이에서 심리적 갈등을 겪고 있다.

57. ㉠의 바로 뒤에 이어지는 내용에서 '나'가 실수를 바로잡지 않은 이유에 대해 직접 서술하고 있다. 그 과정이 귀찮고 상이 없어도 행복하며 이미 상을 받은 아이가 느낄 좌절감 때문에 그냥 내버려 두었다고 하였다. 자기 실수를 인정하지 않으려는 모습은 드러나 있지 않다.

58. 전시회에 가지 않던 '나'가 갑자기 마음을 바꿔 전시회로 가는 행동은 새로운 사건이 전개될 것임을 예고하며 사건의 반전이 일어나는 계기로 작용한다.

59. 34~35 에서는 '나'가 장원 상을 받은 것에 대해 서술하고 있는데, 학교에서 장원 상을 받은 사람은 자신밖에 없음을 강조하며 우쭐함과 자부심을 드러내고 있다.

60. 37~39 에서는 '나'가 수상작이 뒤바뀐 것을 알게 되면서 극심한 내적 갈등을 겪는 모습이 묘사되어 있다. 이는 소설 구성 단계상 주인공의 갈등이 최고조에 이르는 절정 부분에 해당한다.

61. 37 에서 전시회에 걸려 있는 장원작이 '나'의 그림이 아니라는 사실이 밝혀져 '나'에게 충격을 안겨 주고 있다.

62. 36 에서는 '나'가 자신의 장원작이 사람들이 우러러보는 높이에 걸려 있는 것을 보면서 우쭐해하는 심리가 드러나 있다. 하지만 37 에서는 장원작이 자신의 것이 아님을 알게 되면서 충격과 당혹감을 느끼고 있다. 39 에서는 장원작이 자신이 그린 그림보다 더 뛰어난 작품임을 발견하면서 '나'가 좌절감을 느끼고 있다.

63. 같은 단어를 반복하는 서술을 통해 '나'가 느낀 충격의 정도가 매우 컸음을 효과적으로 보여 주고 있다.

64. 38 에서 '나'는 자신과 비슷한 그림을 그린 것으로 보아 자신과 비슷한 자리에서 그림을 그린 사람이 그림의 주인일 것이라고 추측하며, '천수기 선생님과 함께 다니던 그 아이'가 제 번호 대신 '나'의 번호를 쓴 사람이라고

생각한다.

65. ⓐ~ⓒ에는 '나'가 장원작의 주인이 자신이 아니라는 사실을 알고 난 후 겪는 내적 갈등이 상세하게 그려져 있다. 즉, 사실을 말해야 한다는 것을 알면서도 사실을 밝힐 수 없어서 고민하는 '나'의 마음이 고스란히 드러나 있다.

66. ⓒ는 장원 상의 주인이 바뀌었을 때 이미 장원 상을 받은 아이가 느낄 충격과 좌절감을 말하는 것으로, 수상작이 바뀌는 실수는 그 아이의 잘못이 아니기 때문에 장원 상의 주인이 바뀌었다고 하여 그 아이가 그림을 그릴 수 있는 기회가 영원히 박탈당하는 것은 아니다.

67. '나'는 그 여자아이가 그림을 그린 당사자라는 것을 알고 있었기 때문에 부끄러운 마음과 죄책감 때문에 그 여자아이를 똑바로 볼 수 없어서 눈을 감은 것이라고 할 수 있다.

68. 이 글에서 '나'가 한 선택은, 수상작이 뒤바뀐 사실을 알면서도 장원작이 자신의 작품이 아니라는 것을 끝내 밝히지 않은 것이라고 할 수 있다.

69. 그 일 이후로 '나'는 늘 자신의 재능을 의심하며 살아간다. 자신보다 뛰어난 재능을 지닌 누군가가 있다는 사실을 의식하며 살았고, 그래서 자신이 가진 능력 전부를, 그 이상을 쏟아부으며 최선의 노력을 다해 그림을 그렸다. 그 결과 한국을 대표하는 뛰어난 화가가 되었다.

오답 해설

ㄴ. ⓭에서 '나'는 자신의 재능을 의심하며 살아왔다고 했을 뿐, 다른 사람들을 믿지 못하는 습관이 생겼다는 내용은 나와 있지 않다.

ㄷ. ⓭에서 '나'는 반공 포스터조차도 최선을 다해 그렸다고 말하고 있는데, 이것은 '나'가 어떤 미술 활동을 하든지간에 최선의 노력을 다했다는 것을 강조하기 위한 표현이다. ⓮에서 '나'가 풍경화를 그리지 않고 추상화를 주로 그렸다는 서술을 통해 '나'가 분야를 가리지 않고 작품 활동을 했다고 보기는 어렵다.

70. 〈보기〉에는 '나'가 풍경화를 그려 장원 상을 받았는데, 장원 상을 받은 그 풍경화가 자신의 작품이 아니었다는 내용이 나와 있다. 따라서 풍경화는 '나'에게 어린 시절 그 사건을 떠올리게 하였고, 자신보다 풍경화를 더 잘

그리는 사람이 있다는 생각 때문에 '나'가 풍경화 대신 추상화만 그렸다는 것을 알 수 있다.

71. ⓯에서 '나'는 백선규를 알아보고 인사를 할지 고민한다. '고향, 연도, 초등학교를 말하면 알아볼까?'라는 말에서 '나'와 백선규가 같은 고향 출신으로 같은 초등학교를 다녔음을 알 수 있다.

72. ⓛ은 '나'와 백선규가 서로 가는 길이 다르다는 것을 드러내는 서술이다. 즉, 두 사람은 어린 시절 한 사건을 겪지만 성인이 된 후 각자 서로 다른 삶을 살아가고 있음을 알 수 있다.

시험엔 이렇게!!   62~65쪽

1. '1'의 '나'가 참가 번호를 잘못 적는 실수를 하는 바람에 사생 대회 수상작이 뒤바뀌어 '0'의 '나'가 장원 상을 받았다. **2.** ② **3.** ② **4.** ① **5.** '0'의 서술자는 한국을 대표하는 화가가 되었고, '1'의 서술자는 그림 감상을 취미로 즐기는 여유 있는 삶을 누리고 있다. **6.** ③ **7.** 같은 상황에 처한 두 인물의 심리를 비교해 보는 재미가 있다. **8.** ② **9.** 수상 소식에 눈물을 흘리며 미술반 선생님 품에 안겨 울던 일이 생각나서 부끄러운 마음에 사실을 말할 수 없었다.

1. 이 글의 중심 사건은 두 서술자의 삶에 큰 영향을 미친 어린 시절의 선택을 다룬 사건이다. 초등학교 시절 수상작이 뒤바뀐 것을 알면서도 두 서술자는 모두 사실을 밝히지 않았는데, 그 일로 인해 두 인물의 삶이 어떻게 달라졌는지를 그려 내고 있다.

2. '1'의 '나'는 그림 감상이 취미인 그림 애호가이다.

오답 해설

① '0'의 '나'는 소설의 시작과 끝 부분에서 자신이 현재 그림을 그리고 있는 화가이며 한국을 대표하는 뛰어난 화가임을 밝히고 있다.

③ '0'의 '나'는 가난한 농부의 아들로 자라났다.

④ '1'의 '나'는 읍에서 큰 제재소를 운영하는 부유한 집안의 딸이다.

⑤ '1'의 '나'가 아니라 '0'의 '나'가 초등학교 사생 대회에서 장원 상을 받는다.

3. '0'의 서술자는 농사를 짓고 염소를 치는 가난한 집안의 아들이다.

오답 해설

① '0'의 서술자의 아버지는 화가의 꿈을 접었지만 '0'의 서술자는 화가가 된다.

③ '0'의 서술자가 축구를 좋아했지만 축구 선수로서의 재능이 있다는 내용은 없다. 또한 초등학교 3학년 때만 축구를 좋아했을 뿐, 4학년 때는 축구보다 그림 그리기에 더 큰 관심을 갖게 된다. 사생 대회에서 장원을 하는 등 그림 그리기에 재능을 보였고 결국 화가가 된다.

④ '0'의 서술자는 가난한 가정 형편 때문에 그림 재료를 구하는 것도 쉽지 않았다. 어려서 다양한 예술 교육을 받은 것은 '1'의 서술자이다.

⑤ '0'의 서술자의 아버지는 아들이 그림에 재능이 있다면 그 꿈을 펼칠 수 있도록 최소한의 기회는 마련해 주고자 하였다.

4. '1'의 서술자는 부유한 환경에서 부족함 없이 자라났기 때문에 경쟁을 싫어하고 귀찮은 일을 싫어한다.

5. '0'의 서술자는 어린 시절 수상작이 뒤바뀐 사건 이후로 각고의 노력을 거듭하여 유명한 화가가 되었고, '1'의 서술자는 취미로 미술 감상을 하면서 여유 있게 살아가고 있다.

6. 이 소설은 '0'의 서술자와 '1'의 서술자가 각자의 관점에서 각자 겪은 일을 들려주는 1인칭 주인공 시점이 교차하면서 사건을 서술하고 있다.

오답 해설

① 두 서술자는 각자 자신의 이야기를 하고 있다.

② 대화를 주고받는 게 아니라 각자 자신의 이야기를 고백하듯이 들려주고 있다.

④ 두 서술자는 각자 주관적인 태도로 자신이 겪은 일과 그때 느끼고 생각한 것들을 서술하고 있다.

⑤ '0'의 서술자와 '1'의 서술자는 서로 다른 인물이다.

7. 같은 사건을 두 서술자가 서술할 때 각자의 관점으로 각자 생각하고 느낀 것을 이야기하기 때문에 같은 상황에 처한 두 인물의 심리를 비교하며 읽는 재미가 있다.

8. '1'의 '나'는 자기가 받아야 할 상을 찾아오고 싶은 마음도 있었지만 결국 포기한다. 그러면서 그 이유를 상을 찾아오기 위한 과정이 귀찮게 느껴지기도 했고, 이미 상을 받은 아이가 느낄 좌절감을 생각했기 때문이라고 서술하고 있다.

9. '0'의 '나'는 장원작이 자신의 그림이 아니라는 사실을 말해야 한다는 것을 알면서도 그렇게 하지 못했다. 그 이유는 장원 소식을 들었을 때 주 선생님의 품에 안겨 눈물을 흘리던 일이 생각나서 부끄러운 마음에 도저히 주 선생님께 사실을 밝힐 수 없었기 때문이다.

소단원 **나의 실력 다지기**   70~75쪽

1. ① **2.** ⑤ **3.** ② **4.** (마), (바), '나'의 장원작이 다른 사람의 그림이라는 것을 알았지만, 사실을 밝히지 못하였다. **5.** ① **6.** 그림을 그릴 때마다 최선의 노력을 하여 천재적인 재능을 지닌 뛰어난 화가로 인정받게 되었다. **7.** ② **8.** ① **9.** ⑤ **10.** ① **11.** 첫째, 실수를 바로잡는 과정이 귀찮게 느껴졌기 때문이다. 둘째, 이미 상을 받은 아이가 느낄 좌절감이 생각났기 때문이다. 셋째, 상을 받지 않아도 행복하게 살 수 있기 때문이다. **12.** ④ **13.** ③ **14.** ⑤ **15.** 내 뒤에서 그림을 그리던 녀석, 옷도 지저분하고 검정 고무신을 신은 데다 간장 냄새가 나던 녀석 **16.** 나는 그에게서 나는 지독한 가난의 냄새가 싫었어. **17.** ① **18.** ① **19.** ② **20.** 그 여자아이가 장원작을 그린 당사자임을 알고 부끄러운 마음과 죄책감, 진실을 외면하고 싶은 마음에 그 아이의 얼굴을 보지 않으려고 눈을 감았을 것이다.

1. 이 글의 서술자는 작품 속 등장인물인 '나'로, 주인공이 되어 자신의 이야기를 들려주고 있다. 따라서 1인칭 주인공 시점에 해당한다.

오답 해설

②, ⑤ 이야기 속의 '나'가 다른 주인공의 사건을 들려주는 것은 1인칭 관찰자 시점이다.

③ 이야기 밖의 서술자가 인물의 말과 행동을 관찰하여 서술하는 것은 3인칭 관찰자 시점이다.

④ 이야기 밖의 서술자가 인물의 심리를 훤히 알고 있거나 사건의 속사정까지 알고 있는 것은 3인칭 전지적 시점이다.

2. (나)에서 아버지는 '나'의 장원 소식을 듣고는 쑥스럽게 웃는 듯했다고 서술되어 있다. 따라서 아버지 역시 '나'의 장원 수상을 기뻐했음을 알 수 있다. 다만 감정을 겉으로 잘 내색하지 않는 성격이라서 이런 반응을 보인 것으로 이해할 수 있다.

3. 이 글의 '나'는 자신이 생각하고 느낀 것들, 자신의 속마

정답과 해설

음을 솔직하게 고백하듯이 이야기하고 있다(ㄱ). 또한 (가)는 성인이 된 현재 시점에서 이야기를 하고 있고, (나)~(바)에서는 과거 어린 시절의 이야기를 들려주고 있으며, (사)는 다시 과거 그 사건 이후 현재가 되기까지의 모습을 다루고 있어서 '현재-과거-현재'의 역순행적 구성을 취하고 있다고 할 수 있다(ㄹ).

4. '나'가 자신의 재능을 의심하게 만든 그 사건은 (마)와 (바)에 제시되어 있다. 자신이 장원 상을 받은 그 작품이 사실 자신의 것이 아니라는 사실은 '나'가 자신의 재능을 의심하게 만드는 결정적인 사건이 된다.

5. ⓒ은 1인칭 주인공 시점에서 서술된 것이다. 이것을 〈보기〉에서 설명하는 3인칭 관찰자 시점으로 바꾸어 서술하려면, '나'를 3인칭인 '그'나 그의 이름인 '백선규'로 바꾸어 주어야 하고, '나'의 심리를 직접 묘사하는 대신 겉으로 드러나는 모습만 관찰하여 보여 주는 것으로 바꾸어야 한다. 따라서 '나'를 '그'로 바꾸고, '가슴이 후들후들 떨려서'를 '얼굴색이 파랗게 변하더니'라고 겉모습을 관찰해 묘사하는 것으로 바꾸는 것이 적절하다.

오답 해설
② '나'의 심리를 직접 서술하고 있어서 1인칭 주인공 시점에 해당한다.
③ 1인칭 관찰자 시점으로 서술한 것이다. 서술자인 '나'가 주인공 백선규를 '그'라고 부르며 그의 모습을 관찰하여 서술하고 있다.
④, ⑤ 그의 심리를 훤히 꿰뚫고 있어서 3인칭 전지적 시점에 해당한다.

6. 그 결과의 내용은 ⓒ의 앞부분에 나오는 서술에서 짐작할 수 있다. 자신의 재능을 의심하면서 살아왔기 때문에 자신이 가진 능력을 최대한 쏟아붓는 최선의 노력을 할 수밖에 없었고, 그래서 (가)에 나오는 것처럼 뛰어난 재능을 지닌 화가로 성장할 수 있었음을 알 수 있다.

7. 이 글의 시점은 서술자인 '나'가 주인공이 되어 자신의 이야기를 들려주는 1인칭 주인공 시점이다. 서술자는 이야기 속 등장인물인 '나'로 주인공이다(ㄱ). 그리고 서술자가 자신의 이야기를 직접 들려주고 있다(ㄴ). 또한 (바)에 잘 드러나듯이 서술자가 자신의 생각과 내적 갈등을 구체적으로 전달하고 있다(ㄹ). 그리고 이렇게 서술자가 자신의 내면세계를 고백하듯이 들려주기 때문에 독자는 친근감을 느낄 수 있다(ㅁ).

오답 해설
ㄷ. 서술자는 주관적 태도로 자신이 겪은 사건에 대해 이야기하고 있다.
ㅂ. 서술자는 자신의 관점으로 자신의 이야기만을 전달하고 있기 때문에, 모든 등장인물의 사건 전개에 광범위하게 개입하고 있다고 볼 수 없다.

8. 이 글에서 드러나는 갈등은 (바)에서 찾을 수 있는데, '나'가 번호를 잘못 써서 장원 상을 받지 못하게 되자 이 일을 둘러싸고 갈등을 하고 있다. 실수를 바로잡아 상을 받고 싶은 마음과 그냥 내버려 두고 싶은 마음 사이에서 갈등하다가 그냥 내버려 두기로 한다.

9. (다)에서 '나'는 그림에 재능이 있었음에도 불구하고 아버지의 말씀을 들은 후 그림을 열심히 그리지 않는다. 또한 (마)에서는 스스로 부유한 집안에서 부족함 없이 자랐고 평탄한 삶을 살아왔으며 스스로의 삶에 만족하고 있다고 말하고 있다. (바)에서는 자신이 받아야 할 상을 놓쳤음에도 불구하고 실수를 바로잡는 과정이 귀찮아 상을 포기한다. 따라서 '나'의 꿈에 대해서 언급하지 않고 있으며, '나'가 자신의 꿈을 이루기 위해 최선의 노력을 다하는 모습은 찾아볼 수 없다.

10. (나)와 (사)에서 '나'는 백선규와 같은 고향 출신이며 같은 초등학교를 다녔음을 알 수 있다.

11. ⓐ의 뒤에 이어지는 내용에서 그 답을 알 수 있다. '나'가 백선규를 스쳐 지나갈 때 백선규에게서 느껴지는 그 가난의 냄새를 맡으며, 그 아이가 느낄 좌절감이 생각났고, 자신의 실수를 바로잡는 과정이 귀찮게 느껴졌고, 상을 받지 않아도 행복하게 살 수 있기 때문에 사실을 밝히지 않았음을 짐작할 수 있다.

12. (가)와 (나)에는 두 서술자가 사생 대회에서 만나는 장면이 공통적으로 서술되어 있다. 앞뒤로 나란히 앉아 같은 풍경을 바라보고 그림을 그리는 상황에 대해 두 서술자는 각자의 관점에서 받은 인상을 각각 서술하고 있다. 따라서 같은 상황에 처한 두 인물의 심리를 비교해 볼 수 있다.

13. 이 글에는 '0'의 '나'와 '1'의 '나'가 특별활동을 같이했다는 내용은 서술되어 있지 않다.

오답 해설

① (나)에서 '0'의 '나'는 '1'의 '나'가 자신과 같은 반은 아니었지만 학교에서 본 적이 있다고 말하고 있다.

② (가)와 (나)에서 '0'의 '나'와 '1'의 '나'는 사생 대회에 학교 대표로 참가하여 그림을 그리고 있음을 알 수 있다.

④ (나)에서 '0'의 '나'가 서술하는 내용을 보면, '1'의 '나'인 그 여자애는 크레파스부터 한 번도 쓰지 않은 새것을 쓰고 있으며 부유해 보이는 옷차림을 하고 있다는 것을 알 수 있다. 반면 자신은 한 번만 더 쓰면 쓸 수 없도록 닳은 크레파스를 쓰고 있으며, 스스로를 촌뜨기라고 표현하는 것으로 보아 '0'의 '나'는 무척 가난한 아이임을 알 수 있다.

⑤ (나)에서 '1'의 '나'인 여자애는 자주색 원피스에 검정 에나멜 구두를 신고 머리에 푸른 구슬 리본을 매고 있으며 얼굴이 무척 희고 예쁘다고 서술되어 있다. 반면 (가)에서 '0'의 '나'는 옷도 지저분하고 검정 고무신을 신은 데다 간장 냄새가 나던 녀석으로 '0'의 '나'에게서는 지독한 가난의 냄새가 났다고 서술되어 있다.

14. (나)의 마지막 문단을 보면, '0'의 '나'는 반드시 장원을 하고 상품도 받아야 했기 때문에 마감 시간이 다 될 때까지 최선을 다해서 그림을 그린다. 반면에 '1'의 '나'는 그림을 먼저 제출하고 가는데, 이것에 대해 '0'의 '나'는 부유한 집안의 아이들은 재미로 그림을 그리는 것이라고 생각하며, 부유한 아이들이 그림을 대하는 자세가 자신과 다르다고 이야기하고 있다.

15. (가)와 (나)를 종합하여 보면, '0'의 '나'는 '1'의 '나' 뒤에 앉아 그림을 그린다. 따라서 (가)에서 '1'의 '나'가 '내 뒤에서 그림을 그리는 녀석, 옷도 지저분하고 검정 고무신을 신은 데다 간장 냄새가 나던 녀석'이라고 표현한 아이가 '0'의 '나'임을 알 수 있다.

16. ㉠과 같이 행동한 까닭은 (가)에서 '1'의 '나'가 직접 밝히고 있는데, '그 냄새며 꼴이 싫어서 자리를 옮기려고 했'다고 말하고 있다. 즉, 그에게서 나는 지독한 가난의 냄새가 싫어서 고개를 돌린 것이라고 이해할 수 있다.

17. (가)와 (나)에서는 서로 다른 두 서술자가 각자 겪고

있는 내적 갈등을 구체적으로 서술하고 있다. 즉, 두 서술자는 수상작이 뒤바뀐 사건에 대한 각자의 생각과 느낌을 서술함으로써 각자의 내면 심리를 드러내고 있음을 알 수 있다.

18. 이 글의 주제는 (가)와 (나)에 제시된 어린 시절의 사건에서 두 서술자가 각자 어떤 선택과 대처를 했느냐에 따라 두 사람의 인생이 어떻게 달라졌는가를 보여 주는 것이라고 할 수 있다. 따라서 이 글의 주제와 관련하여 '어떤 선택이 사람의 인생을 바꾸게 될까'에 대해 떠올려 보는 것이 가장 적절하다.

오답 해설

②, ④ 이 글의 두 서술자는 서로 사랑하는 사이도 아니고 각자의 사랑 이야기를 하고 있지도 않다.

③ (가)의 서술자는 자신이 받아야 하는 상조차 실수를 바로잡는 과정이 귀찮게 느껴져 내버려 둔다. 따라서 쉽게 포기하지 않는 도전 정신과는 거리가 멀다. (나)의 서술자는 그 일 이후로 어떤 작품이든 최선의 노력을 다해 완성하는 모습을 보이지만, 그것은 그 일이 자신의 삶에 미친 영향과 관련된 것이지 도전 정신과는 거리가 있다.

⑤ 이 글의 두 서술자는 각자의 삶에 대해 이야기하고 있을 뿐, 서로 어울려 함께 살아가는 법에 대해 이야기하고 있지는 않다.

19. 〈보기〉의 등장인물은 '백선규', '그녀', '여자아이'라고 지칭되어 있으므로 모두 3인칭으로 서술되고 있다고 할 수 있다.

오답 해설

① 작품 속에 '나'가 등장하지 않기 때문에 서술자가 이야기 밖에 위치해 있다고 할 수 있다.

③ 백선규와 여자아이에 관한 이야기를 주로 그들의 행동을 통해 전달하고 있을 뿐, 인물의 내면의 모습을 고백하듯이 들려주고 있지는 않다.

④ 서술자는 어느 한쪽에 치우치지 않고 비교적 객관적인 시각에서 두 인물의 모습을 서술하고 있다.

⑤ 서술자는 백선규와 여자아이가 모두 진실을 말하지 못한 것을 정확히 알고 서술하고 있다.

20. '나'는 그 여자아이가 장원작의 주인임을 눈치챘기 때문에 부끄럽기도 하고 죄책감도 느껴져 그 여자아이를

지나칠 때 눈을 감았다고 할 수 있다. 혹은 진실을 외면하고 싶은 마음에 눈을 감았다고 할 수도 있다.

1. ①   2. ①   3. ③   4. ⊙의 '한기'는 차가운 분위기를, ⓒ의 '따뜻했던 저녁'은 따뜻한 분위기를 조성한다. 따라서 시의 전반적인 분위기가 차가운 분위기에서 따뜻한 분위기로 변화했음을 알 수 있다.   5. ⑤   6. ①   7. 조약돌, 상대방을 위하는 따뜻한 마음 / 상대방에 대한 배려와 사랑   8. 가을밤 갈대가 우거진 곳이다. / 가을밤 갈대밭이다.   9. ⑤   10. '나'   11. ④   12. '나'는 재능을 타고났기 때문에 노력 없이도 잘할 수 있다고 생각했지만, 자신의 재능을 의심하면서 자신이 가진 능력 전부, 그 이상을 쏟아붓는 노력을 하게 되었다.   13. ⑤   14. ②   15. ③   16. ⑤   17. ⓐ: 이미 상을 받은, 가난에 찌들어 보였던 그 아이가 좌절할 것, ⓑ: 귀찮은 과정을 거쳐야 할 것   18. 백선규는 자신이 받은 장원 상의 주인이 자신이 아니라 다른 사람인 것을 알면서도 사실을 밝히지 않았기 때문이다.   19. ④   20. ②   21. ③   22. ⓐ: 후각, ⓑ: 시각, ⓒ: 무척 가난한 아이   23. ⑤   24. ②

1. (가)와 (나)의 문학 갈래는 시이다. 시를 쓰는 시인은 자신이 말하고자 하는 바를 효과적으로 드러내기 위해 화자를 설정한다. 따라서 시를 읽을 때는 화자의 관점에 주목하여 시인이 화자를 설정한 의도와 그 효과를 파악하며 읽어야 한다.

오답 해설
② 설명문을 읽는 방법이다.
③ 소설이나 극 문학을 읽는 방법이다.
④ 글쓴이의 주장이 드러나는 논설문을 읽는 방법이다.
⑤ 시에서는 주로 단어의 사전적, 지시적 의미보다는 함축적 의미를 통해 주제를 드러내기 때문에, 비유나 상징을 통해 드러나는 함축적 의미를 파악하는 것이 중요하다.

2. (가)의 화자는 '나'로, 열여섯 살 학생이나 열여섯 살 때의 과거를 회상하는 어른으로 볼 수 있고, (나)의 화자 역시 '나(귀뚜라미)'로 드러나 있다. 따라서 두 시 모두 화자가 겉으로 드러나 있음을 알 수 있다.

오답 해설
② (가)의 화자를 과거를 회상하는 어른으로 볼 수는 있으나, 현재 시점에서 과거를 회상하는 구조가 시에 직접 드러나 있지는 않다. (나)는 우는 아이를 대신하여 가을밤 귀뚜라미가 울고 있는 상황을 그려 내고 있으나, 과거를 회상하는 구조를 취하고 있지 않다.
③ (가)에서는 1연의 '어둠이 한기처럼'에서 직유법을 사용하고 있으나, 붕어빵의 상징적 의미가 주제를 드러내는 데 기여하고 있으므로 비유적 표현을 통해 주제를 드러내고 있다고 보기 어렵다. (나)에서는 귀뚜라미를 의인화하는 의인법을 사용하여 우는 아이를 위로하고자 하는 마음을 드러내고 있으나, 비유가 드러나는 구체적인 표현을 통해 주제를 드러내고 있다고 보기는 어렵다.
④ (가)와 (나) 모두 각 행마다 비슷한 길이의 시행을 반복하여 운율을 만들어 내고 있다고 보기 어렵다.
⑤ 편지를 보내는 설정은 (나)에서만 쓰였다.

3. (가)의 3연을 보면, 화자가 돌아간 집에는 아무도 없었고, 그래서 방은 썰렁하게 느껴진다. 따라서 엄마가 차려 주신 따뜻한 밥상이 있었다는 내용은 적절하지 않다.

4. ⊙은 어둡고 차가운 분위기를, ⓒ은 따뜻한 분위기를 느끼게 한다. 따라서 시의 초반에는 어둡고 차가운 분위기가 느껴졌으나, 선재가 몰래 넣어 준 붕어빵을 통해 따뜻한 분위기로 바뀌고 있음을 알 수 있다.

5. (나)는 귀뚜라미가 쓴 편지 형식으로 이루어져 있다. 편지를 받는 사람은 돌아가신 엄마를 그리워하며 울고 있는 아이이다. 화자인 귀뚜라미는 그 아이에게 말을 건네듯이 이야기를 하고 있으므로 혼잣말이라고 보기 어렵다.

6. (나)의 화자는 돌아가신 엄마를 그리워하며 울고 있는 아이를 위로하고 있다. 따라서 (나)의 주제는 돌아가신 엄마에 대한 그리움 또는 그 아이를 위로하고자 하는 마음으로 볼 수 있다.

7. ⒜는 선재가 '나'의 가방에 몰래 넣어 준 붕어빵으로, '나'를 위하는 선재의 따뜻한 마음과 우정, 사랑과 배려가 담긴 소재이다. 〈보기〉에서는 '그 애 아버지'가 '나'에게 따뜻한 조약돌 두 개를 건네며 집에 가는 동안 따뜻하기를 바라는 마음을 전하고 있다. 따라서 이 '조약돌'에는 '붕어빵'처럼 상대방을 위하는 따뜻한 배려와 사랑이 담겨 있다고 할 수 있다.

지식 창고 – 소재의 의미와 기능

의미	• 작가가 한 편의 이야기를 전개하기 위해 사용하는 글의 재료로, 작가가 작품 속 인물의 심리, 성격을 보여주기 위해 선택하여 사용함. • 특정 사물, 대상, 환경, 인물의 감정, 행동 등 모든 것이 작품의 소재가 될 수 있음.
기능	• 갈등 유발 및 해소: 동일 소재에 대한 인물들의 가치관이 다르거나, 인물들이 동일한 소재를 추구할 때 갈등이 유발될 수 있음. • 인물의 심리, 성격의 표현: 소재를 대하는 인물의 태도를 통해 인물의 심리나 성격이 드러나기도 함. • 주제의 형상화: 소재를 통해 작가가 말하고자 하는 주제 등이 상징적으로 드러나기도 함. • 사건 전개의 방향을 암시: 소재가 앞으로 일어날 사건을 암시하거나 과거 회상의 매개체가 되기도 함.

8. (나)의 '해마다 가을날 / 밤이 깊으면 / 갈댓잎 사이로 허옇게 / 보름달 뜨면'이라는 구절에서 계절적 배경은 가을이며, 시간적 배경은 밤이고, 공간적 배경은 갈댓잎이 우거진 갈대밭임을 알 수 있다.

9. (나)에서 아버지는 '그렇게 되고 싶어 하던 화가가 못 되고 농사를 짓는 사람이 되었'다고 하였다. 또한 (다)에서 아버지는 '천수기 선생님이 인정하는 화가의 재능을 타고났'다고 하였다. 이를 통해 아버지는 화가로서의 재능이 있었지만 현재는 농사를 짓는 농사꾼이 되었음을 알 수 있다.

오답 해설
① (가)와 (아)에서 '나'의 직업이 화가임을 알 수 있다.
② (아)에서 '나'가 자신을 성찰하며 꾸준히 노력하는 성격을 지녔음을 알 수 있다.
③ (다)~(마)에서 '나'가 그림 그리기에 관심이 많고 재능이 있음을 알 수 있다.
④ (나)에서 '나'의 아버지의 직업은 농사꾼이라는 것을 알 수 있고, (라)에서 '나'가 뚜껑이 없는 크레파스를 사용하는 것으로 보아 '나'를 부유한 집안의 아이로 보기는 어렵다. 또한 미술 교육을 받았다는 내용도 나와 있지 않다.

10. 이 글에서 이야기를 들려주는 인물은 '나'이기 때문에 '나'가 서술자이며, '나'가 자기 자신의 이야기를 하고 있으므로 '나'가 주인공이라고 할 수 있다. 따라서 이 작품에는 1인칭 주인공 시점이 쓰였다고 할 수 있다.

11. 이 글에서 '나'의 삶에 영향을 미친 어린 시절 사건은 (바)와 (사)에 제시되어 있다. (바)에서 '나'는 자신이 장원 상을 받은 작품이 자신이 그린 그림이 아니라는 것을 알게 되고, (사)에서 '나'는 그것 때문에 갈등하다가 사실을 밝히지 않는 쪽으로 선택을 하고 있다. 이런 선택은 (아)에 나오듯이 이후 '나'의 삶에 큰 영향을 미치게 된다.

12. (다)에서 '나'는 미술이 별것 아니라고 생각하며, 아버지의 화가로서의 재능을 자신도 타고났으니 굳이 열심히 노력할 필요가 없다고 생각한다. 하지만 수상작이 뒤바뀌는 사건을 겪은 이후, (아)를 보면, '나'가 자신보다 뛰어난 재능을 지닌 누군가가 있을 거라고 생각하며 최선을 다해 노력하고 있음을 알 수 있다.

13. ⓒ은 '나'가 수상작이 자기 것이 아님을 밝히지 못하는 이유를 이야기하는 부분으로, 수상 소식에 눈물을 흘리며 주 선생님 품에 안겨 울었던 일이 생각나 너무도 부끄러운 마음에 '나'는 사실을 말하지 못한다. 이는 주 선생님에 대한 원망이 아니라 자신의 행동에 대한 부끄러움을 말하고 있는 것이다.

14. 이 작품은 등장인물인 '나'가 자신의 관점에서 자신의 이야기를 서술하는 1인칭 주인공 시점을 취하고 있다.

오답 해설
① 서술자는 작품에 등장하는 인물인 '나'이다.
③ '나'가 주인공이자 서술자로 자신의 이야기를 들려주고 있다.
④, ⑤ '나'가 자신의 관점에서 자신의 이야기를 들려주고 있다.

15. (가)와 (나)는 어른이 된 '나'가 그림을 감상하고 있는 장면으로 현재 시점에 해당한다. (다)~(바)는 '나'의 어린 시절 과거 이야기로 (다)에서는 자신의 어린 시절 가정 환경이나 성장 과정을 이야기하고 있고, (라)~(바)에서는 초등학교 4학년 때의 일을 다루고 있다. (사)는 다시 현재 시점으로 돌아와 길거리에서 우연히 백선규를 만나게 되지만 아는 척을 하지 않는 내용이 서술되어 있다.

16. '나'가 경쟁을 싫어하고 귀찮고 힘든 일을 하지 않으려고 하는 모습은 (바), (사)에서 짐작할 수 있다. (바)에서는 실수를 바로잡는 것이 귀찮아 상을 포기하고 있고,

(사)에서는 아는 척을 하는 것이 귀찮아 백선규에게 인사하는 것을 포기하고 있다.

17. (바)에서 '나'는 백선규를 스쳐 가면서 그의 모습을 본다. 그러고는 그 아이가 느끼게 될 좌절감을 생각하고, 잘못된 과정을 바로잡는 게 귀찮은 일이라는 생각을 하며 사실을 밝히는 것을 그만두게 된다.

18. '나'가 백선규를 시치미를 뚝 떼고 잘못을 인정하지 않을 사람이라고 생각한 까닭은 (바)에 제시되는 어린 시절 사건 때문이다. 즉, 수상작이 뒤바뀌어 장원 상을 수상했는데도 불구하고 백선규가 사실을 밝히지 않고 넘어간 사실을 '나'가 알고 있기 때문에 그렇게 말한 것이다.

19. 이 글은 '1'의 서술자와 '0'의 서술자가 서로 시점을 교차하면서 사건을 서술하고 있다. 특히, (가)와 (나), (다)와 (라)에는 각각 동일한 사건에 대한 두 서술자의 서로 다른 관점이 제시되어 있어서 두 인물의 심리를 비교해 보는 재미를 느낄 수 있다.

오답 해설

①, ⑤ 두 서술자가 각자의 이야기를 하고 있다.

② 인물의 대사는 제시되어 있지 않다. 두 서술자가 각자 자신의 이야기를 고백하듯이 서술하고 있다.

③ 한 서술자가 아니라 두 서술자가 번갈아 가며 사건을 서술하고 있기 때문에 한 서술자의 내면의 소리에 집중할 수 있다는 설명은 적절하지 않다.

20. (다)와 (라)에서 두 서술자는 모두 수상작이 뒤바뀐 것을 알면서도 사실을 바로잡지 않았음을 확인할 수 있다.

21. (가)와 (나)에는 두 서술자가 사생 대회에 참가하여 같은 장소에서 그림을 그린 사건이 서술되어 있고, (다)와 (라)에는 그 사생 대회의 결과 '0'의 서술자가 장원을 하였으나 그 장원을 받은 그림이 사실은 '1'의 서술자 것이었음이 밝혀지는 내용이 서술되어 있다. 따라서 (가)와 (나)의 사건이 일어난 후에 (다)와 (라)의 사건이 일어났음을 알 수 있다.

22. '1'의 '나'가 '0'의 '나'에게서 받은 인상을 냄새로 표현한 것은 후각적 심상을 사용한 것이고, '땟국물이 흐르던 목덜미'라고 표현한 것은 시각적 심상을 사용한 것이다. 이렇게 감각적 심상을 사용하여 '0'의 '나'가 무척 가난한 아이임을 생생하게 인상적으로 그려 내고 있다.

23. ㉠~㉢은 모두 '0'의 서술자인 남자아이를 가리키는 말이고, ㉤은 '0'의 서술자인 여자아이를 가리키는 말이다. 즉, ㉤의 뒤에 쓰인 표현인 '나는 그 사람만 한 재능이 없다.'는 말은, '0'의 서술자인 '나'가 자신의 장원작이 그 여자아이의 것임을 알고 있기 때문에 여자아이가 자신보다 뛰어난 재능을 지니고 있음을 인정하는 말이라고 할 수 있다.

24. Ⓐ는 바로 앞에 나오는 내용을 가리키는 말로, '나'의 '그 여자애'에 대한 인상을 의미한다. 즉, '나'는 그 여자애와 비슷한 점이 하나도 없으며, 경제적 형편도 서로 대조적이고, 앞으로도 영원히 만날 일이 없을 것 같다고 생각한 것을 가리키는 것이다.

84~85쪽

논술형 평가 대비하기

(1) 세상에서 가장 따뜻했던 저녁
1. ⓐ 친구가 가방에 몰래 넣어 준 붕어빵을 통해 따뜻한 감동을 느낌. ⓑ 우는 아이를 대신하여 울고 있는 상황 또는 가을밤에 갈대밭에서 울고 있는 상황 **2.** 촉각적 심상을 사용하여 따뜻한 분위기를 조성함으로써 붕어빵에 담긴 따뜻한 우정을 효과적으로 전하고 있다. **3.** 시의 화자인 귀뚜라미를 '나(내)'라는 1인칭 대명사로 표현하여 사람이 아닌 곤충을 사람처럼 표현하는 의인법을 사용하였다.

(2) 내가 그린 히말라야시다 그림
1. 동일한 사건에 대한 두 인물의 심리와 태도가 대조적으로 드러나 비교하며 읽는 재미가 있다. **2.** '1'의 '나'와 '0'의 '나'는 수상작이 뒤바뀐 사실을 알게 되었으나 사실을 밝히지 않았다. **3.** ⓐ 귀찮고 힘든 일이 싫다. ⓑ 부끄럽고 창피하다.

(1) 세상에서 가장 따뜻했던 저녁

1. (가)의 화자는 아무도 없는 집으로 돌아가 학교의 급식 우유를 꺼내 먹으려고 하다가 선재가 넣어 준 붕어빵을 발견한다. 그 붕어빵을 먹으면서 '내 열여섯 세상에 / 가장 따뜻했던 저녁'이었다고 이야기하는 것으로 보아 화자가 붕어빵을 통해 따뜻한 감동을 느끼고 있음을 알 수 있다. (나)의 화자는 돌아가신 엄마를 그리워하며 울

고 있는 아이를 위로하면서 그 아이를 대신하여 울고 있다. 화자가 귀뚜라미임을 고려할 때 실제로는 가을밤 귀뚜라미가 울고 있는 상황을 떠올릴 수 있다.

평가 요소	확인(√)
ⓐ에 화자가 느낀 따뜻한 감동을 서술하였다.	
ⓑ에 화자가 울고 있는 상황을 서술하였다.	
ⓐ와 ⓑ를 완결된 의미가 드러나게 서술하였다.	

2. '온기가 식지 않은 종이봉투'와 '따뜻했던 저녁'에서 따뜻한 분위기를 조성하는 촉각적 심상이 쓰였음을 알 수 있다. 이렇게 따뜻한 분위기를 형성함으로써 붕어빵에 담긴 선재의 따뜻한 마음을 효과적으로 표현하고 있다.

평가 요소	확인(√)
㉠과 ㉡에 사용된 심상이 촉각적 심상임을 밝혔다.	
분위기 및 주제와 심상과의 관련성을 밝혔다.	
'~함으로써 ~하고 있다.'라는 형태의 한 문장으로 서술하였다.	

3. (나)의 화자는 귀뚜라미이지만 사람처럼 '나(내)'로 의인화하여 표현되어 있다. 비유법의 종류로는 곤충을 사람처럼 표현하는 의인법이 사용되었다고 할 수 있다.

평가 요소	확인(√)
(나)에 쓰인 주된 표현 방법을 정확히 서술하였다.	
(나)의 화자의 특징을 표현 방법과 관련지어 서술하였다.	
(나)에 쓰인 시어를 근거로 들어 서술하였다.	

(2) 내가 그린 히말라야시다 그림

1. (가)와 (나)에서 두 서술자가 동일한 사건을 각자의 관점에서 서술하고 있는데, 이런 서술 방식 때문에 독자는 같은 상황에 처한 두 인물의 심리와 태도를 비교하며 읽는 즐거움을 느낄 수 있다.

평가 요소	확인(√)
동일한 사건에 대한 두 인물의 심리와 태조가 대조적임을 서술하였다.	
비교하며 읽는 재미와 즐거움이 있음을 서술하였다.	
한 문장으로 서술하였다.	

2. (가)와 (나)에는 수상작이 뒤바뀐 사건에 대한 두 서술자의 내적 갈등이 그려져 있는데, (가)의 '나'는 잘못된 과정을 바로잡는 게 귀찮고 이미 상을 받은 아이가 느

낄 좌절감 때문에 사실을 밝히지 않았다. (나)의 '나'는 주 선생님의 품에 안겨 울었던 일이 생각나 부끄러운 마음에 사실을 밝히지 않았다. 각자 이유는 다르지만 둘 다 사실을 밝히지 않은 것이다.

평가 요소	확인(√)
수상작이 뒤바뀐 사건을 서술하였다.	
둘 다 사실을 밝히지 않았음을 서술하였다.	
한 문장으로 서술하였다	

3. (가)에서 '너절하고 귀찮은 일', '스트레스를 받는 것 자체가 싫어'라는 말에서 (가)의 '나'가 귀찮고 힘든 일을 싫어하고 있음을 알 수 있다. (나)에서 '나'가 그 여자아이를 지나칠 때 눈을 감은 이유는 그 여자아이가 장원작의 주인임을 알아채고 부끄러운 마음이 들었기 때문이다. 또한 장원 소식을 듣고 주 선생님에게 안겨 울던 일을 생각하면 부끄러운 마음에 도저히 사실을 말할 수 없었음을 짐작할 수 있다.

평가 요소	확인(√)
ⓐ에 귀찮고 힘든 일을 싫어하는 마음을 서술하였다.	
ⓑ에 부끄럽고 창피한 마음을 서술하였다	
ⓐ와 ⓑ를 의미가 분명히 드러나게 서술하였다.	

2. 한글은 바르게, 발표는 효과적으로

(1) 우리의 훈민정음

92~102쪽

1. ③ **2.** 우리 백성들이 쉽게 익혀서 쓸 수 있는 우리 글자가 필요했기 때문이다. **3.** ① **4.** 애민 정신, 실용 정신 **5.** ⑤ **6.** ③ **7.** ② **8.** 발음 기관 **9.** ⑤ **10.** ③ **11.** ㆁ, ㄹ, ㅿ **12.** 'ㆍ'와 'ㅡ', 'ㅣ'를 결합하여 'ㅗ, ㅜ, ㅏ, ㅓ'를 만들고 여기에 다시 'ㆍ'를 결합하여 'ㅛ, ㅠ, ㅑ, ㅕ'를 만들었다. 이러한 원리를 합성의 원리라고 한다. **13.** ④ **14.** ① **15.** ④ **16.** 기본 모음자(ㆍ, ㅡ, ㅣ)를 서로 결합하여 나머지 모음자를 만드는 합성의 원리 때문이다. **17.** ①

1. 당시 백성들은 한자를 몰라서 책을 읽을 수 없었던 것이지 문자의 필요성을 인식하지 못했던 것은 아니다.

2. 백성들에게 효와 예를 가르치기 위해 나라에서 책을 펴냈으나, 한자를 몰라 책을 읽을 수 없었던 백성들에게는 그 책이 아무런 쓸모가 없었다. 이런 상황을 본 세종 대왕은 백성들이 쉽게 익혀서 쓸 수 있는 우리 글자의 필요성을 인식하고 한글을 창제하게 되었다.

3. 한글이 창제됨으로써 우리 민족은 우리의 말에 맞는 고유 문자를 가지게 되었으며 백성들도 쉽게 글을 읽고 쓸 수 있게 되었다. 즉 소수의 지배층들만 문자 생활을 하던 것에서 벗어나 백성들도 문자 생활을 하게 된 것에 한글 창제의 의의가 있다.

4. ㉠에는 어리석은 백성을 가엾게 여기는 애민 정신이 나타나 있고, ㉡에는 백성들이 쉽게 글을 익혀 편하게 쓰도록 하려는 실용 정신이 나타나 있다.

5. 한글은 기존의 것을 새롭게 변형하여 독자적으로 만든 글자가 아니라, 세종 대왕이 새롭게 스물여덟 자를 만들어 낸 독창적인 글자이다.

6. 'ㅃ'은 이미 있는 글자인 'ㅂ'을 나란히 붙여서 만든 글자로 세종 대왕이 새로 만든 스물여덟 자에 해당되지 않는다.

7. 'ㄴ'은 혀가 윗잇몸에 붙는 모양을 본떠 만든 글자이다.

8. 기본 자음자 'ㄱ, ㄴ, ㅁ, ㅅ, ㅇ'은 모두 발음 기관을 본

9. 기본 모음자인 'ㆍ, ㅡ, ㅣ'는 각각 '하늘, 땅, 사람'의 형상을 본떠 만든 글자로, 'ㆍ'에 획을 더하여 'ㅡ'와 'ㅣ'를 만든 것이 아니다.

10. 가획의 원리에 의해 만들어진 자음자는 'ㅋ, ㄷ, ㅌ, ㅂ, ㅍ, ㅈ, ㅊ, ㆆ, ㅎ'의 9자이다.

11. 'ㆁ, ㄹ, ㅿ'은 가획의 원리를 따르지만 획을 더할수록 소리가 세진다는 의미는 없는 예외적인 글자들이다.

12. 제시된 모음은 'ㆍ'와 'ㅡ', 'ㅣ'를 서로 결합하여 만든 모음자로 합성의 원리가 적용되었다.

13. 자음자와 모음자를 모아쓰면 어떤 글자인지 잘 알 수 있어서 읽기에 편하다. 또한, 한꺼번에 소리 낼 수 있는 음절 단위로 빠르고 정확하게 의미를 인식할 수 있다는 장점이 있다.

14. 중국이나 일본에서 한자를 컴퓨터로 입력하려면, 해당 소리를 로마자로 표기한 후 원하는 한자를 찾아 입력해야 하는 번거로움이 있다. 반면, 한글은 모든 자음과 모음이 자판에 기록되어 있어 다른 문자를 활용하지 않고 쉽고 빠르게 입력이 가능하다는 점에서 속도를 경쟁력으로 하는 정보화 시대에 부각되는 문자이다.

15. 한글은 24자라는 유한한 수의 기호와 몇 가지 규칙만으로 무한에 가까운 소리를 표현할 수 있다. 또한, 한글은 일정한 규칙이 있기 때문에 쉽게 글자를 익힐 수 있다.

오답 해설
① "한 글자가 한 가지 발음으로 읽힌다."라고 하였다.
② "한글은 소리글자라서 발음이 곧 표기"가 된다고 하였다.
③ "24자라는 유한한 수의 ~ 만들어 표현할 수 있다"라고 하였다.
⑤ "자음자와 모음자의 조합으로 쉽고 빠르게 정보화할 수 있다."라고 하였다.

16. 제시된 자판에는 한글 모음의 기본자인 'ㆍ, ㅡ, ㅣ'의 3자만 나타나 있다. 이렇게 3자만 가지고도 모든 모음을 다 쓸 수 있는 이유는 기본자를 결합하여 나머지 모음자를 만든 합성의 원리 때문이다.

17. 한글 모음 'ㅏ'는 모든 단어에서 같은 소리를 나타내지만, 영어 모음 'a'는 단어에 따라 다른 소리를 갖는다. 제시된 자료는 이러한 한글의 특징, 즉 한글은 하나의

글자가 하나의 소리에 대응됨을 보여 주고 있다.

106~109쪽

소단원 나의 실력 다지기

1. ④ 2. ③ 3. ㉠ 자주 정신 ㉡ 우리나라 말이 중국과 달라 ㉢ 애민 정신 ㉣ 모든 사람들로 하여금 쉽게 익혀서 날마다 쓰는 데 편하게 하고자 할 따름이다. 4. ③ 5. ⑤ 6. ② 7. ④ 8. 공통점: 사물의 모양을 본떠 만들었다.(상형의 원리를 적용하였다.) / 차이점: 자음의 기본자는 발음 기관을 본떠서 만들었고, 모음의 기본자는 하늘, 땅, 사람의 형상을 본떠서 만들었다. 9. ② 10. 학, 혁 11. ① 12. ③ 13. ② 14. (나)의 표기 방식상의 특징: 한꺼번에 소리 낼 수 있는 단위(음절)를 기준으로 자음자와 모음자를 합하여 표기하고 있다. / (나)의 표기 방식의 장점: 읽고 쓰기에 훨씬 효율적이다. 15. ① 16. 중국이나 일본에서 한자를 컴퓨터로 입력하려면 해당 소리를 로마자로 표기한 후 원하는 한자를 찾아 입력해야 하지만, 한글은 다른 문자를 활용하지 않고 쉽고 빠르게 입력할 수 있다. 17. ④ 18. ④ 19. ⑤

1. 세종 대왕은 어려운 한자로는 백성들을 가르칠 수 없음을 알고 백성들이 쉽게서 익혀 쓸 수 있는 우리 글자를 만들고자 하였다. 한자보다 우수한 문자를 만들려고 한 것은 아니다.

2. (나)에서는 우리말을 쉽게 표기할 수 있도록 하기 위해 새로 스물여덟 글자를 만들었다고 하며 한글의 창제 동기를 밝히고 있다.

3. '자주 정신'은 '남의 간섭이나 보호를 받지 아니하고 자기 스스로 일을 처리하려는 정신'을 의미하고, '애민 정신'을 백성을 사랑하는 마음을 의미한다. '실용 정신'은 '실질적인 쓸모가 있도록 하는 마음'을 의미한다.

4. 'ㅎ'은 목구멍의 모양을 본뜬 글자인 'ㅇ'에 획을 두 번 더해 만든 글자이다.

5. 획을 더하는 원리에 따라 만들어진 글자끼리는 입 모양이 같으며 같은 위치에서 소리가 난다. 즉 'ㄱ'에 획을 더해 만든 'ㅋ'은 'ㄱ'과 같은 위치에서 소리가 나는 자음이다.

6. 'ㆁ, ㄹ, ㅿ'은 획을 더하는 원리에 따라 만들어지긴 했으나 가획의 원리와는 달리 소리가 세지는 특성을 반영하지 않았기 때문에 이체자라고 한다.

7. 한글의 기본 모음자는 'ㆍ, ㅡ, ㅣ'로 각각 하늘, 땅, 사람의 형상을 본떠 만들었다. 그리고 이 기본자를 서로 합하여 나머지 모음자들을 만들었는데, 그중 'ㆍ'와 'ㅡ'가 결합된 모음자는 'ㅗ'와 'ㅜ'이다.

오답 해설

① 'ㆍ'는 하늘의 둥근 형상을 본떠 만들었다.

② 'ㅣ'는 사람을 본뜨되 서 있는 모양으로 하였다.

③ 'ㅡ'는 땅의 평평한 모양을 본떠 만들었다.

⑤ 기본 모음자인 'ㆍ, ㅡ, ㅣ'는 상형의 원리에 따라 만들었다.

8. 한글 자음과 모음의 기본자는 모두 상형의 원리를 통해 만들었으나 그 대상이 달랐다. 자음은 발음 기관을 상형하였고, 모음은 하늘, 땅, 사람의 형상을 상형하였다.

9. 모음의 기본자에 'ㆍ'를 두 번 결합하여 만든 글자는 'ㅑ, ㅕ, ㅛ, ㅠ'이다.

10. 목구멍의 모양을 본떠 만든 글자는 'ㅇ'이고 그것에 두 번 획을 더한 자음은 'ㅎ'이다. 또한, 'ㆍ'와 사람이 서 있는 모양을 본뜬 기본자(ㅣ)를 결합하여 만든 글자는 'ㅏ'와 'ㅓ'이고, 혀뿌리가 목구멍을 막는 모양을 본떠 만든 기본자는 'ㄱ'이다. 따라서 초성, 중성, 종성을 합쳐 이루어진 글자는 '학'과 '혁'이다.

11. 한글은 기본자와 일정한 원리만 알면 나머지 글자들을 쉽게 배울 수 있는 문자이다.

오답 해설

② 한글에 우리 민족의 토속 신앙이 담겨 있는 것은 아니다.

③ 한글은 중국의 한자를 참고하여 만든 글자가 아니라 세종 대왕이 독창적으로 만든 글자이다.

④ 영어나 다른 외국어들도 바람 소리, 동물의 울음소리 등 자연의 소리를 표현할 수 있다.

⑤ 한글은 소리와 문자가 일대일로 대응되는 글자이다.

12. 상형의 원리에 따라 만들어진 글자는 자음과 모음의 기본자로, 자음 'ㄱ, ㄴ, ㅁ, ㅅ, ㅇ'과 모음 'ㆍ, ㅡ, ㅣ'가 이에 해당한다.

오답 해설

① 자음자 17자와 모음자 11자로 구성되어 있다.

② 기본 자음자는 5자이고, 기본 모음자는 3자이다.

④ 합성의 원리에 따라 만들어진 글자는 'ㅗ, ㅜ, ㅏ, ㅓ, ㅛ, ㅠ, ㅑ, ㅕ'의 8자이다.

⑤ 현재 쓰이지 않는 글자는 'ㆍ, ㆁ, ㅿ, ㆆ'으로 모두 4 자이다.

13. 한글의 종성에는 자음자를 다시 쓰도록 함으로써 종성에서 새로운 글자를 만들지 않아도 모든 글자를 쓸 수 있도록 하였다.

14. (나)와 같은 모아쓰기는 한꺼번에 소리 낼 수 있는 음절 단위로 자음과 모음을 합쳐 쓰기 때문에 읽고 쓰기에 편하다는 장점을 지닌다.

15. (나)와 (다)를 보면 소리글자라서 발음이 곧 표기가 되며, 한 글자가 한 가지 발음으로 읽히는 한글의 특성과 그 장점이 나타나 있다.

16. 속도가 경쟁력이 되는 정보화 시대에 문자를 컴퓨터로 입력할 때 다른 문자보다 빠르게 입력할 수 있다는 것은 큰 강점이 된다.

17. ⓐ와 ⓑ 모두 자판에 제시된 모음만으로 우리말의 모든 모음을 쓸 수 있다.

오답 해설
① ⓐ에서는 모음의 기본자끼리 결합하는 합성의 원리를 적용하여 나머지 모음자를 쓸 수 있다.
② ⓐ의 글자판에서 'ㄱ', 'ㅋ', 'ㄷ', 'ㅌ', 'ㅂ', 'ㅍ', 'ㅈ', 'ㅊ' 등을 하나의 글자판에 모아 배열한 것은 소리와 문자 모양에 연관성이 있기 때문이다.
③ ⓑ에서는 자음 글자를 만들 때 '획추가' 버튼을 활용하여 나머지 자음자를 만들 수 있다.
⑤ ⓐ와 ⓑ는 한글의 창제 원리가 휴대 전화 자판에 적용된 것을 보여 주는 사례이다.

18. 'ㆍ'에 'ㅏ'를 결합하면 'ㅑ'가 만들어지고, 'ㅜ'를 결합하면 'ㅠ'가 만들어진다.

오답 해설
① 'ㅗ, ㅜ'는 'ㆍ'에 'ㅡ'를 결합하여 만든 글자이다.
② 'ㅅ, ㅇ'은 기본자로 발음 기관의 모양을 본떠 만든 글자이지만 'ㅎ'은 'ㅇ'에 획을 두 번 더하여 만든 글자이다.
③ 'ㄹ'은 기본자 'ㄴ'에 획을 더하여 만든 글자이기는 하지만 획을 더한 이유가 소리가 세지기 때문은 아니었다. 이렇게 예외적으로 만들어진 글자를 이체자라고 한다.
⑤ 'ㅅ'은 상형의 원리에 의해 만든 글자이고, 'ㅈ, ㅊ'은 기본자에 획을 더하여 만든 글자이다.

19. 〈보기〉의 자료는 소리와 문자가 일대일로 대응하는 한글의 특성을 보여 주고 있다.

(2) 정보를 담은 그림, 픽토그램

113~117쪽

1. ③ **2.** ② **3.** ① **4.** ⑤ **5.** 청중의 흥미와 관심을 끌 수 있다. / 발표의 내용을 쉽고 간단하게 보여 줄 수 있다.(발표 내용에 대한 청중의 이해를 도울 수 있다.) **6.** ② **7.** ② **8.** ⑤ **9.** ⑤ **10.** 픽토그램을 사용하면 서로 다른 언어를 사용하는 사람들에게 경기 종목과 사용 시설 등에 관한 정보를 효과적으로 전달할 수 있기 때문이다. **11.** ① **12.** ③ **13.** ② **14.** ⑤

1. 이 발표의 목적은 픽토그램에 대한 정보 전달이다. ③은 유기 동물 문제를 해결하기 위한 화자의 주장이 담긴 것으로 청중을 설득하기 위한 말하기에 어울리는 주제이다. ③을 제외한 나머지는 모두 정보를 전달하는 말하기에 어울리는 주제로 볼 수 있다.

2. 발표의 핵심 정보는 발표의 중간 부분에 나타나 있다.

오답 해설
① 화장실 픽토그램이 제시되어 있다.
③ **1**의 첫째 문장과 둘째 문장에 첫인사 및 자기소개가 나타나 있다.
④ **1**의 셋째 문장에는 발표의 목적이 나타나 있고 **2**의 마지막 문장에는 발표 주제가 제시되어 있다.
⑤ 화장실 픽토그램을 통해 픽토그램의 예를 보여 주고 있다.

3. 발표에서 핵심 정보는 발표의 중간 부분에 나타나는데, **3**에는 픽토그램의 어원과 뜻이 제시되어 있다.

4. **3**에서 픽토그램은 사물, 시설, 행위, 개념 등을 상징적으로 나타낸 일종의 그림 문자라고 하였다. 따라서 구체성을 띤 그림이라는 설명은 적절하지 않다.

5. 발표할 때 매체 자료를 제시하면 청중의 흥미와 관심을 이끌어 낼 수 있으며 발표의 내용을 쉽고 간결하게 보여 줄 수 있어서 효과적이다.

6. 발표에서 매체를 활용할 때는 다양한 종류의 매체를 제시하기보다 발표 내용이나 주제에 맞는 매체를 선정하는 것이 중요하다.

7. **5**에서는 픽토그램의 기원을 설명하고 있다.

8. 2000년대에 들어서면서 올림픽 픽토그램이 개최국의 개성까지 표현하고 있다고만 하였을 뿐 정보 전달적 기능이 약화되었다고는 하지 않았다.

오답 해설
① **5**에서 최초의 픽토그램은 1909년 프랑스 파리에서 그림 문자 형태의 교통 표지판이 국제 협약으로 인정받게 된 것에서 비롯되었다고 하였다.
② **5**에서 산업 혁명으로 인해 나라 간의 교류가 늘어나면서 픽토그램이 생겨나게 되었다고 하였다.
③ **7**에서 올림픽 픽토그램은 베를린 올림픽 때 경기 종목별 픽토그램이 만들어지면서 탄생했다고 하였다.
④ **5**에서 나라 간의 교류가 늘어나면서 자연스럽게 픽토그램의 중요성이 커지게 되었다고 하였다.

9. 이 발표에서는 핵심 정보를 효과적으로 전달하기 위해 발표 내용에 알맞은 시각 매체 자료를 활용하고 있다.

10. 올림픽에서 픽토그램이 중요하게 쓰인 이유는 **6**에 제시되어 있다.

11. **10**에서 픽토그램은 정보를 담은 그림으로 국적과 언어, 문화를 뛰어넘어 의미를 전해 주는 중요한 기호라고 하였다. 따라서 정보를 담은 현대판 그림 문자라고 볼 수 있다.

오답 해설
② 픽토그램은 상징적인 기호 체계로 볼 수 있지만 비유적이며 함축적인 기호 체계는 아니다.
③ 픽토그램이 올림픽에서 쓰이면서 국가의 이미지를 드러내는 수단이 된 것은 맞지만, 그것은 픽토그램의 기능 중 일부일 뿐이다.
④ 픽토그램이 재미와 생동감을 주는 예가 **9**에 나타나 있으나, 그것만으로 픽토그램을 설명할 수는 없다.
⑤ 픽토그램이 언어와 국적, 문화를 뛰어넘어 사용되는 것은 맞지만 시대를 초월하는 것은 아니다. 픽토그램은 시대에 따라 변하기 마련이다.

12. 이 발표의 끝부분인 **10**에서는 픽토그램의 중요성을 다시 한번 언급하면서 발표를 마무리하고 있다.

13. ㉡은 ㉠에 비해 감성을 잘 표현한 픽토그램으로 정보 전달적 기능은 ㉠과 동일하다고 볼 수 있다.

14. 이 발표에서는 올림픽 개최 연도 순서대로 올림픽 픽

토그램을 모두 제시하고 있는 것이 아니라 몇 개의 올림픽 픽토그램을 선별하여 제시하고 있다.

시험엔 이렇게!! 118~124쪽

1. ⑤ **2.** ④ **3.** ② **4.** ④ **5.** ④ **6.** ③

1. 19세기 산업 혁명은 픽토그램이 탄생하게 되는 배경이 되었으나, 산업 혁명 때 최초의 올림픽 픽토그램이 만들어진 것은 아니다. 올림픽 픽토그램은 1936년 베를린 올림픽 때 처음 만들어졌다.

2. 이 발표에 나타난 핵심 정보는 올림픽 픽토그램을 통해 본 픽토그램의 역사이지, 올림픽의 역사는 아니다.

3. 이 발표에서 발표자는 픽토그램의 역사를 설명할 때 그 내용을 시간적 순서에 따라 조직하였다. 픽토그램의 역사는 시간적 순서에 따라 내용을 전개하는 것이 효과적이기 때문이다.

4. 처음 부분에서도 청중의 흥미를 끌거나 발표 내용에 대한 이해를 돕기 위해서 매체 자료를 활용할 수 있다.

5. 발표는 청중 앞에서 하는 말하기이므로 구어체로 발표문을 쓰는 것이 좋으며 발표문을 작성하면서 계속 소리 내어 읽어 보는 것도 중요하다.

6. 발표 내용에 맞는 적절한 손짓, 몸짓 등의 동작이 있어야 생동감 있는 발표가 될 수 있다.

소단원 나의 실력 다지기 127~130쪽

1. ④ **2.** ④ **3.** ② **4.** ⑤ **5.** 픽토그램의 기원 **6.** ③ **7.** ③
8. 지나치게 많은 정보(불필요한 정보)를 제공하여 청중의 이해를 방해하는 일이 생기지 않도록 하기 위해서이다.
9. ② **10.** ① **11.** ④ **12.** ③ **13.** 발표 시간을 절약할 수 있다. / 전달하고자 하는 바를 청중이 효과적으로 이해할 수 있다. **14.** ② **15.** ⑤ **16.** ④ **17.** 국적과 언어, 문화에 상관없이 경고나 안내, 지시 등의 의미를 누구에게나 바로 전달할 수 있기 때문이다.

1. 매체 자료를 활용할 때는 발표 주제나 내용에 맞는 것으로 하되, 화자의 관심이 아니라 청자의 관심을 고려해야 한다.

2. 이 발표의 목적은 그림을 감상하는 것이 아니라 픽토그

램에 관한 정보를 전달하는 것이다.

3. (라)에서는 픽토그램이 오늘날 주목받는 이유를 원인과 결과의 방법에 따라 전개하고 있고, (마)에서는 픽토그램의 기원을 설명하면서 픽토그램이 생겨나게 된 배경을 원인과 결과의 방법에 따라 전개하고 있다.

4. 그림 자료를 통해 (다)에서 설명하고 있는 픽토그램의 어원을 한눈에 알아볼 수 있도록 전달하고 있다.

5. (마)에서는 최초의 픽토그램이 탄생하게 된 배경을 설명하고 있다. 즉 픽토그램의 기원에 대해 설명하고 있다.

6. 효과적으로 발표를 하기 위해서는 발표 상황이나 내용 등에 어울리는 동작을 취해야 한다.

오답 해설
① (가)의 마지막 문장은 청중이 자료에 집중할 수 있도록 건네는 말이다.
② 공적인 말하기이므로 또래 친구 앞에서 하는 발표라도 존댓말을 사용해야 한다.
④, ⑤ 시각 매체 자료를 통해 픽토그램의 예를 보여 주며 쉽고 재미있게 대상에 관한 정보를 전달하고 있다.

7. 2000년대 이후 올림픽 픽토그램은 정보를 전달하는 것뿐만 아니라 개최국의 개성이나 국가의 이미지를 드러내고 있다고 하였으므로 올림픽 픽토그램이 개최국의 개성을 표현하는 데만 주력하고 있다고 보기 어렵다.

8. 지나치게 많은 정보나 불필요한 정보가 있으면 청중이 발표 내용을 이해하는 데 오히려 방해가 될 수 있기 때문에 꼭 필요한 핵심 정보만을 효과적으로 전달하기 위해 계획을 바꾼 것이다.

9. 이 발표에서는 '정보를 담고 있는 그림 문자'로서의 픽토그램에 대해 설명하고 있다.

오답 해설
① 오늘날의 픽토그램 중에는 감성을 담은 것도 있으나 그것을 픽토그램의 핵심적 요소라고 볼 수 없다.
③ 픽토그램은 서로 다른 언어 사용자도 쉽게 알 수 있도록 만든 그림 문자이므로 나라를 초월하는 언어라고 할 수 있으나, 시대에 따라 변할 수 있으므로 시대를 초월하는 언어라고 보기는 어렵다.
④ 올림픽 픽토그램의 역사에 대한 내용이 나타나 있으나, 이 발표의 주제를 픽토그램과 올림픽의 연관성만으로 한정할 수 없다.

⑤ 픽토그램이 상징성을 띤 것은 맞지만, 간결하게 표현되기 때문에 구체성을 띠고 있다고 볼 수는 없다.

10. (가)의 핵심 정보는 '픽토그램의 기원'이다. 산업 혁명은 픽토그램이 탄생하게 된 배경을 설명하기 위해 언급한 것이다.

11. 픽토그램이 무엇인지 모르는 사람들을 위해 우선 픽토그램의 뜻을 설명해야 한다.[(나)] 그다음 픽토그램이 어떻게 생겨났는지 기원을 설명하고[(가)] 올림픽에서 픽토그램이 어떻게 쓰였는지[(라)], 최근의 픽토그램의 특징은 무엇인지를 알려 주며[(마)] 발표를 마무리하는 것이 적절하다.

12. ㉠은 감성까지 담은 픽토그램의 사례로, 정보 전달의 역할도 충분히 하고 있다. 따라서 과거의 픽토그램에 비해 정보 전달의 역할이 약해졌다고 할 수 없다.

13. 발표 내용을 구성할 때 핵심 정보가 잘 드러나도록 내용을 구성하면 발표 시간을 절약할 수 있다. 또한, 전달하고자 하는 바가 더 효과적으로 드러나므로 청중이 발표 내용을 쉽게 이해할 수 있다.

14. 픽토그램은 사물, 시설, 행위, 개념 등을 누구나 쉽게 알아볼 수 있도록 상징적으로 나타낸 일종의 그림 문자이다. 추상적인 개념을 구체적인 사물로 대신 나타내는 것과는 다르다.

15. (바)는 발표의 끝부분으로 앞에서 나온 픽토그램의 의미와 중요성을 다시 한번 강조하면서 마무리를 하고 있다. 청중들에게 당부하는 내용은 나타나 있지 않다.

16. (라)에서는 개최 연도 순서별로 모든 올림픽 픽토그램 자료를 제시하는 것보다 내용에 맞게 선별해서 몇 개만 제시하는 것이 효과적이다.

17. 픽토그램은 국적, 언어, 문화에 관계없이 의미를 전달할 수 있기 때문에 새로운 의사소통의 수단으로 주목받고 있다.

대단원 평가 대비하기 133~135쪽

1. ⑤ **2.** ① **3.** ④ **4.** ⓐ: ㄱ, ㄴ, ㅁ, ㅅ, ㅇ ⓑ: ㄱ ⓒ: ㄴ ⓓ: ㅁ ⓔ: ㅅ ⓕ: ㅇ **5.** 모음의 기본자인 'ㆍ, ㅡ, ㅣ'는 각각 하늘, 땅, 사람의 형상을 본뜬 상형의 원리로 만들었다. **6.** ③ **7.** ② **8.** 1909년 프랑스 파리에서 국제 협약으로 채택된 최초의 교통 표지판 **9.** ⑤ **10.** ⑤ **11.** ②

1. 한글 창제 이전에는 중국 문자인 한자에 의존하였기 때문에 한자를 모르는 백성들은 문자 생활을 할 수 없었다. 한자를 빌려 우리말처럼 쓰는 방식이 존재하였으나, 그것도 결국은 한자를 알아야만 문자 생활을 할 수 있었다.

2. 우리나라 말이 중국과 달라 한자와는 서로 통하지 않았기 때문에 우리만의 독창적인 문자를 만든 것이지 한자와 통할 수 있는 문자를 만들기 위해 한글을 창제한 것이 아니다.

3. 한글은 자음과 모음의 기본자를 상형의 원리로 만들고 나머지 글자는 가획의 원리와 합성의 원리 등을 활용하여 규칙적으로 확대해 나갔기 때문에 배우기 쉬운 글자라는 점에서 과학성을 인정받았다.

4. 기본 자음자 'ㄱ, ㄴ, ㅁ, ㅅ, ㅇ'은 발음 기관을 본떠 만들었는데, 'ㄱ'은 혀뿌리가 목구멍을 막는 모양을 본떠 만들었고, 'ㄴ'은 혀가 윗잇몸에 붙는 모양을 본떠 만들었다. 'ㅁ, ㅅ, ㅇ'은 각각 입 모양, 이의 모양, 목구멍의 모양을 본떠 만들었다.

5. 모음의 기본자는 상형의 원리에 따라 만들어졌다.

6. (라)에 보면 2000년 이후의 올림픽 픽토그램은 개최국의 개성까지 표현하고 있다는 내용이 나타나 있다.

오답 해설
① 산업 혁명은 픽토그램이 생겨나게 된 배경이 되었으며, 최초의 픽토그램은 산업 혁명 이후인 1909년에 만들어졌다.
② 픽토그램은 국적, 언어와 상관없이 사용될 수 있다고 하였다. 시대에 대해서는 언급하지 않았다.
④ 최근에 나타난 픽토그램은 감성까지 표현하고 있다고 하였을 뿐 정보 전달의 기능보다 감성을 중요시하였다고 볼 수 있는 근거는 제시되지 않았다.
⑤ 픽토그램은 사물, 시설, 행위, 개념 등을 상징적으로 표현한 그림이다.

7. 발표의 시작 부분이 아니라 중간 부분에서 픽토그램에 대해 모르는 사람들을 위해 픽토그램의 뜻과 기원을 설명하고 있다.

8. (다)에서는 최초의 픽토그램인 1909년 프랑스 파리에서 국제 협약으로 채택된 교통 표지판 자료를 활용하는 것이 효과적이다.

9. ⓑ의 자판에 '·'는 나타나 있지 않으나 '획추가' 버튼을 이용하여 나머지 모음자를 만들 수 있기 때문에 합성의 원리가 적용된다고 볼 수 있다.

10. (나)는 픽토그램에 대한 정보를 전달하는 발표이므로, 청중을 설득하거나 자신의 주장을 말할 때 사용하는 단호한 말투를 사용하고 있지 않다.

11. 'ㄷ, ㅌ'은 소리의 특성을 반영하여 'ㄴ'에 획을 더한 가획의 원리가 사용되었으나, 'ㄹ'은 획을 더하기는 하였으나 소리의 특성을 반영하지 않은 이체자이다.

논술형 평가 대비하기 136~137쪽

(1) 우리의 훈민정음
1. 우리나라 말이 중국과 다르다는 점을 인식했다는 것에서 자주 정신이 나타나고, 백성들이 말하고자 하는 바가 있어도 제 뜻을 펴지 못하는 것을 안타깝게 여긴 점에서 애민 정신이 나타난다. 또한, 모든 사람들이 쉽게 익혀서 날마다 쓰는 데 편하게 하고자 하였다는 점에서 실용 정신이 나타난다.
2. ① 자음의 기본자인 'ㄱ, ㄴ, ㅁ, ㅅ, ㅇ'은 발음 기관의 모양을 본떠 만들었으므로 상형의 원리가 적용되었다. ② 'ㅋ, ㄷ, ㅌ, ㅂ, ㅍ, ㅈ, ㅊ, ㆆ, ㅎ'은 기본자에 소리가 세지는 특성을 반영하여 획을 더하는 가획의 원리가 적용되었다. ③ 'ㆁ, ㄹ, ㅿ'은 획을 더하는 원리를 따랐으나 소리가 세지는 특성을 반영하지 않은 이체자의 원리가 적용되었다. 3. ㅗ, ㅜ, ㅏ, ㅓ, ㅛ, ㅠ, ㅑ, ㅕ / 모음자는 기본자 3자를 서로 합하는 방식으로 나머지 8자를 만들어서 총 11자를 완성하였다.
4. 한글 모음 'ㅏ'는 모든 단어에서 같은 소리를 나타내지만, 영어 모음 'a'는 단어에 따라 다른 소리를 갖는다. 이처럼 한글은 소리와 문자가 일대일로 대응하므로 다른 어떤 문자보다 손쉽게 변화하는 의사소통의 방식에 적응할 수 있기 때문에 미래의 의사소통 방식에서도 위력을 떨칠 것이라고 한 것이다.

(2) 정보를 담은 그림, 픽토그램
1. 호주 원주민의 부메랑을 주제로 하여 만든 2000년 시드니 올림픽 픽토그램이다. 2000년대에 들어와 올림픽 픽토그램은 정보를 전달하는 역할을 넘어서 개최국의 개성까지 표현하고 있다. 2. 픽토그램은 정보를 담고 있는 그림 문자이다. 3. ㉠처럼 줄글로 구성하는 것보다 ㉡처럼 그림 형태로 나타내면 핵심 내용을 한눈에 알아보기 쉽게 표현할 수 있다. 4. 첫인사 및 간단한 자기소개와 함께 발표를 하게 된 동기나 목적, 발표 주제를 제시해야 한다.

(1) 우리의 훈민정음

1. 『훈민정음』의 서문에는 한글의 창제 정신 3가지(자주 정신, 애민 정신, 실용 정신)가 나타나 있다. 한자가 우리말과 달라 한자로 우리말을 적는 데 적합하지 않으므로 새 문자를 만들었다는 것에서 자주 정신을, 백성이 자기 생각을 글로 표현할 수 없음을 안타깝게 여겼다는 점에서 애민 정신을, 백성들이 새 문자로 문자 생활을 편하게 하도록 하였다는 것에서 실용 정신을 엿볼 수 있다.

평가 요소	확인(✓)
『훈민정음』 서문의 내용을 근거로 자주 정신을 서술하였다.	
『훈민정음』 서문의 내용을 근거로 애민 정신을 서술하였다.	
『훈민정음』 서문의 내용을 근거로 실용 정신을 서술하였다.	

2. 한글 자음자 17자를 창제한 3가지 원리는 상형의 원리, 가획의 원리, 이체자의 원리이다. 발음 기관의 모양을 본뜨는 상형의 원리로 기본 글자 5자를, 상형으로 만든 기본 글자에 획을 더해 9자를, 상형과 가획의 원리에서 벗어나 3자를 만들었다.

평가 요소	확인(✓)
해당 자음자를 제시하고 상형의 원리에 대해 서술하였다.	
해당 자음자를 제시하고 가획의 원리에 대해 서술하였다.	
해당 자음자를 제시하고 이체자의 원리에 대해 서술하였다.	

3. 'ㅗ, ㅜ, ㅏ, ㅓ, ㅛ, ㅠ, ㅑ, ㅕ'는 모음의 기본자 3자를 서로 합하는 방식(합성의 원리)으로 만든 모음자이다.

평가 요소	확인(✓)
'ㅗ, ㅜ, ㅏ, ㅓ, ㅛ, ㅠ, ㅑ, ㅕ'를 빈칸에 맞게 제시하였다.	
기본자를 결합하는 방식으로 나머지 모음자를 만든 원리를 서술하였다.	

4. 한국어는 소리와 문자가 일대일 대응을 이루지만, 로마자로 기록된 영어는 그렇지 않다. 이러한 특성 때문에 미래의 의사소통 방식에서 한글이 위력을 떨칠 것이라고 말한 것이다.

평가 요소	확인(✓)
한글의 모음과 영어 모음이 어떻게 소리 나는지를 서술하였다.	
소리와 문자가 일대일로 대응되는 한글의 특성을 서술하였다.	
(나)의 자료를 근거로 (가)에서 미래의 의사소통 방식에서 한글이 위력을 떨칠 것이라고 한 까닭을 서술하였다.	

(2) 정보를 담은 그림, 픽토그램

1. 제시된 매체 자료는 2000년 시드니 올림픽 픽토그램으로, 2000년대에 들어와 올림픽 픽토그램이 개최국의 개성까지 표현하고 있음을 보여 주고 있다.

평가 요소	확인(✓)
제시된 매체 자료가 무엇을 의미하는지를 서술하였다.	
발표 내용에서 가장 중요한 내용을 포함하여 요약하였다.	
두 문장으로 서술하였다.	

2. 픽토그램의 가장 중요한 특징은 정보를 담은 그림 문자라는 것이다.

평가 요소	확인(✓)
설명 대상의 핵심적인 의미가 드러나도록 서술하였다.	
20자 내외의 한 문장으로 서술하였다.	

3. ㉠은 글로만 구성되어 있으나 ㉡의 매체 자료는 그림으로 구성되어 있다. 그림 자료는 줄글로만 구성된 자료보다 핵심 내용을 한눈에 알아보기 쉽다.

평가 요소	확인(✓)
㉠과 ㉡의 자료를 비교하는 내용을 포함하여 서술하였다.	
제시된 문장 조건에 맞게 서술하였다.	

4. 첫 문장과 두 번째 문장에는 첫인사 및 간단한 자기소개가 나타나 있다. 다음 문장에는 발표를 하게 된 동기와 발표 목적이 나타나 있고 마지막 문장에는 발표 주제가 제시되어 있다.

평가 요소	확인(✓)
첫인사 및 간단한 자기소개를 제시하여야 한다고 서술하였다.	
발표를 하게 된 동기나 목적, 발표 주제를 제시하여야 한다고 서술하였다.	

④ 함께 이해하는 설명

(1) 세금, 얼마나 알고 있나요

> **콕콕 확인 문제**
>
> 1. ④ 2. ① 3. ② 4. ① 5. **2**에는 '정의'의 설명 방법이 사용되었다. '정의'는 어떤 사물이나 용어의 뜻을 명확하게 밝혀 주는 설명 방법으로, **2**에서는 '세금'의 뜻을 명확하게 밝혀 풀이하고 있다. 6. ③ 7. ③ 8. ④ 9. ② 10. **4**에서는 '세금을 누가 거두어들이느냐(세금을 걷는 주체)', **5**에서는 '세금을 걷는 방식'을 기준으로 세금의 종류를 나누고 있다. 11. ③ 12. ② 13. ② 14. ⑤ 15. 경아가 옷을 사면서 영수증을 받지 않은 것이 문제이다. 영수증을 주고받지 않으면 물건을 사고 판 것이 잡히지 않아 주인은 내야 할 세금을 줄이는 이익을 보고, 경아 또한 부가 가치세를 내지 않고 옷을 삼으로써 탈세를 한 것이기 때문이다.

1. 이 글의 갈래는 설명문이다. 설명문은 지식이나 정보를 알기 쉽게 풀이하여 독자를 이해시키는 것을 목적으로 하는 글이다.

오답 해설

② 자신의 주장을 논리적으로 전개하여 독자 설득을 목적으로 하는 글은 논설문이다.

⑤ 글쓴이의 주관적인 정서 표현을 목적으로 하는 글은 문학적인 글, 즉 시나 소설, 수필 등이다.

2. 이 글에서는 세금을 걷는 방식의 국가별 차이점은 설명하지 않았다.

오답 해설

② **1**에서 대한민국 헌법이 정한 국민의 의무에 납세 의무가 포함되어 있다고 하였다.

③, ④ **2**에서 세금이란 국가가 나라 살림을 잘 꾸려 나갈 수 있도록 국민이 법에 따라 내는 돈이라고 하였다.

⑤ **3**에서 세금이 국민의 안전, 질서, 교육, 사회 보장, 도로나 공공시설 건설 등을 위해 쓰인다고 했으므로 이로 미루어 볼 때 세금은 결국 국민의 기본적인 권리를 위해 사용됨을 알 수 있다.

3. **3**에서 정부가 하는 일을 여러 가지로 설명하고 있지만 '법률 제정'은 언급하지 않았다. '법률 제정'은 국회에서 하는 일이다.

4. 국민의 의무를 강조한 존 F. 케네디 대통령의 말을 인용한 것은 국민의 의무 중 하나인 세금 납부의 필요성을 강조하기 위함이다.

5. **2**에는 세금의 뜻을 명확하게 밝히는 '정의'의 설명 방법이 사용되었다.

6. **4**에서 '국세'에 대해 설명하고 있지만 '국세'의 예는 들지 않았다. 소득세나 상속세, 재산세는 직접세의 예이다.

오답 해설

①, ④ **7**에서 직접세는 소득이나 재산에 따라 누진적으로 적용하는 경우가 많다고 했으므로 소득이 많으면 직접세도 많이 낸다는 것을 알 수 있다. 또한 소득이 많은 사람은 세금을 많이 내고, 소득이 적은 사람은 세금을 적게 내므로 소득의 격차를 줄여 주는 효과가 있다고 하였다.

② 물건을 살 때마다 내는 세금은 간접세에 해당하는 부가 가치세이다.

⑤ 물건에 매겨진 부가 가치세를 부담하는 사람은 물건을 사는 사람이다.

지식 창고 – 국세와 지방세의 종류

- 국세: 중앙 정부의 행정관서인 국세청, 관세청에서 거두는 세금으로 내국세와 관세가 있다. 내국세에는 소득세, 상속세, 증여세, 법인세, 교육세 따위가 있고, 관세에는 수출세, 수입세 따위가 있다.
- 지방세: 지방세는 지방 자치 단체인 특별시와 광역시 및 도와 시·군·구의 행정 기관에서 거두는 세금으로 취득세, 등록세 따위의 보통세와 도시 계획세와 같은 목적세가 있다.

---

7. **4**는 세금을 거두는 주체에 따라 국세와 지방세로 나누는 '구분'의 설명 방법을 사용하였다. **5**도 세금을 걷는 방식에 따라 직접세와 간접세로 나누는 '구분'의 설명 방법을 사용하였다.

오답 해설

①, ② '비교'는 두 대상의 공통점을, '대조'는 두 대상의 차이점을 견주어 설명하는 방법이다.

④ '예시'는 어떤 대상에 대한 구체적인 예를 들어 설명하는 방법이다.

⑤ '인과'는 어떤 사물 또는 현상의 원인과 결과를 밝혀 주는 설명 방법이다.

8. **7**과 **8**은 간접세와 직접세의 특징을 서로 대조하여 설명하고 있다. 이와 같은 '대조'의 방법을 사용한 것은 서양의 벽난로와 한옥의 구들을 견주어 그 차이점을 중심으로 설명한 ④이다.

오답 해설

① 여드름의 뜻을 풀이한 '정의'의 설명 방법이 사용되었다.

② 혈액을 이루고 있는 여러 요소를 나누어 설명한 '분석'의 설명 방법이 사용되었다.

③ 동사의 뜻을 풀이하는 '정의', 예를 들어 설명하는 '예시'의 설명 방법이 사용되었다.

⑤ 버섯 연구가의 말을 그대로 가져온 '인용'의 설명 방법이 사용되었다.

9. 간접세는 물건의 가격에 포함되어 있으므로 소비자들은 이를 세금이라고 느끼지 못하고 그냥 물품의 가격으로 느낀다. 따라서 이런 간접세가 사라지면 물품의 가격에서 세금이 없어지는 것이므로 물품 가격이 내려갈 것이다.

오답 해설

① 간접세의 대표적인 예로 제시된 부가 가치세도 국세이다.

③ 소득에 상관없이 누구나 공평하게 세금을 내는 것은 간접세이다.

④ 간접세가 사라지면 개인이나 회사가 직접 내야 하는 직접세만 남게 된다.

⑤ 소득에 따라 세금이 누진적으로 적용되어 소득 격차를 줄이는 것은 직접세이다. 간접세가 사라지면 직접세만 남게 되므로 소득이 적은 사람은 세금을 적게 내 세금 부담이 줄어든다.

10. **4**에서는 세금을 누가 거두어들이느냐에 따라 국세와 지방세로 나누었고, **5**에서는 세금을 직접적으로 걷느냐 간접적으로 걷느냐에 따라 직접세와 간접세로 나누었다.

11. 이 글은 세금의 종류, 직접세와 간접세의 장단점에 관하여 글쓴이가 알고 있는 정보를 독자가 잘 이해할 수 있도록 풀어 쓴 설명문이다. 글쓴이의 주관적인 견해를 논리적으로 제시하는 것은 논설문의 특징이므로 이 글에 대한 설명으로 적절하지 않다.

12. 탈세를 막기 위해 영수증 주고받기를 권장한다는 내용은 있지만 간접세 비중을 높여야 한다는 내용은 들어 있지 않다.

오답 해설

① 간접세는 물건 값에 포함되어 있어서 물건을 사면 자동으로 세금을 내게 된다.

③ 직접세는 소득에 따라 세금을 많이 매기기 때문에 소득을 먼저 조사해야 한다.

④, ⑤ 간접세는 정부의 입장에서 세금을 걷기 쉽지만 소득의 차이 없이 동일한 세금을 내므로 소득 격차를 줄이기 어렵다는 단점이 있다. 직접세는 개인의 소득과 재산에 따라 세금을 매기기 위해 일일이 조사해야 하므로 정부 입장에서 세금을 걷기 어렵다는 단점이 있지만 소득 격차를 줄이는 장점이 있다.

13. ㉠은 세금을 걷을 때의 편리성을 기준으로 간접세와 직접세를 대조하여 설명하고 있다.

14. 장점이 있으면 단점도 동시에 있다는 뜻을 가진 한자 성어는 '일장일단(一長一短)'이다.

오답 해설

① 일장춘몽(一場春夢): 한바탕의 봄꿈이라는 뜻으로, 헛된 영화나 덧없는 일을 비유적으로 이르는 말

② 유명무실(有名無實): 이름만 그럴듯하고 실속은 없음.

③ 주객전도(主客顚倒): 주인과 나그네의 위치가 서로 뒤바뀐다는 뜻으로, 사물의 가볍고 무거움·앞뒤·느리고 급함 따위가 서로 뒤바뀜을 이르는 말

④ 장단상교(長短相較): 길고 짧음은 상대적인 관계에서 비교할 수 있음을 이르는 말

15. 상인이 현금을 받고 옷값을 10% 깎아 주겠다는 것은 결국 경아가 부담해야 할 부가 가치세를 받지 않겠다는 것이다. 이는 물건을 사고 판 흔적을 없애 자신의 소득을 줄여 세금을 내지 않으려는 의도이며 경아 또한 부가 가치세를 내지 않아 탈세를 하게 된 것이다.

시험엔 이렇게!!

1. ⑤ 2. ③ 3. ③ 4. 소리를 내는 방법 5. ② 6. ⑤ 7. ㉠ 부넘기, ㉡ 고래, ㉢ 개자리, ㉣ 굴뚝 8. ④ 9. ③

1. 유명인의 말을 글의 처음 부분에 인용한 것은 설명 대상인 '세금'에 대한 독자의 관심을 유발하기 위해서이다.

2. 이 글의 갈래는 설명문으로, 세금의 필요성과 종류를 독자에게 알리기 위해 쓴 글이다.

3. 직접세란 무엇인지 그 뜻을 풀이하는 '정의'의 설명 방법이 사용되었다.

4. 〈보기〉에서 악기의 종류를 나눈 기준은 '소리를 내는 방법'이다.

5. 두 대상의 차이점을 중심으로 설명하는 방법은 '대조'이다.

6. 분류와 구분은 둘 이상의 대상에 관해 일정한 기준으로 그 종류를 갈라 설명하는 방식이다. 이때 일정한 상위 개념으로 묶어 나가는 것을 분류라 하고, 하위 개념으로 나누어 나가는 것을 구분이라고 한다. 이러한 설명 방법에 따라 글을 쓰면 여러 대상이 지닌 특성을 효과적으로 알 수 있고, 복잡한 것을 체계적으로 이해할 수 있는 장점이 있다.

7. (가)는 아궁이에 불을 지피면 열기를 띤 연기가 '부넘기 → 고래 → 개자리 → 연도 → 굴뚝'으로 빠져나간다고 설명하였다.

8. ④는 집을 지을 때 사용한 재료에 따라 '벽돌집, 나무집, 돌집'으로 나누고 있으므로 '구분'의 설명 방법을 사용한 것이다.

9. 〈보기〉는 '구들은 잠시만 때도 열이 오래도록 지속된다.'에서 결과를, '온돌의 부넘기와 개자리 같은 장치가 열이 빠져 나가지 못하도록 막아주기 때문이다.'에서 원인을 제시하고 있으므로 '인과'의 설명 방법을 사용한 것이다.

소단원 **나의 실력 다지기**   178~179쪽

1. ④ 2. ② 3. ⑤ 4. ③ 5. 유명인의 말을 제시하여 독자의 관심을 유발하고, 국민의 의무인 세금 납부의 필요성을 강조하기 위해서이다. 6. ③ 7. ⑤ 8. ③ 9. ③

1. 이 글은 설명문이다. 타당한 근거를 들어 자신의 주장을 독자에게 설득하는 것은 논설문의 특징이다.

오답 해설

① 설명문은 주로 '처음-중간-끝'의 3단 구성으로 이루어진, 체계적인 글이다.

② 설명문은 독자가 알기 쉽게 정보를 전달하여 독자를 이해시키는 것을 목적으로 한다.

③ 설명문은 객관적인 정보와 사실을 전달하는 글이다.

⑤ 설명문은 독자가 잘 이해할 수 있도록 설명 대상에 알맞은 여러 가지 설명 방법을 사용하여 서술한다.

2. 간접세는 물건 값에 포함되어 있으므로 물건을 사는 소비자가 부담하고, 물건 값에 포함된 간접세를 국가에 내는 사람은 물건을 판 사람이다.

3. 소득세, 상속세, 재산세, 법인세는 국가가 국민에게 세금을 매겨 직접 걷는 직접세이고, 부가 가치세는 간접세이다.

4. ㉠은 대상을 일정한 기준에 따라 나누어 설명한 '구분'의 설명 방법이 사용되었다. 이와 같은 설명 방법이 사용된 것은 시를 내용에 따라 나눈 ③이다.

오답 해설

① 전체를 부분으로 나누어 설명하는 '분석'이 사용되었다.

② 오징어와 문어의 차이점을 들어 설명하는 '대조'가 사용되었다.

④ 시와 수필의 공통점을 들어 설명하는 '비교'가 사용되었다.

⑤ 씨름과 그네의 차이점을 들어 설명하는 '대조'가 사용되었다.

5. 유명한 인물인 케네디의 말을 인용하여 독자의 관심을 이끌어 내며, 국민의 의무 중 하나인 납세의 의무를 강조하는 데 이용하고 있다.

6. 개인의 소득이나 재산 조사에 따라 세금을 부과하는 것은 직접세이다.

7. '반면에'는 뒤에 이어지는 내용이 앞부분과는 다른 내용임을 알려 주는 표지로, (가)와 (나)처럼 직접세와 간접세의 차이점을 들어 설명하는 '대조'의 방법으로 내용이 전개되는 곳에 자주 사용된다.

8. (다)에는 두 대상을 견주어 설명하는 '대조'가, (라)에는 대상을 구성하는 요소나 부분으로 나누어 설명하는 '분석'의 방법이 사용되었다.

9. 구들장 아래의 긴 통로가 '고래'라고 하였으므로 ⓒ 부분이다.

(2) 설명하는 글 쓰기

1. (가)는 자전거를 구성하는 각 부분으로 나누어 설명하는 '분석'의 설명 방법이 사용되었다.

2. (마)는 발효와 부패 간의 공통점과 차이점을 견주어 설명하는 '비교·대조'의 설명 방법을 사용하여 설명하고 있다.

3. '정의'는 어떤 사물이나 용어의 뜻을 명확하게 밝혀 주는 설명 방법이므로 인물의 외모를 설명하기에 적절하지 않다. 인물의 외모는 그림을 그리듯 생생하게 표현하는 '묘사'의 방법으로 서술하는 것이 적절하다.

오답 해설

② '인과'는 원인과 결과에 따라 대상을 설명하는 방법이므로 인물의 성격이 변한 이유와 그 결과를 설명하기에 적절하다.

③ '비교'는 둘 이상의 대상을 견주어 공통점을 중심으로 설명하는 방법이다.

④ '대조'는 둘 이상의 대상을 견주어 차이점을 중심으로 설명하는 방법이다.

⑤ '예시'는 대상에 대한 구체적인 예를 드는 설명 방법이다. 따라서 인물의 성격을 드러내기 위해 구체적인 행동을 예로 들어 설명하는 것은 적절하다.

지식 창고

- 인과: 어떤 결과를 가져오게 한 원인 또는 이러한 원인에 의해 결과적으로 초래되는 현상에 관계되는 사고 유형

- 과정: 일의 과정에 초점을 두어 글을 쓰는 방식으로 특성이나 결과를 가져오는 일련의 행동, 변화, 기능 또는 단계를 밝히는 내용이 주가 되는 방법

4. 버섯의 뜻을 정의하고, 버섯을 이루는 각 부분으로 나누어 분석하는 설명 방법을 사용하는 것이 적절하다.

지식 창고

분류와 분석

- 분류: 대상이나 개념이 뒤섞여 있는 집합체에서 유사점에 바탕을 두어 그것을 그룹별로 묶는 방법

- 분석: 하나의 대상이나 개념에만 관계되며 차이점에 바탕을 두어 그것을 형성하고 있는 각 부분을 분리해 내는 방법

분류와 구분

- 분류와 구분: 어떤 대상들이나 생각들을 공통적인 특성에 근거하여 구분 짓는 방법으로, 하위 항목을 상위 항목으로 묶어나가는 것을 분류, 상위 항목을 하위 항목으로 나누는 것을 구분이라고 한다. 분류와 구분은 대상의 범주를 명확하게 하려 할 때 사용되며, 다양한 사물들을 논리적 질서로 체계화하는 데 도움이 되는 방법이다.

- 분류와 구분의 원칙
  - 기준이 명확해야 한다.
  - 기준은 처음부터 끝까지 일관성 있게 적용한다.
  - 선정된 대상의 속성을 모두 규명해야 한다.

5. 글쓴이가 관심이 있고 잘 알고 있는 글감일 때 좀 더 충실한 정보를 글에 담을 수 있고 설명도 잘 할 수 있기 때문이다.

6. 자료를 정리하느라 너무 큰 노력이 들어가면 정작 글을 쓸 때 힘이 빠질 수 있다. 자료의 정리는 단순하게 비슷한 항목으로 함께 합칠 수 있는지만 판단하면 된다.

지식 창고

정보의 체계화와 재구성

청자나 독자의 관심, 요구, 수준 등을 고려	중요한 정보는 비중 있게 다루고 그렇지 않은 정보는 삭제함.
	전달자의 주관을 개입시켜 정보 전달의 목적을 왜곡해서는 안 됨.
	정보의 왜곡이나 진위 여부 등을 다양한 경로로 검증해야 함.

정보가 갖추어야 할 조건

- 사실과 일치해야 한다.
- 신빙성이 있어야 한다.
- 출처가 분명해야 한다.
- 다양하고 풍부해야 한다.

- 주제를 뒷받침하는 내용이어야 한다.
- 청자나 독자의 관심과 흥미를 불러일으킬 수 있어야 한다.

정보의 수집 방법
설명하려는 대상에 대한 정보를 성공적으로 전달하려면, 전달하고자 하는 대상에 대해 잘 알고 있어야 한다. 또한 여러 분야에서 다양하고 풍부한 정보를 수집할 수 있어야 한다. 이때 관련 서적, 방송, 인터넷뿐 아니라 전문가의 견해, 관련자의 증언 등 다양한 경로로 정보를 수집하는 것이 바람직하며, 조사, 실험, 검색 등과 같은 다양한 탐구 방법을 활용하는 것이 좋다.

----

7. 문단이나 문장, 단어 수준의 적절성을 검토하는 것은 글을 다 쓴 후의 일이다.

8. 설명문의 구성 단계에서 맺음말은 본문에서 설명한 내용을 요약하여 마무리하는 역할을 한다.

9. 한 편의 글에서 여러 가지 주제를 다루면 독자는 이해하기 혼란스럽다. 글 전체의 내용이 하나의 주제를 향해 긴밀하게 연결되어 있을 때 글의 주제가 명확하게 드러나 독자는 글쓴이의 생각을 이해하기 쉽다.

10. 매체를 통해 수집한 자료는 내용의 적절성을 점검하여 선택적으로 사용하는 것이 바람직하다. 모두 사용할 필요는 없다.

소단원 나의 실력 다지기　　　　　　192~193쪽

1. ② 2. ② 3. ① 4. 두 사물을 견주어 공통점을 중심으로 다루는 '비교'와 차이점을 중심으로 다루는 '대조'가 사용되었다. 5. ① 6. (라). '떡볶이 만드는 법'은 절차와 순서에 따라 단계별로 설명하는 '과정'의 설명 방법을 사용하는 것이 효율적이기 때문이다. 7. ② 8. ⑤ 9. ③

1. 설날의 대표적인 세시 풍속으로 차례를 예로 들어 설명하고 있다.

2. 〈보기〉에는 대상을 분해하여 그 부분 또는 요소를 자세히 설명하는 '분석'의 방법이 사용되었다. '구조'는 '부분이나 요소가 어떤 전체를 짜 이룸. 또는 그렇게 이루어진 얼개'를 뜻하는 말이므로 '컴퓨터의 구조'가 '분석'의 방법으로 설명하기에 적절하다.

3. 온실 효과로 인해 지구 기온이 상승하면 남극과 북극의 빙하가 녹아 해수면이 상승하는 결과를 가져오게 됨을

설명하고 있다.

4. '발효'와 '부패'를 견주어 공통점과 차이점을 중심으로 설명하고 있다.

오답 해설
①은 '분류·구분', ③은 '정의', ④는 '비교·대조', ⑤는 '인과'의 설명 방법을 활용하여 설명하기에 적절하다.

5. '곰팡이의 한 종류인 버섯은~ 말한다'는 '정의'의 설명 방법, '버섯은~자란다.'는 분석의 설명 방법을 사용하였다.

6. 어떤 일을 절차와 순서에 따라 단계별로 설명하는 '과정'의 설명 방법은 자연 현상이나 사회 현상, 요리 방법, 물건 제작 방법 등을 설명할 때 유용하다.

7. 설명문이므로 객관적인 정보를 독자가 알기 쉬운 말로 서술해야 한다. 주관적인 견해를 논리적으로 제시한다는 것은 논설문의 특성이다.

8. '스티그마 효과'는 '피그말리온 효과'와 대조되어 '피그말리온 효과'의 의미를 더욱 부각하는 역할을 하고 있으므로 주제와 긴밀하지 않다고 보아 이를 생략하는 것은 적절하지 않다.

9. 정보를 찾은 순서대로 내용을 조직하는 것이 아니라 구성 단계에 맞게 체계적으로 조직한다.

대단원 평가 대비하기　　　　　　196~199쪽

1. ① 2. ③ 3. ④ 4. ④ 5. 직접세의 장점은 소득 격차를 줄이는 효과가 있다는 점이고, 단점은 세금을 걷기가 복잡하다는 점이다. 6. ③ 7. ③ 8. 사물이나 현상의 원인과 결과를 밝혀 주는 인과의 설명 방법이 사용되었다. 9. ①, ⑤ 10. ⓐ: 개요 작성하기 11. ⑤ 12. ④ 13. ② 14. ⑤ 15. ② 16. ③ 17. ⑤ 18. ④ 19. ②

1. 이 글은 객관적인 정보와 사실 전달을 목적으로 하는 설명문이다.

2. 법인세는 기업이 물건을 샀을 때 내는 세금이 아니라, 기업의 소득에 대해 부과하는 세금이다.

지식 창고 – 법인과 법인세
- 법인: 자연인이 아니면서 법에 의하여 권리 능력이 부여되는 사단과 재단. 법률상 권리와 의무의 주체가 될 수 있다.

• 법인세: 법인세란 법인의 소득을 과세 대상으로 하여 부과하는 조세이다. 주식회사와 같이 법인 형태로 사업을 하는 경우 그 사업에서 생긴 소득에 대해 부과하는 세금으로 기업에 부과하는 소득세라 할 수 있다.

3. '분석'은 대상을 구성하는 요소나 부분으로 나누어 설명하는 방법이고, '인과'는 어떤 사물 또는 현상의 원인과 결과를 밝혀 주는 설명 방법으로 (가)~(라)에서는 사용되지 않았다.

오답 해설

ㄱ. (다)의 '세금은~직접세와 간접세로 나눌 수 있다.'에 '구분'의 설명 방법이 사용되었다.

ㄴ. (가)의 '세금이란 국가가~돈을 말한다.'와 (다)의 '직접세는~세금을 말한다.' 등에 '정의'의 설명 방법이 사용되었다.

ㄹ. (라)에 구체적인 예를 들어 설명하는 '예시'의 설명 방법이 사용되었다.

4. (마)에는 간접세와 직접세의 차이점이 '대조'의 설명 방법으로 서술되었다. '대조'란 설명 대상들의 대비되는 성질이나 차이점을 중점적으로 다루는 것이므로 대조되는 대상들은 같거나 비슷한 종류의 것이 적절하다. ④의 '홍차'와 '자동차'는 종류가 달라 '대조'의 방법으로 설명하기에 적절하지 않다.

5. 직접세는 세금을 걷기 어렵지만 소득 격차를 줄이는 효과가 있고, 간접세는 세금을 걷기 쉽지만 소득 격차를 줄이는 효과는 없다.

6. 〈보기〉는 신분에 따라 한복을 달리 입는 사실을 언급하고 이에 대한 구체적인 예를 들어 설명하고 있다. (다)도 설날의 대표적인 세시 풍속으로 '차례'를 예로 들고 있으므로 둘 다 '예시'의 설명 방법을 사용한 것이다.

7. (나)에는 마술이란 무엇인지 그 뜻을 풀어 설명하는 '정의'의 설명 방법이 사용되었다. '정의'를 사용하면 대상이나 현상의 뜻을 분명하게 밝히는 효과를 얻을 수 있다.

8. (바)에는 온실 효과가 원인이 되어 해수면 상승이라는 결과를 가져오게 되었다는 '인과'의 설명 방법이 사용되었다.

9. 〈보기〉에는 버섯의 뜻을 풀이한 '정의'의 설명 방법과, 버섯의 구조를 나누어 설명한 '분석'의 설명 방법이 사

용되었다.

10. 설명문을 쓰기 위해 글감을 선정하고 정보를 수집, 정리한 뒤에는 개요를 작성한다. 개요란 글에서 쓸 주요 내용을 간결하게 추려 쓴 것으로, 개요를 작성하면 글의 전체적인 내용이나 흐름을 한눈에 볼 수 있어 글을 체계적이고 논리적으로 쓰는 데 도움이 된다.

11. 수집한 정보는 모두 제시하기보다는 글의 주제를 효과적으로 전달할 수 있는지 판단하여 선택적으로 제시해야 한다.

12. (가)~(라)는 모두 설명하는 글이므로 제시된 정보가 객관적인 것인지 파악하며 읽는 것이 중요하다.

13. (가)와 (나)는 직접세와 간접세의 장점과 단점을 비교하고 대조하며 특징을 설명하고 있다.

14. 컴퓨터를 이루는 세부 요소들을 나누어 설명하는 '분석'의 설명 방법이 사용되었다.

오답 해설

① 오토바이와 자전거의 공통점을 들어 설명하는 '비교'의 설명 방법이 사용되었다.

② 물이 이용되는 여러 가지 예(생활용수, 농업용수, 전기를 일으키는 데 쓰이는 물)를 낱낱이 죽 늘어놓는 '열거'의 설명 방법이 사용되었다.

③ 컴퓨터의 고장 원인을 설명하는 인과의 설명 방법이 사용되었다.

④ 김치를 주재료에 따라 배추김치, 무김치, 부추김치 등으로 나누는 '구분'의 설명 방법이 사용되었다. '구분'은 일정한 기준에 따라 전체를 몇 개로 갈라 설명하는 설명 방법이다.

15. '붉고 작은 종기'는 여드름을 가리키는 말로, 여드름의 원인이 아니다.

16. 이 글에는 설명 대상을 다른 것에 빗대는 비유적인 표현은 사용되지 않았다.

17. (마)의 마지막 문장은 의문 형식으로 끝내고 있지만 이는 답을 필요로 하는 의문문이 아니다. 이는 일부러 의문 형식으로 제시하여 독자가 스스로 결론을 내리게 하는 여유를 주어서 '긍정의 힘'을 강조하고 있다. 이런 표현법을 설의법이라고 한다.

18. (라)에서는 피그말리온 효과와 반대되는 스티그마 효

과를 설명하면서 피그말리온 효과와 스티그마 효과의 차이점을 중심으로 설명하는 '대조'의 방법이 사용되었다.

19. ㉠에는 대상의 뜻을 풀어서 설명하는 '정의'의 설명 방법이 사용되었다. ㉡는 한옥의 뜻을 설명하지 않았으므로 '정의'의 설명 방법이 사용되지 않았다.

논술형 평가 대비하기 200~201쪽

(1) 세금, 얼마나 알고 있나요?
1. 이와 같은 설명문에서 다양한 설명 방법을 사용하여 대상을 설명하는 까닭은 독자가 설명 대상을 쉽게 이해할 수 있도록 하기 위해서이다. **2.** 인용, 유명인의 말을 제시하여 독자의 관심을 유발하고, 국민의 의무인 세금 납부의 필요성을 강조하기 위해서이다. **3.** 대조의 설명 방법으로 전개되었다. (마)와 〈보기〉는 직접세와 간접세의 차이점을 견주어 설명하고 있기 때문이다.

(2) 설명하는 글 쓰기
1. 설명하는 글은 크게 '머리말—본문—맺음말'로 짜임을 정하는 것이 좋다. 머리말에서는 설명 대상을 밝히고, 본문에서는 설명하려는 내용을 짜임새 있게 배치하며, 맺음말에서는 전체 내용을 요약·정리하여 제시하는 것이 효과적이다. **2.** 〈예시 답〉 수집한 정보가 설명하고자 하는 내용과 관련이 있는지 살핀다. / 자료가 읽는 이의 수준에 맞는지를 살핀다. / 수집한 정보가 정확한지, 출처가 분명한지를 살핀다. / 자료의 정리에 너무 큰 노력이 들지 않도록 한다. **3.** 〈예시 답〉 • 우정: 우정이란 친구 사이의 정을 뜻한다. • 방학: 학교에서 학기나 학년이 끝난 뒤 또는 더위, 추위가 심한 일정 기간 동안 수업을 쉬는 일. 또는 그 기간이다. • 만화: 만화는 이야기 따위를 간결하고 익살스럽게 그린 그림이다.

(1) 세금, 얼마나 알고 있나요?

1. 이 글의 갈래는 설명문이다. 설명문은 글쓴이가 알고 있는 정보를 독자에게 효과적으로 전달하기 위해 설명 대상에 알맞은 설명 방법을 사용한다.

평가 요소	확인(√)
설명문의 갈래를 밝혔다.	
설명문의 목적과 관련지어 서술하였다.	
맞춤법에 맞고 문맥이 자연스럽게 서술하였다.	

2. (가)는 미국의 대통령 케네디의 말을 인용하고 있다. 이렇게 인용의 설명 방식을 사용하면 설명하는 내용에 대한 신뢰감을 높여 주고 말하고자 하는 바를 강조할 수 있다.

평가 요소	확인(√)
설명 방법을 밝혔다.	
그 효과와 의도를 적절하게 서술하였다. .	
맞춤법에 맞고 문맥이 자연스럽게 서술하였다.	

3. (마)는 직접세의 장단점을 서술하고 〈보기〉는 이와는 다른 간접세의 장단점을 서술함으로써 두 대상의 차이점을 견주는 '대조'의 설명 방법으로 내용을 전개하였다.

평가 요소	확인(√)
대조의 설명 방법을 밝혔다.	
대조의 설명 방법인 까닭을 적절하게 서술하였다.	
맞춤법에 맞고 문맥이 자연스럽게 서술하였다.	

(2) 설명하는 글 쓰기

1. 이 글은 '머리말—본문—맺음말'의 3단 구성을 취하고 있다. 머리말에서는 '피그말리온 효과'의 뜻과 유래를 언급하며 설명 대상을 소개하였으며, 본문에서는 피그말리온 효과의 입증 사례를 들고 스티그마 효과와 비교·대조하였다. 맺음말에서는 본문의 내용을 요약하며 마무리하였다.

평가 요소	확인(√)
글의 구성 단계를 언급하였다.	
각 구성 단계의 특징을 바르게 서술하였다.	
맞춤법에 맞고 문맥이 자연스럽게 서술하였다.	

2. 글감이 정해지면 그것을 설명하는 데 필요한 자료를 찾아야 한다. 자료를 찾을 때는 먼저 책, 신문, 인터넷 등 다양한 매체를 이용하여 관련된 자료를 모두 찾은 뒤, 필요한 자료만 골라내어 정리하도록 한다.

평가 요소	확인(√)
정보를 수집할 때 유의할 사항을 2가지 이상 서술하였다.	
맞춤법에 맞고 문맥이 자연스럽게 서술하였다.	

3. '정의'는 어떤 대상의 뜻을 풀이하여 설명하는 방법, 즉 어려운 낱말이나 어휘, 전문적인 용어 같은 것의 뜻을 풀이하는 방법이다.

평가 요소	확인(√)
정의의 설명 방법에 맞게 서술하였다.	
대상의 사전적 의미에 맞게 적절하게 서술하였다.	
맞춤법에 맞고 문맥이 자연스럽게 서술하였다.	

5 상황에 맞는 대화

(1) 담화와 국어 생활

콕콕 확인 문제

208~217쪽

1. ③ 2. 말하는 이, 듣는 이, 발화(내용), 담화가 이루어지는 상황 3. ② 4. ㉠에는 식당의 음식 맛이나 서비스가 괜찮았는지, 개선할 점은 없는지 등이 궁금하다는 의미가 담겨 있다. ㉡에는 식사할 때 불편한 이가 없었는지, 식사할 때 이가 아파서 힘들지 않았는지 등이 궁금하다는 의미가 담겨 있다. 5. ① 6. ⑤ 7. ③ 8. ③ 9. ④ 10. ① 11. ② 12. 한국 사회에서는 많이 차려 놓아도 겸양의 의미로 그런 표현을 쓴답니다. 13. ④ 14. ② 15. 마름 집인 점순네 덕분에 땅을 얻어 짓는 상황에서 자기 아들이 점순이와 좋아지내다 점순네가 알면 점순네와의 관계가 틀어지고 땅과 집을 내놓아야 하기 때문이다.

1. 창문이 열려 있는 방에서 할머니가 추워하는 상황을 고려할 때 할머니께서 바람이 어디서 들어오는지를 궁금해하셨다기보다는 추우니까 손녀에게 창문을 닫아 달라는 의도를 담아 말을 하신 것으로 이해하는 것이 적절하다.

2. 할머니와 손녀의 대화를 통해 말하는 이, 듣는 이, 발화 내용, 대화가 이루어지는 상황(맥락)이라는 담화의 구성 요소를 확인할 수 있다.

3. (가)는 등굣길(또는 하굣길) 문구점 안에서, (나)는 학교 수업 시간에 교실에서 이루어진 담화이다. 따라서 각 상황에서 원활한 의사소통을 하기 위해서는 담화가 이루어진 시간과 장소를 중요하게 고려하여야 한다.

4. 식당에서 주인이 손님에게 "식사하실 때 불편한 점은 없으셨나요?"라고 했을 때는 음식이나 서비스 등에 대해 묻는 것으로, 병원에서 치과 의사가 환자에게 "식사하실 때 불편한 점은 없으셨나요?"라고 했을 때는 환자의 치아 상태에 문제가 없었는지를 묻는 것으로 이해해야 한다.

5. 두 사람의 대화에서 서운한 마음을 드러내고 있는 사람은 여학생이다. 남학생은 서운해하는 여학생의 마음을 모른 채 "고마워."라고 반응하고 있다.

오답 해설

② 여학생은 집안일을 도와드려야 하는 남학생의 처지를 알아보려 하지도 않고, 자신의 제안을 거절하는 남학생을 비꼬며 야속함을 드러내고 있다.

③, ⑤ 남학생은 자신을 비꼬기 위해 '효자'라고 말한 여학생의 의도를 모른 채 '효자'라는 말을 표면적 의미 그대로 이해하여 대답하고 있다.

④ 여학생은 남학생의 처지를 알아보지도 않고 비꼬고 있으며, 남학생은 여학생의 의도와 목적을 고려하지 못한 채 반응하고 있으므로, 두 사람 사이에 원만한 대화가 이루어지고 있지 않은 상황이라고 할 수 있다.

6. 남학생은 여학생이 '효자'라고 말한 의도와 목적을 파악하지 못하고 상황에 어울리지 않는 대답을 하여 여학생을 당황하게 하고 있다.

7. 저승사자가 써니의 말에 담긴 의도를 적절하게 파악하지 못하고 글자 그대로 이해하여 대답하였기 때문에 둘의 대화가 원활하게 이루어지지 않았다.

8. 담화의 상황 맥락은 담화가 이루어지는 시간적·공간적 상황을 말하는데, 이는 말하는 이와 듣는 이 중 어느 한쪽이 더 유의해야 하는 것이 아니라 말하는 이와 듣는 이 모두 유의하여야 하는 것이다.

9. 전라도의 방언을 사용하는 할머니가 '포도시'라는 표현을 사용해 손자에게 전복을 어렵게 구했다는 의미를 전달하고 있는데, 손자는 이 말을 '포도'라는 표준어로 받아들이고 있다. 이것은 지역 간 언어의 차이가 의사소통에 영향을 미침을 보여 주는 사례에 해당한다.

10. 딸은 듣는 이인 아빠와의 세대 차이를 고려하지 않고 젊은 세대 사이에서 주로 통용되는 '직구'라는 단어를 사용하였다.

11. 한국인은 공동체를 중시하는 문화의 영향으로 '나'를 써야 할 자리에 '우리'라는 말을 쓰는 경우가 많은데, 이러한 한국인의 언어문화에 익숙하지 않은 외국인이 '우리'라는 말을 '너와 나'를 포함하는 의미로 이해하여 의사소통이 원활하지 않게 되었다.

12. 한국 사회에서는 음식을 많이 차려 놓고도 겸양의 의미를 전달하기 위해 "차린 건 없지만 많이 드세요."라고 말한다.

13. 점순이 평소와 달리 혼자서 울타리를 엮고 있는 '나'에

게 다가와 말을 걸고, 감자를 건넨 이유는 '나'에게 관심과 애정을 표현하고 싶었기 때문이다.

14. 점순은 '나'가 자신의 호의를 거절하자 민망하고 창피해서 얼굴이 빨개진 것이며, 자신의 호의를 거절한 것에 대한 분노로 눈에 독을 올리고 '나'를 쏘아 본 것이다.

15. '나'의 집은 점순네에게 소작을 얻어 땅을 부치기 때문에 점순네의 눈치를 볼 수밖에 없다. 이런 상황에서 마름의 딸인 점순과 자기 아들이 이성으로 친해지면, 소작농인 자기 집의 땅이 떨어지고 사는 집에서도 쫓겨나 생계가 어려워질 수 있기 때문에 '나'의 어머니가 ㉠처럼 주의를 준 것이다.

소단원 나의 실력 다지기   221~223쪽

1. ③ **2.** ③ **3.** ⑤ **4.** "창문을 닫을게요." **5.** ④ **6.** ①
7. 늦은 시간에 들어오는 딸을 나무라는 의미 **8.** ③ **9.** ④
10. ③ **11.** "정말로 우리가 가족이라서 '우리'라고 말한 게 아니야. 한국인들은 예로부터 공동체를 중시하는 문화의 영향으로 인해 '나'보다는 '우리'라는 단어를 사용하는 경우가 많아. 그래서 '우리 엄마, 우리 아빠, 우리나라'라고 말하는 거야. **12.** ③ **13.** ② **14.** ⑤ **15.** 소작농의 아들인 '나'는 마름인 점순네의 눈치를 보아야 하기 때문이다.

---

1. 담화를 구성하는 요소에는 말하는 이, 듣는 이, 발화(내용), 맥락(담화가 이루어지는 상황)이 있다.

오답 해설

①, ② 말하는 이의 생각이 문장 단위로 실현된 것으로, 의사소통에서 전달하고자 하는 내용을 담고 있는 것을 발화라고 한다.
④ 상황 맥락은 의사소통에 직접적인 영향을 주고, 사회·문화적 맥락은 간접적인 영향을 미치지만, 이것만으로 담화의 의미가 사회·문화적 맥락보다 상황 맥락에 의해 결정된다고는 할 수 없다.
⑤ 역사적·사회적 상황, 이념, 공동체의 가치, 신념 등에 의해 형성되는 것은 담화의 사회·문화적 맥락이다.

2. 상황 맥락은 담화가 이루어지는 시간적·공간적 상황으로, 담화의 의미를 해석하는 데 직접적인 영향을 주는 맥락을 가리킨다.

3. 할머니가 창문이 열려 있는 방에서 추워하고 있는 상황을 고려할 때 할머니의 발화는 추우니까 창문을 닫아 달라는 요청 또는 명령의 의도를 담고 있는 것으로 볼 수 있다.

4. 할머니가 창문이 열려 있는 방에서 추워하고 있는 상황 맥락을 바탕으로 할 때 할머니의 발화 의도는 창문을 닫아 달라는 것임을 알 수 있다. 그러므로 손녀는 이를 고려하여 창문을 닫겠다는 내용의 발화를 해야 한다.

5. (나)의 발화에는 수업 중에 딴짓하지 말라는 의미가 담겨 있다. 즉 수업 시간에 수업에 집중하지 않는 정진이에게 주의를 주는 말이다.

6. 같은 말이라도 언제, 어디에서 담화가 이루어지는지에 따라 그 의미가 달라질 수 있다. (가)의 경우는 등하굣길 문구점에서, (나)의 경우는 수업 중인 교실에서 이루어진 담화라는 것을 고려하여야 그 의미를 정확히 해석할 수 있다.

7. 밤늦은 시간에 들어오는 딸에게 "지금 몇 시니?" 하고 말하는 것은 지금이 몇 시인지 궁금하다는 의미가 아니라 딸이 집에 늦게 온 것을 나무라는 의미를 지닌다.

8. (가)는 '포도시'라는 방언이 의사소통을 어렵게 한 사례이다. 이처럼 지역 간 언어의 차이가 의사소통에 영향을 미치는 것과 관련이 있는 사례는 '팽이'의 제주도 방언을 언급한 ③이다.

오답 해설

①, ②는 (나)의 상황과 ⑤는 (다)의 상황과 유사한 사례이다.

9. (다)의 외국인은 공동체를 중시하는 한국인의 문화를 이해하지 못한 채 대화를 함으로써 어려움을 겪고 있다. 따라서 외국인이 한국인 친구의 대화 내용을 이해하기 위해서는 한국 사회의 문화적 배경에 대한 이해가 필요하다.

10. (가)~(다)는 사회·문화적 맥락과 관련하여 지역, 세대, 서로 다른 문화적 배경에 따라 사용하는 언어에 차이가 생길 수 있음을 보여 주고 있다. ③의 '동음이의어'는 상황 맥락을 파악하면 정확한 의미를 이해할 수 있으므로, 사회·문화적 맥락과 관계되는 것이라 보기 어렵다.

①, ⑤ (다)에서 한국인의 언어문화에 익숙하지 않은 외국인은 '우리'라는 말을 '너와 나'를 포함하는 의미로 이해하여 한국인과의 의사소통에 어려움을 겪고 있다.

② (가)에서 전라도 방언을 사용하는 할머니는 손자에게 전복을 어렵게 구했다는 의미로 '포도시'라는 말을 써서 표현했는데, 손자가 전라도 방언을 몰라서 두 사람의 의사소통이 원활하게 이루어지지 못했다.

④ (나)에서 아빠가 이해하지 못한 단어는 '직구'이다. 딸이 말한 '직구'의 의미는 '직접 구매'를 줄인 말이다.

11. 한국인의 언어문화에 익숙하지 않은 외국인이 '우리'라는 말을 '너와 나'를 포함하는 의미로 이해하여 의사소통이 원활하게 이루어지지 않았다. 그러므로 (다)의 빈칸에는 한국인이 '너' 또는 '나' 대신 '우리'라는 말을 자주 쓰는 이유를 설명하는 말이 들어가야 한다.

12. (가)에서 점순은 '나'에게 감자를 건네며 적극적으로 자신의 관심과 애정을 표현하고 있지만, '나'는 점순의 행동과 말에 담긴 의도를 이해하지 못하고 오히려 자존심 상해하고 있다.

① 점순은 "느 집엔 이거 없지?"라며 '나'가 기분 상해할 수도 있는 말을 하였다.

② '나'에게 말을 건네고 감자를 주는 것으로 보아 점순이 '나'를 좋아한다는 것을 알 수 있다.

④ (나)에는 점순네 아버지가 마름이고 '나'의 가족이 소작농임이 나타나 있다.

⑤ 마름과 소작농 등이 존재했던 당시의 사회적 상황을 파악하면 소설의 내용을 더 잘 이해할 수 있다.

13. 이 글에서 사회·문화적 배경을 드러내고 있는 어휘는 '소작권을 관리하는 사람'을 뜻하는 '마름'과 '땅을 소작할 수 있는 권리'인 '배재'이다. 이 단어들을 통해 '나'의 집과 점순네 집의 관계를 알 수 있고, 그러한 관계를 고려해야 이 글에 나타난 '나'의 심리나 태도를 정확히 이해할 수 있다.

14. 점순이 '나'에게 감자를 건네면서 "느 집엔 이거 없지?" 하고 생색을 내면서 말하자 '나'는 자존심이 상해서 감자를 거절한 것이다.

15. 제시된 부분에서 '나'는 점순이 '나'의 씨암탉을 괴롭히는 모습을 보고 화가 났지만, 점순네 집으로 뛰어들어가 싸우거나 닭을 구출하지 못한다. 그 이유는 점순네가 마름이고 '나'의 집은 점순네에게서 땅을 얻어 농사를 짓는 소작농이기 때문이다.

(2) 들판에서

227~253쪽

1. ④ 2. ④ 3. ③ 4. ④ 5. ⑤ 6. ③ 7. ③ 8. ② 9. 형제가 사이좋게 지내기로 한 맹세의 증표로 민들레꽃을 주고받고 있으므로 민들레꽃은 형제의 우애를 상징한다. 10. ② 11. ⑤ 12. ① 13. 들판에서 평화롭고 사이좋게 지내던 형제 사이에 갈등이 생길 것이다. 14. ⑤ 15. ⑤ 16. ⑤ 17. 우리 집이 들판의 오른쪽에 있다. 18. ③ 19. ③ 20. ① 21. ⑤ 22. 집을 '내 집'이라고 주장하고 있다. 23. ⑤ 24. ④ 25. ② 26. ② 27. 형제 사이를 완전히 가로막는 장애물이 생기면서 의사소통이 단절되고 형과 아우의 갈등은 심화될 것이다. 28. ② 29. ① 30. ④ 31. ① 32. ② 33. ⑤ 34. ① 35. 벽 36. ⑤ 37. ⑤ 38. ② 39. 훌륭한 관광 명소 40. ⑤ 41. ④ 42. 사람들의 조급해하는 마음을 부추겨 서둘러 분양 신청을 하도록 유도하기 위해서이다. 43. ④ 44. ① 45. ③ 46. ⑤ 47. ⑤ 48. ② 49. ④ 50. ④ 51. ① 52. 말뚝과 밧줄, 벽, 전망대, 총 53. ② 54. ③ 55. ② 56. 형제간 갈등 해소의 매개체 역할을 할 것이다. 57. ② 58. ① 59. ③ 60. 분단의 현실을 극복하고자 하는 의지와 염원

1. 이 글에서는 대사를 통해 인물의 성격과 심리, 사건의 분위기를 드러내고 있다.

① 이 글은 무대 공연을 목적으로 쓴 연극 대본이다.

② **1**은 등장인물과 장소, 무대를 소개하고 있는 해설로, **2**는 지시문과 대사로 이루어져 있다.

③ 이 글의 대사를 통해 두 인물의 관계가 형제라는 것과 형제의 우애가 매우 깊다는 것, 아름다운 들판을 부모님으로부터 물려받았다는 것 등을 알 수 있다.

⑤ '형과 아우, 들판에서 그림을 그리고 있다. ~ 형, 아우에게 다가가서 그림을 바라본다.', '기뻐하며' 등과 같은 지시문을 통해 인물의 행동이나 표정 등을 지시하고 있다.

2. ❶은 희곡의 구성 요소 중 해설에 해당하는 부분으로, 등장인물과 배경, 무대 장치 등을 설명하고 있다.

3. 형은 형님 솜씨가 더 훌륭하다는 아우의 칭찬에 "난 너만큼 잘 그리지 못하는걸."이라고 말하며 겸손하게 반응하고 있다.

4. ㉠은 등장인물의 동작, 표정, 말투 등을 지시하는 동작 지시문이다. 막이 오르기 전 필요한 정보를 제공해 주는 역할을 하는 것은 해설이다.

5. ❸에서 형제는 들판에 핀 민들레꽃을 주고받으며 언제나 사이좋게 지낼 것을 맹세하고 있다.

오답 해설
① ❸에서 형은 집을, 아우는 파란 하늘과 해님을 그리겠다고 말하고 있으므로 서로의 모습을 그리고 있다고 할 수 없다.
② ❸에서 집을 그리겠다고 한 사람은 형이며, 아우는 집을 그리고 있지 않다. 또한, ❷를 보면 아우는 이미 집을 다 그린 상태임을 알 수 있다.
③ 형제는 평화로운 들판에서 그림을 그리며 다정하게 지내고 있다.
④ ❸의 내용만으로는 형제가 누구에게 들판을 물려받았는지 알 수 없다. ❷를 보면 형제가 부모님으로부터 들판을 물려받아 살고 있음을 알 수 있다.

6. 새로운 인물인 측량 기사와 조수들이 등장하고 있지만, 주인공이 바뀌고 있지 않다.

오답 해설
① 측량 기사와 조수들의 등장은 새로운 사건이 전개될 것을 암시하며 극에 긴장감을 주고 있다.
② 새로운 인물의 직업이 측량 기사인 것으로 보아 땅과 관련된 사건이 벌어질 것임을 예측할 수 있다.
④, ⑤ 측량 기사에게 들판은 개발하고 판매하여 수익을 올릴 수 있는 대상일 뿐이지만, 형제에게는 두 사람이 행복하게 지낼 수 있는 평화로운 터전이다.

7. 측량 기사는 형제의 땅에 아무 허락도 없이 들어와 말뚝을 박고 줄을 치고 있다. 이로 볼 때 측량 기사가 형제에게 예의를 지키고 있다고 볼 수 없다.

8. 형제의 땅에 허락 없이 들어온 측량 기사가 오히려 화를 내고 있으므로, 도둑이 도리어 매를 든다는 뜻으로, 잘못한 사람이 아무 잘못도 없는 사람을 나무람을 이르

는 말인 '적반하장(賊反荷杖)'이 어울린다.

오답 해설
① 마음과 마음으로 서로 뜻이 통할 때를 이르는 말이다.
③ 아무에게도 도움을 받지 못하는, 외롭고 곤란한 지경에 빠진 형편을 이르는 말이다.
④ 동풍이 말의 귀를 스쳐 간다는 뜻으로, 남의 말을 귀담아듣지 아니하고 지나쳐 흘려버림을 이르는 말이다.
⑤ 누워서 몸을 이리저리 뒤척이며 잠을 이루지 못할 때를 이르는 말이다.

9. 형제는 부모로부터 물려받은 들판에 핀 민들레꽃을 주고받으면서 서로의 우애를 다짐하고 있다.

10. 희곡은 인물의 대사와 행동을 통해 사건이 전개되므로 이를 통해 인물의 성격이나 심리를 파악할 수 있다.

11. 형과 아우는 그림을 그리면서도 신경이 쓰이는지 말뚝과 밧줄을 힐끗힐끗 바라보고 있다. 게다가 형은 밧줄 앞에서 어떻게 그것을 넘어가야 할지 망설인다. 이로 볼 때 형제가 말뚝과 밧줄을 전혀 의식하지 않는다고 할 수 없다.

12. ❻에 나타난 형제의 말이나 행동으로 볼 때 형은 소심하고 소극적인 성격임을, 아우는 대범하고 적극적이며 활달한 성격임을 알 수 있다.

13. 형과 아우 사이에 일직선의 밧줄이 허리 높이만큼 매어져 둘의 사이를 나누어 놓고 있는 것으로 볼 때, 형제 사이에 불화가 생길 것임을 예측할 수 있다.

14. ❼에서 형이 "난 그림이나 그려야겠다."라고 말하고 있기는 하지만, 이는 그림을 그리는 것이 줄넘기 놀이보다 더 유익해서가 아니라 아우를 상대하기 싫어서 한 말이다.

오답 해설
① 아우가 부당한 방법으로 놀이에서 이겼다며 억지를 부리고 있는 형의 말과 행동을 통해 아우에게 지기 싫어하는 형의 성격을 알 수 있다.
② 아우는 형이 동생인 자신이 형에게 항상 져야 한다는 고정 관념을 갖고 있다고 말하며 평소 형에게 가지고 있던 불만을 드러내고 있다.
③ 형은 밧줄을 불편하게 생각하지만, 아우는 재미있다고 여기고 있다.

④ 형은 아우가 줄넘기 놀이에서 이긴 후 보인 의기양 양한 행동과 태도 때문에 기분이 상해서 아우에게 화를 내고 있다.

15. 이 글에서 말뚝과 밧줄은 형과 아우의 들판을 갈라놓은 소재로, 형제 사이에 싸움을 일으키며 갈등을 유발하고 있다.

16. 형과 아우는 상대방의 감정이나 생각에 공감하지 못하고 서로에게 상처를 주는 말을 하면서 갈등을 일으키고 있다.

17. 밧줄 때문에 들판이 둘로 나뉘면서 형은 자신이 있는 오른쪽과 아우가 있는 왼쪽을 구별하기 시작하였고, 이에 따라 자신들의 집이 오른쪽에 치우쳐 있다는 사실을 알게 된다.

18. 연극은 공간의 변화에 대한 제약이 크므로 인물이 새롭게 등장할 때마다 무대 배경을 바꾸는 게 쉽지 않다. 게다가 이 글의 무대 배경은 들판이므로 인물의 등장에 따라 무대 배경을 새롭게 바꿀 필요도 없다.

오답 해설
① 형과 아우 사이에는 밧줄이 놓여져 있다.
② 형과 아우는 침묵 속에서 그림을 그리고 있었다.
④ 형은 집이 오른쪽에 있으므로 '내 집'이라고 하면서 아우에게 허락 없이 들어오지 말라고 권위적인 태도로 말하고 있다.
⑤ 측량 기사와 조수들은 형제의 땅을 차지하려는 탐욕스러운 모습을 보이고 있다.

19. **8**에는 형과 아우의 외적 갈등이 드러나 있다. 형제는 줄넘기 놀이를 하다 다툰 이후 서로 자신의 소유권을 주장하며 대립하고 있다.

20. 측량을 한 다음에는 교묘한 방법으로 땅을 빼앗는 일을 여러 번 했다는 조수들의 말로 볼 때, 측량 기사와 조수들의 궁극적인 목표는 '형제의 들판을 빼앗기'임을 알 수 있다.

21. 측량 기사는 조수들에게 측량 실습을 시키기 위해서가 아니라 형제의 땅을 차지할 욕심으로 들판에 찾아와 측량을 한 것이다. 그러므로 측량 기사가 조수들에게 측량을 가르친 것을 뿌듯해한다는 감상은 적절하지 않다.

22. 형은 측량 기사가 쳐 놓은 밧줄을 기준으로 형제가 살던 집이 들판 한가운데가 아닌 오른쪽에 있다고 말하며

자신에게 집의 소유권이 있다고 주장하고 있다.

23. 이 글에서 사건은 형과 아우의 갈등과 대립을 통해 진행되고 있다. 측량 기사는 형제의 갈등을 부추기는 역할을 할 뿐이다.

오답 해설
①, ④ 이 글의 작가는 같은 민족인데도 남과 북으로 분단되어 있는 우리의 현실을 형제간의 대립과 갈등을 통해 간접적(우의적)으로 드러내고 있다.
② 시간의 흐름에 따라 사건이 전개되고 있다.
③ 민들레꽃은 형제간의 우애, 들판은 우리 국토, 말뚝과 밧줄, 벽 등은 대립과 갈등, 단절 등을 상징하는 소재이다.

24. 측량 기사는 형에게 "처음 약속대로 말뚝과 밧줄을 치워 드릴까요?"라고 묻고 있지만, 이는 형의 의중을 떠보며 형제의 갈등을 지속시키기 위해 한 말이지 진심으로 한 말이 아니다.

25. 줄넘기 놀이에서 아우에게 계속 지면서 감정이 상한 형은 아우가 자기 쪽에 있는 젖소를 가지겠다고 말하자 더욱 기분이 안 좋아진다. 이에 형은 아우에 대한 반감 때문에 말뚝과 밧줄을 그대로 두라고 한 것이다.

26. 벽을 설치하는 비용으로 아우가 가진 땅의 반절을 달라는 측량 기사의 요구에 아우는 머뭇거리며 곤란하다는 뜻을 비치고 있으므로, 여기에 들어갈 지시문으로는 '망설이는 태도로'가 가장 적절하다.

27. 밧줄과 달리 벽은 형제 사이를 완전히 가로막는 장애물이므로, 형과 아우의 대립과 갈등이 심화될 것임을 예측할 수 있다.

28. 이 글은 연극의 대본인 희곡이다. 희곡은 연극 공연을 목적으로 하며(ⓐ), 무대 장치를 자유롭게 바꾸기 어려우므로 시간이나 공간의 변화에 제약이 있으며, 한정된 공간에서 공연되므로 등장인물의 수에도 제약을 받는다(ⓒ). 또한, 인물의 말과 행동을 통해 사건이 전개되므로 인물의 말과 행동을 통해 인물의 심리를 드러낸다(ⓔ).

오답 해설
ⓑ 서술자가 존재하는 것은 소설이다.
ⓓ 작가의 체험과 가치관이 직접 드러나는 것은 수필의 특징이다.

29. 11에서 아우는 벽을 세운 것은 형 때문이라며 형을 원망하다가 곧 자신이 심했다는 것을 인정하고 형에게 잘못을 빌고자 한다.

오답 해설

② "나 혼자 독립해서 사는 것도 나쁜 건 아닐 텐데, 좀 더 생각해 봐야겠어."를 통해 독립해서 살고 싶어 하는 아우의 마음을 확인할 수 있다.

③ "동생 탓만은 아냐. 내 탓도 있어. ~ 동생은 얼마나 원망했을까!"에서 확인할 수 있다.

④ 형제 사이에 막상 벽이 세워지자 형은 당혹스러워하고 있으며, 아우 역시 "벽은 잘못된 거야."라고 말하고 있다. 이로 보아 형제는 둘 다 자기 잘못을 반성하며 현재의 상태가 잘못되었다는 것을 인식하고 있음을 알 수 있다.

⑤ "형님이 나를 용서하지 않는다면, 난 어떻게 되는 거지?"라는 아우의 말과 "미안하다고 말해도 소용없다면?"이라는 형의 말을 통해 상대방이 자신의 사과를 받아들이지 않을까 봐 걱정하는 인물의 심리를 확인할 수 있다.

30. 12에서 형과 아우는 서로에게 사과를 하려다 망설이며 내적 갈등을 겪는다. 그러다 결국 사과하기를 포기하고 각자 그림을 그리던 곳으로 가는데, 이때 맑았던 하늘이 흐려지고 바람이 불어온다. 이러한 날씨의 변화는 암울하고 불길한 분위기를 형성하고 있다.

31. 이 글에서 날씨는 인물의 심리와 앞으로 일어날 사건 전개의 방향을 암시한다. 즉 맑았던 하늘이 흐려지고, 바람이 세게 불어오는 것은 암울하고 불길한 분위기를 형성하면서 형제간의 갈등이 심화될 것을 암시하고 있다.

32. 측량 기사는 형에게 "결국 이 들판은 당신 형제 것이 아니라 내 소유가 될 겁니다."라고 말하며 들판을 차지하고자 하는 속셈을 노골적으로 드러내고 있다.

오답 해설

① 측량 기사의 "이 들판이 내가 여러분에게 분양해 드릴 땅입니다!"라는 말에서 확인할 수 있다.

③, ④ 측량 기사는 형에게 "도대체 무엇을 하고 있는 걸까요?", "이렇게 조용한 게 의심스러워요.", "땅굴을 파는 건 아닐까요?" 등과 같이 아우를 의심하도록 부추기는 말을 함으로써 형제 사이를 이간질하여 전망대를 팔고자 하고 있다.

⑤ 측량 기사는 벽에 다가가서 귀를 기울이는 행동을 함으로써 아우에 대한 형의 의심을 부추기고 있다.

33. 측량 기사가 데려온 사람들은 공장, 상점, 주택 등을 짓기 위해 땅을 분양받으려는 사람들로, 땅에 대한 탐욕스러운 모습을 보이기는 하지만 측량 기사와 갈등을 겪고 있지는 않다.

34. 형이 아름다운 들판이 아니라고 한 이유는 높은 벽이 세워져 들판이 반으로 나뉘었고, 이 때문에 들판의 모습이 보기 싫게 변했기 때문이다.

35. 측량 기사의 교묘한 술책으로 설치된 벽은 형제간의 소통을 막아 갈등을 심화시키는 소재이다. 또한, 이 작품을 우리의 현실 상황에 빗대어 보았을 때 휴전선 때문에 분단이 고착화되고 왕래가 불가능해졌다는 점에서 벽은 휴전선을 상징한다고 볼 수 있다.

36. 측량 기사는 형으로 하여금 아우에 대해 경쟁의식이나 불안감을 갖도록 말함으로써 형제간 갈등을 부추기고 있으며, 이를 이용해 형에게 전망대를 팔아 형의 땅을 빼앗고 있는 사람이다.

37. 작가는 벽을 세우고 대립하는 형제의 행동을 어리석은 것으로 표현함으로써 남과 북으로 나뉘어 대치하고 있는 우리의 분단 현실에 대한 비판적인 시선을 드러내고 있다.

오답 해설

① 형의 "글쎄, 이런 것이 필요할까요?"라는 말로 볼 때, ㉠에는 '망설이며'와 같은 지시문이 들어가는 것이 적절하다.

② 조수 2는 측량 기사를 도와 형에게 전망대를 팔기 위해 형이 안 사면 아우에게 팔겠다고 하며 형으로 하여금 초조함과 불안감을 느끼도록 하고 있다.

③ 측량 기사는 아우의 땅에 와서 사람들에게 말하고 있으므로 형의 땅뿐만 아니라 아우의 땅까지 분양하려고 한다는 것을 알 수 있다.

④ 사람들은 형제간의 불화가 안쓰러워서가 아니라 벽 때문에 땅의 경제적 가치가 떨어진다는 의미로 벽이 눈에 거슬린다고 한 것이다.

38. 형의 땅을 차지하려고 전망대 가격을 터무니없이 제시하면서 형을 배려하는 척하는 측량 기사의 모습이 나타

나 있으므로 '속으로는 해칠 마음을 품고 있으면서, 겉으로는 생각해 주는 척함을 이르는 말'인 '고양이 쥐 생각'이 어울리는 상황이다.

오답 해설

① 넓은 세상의 형편을 알지 못하는 사람 또는 견식이 좁아 저만 잘난 줄로 아는 사람에게 쓸 수 있다.
③ 맵다고 울면서도 겨자를 먹는다는 뜻으로, 싫은 일을 억지로 마지못해 하는 상황에서 쓸 수 있다.
④ 무서운 사람 앞에서 설설 기면서 꼼짝 못 하는 상황에서 쓸 수 있다.
⑤ 개에게 쫓기던 닭이 지붕으로 올라가자 개가 쫓아 올라가지 못하고 지붕만 쳐다본다는 뜻으로, 애써 하던 일이 실패로 돌아가거나 남보다 뒤떨어져 어찌할 도리가 없이 된 상황에서 쓸 수 있다.

39. 이 글의 작가는 이 글을 통해 우리 민족의 분단 문제를 이야기하고 있다. 형제가 함께했던 들판이 벽으로 나뉜 상황은 우리 민족이 남북으로 분단된 상황으로 볼 수 있는데, 이러한 부정적 상황을 반어법을 활용해 '훌륭한 관광 명소'라고 표현하고 있다.

40. 측량 기사는 아우의 편을 들어 주는 척하면서 벽이 생긴 것은 형 때문이라며 형에 대한 적대감을 조성하고, 근거 없이 형을 모함하여 아우에게 불안한 마음과 위기감을 느끼게 하고 있다.

41. 측량 기사는 아우에게 사전에 총을 살 것인지 물어보지도 않고 총을 가져와 팔고 있다.

42. 측량 기사는 돈을 벌고자 하는 사람들의 조급한 심리를 이용해 자신의 잇속을 챙기고자 선착순 접수를 한다고 이야기하고 있다.

43. 땅값이 뛴다는 측량 기사의 말에 땅을 사려고 서두르는 사람들의 탐욕스러운 모습이 드러나 있다.

44. 아우는 형이 자신의 땅으로 넘어올 것이라는 측량 기사의 말에 불안감과 위기감을 느끼고 있다.

45. ⑲와 ⑳은 희곡의 구성 단계 중 절정에 해당하는 부분으로, 형과 아우의 갈등이 극도로 심화되어 서로에게 총까지 쏘며 긴장감이 최고조에 이르고 있다.

오답 해설

①은 대단원, ②는 전개(상승), ④는 하강, ⑤는 발단에 해당하는 설명이다.

46. ⑲에서 측량 기사와 조수들은 웃으며 퇴장하고 있다. 이는 자신들에게 속은 형제에 대한 비웃음이자 일이 자신들의 계획대로 되어 가는 것에 대한 만족감을 드러내는 웃음이다.

47. 토론은 찬성과 반대의 입장으로 나뉘는 주제에 대하여 각각 자신의 입장을 관철시키기 위해 근거를 들어 논쟁을 하는 말하기이다. 따라서 양측 토론자들이 의견을 내는 과정에서 대립하는 것은 자연스러운 일으므로 ①~④의 사례들과 차이가 있다. ①~④의 사례들은 이 글의 형제처럼 처음에는 좋은 사이였던 두 주체가 어떤 원인에 의해 대립하고 있는 경우이다.

48. ㉠과 같은 날씨는 형제가 쏘는 총소리와 극적인 조화를 이루며 형제간의 대립과 갈등이 최고조에 달했음을 암시한다.

49. ④는 이 작품이 인간의 보편적인 문제를 다루고 있다는 관점에서 감상한 내용이고, 나머지는 남북으로 분단된 우리의 현실이 작품에 반영되었다는 관점에서 감상한 내용들이다.

50. 측량 기사는 형제끼리 대립하고 갈등하는 상황을 지속시키기 위해 형에게 벽을 잘 지키라며 명령하듯 말하고 협박하며 공포감을 조성하였다.

51. 형 역할을 하는 배우는 불안감과 두려움에 떠는 모습으로 연기하는 것이 적절하다.

52. 이 글에는 갈등을 조성하는 여러 소재들이 등장하는데, 말뚝과 밧줄로 시작된 형제간의 갈등은 벽, 전망대를 설치하면서 심화되고 총을 쏠 때 최고조에 이른다.

53. 아우는 자신과 형이 서로를 믿지 못하게 된 상황을 안타까워하면서 후회하고 있을 뿐 형을 원망하거나 미워하고 있지 않다.

54. 형제가 비를 맞으며 벽을 지키는 자신들의 처지를 깨닫고 지난 잘못을 반성하고 있으므로 극도의 긴장된 분위기를 연출한다는 설명은 적절하지 않다.

55. ㉒, ㉓은 형과 아우가 각각 벽 앞에서 상대방 없이 혼자 하는 대사로 이루어져 있다. 이를 희곡에서는 독백이라고 한다.

56. '민들레꽃'은 형제간 우애의 증표이므로 앞으로 갈등 해소의 매개체 역할을 할 것임을 예상할 수 있다.

57. 형제 사이를 가로막았던 벽을 허무는 행위는 형제 사이의 우애 회복, 대립과 갈등의 종결 등을 의미하며, 이를 우리의 분단 현실에 비추어 볼 때는 분단 현실의 극복을 상징한다고 할 수 있다. 한편 우리 현실과 외세 종속과는 연관이 없으며 이 글에서도 찾아볼 수 없는 내용이므로 외세로부터의 독립 의지를 드러낸다는 진술은 적절하지 않다.

58. 이 글의 대단원에서 ㉠과 같은 날씨 변화는 긍정적인 변화로, 형제의 화해를 암시한다.

59. 형은 우애의 상징이었던 민들레꽃을 아우 쪽으로 던지며 자신의 진짜 마음을 알아주길 바라고 있으므로, ㉡에 아우의 말을 믿지 못하는 마음이 담겨 있다고 보기 어렵다.

60. 〈보기〉와 같은 관점으로 이 작품을 우리의 분단 현실과 관련지어 해석할 때 '민들레꽃'은 '분단의 현실을 극복하고자 하는 의지와 염원'을 나타낸다고 볼 수 있다.

시험엔 이렇게!!   254~259쪽

1. ①   **2.** 절망, 반성, 후회, 슬픔 등의 감정이 나타나 있다.
3. ③   **4.** 전망대   **5.** ②   **6.** ④   **7.** ③   **8.** ②

1. 평화롭게 우애를 다지며 지내던 형제는 측량 기사가 쳐 놓은 밧줄로 줄넘기 놀이를 하다 서로 감정이 상해 싸우기 시작하였다.

오답 해설
② 측량 기사와 조수들은 형과 아우를 이간질하며 갈등을 부추기고 있다.
③ 밧줄의 오른쪽에 있는 집을 자신의 소유라고 주장하는 인물은 형이다.
④ 측량 기사는 형에게 전망대 가격을 깎아 주는 척만 하였을 뿐, 사실은 터무니없이 비싼 가격으로 팔았다.
⑤ 총을 발사하며 대립하던 형제는 들판에 남아 있는 민들레꽃을 보면서 서로를 그리워하고 있다.

2. 자책감에 괴로워하는 형과 자신의 행동을 반성하며 슬퍼하는 아우의 모습이 나타나 있다.

3. 이 글에서 소극적인 모습을 보이고 있는 인물은 형이다. 아우의 말과 행동에 소극적인 면은 나타나 있지 않

다. 아우는 측량 기사가 친 말뚝과 밧줄을 직접 치우면 된다며 형을 안심시키고 있는데, 그 모습에서 오히려 대범함을 느낄 수 있다.

4. 상대방을 감시하는 도구이자 형제간의 의심과 불신을 상징하는 소재는 '전망대'이다.

5. (가)에서 아우는 자신의 그림에 대한 형의 칭찬을 겸손하게 받아들이고 있다.

6. 상대의 감정을 배려하고 공감하며 대화를 나누기 위해서는 상황에 알맞은 표정이나 시선, 어조, 몸짓 등을 사용하는 것이 좋다. (가)에서 아우는 형의 그림을 진심으로 칭찬하고 있으므로 형의 그림이 있는 곳으로 와서 그림을 보고 감탄하며 말할 때 그 마음을 잘 전달할 수 있다.

7. 비판적 분석 능력은 상대방 말의 옳고 그름을 판단하며 들을 때 기를 수 있으므로, ③은 비판적 듣기의 장점에 해당한다.

8. 지은은 형을 질투하기도 했다는 범서의 말에 자신도 그런 경험이 있다면서 상대가 동질감을 느끼도록 말하고 있고, 범서는 연습 시간에 대한 의견이 다른 친구들의 말을 정리하면서 자신이 정한 연습 시간을 재조정하고 있다. 이는 모두 상대방의 감정에 공감하며 듣고 말하는 방식에 해당한다.

소단원 나의 실력 다지기   265~267쪽

1. ④   **2.** ③   **3.** ②   **4.** 측량을 한 다음엔 땅을 빼앗았죠.
5. ⑤   **6.** ③   **7.** ④   **8.** 네 입장에서는 내가 항상 너를 이기려 했다고 생각할 수도 있겠구나. 날 속였다고 생각하며 너에게 뭐라고 해서 정말 미안하다.   **9.** ③   **10.** ⑤   **11.** ①

1. 이 글은 등장인물의 대화와 행동을 통해 사건을 전개하는 연극의 대본으로, 해설, 대사, 지시문으로 이루어져 있다. 서술, 묘사, 대화로 이루어진 산문 문학의 갈래는 소설이다.

2. (나)에서 형과 아우는 평화로운 분위기 속에서 민들레꽃을 꺾어 우애를 맹세하며 공감하는 말하기를 하고 있다. 형은 단정적인 어조가 아니라 청유형의 어조로 민

들레꽃을 걸고서 사이좋게 지낼 것을 맹세하자는 제안을 하고 있다.

①, ② 형제는 서로에게 다가가 상대방의 그림을 바라보며 상대방 그림을 칭찬하고 있다.

④ (나)에서 아우는 사이좋게 지내기로 맹세하자는 형의 제안에 "그래요."라며 비판 없이 수용하고 있다.

⑤ 형제는 서로의 감정에 공감하고 상대를 배려하며 공감하는 말하기를 하고 있다.

3. 형제는 자신들의 땅에 함부로 들어와 말뚝을 박고 줄을 치는 측량 기사 일행에게 화가 난 상태이므로 ㉠에는 이러한 상황과 어울리는 지시문이 들어가야 한다. 그리고 "측량하고 있지요, 보시다시피."라고 대꾸하는 측량 기사의 이어지는 말로 볼 때 측량 기사는 매우 **뻔뻔**하게 대응하고 있으므로 ㉡에는 '태연하게'와 같은 지시문이 어울린다.

4. 측량 기사와 조수는 허락도 없이 형제의 땅을 측량하고 있는데, (라)에서 조수 2는 그동안 측량을 한 다음에는 교묘한 방법으로 땅을 빼앗아 왔음을 말하며, 이들이 형제의 들판에 들어온 의도를 드러내고 있다.

5. (마)는 형제가 총까지 쏘며 대립하고 있는 상황으로 갈등이 최고조에 달한 부분이다.

① 형의 대사를 통해 등장인물 간의 관계가 형제임을 알 수 있다.

② 형제는 측량 기사와 조수들이 설치한 밧줄로 놀이를 하면서 다투기 시작하였다.

③ 형의 대사에 나오는 '이쪽'이라는 말에서 소유욕과 경계가 생기는 모습을 확인할 수 있다.

④ 형은 말뚝과 밧줄을 치우지 못하게 하고, 아우는 이보다 더 튼튼한 것으로 형제 사이를 막고자 하는 모습으로 볼 때 형제간 갈등이 점차 심화되고 있음을 알 수 있다.

6. (라)에서 측량 기사는 형제 사이를 오가며 형제간의 불신을 조장하고 있으며, (마)에서는 동생을 적으로 생각하라며 형제 사이를 이간질하고 있다.

7. 전망대는 상대를 감시하기 위한 도구로 형제간의 의심과 불신을 상징한다.

8. 아우의 상황과 처지를 이해하고, 아우의 감정을 배려하는 표현으로 바꾼다.

9. 이 글에서는 날씨의 변화를 통해 앞으로의 사건 전개 및 갈등 양상을 암시하고 있다. 즉 날씨는 형제간의 갈등 심화('맑았던 하늘이 흐려지고, 바람이 세게 불어온다.')나 화해('비가 그치면서 구름 사이로 한 줄기 햇빛이 비친다.')를 암시하는 역할을 한다.

10. ㉠은 이 글의 주제를 담고 있는 대사로 화해의 적극적인 실천 의지를 드러내고 있으며, 대립과 갈등의 종결, 우애 회복, 우리 민족의 동질성 회복, 분단 현실의 극복을 상징한다.

11. ①의 「손에 손잡고」는 냉전 시대의 대립과 갈등의 극복과 인류 평화의 염원을 주제로 한 노래이므로, 이 글의 주제가 드러나는 마지막 부분에서 들려줄 노래로 적절하다.

② 「내가 만일」은 사랑하는 사람을 위하는 마음을 노래한 것이다.

③ 「거위의 꿈」은 모든 역경 속에서도 꿈을 믿고 나아가겠다는 의미를 지닌 노래이다.

④ 「내가 네 편이 되어 줄게」는 기댈 곳 하나 없어 절망하는 이를 위로하는 노래이다.

⑤ 「개똥벌레」는 보잘것없이 사는 존재의 외로운 심정을 노래한 것이다.

대단원 평가 대비하기　　　　　270~275쪽

1. ⑤　2. ②　3. 담화가 이루어지는 시간과 장소를 고려해야 한다.　4. ③　5. ③　6. ⑤　7. ⑤　8. "젊은 세대 사이에서 유행하는 단어를 윗세대에게 사용할 때는 그 말의 의미를 미리 설명해 주거나 윗세대의 말하기 방식을 고려하여 대화하면 원활하게 소통을 할 수 있을 거야."　9. ⑤　10. ①　11. ④　12. ③　13. ④　14. ②　15. 남북을 갈라놓은 휴전선을 상징한다.　16. ①　17. ②　18. ⑤　19. ③　20. ①　21. ⑤　22. ②　23. ⓐ: 큰 목소리로 단호하게 / ⓑ: 고개를 크게 끄덕이면서　24. ③　25. 상대방의 감정을 깊이 있게 이해하려고 노력한다. / 상대방의 말을 잘 이해했다는 뜻을 전달한다. / 상대방의 처지에서 문제를 바라보고 협력적으로 소통한다. / 상대방의 말을 요약하고 정리하며 정확하게 이해했는지 확인한다.

1. 담화를 구성하는 요소 중 사회·문화적 맥락은 지역, 세대, 문화, 역사 등의 요소들을 포함한다. 말하는 이와 듣는 이가 처한 시·공간적 장면은 상황 맥락의 요소에 해당한다.

오답 해설

① 담화를 구성하는 요소에는 말하는 이, 듣는 이, 발화 내용, 담화가 이루어지는 상황(맥락)이 있다.

② 담화가 이루어지는 구체적 상황인 맥락에 따라 발화의 정확한 의미가 결정된다.

③ 구체적인 의사소통 상황에서 생각이 문장 단위로 표현된 것을 발화라고 하고, 말하는 이와 듣는 이를 포함하여 구체적인 문맥 속에서 이루어지는 발화나 발화의 연속체를 담화라고 한다.

④ 같은 말이라도 장소나 시간, 의도와 목적 등의 상황 맥락에 따라 담화의 의미가 달리 해석될 수 있다.

2. 담화의 의미를 정확하게 이해하기 위해서는 듣는 이의 상황뿐만 아니라 말하는 이의 상황 파악도 중요하므로 듣는 이의 상황을 항상 먼저 고려한다는 것은 적절하지 않은 진술이다.

3. (가)는 등굣길이나 하굣길에 문구점에서 이루어진 대화이고, (나)는 학교 수업 시간에 교실에서 이루어진 대화이다. "정진아, 뭐 하니?"라는 같은 발화라도 언제, 어디에서 이루어진 대화인지에 따라 그 발화에 담긴 의미가 달라질 수 있으므로, 이를 고려해야 의사소통이 원활하게 이루어질 수 있다.

4. ⓒ는 자신이 말한 의도를 파악하지 못하고 지금 당장 전화하러 가려는 저승사자의 말과 행동에 어이없어하는 써니의 마음을 드러내고 있는 담화이다.

5. 사회·문화적 맥락은 지역, 세대, 문화, 역사 등의 요소들을 포함한다. 말하는 이와 듣는 이, 시간과 장소, 의도와 목적 등은 상황 맥락의 요소에 해당한다.

6. 전라도에서는 '간신히'라는 의미의 말을 '포도시'라고 한다. 그림 속의 손자는 이러한 방언의 의미를 몰랐기 때문에 할머니의 발화를 잘못 이해한 것이다.

7. 아빠는 '직구'에 대해 모르고 있었거나, 알고 있었다고 하더라도 딸이 말한 줄인 말의 의미를 이해하지 못하여 의사소통이 원활하지 않게 되었다.

8. 담화의 사회·문화적 맥락에 대한 이해를 바탕으로 상대방을 존중하고 배려하는 태도로 담화 상황에 맞게 말하도록 조언할 수 있다.

9. 담화는 지역, 세대, 문화, 역사 등과 같은 사회·문화적 요인에 따라서 다르게 해석될 수 있으므로, 이러한 이해를 바탕으로 상대방을 존중하고 배려하며 담화 상황에 맞게 말해야 원만한 국어 생활을 할 수 있다.

10. '엄마', '아빠'를 '우리 엄마', '우리 아빠'로 표현하는 것은 우리 문화와 관련이 있다. 영어와 달리 국어에서는 공동체를 강조하는 '우리'라는 표현을 흔히 사용한다.

11. 다문화 사회에서 외국인이나 외국에서 이주해 온 사람들과 원활하게 소통하기 위해서는 한국 문화에 대해 친절하게 안내하고, 그들의 종교와 문화 등을 존중하고 배려하는 태도를 갖추어야 한다.

12. 형 쪽에서 총소리가 울려 퍼지자 아우는 그 소리에 놀라 허공을 향해 위협사격을 하고 있다. 형의 사격에 맞서 적극적으로 형을 공격하는 상황은 아니다.

오답 해설

① 측량 기사는 형제의 갈등을 지속시키며 벽을 설치하고 전망대를 팔고 있다.

② 형은 아우가 가위바위보를 할 때 자신보다 늦게 낸다고 생각하고 있다.

④ 조수는 형에게 총 쏘는 법을 알려 주면서 형이 쥐고 있는 장총의 방아쇠를 당기고 있다.

⑤ 형은 천둥소리를 부모님이 자신을 꾸짖는 소리로, 아우는 비를 눈물로 느끼며 각자 자신들의 행동을 후회하고 있다.

13. 형과 아우를 연기하는 배우는 사건 전개에 따라 달라지는 심리를 잘 표현할 수 있도록 연기해야 하는데, 형제는 측량 기사의 농간에 망설이다가 결국 넘어가고 있으므로 당당함이 묻어나도록 연기해야 한다는 것은 적절하지 않은 의견이다.

14. 이 글에서 '전망대'는 형이 아우를 감시하려고 설치한 도구로 형제간의 의심과 불신을 상징한다.

15. 〈보기〉의 관점에 따르면 이 글은 한국 사회의 문제를 상징적으로 나타낸 작품으로 이해할 수 있다. 이때 벽은 형제간의 소통을 단절시키는 역할을 하므로, 남북을 분단한 휴전선을 상징한다고 볼 수 있다.

16. (바)에서 형과 아우는 자신들의 처지를 인식하고 지난

행동을 반성하면서 서로를 그리워하고 있다.

17. 첨예하게 갈등했던 형제는 자신들의 행동을 후회하면서 서로 믿음을 회복할 수 있는 뭔가를 찾다가 우애의 증표였던 민들레꽃을 발견하면서 서로를 그리워하고 있다. 이로 볼 때 앞으로 형과 아우가 갈등을 해소하고 화해하게 될 것임을 예측할 수 있으며, 이러한 전개 과정에 어울리는 날씨는 '비가 그치면서 구름 사이로 한 줄기 햇빛이 비친다.'이다.

18. 가위바위보에서 자꾸 져 아우가 자기 쪽으로 계속 넘어오자 속상한 마음에 말한 형의 마음에 공감하지 못하고 자기 쪽으로 함부로 넘어오지 말라고 하는 아우의 말은 상대의 감정에 공감하는 말로 볼 수 없다.

19. 희곡과 소설은 모두 대립과 갈등을 중심으로 사건이 전개되므로 (가)를 (나)로 바꾸어 쓴다고 대립과 갈등의 정도가 약해지는 것은 아니다.

20. 번개가 치고 천둥이 울리며 비가 쏟아지자 형은 측량 기사에게 속아 들판을 다 빼앗긴 채 아우와 대치하고 있는 상황을 후회하고 있다.

오답 해설

② 비를 맞으며 벽을 지키고 있는 자신의 처지를 자각한 아우는 자신의 행동을 깊이 후회하며 탄식하고 있다.

③ 형과 아우는 민들레꽃을 꺾어 서로에게 던지며 화해를 신청하고 있다.

④, ⑤ 점순은 '나'가 울타리를 엮는 곳에 와 자꾸 말을 걸거나 감자를 주면서 '나'에 대한 관심과 애정을 표현하고 있지만, 정작 '나'는 이러한 점순의 행동을 '오늘로 갑작스레 대견해졌음은 웬일인가.', '별로 우스울 것도 없는데 날씨가 풀리더니 이놈의 계집애가 미쳤나 하고 의심하였다.' 등의 생각을 하며 점순의 마음을 눈치채지 못한 모습을 보이고 있다.

21. 민들레꽃을 전하며 서로 화해하고 벽을 허물기로 하면서 형제간의 갈등이 해소되고 희망적인 분위기를 암시하며 연극이 끝나고 있다. 새로운 인물이 등장할 것을 예고한다는 것은 적절하지 않은 반응이다.

22. 점순이가 감자를 건네는 의도를 이해하지 못한 '나'는 퉁명스럽고 무뚝뚝하게 응대하고 있다.

23. ⓐ에서 형은 확신에 찬 목소리로 단호하게 말하는 것이, ⓑ에서 아우는 형의 말에 수긍한다는 뜻을 보이는

것이 적절하다.

24. 진현은 범서의 말에 공감을 표하는 지은의 감정을 깊이 있게 이해하려 하지 않고 핀잔을 주고 있으며, 문제를 협력적으로 해결하려 하기보다는 포기하기를 종용하고 있다.

25. 상대방을 존중하고 상대방의 감정에 공감하면서 대화하고 있는 범서와 지은의 말하기 태도나 방식에서 확인할 수 있다.

논술형 평가 대비하기 *276~277쪽*

(1) 담화와 국어 생활

1. 담화의 구성 요소: 담화가 이루어지는 상황(맥락), 말하는 이(화자), 듣는 이(청자), 발화(내용) / 담화의 의미를 이해할 때 담화의 구성 요소를 고려해야 하는 이유는 원활한 의사소통을 위해서이다.　**2.** 고마워. 하지만 효자라고 불리기엔 아직 많이 부족해. / 어머니가 수술 후 다리가 불편하셔서 당분간은 주말에도 어머니를 도와드려야 해. 난 봉사 활동을 갈 수 없으니 미안하지만 다른 친구랑 갈래?　**3.** 한국인의 언어문화에 익숙하지 않은 외국인이 '우리'라는 말을 '너와 나'를 포함하는 의미로 이해하였기 때문이다. / 정말로 우리가 가족이라서 '우리'라고 말한 게 아니야. 한국인들은 예로부터 공동체를 중시하는 문화의 영향으로 인해 '나'보다는 '우리'라는 단어를 사용하는 경우가 많아. 그래서 '우리 엄마, 우리 아빠, 우리나라'라고 말하는 거야.　**4.** 나에게 인색하게 굴지 말고 마당에서 뛰어놀고 있는 닭을 잡아서 대접해 달라는 의미를 담고 있다.

(2) 들판에서

1. '민들레꽃'은 형제의 우애를 상징하며, 형제간의 갈등을 해소하고 우애를 회복하는 데 매개체 역할을 한다.　**2.** 남북 분단의 현실을 인식하고 그 극복 의지를 다지자. (민족의 화합을 위해 노력하자.)　**3.** 아우에 대한 경쟁심을 유발하고 불안감을 조성하여 형에게 전망대를 팔아 형의 땅을 차지하려 한다.

(1) 담화와 국어 생활

1. 담화를 구성하는 요소에는 말하는 이, 듣는 이, 대화가 이루어지는 상황(맥락), 발화(내용) 등이 있다. 같은 말(발화)이라도 말하는 이, 듣는 이, 맥락 등에 따라 의미가 달라지므로, 이러한 요소들을 잘 고려하여 의미를 파악해야 의사소통을 원활하게 할 수 있다.

평가 요소	확인(√)
담화의 구성 요소 4가지를 표의 각 자리에 바르게 채워 넣었다.	
담화의 구성 요소를 고려해야 하는 이유를 바르게 서술하였다.	
맞춤법에 맞게 서술하였다.	

2. 남학생은 서운해하는 여학생의 마음을 모른 채, '효자'라는 말을 표면적 의미 그대로 이해하고 대답을 하여 여학생을 당황하게 하고 있다. 남학생이 자신에게 효자라고 말한 여학생의 의도를 파악하고 자신의 처지를 솔직하게 말하며 양해를 구하면, 여학생은 남학생을 이해해 줄 것이다.

평가 요소	확인(√)
상대방의 의도를 파악하지 못한 채 말하고 있는 부분을 바르게 찾았다.	
상대방의 말에 담긴 의도와 목적을 바르게 파악하였다.	
상대방의 말에 담긴 의도와 목적을 고려하여 맥락에 맞게 서술하였다.	

3. 한국인의 언어문화에 익숙하지 않은 외국인이 '우리'라는 말을 '너와 나'를 포함하는 의미로 이해하여 의사소통이 원활하지 않게 된 상황이다. 그러므로 빈칸에는 두 학생이 '나의 엄마', '나의 아빠'라고 표현하지 않고 '우리'라는 단어를 사용한 까닭을 우리의 사회 · 문화적 맥락과 관련지어 설명하는 말이 들어가야 한다.

평가 요소	확인(√)
담화의 사회 · 문화적 맥락을 고려하여 이유를 바르게 서술하였다.	
외국과 다른 한국의 언어문화를 바르게 서술하였다.	
맞춤법에 맞게 서술하였다.	

4. 밑줄 친 말은 대접할 것이 있는데도 오랜만에 만난 친구(김 선생)에게 베푸는 것을 아까워하는 주인의 행동 변화를 끌어내려고 한 말이다. 즉 밑줄 친 말은 웃음을 유발하는 농담조의 표현이지만 주인의 인색함을 비판하고자 하는 의도가 담겨 있다.

평가 요소	확인(√)
이야기 속 상황 맥락을 바르게 파악하였다.	
상황 맥락에 맞게 말에 담긴 의미를 서술하였다.	
맞춤법에 맞게 서술하였다.	

(2) 들판에서

1. (가)에서 우애의 증표가 되었던 민들레꽃은 (마)에서 형제간의 불신을 없애 주고 우애를 회복하게 하는 역할을 한다.

평가 요소	확인(√)
(가)를 바탕으로 민들레꽃이 상징하는 의미를 바르게 파악하였다.	
민들레꽃이 사건 전개 과정에서 하는 역할을 바르게 서술하였다.	
맞춤법에 맞게 서술하였다.	

2. 〈보기〉에는 이 작품이 분단 현실을 그리고 있다는 관점이 드러나 있다. 이러한 관점에서 이해할 때, 측량 기사의 흉계로 대립하던 형제가 민들레꽃을 보면서 화해하는 것은 모든 어려움을 극복하고 남북이 화해해야 한다는 주제 의식을 드러내는 것으로 볼 수 있다.

평가 요소	확인(√)
〈보기〉의 관점을 바르게 파악하였다.	
〈보기〉의 관점에서 작품의 주제를 바르게 파악하였다.	
맞춤법에 맞게 서술하였다.	

3. (나)에서 측량 기사 일행은 형과 아우의 다툼을 말리기는커녕 오히려 그 상황을 이용하여 형으로 하여금 전망대를 사도록 함으로써 형의 땅을 차지하려 하고 있다.

평가 요소	확인(√)
측량 기사와 조수들의 말하기 방식의 특징을 바르게 파악하였다.	
측량 기사 일행의 궁극적인 목적이 드러나도록 서술하였다.	
50자 내외의 문장으로 맞춤법에 맞게 서술하였다.	